Multiculturalism and International Law

Edward McWhinney in Parliament of Canada. On the wall is a poem composed and calligraphed by Li Zhicheng, a poet, master calligrapher and professor at the China Institute of Contemporary International Relations, on the occasion of accompanying Professor McWhinney to visit the Marco Polo Bridge outside Beijing on 20 August 1987.

Multiculturalism and International Law

Essays in Honour of Edward McWhinney

Edited by

Sienho Yee
Jacques-Yvan Morin

MARTINUS
NIJHOFF
PUBLISHERS

LEIDEN • BOSTON
2009

This book is printed on acid-free paper.

Library of Congress Cataloging-in-Publication Data

Multiculturalism and international law : essays in honour of Edward McWhinney / edited by Sienho Yee, Jacques-Yvan Morin.
p. cm.
Most essays in English, three essays in French.
Includes bibliographical references and index.
ISBN 978-90-04-17471-9 (hardback : alk. paper) 1. Multiculturalism—Law and legislation. 2. Human rights. 3. Minorities—Legal status, laws, etc. 4. International law. I. McWhinney, Edward. II. Yee, Sienho, 1965- III. Morin, Jacques-Yvan, 1931-

K236.M84 2009
341—dc22

2008051892

ISBN 978 90 04 17471 9

PRINTED IN THE NETHERLANDS

Table of Contents

Sienho Yee & Jacques-Yvan Morin (eds.), Multiculturalism and International Law, v-viii.

Preface

Multiculturalism in international law has been with us since the dawning of modern international relations. Its importance has been appreciated to different degrees during different periods in history. Efforts to explore it as a factor in the formation of international law and its implementation have also varied. Since the end of the Cold War in the late 1980s and the collapse of the old, bipolar, East-West balance-of-power and mutual, inter-bloc accommodation on which it was predicated in its later Coexistence and Détente phases, these efforts have intensified, particularly against a background of the problems of the unilateral, unipolar model of world public order in the post-Iraq war period and the mounting failure of the United Nations to provide adequate alternative, multilateral arenas for decision-making on international tension-issues such as the use of force and counter-terrorism.

The contributions presented in this collection are the result of part of these efforts. Almost 40 leading-edge legal thinkers and scholars, drawn from all main legal-cultures and civilization-areas, have come together from every continent to honor Professor Edward McWhinney, who is known as Ted to his friends, by examining multiculturalism and international law. This is a most fitting celebration of his life and achievements. "Mr Peaceful Coexistence" to friends (below, 33), Ted has been working for the greater part of his life to promote exchanges between the East and the West and multiculturalism in international law. The role he has played in bringing new ideas into the debate (below, *xiii*), new projects and new scholars into the academic circle, the voluminous books and articles he has produced, and the advisory services he has rendered, as described in the preliminary matters and elsewhere in this collection, all contribute to paint a vivid intellectual portrait of this distinguished and vigorous thinker and scholar in international law and relations. Indeed, he is Mr. Multiculturalism. We are most grateful to Ted's longtime friends Dr. Boutros Boutros-Ghali and Judge Shigeru Oda for their generous support for

Sienho Yee & Jacques-Yvan Morin (eds.), Multiculturalism and International Law, ix-xi.

this project and their forewords to this book.

We have designed the collection to be a monograph on multiculturalism and international law. We invited the Contributors to focus on the role that multiculturalism has played in international law regarding its formation and implementation or in an international organization regarding its composition and decision-making and work product. The result is a fine collection with 36 rigorous and focused contributions on important aspects of multiculturalism and international law. These are readily placed into three parts. Part I, "Multiculturalism and General Theories of International Law", consists of 11 contributions examining the role of multiculturalism in general theories and framework issues of international law regarding the juridical and ethical order of globalization, the Harmonious World, civilizational paradigm, ideology, cultural pluralism, universalism and particularism, democracy and the values of diversity. Part II, "Multiculturalism and International Organizations and Courts", consists of 11 contributions representing efforts to examine how multiculturalism figures in the composition, decision-making and work product of all the major international organizations of today, including the United Nations, the International Court of Justice, the International Law Commission, the International Criminal Court, the Human Rights Committee, the Bretton Woods Institutions and the European Union. Issues on non-governmental organizations are also addressed. Part III, "Multiculturalism and the Progressive Development in Substantive International Law", consists of 14 contributions addressing the role multiculturalism plays in aspects of substantive international law, including counter-terrorism, the use of force, human rights, cultural identity, conflicts between freedom of speech and freedom of religion, self-determination, minorities and indigenous peoples, international humanitarian and criminal law, cultural diversity and trade, church and state, and federalism.

Rather than giving a detailed introduction to these substantial contributions, we will leave them to the appreciation of the readers now and in the future. We are hopeful that our efforts, undertaken from late 2005 to 2008, will be of value for some time to come. We are content to note that even when tensions flare up in the world, political leaders are saying that they are not going back to the Cold War and that multilateralism and multiculturalism are the key to solving problems in the world.

Some of the contributions were presented at the Silk Road Institute

Seminar on Multiculturalism and International Law organized in April 2007 at the Silk Road Institute of International Law, Xi'an Jiaotong University, when Sienho Yee acted as the Director of the Institute. Ted and a dozen Contributors came all the way from around the world to Xi'an and were engaged in vigorous debate for several days. The Seminar was opened by Dr. QIU Jin, vice-president of Xi'an Jiaotong University. Mr. DUAN Jielong, the Director-General of the Department of Treaty and Law of the Chinese Ministry for Foreign Affairs came from Beijing to participate in the Seminar. In editing the contributions, Sienho Yee received valuable assistance from SU Jinyuan. Wuhan University Institute of International Law, where Sienho Yee now acts as University Professor and Chair of the Academic Committee, excused him from administrative and teaching duties for the autumn semester of 2008 so that he could concentrate on this collection. Professor HUANG Jin, Vice-President of the University and Director of the Institute, made this arrangement possible. For all this, Sienho Yee is most grateful.

The Editors and the Contributors have decided to undertake this project as a token of our appreciation for our friendship. We have all given our best efforts to the collection, despite the various difficulties and competing demands on our time. We hope that Ted and our colleagues at large will appreciate it.

Sienho Yee
Wuhan, China
&
Jacques-Yvan Morin
Montréal, Québec, Canada

Avant-propos

Edward McWhinney et moi-même appartenons à la même génération. Il est né en 1924 à Sydney, en Australie. Je suis né en 1922 au Caire, en Egypte. Nous avons, très tôt, emprunté le même parcours, mais sur deux continents différents, lui en Amérique, moi en Afrique.

Tous deux, nous nous sommes spécialisés dans le droit international et le droit constitutionnel. Tous deux, nous avons été des auteurs prolifiques. Tous deux nous avons enseigné dans nombre d'universités de par le monde : Beyrouth, Tunis, Toronto, McGill, la Sorbonne .... Plus tard, nous avons été élus membres de la Cour permanente d'arbitrage de La Haye, et de l'Institut de Droit international. Nous avons donné des cours à l'Académie de droit international de La Haye. Bien plus, nous avons, tous deux, été tentés par la carrière politique. Il a siégé à la Chambre des Communes, moi à la Chambre des députés. Mais ce qui nous rapproche, plus encore, c'est notre attachement au droit international, notre foi militante en sa puissance, notre conviction qu'il est le mieux à même de gérer les rapports entre les États et de promouvoir la paix au sein de la communauté internationale. Et lors de nos rencontres, dans les différentes capitales de la planète, dans les différents colloques et conférences, il nous est arrivé, souvent, de défendre les mêmes causes avec la même ferveur.

Alors que nos carrières respectives touchent à leur fin, je crois savoir que mon ami Edward McWhinney a su garder son optimisme dynamique, alors que je suis souvent tenté par le pessimisme face à la crise que traversent le droit et les institutions internationales. Mais cela ne nous empêchera pas de continuer à militer, ensemble, pour la paix entre les nations et la démocratisation des relations internationales. Et notre amitié transcontinentale constitue, à mes yeux, les prémices de ce que sera la «civilisation de l'universel».

Boutros Boutros-Ghali

Sienho Yee & Jacques-Yvan Morin (eds.), Multiculturalism and International Law, xiii.

Foreword

Ted McWhinney to whom this *Liber Amicorum* with its extremely timely theme is dedicated, has been my friend now for well over a half century. We met at the Yale Law School at the beginning of September, 1950, at the opening of the academic term. We shared a suite together in the Law School residence quadrangle and attended together the courses and seminars in international law offered by the then new Yale team in the field, Myres S. McDougal and Harold D. Lasswell. In the summer after the first academic year at Yale, Ted and I traveled to Holland to attend together the 1951 courses of The Hague Academy of International Law. Thereafter over the years we have maintained regular contact through exchange of notes and also copies of our published works, and we have also managed to meet in person almost every year in scientific-legal and other similar gatherings.

Our career development followed sometimes parallel paths. We had both served in our national armed forces in the closing stages of the Second World War, having broken our studies to serve, in his case in the Air Force and in mine in the Naval Air Arm. Although we never discussed it, I believe this particular experience influenced our individual decisions to make our life's work in teaching and public service in its various forms, rather than the much more lucrative options in commercial practice. We were both elected, very early, to the *Institut de Droit international*, in 1967 in his case, in 1969 in mine, and this ensured that we would meet at the biennial sessions of this century old organisation and meet with the elder statesmen in law—the great professors, legal advisers to the foreign ministries and international Judges and take part in their debates. He would go on to become President of the Institut, elected for its entry into the new millennium, 1999-2001, as only the third non-European jurist to become its head after James Brown Scott of the United States and Boutros Boutros-Ghali.[1] I was promoted to Honorary Member

1 For a list of past Presidents, see 70-II Annuaire de L'Institut de Droit international

Sienho Yee & Jacques-Yvan Morin (eds.), Multiculturalism and International Law, xv-xviii.

(member of the highest prestige) of the Institute in this Vancouver session presided over by Ted. We were also invited, in his case in 1973 and in 1969 in mine, to give courses at The Hague Academy of International Law, held at the seat of the International Court of Justice, and so began a long association for each of us with the Academy. He would be invited back to give lectures for a second time in 1990, and a third time in 2002. In my case, I gave a course of lectures for a second time in 1993 on the subject of the International Court of Justice.

Professor McWhinney specialised, from law school on, in two fields, constitutional and international law. The combination was more usual in Continental European Universities than in North America, and one is reminded immediately of the example of Hans Kelsen who also served as a member of his national Parliament and held a ministerial post in the government as Professor McWhinney would go on to do too.

Professor McWhinney was always a student of legal theory and philosophy of law. It was Yale Professor Filmer Northrop, philosopher of the sciences and the humanities and author of the celebrated post-War monograph, *The Meeting of East and West* (1946), who had first suggested to him that he study at Yale, and who introduced him to the concept of the cultural relativism of legal rules and processes and institutions and the challenge to build new trans-cultural, pluralist bases for any effective world public order system. In his basic jurisprudential approach, Professor McWhinney was clearly committed to sociological jurisprudence as restated for North American conditions by Roscoe Pound and his student Julius Stone. Adding to this is his application of comparative law and the comparative method which was immensely strengthened by his linguistic skills and his ability to work directly in original source materials in French, German, and Russian and other language. It was John Hazard who taught him Soviet and Communist law, paving the way for his participation in the great East-West legal debates of the earlier, dangerous Cold War years, including the dialogue over Peaceful Coexistence leading on to the more pragmatic, problem-oriented, step-by-step methodology that characterised the emerging International Law of Détente. His ability to work and lecture in

---

(Session de Bruges), 295-97. The list is also online at: http://www.idi-iil.org/idiF/navig_historique.html.

other languages led on to invitations to come as a visiting professor and teach at a number of world centres: he taught at the Sorbonne in this capacity in 1968, 1982, and 1985; at Heidelberg and the Max Planck Institute for Comparative Public Law and International Law in 1960-61 and again in 1990; at the Collège de France, the University of Madrid, the Meiji University in Tokyo, to mention only a few of these.

The interface in Professor McWhinney's thinking and writing on law between these different disciplines is apparent. His early writings on the United States Supreme Court and the challenge to judicial policy-making as opposed to doctrines of "original intent", were cited in a recent national symposium held in the U.S. and published in the *California Law Review*,[2] where he was hailed as having "played a key role" in bringing the concept of judicial activism into the academic mainstream and turned it into a subject "worthy of serious discussion" in U.S. law schools. The author there concluded his assessment of Professor McWhinney's contribution by stating that "McWhinney analyzed, amended, and ultimately replaced a basic conception of judicial activism. His new approach laid the groundwork for future scholars, and stands as a valuable, if unrecognized, early contribution to this difficult topic".[3]

The transference of these ideas into international legal dialogue is to be found in Professor McWhinney's three monographs on the International Court of Justice, in 1978, 1987, and 1991, the last of these based on his Hague Academy lectures of the previous year, and in his several judicial Opinions volumes, including those of Judge Manfred Lachs, Gerald Fitzmaurice and also myself (2 volumes). The Fitzmaurice volume was actually edited by another professor, but these volumes in the "Judges" series published by Kluwer/Martinus Nijhoff were known as being edited by Ted as (a kind of) general editor. Ted was one of the three co-editors of the Festschrift for me—*Liber Amicorum Judge Shigeru Oda* (2 volumes)—published in 2002 with the great assistance given by the Max Planck Institute for Comparative Public Law and International Law in Heidelberg. The antinomy of judicial activism/judicial self-restraint and the possibilities and also the prudent limits of judicial law-making

2 Keenan D. Kmiec, The Origin and Current Meanings of "Judicial Activism", 92 California Law Review (2004), 1441, 1452-1455.

3 Ibid., 1455.

are important themes in these books.

Professor McWhinney's training as a constitutionalist is at the core of his conception of the United Nations and international organisation generally, including the World Court. He directs himself to the emerging constitutionalism of World Order and the institutions and processes by which it is now maintained and how they have to be modernised and extended to meet the present World Community needs. An early monograph, commissioned by the American Society of International Law, *Federal Constitution-making for a Multi-national World* (1966), leads on, logically and inevitably it would seem in an international context, to his study, commissioned by UNESCO in Paris with its finely descriptive title and its immediate relevance to the theme of the present *Liber Amicorum* that we are now dedicating to him, *United Nations Law Making: Cultural and Ideological Relativism and International Law Making for an Era of Transition*, with the English edition published in 1984, and the French edition (*Les Nations Unies et la formation du droit: relativisme culturel et idéologique et formation du droit international pour une époque de transition*) in 1986.

I congratulate the two Co-Editors of the present volume, Sienho Yee and Jacques-Yvan Morin, for their welcome initiative and for the care and also the imagination they have shown in assembling individual Contributors distinguished not merely by their scientific-legal writings but also by their will to bring New Thinking to the crisis-situations of our times. I salute my old friend of so many years standing and join with the Co-Editors and Contributors in tendering this collection of studies as a token of our respect and appreciation of his own personal achievements in helping to build a New International Law for a new, more inclusive and plural World Community.

Shigeru Oda

Edward McWhinney: an Abbreviated Biography

Edward Watson McWhinney is a graduate of Yale University, and took his doctorate from Yale University (in Constitutional and International Law). He went on to do post-doctoral research work in The Hague, Berlin, Pisa and Geneva.

He was a Lecturer and Assistant Professor at Yale University (in Law and Political Science) for four years, and afterwards held full Chairs at the University of Toronto's Law School and the Centre for Russian Studies; at McGill University (where he was also Director of the Air-Law Institute); Indiana University (where he was Director of International and Comparative Law); and most recently, Simon Fraser University in Vancouver. He was named (by decree of the French Cabinet) Professeur associé teaching at the University of Paris (Sorbonne) in 1968, and came back to teach again at the new Paris I in 1982 and 1985. He has been a Visiting Professor teaching at the University of Heidelberg and the Max-Planck-Institut in 1960-61 and 1990, the Meiji University in Tokyo, and The Hague Academy of International Law in 1973, 1990 and 2002. He has also given special courses of lectures at the Collège de France; the University of Madrid; the National Autonomous University of Mexico; the Aristotle University of Thessaloniki; the Institut Universitaire of Luxembourg; the Institute of Contemporary International Relations in Beijing; and other World centres.

Dr. McWhinney was elected to the Institut de Droit International (Geneva), in 1967, the first member from Canada to the century and a quarter-old academy. He was elected President of the Institut for the two-year term 1999-2001, only the third jurist from outside Europe to be elected to that office as of that time. He is a titular Member of the Académie Internatioale de Droit Comparé (Paris), to which he was first elected in 1985.

He was also a Member and Special Advisor of the Canadian delegation to the United Nations General Assembly for three years in the early 1980's.

Sienho Yee & Jacques-Yvan Morin (eds.), Multiculturalism and International Law, xix-xxi.

In professional-legal life, he has been a Crown Prosecutor; Royal Commissioner of Enquiry; Consultant to the Secretary-General of the United Nations; Constitutional and International Law Advisor to several Québec Premiers, to the Premier of Ontario, to the federal Government of Canada and to a number of foreign Governments.

He was a Member of the Permanent Court of Arbitration, The Hague (1985-1991).

During the 1960-80's, he was active at various fora including the International Law Association in promoting exchanges of ideas between different parts of the world and published widely in this respect. He became close friends with Grigory Tunkin and various Russian scholars and carried on a lively debate with them. His efforts have continued, serving on various committees.

When China adopted the open door policy in the late 1970s, he became one of the pioneer visitors coming to Beijing, lecturing at the College of Foreign Affairs and the China Institute of Contemporary International Relations and making friends with the Chinese scholars such as Wang Tieya and Li Haopei who subsequently became international judges. When the *Chinese Journal of International Law* was founded in 2002, he served as an Honorary Editor and tried his best to help promote it as a multicultural forum of international law by contributing papers and inviting other senior scholars to do the same. In April 2007 he made his fifth trip to China to participate in the Silk Road Institute Seminar on Multiculturalism and International Law at Xi'an Jiaotong University. On that occasion, he was elected "Marco Polo Fellow" of the Silk Road Institute.

Dr. McWhinney is the author of 30 books (two in French and one in German), and of 14 co-authored books, as well as some 500 scientific articles, published or translated in nine different languages. He is contributor to the *Encyclopaedia Britannica* and past Member of its International Editorial Advisory Committee.

In public-political life, he was elected as Member of Parliament in the Canadian federal Parliament in Ottawa, and then successfully re-elected to a second term, and during that time was, successively, Parliamentary Secretary (Fisheries) and Parliamentary Secretary (Foreign Affairs). He chose not to stand for a third term and returned, instead, to his professional advising and consulting and teaching rôle.

Interrupting his early studies, he had won his Commission as Pilot-Officer in the Air Force, as a 19-year old.

Dr. McWhinney was awarded the Aristotle Medal by the Greek Government in 1997, with the citation "for his contribution to the progress of science, free thought and intellectual development – values inextricably linked with Greek civilization throughout the years".

Edward McWhinney: A Select Bibliography

I. Books on International Law and the United Nations

1. "Peaceful Coexistence" and Soviet-Western International Law (1964).
2. International Law and World Revolution (1967).
3. *Conflit idéologique et Ordre public mondial* (1970).
4. The Illegal Diversion of Aircraft and International Law (1975) (The Hague Academy Lectures 1973).
5. The International Law of Détente. Arms Control, European Security, and East-West Cooperation (1978).
6. The World Court and the Contemporary International Law-making Process (1979).
7. Conflict and Compromise. International Law and World Order in a Revolutionary Age (1981).
8. United Nations Law-making. Cultural and Ideological Relativism and International Law Making for an Era of Transition (1984); French Edition: *Les Nations Unies et la Formation du Droit* (1986).
9. Aerial Piracy and International Law (1987).
10. The International Court of Justice and Western Tradition of International Law (The Paul Martin Lectures) (1987).
11. Nuclear Weapons and Contemporary International Law (1988) with President Nagendra Singh of the ICJ).
12. Judicial Settlement of International Disputes. Jurisdiction, Justiciability and Judicial-Law Making on the Contemporary International Court (1991) (The Hague Academy Lectures 1990).
13. Judge Shigeru Oda and the Progressive Development of

Sienho Yee & Jacques-Yvan Morin (eds.), Multiculturalism and International Law, xxiii-xxv.

International Law: Opinions on the International Court of Justice, 1976-1992 (1993).

14. Judge Manfred Lachs and Judicial Law Making: Opinions on the International Court of Justice, 1967-1993 (1995).
15. The United Nations and a New World Order for a New Millennium. Self-Determination, State Succession, and Humanitarian Intervention (2000).
16. The September 11 Terrorist Attacks and the Invasion of Iraq in Contemporary International Law (2004).
17. Judge Shigeru Oda and the Path to Judicial Wisdom (2005) (with Mariko Kawano).
18. Self-determination of Peoples and Plural-Ethnic States in Contemporary International Law. Failed States, Nation-building and the Alternative, Federal Option (2007) (The Hague Academy Lectures 2002).

II. Books on Constitutional Law and Federalism

1. Judicial Review in the English-Speaking World (1st ed., 1956; 2nd ed., 1960; 3rd ed., 1965; 4th ed., 1969).
2. *Föderalismus and Bundesverfassungsrecht* (1962).
3. Constitutionalism in Germany and the Federal Constitutional Court (1962).
4. Comparative Federalism. States' Rights and National Power (1st ed., 1962; 2nd ed., 1965).
5. Federal Constitution-Making for a Multi-National World (1966).
6. Parliamentary Privilege and the Publication of Parliamentary Debates (1974).
7. Québec and the Constitution, 1960-1978 (1979).
8. Constitution-Making. Principles, Process, Practice (1981).
9. Canada and the Constitution, 1979-1982. Patriation and the Charter of Rights (1982).
10. Supreme Courts and Judicial Law Making. Constitutional Tribunals and Constitutional Review (1986).

11. Chrétien and Canadian Federalism. Politics and the Constitution 1993-2003 (2003).
12. The Governor General and the Prime Ministers. The Making and Unmaking of Governments (2005).

III. Articles

Some 500 articles have been published. For details, see the bibliographies listed below.

IV. Bibliographies of the Publications of Edward Watson McWhinney Compiled by the Library of Parliament, Ottawa

1. Edward McWhinney, Publications (Ian McDonald (Compiler)), Library of Parliament, Ottawa, 1995.
2. Edward McWhinney, Publications, Update (Alain Lavoix (Compiler)), Library of Parliament, Ottawa, 2000.
3. Edward Watson (Ted) McWhinney, Selected Written Works (Daniel Ledoux and Kathleen Chance (Compilers)), Library of Parliament, Ottawa, 2006.
4. Online select biographies of current and historical members of Parliament of Canada are available at its webpage: <http://www.parl.gc.ca/common/index.asp?Language=E>; choose "Senators and Members"; below "House of Commons", choose the "Historical" button; and search for "McWhinney, Edward". At the upper left hand corner under "Parliamentarian File", there is a button for "Select Publications" (visited August 2008).

Note on Style and Abbreviations

The Contributors writing in English were asked to follow generally the style guide of the *Chinese Journal of International Law* (www.chinesejil.org/style. htm). Other styles may have been used by some Contributors, as long as consistency within a particular contribution is assured. Generally, the footnotes use only regular fonts, without italicization or small capitalization. The papers written in French follow the normal style used in the French legal papers.

The spelling of Chinese names follows the desire of the authors, who sometimes put the last names first and first names last, in which event the last name is capitalized in whole (e.g., WANG Tieya), as is now the usual practice in UN documents. If a Chinese name is spelled in the Western way, the last name is not capitalized except the first letter (e.g., Tieya Wang).

The name "Institut de Droit international" is spelled in the form as used in the official publications of the Institut.

Abbreviations are used with a view to ensuring that official abbreviations are followed and that the readers need not carry a book of abbreviations in order to understand one. When abbreviating journal titles, the contributors are asked to keep the *unique components* of a title but abbreviate the other words in it. For example, "Chinese JIL" is used for "Chinese Journal of International Law".

The common non-unique components of journal titles are as follows:

(1) "LR" for "Law Review";
(2) "JIL" for "Journal of International Law";
(3) "JTL" for "Journal of Transactional Law";
(4) "JILP" for "Journal of International Law and Policy";
(5) "CL" for "Comparative Law";
(6) "YIL" for "Yearbook of International Law" or "Year Book of International Law";
(7) "JLS" for "Journal of Legal Studies".

Sienho Yee & Jacques-Yvan Morin (eds.), Multiculturalism and International Law, xxvii-xxviii.

Notwithstanding the above, the following commonly used abbreviations may be used in this collection:

(1) "AFDI" for "Annuaire français de Droit international";
(2) "AJIL" for "American Journal of International Law";
(3) "BYIL" or "BYBIL" for "British Year Book of International Law";
(4) "EJIL" for "European Journal of International Law";
(5) "EPIL" for "Encyclopedia of Public International Law";
(6) "Hague Lectures" or "Recueil des Cours" or "RCADI" for "Recueil des Cours de l'Académie de la Haye (RCADI)" or "Collected Courses of the Hague Academy of International Law";
(7) "ILM" for "International Legal Materials";
(8) "ICLQ" for "International and Comparative Law Quarterly";
(9) "ILR" for "International Law Reports";
(10) "UNYB" for "United Nations Yearbook";
(11) "ICJYB" for "International Court of Justice Yearbook";
(12) "ICTYJR" for "ICTY Judicial Reports";
(13) "ILCYB" for "Yearbook of the International Law Commission";
(14) "NJW" for "Neue Juristische Wochenschrift";
(15) "RGDIP" for "Revue generale de droit international public";
(16) "UNJYB" for "United Nations Juridical Yearbook";
(17) "YIHL" for "Yearbook of International Humanitarian Law".

L'ordre juridique international et l'éthique du bien commun dans l'ère de la mondialisation

Jacques-Yvan Morin*

I. Introduction

Les événements internationaux nous rappellent sans répit que notre époque en est une de mondialisation des rapports entre les peuples et soulèvent constamment la question de l'existence ou de la pertinence de l'éthique dans la conduite de ces relations. Celle du bien commun, familière à la tradition occidentale et connue, sous diverses formes, de plusieurs systèmes de pensée, peut-elle servir de fondement à des règles propres à régir une société internationale dont font partie des pays inégalement développés? Alors que tend à prévaloir le laisser-faire économique et social, inspiré par un certain "réalisme" et l'ultralibéralisme ambiant, oserait-on soutenir que le bien collectif de l'ensemble des États doit transcender leurs intérêts particuliers et régler leur conduite? La diversification des acteurs et des structures de pouvoir, née de la mondialisation de l'économie, l'opposition de leurs intérêts, le heurt des croyances et des cultures peuvent-ils nourrir une conception partagée du bien commun, apte à fonder un ordre juridique acceptable pour tous?

Deux écoles de pensée fort anciennes s'affrontent à ce sujet. La première enseigne que les nations, grandes et petites, constituent une communauté au sein de laquelle chacun doit veiller au bien de tous, seule garantie de justice et de paix. En dérivent plusieurs courants de pensée et doctrines, selon le fondement objectif, subjectif ou utilitariste que l'on donne à cette notion de bien commun,

---

* Professeur émérite de droit international public, Université de Montréal. Membre titulaire de l'Institut de Droit international.

Sienho Yee & Jacques-Yvan Morin (eds.), Multiculturalism and International Law, 1-31.

exprimée de diverses façons : bonheur général, *public welfare*, richesse commune, *social interest*, fins communes, *happiness of the community*, par exemple.

La seconde école, au contraire, se veut réaliste et soutient que les rapports entre États sont inégaux par nature, que chacun doit veiller avant tout à son propre intérêt et ne pas hésiter à défendre ou agrandir son bien, faute de quoi les autres ne manqueront pas de pousser leur avantage à ses dépens. De nos jours, l'un des avatars de cette position prend la forme du "néolibéralisme" qui inspire la politique étrangère de plus d'un gouvernement.

À l'époque de la création de l'Organisation des Nations Unies, d'aucuns pensaient que les progrès des communications et des échanges ne tarderaient pas à rapprocher les peuples et à les amener à travailler ensemble au profit de tous. La guerre froide a démenti cette idée généreuse et radicalisé les tenants du réalisme. À leurs yeux, l'effondrement du système soviétique leur a donné raison, de sorte que le libre marché et le laisser-faire sont devenus des dogmes pour beaucoup d'économistes, de juristes et de politiques. À l'occasion du 60e anniversaire de l'ONU, célébré en septembre 2005, on en était à se demander si ce rapprochement et le voisinage forcé entre les peuples n'ont pas eu plutôt pour effet de les jeter les uns sur les autres, dans un chacun-pour-soi généralisé.

La contradiction entre ces deux lectures de la situation internationale est aujourd'hui accentuée par la mondialisation et la question se pose de savoir laquelle caractérise le comportement des États.

En premier lieu, que faut-il entendre par "mondialisation", phénomène susceptible de nombreuses interprétations ? La première donnée est l'essor dans l'économie mondiale des technologies de l'information et de la communication ainsi que le foisonnement qu'elles permettent des réseaux de financement, de production et d'échanges. Ceux-ci se substituent en quelque sorte à la géographie : tout se rapproche et la compétition des intérêts tourne souvent au corps-à-corps, tendant tout naturellement à favoriser les intérêts de ceux qui en ont la maîtrise. Les États développés sont confortés dans leur puissance et entendent décider ce qui est bon pour tous tandis que les pays en développement ou en transition entrent eux-mêmes en concurrence pour attirer les investissements; la déréglementation vient alors affaiblir les garde-fous sociaux. Le tableau est complété par la croissance rapide de la mobilité des personnes ainsi que des flux de biens et de capitaux.

Dans une résolution adoptée à sa session de 2005, l'Assemblée générale des Nations Unies décrit la mondialisation comme un "processus complexe de transformation structurelle", lequel n'est pas purement économique et financier, mais comporte des "dimensions sociales, politiques, environnementales et juridiques" qui ont une incidence sur le développement. L'impact en est souvent négatif, déclare l'Assemblée, car les avantages en sont très mal partagés et ses coûts, inégalement répartis; elle affaiblit le rôle de l'État et le rend plus exposé aux événements extérieurs, en raison notamment de turbulences financières.[1] Un récent rapport du Secrétariat de l'ONU nous en décrit les conséquences : même si plusieurs États ont libéralisé leur système financier et ouvert leur marché, les inégalités entre sociétés riches et pays pauvres se sont accentuées depuis 1980.[2] Ajoutons que le phénomène comporte également des dimensions culturelles, pour ne pas dire psychiques. On ne s'étonnera donc pas de constater que la mondialisation fait l'objet d'évaluations contrastées quant aux avantages et inconvénients qu'elle comporte.

Le ring planétaire ne s'étend d'ailleurs pas qu'au libre jeu du marché, qui fragilise les pays les plus vulnérables dans plusieurs aspects de leur développement et de leur environnement : exploitation incontrôlée des ressources, mais aussi pollutions, déchets dangereux et maladies infectieuses. En outre, le laisser-faire touche également les pays développés eux-mêmes : trafics en tous genres, menaces sur la couche d'ozone et la diversité biologique, changements climatiques sont à l'ordre du jour; même le terrorisme se mondialise. Ces menaces planent au-dessus de tous les peuples, même les plus puissants, comme si l'humanité redécouvrait les "terreurs de l'an mil". En pareille conjoncture, est-ce le moindrement crédible de parler de bien commun?

Pourtant, la mondialisation néolibérale n'est pas la seule possible. La rapidité des communications et des échanges ne permet-elle pas l'acquisition d'une nouvelle conscience planétaire? N'apporte-t-elle pas de nouveaux moyens de résoudre les problèmes qu'elle soulève? Après tout, l'ONU a connu la

---

1 La mondialisation et ses effets sur le plein exercice de tous les droits de l'homme, A.G. Rés. 60/152, 16 déc. 2005, N.U. Doc. off., Résolutions et décisions, 60e sess., vol. I, 392.

2 ONU, Secrétariat, Affaires sociales, Situation économique et sociale dans le monde en 2006, 30 juin 2006 (http://www.un.org/era/policy/wess/wess2006files/wess2006/pdf). Voir Le Devoir, Montréal, 1er et 2 juil. 2006, C1 : "La mondialisation n'a pas comblé le gouffre entre pays riches et pauvres".

décolonisation, l'affirmation du tiers-monde et les efforts de l'Assemblée générale en vue de définir les droits et devoirs de ses Membres en matière de développement. Une mondialisation mieux partagée, multilatérale et à visage humain celle-là, n'est-elle pas concevable ? Dans la résolution de l'Assemblée mentionnée plus haut, elle invite ses membres à "bâtir un avenir commun fondé sur notre humanité commune". Les pays développés qui refusent ces perspectives ne prennent-ils pas le risque de se trouver démunis à leur tour devant des menaces comme la surexploitation des ressources, les changements climatiques et les pandémies infectieuses?

Il est vrai que les tentatives de conjurer ces périls dans le cadre onusien ne sont guère concluantes jusqu'ici. Peut-on seulement s'entendre sur la notion de bien? À supposer même qu'on puisse tomber d'accord quant à la pertinence de l'idée d'un bien commun mondial, qui possède l'autorité nécessaire pour la définir objectivement et en déduire les règles de comportement des États? Comment le principe éthique peut-il passer dans le droit que nous appelons positif ?

De telles questions peuvent paraître purement théoriques. Elles sont néanmoins suffisamment concrètes pour soulever les foules, comme ce fut le cas à Seattle, en 1999, alors que la protestation altermondialiste se fit entendre à la conférence de l'Organisation mondiale du commerce, et même à provoquer, quelques mois plus tard, un malaise chez les dirigeants économiques alors qu'ils furent invités, au Forum de Davos, à se demander si, dans sa version ultralibérale, la mondialisation était compatible avec le bien-être des populations.[3]

Dans la première partie de cette réflexion, il sied de préciser la notion plurielle de bien commun. Élaborée avant tout dans le cadre des pays développés, l'idée en est-elle transposable dans les rapports entre tous les États? Dans la seconde partie, il conviendra de rechercher les moyens par lesquels le bien commun peut s'implanter dans la société internationale d'aujourd'hui et imprégner le droit. À quelles conditions peut-il y devenir effectif ?

---

3 Voir E. Kempf, Les O.N.G. contre l'O.M.C., dans Le Monde, Paris, 23 nov. 1999, 2; sur Davos, voir l'éditorial intitulé "À quoi sert Davos?", Le Monde, Paris, 30-31 janv. 2000, 11.

II. La notion de "bien commun"

Il fut un temps en Occident où la recherche du bien commun s'imposait à tous, tant gouvernants que gouvernés, et constituait le fondement même du droit. Selon un discours de source théologique, les normes juridiques découlaient sans discontinuité de la conscience morale et la loi devait conduire la multitude vers le bien de la cité. Porté par la foi chrétienne et le raisonnement scolastique, l'impératif du *commune bonum* n'est pas la simple somme des biens particuliers, mais cherche plutôt à harmoniser et hiérarchiser ceux-ci en les "ordonnant à quelque chose qui les dépasse". En d'autres termes, il transcende les biens individuels et ce "degré supérieur de bien", qui est la raison d'être de toute société, fait de la coopération et de l'aide mutuelle des obligations morales appelant les contraintes du droit dans une communauté bien ordonnée.[4]

L'apparition des États souverains en Europe au XIVe siècle, la Réforme et les Guerres de religion des XVIe et XVIIe siècles bouleversent cette imposante construction, tout en conservant sa rationalité : H. Grotius et ses disciples veulent élaborer une éthique laïcisée et valable "quand même on accorderait [...] qu'il n'y a point de Dieu".[5] Les règles de la vie entre États peuvent être élucidées par la seule raison et il en découle un "droit naturel" que l'École du même nom répand dans toute l'Europe. C'est cependant, en réalité, la souveraineté des États qui sous-tend désormais les rapports internationaux et la raison ne perçoit plus guère que le bien particulier de chaque État. S.E. von Pufendorf, l'auteur classique de l'époque, écrit que dans les échanges économiques entre États, il n'existe aucun précepte éthique qui puisse les contraindre.[6] Les États deviennent bientôt ces Léviathans dont Th. Hobbes étudie les ressorts en 1651, au lendemain de la Révolution anglaise et de la Guerre de trente ans. Plaignez le chef d'État qui ne se donne pas un pouvoir absolu et ne s'arme pas aux frontières : il condamne ses sujets à une vie

---

4 Voir notamment Th. d'Aquin, Summa theologiae (Bibl. autores chr., Matriti, 1955), tome II, 153, I^a^II^ae^, qu. 105, art. I, ad quintum; Des lois (trad. Kaelin, Paris, Egloff, 1946), 22, 74, 98, 128, 195.

5 Le droit de la guerre et de la paix (1625), trad. par J. Barbeyrac, Bâle, Thournaisen (1746), t. Ier, 10, par. XI.

6 De jure naturae et gentium libri octo (1670), trad. par J. Barbeyrac, Amsterdam, P. du Coup (1712), 169 et ss.

"solitaire, besogneuse, pénible, quasi animale et brève".[7] Ce réalisme demeure vivace dans la pensée politique de notre époque, où le terrorisme mondialisé et Guantanamo constituent le dernier état de la question.

La philosophie politique des XVIIIe et XIXe siècles s'éloigne à son tour du droit naturel ou plutôt, comme chez J. Locke (1632-1704) et Montesquieu (1689-1755), elle met le droit et l'État au service de la propriété et de la liberté individuelles; non pas qu'elle supplante entièrement l'idée de bien commun, mais celui-ci n'est plus guère que la somme des intérêts de chacun.[8] Et David Hume (1711-1776) achève de miner le caractère objectif du droit naturel en écrivant que ces droits ne reposent que sur des "sentiments, instincts et habitudes".[9] Toutefois, ce subjectivisme lui paraît propre, chez "l'homme normal", à rechercher son bien particulier dans le "bonheur général", version empirique du bien commun. C'est, avant la lettre, l'utilitarisme, qui est l'une des sources des deux courants de la pensée libérale qui s'affrontent encore aujourd'hui : le libéralisme que nous pourrions qualifier de réformateur, issu des œuvres d'Adam Smith (1723-1790), de Jeremy Bentham (1748-1832), de John Stuart Mill (1806-1873) ainsi que de John Maynard Keynes (1883-1946) et, d'autre part, le libéralisme "individualiste" de l'École physiocratique, passé dans la doctrine néolibérale d'aujourd'hui, chez un Milton Friedman (1912-2006), par exemple.

Les tenants du néolibéralisme se réclament volontiers de Smith et de sa "main invisible", mais c'est là simplifier abusivement sa pensée : *The Wealth of Nations* présente une forme de bien commun matériel et sa démarche n'exclut pas les sentiments moraux, qui le conduisent à assigner certains "devoirs" à l'État, notamment en matière d'instruction publique.[10] Ces "dépenses du

---

7 Léviathan : Traité de la matière, de la forme et des pouvoirs de la République ecclésiastique et civile (1651), trad. F. Tricot, Paris, Sirey (1971), 125, 187, 200 et 208.

8 J. Locke, Traité du gouvernement civil (1690), trad. D. Mazel, Paris, Flammarion (1984), 209, 283, 331; Montesquieu, De l'Esprit des Lois (1748) éd. G. Truc, Paris, Garnier (1956), XI, ch. I et 2, 161 et ss.; XII, ch. I à III, 196 et ss.; XII, ch. XIX et XX, 213 et ss.

9 Inquiry Concerning the Principles of Morals (1751), New York, Modern Library, 406-408.

10 An Inquiry into the Nature and Causes of the Wealth of Nations (1776), Londres, J.M. Dents (1947), 182, 264, 269 et 298; The Theory of Moral Sentiments (1759),

souverain" ou du *commonwealth* sont fondées sur l'idée que la liberté économique exige une éthique, fût-elle subjective. De même, si Bentham prône le laisser-faire, celui-ci ne doit prévaloir qu'après la réforme des lois sociales, lesquelles doivent être fondées sur "le plus grand bonheur pour le plus grand nombre". Cette version utilitariste du bien commun ne consiste pas dans la subordination des biens particuliers, mais résulte en quelque sorte de leur cumul[11] ; le législateur doit constamment se demander si son intervention ajoute à la "somme totale des plaisirs" individuels. Quant à Mill, la condition de la classe ouvrière britannique dans la première moitié du XIXe siècle, de même que les mouvements de protestation et de pensée politique qui prennent forme, comme le chartisme ou le socialisme, lui paraissent exiger que l'État impose des règles aux entreprises. Dans ses *Principles of Political Economy*, parus en 1848, l'année même du *Manifeste communiste*, il écrit que la liberté contractuelle ne saurait justifier, par exemple, les abus liés au travail des femmes et des enfants.[12]

Selon que l'on mette l'accent sur la liberté économique ou sur les responsabilités minimales de l'État, on a construit, à partir de Smith, Bentham ou Mill, deux versions divergentes du libéralisme : en simplifiant un peu les choses, la première, d'inspiration physiocratique — donc préindustrielle —, n'admet qu'une intervention réduite de l'État dans l'économie, et aboutit à ce que nous appelons, sans doute par antiphrase, le néolibéralisme, tandis que la seconde, soucieuse de soumettre la société industrielle à un minimum de règles éthiques et juridiques, évoluera vers le *Welfare State.* Tout le XXe siècle et le début du XXIe font écho à ce débat — à ce conflit — entre les deux types de liberté économique et retentissent des clameurs qu'il suscite.

Il ne faut point s'étonner que les pays de l'Occident et particulièrement les États-Unis aient donné le ton au débat au XXe siècle : ils étaient parmi les premiers à connaître les bienfaits et les affres du développement. On se souvient de l'attitude de la Cour suprême des États-Unis au début du siècle, hostile à toute intervention de l'État dans l'économie, au nom de la liberté contractuelle. Cela conduit, avant même la grande dépression des années trente,

---

Indianapolis, Liberty Classics (1969), 47 et 520.

11 Introduction to the Principles of Morals and Legislation, New York, Routledge (1931), 97-99.

12 Principles of Political Economy (1848), Londres, Ashley & Longmans (1908), 955-958, 966.

à l'élaboration par les politiques, notamment le président Woodrow Wilson (1856-1924), d'une pensée progressiste appelée "libérale", laquelle entend redresser les abus du capitalisme et "humaniser" tous les aspects de la "vie commune" des citoyens.[13]

Pendant la campagne présidentielle de 1932, le candidat Franklin D. Roosevelt (1882-1945) met de l'avant sa conception du rôle de l'État dans la situation dramatique que connaît le pays : l'ancien contrat social doit céder la place à un "nouvel ordre économique" dans lequel tout homme peut obtenir par son labeur une part de la "richesse commune" suffisante pour couvrir ses besoins. Sont en gestation dans ce credo politique les réformes du *New Deal* en matière de relations de travail, de salaire minimum et de travail des enfants, sans compter les mesures d'aide sociale. Comme il arrive souvent, ce sont les crises qui rendent les sociétés et leurs dirigeants plus sensibles aux exigences du bien commun.

Le débat entre les deux libéralismes ne se limite pas aux États-Unis. En Europe, parmi les économistes les plus connus, Keynes et François Perroux (1903-1987) entendent remédier aux dérèglements du libre marché. Dans *La fin du laisser-faire* (1927), Keynes renvoie dos à dos Smith et Karl Marx (1818-1883) et propose une économie "mixte" dans laquelle l'État intervient et, par son action sur la monnaie et le crédit, travaille à réduire le chômage et les inégalités de fortune. Le bien commun devient ici "*the social interest*" et celui-ci exige que les gouvernants n'hésitent pas à favoriser les investissements dans les secteurs les plus utiles, se gardant d'abandonner de telles décisions aux hasards du marché. Et l'économiste britannique de préciser qu'en définitive, ces mesures répondent à des préoccupations d'ordre éthique.[14]

Survient alors la décolonisation, qui élargit le débat. Perroux enseigne que l'économie libérale doit prendre en compte les "coûts de l'homme", admirable expression du bien commun, qui veut qu'on veille à satisfaire les besoins fondamentaux de la population, faute de quoi on assiste à "la destruction ou la détérioration des vies humaines", tant à l'intérieur des États qu'entre les

---

13 W. Wilson, "First Inaugural Address", dans 63rd Congress, Special Session, Washington (1913), 3-6.

14 The Collected Writings of John Maynard Keynes, Londres, St. Martin's Press (1971-1988), vol. 9, 287 et ss.

peoples.[15] Le débat prend alors une dimension mondiale, que nous retrouverons plus loin. Cependant, les tenants du primat de l'individualisme économique ne désarment pas.

Pour nous en tenir aux idées des tenants les plus connus du néolibéralisme américain, ceux de l'École de Chicago par exemple, l'idée même de l'intervention de l'État dans l'économie constitue une aberration. Dans *Capitalism and Freedom* (1962), Friedman propose de tourner résolument le dos au *New Deal*. Il faut selon lui revenir aux "forces du marché" et limiter le rôle gouvernemental au strict minimum : les routes, le système scolaire, auxquels il ajoute tout de même les lois anti-trust et les mesures de santé publique.[16] Tout le reste et notamment la législation sociale de même que les politiques fiscales et financières, doit être laissé au dynamisme du libre marché. Selon Friedman, la "main invisible" fait plus pour le progrès économique et social que la main trop visible de l'État.

Ainsi se trouve liée la contestation entre les deux courants du libéralisme : celui du laisser-faire et celui de l'intérêt commun. Le premier, issu d'une certaine interprétation d'Adam Smith, débouche sur le néolibéralisme, si influent depuis quelques années aux États-Unis, où le Cato Institute de Washington, groupe de réflexion néolibéral, soutient, par exemple, que l'État doit être cantonné dans les domaines de l'armée, de la police et de la justice, tout le reste pouvant être géré par l'entreprise privée.[17] Ce n'est pas la seule officine du genre, lesquelles font florès aux États-Unis depuis l'effondrement du système soviétique. Cependant, leurs propos ne restent pas sans réponse. Il ne manque pas actuellement de philosophes, de juristes et d'économistes pour se montrer plus sensibles à la nécessité d'une éthique dans le domaine économique et social, au niveau international comme à l'intérieur des États.

Retenons avant tout ici, à titre d'exemple, l'œuvre du p[r] John Rawls, parce que sa *Théorie de la justice* étend son influence au-delà des États-Unis et qu'il tente non seulement de renouveler le rationalisme et l'utilitarisme, mais propose une méthode fort originale pour déterminer les exigences de la justice entre les États. Cette méthode place les acteurs sociaux désireux de fonder une

---

15 Œuvres complètes, Grenoble, P.U.G. (1990), vol. V, 435-437.

16 Capitalism and Freedom, Chicago, U.C.P. (1962), 197-199.

17 Voir D. Boaz, Le XXe siècle n'a été qu'une parenthèse étatique, Le Monde (Paris),

association acceptable pour tous derrière un “voile d’ignorance” par lequel les participants acceptent de faire abstraction de leur richesse ou de leur pauvreté respectives ainsi que de leurs dons d’intelligence et de force pour débattre et choisir des règles de justice valables pour l’ensemble, notamment les plus désavantagés. Rawls pense que des participants libres et raisonnables, placés de la sorte dans une “position initiale d’égalité” seront conduits à des principes pouvant servir de fondement à un “droit des gens” applicable aussi bien aux puissants qu’aux démunis.[18]

Rawls distinguerait toutefois une “théorie idéale” applicable aux sociétés “bien ordonnées”, plus exigeante qu’une théorie “non idéale” destinée aux pays confrontés à des “conditions défavorables”, mais qui tendrait à l’intégration progressive de tous les peuples dans une même communauté. Les États bien ordonnés ont le devoir moral de travailler à amener tous les pays à faire partie, au bout du compte, de cette communauté. Cette conception de la justice “exige” que les pays défavorisés accèdent à un meilleur partage des ressources, du savoir-faire technologique, voire des traditions politiques. La justice est ici synonyme de bien commun. Ces idées de Rawls et surtout sa méthode du “voile d’ignorance” sont tout à fait novatrices et considérées en Europe et ailleurs comme l’une des contributions les plus significatives de la réflexion contemporaine. Le fait que ses idées soient fort débattues, combattues même, ne fait qu’ajouter à leur signification pour l’avenir de l’éthique du bien commun et du *jus gentium.*

Les idées de Rawls sont en effet contestées non seulement par la pensée réaliste, mais par les auteurs qui, au contraire, poussent plus loin que Rawls les exigences du bien commun mondial. Charles R. Beitz est de ceux-là : son ouvrage, publié en 1999, voit dans l’interdépendance des États le fondement objectif conduisant à un principe de redistribution des ressources “qui donnerait à chaque société une chance équitable de développer [...] une économie capable de satisfaire les besoins fondamentaux de ses membres”.[19] Le principe de la destination universelle des biens s’appliquerait donc entre sociétés développées

---

26 janv. 2000, III.

18 A Theory of Justice, Cambridge, Harvard U.P. (1971), trad. C. Audart, sub tit. Théorie de la Justice, Paris (1986), 37 et ss.

19 Political Theory and International Relations, Princeton, P.U.P., éd. rév. (1999), 144.

et pays pauvres en ressources.

Mentionnons enfin, parmi les auteurs que mobilisent les problèmes économiques du monde actuel, le p^r P. Bauchet. Peu enclin à faire appel aux "jugements subjectifs" de la morale, il entend s'en tenir à l'observation scientifique des faits : force lui est de constater qu'un certain libéralisme, entiché du "fétiche" du marché, multiplie les "dangers planétaires, particulièrement pour l'économie et l'écologie des pays les plus fragiles", dont le marché libre épuise les resources.[20] Persuadé que "l'interdépendance de biens communs devenus rares" exige un libéralisme bien compris, Bauchet préconise la "réglementation efficace" par un droit international rigoureux et des organismes propres à protéger à long terme "les ressources communes de la planète".

Le débat sur l'existence et les exigences du bien commun n'est pas près de s'éteindre. Nous pouvons néanmoins en retenir la reconnaissance par de nombreux esprits, des scolastiques aux libéraux en passant par la pensée utilitariste, donc selon les cheminements intellectuels les plus divers, mais convergents, de l'existence d'un bien commun, qui invite à soumettre les rapports entre États et peuples à des principes éthiques et à des données scientifiques, sources de règles proprement juridiques.

Il reste cependant à déterminer qui peut en établir le contenu concret et les normes qui en découlent. De quelles institutions disposons-nous qui aient la légitimité et l'objectivité nécessaires pour accomplir la tâche aussi vaste que délicate qui consiste à donner une définition cohérente du bien commun mondial? Comment s'organise la transformation des principes éthiques en règles de droit? Qui décide? Qui les met en œuvre? Qui en contrôle l'application? Comment sanctionner les manquements?

III. La définition et la mise en œuvre du bien commun mondial

Les institutions internationales sont nées des exigences du bien commun des peuples et des États, même si ceux-ci n'ont de cesse d'y rappeler leur indépendance et leur souveraineté. Cette ambivalence est la source d'une partie des difficultés que rencontrent ceux qui veulent donner corps à la notion de

---

20 L'imparfait libéralisme dans les sociétés occidentales, Paris, Cujas (1993), 8, 133, 137-140.

bien commun au plan international et davantage encore ceux qui ont pour mission de la mettre en œuvre. La Charte des Nations Unies veut "harmoniser les efforts vers des fins communes" et invite les États membres à travailler "au progrès économique et social de tous les peuples"; elle n'en est pas moins fondée sur le principe de "l'égale souveraineté de tous ses membres" et sur ce que le regretté p^r^ R.-J. Dupuy appelait le "quadrillage étatique", qu'il fallait cependant dépasser pour que les États puissent "s'assumer comme une communauté de peuples rassemblés en un être collectif".[21]

Nous aurons maintes occasions de le constater, la souveraineté entrave la recherche du bien commun mondial. Sans doute constitue-t-elle, dans une société où règne l'inégale puissance des États, un moyen de défense et un facteur d'égalité pour plusieurs peuples. Elle peut ainsi, comme le fait observer le p^r^ J. Touseoz, contribuer "à la réalisation, tâtonnante et contradictoire, du bien commun universel" mais pour cela doit trouver sa juste place dans la construction de l'édifice institutionnel.[22]

L'histoire de l'ONU depuis soixante ans est marquée par le recours constant et croissant à l'idée de bien commun. L'accession à l'Organisation d'un grand nombre de nouveaux États anxieux de modifier les règles du jeu des rapports entre peuples n'y est pas étrangère. Ce développement a fait appel notamment à la notion d'humanité dans plusieurs résolutions des organes de l'ONU, la substituant en quelque sorte aux tenaces souverainetés.

L'octroi de l'indépendance aux peuples coloniaux marque à cet égard un tournant[23] : avant la décolonisation, les États développés, qui tiennent la majorité au sein de l'ONU, mettent l'accent sur les droits et libertés de l'individu, comme le veut la *Déclaration universelle des droits de l'homme* de 1948.[24] Dans les années soixante, le "bien commun de l'humanité" fait l'objet de déclarations et de conventions multilatérales : cela veut répondre avant tout aux

---

21. Cf. R.-J. Dupuy, La clôture du système international, Paris, P.U.F. (1989), 156.

22 "La souveraineté économique, la justice internationale et le bien commun de l'humanité", dans Humanité et droit international. Mélanges René-Jean Dupuy, Paris, Pédone (1991), 315, 318, 327.

23 Cf. Déclaration sur l'octroi de l'indépendance aux pays et peuples coloniaux, A.G. Rés. 1514 (XV), dans J.-Y. Morin, F. Rigaldies et D. Turp, Droit international public, Montréal, Thémis, 3e éd. (1997), 683.

24 Ibid., 671.

impératifs du développement des "nations, grandes et petites" qui ont accumulé des retards sur ce plan. C'est ainsi, par exemple, que l'espace extra-atmosphérique, la Lune et les corps célestes deviennent en 1968 l'"apanage de l'humanité tout entière" et donc sont destinés à être utilisés "pour le bien et dans l'intérêt de tous les pays".[25]

La portée de l'idée de bien commun s'accroît considérablement avec la *Déclaration des principes régissant le fond des mers et des océans* de 1970, dont l'ambassadeur A. Pardo avait pris l'initiative en 1963 et qui conduit à la signature de la Convention de Montego Bay sur le droit de la mer en 1982.[26] La Partie XI de la Convention établissait la "Zone" des fonds marins et de leur sous-sol, dont les ressources devaient constituer le "patrimoine commun de l'humanité".[27] La partie la plus significative du traité portait sur la mise en valeur de la Zone par l'Autorité des fonds marins, nouvelle organisation internationale doublée d'une "Entreprise" chargée de l'exploitation directe des ressources. Ces organes devaient avoir égard tout particulièrement aux "intérêts et besoins des États en développement" et assurer le partage équitable des avantages économiques et financiers tirés de la Zone; ils devaient également protéger les États en développement des effets défavorables que pourraient avoir sur leurs recettes d'exportation la concurrence des ressources tirées de la Zone. On voit que le bien commun prenait là une tournure tout à fait concrète.

Trop précise, cependant, et trop dirigiste aux yeux des pays développés : la plupart des États occidentaux et ceux de l'Est votèrent contre la résolution de 1970, les États-Unis allant jusqu'à dénoncer cette "majorité sur le papier".[28] On sait que, par la suite, les États développés obtinrent l'assouplissement de ce système, dans la recherche malaisée d'un compromis propre à garantir les investissements importants nécessaires à la mise en valeur des grands fonds. L'Accord sur l'application de la Partie XI de la Convention, approuvé par

---

25 Traité sur les principes régissant l'activité des États dans le domaine de l'exploration et de l'utilisation de l'espace extra-atmosphérique, y compris la Lune et les corps célestes, 27 janv. 1967, 610 R.T.N.U., 205, art. Ier; texte dans Morin, Rigaldies et Turp, ci-dessus n 23, 289.

26 A.G. Rés. 2749 (XXV), 17 déc. 1970; Convention des Nations Unies sur le droit de la mer, 30 avril 1982, dans Morin, Rigaldies et Turp, ci-dessus n 23, 355.

27 Ibid., 389 et ss., art. 133-173.

28 Voir également les propos du représentant des États-Unis, A.G., Sixième

l'Assemblée en 1994, en constitue une véritable révision et un retour à l'économie de marché, mais la notion de patrimoine commun a survécu, bien qu'édulcorée.

Le quart de siècle qui va grosso modo de 1964 à 1990 connaît, dans le cadre de l'ONU, un immense débat sur la nature des moyens à mettre en œuvre pour assurer le bien commun d'un ensemble d'États qui s'étend des plus développés aux plus démunis. Plusieurs pays en développement, dont certains sont, en réalité, en voie de sous-développement, sont partisans, sous l'influence du socialisme, d'une économie mondiale dirigée et planifiée. Que l'objectif du bien commun ait inspiré ce mouvement n'est pas douteux. Témoin l'intervention, très remarquée à l'époque, du père L.J. Lebret, en 1964, à la Première conférence des Nations Unies sur le commerce et le développement (CNUCED) : disciple de la tradition scolastique, le représentant du Saint-Siège n'hésite pas à affirmer que le bien de tous exige la mise en commun de la totalité des richesses naturelles du monde, la coordination des efforts productifs et la répartition équitable des fruits du travail.[29] Quelques mois plus tard, il écrit qu'on doit faire appel à un "nouvel ordre économique international"[30]; c'était dix ans avant que l'Assemblée adopte la Déclaration portant ce titre.

Ce Nouvel ordre économique international (N.O.E.I.) et le programme d'action qui l'accompagne, de même que la *Charte des droits et devoirs économiques des États*, tous adoptés en 1974, font appel à "l'intérêt commun [de la] communauté internationale tout entière", en vue de modifier le fonctionnement de l'économie mondiale. Il ne s'agit de rien moins que de combler l'écart économique entre pays en développement et pays développés et il s'ensuit que les devoirs incombent avant tout à ces derniers. Découlent de cet objectif l'obligation de restituer les ressources provenant de toutes les formes de domination extérieure, l'accès généralisé aux réalisations de la science et de la technique, le droit de réglementer les investissements étrangers et "les activités des sociétés transnationales" ainsi que le droit de nationaliser les biens étrangers

---

session extraordinaire, séance 2307, 1312-1315.

29 CNUCED (Première Conf.), Genève, 23 mars – 15 juin 1964, vol. I, 139.

30 Cité par V. Cosmao, o.p., Ordre de paix et justice internationale, dans R. Papini, Droits des peuples, droits de l'homme, Paris, Centurion (1984), 127. Cf. L.J. Lebret, o.p., Découverte du bien commun : Mystique d'un monde nouveau, Paris, Econ. et humanisme (1947).

sans possibilité de recours international.[31] Cette déclaration comportait certes une part d'utopie, mais témoignait en retour de la vitalité de l'idée de bien commun mondial en tant que projet à débattre. Comme le fait observer Edward McWhinney, il n'est guère possible d'adopter un nouveau cadre économique mondial et de le faire entrer dans les faits "par un simple édit législatif"; il se peut d'ailleurs que la Charte ait été en grande partie incitative, peut-être voulue comme telle. En revanche, ajoute-t-il, la "valeur d'exemple moral" du message adressé aux gouvernements des pays exportateurs de capitaux, à l'intention des entreprises nationales et multinationales, comme source de directives pour leurs investissements dans les pays du tiers-monde, peut amener ces entreprises à s'en accommoder dans la mesure où, en définitive, les directives s'apparentent à des règles de prudence ou de civisme économique.[32] Ajoutons que se prépare de la sorte le terreau dans lequel le droit peut éventuellement prendre racine, à partir d'une nouvelle mouture de l'idéal du bien commun résultant des débats et accommodements nécessaires.

Les États développés ne réagirent pas d'une seule voix, cependant, et l'on voit poindre à cette occasion les divergences entre les deux conceptions du libéralisme décrites ci-dessus: la version réformiste et l'attitude du laisser-faire. Devant les revendications globales du tiers-monde, l'Europe communautaire se déclare "consciente de l'ampleur des problèmes" et prête à rechercher "un système économique international équitable". [33] C'est l'époque où la Communauté économique européenne, par les Conventions de Yaoundé (1963 et 1969), puis la première Convention de Lomé (1975), organise des rapports commerciaux privilégiés et des programmes d'aide au développement avec un ensemble de pays d'Afrique, des Caraïbes et du Pacifique — les États A.C.P. —,

---

31 Déclaration concernant l'instauration d'un nouvel ordre économique international, A.G. Rés. 3201 (S.VI), 1er mai 1974, Doc. off. A.G., 6e sess. extraord., supp. n° 1, 3, reproduite dans B. Stern, Un nouvel ordre économique international (1983), vol. I, 3; Programme d'action concernant l'instauration d'un nouvel ordre économique international, 1er mai 1974, A.G. Rés. 3202 (S. VI), 5, reproduit dans Stern, ibid., 6; Charte des droits et devoirs économiques des États, 12 déc. 1974, A.G. Rés. 3281 (XXIX), Doc. off. A.G., 29e sess., supp. n° 31, 5.

32 Les Nations Unies et la formation du droit. Relativisme culturel et idéologique et formation du droit international pour une époque de transition, UNESCO/Pédone (1986), 221-224.

33 A.G., Doc. off., 6e sess. extraord., séances plénières, 2229e séance, 10, 15.

qui ne cesseront de croître en nombre. Les États-Unis voient plutôt dans le projet de *Charte des droits et devoirs économiques* une manœuvre attentatoire à leur conception du libre jeu du marché : la délégation américaine réprouve ouvertement ces “résolutions partiales et peu réalistes”, ces “triomphes sur le papier”, ces “actes égoïstes” qui ne peuvent que miner la crédibilité de l’ONU auprès de l’opinion américaine.[34]

Cette mésintelligence ne s’est guère dissipée depuis cette époque : les Occidentaux n’arrivent pas à se mettre fondamentalement d’accord quant à la nature de leurs obligations envers les pays en développement. Non pas que l’Europe communautaire forme un bloc sans faille à ce sujet, mais le libéralisme, voire l’ultralibéralisme, des uns a pour pendant la sensibilité sociale des autres, de sorte que collectivement ses membres font preuve d’une plus grande ouverture à l’endroit des aspirations des pays en développement.[35] N’est-on pas allé jusqu’à proposer l’idée d’une aide massive pour le tiers-monde? Il eût fallu pour cela s’entendre avec les États-Unis au moment où l’administration Reagan arrivait aux affaires. Le résultat en fut l’abandon des “négociations globales” escomptées par l’Assemblée générale. Le sommet de Cancun, en octobre 1981, marque la fin du “dialogue Nord-Sud”. Pendant la décennie suivante, qui marque en quelque sorte le reflux de l’idée de bien commun dans les rapports internationaux, l’aide publique au développement passe de 164 millions de dollars à 78 en 1987. La contribution de l’Europe représentait 56 pour cent de ce total, celle du Japon 31 et celle des États-Unis 10 pour cent.[36]

Il ne restait plus à l’Assemblée générale, lorsque survint l’effondrement du système soviétique, qu’à tirer les conséquences de la nouvelle donne libérale, ce qu’elle fit dès 1990 dans une résolution portant sur la quatrième Décennie pour le développement.[37] Le vocabulaire dirigiste du N.O.E.I. a disparu, l’Assemblée notant une “convergence croissante des vues en ce qui concerne

---

34 Ibid., 2307e séance, 1312-1315, par. 101, 119, 129 (6 déc. 1974).

35 Pour une analyse plus poussée des attitudes européenne et américaine, voir J.-Y. Morin, Rapport introductif, dans Perspectives convergentes et divergentes sur l’intégration économique, A.F.D.I., Colloque de Québec, Paris, Pedone (1993), 19-24.

36 O.C.D.E., Coopération pour le développement, Rapport 1988, 54-62.

37 A.G. Rés. 45/199, 21 déc. 1990, Doc. off. A.G., 49e sess., supp. n° 49, vol. I, 134, adoptée par consensus : Séances plén., 71e séance (A/45/PV. 71), 32.

des formules plus efficaces de développement économique et social [ainsi que] les contributions que les secteurs privé et public, les particuliers et les entreprises, et le respect des droits et libertés démocratiques peuvent apporter au processus de développement"; on y préconise même "l'esprit d'entreprise et d'innovation" devant permettre aux forces du marché de s'exercer. L'Assemblée ambitionne toujours le bien commun, mais par des voies libérales. Reste à savoir de quel libéralisme il s'agira.

La nouvelle stratégie de développement sera donc celle des pays développés, mais force est de constater, en rétrospective, que les attentes des pays en développement ont été déçues. Un rapport du Secrétariat des Nations Unies sur la *Situation économique et sociale dans le monde en 2006* le dit en toutes lettres : les disparités de revenu ont fortement augmenté depuis 1980, même si le monde dans son ensemble s'est enrichi. La stratégie qui prévalait dans les années 80 et 90, écrit-on, était de laisser une plus grande marge de manœuvre au libre marché mondial pour combler l'écart. Or, cela ne s'est pas produit "en dépit du fait que de nombreux pays [...] ont libéralisé leurs systèmes financiers et ouvert leurs marchés à la mondialisation". Les idées reçues ont été démenties : la volatilité du capital a nui au développement et les deux tiers des pays en développement ont connu l'effondrement de leur croissance.[38] Le bien commun semble donc avoir régressé globalement aux plans économique et social sous l'empire d'un libéralisme d'inspiration avant tout américaine.

Dans plusieurs autres domaines, cependant, les années 90 et le début du XXIe siècle ont vu se préciser de nouvelles urgences qui touchent également au bien commun sous la forme de menaces planant non seulement sur le monde en développement, mais non moins sur les pays développés. Les exigences du bien public mondial apparaissent plus clairement entre Nord et Sud dans des domaines comme l'environnement, les changements climatiques, le virus H5N1, les pandémies, la drogue, l'argent sale et le terrorisme. La lenteur du processus de formation des règles coutumières ne pouvant répondre aux besoins créés par la rapidité et la gravité des changements dans ces domaines, on a dû avoir recours aux engagements conventionnels et aux actes concertés non conventionnels, tant au plan universel qu'au niveau régional.

Ne retenons ici que la vulnérabilité de l'environnement et de la santé

---

[38] Ci-dessus n 2, iii, vii, xii.

publique, domaines contigus en pleine effervescence. Les années 90 ont en effet été marquées par une intense activité internationale à ces sujets et la présence croissante des O.N.G., des scientifiques et des techniciens dans les nombreux forums qui en ont traité. Certes, on s'y était intéressé auparavant : la Conférence et la Déclaration de Stockholm avaient, dès 1972, témoigné de la prise de conscience des risques planétaires et affirmé que la biosphère, ne connaissant pas de frontière, appelait de la part des États un "partenariat mondial" pour sa protection. [39] Si cette Déclaration et le Plan d'action qui l'accompagnait constituaient une modeste charte de ce bien commun manifeste qu'est l'environnement, le "Sommet de la Terre" tenu à Rio en 1992 montre qu'un sentiment d'urgence devant les risques qui menacent la biosphère s'est imposé dans l'intervalle et qu'aux yeux des États participants, "la Terre, foyer de l'humanité, constitue un tout marqué par l'interdépendance".[40] On ne saurait exprimer plus clairement l'idée de bien commun, liée ici au "droit à une vie saine [...] en harmonie avec la nature", qui découle des 27 Principes de la *Déclaration de Rio sur l'environnement et le développement*, quoique soit réaffirmé le "droit souverain" des États "d'exploiter leurs propres ressources selon leur propres politiques d'environnement", à charge cependant de ne point porter atteinte à l'environnement des autres États (Principe 2). La souveraineté rappelle son existence, mais les menaces se font plus insistantes et la protection de l'environnement fait l'objet des démarches normatives les plus innovantes du droit international actuel, appesanties cependant par les difficultés de mise en œuvre. Plusieurs centaines d'accords multilatéraux ont été conclus, dont plusieurs au niveau régional, mais la coordination de ces efforts fait problème.

La Conférence de Rio propose donc de faire de la Terre elle-même un bien commun mondial. Les Principes de la Déclaration relèvent cependant davantage de l'éthique et du droit programmatoire que du droit positif. Aussi les participants ont-ils voulu proposer à la signature des États deux conventions comportant des engagements plus précis : la première porte sur les changements climatiques et la seconde sur la diversité biologique, auxquelles la Conférence a

---

[39] Déclaration de Stockholm sur l'environnement, 16 juin 1972, Doc. N.U., A/CONF. 48/14/Rev. 1 : Principes 12, 15 et 26.

[40] Déclaration de Rio sur l'environnement et le développement, 13 juin 1992, Doc. N.U., A/CONF. 151/5/Rev. 1, adoptée par consensus, reproduite dans Morin, Rigaldies et Turp, ci-dessus n 23, 763 et ss.

encore ajouté l'"Action 21", nouveau programme, et une *Déclaration de principes sur les forêts*, ces derniers instruments étant toutefois sans valeur obligatoire; il est même précisé dans cette Déclaration qu'elle est "non juridiquement contraignante mais faisant autorité "; en d'autres termes, les États participants n'ont voulu s'exprimer que *de lege ferenda*. On ne s'étonnera point outre mesure de constater que cette profusion normative, souvent conçue dans l'urgence et doublée de la prolifération d'institutions *ad hoc*, témoignent à la fois de la sensibilité accrue des États à leur bien commun et de leurs réticences devant ses exigences concrètes.

La Convention ou Accord-cadre sur les changements climatiques de 1992 veut stabiliser les concentrations de gaz à effet de serre dans l'atmosphère à un niveau qui empêche toute perturbation anthropique dangereuse du système climatique. Les obligations assumées par les Parties sont très générales : elles "se laisseront guider" par les principes énoncés dans la Convention et prennent des engagements en fonction de la "spécificité de leurs priorités nationales [...] de développement, de leurs objectifs et de leur situation".[41] On veut éviter que l'humanité n'ait à souffrir des effets néfastes de ces changements, mais on prend soin de réaffirmer le principe de la souveraineté. En revanche, les États acceptent de tenir un inventaire de leurs émissions ainsi que la création d'un secrétariat, d'un conseil scientifique et technique ainsi que d'un "organe subsidiaire de mise en œuvre". C'est là un bon exemple de la manière dont les États sont amenés — on serait tenté de dire apprivoisés — ou incités à accepter des contraintes dictées par cet autre bien commun manifeste qu'est le climat.

En outre, les Parties ont convoqué une conférence habilitée à leur proposer de nouveaux instruments en vue de préciser les engagements de l'Accord-cadre. Celui-ci ne comportant pas au départ d'engagements chiffrés, la troisième Conférence des Parties s'est attachée en 1997, par le Protocole de Kyoto, à obtenir des pays industrialisés ou en transition des réductions quantifiées des gaz à effet de serre (au moins 5 pour cent du chiffre de 1990 d'ici à 2012). [42] On sait les objections et l'opposition que rencontre cet

---

41 Convention cadre des Nations Unies sur les changements climatiques, New York, 9 mai 1992 (http://unfccc.int/resource/docs/convkp/convfr.pdf), art. 2.

42 Protocole à la Convention des Nations Unies sur les changements climatiques, Kyoto, 10 déc. 1997 (http ://unfccc.int/resource/docs/convkpfrench.pdf), art. 3.1 et annexe B.

engagement en Amérique du Nord, en dépit du travail scientifique considérable qui l'a précédé et des conséquences que cette insensibilité au bien commun peut comporter pour le continent même.

Autre exemple du processus très graduel par lequel les préoccupations éthiques ou scientifiques en viennent à imbiber le droit : la Convention sur la diversité biologique du 5 juin 1992, entrée en vigueur l'année suivante. Énoncées sous forme de principes de comportement plutôt que d'obligations de résultat, les dispositions de cet accord prévoient que chaque Partie, "en fonction des conditions [...] qui lui sont propres [...] intègre [dans son droit interne] dans la mesure du possible et selon qu'il conviendra" les règles de la Convention. Ce ne sont point là des engagements bien contraignants, d'autant que l'objectif de conservation des écosystèmes dans leur diversité n'est encore qu'une "préoccupation commune", notion sans contenu juridique précis, et doit être compris à la lumière du "droit souverain [des Parties] d'exploiter leurs propres ressources selon leur politique d'environnement".[43]

On peut ne voir là qu'une ébauche, une étape préliminaire sur le chemin du bien commun. À cet égard, l'article 20.4 de la Convention contient un avertissement des pays en développement, lesquels "ne pourront s'acquitter effectivement de [leurs] obligations [...] que dans la mesure où les pays développés s'acquitteront effectivement de [leurs] obligations financières" et veilleront au transfert des technologies nécessaires. Et la Convention ajoute : le développement économique et social et l'élimination de la pauvreté sont les priorités premières et absolues des pays en développement. En revanche, l'État qui prend au sérieux les menaces qui pèsent sur la diversité biologique peut avoir recours aux conseils de commissions d'experts et à un mécanisme de financement.

D'autres moyens visent à exercer davantage de pression sur les États pour qu'ils se conforment aux "principes" de leurs déclarations. Toujours dans les domaines de l'environnement, la Convention pour la protection de la couche d'ozone, signée à Vienne en 1985, complétée par le Protocole de Montréal en 1987,[44] fait appel à plusieurs techniques : comité exécutif, groupes d'experts

---

43 Convention sur la diversité biologique, Rio, 5 juin 1992 (www.biodiv.org/docs/legal/cbd-un-fr.pdf), art. 3 et 5-11, 20, 21.

44 Convention pour la protection de la couche d'ozone, Vienne, 22 mars 1985, (http://ozone.unep/pdfs/viennetext-fr.pdf); Protocole de Montréal relatif à des

aptes à évaluer le comportement des États, réunions des Parties et secrétariat permanent assuré par le P.N.U.E., chargé de relever les cas de "non-conformité", avec l'aide d'O.N.G. Le menace planant sur la couche d'ozone en raison des émissions de certaines substances comme les chlorofluo-carbones (C.F.C.) paraît si critique que les Parties ont consenti des mesures d'aide financière en faveur des pays qui réduisent effectivement la fabrication et le commerce de ces substances. Des rapports périodiques doivent être soumis à l'examen des pairs. Surtout, la quatrième réunion des Parties au Protocole de Montréal a institué une procédure en cas de "non-respect", qui peut déboucher sur des mises en garde et des sanctions à l'encontre des "Parties contrevenantes", telles que l'interdiction adressée aux autres Parties d'importer des produits non conformes, comme la Russie en a fait l'expérience en 1995. L'inexécution des dispositions du Protocole entraîne alors, après épuisement des mesures incitatives, de véritables sanctions commerciales, tempérées par une assistance financière compensatoire. Incitations et sanctions entremêlées viennent ainsi à la rescousse des principes.[45] Lorsque les objectifs se voient de la sorte "donner des dents", on assiste à la mondialisation partielle, mais effective, de la défense du bien commun.

Cette lutte, pour être efficace, exige des moyens financiers. Divers fonds constitués par des contributions volontaires ont été créés, dont le Fonds international pour l'environnement mondial (F.E.M.), institution autonome établie en 1994 dans le cadre de la Banque mondiale, qui assure le financement des surcoûts occasionnés par les mesures de protection. Sans ce soutien, encore insuffisant, le bien commun a bien du mal à s'affirmer.

Que la santé soit à la fois un droit individuel et un bien commun n'est

---

substances qui appauvrissent la couche d'ozone, 16 sept. 1987 (modifié depuis), P.N.U.E., Secrétariat de l'ozone (ozone.uncp.org/pdr/Montreal-Protocol-Booklet-fr.doc).

45 Protocole de Montréal, ci-dessus n 44, Comité d'application élu par la réunion des États parties, UNEP/Ozl. Pro. 7/12, 52 et ss., décisions VII/16 et VII/18. Les procédures du Comité ont fait l'objet d'une révision : Review of the non-compliance Procedure. Report of the Ninth Meeting of the Parties to the Montreal Protocol, UNEP/Ozl. Pro. 9/12, Decision IX/35, p. 41 (25 sept. 1997). Voir S. Maljean-Dubois, La mise en œuvre du droit international de l'environnement (C.E.R.I.C., Aix-en-Provence, 2003, Notes de l'Iddri, n° 4) (www.iddri.org/iddri/téléchargé/ notes/04-maljean.pdf), 44 et ss.

pas contradictoire : c'est même là l'un des exemples les plus probants de la corrélation entre le bien-être de chacun et celui de la collectivité en ces temps de maladies mondialisées. C'est déjà une vieille préoccupation de la société des États : à la différence de l'environnement, la santé fait l'objet des soins d'organismes internationaux depuis le XIXe siècle et d'une institution spécialisée du système onusien, l'Organisation mondiale de la santé (O.M.S.), depuis 1946. La tâche de celle-ci, conférée par l'article 1er de sa Constitution, est "d'amener tous les peuples au niveau de santé le plus élevé possible" et pour cela elle s'est vu confier des fonctions de surveillance et d'action qui s'étendent à tous les continents.[46] L'O.M.S. incarne en quelque sorte le bien commun mondial en matière de santé des populations.

L'Assemblée de la Santé possède le pouvoir d'adopter des règlements de contrôle sanitaire ou comportant des mesures destinées à "empêcher la propagation des maladies d'un pays à l'autre". Peu d'organisations internationales possèdent ce pouvoir d'adopter par un vote majoritaire des contraintes qui entrent en vigueur dès que notifiées aux États membres, sans acceptation formelle de leur part; on ne peut guère citer que l'O.A.C.I. Toutefois, à l'O.M.S. comme chez cette institution sœur, la souveraineté des États les autorise à faire connaître, dans un délai déterminé, des réserves ou leur intention de ne pas appliquer une disposition du Règlement sanitaire.[47] Le dernier a été adopté le 23 mai 2005 et entré en vigueur en juin 2007. Il est trop tôt pour connaître le nombre et le contenu des réserves éventuellement présentées, mais le Règlement antérieur, daté de 1973, a fait l'objet de 16 réserves (sur 193 Parties). L'aide apportée aux États réservataires a permis le retrait de plusieurs de celles-ci et l'Assemblée de la Santé devra décider quelles réserves au Règlement de 2005 sont compatibles avec son objet et son but.

Il serait certes prématuré de parler du "pouvoir législatif" de l'O.M.S., mais nous avons là une avancée considérable dans la technique juridique internationale.[48] Si nous ajoutons à ce pouvoir réglementaire celui du Conseil de l'Organisation de prendre toute mesure d'urgence en cas d'événement requérant

---

46 Constitution de l'Organisation mondiale de la santé, New York, 22 juil. 1946, avec modifications (http://whglidoc.who.int/publications/1985/9242602515.pdf), art. 1er, 21, 28, 61.

47 Sur les réserves voir (http://who.int/gb/ghr/pdf/IHR_IGWG2_ID2-fr.pdf).

48 Voir C.-A. Colliard, Institutions internationales, Paris, Dalloz, 6e éd. (1974), 598.

une action immédiate, nous sommes devant le processus décisionnel international le plus évolué du droit actuel. En matière de santé, la souveraineté se fait plus modeste devant les exigences du bien commun. Salutaire inquiétude!

Le Règlement de 2005 montre l'importance de la discipline sanitaire en voie de mondialisation. Après avoir déclaré son appréhension devant les risques que font courir à l'homme des maladies épidémiques telles que le syndrome respiratoire aigu sévère (S.R.A.S.) et la flambée de grippe aviaire à virus H5N1, menaçant de tourner à la pandémie,[49] l'Assemblée de la Santé se penche sur les moyens d'y remédier. Le nouveau Règlement veut protéger "l'ensemble de la population mondiale" en renforçant les capacités de ses membres en matière de détection, d'évaluation et de réaction à l'égard de tout événement pouvant constituer une urgence de santé publique de portée internationale.[50] Toute situation de ce genre doit être notifiée dans les 24 heures à l'O.M.S. selon une procédure établie. Alors interviennent les pouvoirs de l'Organisation : par exemple, c'est le Directeur général qui décide en dernier ressort, en cas de désaccord, s'il y a urgence et des suites à y donner. L'Organisation peut ensuite mobiliser le soutien des États membres nécessaire à la lutte contre la maladie en leur recommandant d'instaurer les contrôles requis aux points d'entrée sur leur territoire et dans les moyens de transport ainsi que de mettre en œuvre les mesures sanitaires appropriées.[51] En matière d'épidémies infectieuses et de pandémies, le bien commun s'impose sans doute à l'esprit des gouvernements avec une insistance particulière.

L'Assemblée générale de l'ONU s'est prononcée à plusieurs reprises sur l'importance de la santé pour le développement, appelant par exemple à la lutte contre le VIH/sida, le paludisme et la tuberculose, à la création de services de santé appropriés et à l'appui au Fonds mondial de lutte contre ces maladies, notamment en vue de réduire l'impact du paludisme endémique d'au moins 50 pour cent d'ici à 2010 et de 75 pour cent d'ici à 2015.[52] Dans sa *Déclaration*

---

49 O.M.S., Rés. WHA58.5: Pandémie de grippe: renforcer la préparation et l'action (23 mai 2005).

50 O.M.S., Rés. WHA58.3: Révision du Règlement sanitaire international (23 mai 2005), art. 3.2.

51 Ibid., art. 5.1, 6.1, 12.3, 19 et ss., 49.

52 Décennie contre le paludisme, A.G. Rés. 60/221, 23 déc. 2005, N.U., Résol. et décisions, 60e sess., supp. n° 49, t. Ier, p. 270, par. 4, 6.

d'engagement sur le VIH / sida du 23 décembre 2005, après avoir constaté qu'en dépit de l'endiguement de cette épidémie dans certains pays, elle continue, au total, de se propager, l'Assemblée demande aux "dirigeants du monde" de s'engager dans une "lutte mondiale et globale" contre cette maladie, avec l'objectif d'un accès universel au traitement à l'horizon 2010 par l'accès à des médicaments financièrement abordables. [53] La mondialisation favorise la contagion des maladies entre les États mais, en revanche, elle permet une lutte plus efficace contre celle-ci au nom du bien commun, pour peu que se manifeste la volonté politique des gouvernements, laquelle dépend souvent de la mobilisation de l'opinion.

L'obsession du bien commun sous-tend de façon générale les débats et travaux de l'ONU, sous des appellations diverses comme le "développement pour tous" et désormais le "développement durable", c'est-à-dire propre à bénéficier également aux générations futures; c'est là le bien commun de l'avenir. C'est dans cet esprit qu'a été élaborée la *Déclaration du Millénaire*, adoptée par l'Assemblée générale en septembre 2000 à la suite d'une réunion de chefs d'État et de gouvernement des pays membres réunis au siège de l'Organisation. Ce document constitue un véritable compendium des objectifs du bien commun mondial et des devoirs qui en découlent pour les États "à l'égard de tous les citoyens du monde, en particulier les personnes les plus vulnérables"[54]; dans le langage onusien, il s'agit là de *global commons.*

Dans l'ère de la mondialisation, affirme la Déclaration, l'ONU est "le lieu de rassemblement indispensable de l'humanité tout entière" et le lieu de "la lutte pour le développement de tous les peuples du monde" contre la pauvreté, l'ignorance, la maladie, l'injustice, la violence, la terreur, la criminalité et la destruction de "notre planète". Voilà des propos que n'auraient désapprouvés ni les disciples de la philosophie scolastique, ni Bentham, ni Mill, ni Perroux, ni Keynes, ni Rawls. Les chefs d'État ne laissent rien dans l'ombre : la misère, "phénomène abject et déshumanisant qui touche actuellement plus d'un milliard de personnes", doit nous inciter à faire du droit au développement une réalité pour l'humanité entière; "notre bien-être dépend du respect de la nature" et

---

53 Déclaration d'engagement sur le VIH/sida, A.G. Rés. 60/224, 23 déc. 2005, N.U., Résol. et décisions, 60e sess., supp. n° 49, t. Ier, par. 1, 12.

54 Déclaration du Millénaire, A.G. Rés. 55/2, 8 sept. 2000, N.U., Résol. et décisions, 55e sess., supp. n° 49, p. 4, par. 2, 5.

nous devons adopter à l'égard de l'environnement "une nouvelle éthique de conservation et de sauvegarde"; enfin, il s'impose, d'ici 2015, d'arrêter la propagation des "grandes maladies qui affigent l'humanité" et de rendre les médicaments essentiels abordables pour toutes les populations.[55]

La *Déclaration du Millénaire* établit un lien entre "avenir commun" et mondialisation : celle-ci doit être profitable à tous les peuples et "devenir une force positive pour l'humanité". Quel que soit le fondement de ces propos — il varie sûrement selon les croyances et les philosophies en présence —, il s'agit bien d'une éthique et des devoirs qu'impose aux États la mondialisation de type libéral. Il ne s'agit de rien moins que de "mettre l'humanité entière à l'abri du besoin", déclarent les chefs d'État.[56]

Devant un dessein aussi ambitieux, que ne dépare pas indûment l'emphase dictée par la présence des chefs d'État, d'aucuns n'y verront que des vœux pieux. Pourtant, on a évité, sans doute avec soin, de n'invoquer que des "Principes" : il s'agit plutôt d'objectifs de développement, vocable plus modeste, mais qui trace les grandes lignes d'un projet de société. N'est-ce pas là justement l'un des rôles de l'éthique? Il faut cependant tôt ou tard s'attaquer aux problèmes de façon concrète.

Aussi le "Sommet mondial" tenu à l'occasion du soixantième anniversaire de la création de l'ONU a-t-il tenu à revenir sur la question en septembre 2005. Dans une longue déclaration devenue résolution de l'Assemblée générale, les chefs d'État ont voulu se montrer soucieux d'efficacité. On s'attarde sur les moyens : "bilans communs", coopération Nord-Sud, "partenariat mondial au service du développement" et surtout financement de toutes ces mesures par la création de fonds de solidarité et d'initiatives en faveur des pays les plus démunis et les plus endettés.[57] Il en ressort que le bien commun mondial dépend, en définitive, de la bonne volonté des pays développés, pour lesquels mondialisation doit devenir synonyme d'interdépendance; ce n'est pas encore acquis.

La résolution passe en revue les exigences d'un développement

---

55 Ibid., par. 6, 11, 23, 31.

56 Ibid., par. 11.

57 Document final du Sommet mondial de 2005, A.G. Rés. 60/1, 16 sept. 2005, N.U., Résol. et décisions, 60e sess., supp. n° 49, t. Ier, p. 3, par. 2, 4, 19, 22 et passim.

commun : libéralisation du commerce, certes, mais également gestion des prix des produits de base, protection de l'environnement, mise en valeur des ressources, santé, éducation, travail, condition des femmes, catastrophes naturelles etc. De cette profusion d'actions à entreprendre, retenons la santé à titre d'exemple : la situation sanitaire est telle dans certains pays que des mesures d'urgence doivent intervenir en vue de l'amélioration immédiate des conditions de vie, notamment par des traitements antipaludéens efficaces. De nouvelles sources de financement devraient permettre la vaccination massive des populations. Et les chefs d'État ne manquent pas de souligner le fait que les maladies infectieuses, telles que le VIH/sida et la tuberculose ne menacent pas que les pays démunis, mais également "le monde entier".[58]

Enfin, les gouvernants s'engagent à favoriser la recherche sur de nouveaux vaccins et microbicides, d'outils de diagnostic et de traitements permettant de faire face aux grandes pandémies, aux maladies tropicales, à la grippe aviaire et au SRAS. On observe donc le souci d'énoncer des engagements plus précis, pris en vertu d'instruments subsidiaires tels que les accords sectoriels, de même qu'à l'égard du financement de ces measures.[59] Ce sont là les clés du passage de l'éthique à l'effectivité juridique.

Où en est-on, six années après l'énoncé solennel des objectifs du Millénaire? Deux rapports publiés en juillet 2006 permettent de faire le point. Le premier, présenté par le Secrétariat des Nations Unies, nous apprend que les objectifs fixés en 2000 rencontrent d'énormes obstacles. Il avait été "décidé" de réduire de moitié, d'ici à 2015, la proportion de la population mondiale dont le revenu était inférieur à un dollar par jour. Or, constate le rapport, si l'extrême pauvreté a globalement diminué dans le monde, il n'en va pas de même en Afrique sub-saharienne où 140 millions de personnes sont venues grossir les rangs des plus démunis. Dans le domaine de la santé, si l'objectif d'arrêter l'expansion du sida a pu être atteint dans plusieurs pays, le nombre de nouvelles infections continue d'augmenter dans l'ensemble. De grandes inégalités sévissent de même dans la vaccination : la rougeole, par exemple, tue encore 500 000 enfants chaque année.[60]

---

58 Ibid., par. 34, 56, 57.

59 Ibid., par. 59.

60 Projet Objectifs du Millénaire des Nations Unies 2005, Investir dans le

Le second rapport porte sur les pays les moins avancés (P.M.A.). La CNUCED l'a rendu public le 20 juillet 2006 et prend le contre-pied d'un certain optimisme qui se félicite du taux de croissance de 5,9 pour cent atteint par les P.M.A. en 2004 et du taux record de leurs investissements étrangers (10,7 milliards de dollars). La réalité semble tout autre : il s'agit d'une croissance sans emplois, qui tient au cours des matières premières et n'entraîne aucune réduction de la pauvreté. La solidarité internationale doit, selon la CNUCED, se concentrer sur la création de capacités de production par la transformation sur place des matières premières et développer les infrastructures (routes, électricité, téléphone), faute de quoi les cinquante pays les plus pauvres du monde ne parviendront pas à se développer, provoquant ainsi, prévient-on, des migrations catastrophiques.[61]

Les objectifs du Millénaire, qui définissent en quelque sorte le bien commun actuel au plan mondial, paraissent donc compromis, partiellement du moins. Dans le passage de l'éthique au droit et de celui-ci aux mesures de mise en œuvre effective, les relais juridiques et institutionnels s'avèrent souvent insuffisants de même que les moyens matériels.

IV. Conclusion

Au seuil de cette réflexion, la question posée était : quelle est la pertinence de l'idée de bien commun dans les rapports entre peuples et États en ces temps de mondialisation? Une tradition philosophique d'origine scolastique, relayée au cours des siècles par le rationalisme et l'utilitarisme, s'est maintenue jusqu'à nos jours. On peut certes se demander dans quelle mesure elle est respectée aujourd'hui au sein de chaque État, mais il s'agit ici de savoir si cette éthique est transposable dans les rapports *entre* États.

Depuis l'apparition des organisations internationales et dans la foulée de

---

développement : plan pratique pour réaliser les objectifs du Millénaire pour le développement, Rapport du Secrétaire général, New York (2006), (www.unmillenniumproject.org/reports/fullreport.french.htm), 9-62.

61 CNUCED, Rapport sur les pays les moins avancés, 17 mai 2006, UNCTAD/LDC/2006 (www.unctad.org/Templates/Page.asp?intitemlD=3902&lang=2); voir La CNUCED dénonce une croissance sans emplois dans les pays les plus pauvres, Le Monde, 2 juil. 2006.

la décolonisation, le bien commun de l'humanité a trouvé de nouveaux protagonistes chez les pays en développement, avant tout dans le vaste forum onusien. Serait-ce, comme l'écrivait R.-J. Dupuy, que le vieux mythe de l'unité du genre humain se retrouve dans la Charte ? "Les périls universels l'ont régénéré", opinait-il.[62] Si les États développés en venaient à ignorer cette nouvelle réalité, la relève viendrait de cette prise de conscience rééditée d'un bien commun qui donnerait à la mondialisation un visage humain, chaque peuple en obtenant sa juste part.

En effet, l'institution onusienne n'a de cesse qu'elle n'ait redéfini le bien commun de la planète dans ses résolutions. L'Assemblée générale a même adopté en 1974 ce Nouvel ordre économique international dont le dirigisme a rebuté plus d'un État développé. Même après avoir renoncé à ce dirigisme en 1990, l'Assemblée n'en a pas moins continué à se réclamer de l'humanité pour rappeler au monde développé les exigences du bien commun à l'endroit des pays aux prises avec la mondialisation de type libéral. Invoquant sans relâche "tous" les droits, y compris ceux d'ordre économique et social, ainsi que l'interdépendance de tous ses membres, l'ONU en est arrivée à emprunter, pour ne pas dire à faire sienne la tradition éthique de l'Occident, tout en tenant compte des intérêts de la majorité de ses membres.

Dans son état actuel, le droit international ne permet certes pas de qualifier les normes ainsi élaborées de "législation" ou de considérer l'Assemblée générale comme le "parlement de l'humanité", sauf à titre symbolique. Il n'en reste pas moins, comme l'a observé le p^r^ McWhinney, que plusieurs résolutions, incitatives au départ, portant par exemple sur la décolonisation et les ressources naturelles, font indubitablement partie du droit des gens actuel. Le fait que ces résolutions ne puissent figurer au nombre des sources formelles de ce droit ne signifie pas qu'elles soient sans effet sur la formation du droit, surtout lorsque les normes projetées s'inspirent d'une éthique répondant à des besoins manifestes. Certaines ne sont-elles pas propres à "transcender [leurs] origines occidentales", par exemple en matière de protection écologique? Ajoutons que ces initiatives visant à l'évolution du droit sont autant d'occasions de repenser les règles en fonction d'un bien commun plus englobant que celui du passé. Les défis qui attendent les États au XXIe

62 Ci-dessus n 21, p. 157.

siècle, y compris les pays développés, ne permettront pas de se dérober à ces débats sur de nouvelles règles. Sera-ce là, s'interroge McWhinney, le droit international de demain, "dans un monde de plus en plus surpeuplé dont les ressources, alimentaires et autres, diminuent rapidement"?[63]

Certes, les contradictions entre la mondialisation de toutes choses et le quadrillage des souverainetés et des cultures ne vont pas disparaître, mais les risques de dégradation des espaces économique et écologique imposent graduellement une recherche dialectiquc qui cst celle du bien commun, synthèse la plus plausible de tous les débats.

On peut se demander à quel moment les normes découlant de ces débats et instruments internationaux atteignent le niveau proprement juridique et quels en sont les effets pratiques. La mise en œuvre du grand dessein du Millénaire se heurte, on l'a dit, à de nombreuses difficultés. Il y a d'abord le rappel appuyé des "droits souverains" des États membres, obstacle d'ordre politique et juridique, mais il en existe bien d'autres, d'ordre matériel ceux-là, décrits dans les rapports récents de l'ONU. La pensée généreuse, parfois intéressée, du bien commun doit donc compter non seulement avec la nature même de la société internationale, mais avec des obstacles tels que l'insuffisance des moyens. Elle doit de surcroît affronter l'ultralibéralisme et le laisser-faire qui sous-tendent les politiques de maints États, parmi lesquels il s'en trouve qui pourraient faire beaucoup pour le monde en développement.

Observons que le bien commun ne s'impose pas dans tous les domaines avec la même vigueur. On peut en juger par les mécanismes de mise en œuvre et de financement qui complètent — ou n'accompagnent pas — les grands Principes. En simplifiant un peu les choses, on peut distinguer trois niveaux d'effectivité dans la démarche du bien commun :

1° Lorsque celle-ci touche à des intérêts industriels ou commerciaux, aux investissements ou au libre marché, d'innombrables obstacles se dressent devant le "droit au développement", surtout s'il fait appel au dirigisme économique. Le bien commun n'existe alors qu'à l'état de projet très général, d'idéal peut-on dire.

2° Les obstacles paraissent moins insurmontables, mais demeurent réels, dans le domaine du droit de l'environnement : si le Protocole de Montréal a

---

63 Ci-dessus n 32, pp. 40, 240-241.

permis d'obtenir des résultats dans la protection de la couche d'ozone, le Protocole de Kyoto se heurte à la résistance que l'on sait. Certains acteurs ne saisissent l'importance du bien commun que dans la mesure où il les protège sans gêner leurs intérêts. La *soft law* a bien du mal à s'imposer, mais elle n'est pas sans effet.

3° La conscience des périls qui guettent l'humanité, tant riche que pauvre, explique sans doute la coopération plus spontanée qui caractérise la santé publique au plan mondial. Cette mondialisation-là est redoutée des pays développés comme des autres et le bien commun devient plus palpable. Il prend alors la forme de règlements et de décisions à portée juridique, étayés par des moyens souvent insuffisants.

Cette gradation dans l'effectivité du bien commun comporte une leçon : celui-ci s'impose d'autant mieux que son absence menace le bien-être ou la propriété des intéressés. La voie du bien commun passe donc par la prise de conscience de ce que les inégalités économiques et sociales entre peuples constituent des périls moins immédiats peut-être, mais non moins réels pour l'ensemble des États que les pandémies ou les atteintes à la couche d'ozone.

Dans cette perspective, les normes éthiques qui sont déduites du bien commun et qui apparaissent d'abord comme du droit "vert" (*soft law*) ne peuvent constituer qu'une étape préliminaire qu'il appartient notamment aux juristes de faire évoluer vers le droit positif. Ce n'est pas une mince tâche car la vision communautaire, fruit de la dialectique entre mondialisation et souveraineté, n'émerge que lentement.

La mondialisation actuelle tend en effet à exacerber les attitudes, tant celle de l'ultralibéralisme que celle des pays en développement. Les inégalités s'aggravent entre pays développés et populations déshéritées, les pandémies ne connaissent pas de frontière et le terrorisme a fait de Guantanamo une sorte de prison mondialisée, parmi tant d'autres péripéties. En revanche, n'ouvre-t-elle pas de nouvelles perspectives de coopération en vue du bien commun? Elle apporte aux organisations internationales et aux États des moyens de progrès dont on n'osait rêver voici quelques décennies à peine: communications démultipliées, développement scientifique, techniques nouvelles, possibilités accrues du multilatéralisme. Osons affirmer que, en dépit de la souveraineté et des écueils de toute nature qui lui font cortège, le bien commun est tout aussi mondialisable que les risques et périls qu'il peut conjurer.

Est-ce là une utopie? D'aucuns estiment que les résolutions onusiennes en relèvent. Qui a dit que la mondialisation coince les peuples entre utopie et apocalypse ? Il reste à faire bon usage de l'utopie, à savoir mesurer les obstacles et les étapes. Pour cela, on doit accepter le fait que l'ONU soit devenu le lieu où s'élaborent et se débattent les principes, règles et moyens du bien commun. Malgré ses limites et les contradictions de la souveraineté, il ne saurait exister, à notre époque, de forum plus pertinent que celui-là en matière de bien commun des peuples; en réalité, il est incontournable puisque nous n'en avons pas d'autre qui puisse prétendre à l'universalité.

Sur le chemin qui va de l'éthique au droit positif, les étapes sont nombreuses et complexes. Il revient au juriste de bien connaître les divers instruments et techniques, dont nous avons esquissé l'inventaire, qui permettent à la *soft law* des déclarations de principes d'imprégner graduellement la sphère du droit. Ce processus exige à la fois patience et détermination : humaniser la mondialisation est un dessein fort ambitieux. Les juristes ne pourront cependant mener cette tâche à bien qu'en étant eux-mêmes persuadés de l'existence et des exigences d'un héritage commun à tous les peuples. Le seul "réalisme" praticable aujourd'hui consiste à mondialiser le bien commun.

From *E Unum Pluribus* to *E Pluribus Unum* in the Journey from an African Village to a Global Village?

Rein Müllerson*

Due to his interest in and deep knowledge of various areas of international law Professor Edward McWhinney maybe known for some mostly as a space law expert, for others more as a politician—member of the Canadian Parliament, while some may know him as a long-time member and the former President of the *Institut de Droit international.* I have known and met him in all these capacities but for me Professor McWhinney is first of all Mr Peaceful Coexistence. The bi-polar Cold War world about which he wrote a lot has changed almost beyond recognition. It has become even more complicated and not less confrontational. This contribution dedicated to Professor McWhinney is about some of these changes that are having considerable impact on international law for which he has been such a strong advocate for many decades.

Main features of every legal system depend on characteristics of those social systems, subsystems of which these legal systems are. International law, which is the main and the only formal and generally recognised normative subsystem of the international system or society,[1] is formed by forces active in the latter. Rapid and radical transformations going on in the contemporary international society have already destabilised some key areas of international law (especially those concerning use of force) that had matured within the Cold War bi-polar world without leading, at least so far, to a new normative

---

* Professor of International Law, King's College, London; Member of the Institute of International Law. This paper was completed in December 2007.

1 See H. Bull, Anarchical Society: A Study of Order in World Politics; R. Müllerson, Ordering Anarchy: International Law in International Society, Kluwer Law

Sienho Yee & Jacques-Yvan Morin (eds.), Multiculturalism and International Law, 33-58.

consensus. One of the key features of these transformations is that today we are living more and more in the closely interrelated world where multiculturalism, i.e. cultural, social, political, religious, ethnic and other forms of diversity, is an important aspect of both international society as well as most domestic societies. This article attempts to probe into some facets of this rapidly changing environment in which international law functions.

I. From *E unum pluribus* towards *E pluribus unum*?

The end of the Cold War and the bi-polar world, which had coloured most of the philosophical, political, economic and and legal issues for more than half a century and had, in a way, simplified them, has thrown wide into open the complexity and diversity of the humankind. Some welcome this newly discovered diversity, while others may be somewhat nostalgic about the lost simplicity, where indeed those who were not with us were seen, with some justification, as being against us. However, most people would probably agree that diversity of cultures is not only an inevitable fact but that it also benefits and enriches humankind. In that respect, socio-diversity, and its preservation, are not less important than our concern for the preservation of bio-diversity. A uniform world would not only be dull but it would also stagnate (if not for any other reason then because there would not be any innovative competition between experimenting societies); some societies, which have tried to impose uniformity of thought and behaviour on their members, have proven that. However, not only the intolerance of socio-diversity, but also quite a few aspects of this very diversity, may also be a source of friction and even conflict. Obviously, not many would openly celebrate such aspect of existing socio-diversity as the fact that some people are extremely poor while a few are extremely rich, that some societies are highly developed while others are poverty and decease ridden, that some peoples enjoy wide range of liberties while other peoples lack even most basic rights. This is also all diversity that is due to many factors, some of which are at least partly dependent on cultural traits. Is it possible to get rid of negative aspects of such diversity (though in a

International, 2000.

diverse world, what is negative for some may be positive for others) or at least diminish their role while retaining and even developing positive aspects?

The issue of diversity is a part of the problem of universal *versus* particular that is not only a philosophical question. Today Enlightenment's accent on universality, which was mainly based on the glorification of reason as the most important common characteristic of all humans, is vying with post-modern emphasis of relativism—the struggle that, for example, in the domain of human rights is expressed in the competition between the idea of universality of all the human rights (enshrined somewhat naively and/or hypocritically in a series of UN human rights documents) and the attempts of cultural relativists to prove (often self-servingly) the contingent nature of human rights. In a way, human rights movements or discourses are meant to get rid of some negative aspects of social diversity and as such they are a force for the unity or unification of humankind. Can they succeed and would the realisation of the idea of the universality of all human rights be an unalloyed blessing? The search for answers to these questions would benefit from a historical excursion: where did we start from and how have we got from there to where we are now?

In order to explain today's interplay of diversity and unity of humankind and existing contradictory trends in this interplay it would be worthwhile to look back at where did we start, how and why we became so diverse as Africans, Asians or Europeans, while of course retaining our fundamental unity as members of the same human species.

Long before the phrase *E Pluribus Unum* (out of many, one) became enshrined in the Great Seal of the United States and was written on the dollar, St Augustine and others had used it in various ways. It seems that in order to make sense in the infinite variety of the world the human mind simply has to try to find some common ideas or phenomena that would explain or encompass if not the world as a whole then at least some of its layers or aspects. Hence, attempts to find unity or unifying principles and laws that would help make sense in our extremely diverse world. A theory of everything (TOE) is a dream of not only theoretical physicists. However, much earlier, when nobody would have thought of using any Latin, or hardly any other language for that matter, there should have taken place a process that one could call *E Unum Pluribus* (out of one, many). I have in mind not the Big Bang that did allegedly create our universe but much more recent process of the evolution of humankind during the last tens of thousands of years when some members of a single community or a few communities of *Homo sapiens*—communities that were probably not very diverse but rather homogeneous, started to go their separate ways and in this process acquiring traits, both physical and cultural, that made these spreading communities as well as their members quite different from each other. Out of one emerged many; from relatively homogeneous community (communities) emerged more and more diverse communities.

To summarize, the following premises are discussed in the article: (1) due to demographic pressures (the world population doubled from 3 billion in 1959 to 6 billion in 1999[2] and by 2007 has exceeded 6,5 billion), the development of the means of communication and transportation, increasing migration flows that equal or even exceed previous migrations such as those of the Huns and other tribes from Asia to Europe or the Europeans to the New World, as well as some other developments, the world is becoming smaller and smaller; we—the humans—are more and more coming to live in the same "global village" or rather in a global megapolis; (2) at the same time, we remain very different not only physically, i.e., more or less superficially, but also culturally and in terms of societal development (wealth, freedoms, education etc.); (3) the differences, which were gradually acquired by population groups going their own ways in the process of the long and slow journey from an African village to the entire planet, usually did not matter much because there were no, or there were only few, contacts between the tribes that were becoming more and more different from each other (because they were also becoming geographically more and more remote from each other); although sometimes such contacts ended in violent conflicts or even what today are defined as acts of genocide or crimes against humanity; however, it was all then considered normal; (4) today, some of these differences, due to the smallness of the world, all are starting to matter more and more, either by enriching us or *vice versa* becoming a source of serious tension and conflicts; and (5) the questions are: will or should our differences, or at least some of them, disappear when the whole world is becoming one "global village"; can these new "village people" remain as different (some extremely rich, others terribly poor, some enjoying wide civil liberties, others suffering in virtual slavery, some tolerant to everything imaginable, or even

---

2 www.census.gov/ipc/www/world.

unimaginable, while on the other extreme some fanatically ready to impose on everybody their "absolute truth") as they are today when they are not any more remote from each other; will or should the process of dissimilation or diversification be replaced by some kind of process of assimilation?

II. Becoming different

"Much remains to be learned about human evolution, but for now it is fairly widely agreed that modern humans evolved in Africa and that 60,000 years ago there was an expansion out of Africa of an initially small group of people. They may have spoken a single fully modern human language, which, together with technological advances, led to further population expansion and gradually more rapid migrations".[3] "Modern humans appear first in Africa, then move to Asia, and from this big continent they settled its three appendices: Oceania, Europe and America,"[4] writes Luigi Luca Cavalli-Sforza. In accordance with some estimates "the date of the human–chimps separations was estimated about five million years ago, and the separation of Africans from non-Africans gave a date of 143,000 years ago using mtDNA results",[5] while "a number of recent independent genetic dates place the beginning of expansion from Africa close to 50,000 years ago".[6]

Be that as it may, it seems pretty certain that *Homo sapiens* moved out of Africa, out of a single community, or a few communities and gradually, over many millennia, our ancestors spread all over the world, creating various social groups, tribes and communities, some of which became completely isolated from other groups for many centuries or even millennia. Naturally, in the process of this proliferation all over the world these communities started to differ more and more from each other. The colour of our skin, cut of our eyes and other physical parameters changed depending on the climate and other natural factors; we started not only to hunt or domesticate different beasts but

---

3 L. Stone, P. Lurquin with L. Luca Cavalli-Sforza, Genes, Culture, and Human Evolution: A Synthesis, Blackwell, 2007, p. 163.

4 Luigi Luca Cavalli-Sforza, Genes, Peoples and Languages, Allen Lane, 2000, p. 81.

5 Ibid., p. 131.

6 Ibid.

also to sing different songs and pray to different gods. We were not made or born that different, we became that different.

Over the millennia of this exodus out of Africa, *Homo sapiens* has filled all more or less habitable corners of the planet. Today, for the expanding world population of more than six and a half billion, the whole Planet Earth has become smaller than eastern Africa probably was for the first groups of *Homo sapiens*, and there are no hospitable, or even inhospitable, spaces and places without human traces.

III. Remaining the same

Although in the process of the journey from Africa all over the world the human race became gradually more and more diverse, it nevertheless remained the human race and therefore it naturally also retained characteristics that were common to all humans and even their communities retained traits that are familiar to all human societies. One of the common social features that our all ancestors had for long was that *Homo sapiens* did not differentiate themselves as individuals (and therefore probably they should not be called "individuals") distinct from each other as well as from social groups whose integral parts they were. Such a state of affairs has characterized most of the periods of the evolution of humankind. Alexis de Tocqueville, for example, noted that "the word 'individualism', which we have coined for our own requirements, was unknown to our ancestors, for the good reason that in their days every individual necessarily belonged to a group and no one could regard himself as an isolated unit".[7] Most of the social groups that have ever existed in the world have been closely knit traditional communities and only relatively recently in the West have some of them become so individualistic that concerns have been even raised over the weakening of societal bonds holding such communities together.[8] This seems to indicate that communitarian ways of living have been, and for many societies still are, more natural than ways based on individualism,

7 A. de Tocqueville, The Old Regime and the French Revolution (1856), translated by Stewart Gilbert, Anchor Books, 1955, p. 96.

8 See, for example, D. Selbourne, The Principle of Duty: An Essay on the Foundations of the Civic Order, University of Notre Dame Press, 2000.

on rights and liberties of the individual vis-à-vis society.

Cultural relativists, emphasizing differences between societies (and they may be more or less right about the differences), however fail to appreciate the commonalities that exist in all or in most human communities. Although it may sound strange, but it is nevertheless true, that if differences are usually evident and immediately strike one's eye (for example, the colour of one's skin), commonalities more often than not have to be discovered in the process of communication with those who at first glancc may have nothing in common with you. Our common humanity seems to be deeper, and therefore also more hidden, than our differences that are usually on the surface and therefore immediately invisible.

For example, Marcel Granet wrote in 1934 that "Attempts to express ancient Chinese thinking with English as an instrument would be worth making, even if they did no more than demonstrate the disaccord between the two methods of thought and language."[9] Adda Bozeman was of the opinion that "Ideas, even under the best of auspices, are not transferable in their authenticity, and that reliable intercultural accords are therefore difficult to reach," and that "in the final analysis cultures are different because they are associated with different modes of thought."[10] Professional translators, as well as those who speak several languages, well know how difficult it is to convey in another language the exact meaning of the original, to say nothing of the translation of metaphoric utterances or poetry. It is a pity, for example, that many astute Russian or Central Asian proverbs sound hackneyed in English, while insightful English metaphors cannot be fully appreciated by those who have not lived long enough in the country and seen any Monty Python films or have not enjoyed *Yes, Prime Minister*. I even feel frustrated that I have to use only English in writing this article since some of my thoughts can be better formulated not in English but in some other language. But this should not be surprising if we keep in mind that many languages developed, over thousands of years, in relative or sometimes in even complete isolation. What is really surprising is that languages that have evolved independently from each other

---

9 M. Granet, La pensée Chinoise, Paris, 1934, p. 9.

10 A. Bozeman, The Future of Law in a Multicultural World, Princeton University Press, 1971, p. 14.

have nevertheless so much in common that their bearers can communicate with each other. Is it not true, as Pinker writes, that "universal mental mechanisms can underlie superficial variations across cultures," and that "all human languages can convey the same kinds of ideas"?[11]

Of course cultures differ. But the question is: how much do they differ? Do they differ to such an extent that their bearers cannot understand each other, to the extent that there cannot be any significant common elements in them? Anthropologists' latest research has shown that there are many traits in common between different cultures even if these cultures have never had any significant post-African contacts with each other. Allow me to quote a lengthy passage from Steven Pinker:

> Some anthropologists have returned to an ethnographic record that used to trumpet differences among cultures and have found an astonishingly detailed set of aptitudes and tastes that all cultures have in common. This shared way of thinking, feeling and living makes us look like a single tribe, which the anthropologist Donald Brown has called the Universal People, after Chomsky's Universal Grammar. Hundreds of traits, from fear of snakes to logical operations, from romantic love to humorous insults, from poetry to food taboos, from exchange of goods to mourning the dead, can be found in every society ever documented. It's not that every universal behaviour directly reflects a universal component of human nature—many arise from the interplay between universal properties of the mind, universal properties of the body, and universal properties of the world. Nonetheless, the sheer richness and detail in the rendering of the Universal People comes as a shock to any intuition that the mind is a blank slate or that cultures can vary without limit, and that there is something on the list to refute almost any theory growing out of those intuitions.[12]

In the appendix to his book (pp. 435–9), Pinker reproduces Donald Brown's list (five pages) of human universals that can be found in all cultures, even if the

---

11 Pinker, The Blank Slate, Penguin Books, 2002, p. 37.

12 S. Pinker, p.55.

cultures have not had any interactions. To name but a few: dance, cooking, coyness, death rituals, distinguishing right and wrong, envy, fears, gossip, music, preference for own children and next to kin, taboos, conflicts, conflict resolution, etc.

Therefore, there is much in common between various communities, because these are not simply groups of different species but they are all human communities. As wolves remain wolves and wolf packs remain wolf packs notwithstanding whether they inhabit the Asian steppes or Alaskan mountains (having, of course, depending on the climate, landscape and available food, different hunting habits and even different sizes and fur colours[13]), humans remain humans and human communities remain human communities notwithstanding where they live and what different characteristics—genetic or cultural—they may have acquired in the process of their adaptation to the environment. Differences between humans across various communal divides, especially if we exclude superficial physical ones like the colour of the skin or the slit of the eyes, are rather superficial and insignificant.

However, communities tend to impose their specific values, ethical norms and other cultural traits on their members who, as humans, as individuals, do not differ much from members of other communities. As Michael Walzer has aptly observed, "Every human society is universal because it is human, particular because it is a society."[14] While our common humanity pulls us closer to each other, assures that our main needs and desires are very much the same notwithstanding where we live, our societal differences often push us apart.

IV. Rubbing shoulders in the emerging global village

Today, due to increasing interactions, those human communities that had

---

13 L. Stone and P. Lurquin observe that among the humans "genetic variation inside a given population is greater than that between two distinct populations" and that diversity between wolf packs is considerably higher than between any two human populations (Stone, Lurquin, above n. 3, p. 145).

14 M. Walzer, Thick and Thin: Moral Argument at Home and Abroad, University of Notre Dame Press, 1994, p. 8.

become more and more different in the process of expansion from Africa are becoming in many ways more and more alike. Although we, the humans, retain most of the differences that we have acquired during this long process of spreading all over the world and conquering nature, in a new, emerging "global village" practically all peoples closely interact, and in this process of interaction they exchange not only goods and technological know-how but also views and ideas, both the best and the worst of them. Although cultural exchanges are slower than the spread of technological, economic, or political novelties, cultures are not immutable. Steven Pinker observes that:

> Preserving cultural diversity is considered a supreme virtue today, but the members of diverse cultures don't always see it that way. People have wants and needs, and when cultures rub shoulders, people in one culture are bound to notice when their neighbours are satisfying those desires better than they are. When they do notice, history tells us, they shamelessly borrow whatever works best. Far from being self-preserving monoliths, cultures are porous and constantly in flux.[15]

We see all over the world—wherever societies develop and do not stagnate—that people, besides trying to be innovative, also use experience of other countries by creatively (or sometimes not so creatively) copying what has worked well in other societies. First of all, this applies to scientific and technological innovations (think of industrial espionage), but foreign experience in the field of social, economic and political relations has also served many societies well. Often the introduction of scientific-technological innovations cannot be successful without appropriate socio-economic changes. "The process of economic rationalisation and development is an extremely powerful social force that compels societies to modernise along certain uniform lines",[16] emphasises Frances Fukuyama. "In this respect", he continues, "there is clearly such a thing as "History" in the Marxist-Hegelian sense that homogenizes

---

15 S. Pinker, The Blank Slate, Penguin Book, 2002, p. 66.

16 F. Fukuyama, Trust: The Social Virtues of the Creation of Prosperity, Hamish Hamilton, 1995, p. 351.

disparate cultures and pushes them in the direction of 'modernity'".[17] I am not so sure about the inevitable linear progress of humanity in the Marxist-Hegelian or any other sense. The *Homo sapiens* is not only rational but also a passionate and often quite irrational species and not always reason succeeds even at the end of the day. Therefore, a failure of some societies or even humanity as a whole cannot be ruled out. However, to avoid such failures societies that are less successful in resolving their problems have to look at and borrow from their neighbours that have been more successful. This means that certain homogenisation of humankind will be probably necessary if we do not want to exterminate each other over differences.

The process of assimilation does not necessarily mean that humankind will evolve towards any kind of uniformity; it means that human societies have to get rid of those elements in their ways of life, their cultures that either cause conflicts or become hindrances for development; it means that together with cultural differences there have to emerge also strong elements of common culture.

Humankind, while remaining heterogeneous not only culturally, but also (and this is important, for example, from the point of view of the promotion of human rights) as to the levels of societal development (including economic, social, political and cultural aspects of development) in different countries, is at the same time becoming more and more interrelated and smaller. Although the human world has been diverse for millennia, it has never before been so close and interconnected. Today, say, post-industrial (or as they are often called, post-modern) and feudal (or pre-modern) societies not only coexist on the same planet; they not only closely interact and influence each other but they also interpenetrate. This inevitably creates strains and even conflicts: on the one hand, there is a trend towards greater homogeneity (especially in economic and technological spheres) and interpenetration of different cultures but, on the other hand, we face the continuing, and in some cases even widening, hiatus between the levels of development of different societies. The interpenetration of cultures also leads, as a counter-reaction, to an even stronger search for identities in one's historical, cultural or religious roots (not in common African past but in more recent separate history), creates resistance to what is perceived

---

17 Ibid., pp.351-2.

as alien cultural penetration or challenge. Eric Hobsbawm writes that "perhaps the most striking characteristic of the end of the twentieth century is the tension between this accelerating globalization and the inability of both public institutions and the collective behaviour of human beings to come to terms with it". [18] This situation is a major challenge for many societies, their traditions, for human rights and international law as well.

Closeness and interpenetration of societies—the process that is today usually called globalization—not only means that one can have Chinese noodles, MacDonald's burgers or Scotch in most countries of the world, but it also creates a pull towards the universalisation of cultural features such as various normative values, including human rights, basic liberties and democratic procedures, whilst the developmental gap and overemphasis of historical and cultural traditions remain an obstacle for the acceptance of this universality. In Central Asia, for example, we can see fruits of globalization even in the remotest corners of the Kyrgyz or Tajik mountains. Western consumer goods, or more often their Chinese imitations, are visible practically everywhere. Pirated Hollywood blockbusters on CDs can be bought in Almaty or Tashkent long before they become available in London stores. What is not immediately visible, however, and can usually be discovered only when talking to people in their yurtas (felt nomadic houses) and drinking kumys (fermented horse milk) with them, is the attitude of the people towards "Western" ideas. If consumer goods of Western origin and Chinese remakes are quietly and without visible resistance supplanting many local goods (what a pity!), the coexistence of local social and religious traditions, such as, for example, kalym (paying for a bride, often with cattle), polygamy or nepotism and new ideas concerning freedom of expression, equality between men and women, an independent judiciary or respect for different lifestyles is not so peaceful. This cultural aspect of globalization causes a kind of culture clash in the minds of many individuals and in society at large.

However, today the world has become too small and interdependent to expect that only missile technology, computer hardware and software or narcotic drugs can cross state boundaries. The Communist leadership tried hard to keep Soviet society closed, to shade it from any outside influence; not only

---

18 E. Hobsbawm, Age of Extremes, Michael Joseph, 1994, p. 15.

human rights, but also computers and photo-copying machines (as potential tools for the distribution of "alien" ideas, including those of human rights and fundamental freedoms) were considered dangerous for the regime and they all were therefore kept out of the reach of ordinary Soviet citizens. However, this inevitably led to the stagnation of the Soviet society. If in a closed society it was possible to produce more steel than in the rest of the world, it is impossible in the post-modern world to compete with other societies in isolation because now success of a society depends not so much on how many millions of tons of steel (today for some societies and for some time oil or gas may for a while put off the urgency of reforms) is produced in the country but on the education, creativity and entrepreneurship of its citizens.

The Soviet authorities could restrict the distribution of foreign publications but they were only partly successful in jamming Western radio stations. The BBC, Voice of America, Radio Liberty and Free Europe carried news to millions of listeners in the Soviet Union and Eastern Europe. It has been rightly observed that electronic media had made a significant contribution to the fall of communist power in the Soviet Union. Currently, it is the Internet that is raising fear throughout the Middle East and Asia, including some Central Asian countries, lest their closed societies open up to heretical ideas which threaten their governing elites. *The Sunday Times*, speaking of Saudi Arabia, observes that "the Internet creates a poignant dilemma for the oil-rich kingdom. On the one hand it vaunts its capitalist and high-technology credentials, vital in the modern marketplace. At the same time the country is desperate to restrict access to the interloper from cyberspace with its seditiously irreverent ethos".[19] The same problem is haunting some Central Asian autocrats. The Turkmenbashi—the father of all the Turkmens, like the North Korean Kims, was successful in isolating his country from the outside world but at a terrible cost; the damage for future generations has already been immense. Those societies, which have closed themselves to outside influence, like China some hundreds of years ago, the Soviet Union not so long ago, or North Korea of today may have indeed retained their cultures more or less intact, but they did all stagnate in their proud isolation. Those who would like to retain their identities intact end up like North Korea, Albania (until recently) or

---

19 "News Review", Sunday Times, 3 September, 1995, p. 3.

Turkmenistan under the Turkmenbashi. One cannot develop in isolation; one can only stagnate in sovereign isolation.

In a world, where some countries (and today, quite a lot) are mature and successful democracies with developed market economies, the ideas of democracy and human rights have become infectious. It was not so difficult for medieval kings and princes to rule with an iron fist, use torture as a legitimate and the surest way of extracting confessions, which could be used in courts of law, and bequeath their thrones to their offspring using the accepted rule of primogeniture. There were not any legal or moral rules that would have required that things had to be done differently. Moreover, then there were not any examples of societies where things would have been done much differently. As Barry Buzan and Gerald Segal write, "because the Europeans were the first to put together this mix of inventions and ideas, they had the unique privilege of finding their own path to modernity at a time when their dominance meant that they suffered little interference from the rest of the world—however much they interfered with each other".[20] However, today prosperous and poor, free and authoritarian societies live side by side; they see, hear and take notice of each other. Buzan and Segal observe that "as population peaks, and globalisation penetrates all the corners of the planet, we seem to be near to the end of the era of making a single human space on this planet".[21] Today the absence of political and personal freedoms, corruption and the lack of economic reforms and opportunities in some societies, while other societies prosper, are among the factors that create conditions in which discontent that cannot be channelled through legitimate democratic institutions (since there are none) may take violent forms. Immigration flows from less prosperous and more troubled regions to more prosperous and liberal societies have become a constant and probably a permanent feature of globalisation. Some Western cities with their racial, linguistic and social mix today look like microcosms of the world as a whole. Equally, the widening gap between prosperous nations and poor nations (though it is true that some of the formerly poor nations, such as China and India, are today rapidly moving into the category of prosperous countries but an

---

20 B. Buzan, G. Segal, Anticipating the Future: Twenty Millennia of Human Progress, Simon & Schuster, 1998, p. 22.

21 Ibid, p. 175.

important thing to note is that in this rapid process of change they are taking over quite a few things from more advanced countries) is also reproduced internally in many countries.

V. Oh, East is East, and West is West, and never the twain shall meet, Till Earth and Sky stand presently at God's great Judgment Seat?

In the West it is usually accepted that the East (or the South, for that matter) in order to succeed, have to take many things over from the West (starting from the principles of market economy and finishing with human rights and IT technology) and become more similar to the West. Barry Buzan and Gerald Segal, rejecting such simplistic views, nevertheless write of the emergence of a "Westernistic" era that, in contradistinction to the prevailing Western domination, is "defined by the interplay between the spread of Western ideas around the globe on the one hand, and the reassertion of non-Western cultures on the other".[22] That may be true, but it is probably not all of the truth. There is a lot in the East that the West can ignore only to its own detriment and it is not only that in the past the West borrowed quite heavily from the East. Emphasis on the importance of societal bonds and discipline may be some of such features. "The old West may well have to re-learn from Asia some of its ideas about how to sustain a community rather than just a collection of individuals",[23] write Buzan and Segal. Non-adversarial approach to dispute settlement characteristic of many Eastern societies also stands quite favourably in comparison with individualistic, litigation ridden Western, especially American, society. Finally, nobody could deny that Easterners can not only cook and heal well but their cars and TV sets are among the best in the world. Professor Amitai Etzioni's comment that "the world actually is moving towards a new synthesis between the West's great respects for individual rights and choices and the East's respect for social obligations (in a variety of ways, of course); between the West's preoccupation with autonomy and the East's preoccupation with social order; between Western legal and political egalitarianism and Eastern

22 Ibid., p. XIV.

23 Ibid., p. 186.

authoritarianism"[24] is well within this panorama and gives additional support to it.

There seems to be one aspect of the Western strength, which, like many other positive characteristics when developed to the extreme, may become, or may have already become, a source of its weakness. Exclusive emphasis on respect for rights and liberalism may have, as a side effect, a tendency towards softening one's toughness and decisiveness. However, in a world, which notwithstanding all the progress achieved in some parts of the globe in the domain of human rights and democracy is still a quite bloody and barbaric one, one often needs to make tough and even unpleasant decisions. It is difficult to disagree with Professor Amitai Etzioni's analysis that the world, with some significant exceptions, is even today "in a Hobbesian state and is not ready for a Lockean one".[25] Although the West may indeed, and I hope it will, show to the rest of the world how many things, including respecting human rights, can be done, there are already signs of Western, especially Western European, weakness in the face of multiple challenges.[26]

Those who have seen the film *Demolition Man* may recognize a caricature of a "post-modern" society where violence is unthinkable, everybody is terribly polite and political correctness has reached quite absurd levels, even from the point of view of today's high standards. Then, suddenly, a villain (played by Wesley Snipe) from the earlier "modern" age is secretly de-frozen to help the leader of the city to cope with some difficult problems left over from previous times. When the "villain", quite predictably, runs amok, the authorities have to unfreeze also a "modern" cop (played by Sylvester Stallone) to put the genie back into the bottle. Using physical force and all necessary means and methods available to a "modern" cop, including politically incorrect language, he finally succeeds in getting rid of the threat from the "modern" villain.

---

24 A. Etzioni, From Empire to Community: A New Approach to International Relations, Palgrave, 2004, pp 14–15.

25 Etzioni, p. 116.

26 On weaknesses of post-modern Western Europe vis-à-vis pre-modern challenges see, e.g., R. Cooper, The Post-Modern State and the World Order (2nd edn, Demos: London, 2000); R. Cooper, "The New Liberal Imperialism", Observer, 7 April 2002; R. Cooper, "The Post-Modern State" in Mark Leonard (ed.) Reordering the World: The Long-Term Implications of September 11 (The

Does not this look a bit like a caricature of post-modern Europe facing Milosević, Karadjić or Mladić with their pre-modern mindsets, modern ambitions and post-modern technology? At the end of the day, Europe was forced to rely on Washington to face real and not fictional villains in its own backyard, while at the same time many Europeans continued to criticize Washington for not being nice enough towards such "modern" and "pre-modern" villains, not treating them in accordance with European post-modern rules reflected in the European Convention on Human Rights as interpreted by the European Court on Human Rights in Strasbourg.

A dangerous side of European reliance on its post-modern values in the wider world may be illustrated also by the disastrous standoff between the post-modern Dutch peacekeepers and pre-modern Mladić thugs at Srebrenica in 1995. This standoff ended with thousands Muslim men dead. However, it is not so much the young Dutch solders who are to be blamed for the Srebrenica bloodbath, but the softness and indecisiveness of Western, and especially European, societies and their leaders, which contributed to the conditions leading to the disaster. Robert Cooper is right that "in the coming period of peace in Europe, there will be a temptation to neglect our defences, both physical and psychological. This represents one of the great dangers for the post-modern state."[27]

It is also not by chance that Al Qaeda and many other terrorist organizations have been able to operate freely in liberal democracies, exploiting in their fight against modern (or post-modern for that matter) liberties and freedoms these very liberties and freedoms, using technological achievements of the West in order to undermine its cultural achievements (democracy, human rights, tolerance) that have made these technological achievements possible.[28]

Foreign Policy Centre: London, 2002).

27 Cooper, The Postmodern State and the World Order, p. 39.

28 Bassam Tibi has written that "Muslim fundamentalists very much favour the adoption of modern science and technology by contemporary Islam. But they restrict what may be adopted to select instruments, that is, to the products of science and technology, while fiercely rebuffing the rational worldview that made these achievements possible. The late great Berkeley scholar Reinhardt Bendix showed that "modernization in some sphere of life may occur without resulting in [a full measure of] modernity," and added that "more or less ad hoc adoption of items of modernity [actually] produces obstacles standing in the way of successful

Of course, these signs of Western weakness are themselves side effects of its strengths, but one should try to recognize and avoid as far as possible such side effects.

Western secularism, being a *conditio sine qua non* of Western democracy and liberalism, its intellectual and scientific advancement, contains as its necessary component and not simply as a side effect, rejection of the search for the absolute truth or absolute certainty. F. Scott Fitzgerald wrote that "The test of a first-rate intelligence is the ability to hold two opposed ideas at the same time, and still retain the ability to function."[29] It seems that it is indeed an important feature of the Western mindset to be able to embrace conflicting views and even hold contradictory characteristics at the same time while still being able to function. Doubts and self-doubt, criticism and self-criticism are part and parcel of such a frame of mind that has contributed to high intellectual, including scientific, achievements. It is with some justification that Doubting Thomas has been called the first Christian scientist in the world. One of the greatest scientists of all times, Nobel laureate Richard P. Feynman wrote that "... in order to progress we must recognize our ignorance and leave room for doubt".[30] Or as Will Durant has put it nicely: "Intolerance is the natural concomitant of strong faith; tolerance grows only when faith loses certainty; certainty is murderous"[31] and "certainty about the next life is simply incompatible with tolerance in this one".[32] Single-mindedness and the desire to have and search for absolute certainty as well as for only one truth are inimical the Western mindset. However, this mindset that has greatly contributed to the Western successes may be also a source of weakness, especially *vis-à-vis* those who do not doubt that they are in the possession of absolute truth and are ready for any sacrifice in order to defend and spread this truth.

The strength and potential of Western self-doubt and critical mind,

---

modernization (B. Tibi, The Challenge of Fundamentalism: Political Islam and the New World Disorder, University of California Press, 1998, p. 74).

29 The Economist, 11 December 2004, p. 50.

30 R. Feynman, What Do You Care What Other People Think? Norton, 1988, p. 245.

31 W. Durant, The Age of Faith, Eastern Press, 1992 (1950 reprint), p. 784.

32 S. Harris, The End of Faith. Religion, Terror, and the Future of Reason, The Free Press, 2005, p. 13.

which extends criticism to, and doubts the correctness of, one's own views, realizes itself only if such self-doubt and self-criticism do not become absolute. Otherwise, as Raymond Plant explains, "an endorsement of moral scepticism as a basis for liberalism can put liberalism at a disadvantage in terms of defending itself against forms of politics which claim moral certainty".[33]

How to be self-confident and self-doubting at the same time? Both qualities are human. Both are needed for the sake of creativity as well as individual and societal development and advancement. A person who is only self-confident is a bit simplistic and even primitive. He also lacks a trait necessary for self-improvement. To have doubts in one's abilities and knowledge is necessary for self-improvement. To have only doubts in one's abilities and knowledge makes one impotent. One needs self-confidence to set high goals and work hard for their achievement. But how can a person or society as a whole be self-confident and self-doubting; and how, depending on circumstances and needs, can they be kind and tough, merciful and merciless. A nation that lacks self-confidence does not deserve a place in history. A nation that is too self-confident becomes hubristic, makes serious mistakes and looses friends and allies. No characteristic, however positive, can be taken to its extreme.

VI. Differentiating between differences

Although there remain, and I am sure there will always remain, many differences between various communities, one has also to differentiate between these differences; it is necessary, in a way, to separate the wheat from the chaff in the social diversity of humankind.

The advocates of multiculturalism say that there is an inherent value in the rich tapestry of humankind. To a great extent that is true. Having different foods, music, national literatures and even languages[34] immensely enriches us.

---

33 R. Plant, Politics, Theology and History, Cambridge University Press, 2001, p. 12.

34 Though I am not a polyglot and speak fluently only three or four languages, I understand how poor a person who speaks only one language is. It is often impossible to convey exactly the meaning of something expressed in one language in another language. It is impossible to enjoy Shakespeare or Pushkin even in the

However, not everything in this rich tapestry is of equal value, not all cultural traits deserve to be developed or even retained. Slavery, torture to extract confessions to be used as the surest evidence in a court of law, xenophobia and many similar negatives belong to the history of practically all peoples. Even today, the cultural traditions of many societies discriminate against women and this is true not only of, say, Middle Eastern societies but also quite a few Western ones though to a much lesser scale; in other societies, including Central Asian ones, some traditions, such as respect for the elderly, may transform into genuflexion before authorities—large and small. Unfortunately, not human rights but rather human wrongs have been natural for human societies, or to put it otherwise, human nature contains both the capacity for good and for evil; they are both natural for human beings. Therefore, in the process of close interaction between different societies, some of such traditions enshrined in history, culture or religion of many societies (e.g., slavery, torture, gender, religious and racial discrimination), but absent or overcome in other societies, inevitably come into conflict with values of the latter.

Unfortunately, the positive side of the rich tapestry of world cultures sometimes only expresses itself in the possibility of having Indian, Chinese, Italian, French or Thai food. This is a superficial, even somewhat exotic and paternalistic, aspect of multiculturalism. Genuine multiculturalism implies not parallel, even if peaceful, coexistence of different cultures. In a new "global village" peaceful co-existence advocated by Professors Grigory Tunkin and Edward McWhinney is not any more good enough. Today societies interpenetrate; it means that individuals may and often should have several cultural identities, speak not only their mother tongue (in many cases their mother's tongue would be different from their father's tongue) but also languages of their neighbours, have their marriages celebrated, say, by a rabbi together with a mullah, or depending on circumstances, even by a vicar or a Russian Orthodox priest. I have attended a couple of such marriages and they

---

best of translations. There are many unique and interesting thing said or written in languages that are spoken by not so many people and are never translated into so-called world languages. So, the linguistic tapestry of the world is rich in a very positive sense though, for example, the need to translate the multitude of documents within the European Union is one of the negative side effects of this aspect of the rich tapestry of the world.

have made me a bit more optimistic about the future of the world. However, the desire and attempts of the elders and leaders of some faith or racial communities to prevent closer intermingling (for example, intermarriages) between persons belonging to different communities who often live only a few streets away (or today a couple of hour's flight away) from each other may lead to tragic ends (forced marriages, suicides, honour killings).

Moreover, when people, who have migrated as refugees or have done it for economic reasons, retain all their traditions, this means that they also bring with them to new countries those same traditions that may have contributed to the development of the situation that caused their migration. Then it may be as if the Soviet dissidents who were forced to leave the "communist paradise" because of persecution at home would have started to develop the very communist ideology and practices that had forced them to leave their homeland in societies that had adopted them.

Certain cultural traits, characteristics of economic relations or other endogenous causes (traditional gender inequality, a predominantly or exclusively religious worldview, lack of social mobility and rejection of innovations) and not always exogenous factors (colonial heritage or unfair international economic order), as asserted by traditional liberals, contribute to the creation of situations that force people to leave their homes to look for a better life elsewhere. Therefore, the desire of immigrants at all cost to retain all their traditions and the fear of assimilation lead to a situation where communities living in close physical proximity to each other not only lead different ways of life; they seem to live in different worlds. Genuine integration seems to be impossible without some assimilation. We can see that, for example, when states aspiring to become EU members change their legislation, virtually change some fundamentals of their legal systems. However, law, as emphasised by Jürgen Habermas, is one of the main integrating factor of any developed society.[35] Therefore these societies are in some fundamental respect becoming more and more similar to each other.

The contradictory process of globalisation, whose beneficial as well as

---

35 Habermas writes that as society as the totality of legitimate orders "is more intensely concentrated in the legal system the more the latter must bear the burden of fulfilling integrative functions for society as a whole" (J. Habermas, Between Facts and Norms, Polity Press, 196, pp. 98-99).

painful aspects we can see in Almaty, Shanghai, Tashkent, New York, Paris or London, may mean that, in a sense, humankind may be in the process of completing a full cycle: from a single community through the proliferation and diversification of communities towards the emergence of a community of communities that should and probably will become, in some important respect, more and more similar to each other, i.e., the process of assimilation may be already replacing the process of dissimilation.

VII. In "a global village" peaceful coexistence may equal to apartheid

Human history proves that for some communities it is possible to live closely together while retaining their differences acquired during ages of living apart, but not all of these examples are so wonderful and acceptable in today's world. In the Ottoman Empire there existed a so-called millet system in which different faith communities (Muslims, Greek Orthodox, Jews) lived side by side while maintaining their own laws and customs under the supervision of an Ethnarch (national leader); the Europeans enjoyed a special privileged status under the institute of capitulations in several of the so-called "non-civilized" nations.[36] Forced apartheid or voluntary segregation may also serve as examples of various communities that, while living side by side, at the same time stay wide afar and hugely different. Today, in some Western European cities different ethnic, racial and religious communities do not much intermingle with each other, but this segregation, even if voluntary, is not so innocuous at all; it has already created serious problems, even conflicts. The reports of different commissions in Britain that were created after the summer of the 2001 race riots in Bradford, Oldham, and Burnley blamed "deep-rooted segregation which authorities had failed to address for generations". They concluded that "too many of our towns and cities lack any sense of civic identity or shared values," and they warned that "segregation, albeit self-segregation, is an unacceptable basis for a harmonious community and it will lead to more serious problems if

---

36 See, e.g., F.F. Martens, On Consuls and Consular Jurisdiction in the East (in Russian), St Petersburg, 1873.

it is not tackled".[37]

Of course, these disturbances were a result of the lack of integration within one country—Great Britain—where people of different cultures, religions, and ways of life live closely together. As a result of this segregation they had (and still have) hugely differing levels of education, employment or unemployment rates and life opportunities. It is not surprising that in such an ambience frictions and conflicts arise. These frictions and conflicts are results of differences and segregation in the confines of one country, though even here we see that events in faraway places, such as the Israeli-Palestinian conflict, the wars in Iraq and Afghanistan, have a significant impact on these "internal" developments. What is visible in a big cosmopolitan city like London also exists worldwide. We may observe the same friction and conflict in international society, where communities organized as sovereign states hugely differ as to their wealth, power, level of education, healthcare and many other indicators. These different communities, though organized as separate nation-states, have become, due to new means of communication, transportation and demographic pressures, almost as close as communities within a single state. Differences that lead to conflicts within one state have the same potential in international relations.

In a world of relatively isolated societies it would not have mattered much that such societies had different value systems, hugely different life expectancies and incomparable freedoms and liberties. My values would not have conflicted with the values of faraway peoples of whom I would have known next to nothing. It may have even satisfied one's curiosity to know that somewhere people eat each other or that in other societies adulterous women are stoned to death. Such things would not have mattered at all, or they would have mattered much less, had not these communities become so interdependent and close. In today's world these differences matter a lot. Today, Turkey, for example, has to rescind criminal responsibility for adultery if it wants to join the European Union. Today, practically all nations in the world have become interdependent. They simply cannot ignore each other, and passive tolerance towards different ways of life in situations where members of differing

---

[37] "Race 'segregation' caused riots", BBC News, 11 December, 2001 (http://news.bbc.co.uk/1/hi/england/1702799.htm).

communities are practically every day forced to interact and communicate with each other is often not good enough; one needs mutual respect for and acceptance of diverse ways of living. At the same time, there are cases when not only respect for different traditions but their simple tolerance seems impossible and wrong. Where does or where should my tolerance of values I do not share, but which other people cherish, end? So-called "honour killings", female genital mutilation, and forced (not simply arranged) marriages are only some of the prominent examples of practices that, I believe, must not be accepted whatever their historical justifications or explanations. Why? Not only because they shock my conscience or the conscience of millions of other people in various societies but mainly because there are many people in societies or communities where such practices still occur who are eager to get rid of them, or at least to be able to opt out of them. Today, for example, women in so-called "far-away" places do not any more accept as inevitable or natural their second-class status. It is for the sake of these people that one should not accept and tolerate such practices. There are other values, such as the prohibition of arbitrary deprivation of life, torture, racial discrimination, or slavery, that should be universally enforced and no justification for the denial of these values must be accepted. The same applies to cases of xenophobia, anti-Semitism and anti-Islamism in Western societies.

However, even here the question of how to address these unacceptable practices remains. Sometimes, remedies may do more harm than the illness itself. For example, the principle of gender equality that is almost universally recognized in various UN documents needs special attention because the discrimination of women is still widespread in many societies. In Central Asia after the collapse of the Soviet Union, which often used barbaric means to fight barbarism, the plight of women has worsened. This is a domain where discrimination indeed has roots in age-old traditions that cannot be changed overnight but at the same time references to these traditions not only serve the power interests of male chauvinists, their continuation also stymies the economic development of gender-unequal societies. At the same time, in this region, where strong Islamic as well as pre-Islamic traditions do not indeed favour the recognition of gender equality and some women still passively accept their inferior roles in society and in the family, my discussions with many women nevertheless showed that most of them are not at all happy with such a subordinate role and they well understand that historical justifications that may have had some weight centuries ago (men as providers of food when providing depended on physical strength) do not have a place in today's world.

To conclude, if, in the process of proliferation from Africa, communities of *Homo sapiens* became more and more different in terms of the colour of their eyes and skin, the languages they spoke, the songs they sang, the animals they hunted or domesticated, the food they ate and the gods they prayed to, now a reverse process seems to be painfully taking place. This is a slow process with many setbacks and counter-reactions, but nevertheless different societies are becoming more and more similar in some important respects. Of course, many differences remain and there is a strongly positive side to that. However, when we take huge developmental gaps for cultural differences at the same time denying that often certain cultural factors condition the existence of these gaps (that such factors may also be a serious source of wealth for some societies and poverty for others) we close our eyes to the phenomena that may be either causes of or circumstances conducive to violent conflicts.

There is indeed both the tendency of and the need for different societies becoming more similar to each other. The East and the West will have to meet on a middle ground, and they are both not merely bringing their respective values to the evolving global normative synthesis, but these values are being modified in this process. However, this is a painful process; those who resist the modification of age-old traditions either because of inertia that is so natural for most of the people or because they may have vested interest in them are rather numerous and sometimes they resist violently. At the same time, pushing for changes too aggressively or mindlessly is as dangerous and destabilising as is resistance to changes for which time is ripe.

Neither exclusively "Eastern authoritarian collectivistic", nor exclusively "Western liberal individualistic" responses are adequate when facing contemporary violence in its most prominent form—terrorism. Here, a normative synthesis is necessary. Central Asia is one of the places in the world where not only new Great Games over energy resources, directions of pipelines and other long-term strategic interests are unfolding; it is also a region where the East meets the West and where, therefore, one of the world twenty first century great social experiments is going on.

The contradictory process of globalisation, whose beneficial as well as painful aspects we can see in Almaty, Tashkent, New York, Paris or London, may mean that, in a sense, humankind may be in the process of completing a full cycle: from a single community through the proliferation and diversification of communities towards the emergence of a community of communities that should and probably will become, in some important respect, more and more similar to each other, i.e., the process of assimilation could or even should replace the process of dissimilation. This is a very painful and controversial process with many setbacks and bloody conflicts, and there is no guarantee that it will succeed. Both the desire to lead separate and distinct lives as well as attempts to impose one's own understanding of the true and the good to others are both fraught with existential danger.

The Concept of the "Harmonious World": An Important Contribution to International Relations

DUAN Jielong*

Two years ago, When President Hu Jintao of China attended the World Summit Commemorating the 60th Anniversary of the Founding of the United Nations, he suggested for the first time that issues concerning peace and development of the world should be correctly handled with the concept of a "harmonious world". This important thought not only answers the question of common interest to many countries, namely what kind of development road will China take in the future, but also expresses the fact that China has high expectations for members of the international community to conduct exchanges with each other on the basis of mutual respect and to solve various problems in a peaceful way. This concept will also lead China to actively participate in and influence the trend of international relations with a cooperative attitude.

I. The Nationality and Universality of the "Harmonious World" Concept

In its history of several thousand years, the Chinese nation has always venerated a philosophic thought that "harmony is most precious", holding that the world could be "harmonious but also diversified" and countries should "seek common ground while reserving differences". When New China was founded in 1949, it suffered from containment, blockade and encirclement by some

* Director General, Treaty and Law Department, Ministry of Foreign Affairs, The People's Republic of China. These are the remarks made at the International Symposium on Multiculturalism and International Law at the Silk Road Institute of International Law, Xi'an Jiaotong University, April 2007.

Sienho Yee & Jacques-Yvan Morin (eds.), Multiculturalism and International Law, 59-64.

Western countries. And China had a very bad international living environment. In order to break through the containment and blockade by Western countries, to protect the newly-born government, to safeguard state sovereignty and territorial integrity and to promote peaceful coexistence of countries with different social systems, China, Myanmar, and India jointly initiated and formulated the basic principles for countries to dealing with their mutual relations in 1954, namely, "the Five Principles of Peaceful Coexistence", which has been universally known. Later, these five principles were accepted by most of the countries attending the Asian-African Conference and were written into the *Communiqué of the Asian-African Conference*. The "Five Principles of Peaceful Coexistence" reflected the trend of that time, and common aspirations of Asian and African countries as well as other developing countries that have the same historical experiences. Thus, they have gradually become the basic norms of international relations and basic principles of international law.

Since the end of the Cold War, peace and development has become the theme of the times once again. People all over the world long for lasting peace and strive for common development. However, the fact we are facing is that this world is not a perfect one, with inharmonious international relations, unjust distribution of resources and wealth and different levels of development among countries. Disputes and conflicts resulting from ethnic, religious, territorial and resources problems rise one after another. So do the non-traditional security issues such as terrorism, poverty, environmental deterioration, drug trafficking and so on. "Peace and development" is facing many challenges. All these require people from all countries to think calmly, cope with these problems together, and seek orders and behavioral rules, which have moral appeal and cohesion and are also just to most countries, in order to guide international relations to a virtuous development. The concept of the "harmonious world" summarizes the historical experience of China, and absorbs and carries forward the positive factors in all countries' values. With the aim of maintaining world peace, this concept has sorted out the basic thought for today's international community to establish lasting peace and promote common development, which is feasible and universally applicable.

II. The Characteristics of the Age of the "Harmonious World" Concept

Since New China has been excluded from the mainstream international system for a long time after its establishment, the diplomatic practice of that time was mainly dedicated to breaking through the blockade and sanctions, and protecting the newly-born government. Western countries believed that China's behavior aimed at challenging the international order after the Second World War. So they intensified their blockade and sanctions on China. There was a lack of mutual understanding between China and western countries. It was hard for the two sides to communicate. There was no mutual trust, still less cooperation and peaceful coexistence.

Along with the implementation of the Reform and Opening-up Policy in China and the end of the Cold War, the pressure China bore from the outside world was alleviated due to the changes of the pattern of international relations. This provided a new opportunity for China's economic development and diplomacy. Thus, China has adjusted its assessment of the current international order. Without any need for reticence, the current international order is still dominated by western countries. There are many unreasonable and unjust factors in it favoring the privileges and interests of western countries. However, there are still positive factors, such as respecting all countries' sovereignty, protecting human rights, promoting international cooperation, giving special consideration to the interests of developing countries and restricting the strength of big powers.

Diplomacy must base itself on reality. If we say that, under the historical conditions of that time, the "Five Principles of Peaceful Coexistence" was based on China's reality and took the whole Asia and Africa into consideration, then under today's world pattern, China must not only consider its own interest and that of the vast developing countries, but also, with a broader mind and view, coexist and share honor with the whole international community including Western countries with an attitude of understanding and tolerance. China must promote harmonious coexistence and common development of different countries with different races, religions and values, aiming at cooperation and double-win. The concept of the "harmonious world" emphasizes virtuous communication among all countries within the current international system. It also emphasizes dialogue, coordination and cooperation.

It holds that every country's internal affairs should be determined by its own people, while international affairs should be solved through dialogue and consultation among countries. The concept of the "harmonious world" reflects a new thinking for mutual benefit and double-win. It advocates adopting a more active and kind attitude to make all countries not only "coexist peacefully" but also "coexist harmoniously" and "achieve common development". Therefore, in a sense, the concept of "harmonious world" has given the "Principles of Peaceful Coexistence" new meaning and vitality.

III. The Concept of "Harmonious World" and International Law

China stands for building a "harmonious world". Giving full consideration to the reality of the international community, international law and the universally acknowledged norms of international relations, and also summarizing China's consistent thought on international order, this concept mainly contains the following aspects:

First of all, the concept of the "harmonious world" safeguards international law and the basic norms of international relations with UN Charter as the cornerstone. It not only emphasizes the importance of respecting state sovereignty and opposes interference of internal affairs of sovereign states, but also advocates creating good faith and common understanding, facing various challenges together, safeguarding lasting peace of the world and enhancing the cooperative idea of promoting the world's harmonious development.

Secondly, the concept of the "harmonious world" stands for respecting the UN Charter and the basic human rights and freedom provided for in human rights conventions. It stresses that all countries should eliminate differences through dialogue and cooperation on the basis of equality and mutual respect, and also actively promote the development of the human rights cause.

Thirdly, the concept of the "harmonious world" advocates the idea of the international rule of law. It holds that, in order to build a harmonious world, all countries should abide by international law and fulfill their international obligations with a serious attitude. It opposes adopting "double standards" in the formulation and application of international rules.

Fourthly, the concept of the "harmonious world" stands for taking the road of sustainable development and paying attention to the harmony between human beings and nature, and paying attention also to such issues as development and environment. It stands for eliminating all malpractice in the current international economic and trade system that hinders the development of all countries' economy, and reforming the unreasonable international economic and trade system. It stands for conscientiously guaranteeing developing countries' equal right to development under the condition of economic globalization and reasonable sharing of economic interests in order to realize the common, stable and sustainable development between developed and developing countries.

Fifthly, the concept of the "harmonious world" advocates respecting and safeguarding the diversity of the world and modes of development. Various civilizations, religions and development roads should live in harmony, conduct dialogue with cavity, communicate on an equal basis, learn from each other and make progress together through mutual respect and tolerance.

Sixthly, the concept of the "harmonious world" stands for intensifying and improving the mechanism of multilateral cooperation so as to coordinate all countries and solve the major issues of their concern. It advocates pushing forward UN reforms, strengthening its role in international affairs, insisting on multilateralism and collective security as well as promoting democracy in international relations.

* * *

The concept of the "harmonious world" is a conclusion and summary of China's historical experience on foreign affairs by the Chinese government. It is an inheritance and innovation of the "Principles of Peaceful Coexistence", and also an important basis for China's independent foreign policy of peace in the new age. We hold that, a harmonious world serves the fundamental interests of people all over the world. It also provides an effective way for safeguarding lasting peace and common development of the world. As a responsible stakeholder, China hopes to actively participate in formulating relevant international rules within the framework of current international order, to strengthen its dialogue, communication and cooperation with other countries, and to take due responsibilities to safeguard world peace and development. Let all countries have the opportunity and prospect of harmonious development. Let all nations have common understanding and space for harmonious coexistence. Let the world where we live be filled with friendliness and loving care.

Civilization and World Order: The Relevance of the Civilizational Paradigm in Contemporary International Law

Hans Köchler*

I. The civilizational paradigm in the era of global unipolarity

In the era of global *bipolarity* — during the Cold War — the norm of non-interference was one of the fundamental principles of the international order. It ensured the stability of relations between states on the basis of the notion of sovereign equality as enshrined in Art. 2(1) of the United Nations Charter.

One of the most visible expressions of this post-World War II emphasis on non-interference in a nation's internal affairs was the commitment to the policy of *peaceful co-existence* between states with different ideologies, cultures, and value systems. This doctrine was indeed the very essence of the international order of peace established after World War II and it incorporated quite consistently the philosophy underlying the provisions of the UN Charter related to partnership and co-operation among states.[1]

What, in modern terms, is being characterized as "co-existence among civilizations" was then ensured through the respect for the very principle of non-interference into each other's internal affairs. In that particular era (up to the end of the so-called "East-West conflict") the term mainly, though not

* President of the International Progress Organization; Chairman, Department of Philosophy, University of Innsbruck, Austria; Life Fellow, International Academy for Philosophy.

1 See General Assembly resolution 2625 (XXV), adopted on 24 October 1970: Declaration on Principles of International Law concerning Friendly Relations and Co-operation among States in accordance with the Charter of the United Nations.

Sienho Yee & Jacques-Yvan Morin (eds.), Multiculturalism and International Law, 65-78.

exclusively, applied to co-existence among state systems with distinct ideologies in the sense of competing philosophical and political world views.

On the basis of this interpretation in the overall framework of international relations (that was oriented towards the *stability* of the global system), we have outlined a general doctrine reflecting on the role of culture (civilization)[2] in the preservation of international peace. In a lecture delivered at Jordan's Royal Scientific Society in March 1974[3] and in an international conference on "The Cultural Self-comprehension of Nations" held in Innsbruck, Austria, in July of the same year,[4] we tried to explain that a civilization (or ideology, meaning a particular world view and value system) can only fully realize itself through the encounter with other civilizations. What we characterized, at the time, as the "dialectic of cultural self-comprehension"[5] is indeed based on the principle of *mutual respect* which, in the realm of relations between states, is expressed in the norm of non-interference in the internal affairs. In our efforts at outlining the basic elements of an international order of peace we emphasized the structural similarity of what in modern terminology is called the "dialogue of civilizations" to the (political) doctrine of peaceful co-existence — and the mutual reinforcement between the two.

In a marked departure from the paradigm of co-existence as the basic norm of the international order, the post-Cold War period has witnessed a steady erosion of the principle of non-interference, implying its subordination to the interests of an increasingly self-assured hegemonial power. Accordingly, international relations in the era of global *unipolarity* (in terms of the political order) have brought about a profound change in the understanding of international law as such. In the absence of a balance of power in the relations

---

2 In the context of this paper, we understand "civilization" as the comprehensive world view, including a universal value system, that has shaped the social identity of a collective (grouping of people) and been sustained over a period of time; accordingly, "culture" is understood as a sub-system of a given civilization.

3 Hans Köchler, Cultural-philosophical Aspects of International Cooperation: Lecture held before the Royal Scientific Society, Amman-Jordan [1974] (Studies in International Cultural Relations, II), Vienna: International Progress Organization, 1978.

4 Hans Köchler (ed.), Cultural Self-comprehension of Nations (Studies in International Cultural Relations, I), Tübingen/Basel: Erdmann, 1978.

5 Cultural-philosophical Aspects of International Cooperation, pp. 7ff.

between states, the 19th century doctrine of humanitarian intervention (*intervention d'humanité*) has been revived and is increasingly used for the purposes of legitimizing traditional power politics in the guise of a "new world order".[6]

At the same time, this new form of realpolitik in a unipolar framework — which often means resorting to the use of armed force outside the framework of the United Nations — serves as a tool of ideological, more specifically: *civilizational*, indoctrination by means of which the obedience of "resilient" nations is to be achieved. Frequently, this ideological strategy revolves around the hegemonial state's particular, indeed parochial, understanding of the key terms of today's global order, namely "democracy", "human rights" and the "rule of law".[7] The wars against Yugoslavia (1999) and Iraq (2003),[8] conducted in an essentially unilateral framework, are the most drastic examples of this new state of affairs that has brought about the virtual collapse of the post-war system of collective security as represented by the United Nations Organization.[9]

A doctrine that is based on the self-declared right of creating (to give the most visible and at the same time controversial example) a so-called "New Middle East" — by redefining, according to the values of "Western" civilization, the basic precepts of the region's predominant religion and its relation to society and the political order — obviously constitutes the outright

---

6 For details see the author's analysis: The Concept of Humanitarian Intervention in the Context of Modern Power Politics: Is the Revival of the Doctrine of "Just War" Compatible with the International Rule of Law? (Studies in International Relations, XXVI), Vienna: International Progress Organization, 2001.

7 The author has analyzed this in his paper: "Civilization as Instrument of World Order? The Role of the Civilizational Paradigm in the Absence of a Balance of Power", to be published in a comprehensive volume by Lexington Books, Lanham, MD, USA (2007).

8 On the implications of the Iraq War for the contemporary system of international law see the documentation published by the author: The Iraq Crisis and the United Nations: Power Politics vs. the International Rule of Law, Memoranda and Declarations of the International Progress Organization (1990–2003) (Studies in International Relations, XXVIII), Vienna: International Progress Organization, 2004.

9 For details see Hans Köchler (ed.), The Use of Force in International Relations — Challenges to Collective Security (Studies in International Relations, XXIX), Vienna: International Progress Organization, 2006.

negation of the norms and principles of peaceful co-existence, and particularly those underlying the notion of a "dialogue among civilizations".

This new approach towards international affairs and the related imperial (or neo-colonial) strategy[10] have substantially been supported, in terms of ideological legitimation, by Samuel Huntington's paradigm of the "clash of civilizations" which he advanced shortly after the end of the bipolar system of power.[11] Thus, the conceptual framework for the analysis of international relations has been characterized by a paradigm shift from *co-existence* to *confrontation* as the basic structural element of the international order — at least in the eyes (and some might say according to the wishful thinking) of the only remaining superpower. The replacement of the notion of co-existence by that of confrontation, as evidenced in the discourse initiated by Huntington, has undoubtedly served to legitimize the interventionist policies the world has witnessed around the beginning of the new millennium. Although not philosophically justified — and in no way consistent with the assumptions embodied in the international rule of law — such a paradigm shift appears almost unavoidable in terms of *realpolitik*, namely as part of a hegemonial agenda in an essentially *unipolar* political and military order.

In light of this momentous development, the *civilizational paradigm* — according to which no nation can fully "realize" itself, i.e. shape its identity and develop its potential, unless it is prepared and able to relate to other civilizations on the basis of equality[12] — is of paramount importance for the upholding of

---

10 In regard to the Arab world see the author's analysis presented in a lecture delivered shortly after the 1991 Gulf War: "Die Chancen einer liberal konzipierten Neuordnung der arabischen Welt", Liberal Club Vienna, Austria, 10 April 1991. Cf. Die Presse, Vienna, April 12, 1991.

11 "The Clash of Civilizations?", in: Foreign Affairs, Vol. 72, No. 3 (1993), pp. 22-49. See also his book: The Clash of Civilizations and the Remaking of World Order, New York: Simon and Schuster, 1996. — For an evaluation of Huntington's assumptions in the light of the developments triggered by the proclamation of a "New World Order" see the author's paper: "The Clash of Civilizations Revisited", in: Hans Köchler and Gudrun Grabher (eds.), Civilizations: Conflict or Dialogue? (Studies in International Relations, XXIV), Vienna: International Progress Organization, 1999, pp. 15-24.

12 For the philosophical principles underlying what we call in this paper the "civilizational paradigm" see the author's article: Philosophical Foundations of Civilizational Dialogue: The Hermeneutics of Cultural Self-comprehension versus

the norm of non-intervention.[13] Under the conditions of political and military unipolarity, i.e. in the absence of a balance of power, the actual *multipolarity of civilizations* — a fact of which the process of globalization has made us even more aware — is an essential element documenting the need for an order of co-existence, aimed at the avoidance of war between civilizations with competing claims to universality.

At the beginning of the 21st century, the most serious threat to a peaceful global order indeed emanates from the tendency, on the part of the political hegemon, to translate the *political* into *civilizational* unipolarity, thus emboldening that power's claim to political supremacy and eliminating the very rationale of *equality* as the fundamental norm of international relations — in regard to states as well as civilizations. If this process is not being reversed, the global system may gradually return to a state in which the *maxim of self-help* replaces the *commitment to the rule of law* and where the *raison d'être* of a multilateral organization such as the United Nations is basically put into question.[14]

We shall not delve here into the details of the archetypical hegemonial project of redefining, or reshaping, entire civilizations according to the ideological model (or "civilizational paradigm") of a global hegemon — by means of which that nation claims "making the world safe for democracy",

---

the Paradigm of Civilizational Conflict, International Seminar on Civilizational Dialogue (3rd: 15-17 September 1997: Kuala Lumpur), BP171.5 ISCD. Kertas kerja persidangan / conference papers, Kuala Lumpur: University of Malaya Library, 1997.

13 Apart from this normative nexus, the relationship between the principle of non-intervention and civilizational diversity has been emphasized by Onuma Yasuaki also in the factual sense: "The principle of non-intervention has protected the civilizational diversity within national boundaries." ("A Transcivilizational Perspective on Global Legal Order in the Twenty-first Century: A Way to Overcome West-centric and Judiciary-centric Deficits in International Legal Thoughts", in: Ronald St. John Macdonald and Douglas M. Johnston [eds.], Towards World Constitutionalism: Issues in the Legal Ordering of the World Community, Leiden/Boston: Martinus Nijhoff Publishers, 2005, pp. 151-189; p. 165.)

14 For details see the author's analysis: "The United Nations Organization and Global Power Politics: The Antagonism between Power and Law and the Future of World Order", in: Chinese Journal of International Law, Vol. 5, No. 2 (2006), pp. 323-340.

while in reality adapting it, if need be by means of armed force, to its own national interests. It does not need further mention that such an approach is not compatible with the purposes and principles of the United Nations Charter, which are based on the equality of states, nor with those of UNESCO, which are founded on civilizational (cultural) multipolarity. We have laid bare the elements of this imperial strategy in an earlier lecture on "Civilization as Instrument of World Order?".[15]

II. The ambiguity of the civilizational paradigm

We shall rather deal with the issue of a peculiar *ambiguity* of the civilizational paradigm in the context of the present unipolar system, something which, in our analysis, constitutes a major challenge to the modern doctrine of international relations:

(a) On the one hand, the civilizational paradigm is being used by those who are interested in perpetuating the present unipolar power constellation to *construe a threat* to international peace and stability. The emphasis on the potentially hostile nature of civilizations different from the Western system of values has more than once served to legitimize the interference into the affairs of other nations, including even outright wars. In particular, what is being characterized as the "global war on terror" has acquired the aura of "civilizational war", i.e. a war *between civilizations* or, in the self-interpretation of the intervening party, one *in defense of civilization* (as understood by the self-proclaimed representatives of the dominant civilization, which is often defined, and reasserted, by means of vilification of others,[16] as Huntington's dictum of the "bloody borders of Islam"[17] vividly illustrates). Against the background of what Samuel Huntington has described as a potential "clash of civilizations", this appears to be the approach of the United

---

15 International Symposion "Civilizations and World Orders", organized by Bilim ve Sanat Vakfı / Foundation for Sciences and Arts, Istanbul, Turkey, 13 May 2006.

16 In this context, the interested party understands its own civilization as the *paradigmatic* one.

17 "The Clash of Civilizations?", above n. 11, p. 35.

States, as is evidenced most drastically in the ongoing military-cum-reeducation campaigns in the Middle East and Central Asia.[18]

(b) On the other hand, the civilizational paradigm serves as the very rationale for proving the validity, indeed indispensable nature, of the norm of non-interference. In this context, the existence of other civilizations is not, first and foremost, seen as a threat to peace and stability (as narrowly defined in relation — or more precisely: subordination — to the hegemonial power's parochial interests), but their flourishing and mutual enrichment is perceived as an essential antidote to war. The respect for the principle of "sovereign equality" (Art. 2(1) of the UN Charter) is seen as *conditio sine qua non* for the peaceful development of all civilizations existing at a given point in time. This is the *United Nations* approach as evidenced in the initiative of the "Alliance of Civilizations". The underlying philosophy is based on the understanding that the advancement of a civilization — alongside and in interdependence with others on the basis of (normative) equality — is an essential human right in the collective sense.

The dichotomy between the *antagonistic* and *co-existence-related* paradigms of civilization — implying contradictory, even mutually exclusive theories of international relations — is mirrored by the dichotomy between *unipolarity* and *multipolarity* in terms of the juxtaposition of the *unipolar* structure of the international system at the political level and the *multipolar* dimension of the contemporary world order with regards to the simultaneous existence of a multitude of civilizations (i.e. civilizational diversity). The latter has been particularly emphasized as a "guiding principle" in the Report of the High-level Group of the Alliance of Civilizations.[19]

---

18 For an illustration of the global geopolitical context see: The Baku Declaration on Global Dialogue and Peaceful Co-existence among Nations and the Threats Posed by International Terrorism, International Progress Organization, Baku, Azerbaijan, 9 November 2001, at www.i-p-o.org/Baku_Declaration.pdf.

19 Guiding principle 1: "An alliance of Civilizations must by nature be based on a multi-polar perspective." (Alliance of Civilizations, Report of the High-level Group, 13 November 2006, United Nations: New York, 2006, p. 5.)

A similar dichotomy has been developing due to the economic implications of the disappearance of the bipolar balance of power, an event which has further accelerated what is commonly characterized as the process of "globalization"[20]: We refer here to the antagonism between *civilizational multipolarity* (as an undisputable global reality) and the ever increasing tendency — or pressure — towards *socio-cultural uniformity* resulting from that very process. Within the framework of an increasingly unrestrained "consumer society", the latter tends to "absorb" hitherto independent socio-cultural environments.

As is becoming more and more obvious under the circumstances of liberalized markets (that operate according to the rules of the World Trade Organization), globalization is itself, at least to a certain extent, a corollary of *political unipolarity*, i.e. the hegemonial rule of the one global superpower. In this context, the dynamism of globalization appears indeed as a mixed blessing because that process may further strengthen the hand of the dominant global player in political terms, indirectly reinforcing the confrontational paradigm we have referred to earlier and, thus, "undermining" the paradigm of co-existence among equals (in terms of political entities as well as of civilizations).

III. The significance of the "Alliance of Civilizations" under the conditions of a unipolar world order

Under the circumstances of this juxtaposition of unipolar and multipolar structures, mirrored by the antagonism between the paradigms of confrontation and co-existence in the civilizational as well as the political and legal realms, we have to ask the basic question as to the priorities to be set for the further development of international relations and, more specifically, the future prospects of the *international rule of law* insofar as it is based on the principle of sovereign equality and the related norms of non-interference and peaceful settlement of disputes. The very future of the United Nations Organization will

---

20 On the concept of "globalization" in the context of modern international relations theory see Hans Köchler (ed.), Globality versus Democracy? The Changing Nature of International Relations in the Era of Globalization, Studies in International Relations, XXV, Vienna: International Progress Organization, 2000.

depend on the answer to those questions.[21]

One of the basic measures to counter the trend described here and to eventually reverse the course towards civilizational uniformity and the "unilateralization" of international affairs will be the *strengthening of the civilizational paradigm* within the United Nations system — in the sense of a "dialogue among civilizations" as outlined by us under scenario (b). In this context, the launching of the "Alliance of Civilizations" by the Secretary-General of the United Nations, with the co-sponsorship of the Prime Ministers of Spain and Turkey, is not merely of symbolic, but of special political significance.

Before we go into the details of evaluating the initiative's possible impact on the further development of international relations and its significance in terms of the international legal order in particular, we should have a look at the terminology. In terms of semantics, the combination of the words "Alliance of Civilizations" is to be taken as a metaphorical phrase. It describes an effort aimed at the *co-existence* among civilizations on the basis of non-interference and mutual respect. In the strict sense, the word "alliance" is only applicable to entities of international law (juridical persons such as states); it principally relates to the realm of politics, not of culture or civilization. Cultures may co-exist and, through co-existence, mutually enrich each other without, as incorporations of structurally different value systems and divergent world views, necessarily being "allied" with one another. Cultures — or civilizations as the universal framework of a community's perception of the world, comprising cultures as sub-systems — are not themselves actors, but collective expressions of the actors' perceptions; their historical development and interdependent relationship is the principal subject of *hermeneutics*.[22] Those whose identity is

---

21 On the prospects of the United Nations Organization in the post-Cold War context see the author's treatise: "Quo Vadis, United Nations?", in: Law Review, Polytechnic University of the Philippines, College of Law, May 2005, pp. 49-65.

22 For details see the author's paper, "The Philosophical Foundations of Civilizational Dialogue", in: Future Islam, "Insight", New Delhi, September/October 2006, www.futureislam.com. — The methodological framework of cultural hermeneutics has been worked out by Hans-Georg Gadamer. See his Hermeneutik I: Wahrheit und Methode, Grundzüge einer philosophischen Hermeneutik, Tübingen: J.C.B. Mohr (Paul Siebeck), 5th ed., 1986.

shaped by the respective civilization are in turn the ones who decide between the options of "alliance" (co-existence) and "clash" (confrontation), depending on their evaluation of the civilizational paradigm in the context of their specific understanding of international affairs.

We shall now briefly deal with the international law aspect of civilizational dialogue insofar as it helps us to situate the Secretary-General's initiative within the framework of norms incorporated by the Charter of the United Nations Organization. The purpose stated in Art. 1(2) of the UN Charter is of particular relevance for the dialogue among civilizations as a crucial "strategic" goal of international relations in an era that is characterized by the absence of a balance of power: "To develop friendly relations among nations based on respect for the principle of equal rights and self-determination of peoples, and to take other appropriate measures to strengthen universal peace[.]"

An active policy of promoting civilizational dialogue can be seen as a major contribution to the achievement of that purpose. Furthermore, by implication, any measure aimed at *imposing* a particular value system or civilizational (cultural) identity upon a nation is an act that not only runs counter to the very philosophy that the United Nations is based on, but constitutes an outright contradiction to the principle of the "sovereign equality" of nations (enshrined in Art. 2(1) of the Charter) which is an intrinsic element of the "international rule of law".

The detailed proposals and implementation recommendations of the High-level Group of experts appointed by the Secretary-General of the United Nations for the purpose of outlining a viable strategy for an "Alliance of Civilizations" have to be seen in that context.[23] By their very nature, those proposals are not binding legal principles through which a new architecture of international relations could be built; nonetheless, through their implementation, they will facilitate the achievement of one of the UN Charter's main purposes, namely that of peaceful co-existence among nations.

In that regard, special importance is to be given to the measures proposed in the field of education. In Section VII (Recommendations) the

---

[23] See the Report of the High-level Group issued on 13 November 2006, above n. 19.

report calls for expanding "global cross-cultural and human rights education" through, *inter alia*, providing for a "balance and integration of national history and identity formation with knowledge of other cultures, religions, and regions".[24] This basic aspect of what we call "civilizational hermeneutics" has been highlighted in our analysis on "Cultural-philosophical Aspects of International Cooperation" (1974) and in the final resolution of the International Progress Organization's Conference on "The Cultural Self-comprehension of Nations" of 29 July 1974. In that resolution, the International Progress Organization had invited regional organizations, "especially those working in the framework of the UN family, to set up or to sponsor the creation of regional Institutes of Culture in other geographic areas of the world, with a view to spreading a coherent and non-nationalistic knowledge of the cultures of the planet ..."[25] We had called for this measure on the basis of the assumption "that in the modern perilous era the main task and the mission of any cultural foreign policy must be the quest for peace"[26] and had characterized the efforts to better understand other cultures (civilizations) as prerequisite of shaping an individual's as well as a group's social identity. Thus, civilizational "self-comprehension", in our analysis, is to be perceived as a dialectical process that necessitates the recognition of the "other civilization" on an equal level.[27]

Similarly, in the Communiqué issued upon the conclusion of the international symposium on "The Concept of Monotheism in Islam and Christianity" (1981), the International Progress Organization had called for a concrete program of action "in order to examine and rectify all school textbooks"[28] from a viewpoint which is very close to the approach of today's Alliance of Civilizations, emphasizing the knowledge of other cultures as an intrinsic element of national identity formation.[29] Equally, in its recommend-

---

24 Ibid., p. 33.

25 Hans Köchler (ed.), Cultural Self-comprehension of Nations, p. 142.

26 Ibid.

27 For details see Hans Köchler, Cultural-philosophical Aspects of International Cooperation, Chapter IV, pp. 7ff.

28 Hans Köchler (ed.), The Concept of Monotheism in Islam and Christianity, Vienna: Braumüller, 1982, p. 133.

29 Point VII/1/a of the Report of the High-level Group, above n. 19.

ations of November 2007, the High-level Group of the Alliance of Civilizations suggested the convening of "curriculum-review panels" to scrutinize educational curricula in order to ensure that "they meet guidelines for fairness, accuracy, and balance in discussing religious beliefs ..."[30] It goes without saying that what is stated by the experts in regard to religions applies to the civilizational perception of the "other" in general.

IV. Conclusion: The universal relevance of the civilizational paradigm for a global order of peace

Similar to our hermeneutical approach, the Alliance of Civilizations is oriented towards the "paradigm of mutual respect among peoples of different cultural and religious traditions".[31] No nation can claim civilizational superiority unless it is setting itself outside the consensus that also underlies the international rule of law. As we have stated elsewhere, this implies, in terms of international realpolitik, "that the privileged global power will not anymore try to command obedience by 'civilizational subordination'"[32] and will desist from using the civilizational paradigm for the legitimation of the use of force against other nations. "Any civilization's claim to exclusivity and superiority — in the sense of negating the intrinsic value of other civilizations — is a recipe for war. Such an approach negates the very idea of world order as a system of norms agreed upon — on the basis of mutuality — by states and peoples that represent different civilizations"[33] and, thus, contradicts the basic principles on which the United Nations Organization is founded. The very notion of *human dignity*, enshrined in the Preamble to the UN Charter, implies, at the collective level, the norm of mutual respect among civilizations and is, as we have explained elsewhere,[34] at the roots of any *legitimate* system of norms governing the

---

30 Report of the High-level Group, VII/4, p. 34.

31 Ibid., I/1/5, p. 4.

32 "Civilization as Instrument of World Order? The Role of the Civilizational Paradigm in the Absence of a Balance of Power", Advance version published in Future Islam, "Insight", New Delhi, July/August 2006, www.futureislam.com.

33 Ibid.

34 The Principles of International Law and Human Rights: The Compatibility of Two Normative Systems (Studies in International Relations, V), Vienna: International

relations among states.[35] This excludes, almost by definition, an approach that associates the world order with a "dominant civilization".

As we have tried to explain in the outline of our argument, the rationale of peaceful co-existence — as incorporated in the UN Charter and implemented, albeit imperfectly, over several decades since the end of World War II — is also that of civilizational dialogue. The principle of non-interference, as the basic norm of international law, corresponds to that of civilizational tolerance. The basic *legal* norms governing the relations between states mirror the *hermeneutical* principles of civilizational dialogue. In terms of public awareness — though not of legal validity — one reinforces the other.

Thus, the "civilizational paradigm" takes its legitimate place in the international law doctrine of the 21st century. More than previous centuries, our era — due to the rapid process of globalization — will be characterized by the dynamic interaction of different civilizations, shaped around sovereign states none of which will be in a position to claim (civilizational) superiority unless the ever more precarious world order descends into a state of total anarchy. More than in previous epochs, the international rule of law will be embodied by, and become visible to the international public in, the principles underlying the co-existence, if not partnership, among civilizations.

Global peace will be more and more tied to, or identified as, "civilizational peace". The developments upon the end of the bipolar world order (that, to a large extent, was characterized by the rivalry among ideologies) have initiated a process that may bring about a new perception of the very system of international law — as an order of norms which, in their relevance, go far beyond the parameter of relations between self-contained nation-states and take account of the increasingly complex multicultural realities at the global level.[36] At the same time, this process will give new urgency to and underline the

---

Progress Organization, 1981.

35 Onuma Yasuaki, in his analysis of the civilizational paradigm in contemporary international law, reaches a similar conclusion: "Considering the problem of civilizations is of crucial importance to conceive of legitimate legal order in the 21st century world …" (Above n.13, p. 154).

36 On the impact of the multicultural paradigm on the concept of nation-state see, inter alia, the author's analysis: "The Concept of the Nation and the Question of Nationalism: The Traditional 'Nation State' versus a Multicultural 'Community State'", in: Michael Dunne and Tiziano Bonazzi (eds.), Citizenship and Rights in

continued validity of the interdependent norms of national sovereignty and non-interference as cornerstones of a just world order of peace and co-operation among all nations and peoples on the basis of equality.[37]

Multicultural Societies, Keele: Keele University Press, 1995, pp. 44-51.

37 This term is to be understood in its *normative* meaning (in terms of equal rights at the individual as well as the collective levels), not as *factual* equality.

International Law and Multiculturalism

Abdul G. Koroma*

I. Introduction

Since the United Nations was created in 1945, its membership has increased nearly four-fold, from 51 original members to the 192 members of today. Any such increase is bound to have major repercussions on the work of the organization, and this one especially so because the new membership is made up largely of former colonies and developing countries which bring into the organization a vast wealth of legal and cultural traditions. For the first time, the international community has become global, comprising States that differ significantly regarding economic development, politics, culture and religion.[1] Never before has the United Nations as well as the international community been so truly "international" as it is today.

This new situation is an important challenge for international law. Indeed, although international law is by no means of uniquely Western origins,[2] modern international law has been strongly influenced by the European understanding of its contours.[3] For example, the European model of the

---

* Judge, International Court of Justice, The Hague. This paper was completed in December 2007.

1 Robert Y. Jennings, Universal International Law in a Multicultural World, in Liber Amicorum for the Rt. Hon. Lord Wilberforce 40 (1987).

2 See, e.g., C. Wilfred Jenks, The Common Law of Mankind 74-77 (1958); Marcel A Boisard, On the Probable influence of Islam on Western Public and International Law, 2 Int'l J. Middle E. Stud. 429 (1980); Ved P. Nanda, International Law in Ancient Hindu India, in Religion and International Law 51 (Janis et al., eds., 1999); UNESCO (ed.), International Dimensions of Humanitarian Law (1988).

3 Onuma Yasuaki, A Trannscivilizational Perspective on Global Legal Order in the

Sienho Yee & Jacques-Yvan Morin (eds.), Multiculturalism and International Law, 79-94.

nation-state and international legal order became universalized through its tacit or active acceptance by former European colonies.[4] In order for international law to be effective, however, it should strive to accommodate potentially differing views of the international legal order in this new community of States and peoples.

As the principal subjects of international law expand and diversify, the law itself must adapt accordingly. The international community has experienced past periods of expansion which have come to influence international law significantly. For example, it was the newly independent United States which became embroiled in the dispute with Britain over the ship *Caroline* which forms the basis of the customary law on the use of force that continues to be used today.[5] Similarly, the wave of newly-independent Latin American States in the early nineteenth century had a significant influence at the Hague Peace Conference of 1907 which remains important to this day.[6] The present expansion in membership, however, is even more far-reaching than these earlier episodes, and it is imperative that legal commentators consider how the international legal order can accommodate this new diversity of legal and cultural traditions. The study of international law and multiculturalism aims to do just that.

The present article begins with a discussion of the universality of human rights, emphasizing the importance of focusing on non-Western traditions in our analyses. The article then treats the question of multiculturalism within the International Court of Justice, focusing on Article 9 of the Statute, which requires "the representation of the main forms of civilization and of the principal legal systems of the world" among the judges, and Article 38, which defines applicable law including the "principles of law recognized by civilized nations". Next, the article discusses the *de facto* weaknesses in the multicultural

---

Twenty-first Century: A Way to Overcome West-centric and Judiciary-centric Deficits in International Legal Thoughts, in Towards World Constitutionalism 151, 156 (Ronald St. John Macdonald & Douglas M. Johnston, eds., 2005).

4 Ibid.

5 See, e.g., Jennings, The Caroline and McLeod cases, 32 Am. J. Int'l L. 82 (1938); Rogoff & Collins, The Caroline Incident and the Development of International Law, 16 Brooklyn J. Int'l L. 493 (1990).

6 Jennings, above note 1, at 40.

legal order, where otherwise neutral international legal norms have a disproportionate impact on developing, often non-Western, countries when applied in the context of current geo-political realities. Finally, the Article discusses the new trans-civilizational perspective as an alternative to international and transnational approaches to multiculturalism.

II. Universality of Human Rights

One of the most fundamental principles of public international law is its universality—its recognition as valid and applicable in all States, whatever their historical, cultural or religious traditions.[7] Universality—or at least cultural relevance—is crucial to the international legal order, because international law is sure to be ignored if it is not culturally relevant.[8] But universality is also a very challenging goal, in light of the fact that the Universal Declaration of Human Rights was adopted at a time when most countries in the developing world were still under colonial rule. For example, of the more than 50 States of modern-day Africa, making up almost one third of the current United Nations member states, only four existed at the time of the drafting of the Universal Declaration of Human Rights.[9] Many scholars have noted the unique qualities of the African Charter on Human and People's Rights,[10] and one can only assume that if more African States had been present during the drafting of the Universal Declaration, they would have influenced the drafting in a similar direction.[11]

---

7 Ibid. at 41.

8 Abdullahi Ahmad An-Na'im, Human Rights in the Muslim World: Socio-Political Conditions and Scriptural Imperatives, 3 Harv. Hum. Rts. J. 13, 15 (1990).

9 These were Egypt, Liberia, South Africa, and Ethiopia.

10 Makau wa Mutua, The Banjul Charter and the African Cultural Fingerprint: An Evaluation of the Language of Duties, 35 Va. J. Int'l L. 339 (1995).

11 For example, the debate over duties within the Commission on Human Rights during the drafting processes leading up to the Universal Declaration of Human Rights was long and protracted, but in the end the weak and undefined general duty of the individual under Article 29 is all that emerged. See The Individual's Duties to the Community and the Limitations on Human Rights and Freedoms under Article 29 of the Universal Declaration of Human Rights: A Contribution to the Freedom of the Individual Under Law, Study Prepared by Erica-Irene Daes, Special Rapporteur of the Sub-Commission on Prevention of Discrimination and

The absence of these and other states makes it somewhat difficult to conclude categorically that the rights emphasized in the Universal Declaration are truly the only "universal" ones.

The goal of universality is considered laudable by some,[12] but to others it is viewed as unrealistic and even offensive.[13] For this reason scholars have developed the notion of "moderate cultural relativism", which accepts regional variations in human rights norms but aims to uncover a core group of rights which are indeed universal.[14] The approach of moderate cultural relativism thus strikes a balance between strict cultural relativism, which holds that all human rights are culturally unique,[15] and pure universalism, which holds that all human rights are universally applicable.[16] The application of moderate cultural relativism is often problematic, however, because of the tendency of scholars to begin their search for a core group of human rights with traditionally Western standards of human rights, looking to other cultures only for confirmation or denial of the universality of those standards rather than for original inspiration in the creation of that core group of human rights. This is problematic from the standpoint of legitimacy: In order for international law to maintain its legitimacy, efforts to define universal rights must not be dominated by Western values. It is also problematic from the standpoint of compliance, because human rights are sure to be ignored if they are not culturally relevant or are seen as a subtle and modern form of intrusion.[17]

Protection of Minorities, UN Doc. E/CN.4/Sub.2/432/Rev.2, pp. 11-25 (1983). Taking into account the much stronger emphasis on duties in the African Charter, one can only assume that the presence of more African States could have swayed the outcome of this debate.

12 Henry J. Steiner & Philip Alston, International Human Rights in Context 366 (2d ed. 2000) ("[T]he partisans of universality claim that international human rights . . . are and must be the same everywhere.").

13 Ibid. at 367 ("To the relativist, these [human rights] instruments and their pretension to universality may suggest primarily the arrogance or 'cultural imperialism' of the West, given the West's traditional urge . . . to view its own forms and beliefs as universal, and to attempt to universalize them.").

14 Kimberly Younce Schooley, Comment, Cultural Sovereignty, Islam, and Human Rights, Toward a Communitarian Revision, 25 Cumb. L. Rev. 651, 682-90 (1994).

15 Ibid. at 679-82.

16 Ibid. at 691-98.

17 An-Na'im, above note 8, at 15.

Because of the cultural bias inherent in moderate cultural relativism, attempts to define universal rights beginning with non-Western traditions should be encouraged. Such a "reverse" moderate relativism (RMR), like moderate relativism, seeks to develop a core set of shared rights concepts across cultures, but does so "in reverse." Whereas moderate cultural relativism makes Western conceptions of human rights the neutral benchmark towards which other legal traditions should gravitate in the creation of universally shared norms, RMR explores other non-dominant legal systems as potential neutral benchmarks to be achieved by international human rights law.[18]

Taking an example from Islamic law, moderate cultural relativists have accepted equality as a core right shared across cultures, and have concentrated their efforts analyzing equality of the sexes[19] and equality of religious groups[20] in Islamic law to determine whether Islamic law accepts the Western notion of equality as a universal human right. Although this is a highly valuable exercise, it is only one part of the picture. A reverse moderate relativist approach would begin with concepts in Islamic law and proceed to analyze whether such concepts are accepted in international law. For example, beginning with the concept of individual duty to the larger social group—fundamental in Islamic, Jewish, Hindu, Confucian, and other cultures—the reverse moderate relativist analyzes international human rights law and discovers that indeed the importance of individual duties is growing within the human rights paradigm under the rubric of third-generation solidarity rights.[21] Efforts to examine the universality question from various viewpoints will provide a more balanced and

---

18 Dianne Otto, Rethinking the "Universality" of Human Rights Law, 29 Colum. Hum. Rts. L. Rev. 1 (1997); Jason Morgan-Foster, A New Perspective on the Universality Debate: Reverse Moderate Relativism in the Islamic Perspective, 10 ILSA J. Int'l & Comp. L. 35 (2003); Dianne Otto, Everything Is Dangerous: Some Poststructural Tools for Rethinking the Universal Knowledge Claims of Human Rights Law, 5 Austl. J. Hum. Rts. 17 (1999); Dianne Otto, Rethinking Universals: Opening Transformative Possibilities in International Human Rights Law, 18 Austl. Y.B. Int'l L. 1 (1997).

19 See, e.g., Ann Elizabeth Mayer, Islam and Human Rights: Tradition and Politics 97-130 (1999).

20 See, e.g., An-Na'im, above note 8, at 24-25.

21 See Jason Morgan-Foster, Third Generation Rights: What Islamic Law Can Teach the International Human Rights Movement, 8 Yale H.R. & Dev. L.J. 67 (2005).

accurate picture of the current state of universal human rights, and should therefore be encouraged. If a group of universally applicable human rights norms does exist, the quest to define it must begin in multiple legal traditions, for no culture can contain all the universal answers towards which all other cultures should aspire.

III. Multiculturalism and the ICJ

The drafters of the Statute of the International Court of Justice have attempted to infuse a multicultural approach into the structure and workings of the Court. First, from the point of view of structure of the institution, Article 9 of the Statute of the International Court of Justice requires "the representation of the main forms of civilization and of the principal legal systems of the world" among the judges. Second, from the point of view of sources of law, Article 38*(c)* of the Statute speaks of the general principles of law "recognized by civilized nations". This Part will address each of these two concepts in turn.

A. *Representation of the "principal legal systems of the world"*

Article 9 of the Statute is the starting point for any discussion on multiculturalism in the International Court of Justice, in particular its effort to guarantee representation of the "principal legal systems" of the world. Although it was hoped that this provision could work to assure a truly balanced multicultural bench, practice has proven this goal to be more complicated than it would originally appear. Even taking into account the presence of non-Western judges on the Court, certain countries continue to be represented in a grossly disproportionate manner. For example, Professor McWhinney notes that, with the exception of China before 1984, "all the Permanent Members of the Security Council have always managed to elect their own nationalities to the Court. … The rule, in this case, is purely conventional, since there is nothing in the law of the Charter or of the Court Statute requiring it."[22] Former Judge Weeramantry notes that "this effectively leaves only ten seats available for 180

---

22 Edward McWhinney, The International Court of Justice and the Western Tradition of International Law 80 (1987).

nations—a chance, upon the law of averages, of … somewhat under 6% for other countries as opposed to a 100% chance for the permanent members."[23] McWhinney explains that this problem is further exacerbated by "the emergence of what might be called special 'reserved' seats that are, by seeming common consent, earmarked for the new, *de facto* Big Powers of today (India and Japan, as examples)."[24] Taking into account such seats effectively reserved for larger economies, former Judge Weeramantry makes the point that the approximately forty-four remaining countries of Asia,[25] comprising a large percentage of the world's population, generally are relegated to share only one seat in the ICJ, resulting in a wait of 378 years before any given country is represented.[26] When this is compared to the *de facto* permanent presence of Security Council permanent members and large economies, the inevitable conclusion is that the goal of regional representation espoused in Article 9 has not been fulfilled.

Former Judge Weeramantry notes, however, that whereas attempts to change the *de jure* permanent membership in the Security Council would require an amendment to the UN Charter, a change in the *de facto* permanent membership in the ICJ "lies in the hands of the General Assembly and the Security Council and no Charter revision is required for this purpose."[27] When such aspirations are considered, however, one must not lose sight of the political realities faced by the Court: If the permanent five members of the Security Council were not present on the Court, it would risk losing legitimacy as a matter of *realpolitik*. Thus, any efforts to reform the Court must strike a delicate balance between greater legitimacy in terms of diversity of membership on the one hand and existing geopolitical realities within which the Court functions on the other hand.

---

23 C.G. Weeramantry, The International Court of Justice in the Age of Multiculturalism, 36 Indian J. Int'l L. 17, 36 (1996).

24 McWhinney, above note 22, at 78 and 80-81.

25 That is, after allocating a seat to China, a permanent member of the Security Council, and Japan, a large economy.

26 Weeramantry, above note 23, at 36.

27 Ibid. at 35.

B. *Representation of the "main forms of civilization"*

Article 9 also calls for the "representation of the main forms of civilization" in the International Court of Justice. One could argue that the idea of civilization is broader than the notion of principal legal systems of the world and thus permits more countries to be represented.[28] For this phrase to be useful, however, it is necessary to clarify what exactly is meant by civilization. Bonny Ibhawoh notes that a civilization can be described as a complex whole that includes "knowledge, belief, art, morals, law, custom and any other capabilities or habits by man as a member of society".[29] Similarly, Onuma Yasuaki has developed a theory which eschews the notion that human beings necessarily belong exclusively to a particular civilization, emphasizing instead that the concept of civilization should be defined so as to allow humans "to behave according to plural civilizations simultaneously."[30] He posits that, as the walls of state sovereignty weakened in the latter part of the twentieth century, the civilizations behind those walls were viewed as monolithic substantive entities rather than as dynamic mixtures of people, thoughts, and traditions which where already connected to other civilizations in many ways. This one-dimensional view of civilization serves to accentuate differences and leads to inter-civilizational strife rather than acknowledging the myriad ways that various civilizations have influenced each other. Onuma concludes that "[u]nless people

---

28 H. Mosler, To What Extent Does the Variety of Legal Systems of the World Influence the Application of the General Principles of Law Within the Meaning of Article 38 (1)(c) of the Statute of the International Court of Justice, in International Law and the Grotian Heritage: A Commemorative Colloquium Held at The Hague on 8 April 1983 on the Occasion of the Fourth Centenary of the Birth of Hugo Grotius (1985), at 182 (noting that the principal legal systems of the world comprise roughly the traditions based on common law, civil law, Islamic law, Hindu law, Socialist law and Japanese and other Far Eastern legal systems). H. Patrick Glenn identifies the following legal traditions: Chthonic, Talmudic, civil law, Islamic, common law, Hindu and Asian traditions. See H. Patrich Glenn, Legal Traditions of the World (2000).

29 Bonny Ibhawoh, Cultural Tradition and National Human Rights Standards in Conflict, Kirsten Hastrup (ed.), Legal Cultures and Human Rights: The Challenge of Diversity 87-88 (2001).

30 Onuma, above note 3, at 163.

can liberate themselves from a substantive and exclusive notion of civilization, it is natural that transcivilizational perspectives tend to lead them to the negative conclusion of a clash of civilizations."[31] In contrast to these modern analyses of the concept of civilization, Article 9 appears based on the classical, exclusive notion of civilization. To reconcile Article 9 with a modern view of civilization, the text should be interpreted under the circumstances of its application, and not by going back to the circumstances surrounding its creation.[32]

C. *"General Principles of law recognized by civilized nations"*

According to Judge Mosler, despite the fact that Article 9 was designed to guarantee the representation on the bench of members coming from various civilizations and legal systems, it must be read together with Article 38 that defines applicable law.[33] In this regard, it is pertinent to examine Article 38(1)(c), which states that the Court shall apply "general principles of law recognized by civilized nations." The legal history of the Statute establishing the Permanent Court of International Justice shows that "general principles of law" primarily mean the principles common to domestic legal orders.[34] However, among the abundance of domestic principles and rules, only those recognized in a variety of legal systems might be applicable in international law. The criterion is that the principle has to be common to as many legal orders as possible in order to qualify as a "general principle."[35]

Both substantive and procedural matters can be covered by such principles. For example unjustified enrichment is a substantive principle present in numerous domestic legal orders; a person who grew richer at the expense of another person without a legal justification, must either restore the object of enrichment or compensate for the loss.[36] The details of this obligation differ in the national legislations, and such specific domestic provisions are not transferable to the international scheme. Nevertheless, the basic principle of

31 Ibid. at 169.

32 As it is the continuous jurisprudence of the ICJ. See Mosler, above n.28, at 173.

33 Mosler, above n. 28, at 175.

34 Ibid.

35 Ibid.

36 Ibid. at 178.

unjustified enrichment is applicable in international law, given that a similar problem may arise between States.[37]

Professor Onuma notes that although general principles under Article 38 have been treated with caution by the ICJ and commentators, "[t]he ICJ has sought to re-characterize the concept of customary law so as *to apply norms of general international law under the name of customary international law*."[38] He voices concern at the concept of "instant customary law" and particularly the tendency for customary law to be created by mere proclamation of leading Western scholars, "identif[ying] the practice of a few, yet powerful and influential Western states, and … regard[ing] it tacitly or explicitly as representative of general practice."[39] As an alternative, he proposes an increased reliance on Declarations of the United Nations General Assembly, a process which is "far more centralized and transparent through the organizational mechanism of the UN than in the traditional 'customary' process."[40] Onuma's point regarding the Court's treatment of customary law and general principles is interesting, and his idea to integrate General Assembly resolutions into the formal legal Order, while not new, deserves careful consideration.

IV. *De Facto* Weaknesses in the Multicultural Legal Order

In addition to the ways, discussed above, in which the law itself may not accurately reflect the views of all people, one should also consider the *de facto* effects of an international legal order in which States of vastly disproportionate economic, military, and political strength co-exist. When systems of international law are established based on a presumed equality of States, the actual presence of such disparities can be further exacerbated. For example, under the international law on the use of force, states are prevented from using force except (1) as part of a collective security measure authorized by the United Nations Security Council, and (2) in self-defense under UN Charter Article 51. The first is an example of a *de jure* imbalance of power, because the

---

37 Ibid. at 179.

38 Onuma, above note 3, at 174 (emphasis in original).

39 Ibid. at 179.

40 Ibid. at 181.

five permanent members of the Security Council will always have a great say on the authorization of collective security measures, including the veto power. It was precisely for this reason that the General Assembly passed the "Uniting for Peace" Resolution in 1950. This Resolution resolved that

> "if the Security Council, because of lack of unanimity of the permanent members, fails to exercise its primary responsibility for the maintenance of international peace and security in any case where there appears to be a threat to the peace, breach of the peace, or act of aggression, the General assembly shall consider the matter immediately with a view to making appropriate recommendations to Members for collective measures, including in the case of a breach of the peace or act of aggression the use of armed force when necessary, to maintain or restore international peace and security."[41]

The Uniting for Peace Resolution was used to authorize collective force during the Suez crisis of 1956 and in the Congo in 1960.[42] The International Court of Justice found the Uniting for Peace Resolution *intra vires* the Charter in *Certain Expenses of the United Nations* in 1962.[43]

The second permissible use of force, self-defense under Article 51, does not suffer from this *de jure* imbalance, because all states are equally authorized to invoke it. From the point of view of *realpolitik,* however, many smaller and developing States simply have no power to use self defense, even if it is in their interest to do so. Because only strong States have the power to use force in self defense, coupled with the fact that the system of collective security does not function effectively, the law on the use of force is multicultural in theory, but not in actual practice.

Another area where *de facto* discrepancies exist between States is the international law related to development and globalization. First, developing States can be disproportionately effected by tariffs in the international trade

41 GA Res. 377(V). G.A. R., 5th Sess., 302nd Plen. Meeting, 3 November 1950, A/PV.302, 341 at 347.

42 See Thomas Franck, Recourse to Force: State Action Against Threats and Armed Attacks 35-38 (2002).

43 Advisory Opinion of 20 July 1962, I.C.J. Reports 1962, p. 163 at 164.

regime, as the current debate on agricultural subsidies has made clear.[44] Second, whereas developed nations are free to adopt domestic policies they see fit, developing nations dependent on money from the international financial institutions can be limited by the structural adjustment programs imposed by those institutions as a condition of lending.[45] For example, it has been argued that

> "the [International Monetary Fund] adopts a doctrinaire monetarist approach, that it is insensitive to the individual situations of borrowing countries, that it imposes onerous conditions, that it is ideologically biased in favor of free markets and against socialism, and that it overrides national sovereignty and perpetuates dependency."[46]

From a legal standpoint, it also bears noting that voting in organizations such as the International Monetary Fund is weighted according to the size of each country's economy; such institutions will therefore be more representative of developed country interests than the interests of developing countries.[47]

Thus, both in the international law on the use of force and in the international law related to development and globalization, even if the law itself does not directly favour developed, primarily Western, countries, the application of this law in the current geo-political realities disparately impacts developing, primarily non-Western countries in a negative way. Efforts to improve multiculturalism in international law must therefore take into consideration not

---

44 See, e.g., Tim Rice, Farmgate: The Developmental Impacts of Agricultural Subsidies, in The WTO and Developing Countries (Homi Katrak & Roger Strange, eds. 2004).

45 See, e.g., Jason Morgan-Foster, The Relationship of IMF Structural Adjustment Programs to Economic Social and Cultural Rights: The Argentine Case Revisited, 24 Mich. J. Int'l L. 577 (2003) (arguing that structural adjustment programs of the IMF create a new human rights paradigm, because while they are a necessary condition to acquire private loans—which together with IMF loans are necessary to the fulfillment of economic, social, and cultural rights—the structural adjustment programs themselves violate multiple provisions of the International Covenant on Economic, Social, and Cultural Rights).

46 J. Williamson (ed.), IMF Conditionality, p. vii (1983).

47 Steiner & Alston, above note 12, at 1343.

only whether the law is *de jure* legitimate from a multicultural standpoint, but also if the law as applied to geo-political realities is multiculturally legitimate.

V. From an International to a Transcivilizational Perspective

The trans-civilizational perspective proposed by Professor Onuma Yasuaki provides a thought-provoking attempt to address the important role of multiculturalism in international law. Onuma defines the transcivilizational perspective as

> "a perspective from which we see, recognize, interpret, assess, and seek to propose solutions to problems transcending national boundaries by developing a cognitive and evaluative framework based on the recognition of plurality of civilizations that have long existed in human history. It is a theoretical device by which we can recognize and appreciate various ways of thinking of diverse peoples and seek to identify values and virtues that are perceived as legitimate by as many people as possible."[48]

Onuma situates this perspective as the latest in an evolutionary development of international legal thought, beginning with the international perspective, followed by the transnational perspective, and now reaching the transcivilizational perspective.

As discussed above,[49] the international perspective was born out of the global hegemony of the European powers at the close of the 19th century, particularly the acceptance of the European view of sovereignty and the universalization of the European model of the independent, sovereign nation-State.[50] Beginning around the middle of the twentieth century, the transnational perspective was critical of this state-centric approach and offered an alternative which was centered on non-state actors and their activities. Although the growth of NGOs and other civil society groups is in principle a positive

---

48 Ibid. at 153.

49 See above note 2 and accompanying text.

50 Onuma, above note 3, at 156.

development, these non-state actors tend to be modern, transboundary actors "whose values and virtues to be pursued are Western-oriented modernistic ones, such as democracy, human rights, and a market economy."[51] In Onuma's view, although '[t]he transnational perspective is useful as a tool to complement and modify the international perspective, which tends to be state-centric,"[52] it is also problematic: Because NGOs, private enterprise, and major media outlets are dominated by Western ideals and generally staffed by Westerners or at least Western-trained individuals, they cannot and do not respond to the concerns of the those eighty percent of the world's population living in the non-Western world.[53] Onuma concludes that "[a]lthough the state-centric nature of the international perspective may be rectified by the transnational perspective, the modernistic and West-centric nature of the international perspective cannot be rectified by the transnational perspective."[54]

As an alternative to the international and transnational perspective, Onuma proposes the transcivilizational perspective. He concludes that "[u]nless the overwhelmingly West-centric space of perception and argumentation on a global scale is changed, and those who make arguments that are critical of West-centric discourses can feel that their arguments are sufficiently heard and fairly understood, it would be difficult to persuade those desperate people to refrain from resorting to violence."[55] Onuma argues that the transcivilizational perspective can help alleviate both of these problems by acknowledging the plurality and diversity within each civilization, in which multiple civilizations positively influence each individual in every civilization:

> "The transcivilizational perspective enables us to see, understand and construe the problems not merely as an issue of conflicting national interests, nor merely from a West-centric transnational perspective of 'global civil society'. It assumes, rather, the plural existence of long-lasting and diverse civilizations, and urges us to see those problems as connoting civilizational conflicts. At the same time, however, the

---

51 Ibid. at 158.

52 Ibid.

53 Ibid. at 159.

54 Ibid. at 160.

55 Ibid. at 169.

> functional or relational understanding of transcivilizational affairs enables us to liberate ourselves from the preconception that we belong to only one civilization. It thus enables us to avoid a glorification of 'our' civilization at the cost of 'their' civilization."[56]

Thus, the transcivilizational perspective accentuates similarities and positive influences between civilizations rather than insisting on differences. Not only does this serve to increase international understanding, but the increased attention to civilizational nuances helps to create an international dialogue which is less Western-centric.

VI. Conclusion

The question of multiculturalism in international law is a complex one deserving a multi-facetted response. This article has offered four angles with which to view the issue, each offering its own challenges and benefits. First, concerning the question of the universality of international human rights law, it is posited that human rights are certain to be ignored if they are not culturally relevant, but it is crucial that efforts to uncover universal rights are not West-centric and begin in multiple legal traditions. Second, regarding multiculturalism within the ICJ, both the composition of the Court and the sources of law applied have a significant impact. As far as the Court's composition is concerned, the General Assembly and Security Council are free to change this situation, subject to the constraints of *realpolitik*. Concerning the sources of law, the international legal order often derives "general principles of law recognized by civilized nations" from primarily Western sources. Consequently, when the Court applies this source of law, it should take extra care to assure that the general principles it applies are representative of all cultures. Third, we examined the two *de facto* weaknesses in the multiculturalism of the international legal order, namely the law on the use of force and the law related to globalization and development. In both of these areas, although the law itself is generally sensitive to multicultural concerns, it negatively affects developing, non-Western countries when applied

---

56 Ibid. at 171.

under current geo-political realities. Fourth, expanding the scope of inquiry even further, we have analyzed which over-arching theory of international law best accommodates multicultural approaches. Although the transnational perspective of non-state actors marks an improvement over the international paradigm based exclusively on the European model of the sovereign nation-state, the new trans-civilizational perspective marks an even further improvement by acknowledging cultural diversity within each civilization and indeed within each individual. None of these changes will be quick in coming, but if the international legal order wishes to be truly international, it is imperative that substantial efforts are made to implement them.

Reflections on Multiculturalism and International Law

Hugh Thirlway*

> *Considering* that a pluralist and genuinely democratic society should not only respect the ethnic, cultural, linguistic and religious identity of each person belonging to a national minority, but also create appropriate conditions enabling them to express, preserve and develop this identity...
>
> Preamble to the Framework Convention for the Protection of National Minorities, Council of Europe, Strasbourg, 1 February 1995.

I

Rather than trying to offer a definition of multiculturalism – not a simple and straightforward task[1] – let me make an observation as to how it manifests itself. Multiculturalism is primarily not a legal concept, but a matter of political or sociological choice. If the population of a State is, as is most frequently, and

---

* Former Professor of International Law, Geneva Graduate Institute of International Studies; former Principal Legal Secretary, Registry, International Court of Justice. This paper was completed in December 2007.

1 "[I]t is hard to define multiculturalism because cultural identity is itself a dynamic evolving organism that is often blurred with political identity and political ideology": McGoldrick, "Multiculturalism and its Discontents" in Ghanea and Xanthaki (eds), Minorities, Peoples and Self-Determination (2005).

Sienho Yee & Jacques-Yvan Morin (eds.), Multiculturalism and International Law, 95-112.

indeed increasingly, the case nowadays, composed of a number of groups of distinctive ethnic, religious or cultural identities, the State may so establish its political and legal structures as to take account of the existence and the interests of these various groups. An evident example is a multiconfessional State like the Lebanon, where matters of personal status fall within the jurisdiction of the religious courts of the different communities. The State may however adopt (or more commonly, have adopted) a particular cultural model, on historical or patriotic grounds, as the national paradigm, so that all other models which may characterize individual groups will be seen as variations of that paradigm or departures from it. When I say that a State *may* act in this way, I intend merely to state a fact of political practice; I offer no value judgment on the desirability or otherwise of either a multicultural or a monocultural approach; nor, at this stage, am I making any suggestion as to the compatibility of either with law, international or national.

According to a traditional view of the relationship between international law and State constitutions, international law has in fact nothing to say on a choice of this kind. In the judgment of the International Court of Justice in the *Nicaragua* case, the Court had occasion to mention the "matters on which each State is permitted, by the principle of State sovereignty, to decide freely", and included as one of these "the choice of a political, economic, social and cultural system".[2] This was of course in the context of the application of the principle of non-intervention in the affairs of States – the principle that "forbids all States or groups of States to intervene directly or indirectly in internal or external affairs of other States", as the Court expressed it in that case.[3] For the purposes of the *Nicaragua* case, the Court had no need to do more than find that "no ... general right of intervention, in support of an opposition within another State, exists in contemporary international law"[4]; accordingly, whatever the merits of a multicultural political system, international law would not justify a State in imposing such a system on its neighbour, or seeking to intervene on behalf of an oppressed minority. However, in principle, a choice which a State is entitled to make freely and without intervention by any other State is also a choice

---

2 Military and Paramilitary Activities in and against Nicaragua, I.C.J. Reports 1986, p. 108, para. 205.

3 Ibid.

which is in accordance with international law; it cannot, for example, to use the language of State responsibility, be classified as an "internationally wrongful act" unless (1) it is a breach of an obligation imposed by international law, and (2) the existence of such an obligation is contradicted by the freedom of choice reflected in the application to it of the principle of non-intervention.

Can one then say that a State may choose to establish, within its borders and in relation to its own citizens, any political system that may recommend itself to those in the State who control the levers of power, and that no rule of international law limits that freedom of action, and consequently that international law has nothing to say as regards the principle of multiculturalism? I have specified that the question refers to the impact of the chosen system on the State's own citizens, since as far as foreigners are concerned, questions may arise under the general international legal rules as to the treatment of aliens, and the exercise of diplomatic protection.[5] With regard both to aliens and to the citizens of the State, one should also not overlook any commitments that the State may have entered into by treaty with other States; such commitments as, for example those contemplated by the Council of Europe's Framework Convention for the Protection of National Minorities.[6] In relation to the State's own citizens, in particular, there is of course one further highly significant limitation on the State's freedom of action in this domain: the established international law of human rights.

In this respect, what I have in mind is essentially the Western model of human rights protection, as established in the European Convention on Human Rights, the United Nations Covenants etc.; I do not enter here into the vexed question of what has been referred to as the "Asian values" thesis, the source of

---

4 Ibid., p. 109, para. 209.

5 The application of the "standard of national treatment" would appear by definition to exclude respect for an alien culture; and it may be doubted whether, reserving the question of human rights law, any "international minimum standard" would extend so far as to ensure such respect.

6 Concluded 1 February 1995; entered into force 1 February 1998; 39 States parties (at Match 2007). Note that the Convention does not define "national minorities" (though this had been proposed at an earlier stage), and a number of States parties have claimed, in reservations and declarations, the right to determine their obligations according to their own definition. See also the 1966 International Covenant on Civil and Political Rights, Article 27, on minority rights.

much controversy at the 1993 World Conference on Human Rights. There is, furthermore, a conflict of principle between the concept of human rights as universally existing and valid, and the relativistic view which would attribute to all social rights a purely relative value as a function of the society or the social unit to which they are attached.[7] This conflict may impose a built-in limit to the operation of multiculturalism, but we are here not concerned with that aspect of the matter.

It is through the application in the domestic sphere of international human rights norms that the choice of a monocultural or multicultural social and political system may be subject to restraints deriving ultimately from international law. Problems of conformity with human rights law may evidently arise from the adoption of either a monocultural system or a multicultural system. Excessive privilege granted to the culture identified as the "national" culture of the State concerned may result in restrictions on the exercise by the members of other cultural groups of some of the rights protected by the law of human rights; contrariwise, the toleration and indeed protection by the State, on grounds of respect for other cultures, of practices cherished by a particular cultural grouping which are irreconcilable with the generally accepted norms of human rights law may equally involve a multicultural system in legal difficulties. This may be particularly likely in the field of religious worship, where what may, from one point of view, be classified as social or cultural norms are regarded by the adherents of the religion concerned as having divine sanction; and may, for that very reason, conflict with the secularism of the State in an area involving public interest (as, for example, in the case of the controversies in France and the UK over the wearing of Islamic clothing in schools or the workplace). To continue to take Islam as an example, on the one hand a monocultural Islamic State which forbids the practice of any other religion may be considered by external observers to fail in respect for the principle of the freedom of the individual to choose and to practise his own religion; and on the other hand, respect by a secular or Christian State, of a multicultural persuasion, for the dictates and practices of Islam as followed by a minority of its citizens, may involve sanctioning concepts, such as the treatment of women under Islam, that

---

7 See on this, for example, L. Ferrajioli, "Diritti fondamentali e multiculturalismo" in R. Orrù and L.G. Scianella (eds), Limitazione di sovranità e processo di

are regarded, at least by the non-Muslim citizens of the State, as contrary to basic human rights. I need only mention the *Refah Partisi* case[8] before the European Court of Human Rights as an example of the problems of applying human rights law in a conflict between secularism and, in this case, Sharia law.[9]

These are problems which are of course well-known to all scholars and students in this field, and I recall them only in order to clear the ground: to indicate that it is not problems of this kind that I wish to examine, but rather the relationship between ideas of multiculturalism and international law in a more general and traditional sense, that of the relationships between States as subjects of international law. But if we set aside the whole law of human rights, what remains? Is there no more to be said than the dictum I have quoted from the *Nicaragua* case, that the choice by a State of its political or social system is free from any constraint under international law? Do ideas of multiculturalism have no other impact in classical international law?

II

There is of course a clear distinction between the desirability or otherwise of a multicultural State, in the *de facto* sense referred to above, and the desirability, or even necessity, that within such a State a multicultural policy be adopted. Since however it is the creation of a *de facto* multicultural State (or the transformation of a relatively homogeneous society into a multicultural State by immigration) that poses the problem of multicultural or monocultural policy, it is material to see whether international law leans toward the creation of such States, or against it, or is to be seen as neutral on the point.

The choice between a monocultural and a multicultural political structure only arises within a State that is *de facto* multicultural, that is to say one in which

---

democratizzazione, 2004.

8 Refah Partisi (The Welfare Party) and Others v. Turkey, EHRR 2003.

9 The Court found that it was "difficult to declare one's respect for democracy and human rights while at the same time supporting a regime based on sharia, which clearly diverges from Convention values, particularly with regard to its criminal law and criminal procedure, its rules on the legal status of women and the way it intervenes in all spheres of private and public life in accordance with religious precepts ..." (para. 123).

there exist different groups of citizens, each of which shares a common culture which is not that of the majority. How do such States come to exist?[10] In the modern era, this situation may most frequently be the result of immigration, the most evident example being of course the much increased proportion of citizens of nominally Christian States that follow other religions, particularly Islam.[11] However, such a structure of society may in fact have existed at the moment of the creation of the State, as a result, it may be argued, of the application of a principle of international law – that of *uti possidetis*. Many States which emerged from the process of decolonisation did so within the boundaries created by the colonising States; and these boundaries notoriously failed to follow or respect cultural or, in particular, tribal boundaries. The principle of *uti possidetis*, which the International Court has found in the *Frontier Dispute* case to be "a general principle, which is logically connected with the phenomenon of the obtaining of independence, wherever it occurs",[12] overrides any advantage that might be derived from the allocation to a single State of populations sharing a common tribal culture. In Africa, in particular, as was pointed out by the Court in that case, a deliberate choice was made "to consent to the respecting of colonial frontiers, and to take account of [the *uti possidetis* principle] in the interpretation of the principle of self-determination of peoples".[13] This contrasts with the historical developments of the 19th and early 20th century, where self-determination was seen effectively in nationalistic terms: "each nation had the right to constitute an independent State and ... only nationally homogeneous States were legitimate". [14] But this is not of course to say that the choice of *uti possidetis* as the governing principle was influenced by any predisposition in favour of the creation of multicultural States: the objects

10 A question examined by Salmon, Le droit international à l'épreuve au tournant du XXIe siècle, (2002), pp. 306-308, who also draws attention to a factor easily overlooked: the varying policies adopted by States in conferring or withholding nationality.

11 For a perceptive anticipation of the problems arising from this development, cf. the observations of Scarman L.J. in his dissent in Ahmed v. Inner London Education Authority, [1978] 1 All E.R. 583

12 Frontier Dispute (Burkina Faso/Mali), I.C.J. Reports 1986, p. 565, para. 20.

13 Ibid., p. 567, para. 25.

14 Thürer, "Self-Determination" in Bernhardt (ed), Encyclopedia of Public International Law.

in view were the preservation of the *status quo*, and the avoidance of the disruption which would inevitably follow any attempt to create new boundaries, as is clear from the 1964 Declaration of the Organization of African Unity.[15]

Prior to the completion of the decolonization process, another example of a multicultural legal system within a State, and one sanctioned by international law, was the regime of capitulations,[16] and similar regimes of extra-territorial rights of western Powers in other States. Greater respect for a particular culture could hardly be shown; if the system is not regarded nowadays as an example to be followed, it is perhaps less because of the privileged status of the protected nationals – since a privileged status is essentially what is claimed by all who would invoke multiculturalism to protect their own culture – than on account of the manner in which the system was created, namely by imposition by the powerful and colonial State.

Reference has been made above, in connection with the *Frontier Dispute* case, to the principle of self-determination. This principle operates for the benefit of a "people"; and if such a "people" were to be identified as a group defined, not merely by ethnicity, but also by shared cultural norms, the existence of the principle would appear to point to an approach favouring a monocultural society. If it were right and proper that within a particular State a group that possesses the necessary shared characteristics to be classified as a people has the right to determine its own future, and in particular to opt for independence, and if this right were absolute, not dependent on the existence of oppression by the authorities of the State, then there would seem to be an

---

15 1964 Cairo Resolution, OAU doc. AHG/Res 17 (1). On the background, see further Franck, Fairness in the International Legal and Institutional System, 240 Recueil des cours, 240 (1992-III), 129-134.

16 This regime has now been consigned to the dustbin of history to such an extent that no mention of it appears in the index either of the Bernhardt Encyclopedia of Public International Law or of the latest edition of Oppenheim's International Law by Jennings and Watts. The system is dealt with in detail in the ICJ Judgment in the case of Rights of United States Nationals in Morocco, I.C.J. Reports 1952, p. 176. It may be objected that the distinguishing factor for the purposes of capitulations was that of nationality, so that it was not, strictly speaking, a national minority that was favoured: but the participation in national life of the protected resident was usually sufficiently substantial to justify his culture being classified as a local one.

implication that it is a good thing for cultural and political boundaries to coincide. The principle of self-determination however promises more than it performs: as it has developed in practice it has operated principally in the context of decolonization. Beyond that, "it is a principle of internal self-determination, both a condition for and a consequence of the effective enjoyment of the rights in the [United Nations] Covenants".[17]

Thus it is generally recognized that in current international law the existence of the right of self-determination does not imply the legality of secession.[18] Though some limited right of secession might be regarded as implied in the principle of self-determination itself, and secession is considered by political philosophers as justified where a discrete group within the population is "oppressed", in a broad sense, by the government that reflects the existence of the majority,[19] no such right is recognized in present-day international law. As the Supreme Court of Canada found in the case of *Reference re Secession of Quebec*, there is no right of secession provided the central government represents the people as a whole on the basis of equality and without discrimination.[20] To this extent we may thus concluded that international law leans in favour of multicultural solutions, or at least does not disfavour them, provided that the society in question meets the criteria enunciated in the *Quebec* case. However, the reasons for this approach are clear: the need to maintain the principle of territorial integrity and discourage fragmentation of States – reasons which have nothing to do with the desirability or otherwise of multicultural societies as such.

---

17 Warbrick, "States and Recognition in International Law" in Evans (ed.), International Law, 2nd edn., p. 227.

18 See the detailed discussion of the problem by Xanthaki, "The Right to Self-Determination: Meaning and Scope" in Ghanea and Xanthaki (eds), Minorities, Peoples and Self-Determination, 2005.

19 Cf. for example Sellers, "The Right to Secede", in Soetemann (ed.), Pluralism and the Law, Amsterdam 2001, p. 68.

20 [1998] 25 SCR 217, para. 154. The Vienna Declaration and Program of Action resulting from the 1993 World Conference on Human Rights emphasized that the government should represent "the whole peoples belonging to the territory without distinction of any kind" (emphasis added).

III

I should now like to turn to a different aspect, already alluded to, of the relationship between the concept of multiculturalism and international law. As I indicated at the beginning, insofar as multiculturalism as a political or social philosophy has legal implications, these are primarily at the level of domestic law, tempered by the intervention of the international law of human rights; and the ruling in the *Nicaragua* case suggests no role for the concept of multiculturalism at the level of inter-State relations, at least on the basis of general customary law. But might there be a principle of multiculturalism which is directly applicable to States, on the basis, for example, that it might be seen as a "general principle of law" within the meaning of Article 38, paragraph (1)(c), of the Statute of the International Court?

To clarify what I mean by "directly applicable to States", it may be illuminating to recall an argument advanced 40 years ago in the *South West Africa* case before the International Court, and the response to it. It was then contended by the Applicant States, Ethiopia and Liberia, that there existed a legal norm prohibiting discrimination on grounds of race, which would be violated by the South African policy of apartheid. In addition to presenting this as being of a treaty-law nature, on the basis of the Charter, and as being a customary rule, the Applicants argued that the consistency of prohibitions of racial discrimination in municipal legal systems showed that the principle was one of the "general principles of law" recognized by Article 38, paragraph 1(c) of the Statute. The Court did not deal with this argument, nor with the Respondent's argument in response, but these contentions were examined in the dissenting opinion of Judge Tanaka. What is of interest in the present context is the argument of principle advanced by South Africa, and accepted *sub modo* by Judge Tanaka.

The argument of the Applicants amounted to drawing an analogy between the rules established on the plane of municipal law, and the rules said to correspond on the plane of international law. South Africa pointed out however that the analogy was not correct.

> "The Respondent contends that the alleged norm of non-

> differentiation as between individuals within a State on the basis of membership of a race, class or group could not be transferred by way of analogy to the international relationship, otherwise it would mean that all nations are to be treated equally, despite the difference of race, colour, etc. – a conclusion which is absurd."[21]

And Judge Tanaka concluded that "If we limit the application of Article 38, paragraph 1(c), to a strict analogical extension of certain principles of municipal law, we must recognize that the contention of the Respondent is well-founded."[22]

If we endeavour to apply the same system of analogical reasoning to an assumed general principle of multiculturalism, the result is less absurd, and perhaps enlightening. It is of course certain that the notional transplantation of institutions of national law to the international sphere is likely only to lead to false Utopias.[23] The international community certainly includes States of widely differing cultures; it also contains groups of States who share, to a greater or lesser extent, a culture of their own. Does the international community sufficiently reflect this factual element in the legal regulation of its structures and systems of inter-action? If not, how should it do so?

First, two general observations, by way of background, of a somewhat self-evident nature. General international law applies, *ex definitione*, to all States indifferently; in this it resembles those laws of a given State that apply to all persons within the territory. Secondly, a principle frequently asserted and emphasized is of course that of the sovereign equality of States, equivalent to the principle at the municipal level of equality before the law. No State is, in terms of international law, a second-class citizen of the international community; the distinction at one time based on degrees of "civilization" no longer exists. Against that background, is it however possible for international

---

21 South West Africa (Second Phase), dissenting opinion of Judge Tanaka, I.C.J. Reports 1966, p. 296.

22 Ibid., pp. 296-297. Judge Tanaka did not however accept the consequences that South Africa sought to draw from this argument, but insisted on the duty of the State to respect human rights as a basis for finding the illegality of apartheid.

23 Cf. Viraly, "Sur la prétendue 'primitivité' du droit international", in Le droit international en devenir, Geneva 1990, p. 100.

law to take account of a particular culture that differentiates a given State or States from the rest of the community? At the national level, a claim to special treatment in the name of multiculturalism can hardly be made by a single individual; a culture implies a body of concepts that are shared by a group of persons. The question may however arise in a different way at the international level, since a single State may well embody a culture. Whether it is such as to call for different treatment in inter-State relations is of course another matter; it is difficult to see how such a unique legal status based on culture could resist the application of general international law, save perhaps through the mechanism of opposition, as a "persistent objector" to the development of a new rule of customary law seen as inimical to that culture.

There are however two evident ways in which a group of States may give effect to their desire to adapt international law to their shared culture. The first is the device of a law-making treaty of regional or otherwise limited extent: an excellent recent example is the African Charter on Human and Peoples' Rights, adopted under Article II (1)((b) of the Charter of the Organization of African Unity, which shows a number of significant divergences from, for example, the International Covenant on Civil and Political Rights.[24] Even the European system founded on the Treaty of Rome, despite its predominantly economic significance, may be regarded as a manifestation of a shared culture.[25] Provided no rule of the status of *jus cogens* is contravened, States enjoy complete freedom to adapt by treaty the rules of general international law in such manner as may chime best with their culture. The other device, less frequently found, but well-established in legal theory is that of local or special custom. The textbook example of this is an institution of the shared culture and history of the Latin American States: the practice of diplomatic asylum.[26] Somewhere between the two one may place the shared approach to international law of the States of the

---

24 Cf. Steiner and Alston, International Human Rights in Context, pp. 691-692.

25 At the same time, respect for the individual national cultures (though that is not the expression used) of the Member States is assured by the Maastricht Treaty, Article F(1); cf. Verhoeven, "La Communauté européenne et la sanction internationale de la démocratie et des droits de l'homme" in Yakpo and Boumedra (eds), Liber Amicorum Mohamed Bedjaoui, p. 771.

26 See the Asylum case, I.C.J. Reports 1950, p. 266; cf. also Right of Passage over Indian Territory, I.C.J. Reports 1960, p. 44.

Soviet bloc during the Cold War period. It remains the case, however, first that the rules laid down in a treaty are not opposable to States that are not parties to the treaty;[27] and that similarly, it is axiomatic that a local or special customary rule cannot be set up against a State outside the "judicially postulated community"[28] within which it has become established; thus rules of local or special customary law are opposable only to the States that are members of the community to which that custom applies, having become so by express acceptance of the rules in question.[29] To this extent therefore, the degree of multiculturalism that international law may boast is somewhat limited.

How far then do these devices present an analogy with the role played by, or attributed to, multiculturalism at the State level? They correspond to the adoption by a particular cultural community of their own system of regulation of their affairs, as between themselves; but to what extent are they opposable to others outside the cultural community? Let us take the parallel of a Jewish community whose members agree to avoid the secular courts of the State in which they reside, but to settle all disputes between them in the Rabbinical court, and by the application of Jewish law. As far as patrimonial rights are concerned, the operation of such a system within that community may give rise to no problems, and may easily be tolerated by the secular State. But if the Rabbinical court asserts the right, for example, to grant divorces, and on grounds other than those recognized by the law of the State, only if that State has adopted a system of far-reaching multiculturalism will the special regime of the Jewish community operate where it is in contradiction with the regime of the State as a whole. This will depend, not on any intrinsic validity of the rabbinical system, but on the over-riding requirements of the general law of the multicultural State; similarly, in the international sphere, it is the generality of international customary law that sets the limits within which a shared culture may generate a special regime for a limited group of States.

Another limitation of international law, adverted to particularly by Asian

---

27 Res inter alios acta nec nocet nec prosit: see Vienna Convention on the Law of Treaties, article 34.

28 A useful expression coined by Zemanek (rechtlich vorgegebene Gemeinschaft): "Die Bedeutung der Kodifizierung des Völkerrechts für seine Anwendung", Festschrift Verdross, p. 578.

29 See the Asylum judgment, n. 26 above, pp. 276-278.

scholars, derives from the historical fact that present-day international law developed in the 19th and 20th centuries almost entirely from the practice of Western, particularly Western European States, and thus came to represent essentially the principles and concepts developed by those States, either in their own municipal systems, or in their relations to each other in the era following the Westphalia settlement. Little or no contribution has therefore been drawn from the practices, and perhaps more importantly, the philosophies of Eastern communities and cultures. The thesis is that these cultures have been undervalued, as a result of the emphasis during so much of the formative period of international law, on the role of what Article 38, paragraph 1(c), of the ICJ Statute refers to as "civilized nations",[30] and that international law is the poorer for it. As a factual contention of a historical character, this is difficult to contradict; but clearly the onus is on the scholars representing the neglected systems to indicate in what respects international law would be improved, or would have been improved, by the incorporation of concepts or institutions of law developed in those systems.[31] It is not enough to draw attention to the undoubted fact that Asian legal systems had arrived independently at such familiar ideas as sanctity of contract and the rule *pacta sunt servanda*,[32] or even that treatises on public international law appeared in the Islamic world eight hundred years before Grotius.[33] Nor is it helpful to suggest that (for example) "hidden away" in ancient Indian literature "are numerous concepts, legends, discourses and illustrations relevant to international law"[34]; it may be so, but an

---

30 On this see the strictures of Judge Ammoun in his separate opinion in the North Sea Continental Shelf case, I.C.J. Reports 1969, pp. 132-135.

31 As observed by Judge Shahabuddeen, "From the fact that the received jurisprudence was developed in one part of the world, it did not follow that the basic institutions, to which the jurisprudence related, were unknown to political collectivities in other parts of the world, or that rules regulating relations among such collectivities had somehow altogether failed to germinate before the coming of Grotius": "Developing Countries and the Idea of International Law" in Macdonald (ed,) Essays in Honour of Wang Tieya, 1994, p. 724.

32 Cf. Anghie, Imperialism, Sovereignty and the Making of International Law, p. 312.

33 Weeramantry, "Cultural and Ideological Pluralism in Public International Law" in Ando, McWhinney and Wolfrum (eds), Liber Amicorum Judge Shigeru Oda, Vol. II, p. 1502.

34 Weeramantry, "The International Court of Justice in the Age of Multiculturalism", Indian Journal of International Law, 1996, p. 23; see also Nagendra Singh,

approach to non-Western traditions adopting the principle of *omne ignotum pro magnifico* will not advance the science of international law.

A sceptic might well wonder whether in the particular field of international law it is reasonable to expect that any radically new concepts may be derived from enlarging the field of potential sources (in a broad sense) to civilizations other than those of Western Europe.[35] The first reason for this derives from the underlying nature of law. Law is the reflection of human society: *ubi societas, ibi jus.* Every human society tends to arrive at essentially the same rules for the conduct of what we call legal relations; many of these are self-evident in the sense that society cannot function without them. The principle of respect for contractual obligations, for example, is self-evident inasmuch as there is no point in committing oneself by a contract unless the contract will oblige each party to perform it even when has become no longer in his interest to do so.[36] This is not to adopt the approach of Dr. Pangloss to international law, and assert that as regards the present system of legal relations, all is for the best in this best of all possible worlds. It is to say that the same basic principles of law and justice are likely to develop independently in each organized community, so that a study of comparative law may yield a number of methods of achieving the same or similar ends.

"Human Rights in India" in Le droit international à l'heure de sa codification, Études en l'honneur de Roberto Ago, vol. II, p. 323. Not all arguments contesting the universality of international law have however been based on cultural differences: see Anghie, Imperialism, Sovereignty and the Making of International Law, p. 200.

35 It has been contended that the law of peaceful co-existence is a contribution to international law made by Asian States (Syatauw, Some Newly Established Asian States and the Development of International Law, 1961, p. 234), or by China (Wang Tieya, International Law in China, Historical and Contemporary, 221 Recueil des cours (1990-II), p. 263). McWhinney has, however, suggested that "peaceful co-existence perhaps turned out to be more nearly part of the old or 'classical' system and process of international law ..." (quoted in Macdonald, "The Idea of Peaceful Co-existence" in Yakpo and Boumedra (eds.), Liber Amicorum Mohamed Bedjaoui, p. 204).

36 Furthermore, the effective use of promises requires both a ritual for establishing that a given promise is to be protected by sanctions, and an authoritative rule enforcing those that are so protected: cf. Huppes-Cluysenaer, "Informal Rules do not Exist" in Soeteman (ed.), Pluralism and Law, Amsterdam 2001.

In regard to law-creation and sources, there are only a limited number of ways in which rules can come into existence of a kind that will be accepted by a society as binding; thus, as regards in particular considerations of the sources of international law, the combination contemplated by Article 38 of the Statute – treaty plus custom plus general principles – is hardly susceptible of any real extension or improvement.[37] In the details there is of course ample room for divergences between the systems of different societies: for example, exceptions may have to be devised to the rule of sanctity of contract, such as the principle of *rebus sic stantibus*.

A second reason is that the international community as it now exists sees itself in terms of the international legal system which has resulted from historical processes; and any proposals for improvement of the system must start from the system as it is. As Professor Onuma has written,

> "the fact remains that it was neither Muslims nor Chinese who came to dominate the world. It was the European States which established the global colonial system. It was European international law, not the Sinocentric tributary system, which came to regulate interstate relations on a global scale. Accepting these as undeniable facts, we must explore the structures of this global domination. It is only through the acceptance and understanding of this history ... that we can truly liberate ourselves from Eurocentrism."[38]

One may also ask what exactly is signified by a liberation from Eurocentrism? The question is not whether the system based on European law has faults – that is admitted – nor whether the system that would have resulted from a different historical process would have been more perfect. After extensive study, it has been doubted whether "it is possible to create an international law that is not imperial".[39] As Onuma also observes,

---

37 There is also the real problem of the means by which any closed list of sources could be extended: see the present writer's International Customary Law and Codification (1972), pp. 39-40.

38 "Eurocentrism in the History of International Law", in Onuma (ed.), A Normative Approach to War, p. 373.

39 Anghie, Imperialism, Sovereignty and the Making of International Law, 2004, p.

> "Had China dominated the world, had Islamic civilization subjugated other civilizations, it would have been necessary to criticize the hierarchical and discriminatory nature of the Chinese interstate notion based on Confucianism, or the proselytizing and zealous nature of the Islamic theory of interstate relations, with the idea of *jihad* at its core."[40]

We may conclude that the principle of multiculturalism does not seem to have any major role to play at the level of inter-State relations, or in the creation or development of international law. If there is a need for a more multicultural approach to international law, it is therefore necessary to look in non-European systems for ideas which, first, do not simply duplicate or overlap with ideas which are equally to be found in the European derived system; secondly are consistent with the structure of international society as it now exists, or could be implemented taking that structure as starting-point; and thirdly present, or appear to present, advantages for the governance of international relations which are not obtainable by a continuation or development of the existing system.[41]

IV

One cultural difference which has been referred to with approval by scholars is the emphasis in Asian legal traditions, particularly those of Japan and China, on dispute resolution by non-judicial and non-adversarial means.[42] The extent to

---

317.

40 Onuma, op. cit. (note 38), p. 386.

41 It was suggested by Prott in 1979 (The Latent Power of Culture and the International Judge, pp. 214-216) that the thinking of Members of the International Court of Justice from Third World countries had not, on the basis of their published separate and dissenting opinions, reflected any important influence of their national legal backgrounds. Judge Weeramantry may however now be mentioned as an exception.

42 See for instance Dal Pont, "The Social Status of the Legal Professions in Japan and the United States", 72 U. Det. Mercy L. Review, 1995, 391, and John S. Mo, "Alternative Dispute Resolution" in Wang and Zhang (eds), Introduction to Chinese Law, 1997, p. 367., cited in Koch, "Judicial Dialogue for Legal

which such traditions have survived into the contemporary world should however not be over-estimated; McWhinney has drawn attention to post-colonial India, and post-War Japan as examples of the reception and taking root of Western ideas in this field; however much one may deplore the processes which led to this result, it has to be accepted as a reality.[43] The use of such non-confrontational means for settling inter-State disputes might well have very much to recommend it; but it is of course already available as an option under the current system. The principle of peaceful settlement of disputes does not entail the obligation of recourse to any one in particular of the methods enumerated in Article 33 of the UN Charter; and there is no more clearly established principle of dispute settlement than that which lays down that a State is not obliged to submit its disputes to judicial settlement without its consent.

However, scholars of the Western legal tradition should be more aware of the fact that the judicial settlement of disputes is perhaps not as essential an aspect of international law as we might like to think. Because judicial and arbitral decisions have a dual role – that of settling the dispute and that of contributing to the corpus of international law[44] – we may overlook the fact that this technique of judicial settlement is no more than a means to an end. In the field of international dispute settlement, it has to be recognized that ultimately there are only two methods of settling a dispute: one is agreement and the other is the use of force. The second is now outlawed; and the first has been refined

---

Multiculturalism", 25 Michigan Journal of International Law, 898-899. Historically, there has also been a reluctance on the part of Asian States to accept arbitration simply because of lack of trust, and a belief that the dice were loaded in advance in favour of a western Power: cf. the reasons given for the refusal of China to settle by arbitration its dispute in 1909 with Portugal over Macao (see Cohen and Hungdah, People's China and International Law, 1974, Vol. 1, p.11); and the impact on Japanese thinking of Japan's defeat in the Japanese House Tax case in the Permanent Court of Arbitration (see Miyazaki, "Japanese House Tax Arbitration" in Bernhardt (ed.), Encyclopedia of International Law, Vol. 3, p. 3).

43 McWhinney, The International Court of Justice and the Western Tradition of International Law, p. 151.

44 This is of course the source of a considerable and valuable element in the development of international law: one may think of, for example, the law of maritime delimitation, which it has been suggested is almost entirely judge-made: see Weil, The Law of Maritime Delimitation: Reflections, pp. 6 ff.

into categories of negotiation, mediation, good offices, arbitration and judicial decision, all of which are no more than means of bringing agreement to bear on the specific dispute. Negotiation, mediation etc. take the dispute and work to a solution that can be agreed; arbitration and judicial settlement secure advance agreement to a settlement that will be arrived at by a trusted third party. Settlement of the current dispute is achieved by either means: the advantage of the third-party settlement method, apart from the contribution to judge-made law, already mentioned, lies in the possibilities it affords for provision for the settlement of future disputes, through dispute settlement treaties and such mechanisms as the Optional Clause of the ICJ Statute.

Nor should the specifically law-developing role of the international judge be over-estimated. Every international legal dispute has the capacity, though its settlement, by whatever means, to contribute to international law, if only as a footnote to the statement in the textbooks of customary law on the subject. Every time that a dispute over the interpretation of a treaty is settled by negotiation and agreement, a contribution is made both to the interpretation of that treaty, that is to say the body of treaty-law flowing from that treaty, and to the customary law of treaty interpretation.

Cultural and Ideological Pluralism and International Law: Revisited 20 Years on

V.S. Vereshchetin*

"International Law is a language which
transcends different tongues,
cultures, races and religions."
Judge Jennings [1]

I. Introduction

Some twenty years ago the *German Yearbook of International Law* published my article, written in co-operation with the late Dr. G. Danilenko, on cultural and ideological pluralism and international law.[2] It addressed those theories aimed at negating the very possibility of the existence of general international law due to the fundamental ideological differences between nations belonging to opposite socio-economic systems and due to "insurmountable conflict among cultures". In our article we sought to show that such theories are not borne out by the practice of contemporary public international law, both at the stage of law-making and at the stage of its application, including international adjudication.

---

* Former Judge at the International Court of Justice. This paper was completed in December 2007.

1 Address of the President of the International Court of Justice to the UN General Assembly, 21 October 1992. ICJ Yearbook (1992-1993), 252-253.

2 V.S. Vereshchetin and G.M. Danilenko, Cultural and Ideological Pluralism and International Law, 29 German Yearbook of International Law (1986), 56-67.

Sienho Yee & Jacques-Yvan Morin (eds.), Multiculturalism and International Law, 113-128.

We proceeded from the assumption that there exists a common system of values inherent in international law as such. This system of values, embracing many fundamental principles and rules of international law, is largely shared by all members of the international community. We finished our analysis with the conclusion that:

> The study of the influence exercised by ideological and cultural differences upon international law confirms the widely held view that these differences do not essentially obstruct the operation or impede the existence of universal international law …
>
> Differences among states are bound to exist in the future, too, but [states] should not transgress the limits of what is permissible by international law and stay within its framework so as not to bring developments to a military confrontation.[3]

In the normal course of events, the twenty or so years that have passed since the publication of this article would be too short a period to justify reverting to the same subject-matter. However, this historical period has been anything but normal. It has been replete with so many dramatic events and changes in the international arena and in the domestic life of States, which have had a direct bearing on the question of multi-culturalism in international law, that I thought it would be worth revisiting at least some aspects of this earlier paper.

I am doing this in the context of the book on this subject dedicated to my good friend, and outstanding international legal scholar, Professor Edward McWhinney, with whom I had the honour to work for a number of years within the framework of co-operation between Canadian and Russian international lawyers, and who has done so much towards promoting the cause of understanding and co-operation among nations and people adhering to different creeds, religions and cultures.

II. On the Critique of International Law

The end of the grand ideological divide of the world and the end of the Cold

War seemed to have created favourable conditions for allowing international law a more prominent role as an instrument for fostering genuine co-operation among all States. Unfortunately, the reality of international life shows that up till now such expectations have not been met. [4]

Moreover, the failure of the international community to prevent inter-ethnic and inter-religious conflicts and wars in different regions of the globe, as well as the phenomenon of international terrorism, gross violations of human rights, and especially, the war in Iraq, have provoked speculation about the alleged "marginalization" of the United Nations and the "irrelevance" of international law in matters of "high" politics.

Of late, international law has been critically assessed from various perspectives. The scope of the old theorization on the relationship between law and power or between international law and international politics has been greatly expanded, to include a general debate on the role and character of international law in the 21st century.

In the course of this debate, attention has been correctly drawn to the fact that the end of the split in the world into two opposing ideological camps cannot be equated with the end of all ideological differences. To quote Susan Marks,

> To disregard this and assert the arrival of a fully enlightened, post-ideological age is … itself myth, itself ideology, itself an attempt to fix, monopolize, occlude, or in some other way destroy ideals.[5]

---

3 Vereshchetin and Danilenko, n.2 above, 67.

4 Paradoxically, the period of the acute ideological struggle across the world proved to be incomparably more productive for the codification and progressive development of international law than the post-Cold War period. The former period saw flourish various important branches of international law, such as the law of treaties, diplomatic and consular law, human rights law, humanitarian law, the law of international security, the law of the sea, space law, environmental law, etc. See on this: Roman A. Kolodkin, Fragmentation of International Law?—A View from Russia, in: Ronald St. John Macdonald and Douglas M. Johnston (eds.), Towards World Constitutionalism: Issues in the Legal Ordering of the World Community (2005), 230-231.

5 Susan Marks, Big Brother is Bleeping Us—With the Message that Ideology Doesn't Matter, EJIL (2001), No. 1, at 123.

Both in politics and in international law we shall have to live and deal with different ideologies, whatever meaning is attributed to this term.

If the above observation can be viewed as a kind of reaction to the political theory, according to which the triumph of liberal political, legal and economic practices leads to the "end of history",[6] it is also interesting to compare and contrast another political theory, that of the "clash of civilizations", [7] in its application to international law, with the approach of Onuma Yasuaki,[8] who proposes a "transcivilizational" perspective on the global legal order, which would overcome "West-centric preconceptions" and "judicial-centrism" in international law. He defines the notion of civilization as a "functional term that allows humans to behave according to plural civilizations simultaneously". [9] Onuma Yasuaki convincingly demonstrates that a "transcivilizational perspective suggests [to?] us that civilizations have influenced each other, and have transformed themselves through these mutual influences".[10]

At the same time, with regard to the practical realization of the transcivilizational perspective on the global legal order, Yasuaki proposes a highly artificial construction, namely, the division of international law into two autonomous parts: law for international courts and law for the conduct of States, the latter being more flexible and less binding.[11] In my opinion, such a split in the body of international law into two (or even three) systems of law[12] would be counter-productive and would not make any of them more authoritative or more effective. On the contrary, it would significantly diminish the role of international law as an instrument of social regulation and the role of

---

6 F. Fukuyama, The End of History and the Last Man (1992).

7 S. Huntington, Clash of Civilizations and the Remaking of World Order (1996).

8 Onuma Yasuaki, A Transcivilizational Perspective on Global Legal Order in the Twenty-first Century: A Way to Overcome West-centric and Judiciary-centric Deficits in International Legal Thoughts, in: Macdonald and Johnston (eds.), above n.4, 151-189.

9 Yasuaki, n.8 above, 163.

10 Yasuaki, n.8 above, 173.

11 Yasuaki, n.8 above, 173, 183.

12 Yasuaki mentions also the possibility of a separate international law for domestic adjudication.

courts as "guardians of international law". As Christian Tomuschat put it,

> there can be no discrepancy between the law as a tool to be applied by the ICJ and international law as it exists independently of any judicial use … It would be extremely awkward, to say the least, if the ICJ had to render judgment not corresponding to the legal position existing between the parties involved.[13]

Moreover, the kind of "courtphobia" implied in the proposal by Onuma Yasuaki runs counter to the clear tendency of developing countries to have recourse to international adjudication, including the International Court of Justice. For example, from 1960 to 1980 only five cases came to the ICJ involving African countries. In the past decade, 11 such cases have come to the Court.

During my 11 years at the Court, I had ample opportunity to ascertain the truth of the words of Judge Tanaka, written back in 1971, that

> a common basis of jurisprudence and common language exists among judges whereby they are able to make neutral assertions, discuss, reach agreements and disagree in spite of their different religious, racial and cultural background.[14]

Some participants in the debate on the future of international law suggest that, in order to cope with the anarchy which, in their view, reigns over the international system, it is inevitable or even necessary that all States acquiesce in and attribute legitimacy to the practices of a single hegemonic power, at least in matters of peace and security. In this connection, they also suggest that such principles of international law as sovereign equality of States, non-use of force

---

13 Christian Tomuschat, International Law: Ensuring the Survival of Mankind on the Eve of a New Century (2001), 307.

14 Kotaro Tanaka, The Character of World Law in the International Court of Justice, 15 Japanese Annual of International Law (1971), 1. On the impact of legal and cultural diversity on international justice see also Brandeis University, Brandeis Institute for International Judges (2006), 15-19.

and non-intervention be practically abandoned.[15]

As is well known, the principles in question have evolved in the long process of the development of international law, and are now embodied in the Charter of the United Nations and form part of customary international law. They play a cardinal role in maintaining normal relations between States. Recent history (and particularly the war in Iraq) should serve as a serious warning that disregard for these principles, even assuming the best of intentions, may lead to catastrophic results.[16]

This is not to say that the above principles are absolute or immune from any change. They change over time, as does the whole body of international law. They are already qualified, for instance, by the right of self-defence and the Chapter VII powers of the Security Council or as a result of integration processes, and may yet change further. However, any such change does not occur at the whim of a powerful State or States, or as a result of a change in the configuration of power centres. It might be noted, in passing, that new such centres are already emerging in different parts of the world. Some commentators claim that even now:

> The American-dominated unipolar world that emerged from the abrupt end of the Cold War is already history. In retrospect, it will be viewed as the 17-year interlude that produced the Iraq war and much disquiet before the emergence of a new bipolar world whose centers are Washington and Beijing.[17]

---

15 Regretfully, this vision of the future of international law seemed in the past to be shared by my friend and former colleague, Professor Rein Müllerson. See R. Müllerson, Anarchiphilia, Hegemony and International Law, IV Annuario Mexicano del Derecho International (2004), 205-248. Earlier, he had developed these ideas in Ordering Anarchy: International Law and International Society (2000), particularly, 136-154.

16 At the time of writing, the unlawful invasion of Iraq has already taken the lives of more than 600,000 Iraqis, more than 3,000 Americans and yet has not brought about peace and stability to this country. The estimates of the civilian toll come from a team of researchers from John Hopkins Bloomberg School of Public Health. See, Guardian, October 11, 2006 and International Herald Tribune, January 17, 2007.

17 Roger Cohen, The new bipolar world—China vs. America, International Herald

In any case, the core principles of international law, which are viewed by some authors as a handicap for ordering anarchy in international relations, cannot be abandoned as long as States remain principal actors in the international arena.

International law also has to answer to a resurgent critique by a number of "Third World" scholars, who proceed from the perception that, following the end of the great ideological divide of the world and bipolar balance of power, international law "again creates a hierarchy of cultures that privileges the West, underpins Western political and economic hegemony, and enshrines as global gospel the values, beliefs, and practices of Western, liberal civilization".[18]

This critique reflects the opposition to the "liberal hegemony" policy of the free market in international economic relations and of so-called "pro-democratic intervention" in international political relations. It also testifies to the frustration over the unfulfilled expectation of a New International Economic Order, as it was foreseen in the 1970s,[19] and over the growing gap between poor and rich countries, and poor and rich people.[20] However, by reformulating as a critique of international law the legitimate grievances and concerns over the policies of some Western States and over the lack of concerted and effective action by the international community aimed at eradicating under-development and poverty, this approach fails to distinguish between law and politics.

While acknowledging the many deficiencies of modern international law, it is hard to deny that it has become more and more inclusive, expressing many

---

Tribune, November 22, 2006.

18 D.P. Fidler, Revolt Against or From Within the West?—TWAIL, the Developing World, and the Future Direction of International Law. 2 Chinese JIL (2003), 31.

19 GA Res 3201 and 3202: Declaration and the Programme of Action on the Establishment of a New International Economic Order, May 1, 1974; GA Res 3281: Charter of Economic Rights and Duties of States, Dec. 12, 1974.

20 It is interesting to note that opposition to "the new American and British market capitalist model" is also voiced in the West. William Pfaff challenges the view that it is an expression of historical necessity and contends that "it exists as a result of free political decisions and ideological choices that are anything but inevitable. History may one day describe them as having been perverse and socially destructive". William Pfaff, Why Europe should reject U.S. market capitalism, International Herald Tribune, April 29-30, 2006.

universal human values and interests. At the time of decolonization and in the post-colonial period, it introduced a number of important principles and concepts, reflecting the aspirations of the peoples of the "Third World". It is true, however, that we are still far from what, in the view of some scholars, would be a truly just world legal order — an order based not merely on the international law of co-operation, but also on the concept of "distributive justice".[21] The latter is hardly compatible with the free market ideology which currently prevails.

There is an important aspect of the critique on the part of "Third World" authors which is especially relevant to the subject discussed in this article. This is the insufficient attention paid in modern law-making and law-application to the specificities of socio-cultural traditions of "Third World" States and peoples, and the consequential tendency to create a new hierarchy of cultures, in particular in the field of human rights.

III. On Multiculturalism in the context of Human Rights

In the past two decades, the question of human rights has become a focus point in international relations and, correspondingly, in the political and legal sciences. Often, this issue has been used and abused as an instrument in a political and ideological struggle. One of the much discussed topics in human rights discourse is their universality in a world characterized by cultural and religious diversity. In dealing with this issue, one should not forget that it is less than fifty years since international law itself, as a result of the process of decolonization, has become genuinely universal. Even now the Statute of the ICJ, adopted in 1945, evidently due to the oversight of its drafters, preserves the anachronistic reference to "civilized nations"[22] — a notion that reminds us of the recent past, when a greater part of the world remained largely outside the purview of international law, which was considered to be comprised mainly of *Jus publicum Europaeum*.

Of course, since that time international law has made a giant leap

---

21 See Georges Abi-Saab, A New World Order?—Some Preliminary Reflections, in: 7 Hague Yearbook of International Law (1994), 92.

22 ICJ Statute, Art. 38 (1) (c).

forward towards universality, especially after the Second World War. The historical input of so-called "uncivilized" nations to "European" international law, from the outset of its development, is now more and more apparent and recognized. Indeed, the former Judge and Vice-President of the ICJ, C.G. Weeramantry, who extensively researched and wrote on this subject, traced, among other things, how such founders of "European" international law as Suares, Gentili, and through them Grotius, relied heavily on the work of Islamic thinkers and Islamic law[23] and how much in common different religions of the world have with regard to the issue of human rights and humanitarian law.

Speaking about contemporary international law and the necessity of cross-cultural understanding and dialogue, Weeramantry shows in his writings that the traditions of non-Western nations can significantly contribute to the modern discourse on the universality of human rights. Thus, he directs our attention to the fact that "there is a habit among lawyers trained in Western systems … to think in terms of legal rights" while

> the traditional legal thinking of [Eastern Asia] is cast in terms of *duties*. The underlying philosophy is that if every human being attends to his *duties* under the law rather than concentrates upon his *rights* under the law, the rights of all other human beings fall into place.

Referring to the cultural and religious heritage of the East, Weeramantry further remarks that

> the rights of others is a passive concept. They do not stir me into action because as a human being I tend to be self-centred. On the other hand, my *duties* towards others focus attention on myself. I am stirred into action. If I have not acted, my conscience is touched.

Concluding that "the correct view is the complementarity of rights and duties", Weeramantry stresses that"[m]odern law however suffers from over-emphasis

---

23 See C.G. Weeramantry, Islamic Jurisprudence: Some International Perspectives (1989).

on rights and an under-emphasis on duties".[24]

Edward McWhinney, also referring to different cultural traditions and approaches with regard to the issue of human rights, writes:

> Western constitutionalism, as it emerged historically in Western national societies, tended to reject or downplay the idea of group or collective rights. It also stresses political and civil rights, but it is correspondingly light on social and economic rights. Western constitutional thinking on human rights, indeed, reflects the "open society" values that characterized Western laisser-faire society in its political and economic heyday.

On the other hand, writes McWhinney,

> [t]here is a widespread feeling among very many Third World countries that the "new" international law involves group or collective rights—*peoples' rights* —in addition to purely individual rights; social and economic rights, in addition to political and civil rights *stricto sensu* …[25]

The current discourse on human rights in Russia, in which the church plays an active role, also emphasizes the need to take into account, on the one hand, the multi-confessional character of the population in Russia and, on the other hand, the national traditions and values without undermining the importance of internationally protected human rights, which have become part and parcel of the Russian Constitution adopted in 1993. [26] Many of those participating in this

---

24 C.G. Weeramantry, The International Court of Justice in the Age of Multiculturalism, 36 Indian Journal of International Law (1996), 17 (emphasis in the original).

25 Edward McWhinney, United Nations Law Making: Cultural and Ideological Relativism and International Law Making for an Era of Transition (1984), 210-211 (emphasis in the original). On the special significance of socio-economic rights in the African setting, see Winston Nagan, Implementing the African Renaissance: Making African Human Rights Comprehensive for the New Millennium, in: The University of Georgia Series on Globalization and Global Understanding (2004).

26 According to Art. 17 of the Russian Constitution: "In the Russian Federation human and civil rights and freedoms shall be recognized and guaranteed according

discourse proceed from the premise that Russia is part of Western civilization, but this does not mean that it should unquestionably accept the cult of unfettered individualism, commonly associated with the Western ideology of liberalism, or disregard national ethical and religious norms and traditions, in particular those related to societal duties.

It goes without saying that certain cultural and religious traditions, which still exist in different parts of the world, are absolutely incompatible with the standards of modern international human rights or with the clear obligations of States in this field and cannot be tolerated—take, for example, various forms of inequality to and discrimination of women. Even to a larger extent this caveat applies to the undeniable necessity for the international community to concentrate on the eradication of gross and massive violations of human rights and on the prevention of acts of international terrorism, which in many cases are rooted in religious and ethnic intolerance.[27]

All this presents a great challenge to the United Nations and other international institutions, and cannot but concern international law which is now directed not only to security of States, but also to "human security". The increasing importance given to the international protection of human rights is one of the manifestations of this new strong trend in international law.

---

to universally recognized principles and norms of international law and this Constitution." Art. 55 of the Constitution provides that: "The enumeration in the Constitution of the Russian Federation of the basic rights and freedoms should not be interpreted as a denial or diminution of the other universally recognized human and civil rights and freedoms." (www.kremlin.ru/eng/constitution.) I am far from trying to depict a rosy picture of the human rights situation in Russia. Continuing problems are evidenced, among other things, by the increase in number of individual complaints to the European Court of Human Rights and the number of decisions rendered by this Court which are unfavourable to the Russian Government.

27 As was rightly pointed out by Onuma Yasuaki, "the extremist interpretation of an influential religion, coupled with economic and political resentment, may produce terrorism". Onuma Yasuaki, above n. 8, 162. Eric David writes "pour lutter contre cette criminalité, la répression est insuffisante … la solution réside moins dans la répression que dans la recherche des causes du terrorisme." Eric David, Les Nations Unies et la lutte contre le terrorisme international, in: La Charte des Nations Unies. Commentaire article par article sous la direction de Jean-Pierre Cot et Alain Pellet, 3rd ed. (2005), 200.

The values which underpin universal human rights cannot be denied. It is not accidental that these rights are named "human", that is, common to all human beings. This is especially true of the Universal Declaration of Human Rights and the subsequent international covenants. But have all of these rights (or rather standards) really become "universal" in their interpretation and application even within the legal orders of States with the same or close ideological, religious and cultural backgrounds and legal traditions? The on-going debate on the American "exceptionalism" (including the polemic in American political and academic circles) vividly demonstrates that this is not the case.[28]

The United States, whose great contribution to the development of international human rights cannot be over-estimated, whose President in 1941 proclaimed the famous "Four Freedoms"[29], laying the groundwork for the Universal Declaration of Human Rights, nevertheless, finds it possible to be selective in assuming legal obligations flowing from universal human rights and in interpreting these obligations.

The former United States Under-Secretary of State for Humanitarian Affairs, Harold Koh, has expressed his serious concern over what he calls "the most problematic face of American exceptionalism: when the United States actually uses its exceptional power and wealth to promote a *double standard* … the United States proposes that a different rule should apply to itself than applies to the rest of the world".[30]

The author goes on to say that "[p]romoting standards that apply to others but not to us represents the very antithesis of America's claim, since the end of the World War II, to apply *universal* legal and human rights standards".[31]

For the purposes of our discussion it is instructive to take note of the reasons and justifications which have been advanced in the United States to

---

28 In this respect, see Harold Hongju Koh, On American Exceptionalism, in: 55 Stanford Law Review (2003), 1479-1527.

29 Freedom from fear, freedom of speech and expression, freedom of conscience and belief and freedom from want were proclaimed by Franklin Delano Roosevelt in his Eighth Annual Message to Congress (Jan. 6, 1941) as four fundamental freedoms in a post-war world.

30 Harold Hongju Koh, n.28 above, 1485-1486 (emphasis in the original).

31 . Koh, n.28 above, 1501(emphasis in the original).

explain this "double standard". Notable examples of which include "American distinctive rights culture", peculiarities of the American Constitution with its greater protection of political rights rather than economic, social and cultural rights, the "use of different labels" to describe synonymous concepts and generally the unique history and origins of the United States.

In reviewing this list of reasons and justifications for American exceptionalism with regard to human rights, the question arises why other nations, including those with much older cultural traditions, cannot as well claim that their "distinctive rights culture" and history should be taken into account in their interpretation and application of international standards of human rights.

On the other hand, another American Professor, Jacques deLisle, advocates selective treatment of human rights, and international law generally, as an instrument of foreign policy. In his *International Law's Project* for the 21st century[32], in order to deal with cultural differences "among and within" non-Western nations, he proposes to make "a new, and selective, emphasis on human rights and liberal values as a fighting faith and as a basis for a transnational consensus among sub-national groups".[33]

The method proposed by deLisle consists of making an

> inquiry into what on *the laundry list* of specific human rights, democratic values, sovereignty, self-determination, and the like make the most compelling demands now ... [and] shifting emphasis toward the previously subordinate project: international law's contribution to the promotion of liberal values *within* nations.[34]

In effect, this method, which I would call a "laundry list" approach to international law, proposes to disregard such basic principles of international law as sovereignty, non-intervention and self-determination; to pick and choose specific international human rights or political values, according to which may

32 Jacques deLisle, Disquiet on the Eastern Front: Liberal Agendas, Domestic Legal Orders, and the Role of International Law after the Cold War and amid Resurgent Cultural Identities. 18 Fordham International Law Journal (1995), 1725-1747.

33 deLisle, n.32 above, 1726.

34 deLisle, n.32 above, 1738-1739 (emphasis added).

better suit a certain political agenda, and to use the resulting transnational law construct in the twenty first century for "shaping domestic law in non-Western nations".[35] For the realization of this international law project, it is proposed to render all manner of help to like-minded NGOs and other groups within the nations of the East and the South.

This and similar visions of the function of international law in the promotion of human rights lend weight to the concern of many States expressed in different forums and in a number of UN General Assembly resolutions about the danger of the exploitation and distortion of human rights issues for political purposes and for undermining other fundamental principles of international law.

Worldwide protection and promotion of universal human rights, which are two of the major tasks and functions of international law, should not take the form of what is sometimes defined as "the imperialism of rights"[36] where the whole body of international law is limited to human rights. Nor should the realization of this important task and function of international law serve the interests of only one culture, one religion or one ideology, however mighty they may seem to be. Otherwise, we shall face the danger of a new world divide into "civilized" and "uncivilized" nations, with all the harmful implications that such a divide would bring with it.

To a large extent, these same considerations apply to the coercive promotion of democratic governance. Apart from the fact that the existence of one legally binding pattern of democracy in international law is highly questionable, the impartiality and credibility of some "crusaders" of liberal democracy and the free market are sometimes subject to doubt.

Thus in Russia, the recent bitter sufferings of the majority of the population from the evils of wild capitalism, in the eyes of many people, was

---

35 deLisle, n.32 above, 1741.

36 See, J. Donnely, Social Construction of International Human Rights, cited in Rein Müllerson, Ordering Anarchy (2000), 263. Rein Müllerson also remarks that "many enthusiasts often try to conceptualize practically all goods and values in terms of human rights". Ibid., 263. Prof. Schweisfurth had already identified this tendency in 1986. See his Cultural and Ideological Pluralism and Contemporary Public International Law, in: Rudolf Bernhard/Ulrich Beyerlin (eds.), Reports on German Public Law and Public International Law (1986), 178.

the result of the pressure and the uncritical acceptance of recommendations and guidelines coming from outside. This gave birth to the current debate on the necessity to build in Russia a "sovereign democracy".[37] One can argue about the legal content or political correctness of such a concept. However, its underlying idea is simple: there exists no one single and generally recognized pattern of democracy, which can be mechanically borrowed from a foreign country or lawfully imposed from outside; national democratic reforms should proceed "from within" and take due account of the historical and cultural peculiarities of the nation concerned.

IV. Conclusion

On the basis of the foregoing analysis, I do not see any compelling reasons to revise most of my views expressed some twenty years ago on the question of the relationship between different cultures, religions and ideologies, on the one hand, and dictates of international law, on the other.

The belief in or assumption of the righteousness of the cause of one ideology or one religion must not be translated into attempts to make it by force or through other unlawful means the single ideology or the single religion for the whole world. To avert new wars of religion or ideology (be they "cold" or "hot"), the multicultural and multi-religious international community must encourage cross-cultural dialogue at all levels and not allow States of one culture, religion or ideology to place themselves above the constraints of international law or abuse international law in order to reshape the world to their liking.

International law is universal in the sense that it is applicable in relations among all States, whatever their cultural, economic, religious or political histories and traditions. However, to use the words of Robert Jennings, it would be a "flawed universality" to present modern international law in a mono-cultural sense. Universality of contemporary international law "does not mean uniformity but rather richness of variety and diversity", since it

---

37 See on this subject Andronik Migranyan, Why does Russia Need the Concept of "Sovereign Democracy"?, Izvestia, July 27, 2006 (in Russian).

> has more and more to take into account and allow for differences in municipal law, differences in legal tradition, and differences in cultures … and it will fail adequately to do so in so far as it proves to be insufficiently flexible to allow for adjustment to different situations.[38]

38 Robert Y. Jennings, Universal International Law in a Multicultural World, in: Liber Amicorum for The Rt. Hon. Lord Wilberforce (1987), 48.

Universalism and Particularisms in the Creation Process of International Law

Manuel Rama-Montaldo*

I. Introduction

1. The present article intends to bring into a wider perspective the recent developments of international law concerning multiculturalism and dialogue among civilizations by placing them into the broader context of universalistic and particularistic trends in the creation process of international law and showing that such developments constitute a modern expression of the old tension between these two trends.

2. Examining first the rich inter-civilization exchange which contributed in history to the formation of the contents of various norms of present-day international law, the article also points to the particularistic approach adopted by the European-centered international legal order, its progressive opening, and the culmination of the universalistic trend represented by the establishment of the United Nations, the decolonization process and the process of development of international law deriving therefrom.

3. The article also shows instances in which and procedures whereby this universalistic approach has accommodated particularistic trends and the often dialectic engagement between universalism and particularism, underlying some familiar institutions of international law.

4. By devoting some detailed attention and analysis to recent international

* Manuel Rama-Montaldo, Doctor of Law and Social Sciences (Montevideo), former Deputy Director for Research and Studies and Deputy Director, Codification Division, Office of Legal Affairs, United Nations Secretariat.

Sienho Yee & Jacques-Yvan Morin (eds.), Multiculturalism and International Law, 129-167.

texts, the article brings into focus the efforts being undertaken by today's international community to establish a peaceful and fruitful balance between the universalistic trend represented by general international law and the respect for such particularistic notions as "culture" and "civilization".

II. The emergence and evolution of international law: multiculturalism, particularism, universalism; categorization and terminology

5. It would appear appropriate, in a volume devoted to the question of "multiculturalism and international law" to focus this issue within a broader perspective which takes into account the universalistic trend both at the emergence and evolution of international law as a set of rules regulating relations between political entities at various times in history, as well as the particularistic leanings tending to limit and occasionally challenging the universalistic approach just mentioned.

6. It may be relevant to start by stressing the fact that the very emergence of international law in world history constitutes a tribute to multiculturalism in the sense that it manifests the need felt by very different political entities to create norms to regulate those aspects of their behavior which required an interaction with other political entities. It has been rightly pointed out that "international law is a phenomenon which has always emerged and developed among a group of distinct and sovereign political entities whenever sustained and organized relations have come to exist between them".[1]

7. The pluralism inherent in this phenomenon of political history is underscored by the fact that the rules which emerged from this process responded to the "specific needs of organization and development of relations among sovereign political entities which, although deeply differentiated, were at the same time bound to live together ..., to entertain multiform relations whether their interests coincided or not".[2]

8. The universality of this phenomenon has been stressed by historians of the law of nations. One author, in particular, points out that "in the history of

---

1 Roberto Ago, The first international communities in the Mediterranean world, BYBIL, 1982, p. 213.

2 Roberto Ago, Pluralism and the origins of the International Community, The Italian Yearbook of International Law, Vol. III, 1977, p. 29.

mankind everywhere men appear in independent social groups under an internal legal order, i.e. tribes, cities, city-states, states, [and] as soon as these sovereign political units come into contact with one another, first a custom and then a customary law is developed for the conduct of these relations which already have an international character".[3]

9. Relations with an international legal content have been noted by international law historians, to cite a few examples, in times as remote as the fifteenth to the end of the thirteenth century BC between Egypt and the Hittite Empire; between the Hebrews, the Phoenicians and the Arameans from the late eleventh to the late ninth century BC; between the Assyrian Empire and its neighbors during the eighth and seventh centuries BC; between the Phoenicians and the Etruscans starting as early as the eighth and seventh centuries BC; among Greek city-states and between such city-states and other non-Greek sovereign political entities, from the sixth century BC onwards; and, towards the last quarter of the third century BC among the five great powers of the period, namely, the Republic of Cartaghe, the three Hellenistic monarchies successors to Alexander's empire, that is, the Egyptian Kingdom of the Ptolemies, the Seleucid Kingdom of Asia Minor and the Antigonid Kingdom of Macedonia, as well as the Republic of Rome.[4]

10. Relations of an international legal character have also been noted by authors, between the Roman Empire and the Persian Empire and between these empires and their neighboring political entities, during the first centuries of our era.[5] In later centuries, legal relations of an international character developed between the Carolingian Empire or its successors kingdoms after its disintegration, the Byzantine Empire and the Islamic caliphates and other political entities which were to dominate great part of Asia, Africa and Europe as of the middle of the seventh century AD.[6]

11. The matters which were the object of the international legal relations referred to in the preceding paragraphs, while not always exactly the same in all periods and all areas, became increasingly complex and came to cover many

---

3 Stephan Verosta, International law in Europe and Western Asia between 100 and 650 AD, RCADI, Vol. 113 (1964, III), p. 491.

4 Cf. Roberto Ago, The first ..., note 1, above, pp. 216-229.

5 Cf. Stephan Verosta, note 3, above, pp. 499-613.

6 Cf. Roberto Ago, Pluralism and ..., note 2 above, pp. 13 and following.

areas of what later came to be known as "classic" international law. They encompassed, in particular, the conclusion of treaties on a wide variety of subjects such as truce, peace, peaceful settlement, neutrality, cooperation, recognition of title, frontier delimitation, etc. Such matters also covered formal aspects relating to the conclusion and authentication of agreements and ceremonials to be followed at meetings and receptions as well as inviolability and immunity of diplomatic envoys, rules concerning warfare and treatment of hostages, treatment of minorities, in particular of a religious character, as well as reprisals in commercial matters. As regards peaceful settlement of disputes, Greek city-states were frequent users of arbitration in disputes among themselves. In later periods, "mediation and arbitration developed side by side with direct negotiations. Western Christian princes sometimes appealed to the Pope as mediator or arbitrator, but sometimes also to other sovereigns. It also happened that Moslem rulers became arbitrators of disputes between Christian rulers, and vice-versa".[7]

12. It should be noted, in this connection, the important contribution that Islamic law made to the development of some institutions of international law. Mention can be made here of the institution of "aman" or safe-conduct whereby non-Muslims were allowed to enter the territory of Islam for a certain time[8]; the principle of sanctity of treaties which according to one author constitutes the Islamic version of the principle *pacta sunt servanda* and "can be traced back to the Qur'an (V.I; IX 4 and XVI 191) where strict compliance with contractual undertakings, also towards non-Muslims, is elevated to the level of a religious duty for the believer", the duty of honoring a treaty with non-Muslims being given even "priority over the duty of mutual help among believers where the two duties are in conflict (Qur'an VIII. 72)"[9]; the principle of reciprocity also enshrined in the Qur'an (II, 94; IX, 7 XVI, 126),[10] a principle which would regulate several aspects of the practice of diplomacy by Muslims, such as

---

7 Cf. Roberto Ago, Pluralism and ..., note 2 above, p. 24.

8 Cf. Majid Khadduri, Encyclopedia of Public International Law, under "International Law, Islamic", North Holland, 1995, pp. 1237-38.

9 Gamal M. Badr, A historical view of Islamic international law, Revue Egyptienne de droit international, vol. 38, 1982, pp. 4-5.

10 Ibid., p.5.

diplomatic immunity[11]; and, as pointed out in preceding paragraphs, arbitration, a practice recognized by Islam and used to settle disputes between Muslims and non-Muslims.[12]

13. It is not necessary, in our view, to show that there is a formal link between the various international legal systems referred to in the preceding paragraphs and the Westphalian international legal order from which "classic" European international law derived, in order to recognize the substantive contribution made by the above-mentioned international legal systems to the contents of several norms of today's general international law. The normal interaction between the peoples concerned ensured the cross fertilization among their various cultures which also had an expression on the international norms regulating their relations.

14. As regards the European international legal order derived from the Westphalia treaties, it has been noted that "the prevalent doctrinal assumption was that of the universality of international law, or rather of its social seat, the *societas gentium*".[13]

15. This universalistic conception, derived from writers firmly anchored on natural law principles, progressively gave way, however, to a quite different reality based on particularistic European interests. Trading posts set up on Asian or African lands, which gradually became starting points for territorial conquests; treaties freely concluded with local chieftains or lords later reinterpreted as submission or protectorate agreements; and a constitutive notion of "recognition" screening, through the criterion of "civilization" (actually, European values and interests), the political communities allowed to become subjects of that limited circle, all these factors contributed to transforming the Westphalian international legal order into a highly closed, particularistic, European-centered international law.[14]

---

11 Majid Khadduri, loc. cit. (above note 8), p. 1239.

12 Ibid., pp. 1239-40.

13 Cf. Georges Abi-Saab, International Law and the international community: The long road to universality, in Essays in honor of Wang Tieya, Edited by R. St. J. Macdonald, Nijhoff, 1993, p. 34.

14 For a clarifying analysis of this process, see, Georges Abi-Saab, above, note 13, pp. 35-39. See also, R.P. Anand, The role of Asian States in the development of international law, and Manohar L. Sarin, The Asian-African States and the

16. The independence of the American States, and their admission into the "Family of Nations", as well as later admissions such as those of the Ottoman Empire (The Sublime Porte), Japan, Persia, China and Siam somewhat widened the circle, but the experience of the membership of the League of Nations had rather mixed results as regards the trend towards universality.[15] It was not really until the advent of the United Nations, in 1945, and the subsequent process of decolonization, that the international community, and the international law deriving therefrom, reacquired a dimension of universalism.

17. The Organization's calling was universal, since its membership was open, not only to its original members, but also to all other peace-loving States accepting the obligations of the Charter and being able and willing to carry out these obligations.

18. Furthermore, the plenary organ of the Organization, namely the General Assembly composed of all its members, had among its competences, that of initiating studies and making recommendations for the purpose of … encouraging the progressive development of international law and its codification [Article 13 (1) (a)].

19. On the other hand, some provisions of the Charter and of the Statute of the International Court of Justice (an integral part of the Charter), as well as some provisions of several instruments which were the product of the exercise by the General Assembly of its competence to encourage the codification and progressive development of international law also made it possible for some particularistic trends to assert themselves in the broad spectrum of today's international law.

20. But before proceeding further and examining what the interplay or interaction between "universalism" and "particularism" is, it may be useful to

---

development of international law, in "The future of international law in a multicultural world", Workshop, The Hague, 17-19 November 1983, Edited by René-Jean Dupuy, Nijhoff, 1984, pp. 105-115 and 117-141, respectively. See furthermore, Jeremy A. Thomas, History and International Law in Asia: A time for review?, in Essays in honor of Wang Tieya, Edited by Ronald St. MacDonald, Nijhoff, pp. 813-857.

15 For a detailed examination of the various situations regarding membership in the League of Nations, see Clyde Eagleton, International Government, New York, 1932, pp. 396-402.

establish certain categories for further analysis, which also respond to various ways in which the words "universalism" and "particularism" may be used. Consequently, the present article will further examine the following points: a) universalism as an enhanced participation in the law creating process; b) universalism as the development of norms applicable to the whole international community; c) universalism as opposed to fragmentation; d) universalism as against particularisms in the scope of application of the norms of international law; e) "culture" and "civilization" as particularisms in contemporary international law. Furthermore, and from a terminological point of view, the word "particularism" may be used, depending on the context, either as denoting the trend opposed to universalism, or as one way of expression which this particularistic trend may adopt. In this latter connotation the word may also be used in plural, namely "particularisms".

III. Universalism as an enhanced participation in the law creating process

21. International law, as codified and developed by the United Nations, has resorted to two main procedures to ensure the universal acceptability of its end-result. One is to endow the organs charged with the codification process with a truly representative character; the other one is the consensus procedure which such organs adopt for their decision making process.

III.A. Composition of organs

22. Mention should be made in the first place of the fact that the Sixth (Legal) Committee of the General Assembly of the United Nations, which is the organ where all the drafts prepared by its legal subsidiary bodies end up for consideration, is composed of all members of the United Nations. And the UN membership, today, is practically coterminous with a universal composition.

23. For its part, the main organ, of a permanent nature, created by the General Assembly for the codification and progressive development of international law, namely the International Law Commission, is composed of 34 members, acting in a personal capacity, although normally proposed as candidates to the General Assembly by Member States. In accordance with

Article 8 of the Commission's Statute, the General Assembly, in proceeding to the election of the Commission's members, considers not only the fact that the persons to be elected should possess the qualifications required but also that the Commission as a whole should represent the main forms of civilization and the principal legal systems of the world. In accordance with the latter criterion, the regional pattern of the Commission's composition was established by the Assembly in 1981, as follows: 8 nationals from African States; 7 nationals from Asian States; 3 nationals from Eastern European States; 6 nationals from Latin American States and 8 nationals from Western European or other States, plus one national, in rotation every five years, from African States or Eastern European States and another national also in rotation every five years from Asian States or Latin American States.[16]

24. The composition of *ad hoc* organs charged by the Assembly with specific tasks of codification or progressive development of international law has also taken into account the universality factor. For many years these organs were composed by political representatives of a number of Member States selected in consultation with the regional groups, in order to ensure that the organ in question would sufficiently represent all regions of the world. A number of codification conventions were drafted in organs of such limited but sufficiently representative character at a universal level. More recently, the General Assembly has also created *ad hoc* committees of an open-ended nature, in order to carry out tasks of codification and progressive development.[17]

---

16 Cf. Manuel Rama-Montaldo, The International Law Commission in the United Nations system at Geneva, in Scope and practices of multilateral diplomacy and cooperation, Edited by Boisard and Chossudowsky, UNITAR, 1991, p. 412.

17 As to the composition of organs of application of international law, and, in particular, the evolution in the way Article 9 of the Statue of the International Court of Justice has been implemented ("… in the body as a whole the representation of the main forms of civilization and of the principal legal systems of the world should be assured"), see, in particular, Edward McWhinney, Internationalizing the International Court: The quest for ethno-cultural and legal-systemic representativeness, in Essays in honor of Judge Elias, Edited by Bello and Ajibola, Nijhoff, Vol I, pp. 277-289.

III.B. Decision making process

25. The other procedure whereby the General Assembly has sought to ensure a greater universality in its creation process of international law is related to its decision making. The consensus or "no vote" procedure consists in taking decisions by not resorting to a formal vote. Although originally devised to solve an institutional crisis in the Organization related to the need to avoid the application of Article 19 of the Charter on suspension of vote to a number of Member States in arrears of their contributions to the Organization, this procedure subsequently became the standard rule for decision-making in the Assembly and its subsidiary bodies, as well as in codification conferences. Delegations would consider it desirable to seek consensus first, and only if the reaching of such consensus would prove to be impossible would a vote be taken or, in other instances, no decision would be taken. By resorting to consensus the text being the object of the decision making would then represent the minimum common denominator attainable. This procedure has become a standard rule on the basis of the perceived increased acceptability which would be enjoyed by a text so adopted, thus enhancing its universality.

IV. Universalism as the development of norms applicable to the whole international community

26. Contemporary international law, particularly after the adoption of the Charter of the United Nations, has developed the notion of certain categories of norms which, because of their special status or relevance, are applicable to the international community as a whole.

IV.A. Provisions of the United Nations Charter

27. The Charter of the United Nations itself contains some of these provisions. Article 103 provides that in the event of a conflict between the obligations of the Members of the United Nations under the Charter and their obligations under any other international agreement, their obligations under the Charter shall prevail. Given the present-day practically universal membership of the Organization, it is appropriate to list this provision under the present section.

28. Furthermore, the Principles of the United Nations enumerated under Article 2 of the Charter, namely sovereign equality, fulfillment in good faith of the obligations assumed under the Charter, peaceful settlement of disputes, refraining from the use or threat of force and cooperation with preventive or enforcement action undertaken by the United Nations have their universal character enhanced by virtue of paragraph 6 of said Article, according to which the Organization shall ensure that States which are not members of the United Nations act in accordance with these Principles so far as may be necessary for the maintenance of international peace and security.

29. Moreover, in recent years, acting under Chapter VII of the Charter, the Security Council of the United Nations adopted some resolutions in matters such as international terrorism and weapons of mass destruction, which have been considered by doctrine as tantamount to the exercise of legislative powers, the resulting rules being binding on the international community as a whole. These include rules creating obligations for States, such as the prevention and suppression of terrorists acts; freezing financial assets or economic resources of terrorists; denying terrorists safe haven; adopting effective border controls and securing travel documentation to prevent movement of terrorists; taking necessary steps to prevent the commission of terrorists acts, including international cooperation and exchange of information, criminal investigation and proceedings (Security Council Resolution 1373/2001),[18] as well as a number of rules creating obligations for States regarding the prevention of the proliferation of weapons of mass destruction, in particular by non-State actors (Security Council Resolution 1540/2004).[19]

IV.B. Peremptory norms (jus cogens) and obligations erga omnes

30. Article 53 of the Vienna Convention on the Law of Treaties provides that a treaty is void if, at the time of its conclusion, it conflicts with a peremptory norm of general international law. The same article defines this concept as a norm accepted and recognized by the international community of States as a

---

18 Cf. Axel Marschik, Legislative Powers of the Security Council, in Towards World Constitutionalism, Issues in the Legal Ordering of the World Community, Edited by Macdonald and Johnston, Nijhoff, Leiden, 2005, p. 473.

19 Ibid., p. 476.

whole as a norm from which no derogation is permitted and which can be modified only by a subsequent norm of general international law having the same character.

31. Peremptory norms of international law, also called, as a category, "*jus cogens*", constitute an expression of universalism in international law, to the extent that they are binding imperatively on all States, regardless of the States' individual agreement with or acceptance of the norm. As recently as August 2006, the International Law Commission has listed the following as "the most frequently cited examples" of peremptory norms: the prohibition of aggression, of slavery and the slave trade, of genocide, of racial discrimination, of apartheid and of torture; the basic rules of international humanitarian law applicable in armed conflict, as well as the right to self-determination.[20]

32. The above enumeration is taken from paragraphs 4 to 6 of the Commentary to Article 40 of the Draft Articles on Responsibility of States for Internationally Wrongful Acts, which deals with the international responsibility caused by a serious breach by a State of an obligation arising under a peremptory norm of general international law, "serious" being defined as involving "a gross or systematic failure by the responsible State to fulfill the obligation".[21] As stated in paragraph 3 of said Commentary, the above-mentioned examples of peremptory norms, constitute "those substantive rules of conduct that prohibit what has come to be seen as intolerable because of the threat it presents to the survival of States and their peoples and the most basic human values".

33. The practical consequences under international law arising from the violation of a peremptory norm of international law, aside from the nullity of a treaty concluded in violation thereof, are also expressions of the universalism underlying these provisions. When such a breach is of a serious nature, Article 41 of the Commission's draft provides for all States an obligation of cooperation to bring to an end through lawful means such a serious breach, an obligation not to recognize as lawful a situation created by such a serious breach

---

[20] Report of the International Law Commission, Fifty-eighth session, United Nations, document A/61/10, paragraph 251 (33).

[21] Report of the International Law Commission, Fifty-third session, United Nations document A/56/10, Chapter IV, E (2), commentary to Article 40, paragraphs 4 to 6.

and an obligation not to render aid or assistance in maintaining that situation. This is also without prejudice, under Article 41, to the other consequences stipulated for all breaches in the draft, namely, to cease the wrongful act, to continue performance, to give guarantees and assurances of non-repetition, if appropriate, and to make reparation.

34. Furthermore, since obligations arising out of peremptory norms of international law also constitute *erga omnes* obligations, namely obligations "owed to the international community as a whole", any State other than the injured State is entitled, under Article 48 of the Commission's draft, to invoke the responsibility of another State having committed the breach. According to the International Court of Justice "an essential distinction should be drawn between the obligations of a State toward the international community as a whole, and those arising *vis-à-vis* another State" and, "By their very nature the former are the concern of all States. In view of the importance of the rights involved, all States can be held to have a legal interest in their protection; they are obligations *erga omnes*".[22]

35. As regards the blurry distinction between peremptory norms of international law and obligations to the international community as a whole (*erga omnes*), the International Law Commission has noted that whether or not both notions "are aspects of a single basic idea, there is at the very least substantial overlap between them". "But there is at least a difference in emphasis. While peremptory norms of general international law focus on the scope and priority to be given to a number of fundamental obligations, the focus of obligations to the international community as a whole is essentially on the legal interest of all States in compliance".[23]

36. More recently, the Commission has noted that "while all obligations established by *jus cogens* norms … also have the character of *erga omnes* obligations, the reverse is not necessarily true. Not all *erga omnes* obligations are established by peremptory norms of general international law. This is the case, for example, of certain obligations under the principles and rules concerning the

---

[22] Barcelona Traction, Light and Power Company Limited, Second Phase, ICJ Reports 1970, p. 3 at page 32, paragraph 33.

[23] Cf. Report of the International Law Commission, Fifty-third session, United Nations document A/56/10, Chapter IV, E (2), Commentary to Chapter III, paragraph 7.

basic rights of the human person, as well as some obligations relating to the global commons".[24] There is no doubt, however, that both peremptory norms of international law and norms creating *erga omnes* obligations constitute a high expression of the universalism present in the international law regulating today's international community.

IV.C. Common heritage of mankind

37. Some measure of "universalism" in the sense used in this article was also shown, particularly in the 1970s and 1980s, by the notion of "common heritage of mankind". As originally conceived by General Assembly resolution 274 (XXV) dealing with the principles governing the seabed and the ocean floor, and the subsoil thereof, beyond the limits of national jurisdiction, no State or person would subject the area, reserved exclusively for peaceful purposes, to appropriation nor exercise or acquire rights with respect to the area or its resources incompatible with the international regime to be established for its exploration and exploitation which would be carried out for the benefit of mankind as a whole, irrespective of the geographical location of States, whether land-locked or coastal, and taking into particular consideration the interests and needs of the developing countries. By and large, this regime found its way into Articles 136 and 137, under Part XI, of the 1982 Convention on the Law of the Sea. In the 1990s, however, the agreement related to the implementation of Part XI of the 1982 Convention, severely limited and voided of meaning the contents of the notion of "common heritage of mankind" as applied to that area.

38. The notion of "common heritage of mankind", in a version closer to its original conception, remains in force with respect to the moon and its natural resources, as contemplated in the agreement regulating the activities of States and other celestial bodies of 18 December 1979.[25]

---

24 Ibid., Fifty-eighth session, United Nations Document A/61/10, para. 251 (38).

25 On the somewhat different notion of "common heritage of humanity" as applied to cultural diversity, see below under VII.B.2.

IV.D. International criminal law

39. International criminal law also provides some examples of provisions rooted in universalism, particularly in connection with the notion of "international crime", namely a conduct the criminally unlawful character of which is determined not by domestic law but by international law, either customary or conventional.

IV.D.1. Universal jurisdiction

40. The earliest example of an international crime, rooted in customary law and later picked up by conventional law,[26] is the crime of piracy. With a view to fighting it, international law devised the so-called notion of "universal jurisdiction" according to which on the high seas, or in any other place outside the jurisdiction of any State, every State may seize a pirate ship or aircraft, or a ship or aircraft taken by piracy and under the control of pirates and arrest the persons and seize the property on board, the courts of the seizing State being competent to decide upon the penalties to be imposed.

IV.D.2. Aut dedere aut judicare

41. A variation of the concept of universal jurisdiction and, to some extent, a step further, is the principle "*aut dedere aut judicare*", also known as "*aut judicare aut extradere*", upon which many international treaties regulating the prevention and punishment of a number of international crimes are based. This principle not only confers on the State which is a party to the respective treaty and on whose territory the alleged offender is found, the power to try the alleged offender, but also puts such a State on the legal alternative either to try the alleged offender or to extradite him or her to some other requesting State with jurisdiction on the case.[27]

---

26 Convention on the High Seas, Geneva, 29 April 1958, Articles 14 to 21; United Nations Convention on the Law of the Sea, 10 December 1982, Articles 100 to 107.

27 Among treaties based on such principle, the following may be mentioned: Hague Convention for the suppression of unlawful seizure of aircraft of 16 December

IV.D.3. Jurisdiction of the International Criminal Court

42. The culmination of this "universalistic" trend in international criminal law was the adoption of the Rome Statute of the International Criminal Court on 17 July 1998 and the subsequent establishment of the Court. Under the Statute's terms the Court may exercise its jurisdiction with respect to the crime of genocide, crimes against humanity and war crimes, as defined in the Statute (and possibly, in the future, with respect to the crime of aggression), provided that a number of conditions, carefully detailed in Articles 11 to 21, are met. Among these conditions the following may be mentioned: a) that a situation in which one or more crimes under the Court's jurisdiction appear to have been committed is referred to the Prosecutor either by a State Party to the Statute or by the Security Council, or, alternatively, the Prosecutor, *motu propio*, has initiated an investigation in respect of such crime(s); b) in the case of referral by a State Party or action *motu propio* by the Prosecutor, that either the State on the territory of which the conduct in question occurred, or the State of which the person accused of the crime is a national, or both, have accepted the jurisdiction of the Court; c) that no deferral of investigation or prosecution is requested by the Security Council under Article 15 of the Statute; d) that the State which would normally have jurisdiction over the crime is unable or unwilling to prosecute (principle of complementarity); and e) that the case is of sufficient gravity to justify further action by the Court.

1970; Montreal Convention for the suppression of unlawful acts against the safety of Civil Aviation of 23 September 1971; Washington Convention to prevent and punish the acts of terrorism taking the form of crimes against persons and related extortion that are of international significance of 2 February 1971; New York Convention on the prevention and punishment against internationally protected persons, including diplomatic agents, of 14 December 1973; European Convention on the suppression of terrorism of 27 January 1977; International Convention against the taking of hostage of 17 December 1979; Convention against torture and other cruel, inhuman or degrading treatment or punishment, Annex to General Assembly resolution 39/46 of 10 December 1984; International Convention against the recruitment, use, financing and training of mercenaries, Annex to General Assembly resolution 44/34 of 4 December 1989; Rome Convention for the suppression of unlawful acts against the safety of maritime navigation of 10 March, 1988, etc.

V. Universalism as opposed to fragmentation

43. A study group of the International Law Commission recently considered the question of the challenge to universality posed by a number of "branches" of international law apparently constituting particularistic systems functioning with their own set of principles and rules. In the words of the Commission's Study Group, there emerged a member of specialized and (relatively) autonomous rules or rules-complexes, legal institutions and spheres of legal practice to the effect that what once appeared to be governed by general international law has become the field of operation for such specialist systems as trade law, human rights law, environmental law, the law of the sea and even such highly specialized forms of knowledge as investment law or international refugee law, etc., each possessing their own principles and institutions.[28]

44. Notwithstanding the particularistic trends represented by the above developments, the Study Group found that there are elements in international law as a legal system which can ensure a proper integration of all the subsystems enumerated above, and others, into a coherent whole in harmony with general international law. Among the principles and rules of general international law, which properly applied, may overcome the challenges posed by the fragmentation referred to above are the following: a) the principle of harmonization whereby when several norms bear on a single issue they should, to the extent possible, be interpreted so as to give rise to a single set of compatible obligations; b) the maxim *lex specialis derogat legi generali*, whereby whenever two or more norms deal with the same subject matter, priority should be given to the norm that is more specific; c) Article 31(3)(c) of the Vienna Convention on the Law of Treaties which, as part of the "general rule of interpretation" of treaties contained in the said Article, provides that there shall be taken into account together with the context "any relevant rules of international law applicable in the relations between the parties"; d) the maxim *lex posterior derogat legi priori*, reflected in Article 30 of the Vienna Convention on the Law of Treaties according to which when all the parties to a treaty are also

---

28 Report of the International Law Commission, Fifty-eighth Session, United Nations document A/61/10, para. 243.

parties to an earlier treaty on the same subject matter, and the earlier treaty is not suspended or terminated, then the earlier treaty applies only to the extent that its provisions are compatible with those of the latter treaty; and e) the hierarchical relations existing, not between the sources of international law, but between some of its norms, particularly between peremptory norms (*jus cogens*), obligations *erga omnes* and Article 103 of the United Nations Charter, and the other norms of international law.

VI. Universalism as opposed to particularisms in the scope of application of the norms of international law

VI.A. Preliminary considerations

45. Some of the points examined under the preceding section, which was intended to list examples of rules, norms or principles of international law governed by the notion of "universalism", already showed some interaction and occasional tension between the trend towards universalism and the trend towards particularism, one of the trends reining in the other and *vice versa.* It was, for instance the case of the notion of "common heritage of mankind" as applied to the seabed, ocean floor and the subsoil thereof, which started fully inspired by the ideal of universalism and ended up severely curtailed by particularistic trends which found their way into the Agreement on Part XI of the 1982 Law of the Sea Convention. It was also the case of the jurisdiction of the International Criminal Court which, although inspired by a universalistic conception, both for practical reasons (volume of work) and particular trends enshrined in the Statute (e.g. principle of complementarity), is subjected to strict restrictions. On the other hand, as we have seen, the fragmentation of international law into various subsystems can be harmonized by various rules or principles to be found in general international law.

46. In the present section we will examine some rules, institutions or procedures of general international law which are specifically designed by this system to allow particularistic trends to take shape and which may have a direct incidence on the scope of application of the general rules of international law.

VI.B. Particularisms related to the sources of general international law

VI.B.1. Regional or local custom

47. In connection with the sources of international law, it should be noted that, although Article 38 of the Statute of the International Court of Justice only mentions "international custom, as evidence of a general practice accepted by law", the Court has long accepted the fact that a particular custom, of a regional or even bilateral nature, may exist between some States,[29] thus constituting *lex specialis vis-a-vis* other rules of general international law.[30] While sharing with general custom the two main requirements of "general practice" and "*opinio juris*", a particular custom is characterized by a stricter standard of proof as regards the existence of the practice between the countries concerned and by a more consensualist *opinio juris*. Furthermore, particular customs are opposable to third States, particularly if the regional or bilateral practice was not objected to and did not affect the enjoyment of rights of third States under general customary law.[31]

VI.B.2. Reservations to treaties

48. Another particularism related to the sources of international law, is the possibility for States of formulating reservations when signing, ratifying, accepting, approving or acceding to a treaty, unless the treaty prohibits reservations in general or of a specific kind, or the reservation is incompatible with the object and purpose of the treaty.[32] Articles 20 and 21 of the Vienna Convention on the Law of Treaties regulate the system of acceptance and objections to reservations, as well as the legal effects of reservations and of objections to reservations. In this latter connection it is worth noting that a

---

29 Asylum Case, ICJ Reports 1950, pp. 266-277; Right of Passage case, ICJ Reports 1960, pp. 6, 40; Alain Pellet, Commentary to Article 38, in The Statue of the International Court of Justice: A commentary, Edited by Zimmerman, Tomushat and Oellers-Frahm, Oxford University Press, 2006, p. 763.

30 Cf. Alain Pellet, ibid., pp. 763-64.

31 Ibid.

32 Vienna Convention on the Law of Treaties, Article 19.

reservation established with regard to another party a) modifies for the reserving State in its relations with that other party the provisions of the treaty to which the reservation relates, to the extent of the reservation, and b) modifies those provisions to the same extent for that other party in its relations with the reserving State. Furthermore, the reservation does not modify the provisions of the treaty for the other parties of the treaty *inter se,* nor does it prevent the entry into force of the treaty between the State objecting to a reservation (unless the latter has expressly opposed to it) and the reserving State, except for the fact that the provisions to which the reservation relates do not apply as between the two States to the extent of the reservation.

49. As a result of this complex interplay of provisions, a multilateral treaty seeking to establish a universalistic approach to the regulation of a given subject matter may in fact give rise to a number of particularistic subsystems regulating the relations between some of the parties to the treaty in connection with some very specific aspects regulated by it.

50. Two out of three "universalistic" limitations to this possible particularistic fragmentation of the integrity of the legal system created by the treaty are contained in the Vienna Convention itself. The Convention requires acceptance of the reservation by all the parties when "application of the treaty in its entirety between all the parties" appears as an essential condition of the consent of each one to be bound by the treaty. It also requires the acceptance of the competent organ when the treaty in question is the constituent instrument of an international organization.

51. The third "universalistic" limitation referred to in the preceding paragraph developed in practice. The organ normally charged with monitoring the implementation of various human rights treaties have asserted their competence, even in the absence of a specific provision to that effect, to determine the compatibility of a reservation with the object and purpose of the relevant human rights treaty, a compatibility which, in the absence of the said practice, would be left to the exclusive and multiple appraisal of each State party.

VI.C. Regionalism

VI.C.1. Regionalism and the provisions of the UN Charter

52. Perhaps the most well-known and written-about expression of particularism in international law is regionalism. Enshrined in the United Nations Charter in connection with the peaceful settlement of disputes and maintenance of international peace and security, regionalism has also had an impact in the field of the codification and progressive development of international law. Article 33 of the Charter lists "regional agencies or arrangements" as one of the possible means of peaceful settlement to which the parties to any dispute may resort, exercising their own free choice. Chapter VIII of the Charter goes even further. It contemplates the existence of regional arrangements or agencies for dealing with such matters relating to the maintenance of international peace and security as are appropriate for regional action; it requests Member States to make every effort to solve their local disputes through such regional arrangements or by such regional agencies before referring them to the Security Council; it requests the Council to encourage Member States to do so and it also requests the Council to utilize, when appropriate, such regional arrangements or agencies for enforcement action under its authority.[33]

53. This "regional" particularism, however, is subject, under the Charter, to two restrictions responding to the principle of "universalism", namely, such arrangements or agencies and their activities must be consistent with the purposes and principles of the United Nations and no enforcement action shall be taken under regional arrangements or by regional agencies without the authorization of the Security Council.[34]

---

33 Among "arrangements", mention may be made of the 1957 European Convention for the Peaceful Settlement of Disputes and the 1948 American Treaty on Pacific Settlement (Pact of Bogota). Among "agencies", the League of Arab States, Cairo, 22 March, 1945; the Organization of American States (OAS), Bogota, 30 April 1948; the Organization of African unity, Addis Ababa, 25 May 1963 and the Council of Europe, London, 5 May 1949. The Arab League and the OAS (under the name Pan American Union) preceded the United Nations, see, Handbook on the Peaceful Settlement of disputes between States, United Nations, New York, 1992.

34 Articles 52(1) and 53(1) of the United Nations Charter. A practice has also evolved

VI.C.2. Regionalism and the codification and progressive development of international law

54. As regards the role of regionalism in the process of codification and progressive development of international law, three main considerations may be made.

55. In the first place, United Nations organs of codification and progressive development of international law at the universal level have established relations of cooperation with regional bodies in the same field. Article 26(5) of the Statue of the International Law Commission, for instance, recognizes "the admissibility of consultation by the Commission with intergovernmental organizations whose task is the codification of international law". Pursuant to the foregoing, the Commission has long maintained relations of cooperation with regional and inter-regional organizations, in particular, the Inter-American Juridical Committee, the Asian-African Legal Consultative Organization, the European Committee on Legal Co-operation, and the Committee of legal Advisers on Public International Law of the Council of Europe.

56. Secondly, regional bodies have, in numerous areas of international law, elaborated a number of regional conventions of codification.

57. Thirdly, it should be stressed that certain norms and principles first adopted at the regional level, later found their way into general international law. For instance, in the area of reservations to treaties, the League of Nations had a very strict system whereby if a State party to the treaty objected to the reservation made by another State, the reserving State was not considered as having become a party to the treaty. The Pan American Union (predecessor to the Organization of American States) had a more flexible system whereby a reserving State could become a party to the treaty if the reservation was

---

tending to reconcile in a balanced manner the "regional" and the "universal" approaches to peaceful settlement contained in various provisions of the Charter, Cf. Handbook on the peaceful settlement of disputes among States, United Nations, New York, 1992, paras. 285 to 287. See also paras. 238 to 271 of such Handbook for institutional aspects, competence and procedure of such arrangements or agencies, and paras. 272 to 285 for a number of instances of actual resort to regional agencies or arrangements in dispute settlement.

objected to by some States and accepted by others: the treaty would thus be binding between the reserving and the accepting States but not between the reserving States and the objecting States. It was a more developed and refined version of this latter, more flexible system which, through the jurisprudence of the International Court of Justice, the work of the International Law Commission, and the Vienna Conference on the Law of Treaties, became part of general international law, as reflected in Articles 19 to 23 of the Vienna Convention.[35]

58. Another example: the conceptual evolution of the legal regime of the waters over the continental shelf took place in regional contexts and it subsequently culminated in the concept of "exclusive economic zone" enshrined in Part V of 1982 Convention on the Law of the Sea. Although the Latin American notion of sovereign rights on the epi-continental sea was hardly considered at the 1958 Geneva Conference on the Continental Shelf, the idea remained very much alive within the region. Later on, this notion resurfaced in the discussions of the Committee on the peaceful uses of the sea-bed and the ocean floor beyond the limits of national jurisdiction, where the defenders of the Latin-American position and representatives of African States upholding a somewhat softer concept of "economic zone" joined forces. This in the end led to the notion adopted by the 1982 Convention under the name "exclusive economic zone".[36]

59. Still another case of incorporation into general international law of a principle emanating from regional international law is the *uti possidetis* principle, first adopted as a doctrine by South American countries and later endorsed by the Organization of African Unity in 1964 under the form of the intangibility of colonial frontiers after independence.[37] Thus, a Chamber of the International Court of Justice, in the *Frontier Dispute* (Burkina Faso/Mali), stated that "the principle of *uti possidetis* seems to have been first invoked and applied in the

---

35 See above, under VI. B. 2 for a more detailed description of the system.

36 On the role of regionalism in the adoption of this notion by general international law, see, Rostane Mehdi, "Les objectifs de la codification régionale", in Société Française de droit international, Colloque d' Aix – en Provence, Paris, 1999, p. 98.

37 Cf. James Crawford, Universalism and regionalism from the perspective of the work of the International Law Commission, in International Law in the eve of the twenty first century, United Nations, New York, 1997, pp. 117-18.

Spanish America, in as much as phenomenon of decolonization involving the formation of a number of sovereign States on territory formerly belonging to a single metropolitan state. Nevertheless the principle is not a special rule which pertains solely to one specific system of international law. It is a general principle, which is logically connected with the phenomenon of the obtaining of independence, wherever it occurs ... The fact that the new African States have respected the administrative boundaries and frontiers established by the colonial powers must be seen not as a mere practice contributing to the gradual emergence of a principle of customary international law, limited in its impact to the African continent as it had presumably been to Spanish America, but as the application in Africa of a rule of general scope".[38]

60. The examples given above show the degree of cross-fertilization and mutual interaction that the "universalistic" trend represented by general international law and the "particularistic" tendency represented by regionalism have attained.

VI.D. Particularisms in the form of special status granted to specific interests or to certain categories of States

61. The codification and progressive development of international law, in particular of the law of the sea, has provided a number of examples of particularisms in the form of special interests or special categories of States being granted a particularistic regime under the general norms codified in the respective conventions. Although rather restricted under the 1958 Conventions, these particularistic regimes became more numerous under the 1982 Convention.

62. Thus, under Article 4(4) of the 1958 Convention on the Territorial Sea and the Contiguous Zone, in some particular cases of application of the method of straight baselines, account may be taken "of economic interests peculiar to the region concerned, the reality and the importance of which are clearly evidenced by a long usage". A further concession to particularistic interests under the same Convention, although rather restricted, is the one contained in

---

38 ICJ Reports 1956, pp. 565-566. Cf. James Crawford, see above, note 38, pp. 117-118.

paragraph 6 of Article 7 whereby "so called historic bays" are exempted from application to them of the general regime regulated under the Article for "bays the coasts of which belong to a single State".

63. Without prejudice to incorporating in Articles 7(5) and 10(6) the two above-mentioned examples, the 1982 Convention on the Law of the Sea also contains other instances of particularistic regimes among its provisions. It has been noted, in this regard, that the Convention recognizes, in specific contexts "a wide range of special interests, including, for example: coastal States with deltas or other unstable coastlines [Article 7(2)], strait States where the strait in question is formed by the mainland and one of its inlands (as distinct from an island of another State, or two parts of the mainland, or two islands [Article 38(1)]; certain archipelagic States (but not non-State archipelagos such as Hawaii) [Part IV of the Convention]; land-locked [Part X and Article 69] and geographically disadvantaged States [Article 70] and States with broad continental margins [Articles 76(4 to 7)], 82 and Annex II to the Final Act (Statement of Understanding)]". [39] The Convention also contains special provisions envisaging developing countries and least developed States.[40]

VII. "Culture" and "civilization" as particularisms in contemporary international law

VII.A. General considerations on the notions of "culture" and "civilization"

64. In the examination that the present article has made so far of the role that universalism and particularisms have played in the creation process of international law and of the interplay between these two trends, cultural or civilization diversity may already be found as an underlying component of or as a notion already related to the substantive content of several of the previous sections or subsections. This is particularly the case of Section II (The emergence and evolution of international law: multiculturalism, particularism,

---

39 Cf. James Crawford, Universalism and regionalism from the perspective of the work of the International Law Commission, in International Law in the eve of the twenty first century, United Nations, New York, 1997, pp. 104-105.

40 Articles 61 (3); 62 (2, 3 and 4 (a)); 82 (3 and 4); 119 (i (a)); 140; 143 (3b); 144 (1b and 2a and b) and 148. Cf. Crawford, see above, note 40, p. 104.

universalism); Sub-section IIIA (Composition of organs); Sub-sections VI.A.1 (Regional or local custom), VI.A.2 (Reservations to treaties), VI.B.1 (Regionalism and the provisions of the UN Charter), VI.B.2 (Regionalism and the progressive development of international law), etc.

65. The present section intends to examine, in a detailed manner, to what extent and under what conditions recent texts of contemporary and general international law have turned their attention to two examples of particularism which, in recent years, have acquired special prominence in international relations, namely the notion of "culture" and the notion of "civilization".

66. *Prima facie* the notion of "culture" appears to have been inserted in recent international texts conceived as a reaction to the phenomenon of globalization. The notion of "civilization", for its part, appears to be more readily found in international texts concerned with international terrorism and religious fundamentalisms, also conceived as a reaction against the theory of the inevitability of the "clash of civilizations"[41] which, of late, not only gained great predicament in academic circles but also obtained a wide popular dissemination.

67. However, this distinction is not absolute but only an indication of tendency. There are interactions between the two notions. It is possible, for instance, to find references to "globalization" also in texts dealing with the dialogue of civilizations and to find some appeals to "tolerance" and rejection of "racism, racial discrimination, xenophobia and related intolerance" in texts dealing with cultural diversity. Furthermore, both terms offer some gradations in meaning.

VII.A.1. Culture

VII.A.1.a. The notion of "culture" in United Nations instruments

68. As regards "culture", both the Charter of the United Nations (Articles 13, 1 (b); 55 (b); 57 and 62) and other international instruments such as the 1948 Universal Declaration of Human Rights (Article 27), the 1966 International Covenant on Economic, Social and Cultural Rights (Preamble, Articles 3 and

---

41 Cf. Samuel P. Huntington, The Clash of Civilizations, Remaking of the world order, Simon and Schuster, New York, 1997.

15) and the 1970 General Assembly Declaration on Principles of International Law concerning Friendly Relations and Cooperation among States in accordance with the Charter of the United Nations (under the principle of sovereign equality of States) refer to the concept of "culture" in connection with some fields or matters in which cooperation between States shall be pursued by the United Nations; other fields or matters in which the individual has a right to participate; or as an aspect of the principle of sovereign equality of States according to which each State has the right to freely choose and develop its "cultural system".

69. We share de Lacharrière's opinion[42] that under the above-mentioned provisions the word "culture" is used in a restricted sense covering literary and artistic activities, perhaps even scientific and technical activities but definitely not political, social or economic matters. This arises clearly from the fact that the provisions referred to above clearly distinguish next to the "cultural", other fields, matters or systems such as "economic", "social", "educational", "health" and "political".

VII.A.1.b. The notions of "culture" and "cultural diversity" as conceived by UNESCO

70. A somewhat wider notion is the concept of "culture" as referred to in the Universal Declaration on Cultural Diversity adopted by UNESCO on 2 November 2001 which reaffirms, in its Preamble, that "culture should be regarded as the set of distinctive spiritual material, intellectual and emotional features of society or a social group, and that it encompasses, in addition to art and literature, lifestyles, ways of living together, value systems, traditions and beliefs"; it also notes that "culture is at the heart of contemporary debates about identity, social cohesion and the development of a knowledge-based economy".[43] These provisions clearly add a social dimension to the concept of culture and also reflect the notion that the social component in culture may

---

42 Guy de Lacharrière, Le point de vue d'un juriste: la production et l'application du droit international dans un monde multiculturel, in "The future of international law in a multicultural world", Workshop, the Hague, 17-19 November 1983, Edited by René- Jean Dupuy, Nijhoff, 1984, pp. 67-8.

43 Universal Declaration on Cultural Diversity, adopted by UNESCO on 2 November 2001, Preamble, paragraphs 5 and 6.

influence the economy in a given society.

71. The above-mentioned Declaration contains a number of other important ideas such as the notion that cultural diversity, as embodied in the uniqueness and plurality of the identities of the groups and societies making up humankind, is part of the common heritage of humanity, it being "as necessary for humankind as biodiversity is for nature", as a source of exchange, innovation and creativity (Article 1); the idea of cultural pluralism as a guarantee of social cohesion in civil societies (Article 2); the notion of cultural diversity as a factor in development (Article 3); the idea that cultural diversity and human rights are related (Article 4), including the notion of cultural human rights as an enabling environment for cultural diversity (Article 5) and of the right for all cultures to express themselves and make themselves known (Article 6); the idea that cultural diversity and creativity are related and that there are consequences arising from their relationship (Articles 7 to 9) and, also, the notion that there is a need to exercise international cooperation and solidarity, including through UNESCO, to ensure the preservation and promotion of cultural diversity (Articles 10 to 12).

72. The wider concept of "culture" given by the Preamble of the Declaration, to which we referred above, also appears reflected, to some extent, in the main lines of action of the Action Plan contained in the Declaration, with a view to its implementation. Among the objectives to be achieved, mention is made of deepening the international debate on questions relating to cultural diversity, particularly in respect of its links with development and its impact on policy making at both the national and the international levels. Also among the objectives are the respect for and the protection of traditional knowledge, in particular that of indigenous peoples, recognizing the contribution that such knowledge makes to environmental protection and to the management of natural resources.[44] The plan also puts emphasis, *inter alia*, on clarifying the content of cultural rights as an integral part of human rights; on safeguarding the linguistic heritage of humanity and encouraging linguistic diversity; on encouraging "digital literacy" and promoting linguistic diversity in cyberspace and universal access thereto; on combating illicit traffic in cultural goods and

---

44 Ibid., Main Lines of An Action Plan for the Implementation of the UNESCO Universal Declaration on Cultural Diversity, paragraphs 10 and 14.

services; on fostering the mobility of creators, artists researchers, scientists and intellectuals and on ensuring the protection of copyright and related rights, without prejudice to a public right of access to culture in accordance with Article 27 of the Universal Declaration of Human Rights.[45]

VII.A.1.c. The notions of "culture" and "cultural diversity" in their relationship to human rights under the United Nations

73. Building on the concept of "culture" given by the previously cited UNESCO Declaration, resolution 60/167 of 16 December 2005 adopted by the General Assembly of the United Nations and entitled "Human Rights and Cultural Diversity" essentially may be said to make the following three contributions: a) it further develops some of the notions contained in the UNESCO Declaration; b) it further stresses in very explicit terms the notion of culture as a reaction to the phenomenon of globalization; and c) it clearly indicates that the defense and fostering of individual cultures should not be detrimental to the full respect for universal human rights.

74. Further developing some of the notions contained in the UNESCO Declaration, the above-mentioned United Nations resolution recognizes in each culture a dignity and value that deserve recognition, respect and preservation, and expresses its conviction that all cultures, in their rich variety and diversity and in the reciprocal influences that they exert on one another, form part of the common heritage belonging to all humankind. The resolution also affirms the importance for all peoples and nations to hold, develop and preserve their cultural heritage and traditions in a national and international atmosphere of peace, tolerance and mutual respect.[46]

75. Resorting to the notion of cultural diversity as a reaction to the phenomenon of globalization, the above-mentioned resolution recognizes that cultural diversity and the pursuit of cultural development by all peoples and nations are a source of mutual enrichment for the cultural life of humankind. It further affirms that the international community should strive to respond to the

---

45 Ibid., paragraphs 4, 5, 6, 9, 10, 13, 15 and 16.

46 General Assembly resolution 60/167 of 16 December 2005, preambular paragraph 14 and operative paragraph 1.

challenges and opportunities posed by globalization in a manner ensuring respect for the cultural diversity of all, also expressing the determination of the General Assembly to prevent and mitigate cultural homogenization in the context of globalization, through increased intercultural exchange guided by the promotion and protection of cultural diversity.[47]

76. As regards the relationship between cultural diversity and the respect for universal human rights, the United Nations resolution recognizes that all cultures and civilizations share a common set of universal values and that all human rights are universal, indivisible, interdependent, and interrelated. Consequently, the resolution further reaffirms that the international community must treat human rights globally in a fair and equal manner, on the same footing and with the same emphasis. As a result, while the significance of national and regional particularities and various historical, cultural and religious backgrounds must be borne in mind, the resolution also points out that it is the duty of States, regardless of their political, economic and cultural systems, to promote and protect all human rights and fundamental freedoms. In this connection, the resolution also underlines the fact that tolerance and respect for cultural diversity and the universal promotion and protection of human rights are mutually supportive, while emphasizing that tolerance and respect for diversity facilitate the universal promotion and protection of human rights, including gender equality and the enjoyment of all human rights by all.[48]

77. In this regard, it is worth recalling that some authors have expressly noted the compatibility which exists between the United Nations Covenants on Human Rights and the Islamic conception of human rights, as represented by the Islamic Universal Declaration of Human Rights.[49]

---

47 Ibid., preambular paragraph 9 and operative paragraphs 4 and 5.

48 Ibid., preambular paragraphs 11 and 8 and operative paragraph 10.

49 Cf. Zalmaï, Haquani, Déclaration islamique universelle des droits de l´homme, in "The future of International law…etc (cited in note 41 above), p. 164. See also, in the same volume, Hanna Saba, La Charte internationale des droits de l´homme, son élaboration et son application dans un monde multiculturel (p. 331), who nevertheless notes that the United Nations Covenants had to eliminate an express mention of the "right to change religion" in order to get the approval of the Islamic countries in the General Assembly (p. 337). It should be noted, however, that the Islamic Declaration, referred to above reads: "XIII Droit à la liberté religieuse. Toute personne a droit à la liberté de conscience et de culte

78. The above-mentioned UN resolution also contains some passages which seem to project the notion of culture into a somewhat wider perspective, closer to the notion of "civilization" to which we referred earlier and will examine in closer detail below, and perhaps more in line with the meaning of the word "culture" as contained in Article 73(a) of the Charter of the United Nations, which speaks of the responsibility of members of the United Nations assuring the administration of non-self-governing territories to ensure, with due respect for the culture of the peoples concerned, their political, economic, social and educational advancement and their protection against abuses.

79. Thus, the resolution makes reference to the United Nations Millennium Declaration[50] and, in particular, welcomes the paragraph thereof stating that tolerance is one of the fundamental values essential to international relations in the twenty-first century and that such tolerance should include the active promotion of a culture of peace and dialogue among civilizations, with human beings respecting one another in all their diversity of belief, culture and language, neither fearing nor repressing differences within and between societies but cherishing them as precious assets of humanity. It also affirms the importance for all peoples and nations to hold, develop and preserve their cultural heritage and traditions in a national and international atmosphere of peace, tolerance and mutual respect, urging all actors on the international scene to build an international order based on inclusion, justice, equality and equity, human dignity, mutual understanding and promotion of and respect for cultural diversity and universal human rights and to reject all doctrines of exclusion based on racism, racial discrimination, xenophobia and related intolerance.[51]

VII.A.2. Civilization

80. The passages of General Assembly resolution 60/167 referred to in the preceding paragraph constitute like a bridge leading to the second particularism to which we referred earlier in this section, namely the concept of "civilization",

---

conformément à ses convictions religieuses." Ibid., p. 177. See further relevant observations under paragraph 96 below.

50 General Assembly resolution 55/2 of 8 September 2000.

51 General Assembly resolution 60/167 of 16 December 2005, operative paragraphs 2, 1 and 11.

and pointing towards the various texts of international law which recently have elaborated on this notion.

VII.A.2.a. The United Nations and the dialogue among civilizations

81. From 1998 onwards, the General Assembly of the United Nations adopted a number of resolutions[52] entitled "United Nations, Year of Dialogue among Civilizations", with a view to proclaiming the year 2001 as the United Nations Year of Dialogue among Civilizations, and, subsequently, another one entitled "Global Agenda for Dialogue among Civilizations".

82. From a conceptual point of view these resolutions introduced three main developments. The first one has to do with the notion of "civilization", which is given a broader meaning than "culture", by explicitly noting that "civilizations are not confined to individual nation-States, but rather encompass different cultures within the same civilization".[53] The second development is an emphasis on the concept of "tolerance" and its importance in international relations,[54] as one of the fundamental values in the twenty-first century, closely linked to the promotion and protection of human rights.[55]

83. The third development occurs in the concept of dialogue itself, with an emphasis on the promotion and protection of freedom of opinion and expression, and on a collective commitment to listen to and learn from each other and to respect cultural heritage and diversity. This third development also underlines the fact that all civilizations are an expression of the unity and diversity of humankind and are enriched and have evolved through dialogue with other civilizations and this constitutes a constructive interaction throughout history which has existed notwithstanding obstacles of intolerance and aggression. In this regard, emphasis is placed on the need to acknowledge and respect the richness of all civilizations and to seek common ground among them in order to address comprehensively common challenges facing

---

52 General Assembly resolutions 53/22 of 4 November 1998; 54/113 of 10 December 1999; 55/23 of 13 November 2000 and 56/6 of 9 November 2001.

53 General Assembly resolution 55/23, preambular paragraph 3.

54 General Assembly resolution 53/22, preambular paragraph 4.

55 General Assembly resolution 55/23, preambular paragraphs 4 and 9.

humanity.[56] Dialogue among civilizations is defined by the General Assembly as "a process between and within civilizations, founded on an inclusion, and a collective desire to learn, uncover and examine assumptions, unfold shared meaning and core values and integrate multiple perspectives through dialogue".[57]

84. The General Assembly, by resolution 56/6 of 9 November 2001, adopted the Global Agenda for Dialogue among Civilizations which, in addition to the above-mentioned definition, contains a number of objectives of the dialogue and principles to guide it, the identification of areas where progress can be achieved in the dialogue, and of participants or actors in such dialogue, as well as a concrete Programme of Action. The objectives and the principles are a distillation of the concepts which have been summarized in the preceding paragraphs.[58] Special mention may be made here, among the objectives, of "developing of a better understanding of common ethical standards and universal human values" and, among the principles, of "respect for fundamental principles of justice and international law".

85. As to the actors or participants in the dialogue among civilizations, the Agenda intends it to be global in scope and open to all, in particular, peoples from all civilizations, scholars, thinkers, intellectuals, writers, scientists, people of arts, culture and media youth, individuals from civil society and representatives of non-governmental organizations.[59]

86. The Global Agenda also contemplates a special role for governments, the United Nations, regional and international organizations, as well as the media, in the promotion and facilitation of the dialogue among civilizations.[60]

87. As to the areas in which the Global Agenda expects the dialogue among civilizations to provide important contributions, they are very wide-ranging, including the promotion of confidence building at local, national, regional and international levels; the enhancement of mutual understanding and knowledge among different social groups, cultures and civilizations in fields such as culture, religion, education, information, science and technology;

---

56 General Assembly resolution 56/6, preambular paragraphs 12, 5 and 15.

57 Ibid., Article 1 of the Global Agenda for Dialogue among Civilizations.

58 Ibid., Articles 2 and 3.

59 Ibid., Article 5.

60 Ibid., paragraphs 6 to 9.

addressing threats to peace and security; the promotion and protection of human rights; and the elaboration of common ethical standards.[61]

88. The Programme of Action includes a very detailed enumeration of activities, which may be grouped into facilitation of contacts and interaction between representative individuals of the civilizations concerned; organization of events; promotion of cultural activities such as translation, historical tourism, teaching of languages and history, advancement of research and scholarship, etc.; utilization of communication technologies; and taking advantage of the existence of migrants in various societies in order to bridge the gap of understanding between cultures.

89. The 2005 report of the Secretary General of the United Nations,[62] prepared in compliance with the above-mentioned resolution, stresses that:

- [M]any people saw the events of 2001 as giving new relevance and urgency to the call for dialogue, which appeared to be a proper reply to terrorism and to those small minorities that, believing themselves to be in sole possession of the truth, had taken it upon themselves to try to set the world agenda.
- Dialogue needed to be pursued as one between those who perceived diversity as a threat and those who saw it as a way to growth and betterment. It is this operative divide that seems to engender intolerance, polarization, enmity and conflict. To achieve dialogue across the divide between those who claim that their own particular group has sole knowledge of the truth, on one side, and those who cherish diversity, on the other, may not always be possible…
- It is necessary to bring together all those within all cultures, religious, ethnic groups and nationalities on that side of the divide where diversity is perceived as an element of that 'larger freedom' of which the founders of the United Nations spoke in the Preamble to the Charter …
- The most urgent task is to devise a strategy through which to

---

61 Ibid., paragraph 4.

62 Document A/60/259.

> create a coalition of all those peoples who do not believe in inciting violence or support extremism and who surely make up the great majority of humankind.[63]

VII.A.2.b. The United Nations and the Alliance of Civilizations

90. It was within this spirit and in the framework of the above-mentioned resolution of the General Assembly that one of the most significant initiatives concerning dialogue among civilizations emerged. This is the "Alliance of Civilizations", a proposal launched on 14 July 2005 by the Secretary General of the United Nations, following the proposals of the Prime Ministers of Spain and Turkey, two States which themselves, in the course of history, became two melting pots of diverse civilizations. As laid down in the terms of reference of the High-Level Group established by the Secretary General, the initiative is the result of a broad consensus across nations, cultures and religions that all societies are interdependent. The Alliance would seek to forge collective political will and to mobilize concerted action at the institutional and civil society levels to overcome the prejudice, misperceptions and polarization that militate against such a consensus, hoping to contribute to a coalescing global movement which, reflecting the will of the vast majority of people, rejects extremism in any society. As explained by the said terms of reference, events of recent years had exacerbated mutual suspicion, fear and misunderstanding between Islamic and Western societies. That environment had been exploited by extremists throughout the world. Only a comprehensive coalition would be able to avert any further deterioration of relations between societies and nations, which could threaten international stability. The Alliance would seek to counter this trend by establishing a paradigm of mutual respect between civilizations and cultures.

91. The High-Level Group of eminent persons[64] was established by the Secretary General with a view to providing an assessment of new and emerging

---

63 Ibid., paragraphs 16, 18 and 19.

64 The High-Level Group was composed of 20 experts acting in their personal capacity and hailing from the following States: Turkey, Spain, Iran, Qatar, Egypt, Tunisia, Morocco, Senegal, South Africa, France, United Kingdom, Russia, United States, Uruguay, Brazil, Pakistan, India, Indonesia and China.

threats to international peace and security, in particular the political, social and religious forces that foment extremism; identifying collective actions, at both the institutional and civil society levels to address these trends; and recommending a practicable program of action for States, international organizations and civil society aiming at promoting harmony among societies. Its work would take the form of an analytical report.

92. The High-Level Group produced its report on 13 November 2006. It is a document lucid in its analysis and rich in its recommendations. It analyzes the situation of the world today, the guiding principles for the Alliance of Civilizations, the global context in which the cultural divide has taken place, the emergence of extremism, the relations between societies of Western and Muslim countries, and the trends in Muslim societies. It makes general policy recommendations on the Middle East crisis as well as on other areas such as commitment to multilateralism, respect for international law and human rights, combating poverty and economic inequities, etc. It identifies as the main fields of action for the Alliance of Civilizations, education, youth, migration and the media, devoting an extensive chapter of recommendations on each of these fields. The report also contains a chapter on the implementation of the recommendations, which contains some institutional proposals.

93. The report is very even-handed in its analysis and recommendations. It notes, *inter alia*, that peaceful co-existence, beneficial trade and reciprocal learning have been hallmarks of relations between Christianity, Islam and Judaism from their earliest period until today, stressing that historically, under the Muslim rule, Jews and Christians were largely free to practice their faiths.[65] The report also notes that selective accounts of ancient history have been used by radical movements to paint an ominous portrait of historically distinct and mutually exclusive faith communities destined for confrontation.[66]

94. In the report's view the roots for current conflicts or for the rise in hostility between Western and Muslim societies lie in developments that took place in the nineteenth and twentieth centuries, beginning with European imperialism, the resulting emergence of anti-colonial movements and the legacy

---

65 Report of the High Level Group, United Nations, Alliance of civilizations, doc.06-63108-December 2006, paragraph 4.2.

66 Ibid., paragraph 4.3.

of the confrontations between them.[67]

95. The report also notes that in the context of relations between Muslim and Western societies, the perception of double standards in the application of international law and the protection of human rights is particularly acute, as well as mutual.[68]

96. Moreover, the report stresses that, in some cases, self-proclaimed religious figures have capitalized on a popular desire for religious guidance to advocate narrow, distorted interpretations of Islamic teachings, portraying certain practices, such as honour killings, corporal punishment and oppression of women as religious requirements. However, the report notes, these practices are not only in contravention of internationally-agreed human rights standards, but in the eyes of respected Muslim scholars, have no religious foundation. Such scholars have demonstrated that a sound reading of Islamic scriptures and history would lead to the eradication and not the perpetuation of these practices.[69]

97. On the other hand, the report also notes the detrimental effect produced by the propagation by Western media and official authorities of over-simplified explanations that either blame Islam as a religion, or falsely pit secularists against religious activists.[70]

98. Among many other recommendations, the report stresses the need for a full and consistent respect for international law and human rights, noting that selectivity in this area causes polarization. It further underscores the need for a common understanding of international human rights principles and a universal commitment to their full and consistent application.[71]

99. It is of course impossible to do justice in the above summary to a very thought-provoking report.

100. On the other hand, it is also true that the report contains, at the outset, a safeguard footnote stating that it reflects the consensus view of the members of the High-Level Group but does not imply universal agreement on all points. Nevertheless, the fact that prominent citizens (Prime Ministers,

---

67 Ibid.

68 Ibid., paragraphs 4.8 and 4.9.

69 Ibid., paragraph 4.14. See also in this connection, paragraph 77 above and note 50.

70 Ibid., paragraph 4.16.

71 Ibid., paragraph 5.12.

Former Presidents or Former Ministers, Members of Parliament, etc.) of Muslim or substantially Muslim countries such as Turkey, Iran, Qatar, Egypt, Tunisia, Morocco, Senegal, Pakistan, India and Indonesia could reach a consensus with prominent citizens from Western countries and countries from other regions on language such as the one contained in the report, is an important step in helping to bridge the cultural and civilization divide which has characterized the international scene in recent years.

101. Further steps within the framework of both the dialogue and the Alliance of Civilizations were: a) the interactive debate of the General Assembly to consider issues identified in the report of the High Level Group, which took place on 10-11 May 2007 at United Nations Headquarters, and b) the first Alliance of Civilizations Forum held in Madrid on 15-16 January 2008. The General Assembly thematic debate brought together Member States, a number of prominent intellectuals, representatives from non-governmental organizations, the private sector and civil society drawn from all over the world, with expertise in religion, politics, literature, science and the humanities. Its main objective was to unravel the reasons behind the increasing level of mistrust among people of different religions and cultures, as well as to discuss the relationships between cultural and religious differences and conflicts. Four interactive panel discussions dealt with the following four topics: respect for cultural diversity as a prerequisite for dialogue; religion in contemporary society; the responsibility of the media; and civilizations and the challenge for global peace and security. For its part, the Madrid Forum not only discussed a number of topics related to the reduction of polarization between nations and the promotion of cross-cultural understanding globally but also, with such ends in sight, adopted a number of practical measures inspired in the Global Agenda and Programme of Action of resolution 56/6 of the General Assembly, as well as in the recommendations made by the High Level Group in connection with the various fields of action identified in its report (see paragraphs 57 to 60 above).

VIII. Conclusions

102. The emergence and evolution of various international legal systems early in history show that multiculturalism is at the very root and essence of

international law, its role consisting in bringing together peoples of various cultures and civilizations to regulate common aspects of their interaction on the world political scene.

103. Although during a certain historical period, this universal and multicultural vocation of international law was severely curtailed by European-oriented values and interests which gave rise to elitist and particularistic conceptions of superiority of one civilization over others, the advent of the United Nations, complemented by the process of decolonization, marked the culmination of a progressive opening of the system and a full recognition of the universal and multicultural calling of international law, which is materialized in today's international community.

104. Universalism as a trend in international law is not only marked by the widening of the international community but also by a number of other factors, such as the enhanced participation of States of diverse civilizations and legal systems in the creation process of international law, the development of norms of international law applicable to the international community as a whole, and the existence of elements in international law as a legal system which can ensure a proper integration of all the subsystems resulting from fragmentation into a coherent whole in harmony with general international law.

105. Recognizing the existence of particularisms of various types in the international community, general international law has devised legal ways or mechanisms whereby such particularisms may find a legitimate expression, without undermining the basic universalistic principles of the system as a whole.

106. Some of these legal ways or mechanisms are related to the sources of international law (regional or local custom; reservations to treaties); others (regionalism) work as a sort of decentralization in a group of States linked by geographical proximity or cultural and civilization bonds, of the exercise of certain functions of the international community, such as peaceful settlement of disputes, maintenance of peace and security and codification and progressive development of international law. This is without prejudice a) to the fact that the universal forum always remains available in case of failure of the regional efforts in matters of peaceful settlement of disputes and maintenance of international peace and security (see above, paras. 52-53 and footnote 34), and b) to the cross-fertilization that often occurs between regional and universal efforts in matters of codification and progressive development of international

law, as examined in paragraphs 57 to 60 above.

107. Still other particularisms are recognized by way of a special status granted by general international law to specific interests or to certain categories of States.

108. The concepts of "culture" and "civilization" are linked to international law in a double-faced manner.

109. On the one hand, they constitute factors which are essential to the universal and multicultural nature of international law by providing the diversity which characterizes today's international community.

110. On the other hand, they are also perceived as particularisms which seek a means of expression in general international law, and, in this respect, may avail themselves of the various legal ways or mechanisms to that effect, examined in the present article.

111. Extra-legal reasons of a social and political nature, such as the phenomena of globalization, international terrorism and fundamentalisms of various kinds, have of late, brought attention to the notions of "culture" and "civilization" exacerbating underlying tensions, and often placing in antagonistic terms the normal relations of cooperation which should exist between such particularisms and the universalistic approach to international law.

112. The recent work by universal international organizations like the United Nations and UNESCO on conceptual developments, such as the Declaration on Cultural Diversity and the relationship between cultural diversity and the respect for universal human rights, and on action plans, such as the dialogue among civilizations and the Alliance of Civilizations, constitutes a timely, courageous and indispensable effort by the international community to retrieve the balance, which should never have been lost, between the particularistic trends represented by the various cultures and civilizations and the universal values of the international community as a whole.

The Shift in the Perception of Multiculturalism at the United Nations since 1945

Johannes van Aggelen*

Introduction

Representatives of the 51 nations, which signed the UN Charter on 24 October 1945, agreed, in the preambular paragraphs, to include references to saving succeeding generations from the scourge of war and to practising tolerance.

It was implicitly recognized that the Second World War was a total denial of multiculturalism and that a re-evaluation of human values was a *sine qua non* if the human race were to make progress in the heterogeneous world of today. It is also the main reason why in article 1(3) of the Charter and many subsequent human rights instruments a so-called non-discrimination clause was inserted.[1]

However, the growing tendency of the recognition of the universality of international law has been challenged by the very concept of multiculturalism.

As Professor Prosper Weil cogently pointed out in his General Course on public international law in 1992, "how could one conceive a normative unique *corpus* of law capable of governing a growing number of multicultural states which constitute the international community?"[2]

---

* Docteur en droit, University of Nijmegen, Holland; Doctor of Civil Law, McGill University, Montreal, Canada. Completed in May 2008.

1 See Johannes van Aggelen, The Preamble of the United Nations Declaration of Human Rights, Denver Journal of International Law and Policy, vol.28, No.2, Spring 2000, pp.129-144.

2 Prosper Weil, Le droit international en quête de son identité, Cours général de droit international public, Collected Courses of the Hague Academy of International Law, vol.237, 1992 (VI), p.87.

Sienho Yee & Jacques-Yvan Morin (eds.), Multiculturalism and International Law, 169-198.

In order to minimize this challenge to the universality of international law, scholars started to emphasize that the differences in culture were less important than the existence of a common cultural and legal basis, coined by Wilfred Jenks as the Common Law of Mankind.[3]

Indeed, multiculturalism and cultural diversity are the "raison d'etre" for the existence of international law, because without cultural diversity there is no need for international law.

These ideas were also defended by Prof. Arangio-Ruiz in his course on the Normative Role of the UN General Assembly and the Declaration of Principles of Friendly Relations in 1972,[4] Prof. Tomuschat in his General Course on Public International Law in 1999[5] and the former President of the Inter-American Court of Human Rights, Judge Cançado Trindade in his General Course on Public International Law in 2005.[6]

In some academic circles multiculturalism is conceived as a systematic and comprehensive response to cultural and ethnic diversity; in that sense multiculturalism is inclusive and cultural and ethnic diversity exclusive. In the words of the famous anthropologist Claude Lévi-Strauss, "the diversity of cultures is behind us, before us and all around us. The only demand we can make of it is that it takes forms that each one contributes to the utmost generosity of other people".

This is also the position of UNESCO, which produced a background paper for the 1995 Global Cultural Diversity Conference in Australia.[7]

---

3 C.W. Jenks, The Common Law of Mankind, New York, Praeger Inc., 1958. This theory became known as the inductive approach to international law.

4 G. Arangio-Ruiz, The Normative Role of the General Assembly of the United Nations and the Declaration of Principles on Friendly Relations, Collected Courses of the Hague Academy of International Law, vol.134 (1972-III, sections 87-90).

5 C. Tomuschat, International Law: Ensuring the Survival of Mankind on the Eve of a New Century, Collected Courses, Vol.281, (1999-VI), pp.53-55.

6 A.A. Cançado Trindade, International Law for Humankind: Towards a New *Ius Gentium*, to be published in Collected Courses, vol.316 and 317. See also Johannes van Aggelen: Developing a Universal Juridical Conscience: Trindade Offers a Viable Agenda for the 21st Century, Case Western Reserve Journal of International Law, vol.37, No.1, 2005, pp.41-48.

7 Multiculturalism: A Policy Response to Diversity (www.unesco.org/syd paper.htm).

During that conference former Secretary-General Boutrous-Ghali defended the United Nations position and stated "cultural diversity is a major and immediate concern of humanity, and cultural rights are a vital element of the Universal Declaration of Human Rights". He stated that the task of the United Nations was to work towards three pillars of a global culture: a culture of peace, a culture of development and a culture of democracy.[8]

The shift in perception of multiculturalism at the United Nations manifests itself in the treatment of and importance given to different issues over a period of six decades linked to the evolution of international criminal law and international human rights law, which includes the changing perception towards evils such as apartheid, racism and racial discrimination.

In addition, the human rights agenda has become much more diversified to include vulnerable groups such as indigenous peoples and minorities.

The main emphasis will be laid on the United Nations, but the input of UNESCO in the change of perception should not be underestimated.

This article will treat in a rather cursory manner the following issues: prevention of discrimination, genocide, crimes against humanity and war crimes and the treatment of vulnerable groups such as minorities and indigenous populations. The discussion will include the United Nations' programmes, international instruments and international tribunals in this regard. The theory of the Clash of Civilizations and the United Nations reaction thereto will also be briefly discussed, as this theory may be conceived as a denial of peaceful coexistence in a multicultural world.

I. Prevention of Discrimination

The principles of equality and non-discrimination are set out clearly in the Charter of the United Nations, which repeatedly refers to realization of human rights and fundamental freedoms "by all without distinction as to race, sex, language or religion". The same principles are enshrined in the Universal Declaration of Human Rights and other human rights instruments including the Declaration on the Elimination of All Forms of Intolerance and of

---

8 Http://www.dimia.gov.au/media/publications/multicultural/confer/speech 1a.htm; confirmed in his Agenda for Peace, Doc. A/47/277.

Discrimination based on Religion or Belief, adopted by General Assembly Resolution 36/55.

Aspects of multiculturalism are also embodied in the UNESCO Declaration on Race and Racial Prejudice adopted in November 1978.

The preoccupation of the United Nations with the extrication of racism, racial discrimination and religions intolerance, however, is not new; it dates back to 2 November 1946, when a draft resolution relating to "religious and so-called racial persecution and discrimination" was submitted to the General Assembly by the representative of Egypt.

In a revised form the draft resolution was adopted as GA Resolution 103 dated 19 November 1946.

In it the General Assembly declared that it was in the higher interests of humanity to put an immediate end to religious and so-called racial persecution and discrimination, and called upon governments and responsible authorities to conform both to the letter and spirit of the Charter of the United Nations.

For many years after the adoption of this resolution, United Nations bodies confined their consideration of the question of discrimination either to particular areas, such as southern Africa or to particular fields such as education, employment and political rights.

However, in 1960, an outbreak of manifestations of racial prejudice and religious intolerance occurred in several countries, and action was taken by the Sub-Commission on Prevention of Discrimination and Protection of Minorities,[9] the Commission on Human Rights[10] and the General Assembly.

Early in the 1960s the Commission and the Sub-Commission considered manifestations of racism and religious intolerance to be reminiscences of the crimes and outrages committed by the Nazis prior to and during the Second World War.

In 1962, the General Assembly adopted a resolution in which it indicated that it was deeply concerned by the continued existence and manifestations of racial prejudice and of national and religious intolerance in different parts of the

---

9 Its name was changed into the Sub-Commission for the Promotion and Protection of Human Rights by ECOSOC decision 1999/256 dated 27 July 1999.

10 The Commission was replaced by the Human Rights Council by General Assembly resolution 60/251 dated 15 March 2006.

world.[11]

The first Conference on Human Rights held in Teheran from 22 April-13 May 1968 considered various aspects of the problem of racial discrimination and adopted several resolutions on the topic.[12]

Paragraph 8 of the Proclamation stated that the implementation of the principle of non-discrimination, embodied in the Charter of the United Nations and in the Universal Declaration of Human Rights and other international instruments in the field of human rights, constituted a most urgent task of mankind, at the international level as well as the national level. All ideologies based on racial superiority and intolerance must be condemned and resisted.

In the meantime, the General Assembly had adopted a Declaration on the Elimination of All Forms of Racial Discrimination,[13] followed by an International Convention on the Elimination of All Forms of Racial Discrimination.[14]

The Convention in article 1 defines the term racial discrimination and also stipulates that special measures taken for the sole purpose of securing adequate advancement of certain racial and ethnic groups or individuals shall not be conceived as racial discrimination, provided that such measures do not lead to the maintenance of separate rights for different racial groups.

The Committee, established under the Convention to supervise the implementation of the Convention by state parties, held its first meeting in 1970. It adopts concluding observations on state reports, issues general recommendations, considers individual complaints under the article 14 procedure, and approximately a decade ago, initiated a so-called early warning procedure. It also holds general discussions on specific topics.

At its 66th and 67th sessions in March and August 2005, it devoted a general debate to multiculturalism with a view to strengthening the Committee's approach in addressing this issue as it applied to combating discrimination.[15]

The Committee's recommendations in this regard address the most

---

11 GA resolution 1779 of 7 December 1962.

12 See Final Act of the International Conference on Human Rights, United Nations publication, Sales No. E.68XIV.2.

13 GA resolution 1904(XVIII) of 20 November 1963.

14 GA resolution 2106 A(XX) of 21 December 1965.

15 See CERD/C/SR.1694 and CERD/C/1724.

pressing aspects of multicultural policies, including the necessity to recognize minorities and other vulnerable groups.

The Special Rapporteur of the now defunct Commission on Human Rights on contemporary forms of racism, racial discrimination, xenophobia and related intolerance challenged the idea that multiculturalism was a risk which endangered the identity of countries. He maintained that multiculturalism is nowadays a reality for all countries which was born out of major historical facts and problems arising when people refuse to recognize this reality. Many participants suggested that the adoption of a new general recommendation on multiculturalism would be a welcome development.

The facilitator of the debate stated that the only existing document addressing the issue of multiculturalism as such was the United Nations Declaration on the Rights of Persons belonging to National, Ethnic, Religious or Linguistic Minorities, which was adopted by the General Assembly in December 1992.[16]

In its resolution 2544 (XXIV) of 11 December 1969, the General Assembly designated the year 1971 as the International Year for Action to Combat Racism and Racial Discrimination. Subsequently, the General Assembly earmarked a 10-year period beginning on 10 December 1973 as the Decade to Combat Racism and Racial Discrimination.[17]

The action programme stated that the ultimate goals for the decade were the promotion of human rights and fundamental freedoms for all without distinction of any kind based on race, colour, descent or national or ethnic origin, especially by eradicating racial prejudice, racism and racial discrimination. It also aimed at the elimination of persisting racist policies, including apartheid.

Halfway the decade, the first World Conference to Combat Racism and Racial Discrimination took place in Geneva in August 1978. In its Declaration, the conference affirmed *inter alia* that all peoples and all human groups have contributed to the progress of civilization and cultures which constitute the common heritage of humanity.[18]

In August 1983, a second World Conference took place to evaluate the

---

16 GA resolution 47/135 of 18 December 1992.

17 GA resolution 3057(XXVIII) of 2 November 1972.

18 United Nations publication, Sales No. E.79.XIV.2.

progress made in combating racism and racial discrimination.

If one compares the declarations and programmes of action adopted at the two conferences, one will notice many similarities with the emphasis on apartheid as the extreme form of institutionalized racism.[19]

Both conferences stressed the importance of multiculturalism within the societies of indigenous peoples and minority groups.

Subsequently, the General Assembly proclaimed a second decade and approved its programme of action. It also decided that the programme for the first decade should continue to be applied and implemented until the plan of activities for the period 1985-1989 was adopted.[20]

In view of the fact that many initiatives, initially to be undertaken during the first decade, were carried over to the second decade, the ECOSOC, in 1984, endorsed a recommendation of the Commission on Human Rights to request a study by the Sub-Commission on Prevention of Discrimination and Protection of Minorities on the results achieved and obstacles encountered, with emphasis on the progress made, if any, between the two world conferences.

The final report was submitted in 1989 by Special Rapporteur, Mr. Eide.[21] He noted *inter alia* that the United Nations had been faced with a double task with respect to ethnicity and a sound multiculturalistic society: to prevent discrimination against members of ethnic groups and to protect the rights of members of these groups to exist as separate groups. This duality was not always easy to manage and conflicts could arise if the dominant society assimilated the minority by providing its members with equal enjoyment of individual rights while eliminating their characteristics as a group.

He also referred to an earlier study on the Rights of Persons Belonging to Ethnic, Religions and Linguistic Minorities, presented to the Sub-Commission in 1977[22] where the Special Rapporteur, Mr. Capotorti, had alerted the international community to problems related to multiculturalism and the need for protection of minorities: any international system could be viewed as a pretext for interference in States' internal affairs; the usefulness of a uniform

---

19 See the document prepared by the Secretariat, doc. E/CN/WG.1/BP.1 dated 9 March 1999.

20 GA resolution 38/14 of 22 of November 1983.

21 Doc. E/CN.4/Sub.2/1989/8 and addendum 1.

22 Doc. E/CN.4/Sub.2/584/Rev.1.

approach in such profoundly different situations could be considered questionable; preservation of the identity of minorities is considered a threat to the unity and stability of the state and the need for special protection could be used to justify reverse discrimination.

Mr. Eide concluded that there was greater awareness of the problems facing indigenous peoples and means to solve them, but the problems facing minorities had increased with the growing intensity of ethnic conflicts and nationalism.[23]

The second world conference on human rights, held in Vienna in June 1993, adopted another declaration and programme of action in which a large section was devoted to equality, dignity and tolerance. In particular, it reiterated that the elimination of racism and racial discrimination and doctrines of racial superiority and exclusivity was a primary objective for the international community. Although the word multiculturalism was not mentioned, the Conference called on governments to initiate various programmes aimed at the full participation of vulnerable groups such as minorities, indigenous peoples and migrant workers in a pluralistic society.[24]

After the final report of the Special Rapporteur, Mr. Eide, where it appeared that many issues remained unresolved, the Commission on Human Rights, in 1991, proposed the launching of a third decade starting from 1993. The revised programme of action was finally adopted in December 1994.[25]

However, the implementation of this programme of action suffered from a shift in perception of racism and racial discrimination, definitely caused by the genocide which took place in the spring of 1994 in Rwanda.

The Sub-Commission adopted a resolution, in which it expressed grave concern that, despite the efforts of the international community, the principal objectives of the two Decades to Combat Racism and Racial Discrimination had not been obtained, and recommended the convening of a world conference against racism, racial and ethnic discrimination, xenophobia and other related contemporary forms of intolerance, to take place in 1997.[26]

---

23 Doc. E/CN.4/Sub.2/1989/8/Add.1, para.443.

24 A/CONF. 157/24, Part 1, paras.25-35.

25 Commission resolution 1991/11 dated 22 February 1991; GA resolution 48/91 dated 20 December 1993 and GA resolution 49/146 dated 23 December 1994.

26 Resolution 1994/2 dated 17 August 1994.

In view of the fact that the implementation of the third decade lacked sufficient financial backing, the General Assembly in 1997 merged it with the convening of a world conference as originally proposed by the Sub-Commission.[27]

Subsequently, it also proclaimed the year 2001 as the international year of mobilisation against racism, racial discrimination, xenophobia and related intolerance.[28] The conference took place in 2001 in Durban, South Africa.

As has become standard practice with world conferences, a number of preparatory committee meetings took place at the national or regional and international level.[29] In particular, the General Assembly requested CERD to contribute to the drafting of a declaration and programme of action for the conference. The Committee recalled the positive trend of additional legal instruments protecting disadvantaged groups, but considered that the danger of ethnic conflicts was a matter of concern before it could develop into civil unrest or violence leading to genocide. It also requested the conference to confirm the positive value of concepts of cultural and territorial autonomy that constitute ways of promoting the ethnic, cultural, linguistic and religious identity of minorities and contribute in appropriate cases to the resolution of ethnic conflicts.[30]

In addition, an expert seminar had taken place in December 1999 on racism, refugees and multi-ethnic states. In its report, the seminar urged states to acknowledge and implement in their legislation and culture the reality of the multiracial, multi-ethnic and multi-cultural composition of their states which should advance a culture of democracy through daily implementation of human rights without discrimination.[31]

Another important document in preparation for the world conference, considered the relationship between prevention of discrimination and protection of minorities.[32]

The Sub-Commission itself had defined prevention of discrimination as

---

27 GA resolution 52/111 dated 12 December 1997, para.28.

28 GA resolution 53/132 dated 9 December 1998, para.37.

29 Doc.A/CONF.189/WG.2/3.

30 Ibid., preambular 7, paras.18 and 75.

31 A/CONF.189/PC.1/9 dated 15 March 2000, para.159.

32 E/CN.4/sub.2/AC.5/2001/WP.8 dated 11 May 2001.

the prevention of any action which denied individuals or groups equality of treatment[33] and had interpreted the protection of minorities as the protection of non-dominant groups generally seeking equality of treatment, while providing a measure of differential treatment in order for the minorities to preserve their traditional characteristics, if they so desired.[34]

Preservation of identity is crucial to the survival of minorities; it requires not only tolerance but also a positive attitude towards cultural pluralism by a state.[35]

The Durban conference adopted a declaration and a programme of action. In the declaration concern was expressed that in some states political and legal structures or institutions do not correspond to the multi-ethnic pluricultural and plurilingual characteristics of the population and, in many cases, constitute an important factor of discrimination in excluding indigenous peoples.[36]

The conference recognized that members of certain groups with a distinct cultural identity are facing barriers arising from a complex interplay of ethnic, religious or other factors, as well as their traditions and customs, and called upon states to ensure that measures, policies and programmes aimed at eradicating racism, racial discrimination, xenophobia and related intolerance address the barriers of this interplay.[37]

The programme of action called upon states to recognize the particular challenges faced by indigenous peoples paying particular attention to opportunities for their continued practice of their traditional, cultural and linguistic and spiritual ways of life.[38] With respect to another vulnerable group, migrant workers, the conference urged states to implement the specific measures involving the host community and migrants in order to encourage

---

33 E/CN.4/52 (1947).

34 Ibid., Section V.13; See also the study by Sub-Commission expert Deschenes on the definition of Minorities E/CN.4/Sub.2/1985/31; an early memorandum on the Definition and Classification of Minorities was submitted by the United Nations Secretariat, doc. E/CN.4/Sub.2/85(1950).

35 Supra note 33, paras.26 and 29.

36 A/CONF. 189/12, para.22.

37 Ibid., paras.67, 68.

38 Ibid., para.23.

respect for cultural diversity.[39]

In the section on future strategies to achieve full and effective equality, it urged states to recognize the challenges that people of different socially constructed races, colours, descent, national or ethnic origins, religions and languages faced in seeking to live together and to develop harmonious multiracial and multicultural societies; in addition, it urged states to recognize that the positive example of relatively successful multiracial and multicultural societies, such as some of those in the Caribbean region needed to be examined and requested the United Nations to establish an international centre for multiracial and multicultural studies for the benefit of the international community.[40]

During the 60th session of the General Assembly, an intense debate took place in the Third Committee on multiculturalism. The Special Rapporteur on contemporary forms of racism, racial discrimination, xenophobia and related intolerance stated that acceptance of multiculturalism was at the heart of the global fight against discrimination.[41]

He maintained that in some states, the refusal to recognize ethnic and religious pluralism had led to racist practices and xenophobia. Racist policies and beliefs, notably Islamophobia[42] since the 11 September 2001 attacks, are being mainstreamed and justified as necessary to end terrorism and illegal immigration.

Discrimination has become more complex due to racial factors of crises. The political will to deal with racism must be accompanied by intellectual and scientific efforts to identify deep-rooted causes of racism.

Xenophobia was a serious form of discrimination; it attempts to identify Islam with terrorism. Nevertheless, democratic, open multicultural or ethnic communities could live separately but side-by-side.

The debate showed a common trend, namely that the implementation of

---

39 Ibid., para.30.

40 Ibid., para.171.

41 GA/SHC/3835 dated 7 November 2005.

42 Islamophobia is a neologism defined as the phenomenon of a prejudice against our demonisation of Muslims which manifests itself in general negative attitudes, violence, harassment and discrimination. Islamophobia (http://en.wikipedia.org/wiki/Anti-Muslim).

policies required collective international support and understanding between religions and cultures before it became a threat to international peace and security.[43]

Subsequently, the Special Rapporteurs on freedom of religion or belief and on contemporary forms of racism, racial discrimination, xenophobia and related intolerance, pursuant to a request at the first session of the Human Rights Council, submitted a joint report discussed at the second session of the Council in September 2006.[44]

In their conclusions and recommendations they encouraged states to continue to work for the implementation of the Durban Declaration and Programme of Action and invited governments to take fully into account the consequences of their national policies on their relations with other states, by the sensitivity to and integration in their national policies of the promotion of the dialogue of cultures and religions and to avoid policies leading to a clash of civilizations.[45]

They called for a dialogue amongst religions and cultures, including those of vulnerable groups and invited member states to promote and practice dialogues between cultures, civilisations and religions as a more profound way of combating racial and religious intolerance.[46]

At the same session of the Council, the High Commissioner for Human Rights submitted a report on incitement to racial and religious hatred and the promotion of tolerance, providing a succinct analysis of the jurisprudence in this regard by regional tribunals and treaty bodies.[47]

In one of the conclusions, the report stated that the international human rights architecture is anchored on fundamental imperatives of equality and non-discrimination. Intolerance in general, and xenophobia and incitement to racial and religious hatred and violence in particular, imperil this very foundation of international human rights. The legal response would be undoubtedly significant in countering the impact of incitement to hatred and violence as incitement is a reflection of the growing global challenge of managing pluralism and fostering

---

43 Supra note 41 at p.10.

44 Decision 1/107 contained in document A/HRC/2/3 dated 20 September 2006.

45 Paras.52, 55.

46 Ibid., paras.62, 63.

47 Doc. A/HRC/2/6 dated 20 September 2006.

harmony.[48]

General Assembly resolution 58/160 of 22 December 2003 officially brought to a closure the programme of action for the Third United Nations Decade to Combat Racism and Racial Discrimination and placed emphasis on the concrete implementation of the Durban Declaration and Programme of Action as a solid foundation for a broad-based consensus for further action as an initiative towards the total elimination of the scorch of racism.

At the third session of the Human Rights Council in late 2006, a resolution was adopted which recalled the decision by the General Assembly, to convene the Durban review conference in 2009.[49] The conference is scheduled to take place during 20-24 April 2009 in Geneva.

II. The Trilogy of International Criminal Law: Genocide, Crimes against Humanity and War Crimes

The crime of genocide was first coined by Raphael Lemkin in 1944. In Lemkins's view genocide consisted of "a co-ordinated plan of different actions aimed at the destruction of essential foundations of the local and national groups, and the annihilation of the groups themselves. The objective of such a plan would be disintegration of the political and social institutions of culture, language, national feelings, religion, and the economic existence of national groups and the destruction of the personal security, liberty, health, dignity and even the lives of individuals belonging to such groups. Genocide is directed against the national group as an entity, and the actions involved are directed against individuals, not in their individual capacity, but as members of the national group."[50]

Lemkin's definition was at the same time both narrow and broad, narrow in that it addressed crimes directed against national groups rather than against groups in general, but broad to the extent that it contemplated not only physical annihilation, but also acts aimed at destroying the culture and livelihood of the

---

48 Ibid,. paras.79, 83.

49 Doc. A/HRC/3/L.11; res.3/2.

50 Raphael Lemkin, Axis Rules in Occupied Europe, Analysis of Government Proposals for Redress, Carnegie Endowment for International Peace, Washington in 1944, at p.79.

group.

The drafters of the Genocide Convention adopted a more restrictive scope, confined to physical and biological genocide and explicitly rejected the notion of cultural genocide. Lemkin had vigorously argued for recognition of cultural genocide. The only serious reason for excluding cultural genocide from the list of punishable acts by the convention was the fear by states parties that the wide range of oppressive acts targeted against minorities, including measures directly or indirectly attacking the use of minority languages and religious or cultural practices, could lead to criminal proceedings. However, the exclusion of cultural genocide from the definition in the convention unfortunately has led to dramatic legal consequences. Measures not aimed at the physical destruction of a group, but rather at the destruction of its cultural heritage and those leading to forced migration of a population, ethnic cleansing, consequently fall outside the protection of the convention.[51]

In this connection, reference could be made to efforts by UNESCO to safeguard the world's cultural heritage. After it had adopted in 1972 the Convention for the Protection of the World Cultural and Natural Heritage, it adopted in October 2003, the Convention for the Safeguarding of the Intangible Cultural Heritage.[52]

Under reference to various international human rights instruments, it recognized that communities, in particular indigenous communities, groups and in some cases, individuals, play an important role in the production, safeguarding, maintenance and recreation of the intangible cultural heritage, thus helping to enrich cultural diversity.

The narrow scope of the convention's definition has been the subject of great criticism, in particular for its exclusion of political groups. According to some authors the wording of the convention is so restrictive that not one of the genocidal killings committed since its adoption is covered by it.[53] As

---

51 See also William Schabas, The Crime of Genocide: Recent Problems of Interpretation, in International Humanitarian Law: Origins, John Carey et. al. eds., Transnational Publishers, 2003, reviewed by Johannes van Aggelen in Journal of the History of International Law, vol.6, 2004, pp. 285-293 at p.291; Convention on the Prevention and Punishment of the Crime of Genocide, 78 UNTS, 277.

52 Doc MISC/2003/CLT/CH/14 of 17 October 2003.

53 Frank Chalk, Kurt Jonassohn, The Conceptual Framework, in: The History and

Schwarzenberger cynically observed 50 years ago, "the convention is unnecessary when applicable and inapplicable when necessary".[54]

Genocide is nowadays generally recognized as a form of crime against humanity.[55] However, the convention does not refer to crimes against humanity, although the original draft, proposed by Saudi Arabia in 1946 described it as "an international crime against humanity".[56]

This was done on purpose to avoid any confusion with the restrictive concept of crimes against humanity in the Nuremberg Charter. The drafters of the Genocide Convention, in article 1, left no doubt that genocide may be committed in time of peace as well as in time of war.[57] Nevertheless, the Genocide Convention did in fact constitute the codification of certain forms of crimes against humanity thereby imposing, by international treaty, obligations on states parties and a duty to prosecute or extradite.

In its 1951 Advisory Opinion, the ICJ had stated that the principles underlying the convention were binding on states even without any

---

Sociology of Genocide (Chalk and Jonassohn eds. 1990).

54 Georg Schwarzenberger, International Law, vol.1, 1957, at p.143.

55 Report of the ILC, 1996, doc.A/51/10, at 86; Report on the Situation of Human Rights in Rwanda, report submitted by Mr. René Degni-Segni, doc.E/CN.4/9096/7; Report of the Committee on the Elimination of Racial Discrimination, doc.A/52/18, para. 159; T. Meron, International Criminalisation of Internal Atrocities, 89 A.J.I.L., 1995, pp.554-577 at pp.7-557-558; Prosecution v. Tadic (Case No.IT-94-1-AR 72) Decision on the Defence Motion for Interlocutory Appeal on Jurisdiction, October 2, 1995 in 35 I.L.M., p. 32 at para. 140; Prosecutor v. Tadic (Case No. IT-94-1-T), Opinion and Judgement, May 7, 1997, in 36 I.L.M., p.908 at paras. 622, 655; Prosecutor v. Tadic (Case No.IT-94-1-A) Judgement, July 15, 1999, at para.251; Y. Dinstein, Crimes against Humanity, in: Theory of International Law at the Threshold of the 21st Century (J. Makarczyk ed. 1997), p.905; J. Quigley, The Genocide Convention: An International Law Analysis, Ashgate, 2006, Part Three: Genocide's Legal Environment, pp. 61-87.

56 Doc.A/C.6/686; however, General Assembly Resolution 96(I) avoided such a qualification (Doc.E/623/Add.1) and the distinction was reinforced in G.A. Resolution 180(II). At the time France was one of the principal advocates of genocide being viewed as a crime against humanity (Doc.A/411 1/Add.3). The final version omitted any reference to crimes against humanity. See also the debate in the Sixth Committee contained in document A/C.6/SR. 67.

57 See also Application of the Convention on the Prevention and Punishment of the Crime of Genocide, Preliminary Objections, ICJ, 1996, p.595 at para.31.

conventional obligation.[58]

In the commentary on article 17 of the draft code of crimes against peace and security of mankind, adopted by the ILC in 1996, the Commission observed that article 2 of the convention contains a definition of the crime of genocide which represents an important further development in the law relating to the persecution category of crimes against humanity recognized by the Nuremberg Charter. It provided a precise definition of the crime of genocide in terms of the necessary intent and prohibited acts.[59]

The same provision of the convention is also reproduced in the statutes of the ICTY (art. 4), ICTR (art. 2) and the ICC Statute (art. 6). It is this connection pertinent to peruse some relevant landmark cases of the ICTR as the genocidal intent could be conceived as an affront to the concept of multiculturalism.

The ICTR was the first to enter a genocide conviction. Mr. Akayesu, a town mayor, was found guilty of organising the killing of Tutsis.[60] In its deliberations, the Chamber recalled with respect to the crime of genocide that the definition given by article 2 of the statute echoed the evolution of the Genocide Convention and that Rwanda had acceded by legislative degree to the convention on 12 February 1975.[61]

Regarding count one on genocide, the Chamber concluded beyond reasonable doubt that various acts were committed by the accused with the specific intent to destroy the Tutsi group as such.[62]

The ICTR accepted a guilty plea by Mr. Kambanda, who was the Prime Minister of Rwanda in 1994 and was charged with directing the killing of Tutsis throughout the country.[63] Nevertheless, in its judgement he was found guilty of

58 Reservations to the Convention on Genocide, Advisory Opinion, ICJ Reports 1951, at p.12.

59 Yearbook ILC, 1996, A/51/10, at p. 87.

60 Prosecutor v. Akayesu, case No. ICTR96-4-T, judgement of 2 September 1998; confirmed on appeal as case No. ICTR96-4-A, dated 1 June 2001, the cases are available at the tribunal's website (www.ictr.org); see for a general perspective on the matter: L.J. van den Herik, The Contribution of the Rwanda Tribunal to the Development of International Law, Martinus Nijhoff, 2005.

61 37 ILM, 1998, 1399, at para.41.

62 Ibid., at para.55.

63 Prosecutor v. Kambanda, case No. ICTR 97-23-S, judgement and the sentencing

committing genocide, conspiracy to commit genocide and direct and public incitement to commit genocide.[64]

Numerous officials and private persons, some associated with militia organisations, were convicted of genocide or incitement to genocide. Mr. Serushago, leader of a Hutu militia, pleaded guilty to the killing of Tutsis.[65]

In the modified indictment, the intent to wilfully kill was clearly elaborated. In paragraph 4.17 it reads "having identified the Tutsis as the principal enemy and the members of the opposition as their accomplices ... civilian authorities and militiamen established lists of people to be executed". Furthermore, in paragraph 5.27 it reads "the crimes were committed by him personally, by persons he assisted or by his subordinates, and with his knowledge or consent".

Mr. Rutaganda, Vice-President of the National Committee of the Interahamwe, a paramilitary group that carried out much of the killings, also was charged with the crime of genocide.[66] Genocide, it was recalled, is distinct from other crimes because it requires special intent. In its judgement, the Chamber held the accused individually criminally responsible for having ordered, committed, aided and abetted in the preparation and execution of killings of members of the Tutsi group and causing serious bodily or mental harm to members of the said group.[67]

All those accused of the crime of genocide were also charged on separate counts with crimes against humanity. The charge was that the accused were responsible for the extermination of persons as part of a widespread or systematic attack against the civilian population on political, ethnic or racial grounds.

In addition, many accused were also charged with violations of other international humanitarian law, including violations of common article 3 of the

---

dated 4 September 1998.

64 Supra note 61, at p.1422, para.40 and at p.1425, para.62.

65 Prosecutor v. Serushago, case No. ICTR 98-39-S, judgement and the sentencing, 5 February 1999, confirmed on appeal as case No. ICTR 98-39-A dated 14 February 2000.

66 Prosecutor v. Rutaganda, case No. ICTR-96-13-T, judgement of 6 December 1999, confirmed on appeal as case No. ICTR-96-3-A, dated 26 May 2003; 39 ILM 557.

Geneva Conventions of 1949 and the 1977 Additional Protocol II. It should be pointed out in this connection that in the statutes of the two *ad hoc* tribunals the term war crimes is absent. However, article 8 of the ICC Statute, under the term war crimes, covers grave breaches of the Geneva Conventions, being identical almost to articles 2 and 3 of the ICTY Statute and article 4 of the ICTR Statute.

In the commentary on article 20—"war crimes"—of the Draft Code of Crimes against Peace and Security of Mankind, the ILC stated that it preferred to retain the expression "war crimes" rather than the expression "violations of humanitarian role applicable in armed conflict".[68]

Finally, it should be mentioned that during the preparation of the Statute of the ICC, a few delegations unsuccessfully proposed that political groups be added to the revised and updated version of the text of article 2 of the Genocide Convention.[69]

In 1994, the Sub-Commission on the Prevention of Discrimination and Protection of Minorities had adopted a resolution suggesting that the convention could be improved and that the definition in the Genocide Convention could be extended to apply to political genocide as well.[70] In his final report on genocide, the expert of the Sub-Commission had argued that there existed a lay concept as well as a legal definition.[71] In addition, one could observe that since 1948, only a few other aspects of crimes against humanity have been codified such as the crimes of apartheid and torture.

It should be noted that article 2 of the International Convention on the Suppression and Punishment of the Crime of Apartheid defines the crime of apartheid *inter alia* as "denial to a member or members of a racial group or groups of the right to life and liberty of person by inflicting upon the members of a racial group or groups serious bodily or mental harm".[72]

Although the problem of apartheid has been on the agenda of United Nations for approximately 4 decades with a multitude of programmes and committees, for our purposes it would be relevant to draw attention to some

---

67 Supra note 66, 39 ILM, at p.569, para.59; para.386 of the judgment.

68 ILC Yearbook, document A/51/10, at p.113.

69 Doc. A/50/22, para.61; A/51/22, vol. I, para.59.

70 Sub-Com.res.1994 /11, para.4.

71 Doc. E/CN4/Sub.2/1985/6.

72 30 November 1973; 1015 UNTS.243.

studies carried out by the Commission on Human Rights and its Sub-Commission.

An early study on apartheid and racial discrimination in South Africa was prepared by a Special Rapporteur of the Commission, appointed in March 1967. The mandate of the Rapporteur was to survey United Nations past action in its effort to eliminate the policies and practices of apartheid in all its forms and manifestations.[73]

A second study dealt with the question of apartheid from the point of penal law. It was prepared by the *Ad Hoc* Working Group of Experts of the Commission in accordance with a resolution adopted in March 1970. The mandate of the group was to "study from the point of view of international penal law, the question of apartheid, which had been declared a crime against humanity". The study was submitted to the Commission in 1972.[74]

A very important study, which shed its light into the future of international criminal law, is the study on ways and means of ensuring the implementation of international instruments such as the Convention on the Crime of Apartheid, including the establishment of an international jurisdiction as envisaged by article 5 of the Convention.[75]

This study was also prepared by the *Ad Hoc* Working Group, pursuant to a resolution adopted in February 1980 by the Commission. The study begins with an enquiry into the significance of the term "implementation" in view of the nature of the Convention and concludes in this context "implementation" means creation of an international criminal court. It proceeds to consider the state of international criminal law in terms of the theory and practicality of the operations of such a court, with special attention to the particular nature of the crime of apartheid. It includes an assessment of the possible usefulness of such a court in combating the crime of apartheid.

Another study by the Working Group, commissioned in January 1983, attempted to identify the manifestations of apartheid and to examine the extent to which acts of apartheid might be equivalent to those which, under article 2 of the Convention on the Prevention and Punishment of the Crime of Genocide,

---

73 Doc. E/CN.4/979 and Add.1/Corr.1 and Add.2-8.

74 Doc. E/CN.4/1075 and Corr.1.

75 Doc. E/CN.4/1426.

were earmarked as acts of genocide. Furthermore, it attempted to show whether the effects of apartheid might be related to the crime of genocide. The Working Group's conclusion was that the practical implications of apartheid, almost 40 years after it institutionalization, had resulted in certain criminal consequences which coincided with the acts prohibited under article 2 (a), (b), and (d) of the Genocide Convention. In addition, the policy of apartheid viewed as a whole and in the long term, would ultimately reproduce consequences identical with those acts of genocide prohibited under article 2(c) of the Convention.

The Working Group recommended that "the way in which the South African regime implements a policy of apartheid should henceforth be considered as a kind of the genocide", and suggested that consideration should be given to a possible revision of the Genocide Convention since, through the practices described as "bordering on genocide", genocide had acquired new aspects, not only in South Africa, but also in other countries.[76]

With the democratic change in South Africa,[77] the General Assembly acted swiftly to lift sanctions. It stated that "bearing in mind the objectives of the Declaration on Apartheid adopted by consensus on 14 December 1989" and "noting that the transition to democracy had been enshrined in the law of South Africa", and requested all states to take appropriate measures within their jurisdiction to lift the restrictions and prohibitions they had imposed to implement the previous resolutions and decisions of the General Assembly.[78] It subsequently adopted a resolution entitled "Elimination of Apartheid and Establishment of a United, Democratic and Non-Racial South Africa".[79]

III. Implications of Multiculturalism for Minorities

In his famous book on genocide Lemkin associated the prohibition of genocide with the protection of minorities.[80] However he clearly did not intend to cover

---

76 Doc. E/CN.4/1985/14. The Commission on Human Rights reflected the same view in resolution 1985/10 dated 26 February 1985.

77 National Peace Accord contained in doc. A/47/431-S/24544, annex.

78 A/RES/48/1 dated 12 October 1993 entitled "Lifting of sanctions against South Africa".

79 A/RES/48/159 dated 24 January 1994.

80 Supra note 50, at p.90.

all minorities. Rather he meant to protect those who had been contemplated by the minorities' treaties during the inter-war years.

When subsequently the Third Committee of the General Assembly was preparing the final text of the Universal Declaration of Human Rights in Paris in 1948, several delegations proposed to insert an article regarding minorities. Others took the view that it would not be possible in a single article to reach a compromise between the views of the New World, which in general wished to assimilate immigrants and minorities, and the Old World, in which the racial and national minorities existed. Consequently, it was decided not to include a provision on minorities.[81]

Instead, the General Assembly referred the matter through the Economic and Social Council to the Commission on Human Rights and its Sub-Commission to undertake a thorough study of the problem of minorities, in order that the United Nations might be able to take effective measures for the protection of racial, national, religious and linguistic minorities.

At its second session, in 1949, the Sub-Commission decided to place on its agenda an item entitled "definition and classification of minorities", while the Secretary-General submitted a memorandum to facilitate the discussion on the issue.[82]

At its fourth session in 1951, the Sub-Commission prepared a draft article on the rights of persons belonging to minorities for inclusion in the International Covenant on Civil and Political Rights, which later on became article 27.

At its 13th session in 1961, the Sub-Commission requested the Secretary-General to provide it with a compilation of texts of those international instruments which were of contemporary interest and those which provided special protective measures for ethnic, religious or linguistic groups and presented it to its next session.

The memorandum and the compilation were subsequently published.[83] A

---

81 Doc. E/800. This document provides a succinct perusal of the drafting process. See also Johannes Morsink, The Universal Declaration of Human Rights, Origins, Drafting and Intent, University of Pennsylvania Press, 1999, especially pages 103-109 and the accompanying footnotes.

82 E/CN.4/Sub.2/85.

83 Protection of Minorities (United Nations publication, Sales No. E. 67 XIV.3).

milestone in the evolution of the protection of minorities is the aforementioned study by Prof. Capotorti, who was appointed in 1971 to undertake a detailed analysis of the matter. He provided an excellent historical analysis from 1919 onwards, including the jurisprudence of the PCIJ and the ICJ and a synopsis of national jurisdictions. He presented his final report to the Sub-Commission in 1977,[84] which included a number of relevant recommendations, including the need for the definition of the term minority.

This idea was subsequently taken up by another member of the Sub-Commission, who presented a study on the definition of minority in 1985.[85] Subsequent efforts dealt with possible ways and means to facilitate the peaceful and constructive resolution of situations involving racial, national, religious and linguistic minorities.[86]

As a preliminary final step, the General Assembly adopted the Declaration on the Rights of Persons belonging to National or Ethnic, Religious and Linguistic Minorities.[87] In it the General Assembly expressed the desire to promote the realisation of the principles contained in the then existing human rights instruments, including the Convention on the Prevention and Punishment of the Crime of Genocide.

As far as the latest developments is concerned, at its last full session in 2005, the Commission on Human Rights requested the High Commissioner for Human Rights to appoint, for a period of two years, an individual expert with a mandate *inter alia* to promote the implementation of the aforementioned Declaration.[88]

The expert presented the first report in September 2006, which, due to the change of the Commission into the Human Rights Council, was considered in March 2007.[89]

In the introduction the expert referred to the outcome document of the 2005 World Summit, noting that "the promotion and protection of the rights of

---

84 Doc. E/CN.4/Sub.2/384; the study were subsequently published in the studies series (No.5) by the United Nations in 1991. Sales No. S.91.XIV.2.

85 E/CN.4/Sub.2/1985/31.

86 E/CN.4./Sub 2/1989/43; E/CN.4/1990/46; E/.CN.4/1991/43.

87 A/RES/47/135 dated 18 December 1992.

88 Commission on Human Rights res. 2005/79.

89 A/HRC/4/9; E/CN.4/2006/74.

persons belonging to a national or ethnic, religious, and linguistic minorities contributes to political and social stability and peace and enriches the cultural diversity and heritage of society". In her study she identified some areas of concern, including the protection of minorities' existence, through protection of their physical integrity and the prevention of genocide.[90]

IV. Implications of Multiculturalism for Indigenous Populations

In comparison with the minority issue, consideration by United Nations organs of the rights of indigenous peoples has a relatively short history. In 1971, the Sub-Commission appointed one of its members, Mr. Cobo, to undertake a study of the problem of discrimination against indigenous populations and to suggest what national and international measures were necessary to eliminate such discrimination. This study took over a decade to complete; however, when the Sub-Commission finally could consider the study as a whole in 1984, it characterized the study as constituting "an invaluable contribution to the clarification of the basic legal, social, economic and cultural problems of indigenous populations".[91]

The Sub-Commission established in 1982 an annual working group on indigenous populations with the mandate to elaborate a declaration on the rights of indigenous populations. The working group submitted a draft declaration, which was considered by the Sub-Commission in 1994.[92]

In the meantime, the ILO had adopted the Indigenous and Tribal Peoples Convention, 1989 (No. 169), which in Article 4 requires that "Special measures shall be adopted as appropriate for safeguarding the persons, institutions, property, labour, cultures and environment of the peoples concerned". Such measures should not be contrary to the freely-expressed wishes of the peoples concerned.

Article 2 states that indigenous individuals and peoples have the right to

---

90 Ibid., para.22.

91 Sub-Commission res. 1984/35; the study is contained in doc. E/CN.4/Sub.2/1986/7 and Add.1-4. Addendum 4, containing the conclusions, proposals and a recommendation of the Special Rapporteur was issued separately as a United Nations publication. Sales No. E. 86XIV.3.

92 Sub-Commission res. 1994/45, Annex.

be free from any kind of adverse discrimination. Article 7 states that indigenous people have the collective and individual right not to be subject to acts of ethnocide and cultural genocide, including prevention of or redress for any action which has the aim or effect of depriving them of their integrity as a distinct people, or of their cultural values or ethnic identities.

Subsequently, the Commission on Human Rights 1995 decided to establish an open-ended inter-session working group with the sole purpose of elaborating the declaration. Due to the complexity of the issue it took another a decade before the declaration could be adopted by the newly established Human Rights Council during its first session in June 2006.[93]

Although there are many similarities between the 1994 draft and the final outcome, which makes one wonder why it took one more decade to finish the declaration, subtle differences do appear. Article 2 of the 1994 draft refers to "adverse discrimination", while the final article reads "any kind of discrimination". Article 7 of the 1994 draft refers to "ethnocide and cultural genocide", while the final version reads "any act of genocide or any other act of violence".

The largest improvement of the text may be found in article 8. The draft article reads "indigenous peoples have the collective and individual right to maintain and develop their distinct identities and characteristics", while the final article 8 refers to "forced assimilation or destruction of their culture". States shall provide effective mechanisms for prevention of, and redress for "any form of forced assimilation or integration by other cultures or ways of life imposed on them by legislators, administrative or other measures", and "any form of propaganda designed to promote or incite racial or ethnic discrimination directed against them".

Article 41 of the draft recommends the creation of a body at the highest level to implement the declaration. This body was established as the Permanent Forum in 2000 and article 42 of the final version entrusts the permanent forum on indigenous issues with its implementation. However, the declaration needed adoption by the General Assembly, which adopted the declaration by its resolution 61/295 on 13 September 2007.

Over the last two decades the human rights situation of indigenous

---

93 Human Rights Council res. 2006/2 dated 29 June 2006.

peoples has become a key issue in the international arena. This is reflected in the adoption of the declaration, the proclamation by the United Nations General Assembly of two international decades of the world's indigenous peoples (1995-2004), renewed for the period 2005-2014,[94] and the appointment by the Commission on Human Rights of a Special Rapporteur on the situation of human rights and fundamental freedoms of indigenous peoples established in 2001 and renewed in 2004.[95]

The Special Rapporteur, in his renewed mandate, is requested to concentrate *inter alia* on the cultural rights of indigenous peoples as reflected in bilingual and inter-cultural relations as well as the preservation and development of their own cultural heritage.

V. The Presumed Relevance of the Clash and Dialogue Among Civilizations for Multiculturalism

Professor Ignatieff in a thought-provoking article, argued that the universality of human rights had from its very inception been subject to cultural challenges. He made a strong case that human rights should not delegitimize traditional cultures and that disagreements within the competing Western rights traditions had become more salient over the last 50 years. He postulated that progress to achieve a world of genuine moral equality among human beings was possible, but that this world was at the same time a world of conflict, deliberation, argument and contention.[96]

The Clash of Civilisations is a controversial theory that people's cultural/religious identity will be the primary source of conflict in the post-Cold War world. The term itself was first used by Mr. Lewis in an article in the 1990 September issue of the Atlantic Monthly entitled "The roots of Muslim rage". However, the term is linked to Mr. Huntington, who maintained that "the great divisions among human kind and the dominating source of conflict will be cultural. Nation states will remain the most powerful actors in world affairs, but the principle conflict of global politics will occur between nations and groups of

---

94 GA res. 59/174.

95 Commission res. 2001/57; 2004/62.

96 M. Ignatieff, The Attack on Human Rights, Foreign Affairs, Vol.80, No.6,

different civilizations".[97]

The United Nations has never accepted this theory nor its consequences as a yardstick for its actions. Instead, in the aftermath of the Cold War, so marked by the atrocities in the territories of ex-Yugoslavia and Rwanda, the United Nations openly opted for the opposite direction. It designated the year 1995 as the United Year for Tolerance and proclaimed the year 2001 as the United Nations Year of Dialogue Among Civilizations.[98]

Furthermore, during a round table entitled "Dialogue among Civilisations", organised by UNESCO preceding the Millennium Summit held in New York in September 2000, the President of the Islamic Republic of Iran stretched his hand out to other cultures. He stated *inter alia*: "cultures and civilizations that have naturally evolved among the various nations in the course of history constituted from elements that have gradually adapted to collective historical and traditional characteristics." He added: "from an ethical perspective, the paradigm of dialogue among civilizations requires that we give up the will for power and instead appeal to wilful empathy and compassion. Without the will for empathy, compassion and understanding there would be no hope for the prevalence of order in our world."[99]

It should also be noted that preceding the Millennium Summit, on 28 August 2000, more than 1000 religious leaders from 110 countries, representing the world's major religions and faiths, gathered in the United Nations General Assembly Hall for the Millennium World Peace Summit of Religious and Spiritual Leaders. A key objective of the Summit was to encourage religious leaders to exert greater influence on reconciliation, healing and forgiveness in areas of armed conflict and tension, and to foster an attitude of respect for diversity of the human family.[100]

November/December 2001, pp.102-116 at pp.111, 112 and 116.

97 S. Huntington: "The Clash of Civilisations", Foreign Affairs, vol.72, Summer 1993, pp.22-49. He subsequently expanded his thesis in a book called "The Clash of Civilisations and the Remaking of World Order", New York, Simon and Schuster, 1996.

98 A/RES/53/22 dated 16 November 1998; see also resolutions 54/113 and 55/23.

99 Available at http://www.unesco.org/dialogue 2001/en/khatami.htm atp.2.

100 Sacred Rights, Faith Leaders on Tolerance and Respect (Expedi Printing, 2001), this publication was later on used as a background document for the Durban World Conference Against Racism.

In the Millennium Declaration adopted at the Summit, in section I on values and principles, reference is made to respect for human rights and fundamental freedoms as well as tolerance. Human beings must respect one another, in all their diversity of relief, culture and language. However, section 5 on human rights, democracy and good governance is more relevant here. The heads of States and governments resolve to take measures to ensure respect for and protection of human rights of migrants, migrant workers and their families, to eliminate the increasing acts of racism and xenophobia in many societies and to promote greater harmony and tolerance in all societies.[101]

In the aftermath of 9/11, the danger was imminent that the tides would turn. It is to the credit of the United Nations with the support of UNESCO that this wasn't the case. Immediately in the aftermath of the attack on America, the General Assembly adopted a Global Agenda for Dialogue among Civilizations, without any reference to 9/11 or its feared consequences.[102] Article 4 calls upon "enhancing mutual understanding and knowledge among different social groups, cultures and civilizations in various areas, including culture, religion ..."

The UN Secretary-General subsequently submitted a report in August 2005 on the implementation of the global agenda and its programme of action.[103] The report reviews activities undertaken by member states and UNESCO. In one of the concluding observations, the Secretary-General maintains that the most urgent task is to devise a strategy through which to create a coalition of all those people who do not believe in inciting violence or support extremism and who surely make up the great majority of humankind.[104]

This strategy was proposed by the Spanish Minister at the 59th session of the General Assembly, sponsored by the Turkish Prime Minister and the United Nations Secretary-General. Under the title "Alliance of Civilizations", the Secretary-General assembled a high-level group consisting of 20 eminent persons drawn from all layers of society and from all regions and civilizations.

The final report was released on 13 November 2006.[105] In part one,

---

101 Issued as A/RES/55/2.

102 A/RES/56/6 dated 21 November 2001.

103 Doc. A/60/259.

104 Ibid., para.19.

105 Available at www.unaoc.org.

bridging the world's divides the report observes that "some political leaders and sectors of the media, as well as radical groups have exploited this environment, painting mirror images of a world made up of mutually exclusive cultures, religions or civilizations, distinct, and is dying for confrontation". In the section on the emergence of extremism, it reads "the exploitation of religion by ideologues intent on swaying people to their causes has led to the misguided perception that religion itself is a root cause of inter-cultural conflict". In section VII containing recommendations, emphasis is put on education as a means of furthering the dialogue along civilizations.

Another private initiative, although co-ordinated by the UN Secretary-General's personal representative on the United Nations Year of Dialogue among Civilizations, published its findings in October 2001. In a very relevant statement with respect to diversity and multiculturalism, it is observed that "the problem is not the fact of diversity itself, but rather the perception of diversity as a threat".[106]

A few other initiatives are worth noting in this context. The United Nations University organized a workshop on "the contribution of ethics to the dialogue of civilisations" in May 2001. In one of the recommendations it is observed that no cultural value system is universally legitimate; rather, each derives a relative legitimacy from its social, political, religious and historical context.

UNESCO adopted in November 2000, the Universal Declaration on Dialogue among Civilizations, followed by the Universal Declaration on Cultural Diversity in November 2001. It also sponsored an international conference on the Dialogue among Civilizations in Lithuania in April 2001.[107]

Within a broader framework mention could be made of the promotion of inter-religious dialogue within the General Assembly's item on "culture of peace", [108] and the report by the independent expert appointed by the Commission on Human Rights in July 2005 on human rights and international

---

106 Crossing the Divide: Dialogue Among Civilizations, published by the School of Diplomacy and International Relations, Seton Hall University, October 2001, at p.26.

107 All these documents are available at http://www.unesco.org.

108 Report of the Secretary-General, doc. A/60/201.

solidarity.[109]

The outcome document of the World Summit, held in September 2005, referred to the responsibility of States to protect populations from genocide, war crimes, ethnic cleansing and crimes against humanity and reaffirmed the declaration and programme of action on the culture of peace as well as the global agenda for dialogue among civilizations.[110]

VI. Concluding Remarks

It is an undeniable fact that the perception of multiculturalism at the United Nations and elsewhere has shifted over a period of six decades. In the early days, during the decolonization process, the United Nations' and the world's attention was captured by the problem of apartheid, which was conceived as a blatant form of denial of multiculturalism and suppression of cultural diversity.

However, during the Cold War period, the concept of multiculturalism remained a marginal issue, until the human rights programme of the United Nations started to have its grips on it.

For a long time, human rights issues were considered "matters which are essentially within the domestic jurisdiction of any state". When this political curtain finally started to dwindle down, due to the evolution of the human rights programme through standard setting and other programme activities, including the two world conferences on human rights, and the parallel evolution of non-governmental organizations, the concept of multiculturalism was seen in a different daylight.

One can not escape the conclusion that the atrocities in the territories of ex-Yugoslavia and Rwanda have had an impact on this shift in perception. Nowadays, the United Nations, including the human rights programme, has a holistic approach towards multiculturalism.

In particular treaty bodies constantly refer to aspects of multiculturalism while considering state reports, adopting concluding observations, general comments or general recommendations.[111] Moreover, the Working Group on

---

109 Doc. E/CN.4/2006/96 dated 1 February 2006.

110 A/RES60/1, paras.138, 139 and 144.

111 See Nathalie Prouvez, Minorities and Indigenous Peoples' Protection: The

African Descent, established in the aftermath of the Durban Conference, has a particular mandate on multiculturalism.

In addition, at the session of the General Assembly in 2006, a proposal was put forward to request the Intergovernmental Working Group on the Effective implementation of the Durban Declaration and Programme of Action to draft an additional instrument to bridge the existing gaps in combating racism.[112]

Practice of UN Treaty Bodies in 2004, European Yearbook of Minority Issues, vol.4, 2004/5, pp.637-667.

112 A/61/PV.81, pp.9, 10. See also the Reports of the Working Group compiled in DOC A/Conf.211/PC.2/7 (15 April 2008), in particular paragraph 105.

Democracy and International Law

Karl Doehring*

The following considerations are meant as a warning against unexamined proclamations in international law. Academic discussions often suffer from the fact that concepts and terms, when used as the basis for argumentation, fail to be sufficiently interpreted, or are differently invoked. Even where those terms are introduced into legal codifications, no sufficient clearness is obtained as long as no definition is provided. In the field of international law, mainly two terms suffer from the lack of definition although they are permanently and strikingly presented. When, for instance, the "rule of law" is invoked, some are prepared to define this term as only guaranteeing the observance of positive law, whereas others see it as a guarantee of justice in an idealistic sense. Similarly, this is the case with the term "democracy". Some regard it as no more than a formal participation in the formation of political decisions; whereas others see in it the guarantee against a certain tyranny of the majority which could suppress the minority; some even see it as a guarantee of human rights. The following considerations are dealing solely with the problems arising when democracy is used as a legal requirement without clear definition of this concept.

Until now and continuing, no rule of international law exists expounding that a state in its capacity as a subject of international law is only recognizable when its government is legitimated in a democratic sense. Nevertheless, a tendency is obviously appearing in which only democratically established governments are internationally acceptable. Thus, for instance, the international treaty law seems more and more to incline to this view, in particular where

* Former Director, Max Planck Institute for Comparative Public Law and International Law, and former President, Germany Society of International Law.

Sienho Yee & Jacques-Yvan Morin (eds.), Multiculturalism and International Law, 199-205.

those treaties relate to human rights. Already in the Universal Declaration of Human Rights (1948), it is stated that everybody should have the right to participate in the political development of his country, at least through participation in elections. The same principle is laid down in the Covenant on Civil and Political Rights (1966). However, nothing can be found in these texts about the question of what kind of elections are meant, regarding either the institutions to be elected or the period of time in which elections should be repeated; nor can there be found any advice on the position of the outvoted minority, and its protection. Although it is true that the right of self determination is reposed in the democratic concept, so that one could take the position that democracy finds a certain acknowledgement in international law, no details of the performance of this right are ever developed. It should also be mentioned in this respect that membership in the European Union presupposes democratically legitimated governments.

So we can ascertain that in international law, many indications can be found qualifying democracy not only as a political but also as a legal goal of the world community. Nevertheless, a strict principle requiring the democratic legitimacy of all international subjects and institutions is not yet established; it is, rather, a kind of soft law which does not yet form part of positive international law.

The reason why the concept of democracy does not, up until now, belong to the basic principles of international law, may be found in the traditional idea that states are completely free to organise their internal legal system. The Declaration on Principles of International Law concerning Friendly Relations and Co-operation among States in accordance with the Charter of the United Nations (1970) emphasises the freedom of states to shape autonomously their political and social life without interference from other states. One could, possibly, argue that this freedom is not unlimited, for instance in regard to the protection of human rights. So, one might argue that democracy as an element of human rights has to be respected when the organisation of the internal legal system of states is at stake. However, the difficulty in drawing this consequence arises from the fact that the community of nations has not, until now, succeeded in shaping a commonly accepted concept of democracy. Nearly all governments in the world pretend to be of a democratic nature or, at least, to be on the way to create a democratic legal system. Even dictators exercise their power mostly with the assertion that the majority of the population recognizes their authority, so that a certain legitimacy in a democratic sense is obtained. The unclearness of a generally accepted concept of democracy supports such a doubtful justification.

But even when recognising the concept of democracy of the Western world as the only true democratic system and accepting the position that under international law every national government must be legitimized by free elections or that a state without parliament would not comply with the requirements of international law, one cannot escape from a decisive problem. It consists in the question of whether or not the executive power of a state is bound to perform the will of the people, represented by the parliament, even when international law is disregarded by the majority of the parliament. In other words, how is one to judge the situation when on the one hand international law requires democracy and on the other hand a national parliament decides to begin a war of aggression or to commit genocide? This question is not of a utopian nature. History offers enough examples. The Provisional Parliament of Palestine, for instance, when composed of a majority of voters for the Hamas Movement, was not willing to recognize Israel but proclaimed its extermination. Or, when Hitler came quasi-democratically to power, the then enacted *Ermächtigungsgesetz* enabled him to begin the war against Poland. So he could pretend to follow the will of the people. One might conclude from this that international law aspires to democracy but only as long as democratic decisions do not violate rules of international law. But this restriction on democracy might again offer the possibility that a dictator could assert that he cannot run the risk of democracy as long as no guarantee exists that the representatives of the people will respect international law. If we accept the widely held opinion that international law requires democracy – maybe not yet as a strict principle of positive law but as a kind of soft law – an additional problem arises. Who is responsible for a democratically obtained decision which is against international law?

Appearing after the Nuremberg Trial and apparently initiated by it, the opinion prevails that members of governments are at times responsible for gross violations of international law. The disregard of human rights or of the prohibition of genocide sometimes entails that the culpability in those cases is due to the official capacity of the actors. The classical concept of immunity also has no longer to be applied. This was the legal basis for the penalties imposed by the tribunals for persons from the former Yugoslavia and Rwanda, and this result is confirmed by the Statute of the International Criminal Court. Nobody can escape from punishment by invoking an official capacity. But who is responsible and punishable when the violation of those norms of international law results from a decision taken by the majority of a parliament? The principle that the entire state as a subject of international law is liable for those crimes is well established. But the problem remains to decide who deserves the personal responsibility for criminal actions. If one would accuse the individual deputies of a parliament forming the majority for those decisions, the method of voting secretly would exclude the possibility of identifying the authors of the crime. If, on the other hand, one would accuse the members of the executive, they might argue that in disregarding the majority vote they might act like dictators. However, the modern view emphasizes the principle that a higher command does not exonerate the accused from being responsible. The Statute of the International Criminal Court confirms this rule. One might therefore conclude that the parliamentary resolution cannot be invoked as a justification for the acting executive. But under this view, the concept of democracy is abandoned. The executors will be punished and the initiators remain unpunished, a result which is hard to accept.

In states which lack a court competent to control the observance of international law, in particular a constitutional court, an additional problem arises. Such a court has to annul a parliamentary decision violating international law. Thereby the court sets aside the democratic system. Notwithstanding the generally accepted rule that the court does not act *proprio motu* and no guarantee exists that an application is filed, a decision against the will of the parliament signifies necessarily the negation of the democratic concept, the basic principle of which is that the sovereign power is vested in the people. Even the argument that the judges of such a court are nominated by the parliament itself and that they are democratically legitimated does not justify their position as supervisors. Few judges have the power to overrule decisions made by the majority of the parliament, and even the argument that democracy is free to restrict itself cannot compensate for the abandonment of the general rule declaring that the majority is the final authority and the only sovereign power of the people. The scenario in which the majority decides to waive its power – as was the case with the National Socialist regime in Germany – signifies the end of democracy.

All these considerations demonstrate the doubtfulness of a strict international rule prescribing that state power is only legitimated when based on the concept of democracy. Such a rule, if accepted, might result in a dilemma when a democratic government does not observe the norms of international law. The better way would be to separate international law from national law, i.e. to leave with the individual states the freedom to shape autonomously their national legal system. If international law had the power to prescribe details of individual national constitutions, this creates the danger that international law destroys itself.

Let us once again undermine this view by a simple example that shows the doubtfulness of an undifferentiated claim for international democracy. The case may occur – and has occurred – that a treaty obligation is stipulated but one party to this treaty fails to comply with it by enacting a law preventing the performance of the international obligation in municipal law. The other party to this treaty invokes, maybe before an international court, the rule of *pacta sunt servanda*, whereas the defending party replies that the fulfilment of the obligation needs, under national law, the consent of the parliament, but a respective decision cannot be obtained due to the lack of parliamentary majority. Since international law – so the argument of the defendant goes – demands, as often proclaimed, that national governments must be based on the democratic concept, the observance of the treaty obligation cannot be reached. Under positive international law the deciding international court could not accept this argument. The Vienna Convention on the Law of Treaties clearly excludes the invocation of obstacles in national law in order to escape from the rule of *pacta sunt servanda*. If under a dictatorial government the treaty obligation is respected, it would be an abstruse view to reproach such a government for not having obtained the consent of a free parliament so that an international duty was wrongly fulfilled.

One could, ironically, raise the question of what lastly international law prefers: a democracy which violates international law, or a dictatorship which does not admit democracy but respects international law?

Since international law increasingly qualifies international organisations as subjects of international law, the question arises as to whether they are also bound by the rule – suppose it exists – claiming democracy as a principle of international law. One could take the position that only non-governmental organisations correspond to the basic idea of democracy because they are not guided by governments but by private persons or corporations representing directly the aims of the people. But such a view would not be convincing since the non-governmental organisations do not represent the will of the entire population but only of particular interests. Moreover, they are not bound to keep in mind the needs and the welfare of the entire community of a nation. When, for instance, such an organisation is founded to protect animals, the protection of human beings does not directly belong to its particular activity despite the fact that these two protections may come into conflict with each other.

The statutes of governmental organisations also do not refer to democratic principles due to the fact that their members are states instead of individuals. The concept of democracy, the true core of which is to enable the majority of members of a community to finally decide about their needs, could only be realised if the right of the governmental votes corresponds to the number of the represented population. But that is seldom provided for. Only the European Community abides by such a system, whereby one must see that this organisation is comparable with a federal state due to the transfer of national sovereignty. The Charter of the United Nations abstains from taking into account the growth of the population represented by the individual member states, and other international organisations distribute the right to vote under viewpoints emanating from their specific objects and purposes.

Since overwhelmingly the membership in international organisations does not depend on the type of the individual state – only the European Community requires democratic governments – the possibility exists that undemocratic regimes might vote down a minority of democratic regimes.

The above considerations lead to the following result. A modern tendency to see individual states as under an international obligation to install democratic governments might be a welcome perspective, but it does not correspond to reality as long as no commonly accepted definition of democracy is recognized. Moreover, the position of the minority in such a system and its legal protection when acting as the opposition, and the chance to gain to its side the authority of the state, should be guaranteed. An obligation of states to admit the participation of the citizens in the exercise of political affairs, in particular through guaranteeing elections, remains without substance as long as respective details are not cleared up. How often should elections be performed? What kind of institutions of the state should be legitimized by elections? Should the president of the state be elected, or appointed by the members of the executive power? Should the composition of the parliament depend on elections? Is secret or public voting required? Should one introduce the so-called imperative or free mandate? Who would be the controller of the elections? How can one limit the power vested in the majority? The behaviour of many governments, when acting free from detailed rules, demonstrates the danger of misunderstood democracy which, in the end, might produce a kind of tyranny.

But even where all these questions are settled, the problem remains to know who is personally liable for the internationally wrongful acts of a state. In international law a strict claim for democracy and a strict prohibition on treating undemocratic governments as lawful are unacceptable as long as no guarantee exists that democracy would never infringe upon international law. Let us maintain the principle stressed in the Friendly Relations Declaration guaranteeing the freedom of every state to organise its own mode of political life.

The Intrinsic and Instrumental Values of Diversity: Some Philosophical and Legal Considerations

Sienho Yee*

In this paper I shall try to highlight two basic values—intrinsic and instrumental values—that exist in the world and illustrate, in a more or less impressionistic way, how these values may manifest themselves in matters relating to diversity and how conflicts in general and conflicts specifically relating to diversity can be seen as conflicts of these values. This is a tentative attempt, meant to bring out into the open some implicit ways of or framework for seeing and rationalizing the world, and to generalize the issues to a certain level so as to order our examination, analysis and rationalization in a better way. In so doing, I hope to help deepen our understanding of diversity, improve the quality of relevant decision-making, and ultimately promote it in however small a way.

I. Intrinsic and Instrumental Values as Two Basic Values

Probably one would agree that I do not need any footnotes to talk about this idea. Probably one may even say that the very talk of it is cliché. The idea is basically this. For almost everything or every phenomenon in the world, one can find in it or assign to it two values: intrinsic value and instrumental value. This is also true with human beings. As we will see, each value is virtuous in a different way. Often "inherent" is used as synonymous with "intrinsic". The

* University Professor and Chair of the Academic Committee, Wuhan University Institute of International Law, China; formerly, Tengfei Professor of International Law, Xi'an Jiaotong University. This paper is based on my remarks made at the Silk Road Institute Seminar on Multiculturalism and International Law in April 2007 at Xi'an Jiaotong University.

Sienho Yee & Jacques-Yvan Morin (eds.), Multiculturalism and International Law, 207-226.

latter will be primarily used here, because "inherent" sometimes is too protean a term.

As is also cliché, an instrumental value is that which is good only as an instrument for something else. I want one US Dollar not to keep it for good, but to use it to buy a cup of coffee. The dollar bill is an instrument for me to obtain my coffee. On the other hand, an intrinsic value is an end value in itself. For example, my experience is an intrinsic value to me: it is unique and it forms part of me, my personhood, and that's it. Period. Without insisting on particular wording to define these terms, one can generally agree: "That which is intrinsically good is nonderivatively good; it is good for its own sake. That which is not intrinsically good but extrinsically good is derivatively good; it is good, not (insofar as its extrinsic value is concerned) for its own sake, but for the sake of something else that is good and to which it is related in some way."[1]

Generally speaking, the two values may exist in the same thing at once: a value, independently evaluated, can be an intrinsic value; yet it may be an instrument for another intrinsic value. To this extent, these two values signify ways of seeing values and the world. One may see one value or another, depending on one's world view and orientation.

As is obvious, what follows from being treated as an instrumental value may be vastly different from what follows from being treated as an intrinsic value. For example, if indeed we are so special as an end in itself, as Kant taught us, [2] we (or humanity) would reign supreme as end units, and not as instrumental units for the glory of the community, nation, society, or even God. If we were only instrumental members in a community, nation, society, or fellowship in Christ, we would have to sacrifice us for the benefit of the community, nation, society, or God. Of course, closer to the truth is the position that both values may co-exist in us; and one may inform or promote the other. When they do come into conflict, which one should prevail is a perennial question.

An instrumental value will expire when the end for which the

---

1 See Intrinsic vs. Extrinsic Value, in: Stanford Encyclopedia of Philosophy (http://plato.stanford.edu/entries/value-intrinsic-extrinsic/#WhaIntVal).

2 See generally Kant, The Groundwork of the Metaphysics of Morals (1785); for an analysis of the humanity formula, see the entry on this in Stanford Encyclopedia of Philosophy (http://plato.stanford.edu/entries/kant-moral/#HumFor).

instrumental value is an instrument has been achieved. That is to say, the *raison d'être* of the instrumental value no longer exists and the instrumental value should not exist any further. In contrast, an intrinsic value, or an end in itself, may not expire as a value, although I am not sure whether it is wise to say never. Therefore, if we can find an intrinsic value in a thing or a phenomenon, there can be better and longer life for that thing or phenomenon.

Perhaps for these and for other reasons, it has been observed that "Intrinsic value [...] has a certain priority over extrinsic value. The latter is derivative from or reflective of the former and is to be explained in terms of the former. It is for this reason that philosophers have tended to focus on intrinsic value in particular."[3] In this short paper I hope to show that political leaders and legal decision-makers, too, have seen the world this way. At least in the international arena, they have given priority, to some extent, to intrinsic value, although not yet in an ideal way.

II. The Intrinsic and Instrumental Values of Diversity

Diversity is a phenomenon in the world. It possesses both intrinsic and instrumental values and we can identify them. In a conscious and perhaps incomplete way, the analysis in the broadest outline may run as follows. On the one hand, generally speaking, diversity can serve as an intrinsic value in itself. In itself it is so beautiful. It is so glorious. It is so enriching. It is so special. We just like it. It is part of us. It is constitutive of society. On the other hand, diversity can serve also as an instrument to promote the betterment of society, with the understanding that such betterment can come in an infinite variety. Sometimes diversity is recognized as having both values in the same instrument in international law.

This analysis figures in any debate regarding diversity and its associated regimes. Sometimes it is consciously and expressly done. Sometimes it is not, but the analysis can still be rationalized this way by an objective observer. Most of the time decision-makers do not present a clear analysis, for whatever reason. Illustrations can be found in both national and international law.

---

3 See Stanford Encyclopedia of Philosophy, above n. 1; see also text to n. 27 below.

II.A. A National Law Illustration: the Affirmative Action Controversy

Normally a general analysis in national law will not proceed from an explicit analysis of intrinsic and instrumental values. Every issue, ultimately, may have to be evaluated under a constitutional lens. As Rehnquist observed, when a democratic society

> adopts a constitution and incorporates in that constitution safeguards for individual liberty, these safeguards indeed do take on a generalized moral rightness or goodness. They assume a general social acceptance neither because of any intrinsic worth nor because of any unique origins in someone's idea of natural justice but instead simply because they have been incorporated in a constitution by the people.[4]

This approach is no less true in the specific context of diversity. This would seem to explain why any *express* attempt to assert simple diversity as an intrinsic value and to pursue it as such seems to have been precluded from the constitutional discourse in the United States. However, the instrumental value analysis done in an implicit fashion where such an analysis is not mentioned by name is unmistakable in the cases.

An illuminating example is the treatment of affirmative action policies applied by the US universities in favor of the "disadvantaged" minority applicants. Normally such an applicant would be given some favorable weight so that he or she stands a better chance getting admitted into a particular program than a normal applicant. This would amount to applying racial classification and would give rise to claims of racial discrimination or "reverse discrimination", as some have called. The university would normally present a variety of purposes or interests to justify the policy. Under US constitutional law, a university is said to have a "compelling interest in attaining a diverse student body", [5] or, as sometimes described alternatively but probably synonymously, a "compelling interest in securing the educational benefits of a

---

4 William H. Rehnquist, The Notion of a Living Constitution, 29 Harvard J. of Law and Public Policy (2006) (reprinting an earliest article), 401, 412.

5 Grutter v. Bollinger, 539 U.S. 306 (2003), 328.

diverse student body".[6] As a result, the university may apply a narrowly tailored affirmative action policy to serve that compelling interest.[7]

There is no *express* attempt to assert simple diversity as an intrinsic value. To pursue it as such is precluded by the current US case law—under *Bakke* and *Grutter*.[8] These cases hold that a simple attempt to assure within a student body some specified percentage of a particular group merely because of its race or ethnic origin is against the Equal Protection Clause and therefore unconstitutional.[9]

The cases, however, did do an instrumental value analysis without labeling it as such. The very characterization of the "compelling interest" alternatively as in "attaining a diverse student body", [10] or "securing the educational benefits of a diverse student body" [11] betrays this instrumental outlook of the Court. Some language of Justice Powell's opinion in *Bakke* (not necessarily representing that of the Court) touched upon diversity as part of academic freedom grounded in the First Amendment. Such language is susceptible of being stretched as "intrinsic value" talk,[12] as First Amendment

---

6 Ibid., 333.

7 See Regents of the University of California v. Bakke, 438 U.S. 265 (1978); Grutter v. Bollinger, 539 U.S. 306 (2003).

8 Grutter, 539 US, 330.

9 I reserve for the future the question whether a "diversity as an intrinsic value" argument may have any force under US constitutional law, despite current case law, or under the International Convention on the Elimination of All Forms of Racial Discrimination (http://www.unhchr.ch/html/menu3/b/d_icerd.htm; GA Res 2106 (XX), 21 Dec. 1965).

10 Grutter v. Bollinger, 539 U.S. 306 (2003), 328.

11 Ibid., 333.

12 One commentator seemed to be doing this, and yet he quickly also turned to the instrumental part of the analysis:

> Powell conceptualized diversity as a value intrinsic to the educational process itself. He regarded diversity as essential to "the quality of higher education," because education was a practice of enlightenment, "of 'speculation, experiment and creation'" that thrived on the "robust exchange of ideas" characteristically provoked by confrontation between persons of distinct life experiences. Powell understood diversity as necessary to facilitate this process of education.

Robert C. Post, Foreword: Fashioning the Legal Constitution: Culture, Courts and Law, 117 Harvard LR (2003), 4, at 59-60 (internal citations omitted). From this,

values are often or at least sometimes considered intrinsic values. But Justice Powell seemed to have instrumental values in mind: his was an instrumental First Amendment. It was the "robust exchange of ideas", the "quality of higher education", the better "future of the nation" that he was after, which diversity was thought to promote.[13]

This instrumental analysis was amplified in the *Grutter* case in 2003[14] in the US Supreme Court. In that case, the University of Michigan Law School applies a nuanced affirmative action policy in order to attain a critical mass of disadvantaged minority students in its student body. The Court endorsed Justice Powell's earlier analysis and upheld this policy. The Court held that the Law School has a compelling interest in attaining a diverse student body and in obtaining the educational benefits that flow from such a student body. If Justice Powell primarily had First Amendment values in mind, the *Grutter* Court cast the net of "educational benefits" much more widely and thus made much clearer the instrumental calculus:

> These benefits are substantial. As the District Court emphasized, the Law School's admissions policy promotes "cross-racial understanding," helps to break down racial stereotypes, and "enables [students] to better understand persons of different races." [...] These benefits are "important and laudable," because "classroom discussion is livelier, more spirited, and simply more enlightening and interesting" when the students have "the greatest possible variety of backgrounds." [...]
>
> The Law School's claim of a compelling interest is further bolstered by its amici, who point to the educational benefits that flow from student body diversity. In addition to the expert studies and reports entered into evidence at trial, numerous studies show that student body diversity promotes learning outcomes, and "better prepares students for an increasingly diverse workforce and society, and better prepares them as professionals." [...] These benefits are not theoretical but real, as major American businesses have made clear that the skills needed in

---

one is not clear whether the commentator was doing an intrinsic/instrumental analysis.

13 Bakke, 312-313.

14 Grutter v. Bollinger, 539 U.S. 306 (2003).

> today's increasingly global marketplace can only be developed through exposure to widely diverse people, cultures, ideas, and viewpoints. [...] What is more, high-ranking retired officers and civilian leaders of the United States military assert that, "[b]ased on [their] decades of experience," a "highly qualified, racially diverse officer corps ... is essential to the military's ability to fulfill its principal mission to provide national security."[15]

As is clear from this discussion, the Court's justification for the affirmative action policy in issue is instrumental. As such, the Court's analysis will encounter the normal problems associated with an instrumental value analysis. For example, when the educa-tional benefits (not including just having a diverse student body) have been obtained, there would be no place for the policy. Indeed, the Court itself declared: "We expect that 25 years from now, the use of racial preferences will no longer be necessary to further the interest approved today."[16] This of course is a wishful thinking now. One wonders: (1) what may happen if 25 years is not enough; and (2) if, when the benefits listed have been obtained, but still no diversity has in fact resulted, will what the Court "expects" now become what the law mandates then?[17]

II.B. Some International Law Illustrations

Perhaps in some contrast to the situation in national law, *explicit* assertions and/or arguments based on an analysis of intrinsic and instrumental values can be found in various international instruments. This may have resulted from the fact that since the very beginning of modern international law, philosophers and philosophical considerations have been exerting a stronger impact on

15 Ibid., 330-331 (internal citations omitted).

16 Ibid., 343.

17 Apparently there is a "best 10%" experiment going on to achieve the same goal as does an affirmative action policy. That experiment takes the best 10% of the graduates from every high school in a particular state, which appears fairer. Because the high school student population is not evenly distributed racially, leaving some high schools with a certain concentration of students of a particular minority. Taking the best 10% from each high school might result in getting the

international law. Grotius was both a philosopher and a practitioner of international law. The modern human rights movement started with several philosophers hammering out the Universal Declaration of Human Rights.[18] Apparently as a result of this, philosophical phrases sprinkle around in international law debates.

Philosophical influence is especially pronounced in the international law on human rights. The Universal Declaration of Human Rights[19] declares in its preamble that "recognition of the inherent dignity and of the equal and inalienable rights of all members of the human family is the foundation of freedom, justice and peace in the world". This is repeated in both the International Covenant on Civil and Political Rights (ICCPR)[20] and the International Covenant on Economic, Social and Cultural Rights (ICESCR).[21] The latter two further recognize, in the preamble of each, that "these rights derive from the inherent dignity of the human person". Furthermore, they contain particular provisions on certain inherent rights such as Article 6(1) of the ICCPR (the right to life) and Article 25 of the ICESCR (the right to enjoy and utilize natural resources). Finally, the Vienna Declaration and Programme of Action[22] recognizes and reaffirms that "all human rights derive from the dignity and worth inherent in the human person". By resorting to the concept and the express term of "worth inherent", this latter position brings out into the open what is implicit in the earlier human rights instruments recognizing the inherent dignity of the human person. Instrumental analyses are even easier to find, and one can see various examples in the ICCPR (e.g. Article 4(1)) and the ICESCR (e.g., Article 13).

In the context of diversity, several instruments have shown their recognition of the intrinsic and instrumental values of a thing or phenomenon and the distinction between them. Three instruments that specifically deal with

---

best 10% of various concentrations of racial groups.

18 See generally Mary Ann Glendon, A World Made New: Eleanor Roosevelt and the Universal Declaration of Human Rights (2001). See also Christopher McCrudden, Human Dignity and Judicial Interpretation of Huamn Rights, 19 EJIL (2008), 655.

19 Http://www.un.org/Overview/rights.html.

20 Http://www.unhchr.ch/html/menu3/b/a_ccpr.htm.

21 Http://www.unhchr.ch/html/menu3/b/a_cescr.htm.

22 Http://www2.ohchr.org/english/law/vienna.htm.

diversity illustrate this point very well.

The UNESCO Universal Declaration on Cultural Diversity (the UNESCO Declaration)[23] and the UNESCO Convention on the Protection and Promotion of the Diversity of Cultural Expressions (the UNESCO Convention)[24] contain in each an article declaring that cultural diversity is a common heritage of mankind. The UNESCO Declaration in Article 1 recognizes that:

> Culture takes diverse forms across time and space. This diversity is embodied in the uniqueness and plurality of the identities of the groups and societies making up humankind. As a source of exchange, innovation and creativity, cultural diversity is as necessary for humankind as biodiversity is for nature. In this sense, it is the common heritage of humanity and should be recognized and affirmed for the benefit of present and future generations.

This is a recognition of the intrinsic or inherent value of cultural diversity, although such terms are not employed.

The Declaration in Article 3 further recognizes the instrumental value of cultural diversity as a factor in development: "Cultural diversity widens the range of options open to everyone; it is one of the roots of development, understood not simply in terms of economic growth, but also as a means to achieve a more satisfactory intellectual, emotional, moral and spiritual existence". Furthermore, the Declaration in Article 7 recognizes "cultural rights as the wellspring of creativity".

Similarly, the UNESCO Convention in its preamble affirms that "cultural diversity is a defining characteristic of humanity" and recognizes that "cultural diversity forms a common heritage of humanity and should be cherished and preserved for the benefit of all". The Convention further describes in its preamble the instrumental value of cultural diversity as "a mainspring for sustainable development for communities, peoples and nations" and

---

23 Http://www2.ohchr.org/english/law/diversity.htm.

24 Http://portal.unesco.org/culture/en/ev.php-URL_ID=33232&URL_DO=DO_TOPIC&URL_ SECTION=201.html.

"indispensable for peace and security at the local, national and international levels" and celebrates "the importance of cultural diversity for the full realization of human rights and fundamental freedoms proclaimed in the Universal Declaration of Human Rights and other universally recognized instruments".

Another instrument that has deployed such an analysis is the Convention on Biological Diversity.[25] The contracting parties to the Convention declare that they are "[c]onscious of the intrinsic value of biological diversity and of the ecological, genetic, social, economic, scientific, educational, cultural, recreational and aesthetic values of biological diversity and its components" and of "the importance of biological diversity for evolution and for maintaining life sustaining systems of the biosphere", and note "that, ultimately, the conservation and sustainable use of biological diversity will strengthen friendly relations among States and contribute to peace for humankind". Expressly employing the term "intrinsic value" and terms such as "importance for" and "will strengthen", the Convention unmistakably follows an intrinsic/instrumental value framework of analysis.

Unmistakable though it may be, the framework of analysis deployed in these instruments is not perfect, as discussed below.[26] While components of the framework are visible, there does not seem to be a clear spine that would connect them into a proper order. The implications of recognizing an intrinsic value are not clearly laid down. Policy-making will be fraught with uncertainties and conflicting demands.

III. "Conflicts of Values": Some Tentative Observations

As can be gleaned from the above discussion, the world can be seen through such a lens so that intrinsic and instrumental values can be observed in every thing and every phenomenon including diversity. The lens so far is very hazy, however, with many of the issues addressed in an incomplete manner or not

---

25 Http://www.cbd.int/convention/convention.shtml.

26 One would hope that the recently adopted UN Declaration on the Rights of the Indigenous Peoples (A/RES/61/295, http://www.un.org/esa/socdev/unpfii/en/drip.html) would give us another ideal example of an analysis of intrinsic and instrumental values. The text of the Declaration is not such a model.

addressed explicitly at all.

Still, if the world can be seen through such a lens, many disputes in society can be cast as conflicts or clashes of these values. The resolution of such disputes is then a choice between such values within the same category (an intrinsic value vs. another intrinsic value, or an instrumental value vs. another instrumental value) or between two values from different categories (an intrinsic value vs. an instrumental value). Roughly speaking,[27] a reasonable person under normal circumstances would probably choose the more efficient one between two instrumental values and the more important one between two intrinsic values or between an intrinsic value and an instrumental value. Furthermore, one would give priority to an intrinsic value in the last scenario, if the intrinsic value is as important as or perhaps slightly less so than the instrumental value.[28] A society as a whole, however, most likely would opt for the value perceived to be more important, often in a most un-nuanced fashion and without the benefit of an explicit intrinsic vs. instrumental value analysis. Such a choice may exhibit itself in law. In the following observations, I shall attempt to bring into the open such an analysis, by readily found examples, in more general and non-diversity situations and then in diversity matters.

III.A. Non-Diversity Illustrations

A real life example in a non-diversity context is Mr. Diallo's case[29] in the Bronx, New York. This case is probably affected by diversity considerations (at least in the background) but can be analyzed as a general case because there has been no challenge to jury impartiality on grounds of racial bias in a specific way. Mr. Diallo was a young African immigrant who had returned to his building on the night of 4 February 1999. About 12:40 a.m. on that night, four New York police officers, all in street clothes, approached Mr. Diallo on the stoop of his building and fired 41 shots, striking him 19 times, as he retreated inside. The

---

27 A workable, comprehensive compass for resolving such disputes cannot be attempted in this paper and will be left for another day or other thinkers.

28 See the entry in Stanford Encyclopedia of Philosophy, text to above n. 3.

29 Jane Fritsch, The Overview: 4 Officers in Diallo Shooting Are Acquitted of All Charges, NY Times, 26 Feb. 2000 (http://partners.nytimes.com/library/national/regional/022600ny-diallo.html).

officers, who are white, said they had thought he had a gun. It turned out to be a wallet. The police perpetrators were acquitted in a subsequent prosecution by a jury consisting of four blacks and eight whites, because in its view what the officers were doing was considered not unreasonable so as to persuade it to convict them. So, the police perpetrators were reasonably conducting self-defence. In the jury's mind, then, although what the perpetrators did was *in fact* wrong, it was considered to be legitimate *in belief,* for the good of society.

We do not see any express explanation of its action by the jury, but what it did can be rationalized this way: while the mistaken self-defence cost the life of Mr. Diallo, it was legitimate and necessary for society (at least the particular version of it in the Bronx) to survive. That is to say, it was all right for Mr. Diallo to die for the good of society. Two versions of the conflict of values are apparent: one between Mr. Diallo's life as an intrinsic value to him and his death as an instrumental value to society and one between his life as an intrinsic value and the survival of society (ultimately) as an intrinsic value. The intrinsic value of Mr. Diallo's life was apparently considered not as important as his death's instrumental value to society *or* as the intrinsic value of the survival of society. This shows that at a critical moment even a capitalistic or liberal society (New York), which champions human rights, freedom or liberalism, ultimately sacrifices individuals for its own good,[30] although one might not like to see the

30 This was in fact put in starker terms by Justice Oliver Wendell Holmes in Buck v. Bell, 274 U.S. 200, 207 (1927), a case affirming a state policy of sterilizing mentally retarded people of third generation of such a condition: "We have seen more than once that the public welfare may call upon the best citizens for their lives. It would be strange if it could not call upon those who already sap the strength of the State for these lesser sacrifices, often not felt to be such by those concerned, in order to prevent our being swamped with incompetence. It is better for all the world, if instead of waiting to execute degenerate offspring for crime, or to let them starve for their imbecility, society can prevent those who are manifestly unfit from continuing their kind. The principle that sustains compulsory vaccination is broad enough to cover cutting the Fallopian tubes. [...] Three generations of imbeciles are enough." 274 US 200 (1927), 207 (internal citation omitted). Mr. Justice Butler dissented, without opinion, ibid., 208. While such a case may be decided differently these days, the reasoning given by Holmes may still have sway. A subsequent out of court settlement for $3 million by the City with the Diallo family (see http://www.nytimes.com/2004/01/06/nyregion/06CND-DIAL.html) does not in any way change the analysis in the criminal law context. Furthermore,

events in this light.

There is no shortage of conflicts of such values and their resolution in international law. In human rights law one can find the resolution of many conflicts of values as well as compromises between them. In several articles of the ICCPR (e.g., Articles 12, 18, 19, 21, and 22), there are several exceptions embedded in the articles delineating the rights. We may call these "in-article exceptions". If the rights at issue can be considered intrinsic values, such values are nevertheless no match to their limitations which serve as instrumental values to society. One example is the exception in Article 18(3): "Freedom to manifest one's religion or beliefs may be subject only to such limitations as are prescribed by law and are necessary to protect public safety, order, health, or morals or the fundamental rights and freedoms of others."

Then there is also the "general exception" under Article 4 of the ICCPR. Under paragraph 1 of that article, either the "life of the nation" is considered a value more important than the intrinsic value of many of the human rights; or the instrumental value of the forfeiture of many of these rights is more important than the intrinsic value of these rights. That provision states:

> In time of public emergency which threatens the life of the nation and the existence of which is officially proclaimed, the States Parties to the present Covenant may take measures derogating from their obligations under the present Covenant to the extent strictly required by the exigencies of the situation, provided that such measures are not inconsistent with their other obligations under international law and do not involve discrimination solely on the ground of race, colour, sex, language, religion or social origin.

That calculation does not work with respect to some rights. Under paragraph 2 of Article 4, "No derogation from articles 6, 7, 8 (paragraphs 1 and 2), 11, 15, 16 and 18 may be made under this provision". The rights delineated under these enumerated articles, and the intrinsic value thereof, are considered more important than the instrumental value of the forfeiture of them. Probably one cannot say that a conscious decision has been made to prioritize the intrinsic

---

no admission of mistake was made.

value of these rights over that of the "life of the nation". Rather, the decision is probably that the enjoyment of the rights under the enumerated articles would not threaten the "life of the nation"; or that the forfeiture of these rights would not lessen or eliminate such a threat if it exists.

III.B. Diversity Illustrations

Similarly, many disputes relating to diversity can also be seen as conflicts between intrinsic and instrumental values. The resulting choices may be rationalized as one value being given priority over another. However, decision-makers may not have seen things through such a lens. Or, if they have, the pictures they have seen are incomplete or even garbled.

In national law, an obvious example is again the *Grutter* case in the US Supreme Court. As demonstrated above, the Court clearly recognized the instrumental value of diversity and its ultimate decision could be rationalized as one championing one value—the instrumental value according to the Court—over another, the intrinsic value of Grutter's right not to be discriminated against. In whatever manner the Court would like to explain its decision, by necessary implication, it must have decided this way.

However, the *modus operandi* in the Court's decision-making in this and similar cases appears not to pit these two values against each other expressly, but to ask: "Whether diversity is a compelling interest that can justify the narrowly tailored use of race in selecting applicants for admission to public universities".[31] This question was analyzed and answered in a way so that the challenger—Grutter—seemed to have disappeared from the picture, as if the compelling interest, which was an instrument to obtain the assorted educational benefits, were some sort of *force majeur* making it futile to address other rights and interests. Still, by necessary implication, the Court gave priority to an instrumental value—diversity as a means of securing the educational benefits—over an intrinsic value associated with not being discriminated against.

Such a governmental interest and/or educational benefits as an overriding "trump" over equal protection rights seem not to be based on some textual home in the Constitution but on the Court's own constitutional

---

31 Grutter, 539 US, 321.

doctrine-making. Neither can one find such a home for "diversity" as such. As has been noted by Rehnquist, the received wisdom is that constitutional rights, not intrinsic worth, prevail in constitutional decision-making.[32] One thus is left with only the option of locating diversity in an established constitutional right in order to endow it with the fair power to override equal protection rights. It seems to be such a reasoning that was at work in Justice Powell's opinion in *Bakke*, where he did notice in his analysis a conflict of values—or, he may call it a conflict of interests, as can be inferred from his choice of word "interest". But he did not pursue such a line of reasoning till the end. He said:

> in arguing that its universities must be accorded the right to select those students who will contribute the most to the "robust exchange of ideas," petitioner [the Regents of the University of California] invokes a countervailing constitutional interest, that of the First Amendment. In this light, petitioner must be viewed as seeking to achieve a goal that is of paramount importance in the fulfillment of its mission.[33]

Pitting a First Amendment interest against an equal protection right, an eminently intrinsic value, would seem to be presenting a better fight than pitting the assorted educational benefits against an equal protection right. Letting a First Amendment interest prevail over an equal protection right would seem to be more reasonable than letting the assorted educational benefits prevail over an equal protection right. It would seem that the triumph of one intrinsic value over another intrinsic value would make one feel better than the triumph of an instrumental value over an intrinsic value. If the First Amendment interest can be considered to have intrinsic value (probably not the version that Justice Powell had in mind), the conflict will then be between two intrinsic values. One wonders whether, under US law, there can be a plausible analysis that would treat diversity as an intrinsic value without going through the avenue of the First Amendment and would tackle the conflict between diversity and equal protection rights or other rights directly as a conflict between two intrinsic values.

---

32 See text to n. 4 above.

33 Bakke, 438 US, 313.

There may be a better chance to see many diversity disputes being analyzed as conflicts of values, whether intrinsic or instrumental, in international law. This is so because many international law instruments, as discussed above, expressly recognize the intrinsic and instrumental values of the subject matters being dealt with. Such an express recognition is the point of departure of any analysis conscious of the values involved. This is particularly true with the above discussed two international conventions directly dealing with diversity. However, one must not exaggerate such a chance. While international law may have a good point of departure, it is not clear to what extent such an analysis already has been conducted or can be conducted in the future.

The situation seems to be better with the Convention on Biological Diversity.[34] First of all, the Convention expressly recognizes in the preamble the intrinsic value of biodiversity. Naturally then, its operative provisions aim to achieve "the conservation of biological diversity, the sustainable use of its components and the fair and equitable sharing of the benefits arising out of the utilization of genetic resources", as stated in Article 1. Still, the operative provisions do not seem to give biodiversity a very strong position. The objectives of the Convention have to be mostly entrusted to national efforts, and subject to national sovereign rights (Article 3). Most of the provisions (for example, Articles 5-11) spelling out the obligations of a State contain phrases such as "in accordance with its particular conditions and capabilities" or "as far as possible and as appropriate". This shows that a decision has been made to accommodate national capability, thus giving priority to various other values over the intrinsic value of biodiversity when there is a conflict between them in the internal context. This is apparently a resignation to the inevitable: international law cannot demand the impossible from the participants.

However, in the international context the Convention prioritizes biodiversity in the most critical situation when biodiversity is faced with serious damage or threat thereto. Article 22(1) of the Convention states: "The provisions of this Convention shall not affect the rights and obligations of any Contracting Party deriving from any existing international agreement, except where the exercise of those rights and obligations would cause a serious damage

---

34 Http://www.cbd.int/convention/convention.shtml.

or threat to biological diversity." The Convention thus seems to be saying that some damage is fine but no serious damage is permitted. Here biodiversity as an intrinsic value prevails. The basis for triumph is the possible severity of damage. So prevail the intrinsic value does, with difficulty.

The situation seems to be less clear with the UNESCO Convention on the Diversity of Cultural Expressions. As discussed above, the Convention clearly recognizes the intrinsic value of cultural diversity in its preamble, and aims to protect and promote such a value. Article 1 of the Convention declares that "The objectives of this Convention are: (a) to protect and promote the diversity of cultural expressions; [...] (b) to create the conditions for cultures to flourish and to freely interact in a mutually beneficial manner", among others. Under Article 5, "The Parties, in conformity with the Charter of the United Nations, the principles of international law and universally recognized human rights instruments, reaffirm their sovereign right to formulate and implement their cultural policies and to adopt measures to protect and promote the diversity of cultural expressions and to strengthen international cooperation to achieve the purposes of this Convention." Under certain circumstances a State party may take special measures to protect cultural expressions under Article 8.

Thus, the general framework of the Convention appears to be "strong national measures, diverse cultures", again primarily relying on the efforts of the States parties to achieve the aims of the Convention. Of course "strong national measures" will most likely come into tension, if not in conflict, with the rights and obligations arising under other species of international law. Most obvious among them will be the treaties promoting free trade and free market in general.

On a generalized level, this would present a conflict of the intrinsic value of cultural diversity and other values such as the instrumental value of free trade. The States parties to the Convention are conscious of this conflict and have determined to give priority to cultural diversity *to some extent*. Thus, the preamble states that the parties were "convinced that cultural activities, goods and services have both an economic and a cultural nature, because they convey identities, values and meanings, and must therefore not be treated as solely having commercial value" and notes that "while the processes of globalization, which have been facilitated by the rapid development of information and communication technologies, afford unprecedented conditions for enhanced interaction between cultures, they also represent a challenge for cultural diversity, namely in view of risks of imbalances between rich and poor countries".

Implementing this disposition, Article 20 of the Convention, whose heading reads "Relationship to other treaties: mutual supportiveness, complementarity and non-subordination", stipulates:

> 1. Parties recognize that they shall perform in good faith their obligations under this Convention and all other treaties to which they are parties. Accordingly, without subordinating this Convention to any other treaty,
>   (a) they shall foster mutual supportiveness between this Convention and the other treaties to which they are parties; and
>   (b) when interpreting and applying the other treaties to which they are parties or when entering into other international obligations, Parties shall take into account the relevant provisions of this Convention.
>
> 2. Nothing in this Convention shall be interpreted as modifying rights and obligations of the Parties under any other treaties to which they are parties.

The extent to which the intrinsic value of cultural diversity has been given priority over other values is not clear from this provision. This provision will present a Herculean task of interpretation, which must await further development. Paragraphs 1 and 2 separately seem to be pulling us into different directions, seemingly resulting in an equality between this Convention and other relevant treaties and agreements. The only thing in favor of cultural diversity would be the duty of the States parties to foster mutual supportiveness and take into account of the relevant provisions of this Convention, which does not mandate any particular result of course.[35] One hopes that this "obligation of process" will culminate in a result favorable to cultural diversity.

A more cultural diversity friendly argument may be made. The issue first

---

35 For details, see Ivan Bernier, The UNESCO Convention on the Protection and Promotion of the Diversity of Cultural Expressions: A Cultural Instrument at the Junction of Law and Politics (http://www.diversite-culturelle.qc.ca/fileadmin/documents/pdf/carrefour-du-droit_eng.pdf) (May 2008), 21-23.

has a dimension as one of conflict of treaties. Coupled with the rule restated in Article 30 of the Vienna Convention on the Law of Treaties,[36] Article 20 of the UNESCO Convention would not clearly give priority to the UNESCO Convention or to the other treaty that might be in tension with it. The issue also has a dimension as one of treaty interpretation. Article 20 of the UNESCO Convention and its entire scheme (with the clear purpose of the Convention favoring the intrinsic value of cultural diversity and its preamble as part of the context to be interpreted and applied), when coupled with provisions in another treaty that directs the parties to take account of other international law rules and principles, and with the rules restated in Articles 30 and 31-32 of the Vienna Convention, may give a decision-maker sufficient ammunition to reach a plausible conclusion that cultural diversity as an intrinsic value prevails over other values such as free trade. If indeed these factors only present a scenario with various values hanging on a balance, any leaning towards intrinsic value in general or that of cultural diversity in particular, as has already been expressed in the UNESCO Convention itself, would help tip the balance in its favor.

Such a dispute could present itself to the WTO Dispute Settlement Body soon. The WTO agreements appear to be elastic enough to permit a cultural diversity triumph. This can be done (1) by treating WTO law as having incorporated such rules and principles in favor of cultural diversity, (2) by treating cultural diversity as an exemption from free trade, or (3) by giving cultural diversity priority over free trade. It seems that there is cause for cautious optimism for a triumph of cultural diversity over free trade as a result of interpreting the WTO Agreement and other relevant instruments. Indeed, the Dispute Settlement Understanding directs that the clarification of the WTO agreements should be "in accordance with customary rules of interpretation of public international law".[37] The Appellate Body of the WTO appears to have given some further elasticity to the WTO agreements in a case involving environmental law. In the *United States-Shrimp* case it adopted a dynamic interpretation of treaty terms "in the light of contemporary concerns of the

---

36 1155 U.N.T.S. 331; http://untreaty.un.org/ilc/texts/instruments/english/conventions/1_1_1969.pdf.

37 WTO Dispute Settlement Understanding, Art. 3(2).

community of nations".[38] Although the force of that decision is not clear, one cannot but notice the movement from "in accordance with customary rules of interpretation of public international law" to "in the light of contemporary concerns of the community of nations". One cannot but agree that one of the most important contemporary concerns of the community of nations is cultural diversity, as is made clear in the UNESCO Convention and other international rules and principles such as the UNESCO Declaration and human rights law.[39] Accordingly, there is not much a distance between the *United States-Shrimp* approach and a conclusion that would favor cultural diversity.[40]

IV. Conclusions

Society has taken cognition of the intrinsic and instrumental values of diversity. In conflicts of values relating to diversity, society often has put diversity on the pedestal. Yet it is not always conscious of whether it is the intrinsic value or instrumental value of diversity that it is championing. Clearer and better analyses that tackle such conflicts in a more direct way seem to be in demand. Such clearer and more direct analyses will help to concentrate the mind so as to allow conscious and perhaps tough decision-making. Diversity as a pure intrinsic value and its effects from such a status appear to be a territory awaiting exploration and development. Such further work will inform society's efforts to prioritize the more important value over others.[41] This will improve the quality of the exercise of decision-making power and, of course, the ultimate result of that exercise.

---

38 WTO Appellate Body, United States – Import Prohibition of Certain Shrimp and Shrimp Products, WT/DS58/AB/R, 12 October 1998, para. 129.

39 For an inspiring rendition of the right to cultural identity, see Antônio Augusto Cançado Trindade, The Right to Cultural Identity in the Evolving Jurisprudential Construction of the Inter-American Court of Human Rights, in Sienho Yee & Jacques-Yvan Morin (eds.), Multiculturalism and International Law: Essays in Honour of Edward McWhinney (2008), 477-499.

40 Of course I am only attempting to highlight some directions for further analysis.

41 Similarly such work will also illuminate other questions such as whether it is permissible to prioritize the rights of some individuals such as the right to self-determination over the right of others to cling to their land and their perception of nationhood (e.g., in Kosovo).

Fédéralisme et mise en œuvre du droit international

Christian Dominicé*

I. La société internationale en quête d'équilibre

I.A. Du rapport dialectique entre unité et diversité

Preux serviteur du droit des gens par ses écrits et ses activités, le Professeur McWhinney est aussi sensible à la diversité culturelle, dont son pays offre un bel exemple. Source de richesse et d'inspiration, le multiculturalisme peut aussi, selon les circonstances, présenter des aspects négatifs, dans la mesure où des principes ou enseignements particuliers dont un milieu culturel – religieux par exemple – est porteur paraissent incompatibles avec des valeurs tenues pour universelles et fondamentales. On connaît bien les problèmes que peuvent poser, au regard des droits fondamentaux de la personne, certaines pratiques, des rituels ou des coutumes propres à des écoles philosophiques ou doctrines religieuses.

Il y a donc une interaction dynamique dans la recherche permanente du point d'équilibre entre l'uniformité nécessaire et la diversité qui, enrichissante, témoigne du respect accordé aux identités culturelles.

Cette quête d'équilibre de la société internationale devrait trouver son reflet dans le droit international, auquel il est demandé, comme à tout système juridique, d'assurer la stabilité tout en ménageant la possibilité d'évolution.

---

* Professeur honoraire de l'Université de Genève et de l'Institut universitaire de hautes études internationales, membre de l'Institut de droit international. L'auteur tient à exprimer sa gratitude au Dr. Djacoba Liva Tehindrazanarivelo, Adjunct Faculty, Boston University Geneva International Program, qui lui a apporté une collaboration particulièrement précieuse.

Sienho Yee & Jacques-Yvan Morin (eds.), Multiculturalism and International Law, 227-238.

À cet égard, nous voulons nous interroger sur les perspectives que peut offrir la philosophie fédéraliste appliquée à une société peu structurée dont les modalités de fonctionnement ne paraissent pas *a priori* s'y prêter.

I.B. Le système juridique international entre centralisation et éclatement

Par vocation, le droit international postule une application universelle. Lorsqu'une matière paraît devoir faire l'objet d'une réglementation internationale, on pense à l'échelle mondiale. C'est au demeurant normal et légitime, car il existe de nombreux domaines où le besoin d'une réglementation juridique sûre se fait sentir, et l'on ne saurait imaginer qu'elle ne soit pas la même pour tous.[1] Les conventions de codification adoptées depuis la deuxième moitié du XXe siècle en fournissent la preuve.

Cette réalité centralisée du droit matériel est cependant battue en brèche par la liberté souveraine des États de ne pas s'engager, de sorte que, sauf pour les règles coutumières, on sait qu'au niveau de la réglementation elle-même subsistent des éléments de rupture.

L'éclatement est particulièrement manifeste dans le domaine de la mise en œuvre du droit international. Celle-ci incombe le plus souvent aux États, et l'on observe à l'évidence que tous ne s'acquittent pas de leurs obligations comme ils le devraient.

Les développements actuels du droit international dans des domaines comme la protection de l'environnement, la lutte contre des trafics de tous genres (armes, drogues, contrefaçons, etc.) mettent ce phénomène particulièrement en évidence. Ce sont en effet des domaines où la mise en œuvre des engagements internationaux exige que soient prises par les États des mesures diverses, qui doivent être efficaces, au niveau législatif, administratif et judiciaire. Des carences individuelles sont d'autant plus dommageables qu'il s'agit généralement de réglementations qui, pour porter des fruits, doivent être appliquées par tous.

---

1 Dans les questions de nature territoriale, au sens large, des statuts locaux particuliers peuvent compléter la réglementation générale, ce qui vaut, par exemple, pour les cours d'eau. Cf. L. Boisson de Chazournes, "Sur les rives du droit international de l'eau : entre universalité et particularismes", Liber Amicorum Lucius Caflisch (2007) Nijhoff, p. 685.

La tension entre un droit qui se doit d'avoir une portée universelle et une mise en œuvre éclatée n'a pas nécessairement pour cause la mauvaise volonté des États. Elle est aussi due à la diversité des moyens, des structures administratives et de la compréhension ou perception du droit international.

C'est en considération de cette diversité, ou éclatement, que l'on peut demander si des améliorations peuvent être trouvées dans le recours à une approche inspirée des principes du fédéralisme, qui construit de la base au sommet.

I.C. La perspective fédérale

Le fédéralisme, avant même de trouver une expression juridique dans des structures institutionnelles, est une philosophie. C'est une vision de la société humaine qui, tout en reconnaissant, et en soulignant, les exigences d'ordre, privilégie le respect des diversités. À cet égard, le multiculturalisme trouve son meilleur allié dans le fédéralisme, un lien que le Professeur McWhinney a mis en exergue par ailleurs.[2]

Ici, la préoccupation qui vient d'être exprimée est la recherche d'une solution à l'antagonisme entre législation unitaire, ou uniforme, et mise en œuvre décentralisée accusant de grandes diversités. Le rapport que l'on peut voir avec le fédéralisme tient au fait que dans les systèmes constitutionnels fédéraux, l'on observe généralement que la mise en œuvre des législations fédérales est souvent du ressort des entités composantes, dont l'appareil étatique est mis en contribution au service des lois fédérales. Ce n'est pas toujours le cas, mais c'est un trait assez fréquent.

On peut répondre à cette observation que précisément dans l'ordre juridique international les États sont appelés à mettre en œuvre le droit international. Ne se trouve-t-on pas dans un schéma qui est celui du fédéralisme ? Cependant, le grand nombre des États, et les très grandes différences de puissance et de moyens qui existent entre eux, sont des réalités qui font surgir la question de l'opportunité de regroupements fonctionnels, sur une base géographique, qui permettent de reproduire à l'échelle universelle le

---

2 E. McWhinney, "Federalism, Biculturalism, and International Law", 3 Canadian YIL (1965), 100-125.

fédéralisme d'exécution qui prévaut dans certains États.

Cependant, le fédéralisme suppose des aménagements structurels consacrant la coexistence du centre et des entités composantes. Le droit international général n'en est pas là, car il est fondé sur une pluralité d'États souverains. L'ordre juridique international n'a pas un caractère constitutionnel.[3]

Des constructions conventionnelles sont susceptibles de faire quelques emprunts aux principes fédéralistes (partage de compétences, principe de subsidiarité). A vrai dire, il faut se tourner vers une organisation d'intégration pour trouver des traits rappelant l'interaction fédéraliste entre le centre et les membres. Cela reste l'exception.

Ce que l'on a vu apparaître de manière plus fréquente et sous diverses formes est le phénomène du régionalisme. Il faut s'y arrêter pour évoquer la question de la mise en œuvre du droit international.

II. Institutions régionales et sous-régionales

II.A. À propos du régionalisme

À l'échelle tant des régions que des sous-régions, il existe un nombre considérable d'institutions très variées. Cela va des plus importantes que sont les systèmes commerciaux régionaux (zones de libre-échange, marchés communs, culminant dans une organisation d'intégration) aux plus modestes tels des organes communs d'information ou de concertation.

Peut-on, dans ce foisonnement, déceler les premiers éléments d'un système qui serait la mise en œuvre du droit international assurée, non pas seulement par un grand nombre d'États, mais aussi, partiellement, par des groupements à l'échelle d'une région, ou sous-région ? Il est assurément difficile de l'affirmer.

Les plus structurées, les organisations régionales de coopération économique, sont engagées avant tout dans la gestion de leur fonctionnement interne. C'est dans le cadre d'une organisation d'intégration que l'on voit, dans les domaines de compétence commune qui sont par ailleurs régis par le droit

---

3 On peut, il est vrai, en se référant à certains principes fondamentaux consacrés par l'ordre juridique international, parler de principes constitutionnels. Il s'agit

international, les organes communs prendre des mesures de mise en œuvre de celui-ci.

De manière générale, il ne paraît pas que des institutions régionales, sauf exceptionnellement, aient été créées pour assurer la mise en œuvre du droit international, par exemple de conventions exigeant une action administrative. Il faudrait sans doute une délégation de competence.[4]

Il faut rappeler que la Commission du droit international s'est intéressée au régionalisme. Ce fut dans le contexte particulier de ses travaux sur la fragmentation du droit international, la préoccupation étant de déterminer si des orientations régionalistes sont de nature à rompre l'unité du droit international.[5]

Ce sont donc pour l'essentiel les aspects législatifs qui ont retenu l'attention de la Commission, qui s'est interrogée sur le régionalisme en tant qu'exception géographique à des règles universelles. Le groupe d'étude a conclu que le régionalisme ne devait pas faire l'objet d'une règle distincte dans le rapport final, mais il ajouta cette observation qui nous intéresse particulièrement ici, à savoir que le rôle du régionalisme est «[...] souvent utile comme modalité d'application du droit général (comme, par exemple, dans le cas de la Convention des Nations Unies sur le droit de la mer) ».[6]

La mise en œuvre peut donc, dans certains domaines, être utilement envisagée dans le cadre régional. Cela facilite la coopération, cela permet aussi de préserver certaines spécificités locales et de respecter des sensibilités particulières. Cette mise en œuvre régionale peut en même temps adapter la règle générale à de nouvelles réalités de la région concernée, ce qui constitue un développement de la règle et non une atteinte à son intégrité.

Ce potentiel qu'offre la mise en œuvre commune est encore peu exploité par les États, mais on commence à entrevoir, ici et là, quelques évolutions intéressantes.

---

cependant de droit matériel.

4 Certaines commissions fluviales peuvent être mentionnées.

5 Voir particulièrement le Rapport de la Commission du droit international sur sa cinquante-septième session (2005), A/60/10, Extrait sur la fragmentation du droit international, p. 439.

6 Par. 466 du rapport précité.

II.B. Quelques exemples de mise en œuvre régionale

Une organisation d'intégration doit exercer les compétences qui lui sont attribuées dans le respect du droit international. Si ces compétences s'étendent à des domaines qui sont assujettis à des règles internationales, elle doit les respecter et leur donner effet, autrement dit les mettre en œuvre.

Hormis ce cas particulier, les États peuvent, par accord, instituer des organes communs, pourvus des pouvoirs nécessaires pour assurer la mise en œuvre d'obligations internationales. En général, il s'agit d'organes de concertation, de coordination, ou alors de contrôle de la mise en œuvre par les différents États membres, plutôt que d'exécution commune des obligations de ces derniers. Cependant, la concertation peut très utilement conduire à des mesures d'exécution parallèles.

Comme l'indique la Commission du droit international, la Convention sur le droit de la mer se prête, en certains de ses aspects, à une mise en œuvre dans le cadre régional.

Parmi divers exemples, on peut retenir celui de l'accord régional de coopération en matière de lutte contre la piraterie et le brigandage armé, conclu le 28 avril 2005 par 17 États asiatiques.[7] Pour faire face à un fléau qui empoisonne la navigation maritime, un effort notable est fait pour assurer une bonne coordination des mesures de lutte. Un Centre est créé (*Information Sharing Center*), placé sous l'autorité d'un Conseil de direction (*Governing Council*) et doté d'un Secrétariat conduit par un Directeur exécutif. Il n'est cependant pas investi de pouvoirs opérationnels, car ses compétences sont limitées à des tâches d'information, de mise au point de statistiques, éventuellement d'alarme, de transmission de demandes de coopération.

L'Accord mettant en place cette structure commune est, semble-t-il, le premier traité multilatéral qui peut contribuer à la mise en œuvre effective des dispositions relatives à la piraterie de la Convention des Nations Unies de 1982 sur le droit de la mer, notamment de l'obligation des États de coopérer pour prévenir et combattre la piraterie.[8] En outre, il complète, au niveau régional,

---

7 44 ILM (2005), 829.

8 Cf. la note introductive de Moritaka Hayashi, 44 ILM (2005), 826.

ladite Convention qui limite la définition de la piraterie aux actions en haute mer et entre navires, alors que les actes de piraterie visés ici se déroulent généralement dans les mers territoriales des États concernés et consistent en des vols armés contre des navires. Plus intéressant encore est le fait que la création de cette structure régionale répond à des appels de l'Assemblée générale des Nations Unies et de l'Assemblée de l'Organisation maritime internationale à développer des arrangements régionaux pour prévenir et combattre la piraterie et les attaques contre les navires.[9]

Déjà très utile dans sa forme actuelle, faire évoluer le Centre créé par l'Accord en un pôle pluriétatique de mise en œuvre renforcerait l'effectivité de règles pertinentes de la Convention de 1982 relatives à la piraterie.

Un domaine qui exige assurément une étroite collaboration entre les États est celui de la protection de l'environnement. Il a donné lieu à une impressionnante création d'organes d'information, d'analyse, de contrôle, destinés à favoriser et développer la coopération entre les États. Toutefois, la mise en œuvre des instruments conventionnels reste du ressort des États. Il faut souligner cependant l'impact positif de mécanismes régionaux qui incitent ceux-ci à prendre des mesures concrètes, et qui contrôlent la manière dont ils s'acquittent de leurs obligations.[10] S'il n'y a pas encore une orientation générale vers la création d'instruments communs d'exécution, il peut être relevé que les modalités de coopération se sont intensifiées.

Dans un ordre juridique décentralisé, où des orientations fédéralistes pourraient se manifester dans une meilleure structuration des modalités de mise en œuvre du droit unifié, les institutions régionales susceptibles de mieux ordonner cette mise en œuvre ne sont encore qu'à l'état embryonnaire. Des regroupements régionaux pourraient être développés ; ou des compétences additionnelles peuvent être ajoutées à celles des regroupements existants, comme on peut observer dans le domaine du maintien de la paix.

---

9 Voir p.ex. Doc. OMI A.738(18) puis MSC/Circ.622/Rev.1, et Doc. ONU A/RES/53/32, paras. 22-23 ; cités par M. Hayashi, *ibid.*

10 Cf. p. ex., pour un examen par région et sous-région dans l'hémisphère américain, M.C. Cordonier Segger, M. Leichner, N. Borregaard & A.K. González, "A New Mechanism for Hemispheric Cooperation on Environmental Sustainability and Trade ?", 27 Columbia Journal of Environmental Law 2 (2002), 613-632.

III. Le maintien de la paix et de la sécurité internationales

III.A. Perspective générale

Dans la dynamique générale de l'ordre juridique international, où les agents d'exécution – les États – sont particulièrement nombreux et accusent de très fortes disparités de moyens, une orientation inspirée de la philosophie fédérale incite à des regroupements régionaux fonctionnels.

L'évolution récente des mécanismes de maintien de la paix semble suivre ce mouvement « fédéraliste ». Le maintien de la paix fait l'objet d'une construction conventionnelle quasi universelle – la Charte des Nations Unies – qui opère une stricte centralisation du système en ce qui concerne tout au moins l'utilisation de la force. Hormis le cas de légitime défense de l'article 51 de la Charte, c'est le Conseil de sécurité qui détient les ressorts du recours à la force.

Les mesures coercitives non militaires présentent un visage un peu différent. Dans le système de la Charte, le Conseil de sécurité en a le monopole, mais le droit international général ouvre quelques possibilités d'action, à travers notamment les contre-mesures étatiques, et les mesures coercitives non militaires prises par les organisations régionales.[11]

Faut-il envisager un rôle accru pour les organismes régionaux dans un esprit de décentralisation conforme à la philosophie fédéraliste ? Le Chapitre VIII de la Charte pourrait-il se prêter à de tels développements, et seraient-ils souhaitables ?

Dans l'Agenda pour la paix (chap. VII), le Secrétaire général Boutros-Ghali a appelé à une plus grande mise à contribution des organismes régionaux en matière de maintien de la paix. Quant au groupe de personnalités de haut niveau, il suggère également un recours plus intensif au Chapitre VIII de la

---

[11] Il faut en effet admettre avec Robert Kolb que "la sujétion des organismes régionaux au Conseil [de sécurité] en matière d'action coercitive a été réduite au fil des années écoulées depuis 1945 [où] la pratique en a [...] retranché les sanctions coercitives sans recours à la force, notamment les sanctions économiques" ; R. Kolb, "Commentaire de l'article 53", dans J.P. Cot, A. Pellet, M. Forteau (dir.), La Charte des Nations Unies : Commentaire article par article (2005), Paris, Economica, p. 1405.

Charte,[12] tout en soulignant le rôle prééminent des Nations Unies.

III.B. Régionalisme et maintien de la paix

Si l'on considère tout d'abord la recherche du règlement pacifique des différends, il est évident, comme la pratique l'illustre, que le cadre régional, lorsqu'il s'y prête, offre une opportunité meilleure pour une solution satisfaisante, et c'est ce que la Charte (article 52, al. 3) encourage pour les différends d'ordre local. C'est un domaine où, le cas échéant, une coordination efficace doit être aménagée entre l'organisation régionale et l'ONU.

Une opération de maintien de la paix classique, caractérisée par la présence d'une force militaire sans mission de combat et par le consentement de toutes les parties intéressées, relève aussi du règlement pacifique des différends. Une organisation régionale, à condition que son acte constitutif le permette, est sans doute un cadre judicieux pour les opérations entreprises à l'intérieur de la région.

Il faut toutefois que les conditions politiques, à l'intérieur de l'organisation, s'y prêtent et que des ressources suffisantes soient disponibles. C'est une voie qu'il est utile d'explorer, notamment pour faire face à des situations de conflit interne. Une collaboration avec l'ONU est également pratiquée, tout comme une collaboration entre organisations régionales du même continent ou dans deux continents différents.[13]

En ce qui concerne les mesures coercitives, celles qui n'ont pas un caractère militaire peuvent être envisagées dans un cadre régional, du moins certaines d'entre elles. L'exigence, énoncée à l'article 53 de la Charte, de l'autorisation du Conseil de sécurité ne vaut que pour les mesures militaires. Les contre-mesures autorisées par le droit international général – par exemple en cas d'atteinte grave et systématique aux droits de l'homme – sont à la portée d'une organisation régionale, compte tenu cependant de son instrument constitutif.

---

12 Doc. ONU A/59/565, 2 décembre 2004, chap. XVI, paras. 273ss.

13 On peut citer, sur ce dernier point, le soutien apporté par l'Union européenne aux activités de paix de l'Union africaine et de la Communauté économique et monétaire de l'Afrique centrale (CEMAC), à travers sa « Facilité de soutien à la paix pour l'Afrique » ; voir la fiche de présentation de la Facilité sur www.europe-cares.org/africa, consultée le 9 février 2007.

Ainsi, par exemple, la Communauté économique des États de l'Afrique de l'Ouest (CEDEAO) et l'Union africaine ont prévu dans leurs actes constitutifs respectifs un droit de l'organisation d'intervenir, éventuellement par des moyens militaires, sur le territoire d'un État membre pour faire face à un désastre humanitaire et réagir à la commission des crimes internationaux.[14]

Quant à déterminer si de telles mesures peuvent viser un État extérieur à l'organisation, il s'agit d'une question de droit international général : si celui-ci autorise un État agissant individuellement à prendre des contre-mesures contre un État tiers en raison de l'importance des valeurs en cause (violation d'une obligation *erga omnes* par exemple), *a fortiori* une organisation groupant plusieurs États peut-elle le faire.

Les mesures impliquant le recours à la force militaire, qui, en dépit des intentions initiales de la Charte, ne peuvent être menées par le Conseil de sécurité, peuvent en revanche faire l'objet d'une autorisation de sa part. Cette autorisation peut aussi être accordée à une organisation internationale. Celle-ci, en revanche, ne peut pas agir de sa propre initiative, comme l'indique l'article 53 selon lequel « aucune action coercitive ne sera entreprise en vertu d'accords régionaux ou par des organismes régionaux sans l'autorisation du Conseil de sécurité » ; le système est centralisé.

C'est ici que certaines interrogations surgissent. Sans doute, dès qu'il s'agit de l'utilisation de la force armée, la centralisation en mains du Conseil de sécurité des réactions possibles aux menaces à la paix est en principe la seule solution acceptable.

Cependant, quelques doutes se font jour aujourd'hui en ce qui concerne le Conseil de sécurité. On peut se demander s'il n'a pas en partie perdu de sa crédibilité : en n'étant pas assez représentatif de la communauté internationale, ce qu'indiquent les discussions portant sur sa réforme ; en pratiquant trop fréquemment le double standard, ce que constate le groupe de personnalité de haut niveau.[15] De plus, les membres permanents agissent manifestement au

---

14 Voir, respectivement, article 22(c) du *Protocol relating to the Mechanism for Conflit Prevention, Management, Resolution, Peace-keeping and Security* de 1999 (CEDEAO) ; article 4(h) de l'Acte constitutif de l'Union africaine de 2000.

15 Rapport pré-cité, n.12, par. 41 pour ce qui est des réactions aux menaces à la paix et sécurité internationales, et par. 282 en ce qui concerne le traitement des questions touchant les droits de l'homme.

premier chef en fonction de leurs intérêts immédiats, électoraux parfois.

Dans ces conditions, le rôle d'organisations régionales structurées, dotées de moyens juridiques et matériels nécessaires, pourrait se développer. Lorsqu'une telle organisation envisage une action, par exemple une opération d'imposition de la paix à l'intérieur de son aire géographique, elle doit tout d'abord rechercher l'autorisation du Conseil de sécurité.[16]

En cas d'absence d'autorisation, l'action est-elle nécessairement illégale ? Une forme d'autorisation postérieure peut intervenir, comme le montrent les interventions de la CEDEAO au Libéria et en Sierra Leone dans les années 1990,[17] mais de toute manière on doit poser la question de la légitimation d'une action dans le cadre régional en cas de refus d'autorisation ou passivité du Conseil de sécurité. Le devoir de protéger notamment pourrait fournir une telle justification.

En bref, il paraît possible d'envisager le développement d'actions coercitives dans le cadre régional, si possible avec l'autorisation du Conseil de sécurité, mais même à défaut si d'impérieux motifs humanitaires le justifient, à condition que l'acte constitutif de l'organisation régionale prévoie de telles actions.

Sans doute, les circonstances sont-elles très différentes d'une région ou sous-région à l'autre, mais c'est une perspective qu'il convient de retenir.

---

16 C'est le cas de l'article 11(3)(d) du *Protocol on Politics, Defence and Security Cooperation* de la Communauté de développement de l'Afrique australe (SADC) de 2001, qui prévoit : "The Summit shall resort to enforcement action only as a matter of last resort and, in accordance with Article 53 of the United Nations Charter, only with the authorization of the United Nations Security Council". Les dispositions pertinentes des actes constitutifs de la CEDEAO et de l'Union africaine ne sont pas aussi précises, mais contiennent des références à une coopération étroite avec les Nations Unies ce qui fait qu'il est peut probable qu'une action coercitive soit entreprise sans que le Conseil de sécurité soit au courant ; en ce sens, A.A. Yusuf, "The Right of Intervention by the African Union: A New Paradigm in Regional Enforcement Action ?", 11 African YIL (2003), 16.

17 Pour en savoir plus, voir A. Abass, "The New Collective Security Mechanism of ECOWAS: Innovations and Problems", 5 Journal of Conflict and Security Law 2 (2000), 211-229; F. Olonisakin, Reinventing Peacekeeping in Africa: Conceptual and Legal Issues in ECOMOG Operations (2000), Kluwer Law Int'l, 246 p.

IV. Conclusion

Poser la question du fédéralisme dans le cadre universel, qui paraît bien utopique à l'heure actuelle, c'est évoquer l'évolution possible du système universel vers une structure qui verrait se constituer des groupements fonctionnels, susceptibles de canaliser et discipliner des souverainetés nationales nombreuses et désordonnées. Il s'agit de concilier les diversités, qui doivent être respectées, et les exigences de la nécessaire organisation de la société internationale.

Il ne s'agit pas ici d'appeler à la création d'un gouvernement mondial. L'approche fédéraliste suggérée concerne un meilleur fonctionnement de l'ordre juridique international au niveau de sa mise en œuvre.

Sauf quelques domaines où les règles générales peuvent être utilement complétées par des réglementations de caractère local, le droit international, par essence est universel. C'est donc au niveau de sa mise en œuvre que des regroupements régionaux sont utiles. De très nombreux instruments de concertation, coordination, coopération existent déjà et l'on peut souhaiter que des organes communs de mise en œuvre soient encore développés, à partir des organes existants ou de nouveaux organes à créer. Les organisations régionales peuvent fournir un cadre approprié, mais ce n'est pas la seule solution.

Le maintien de la paix présente lui aussi un atelier d'expérimentation intéressant. À divers égards, il est souhaitable que des situations et différends localisés puissent trouver solution dans le cadre régional. Et si une action coercitive est nécessaire, mieux vaut, dans la mesure du possible, qu'elle soit entreprise dans ce même cadre. C'est préférable pour l'équilibre du système international. Encore faut-il que s'affirment des solidarités régionales, ou sous-régionales, propices à ce genre d'évolution.

Le chemin sera encore long, mais on peut voir dans cette perspective fédéraliste une orientation où le multiculturalisme – y compris dans le domaine institutionnel – a sa place.

Participation of UN Member States in the Work of the Organization: A Multicultural Alternative to Present-Day Regionalism?

Stefan Talmon*

I. Introduction

Every Member State of the United Nations has the right to participate in the work of the organization – a right automatically conferred by membership of the UN. Participation in this context means the Member States' access to, and right to take part in, the organization's decision-making process. The composition of UN organs thus becomes a central issue, as access and the material ability to influence the decision-making process are, as a rule, gained through membership of these organs. The question of composition does not pose a problem in the case of plenary organs, such as the General Assembly, where all UN Member States are equally represented. However, for reasons of functionality, efficiency and cost-effectiveness, most work within the UN framework takes place within non-plenary organs, i.e. organs of limited membership. It is with regard to these organs that the question of composition arises,[1] and the more important the non-plenary organ, the more acute the issue becomes.

There are two categories of non-plenary organs within the United Nations: subsidiary non-plenary organs, the purpose of which is to facilitate the work of the principal organ (either plenary or non-plenary), and principal non-

---

* Professor of Public International Law, Oxford University and Fellow of St Anne's College, Oxford. This paper was completed on 1 September 2007.

1 See Catherine Senf Manno, Problems and Trends in the Composition of

Sienho Yee & Jacques-Yvan Morin (eds.), Multiculturalism and International Law, 239-275.

plenary organs such as the Security Council, which are vested with independent powers and tasks.[2] Subsidiary non-plenary organs constitute the preliminary, and at times the primary, forum for discussion and decision-making. Their members have access to relevant information,[3] debate viable courses of action, budgetary constraints and legal advice. Their task is to process these materials and to make recommendations to the plenary organ. The General Assembly often only rubber-stamps decisions already reached by its subsidiary organs. Non-members of these organs thus miss participating in an important phase of the decision-making process. Principal non-plenary organs have an even greater impact on the question of participation. Unlike their subsidiary counterparts, which are essentially an extension of the principal plenary bodies, these organs have – as in the case of the Security Council – binding legislative and enforcement powers. The fact that these functions are not reserved to the plenary organ effectively removes them from the purview of most Member States.

The question of the composition of non-plenary organs has been a source of controversy since the inception of the United Nations.[4] It is not expressly dealt with in the UN Charter and so has had to be decided by the General Assembly and the other principal organs. Since the 1960s, the composition of almost all UN organs of limited membership has been governed by a system best described as "regionalism" – a system whereby seats are allocated to regional groups whose members nominate or endorse candidates for the various regional seats.[5] In a letter dated 28 September 1977, 29 Asian

---

Nonplenary UN Organs, 19 International Organization (1966), 37-55.

2 See C.F. Amerasinghe, Principles of the Institutional Law of International Organizations (2nd edn., 2005), 139. For an overview of all subsidiary organs, see New Zealand Ministry of Foreign Affairs and Trade, United Nations Handbook 2006/07, which is an invaluable source for research on the United Nations and which provided the raw data for this study.

3 Compare International Law Association, Accountability of International Organisations, Final Report, International Law Association, Report of the Seventy-first Conference, Berlin, 2004, 164-234 at 174-175.

4 See Repertory of the Practice of United Nations Organs, 1945-1954, Article 23, 8, para. 16.

5 Compare the part on "Regional Blocs" in Benjamin Rivlin, The United Nations and Regionalism in an Era of Globalization, in: Envisioning the United Nations in

States, in response to the considerable increase in UN membership and the under-representation of Asian and African States on non-plenary UN organs, requested the inclusion of an additional item on the agenda of the 32nd session of the General Assembly entitled "Question of the Composition of the Relevant Organs of the United Nations".[6] As a result of this request, the General Assembly considered the question of the composition of its General Committee and in 1978 increased the number of its vice-presidents and thereby the committee's size.[7] While this initiative by the Asian States was aimed at a general review of the composition of all non-plenary UN organs, such a move was strongly opposed by Member States from both the Western and Eastern political blocs, who tried to defer any decision on the question.[8] The Soviet Union supported the proposal with regard to the General Committee only "on the understanding that it should not lead to a review of the composition of other United Nations organs".[9] The item was put on the General Assembly's agenda each year from 1979 to 1996 and, each year, consideration of it was deferred to the next session as there was no consensus among regional groups. In December 1996, the General Assembly finally decided to delete the question from its agenda.[10] The problem, however, has not gone away.

This paper examines the question of regionalism as a means to regulate the composition of the United Nations' non-plenary political organs. In this area, as in many others, Edward McWhinney has led the way with his study on regionalism in the context of the composition of the International Court of

---

the Twenty-first Century (1995) (www.unu.edu/unupress/un21-report.html).

6 UN Doc. A/32/243, 28 Sept 1977.

7 See A/RES/33/138 (1978) of 19 Dec 1978. The resolution was adopted by a vote of 105 to 29 with three abstentions. The General Committee comprises the President of the General Assembly, the 21 vice-presidents and the chairmen of the six (then seven) main committees. See Rule 28 of the Rules of Procedure of the General Assembly (UN Doc. A/520/Rev.16, 2006).

8 See General Assembly, Special Political Committee, 48th meeting, 8 Dec 1978, UN Doc. A/SPC/33/SR.48, 27 Feb 1979, 3-5 (Spain), 5-6 (Norway), 8 (New Zealand), 18-19 (USA) and 6-7 (USSR), 7 (Romania), 8 (East Germany), 9 (Bulgaria), 9-10 (Poland), 10-11 (Czechoslovakia).

9 Ibid., 7, para. 26.

10 See UN Yearbook 1978, 398-401; 1979, 437; 1980, 463; 1981, 357; 1982, 589; 1996, 1343.

Justice, the organization's principal judicial organ.[11] This paper asks whether the UN Charter or general principles offer any guidance on the question of how non-plenary political UN organs should be constituted, before examining the regional group system and offering a critique of present-day regionalism. It focuses mainly on the election of the ten non-permanent members of the Security Council (P-10) and the members of the Economic and Social Council (ECOSOC), as examples of non-plenary principal organs, and the election of members of the Commission on Human Rights (CHR), the Human Rights Council (HRC) since 2006, and the International Law Commission (ILC), as examples of non-plenary subsidiary organs.[12] In conclusion, the paper briefly identifies criteria for a more multicultural alternative to the present system.

II. Requirements for the composition of non-plenary UN organs

The UN Charter has little to say about the composition of non-plenary organs. Article 23(1) provides that in the selection of the ten non-permanent members of the Security Council, due regard is to be "specially paid, in the first instance to the contribution of Members of the United Nations to the maintenance of international peace and security and to the other purposes of the Organization, and also to equitable geographical distribution". As there are no objective and generally accepted criteria to define and measure the contribution of States to the maintenance of international peace and security and the other purposes of the United Nations,[13] "equitable geographical distribution" has become the

---

11 Edward McWhinney, Law, Politics and "Regionalism" in the Nomination and Election of World Court Judges, 13 Syracuse JILC (1986), 1-28. See also the same, "Internationalizing" the International Court: The Quest for Ethno-Cultural and Legal-Systemic Representation, in: E.G. Bello/B.A. Ajibola (eds.), 1 Essays in Honour of Judge Taslim Olawale Elias (1992), 277-289.

12 The CHR as a functional commission was a subsidiary organ of ECOSOC while the HRC and the ILC are subsidiary organs of the General Assembly.

13 See Report of the Facilitators to the President of the General Assembly on the Consultations Regarding 'The Question of Equitable Representation on and Increase in the Membership of the Security Council and Other Matters Related to the Security Council', 19 April 2007, 13 (www.un.org/ga/president/61/letters/SC-reform-Facil-report-20-April-07.pdf). See also Report of the Open-ended Working Group on the Question of Equitable Representation on and Increase in

prime factor in allocating non-permanent seats on the Security Council. However, there is no agreement among Member States on the meaning of "equitable geographical distribution". Some States understand the term to be identical to "regional representation", while others consider the two to be different concepts.[14] With regard to the other principal organ under review, ECOSOC, the UN Charter does not stipulate any composition requirement at all, but simply provides that the Council "shall consist of fifty-four Members of the United Nations elected by the General Assembly".[15] Similarly, the UN Charter is silent on the composition of non-plenary subsidiary organs. It merely authorizes the principal organs to establish such subsidiary organs as they deem necessary for the performance of their functions.[16] The only guidance that can be derived from these provisions is that the UN Charter does not distinguish between the five permanent members of the Security Council (P-5) and the other members of the United Nations, apart from the composition of the Security Council. One may thus conclude that these five members are not to enjoy any special treatment with regard to the composition of other non-plenary organs, either principal or subsidiary.[17]

Guidance on the composition of non-plenary organs may be gained from some general principles embodied in the UN Charter. Article 2(1) provides that the "Organization is based on the principle of the sovereign equality of all its Members." The principle of sovereign equality is the basic pillar on which the United Nations is built.[18] Both the organization and its members "shall act in accordance with" this principle.[19] The preamble of the Charter also reaffirms

the Membership of the Security Council and Other Matters related to the Security Council, GAOR, 58th Session, Supplement No. 47 (A/58/47), 2004, 22-24.

14 UN Doc. A/58/47, 2004, 22, paras. 18-19.

15 UN Charter, art. 61(1).

16 See UN Charter, arts. 7(2), 22, 29 and 68.

17 In practice, however, the P-5 with the exception of the special case of China have been represented continuously, for example, on ECOSOC but not on the CHR and the HRC. While there has always been a French and Russian member of the ILC, there was no British commissioner from 1987-1991 and in 2007 the US candidate was not re-elected.

18 Compare Hans Kelsen, The Principle of Sovereign Equality of States as a Basis for International Organization, 53 Yale LJ (1944), 207.

19 UN Charter, art. 2, first sentence.

the faith in the "equal rights [...] of nations large and small".[20] The notion of sovereign equality is confirmed in the sixth principle of the Friendly Relations Declaration 1970 which provides: "All States enjoy sovereign equality. They have equal rights and duties and are equal members of the international community, notwithstanding differences of an economic, social, political or other nature."[21] In the debates on the question of the composition of the relevant organs of the United Nations in the late 1970s, China referred to the "principle of equality among all States, large and small" as the "correct principle" to apply in this context.[22] More recently, when examining the question of equitable represent-ation on and increase in the membership of the Security Council, the General Assembly regularly reaffirmed "the principle of the sovereign equality of all Members of the United Nations".[23] Speaking in the General Assembly, the delegate of Venezuela stated: "The search for this comprehensive solution [to the question of the equitable representation on non-plenary organs] should be guided by the principle of the sovereign equality of States and the right of member States to irrevocable representation in the organs of limited membership, as in the case of the Security Council."[24] Equality in this context is to be understood as formal equality, or equality before the law.[25] States do not necessarily have equal rights and duties but equal capacity for rights and duties, and no State may be placed at a disadvantage in relation to others.[26]

The United Nations is a universal organization with global

---

20 UN Charter, preamble (clause 2).

21 A/RES/2625 (XXV) of 24 Oct 1970.

22 UN Doc. A/SPC/32/SR.46, 19 Dec 1977, 3, para. 6 (13 Dec 1977). See also the statement of the Israeli delegate, ibid., 4, para. 10. For similar statements by Colombia, Peru and Congo, Leopoldville, see further GAOR, 18th Session, Special Political Committee, 1963, 231, 236, 249.

23 See for example A/RES/47/62 (1992) of 11 Dec 1992, preamble (clause 4); A/RES/48/26 (1993) of 3 Dec 1993, preamble (clause 7).

24 UN Doc. A/56/PV.36, 1 Nov 2001, 7. See also the statements of Kazakhstan and Israel, ibid., 8 and 11, respectively.

25 See Hans Kelsen, The Law of the United Nations (1950), 52, n. 1.

26 Compare Kelsen, above n. 18, 209; Antonio Cassese, International Law (2nd ed., 2005), 52.

membership.[27] The representative of Botswana pointed out in the General Assembly that the "very premise on which this Organization was created was that of inclusion, not exclusion".[28] Multiculturalism is self-evidently a feature of the United Nations, which is the most diverse international organization; it embraces all cultural and religious groups, all civilizations, all political and economic systems, and all geographical areas. The United Nations is a true "pluralistic universe".[29] In the debates on the composition of the Security Council, the Canadian delegate said that "the United Nations should keep its universal character and that each shade of opinion should be reflected in its various bodies".[30] The United Nations is universal not only in its membership but also in its purposes. It is to "strengthen universal peace", "maintain international peace", "achieve international co-operation in solving international problems of an economic, social, cultural or humanitarian character" and "promote [...] universal respect for, and observance of, human rights and fundamental freedoms for all".[31] It is also to "employ international machinery for the promotion of the economic and social advancement of all peoples".[32] A pluralistic and culturally diverse membership of the various non-plenary organs is best suited to achieving these purposes. During the debate on the question of equitable representation on the Security Council, the representative of Ethiopia declared: "Under the Charter of the United Nations, the Security Council bears primary responsibility for the maintenance of international peace and security. That very mandate also requires the Security Council to be truly international, in terms of not only its mandate but also its representation."[33] The composition of the non-plenary organs should thus reflect the plurality and diversity of the membership of the organization; non-plenary organs should resemble the

---

27 Compare UN Charter, art. 4(1).

28 UN Doc. A/56/PV.36, 1 Nov 2001, 9.

29 Compare William James, A Pluralistic Universe (1909). The term was coined by James in his Hibbert Lectures at Manchester College, Oxford.

30 GAOR, 18th Session, Special Political Committee, 1963, p. 261, para. 2 (13 Dec. 1963).

31 See UN Charter, arts. 2(2), 2(1), 2(3), and 55(c).

32 UN Charter, preamble (clause 8).

33 UN Doc. A/56/PV.36, 1 Nov 2001, 5.

plenary "en miniature".[34]

In the context of organs with limited membership, these principles cannot mean an *equal right* to participate for every Member State. Rather, they require, at any rate as a rule, an *equal opportunity*, or at least a fair and reasonable chance, for all Member States to participate in the work of these organs. In the open-ended working group on the question of equitable representation on and increase in the membership of the Security Council, many delegations "emphasized that all interested UN members, particularly small States should have an equal opportunity to serve on the Council".[35] Any exception to this rule requires a special justification based on the task or mandate of the particular non-plenary organ.[36]

III. Regionalism as a means of regulating the composition of non-plenary organs

No mention is made in the UN Charter of either the system of regionalism or regional groups.[37] The latter are, however, now mentioned in passing in an

---

34 Compare UN Docs. A/53/PV.8, 21 Sep 1998, 10 (Mexico); A/55/PV.30, 27 Sep 2000, 3 (Philippines); A/59/PV.7, 23 Sep 2004, 22 (Swaziland).

35 Observation on and assessment by the Vice-Chairmen of the progress of the work of the open-ended working group on the question of equitable representation on and increase in the membership of the Security Council and other matters related to the Security Council during the forty-ninth session of the General Assembly, 15 Sep 1995, UN Doc. A/49/965, 18 Sep 1995, 41. See also ibid., 8 ("opportunity for leadership"). See further UN Doc. A/53/PV.15, 25 Sep 1998, 10 ("electoral opportunities").

36 The UN Commission of International Trade Law is a case in point. Members of the Western European and Other States Group are grossly over-represented on the Commission. It is probably for this reason that the General Assembly noted that "the Commission is a technical body whose composition reflects, inter alia, the specific requirements of the subject matter; the regional representation [...] which takes those requirements into account, shall not be a precedent for the enlargement of other bodies in the United Nations system" (A/RES/57/20 (2002) of 19 Nov 2002, para. 2).

37 On the regional groups, see for example Sally Morphet, States Groups at the United Nations and Growth of Member States at the United Nations, in: Paul Taylor/A.J.R. Groom (eds.), The United Nations at the Millennium. The Principal Organs (2000), 224-270; Sydney D. Bailey/Sam Daws, The Procedure of the UN

Annex to the Rules of Procedure of the General Assembly,[38] where reference is also made to "equitable geographical distribution" and "broad geographical representation" as criteria for the composition of non-plenary organs.[39]

III.A. Origins and evolution of the regional groups system

The origins of today's regional groups can be traced back to 1946, when the United States and the Soviet Union concluded a "gentleman's agreement" by which the permanent members of the Security Council undertook to support the election of candidates for non-permanent seats on the Council nominated by the countries of the five main regions of the world: "two from the Latin American region and one each from the British Commonwealth, the Middle East, Western Europe and Eastern Europe".[40] A similar approach was suggested for ECOSOC. A draft resolution introduced at the second session by India would have allocated the seats on ECOSOC between six regional groups.[41] Although there was no vote on the draft resolution, the practice of distributing seats based on regional groups developed over the following years. When the General Assembly increased the number of its vice-presidents in 1957, it took "into account that the General Committee should be so constituted as to ensure its representative character on the basis of a balanced geographical distribution of its members" and "*confirm[ed]* the practice

Security Council (3rd edn., 1998), 141-155; Sabine von Schorlemer, Blocs and Groups of States, in: R. Wolfrum (ed.), 1 United Nations: Law, Policies and Practice (1995), 69-77; ; M.J. Peterson, The General Assembly in World Politics (1986), 155-158; Miguel Marín Bosch, Votes in the UN General Assembly (1998), 15-19; Ingo Winkelmann, Regional Groups in the UN, in: H. Volger (ed.), A Concise Encyclopedia of the United Nations (2002), 455-458; and the articles by Thakur, Daws, O'Brien and Agam in Ramesh Thakur (ed.), What is Equitable Geographic Representation in the Twenty-first Century (1999).

38 UN Doc. A/502/Rev.16, 2006, Annex IV, para. 130, and Annex V, para. 18.

39 See Rules 92, 143 and 156, 159, respectively, of the Rules of Procedure.

40 See Repertory of the Practice of United Nations Organs, 1945-1954, Article 23, p. 8, para. 16.

41 GAOR, 2nd Session, Joint 2nd and 3rd Committee, 1946, 75, annex 6b. Under the terms of the resolution there would have been the following regional groups: Western Europe, Eastern Europe, Americas, Middle East and Africa, Australasia and the Far East.

established with regard to the distribution of the chairmanships of the Main Committees, namely, two from Latin American States, two from Asian and African States, two from Western European and other States, and one from an Eastern European State".[42] The resolution took note of the increase in the number of Member States from Africa and Asia and introduced a new geographical pattern of participation. The States of the Middle East were integrated into the new group of African and Asian States. The group of British Commonwealth States, which was no longer considered in keeping with the times, was abolished and the white Commonwealth States (Australia, Canada and New Zealand) became part of the "Others" in the Western European and Others Group (WEOG). In 1963, the General Assembly, recognizing "the considerable increase in the membership of the United Nations", decided to enlarge the composition of its General Committee,[43] the Security Council[44] and ECOSOC,[45] with a view to providing a "more adequate geographical representation" in these organs and thus making them more effective. As a result, the UN Charter was amended in 1965 to enlarge ECOSOC from 17 to 27 members and the number of non-permanent seats on the Security Council from 11 to 15, along the lines of the four regional groups institutionalized in 1957. Due to the large increase in the number of African and Asian States in the late 1950s/early 1960s, these States felt that there was no longer any valid reason to provide representation for the African and Asian groups together.[46] In 1966, when it expanded the membership of the Commission on Human Rights from 21 to 32 members, ECOSOC allocated seats to the African and Asian

---

42 A/RES/1192 (XII) of 12 Dec 1957, preamble (clause 2) and para. 1 (italics added).

43 A/RES/1990 (XVIII) of 17 Dec 1963. The General Committee was again enlarged in 1978 and its composition adapted to reflect the increase in UN membership; see A/RES/33/138 (1978) of 19 Dec 1978.

44 A/RES/1991 A (XVIII) of 17 Dec 1963.

45 A/RES/1991 B (XVIII) of 17 Dec 1963.

46 The African and Asian group was dominated by the Asian States. After an election to the HRC produced five representatives from Asia and only one from Africa for the six seats of the group, the General Assembly called on ECOSOC "to bear in mind the principle of equitable geographical distribution and, in particular, the necessity of having Africa equitably represented" (A/RES/1923 (XVIII) of 5 Dec 1963.

States groups separately for the first time.[47] A second expansion of ECOSOC (from 27 to 54 members) took place in 1973, following the adoption of resolution 2847 (XXV) which also recognized the separate existence of the African and Asian States groups.[48] Today, the allocation of seats along the lines of the five regional groups governs virtually every facet of the operation of the organization.[49]

While the regional groups themselves are mentioned in various resolutions, there is no official UN list of the names of Member States according to their respective group affiliation.[50] The UN Office of Legal Affairs lists the members of the groups in an unofficial document entitled "Regional Groups: For General Assembly Elections Only". At present, the Group of African States (GAFS) has 53 members,[51] the Group of Asian States (GASS) 54,[52] the Group of Latin American and Caribbean States (GRULAC) 33,[53] the

---

47 E/RES/1147 (XLI) of 4 Aug 1966, para. 1. The membership was further increased by E/RES/1979/36 of 10 May 1979 (from 32 to 43 members) and by E/RES/1990/48 of 25 May 1990 (from 43 to 53 members).

48 A/RES/2847 (XXVI) of 20 Dec 1971, para. 4.

49 See Thakur, above n. 37, 6.

50 See UN Docs. UNEP/FAO/RC/CRC.1/3, 11 Jan 2005, Annex I (Regional groups for the purpose of membership in the Chemical Review Committee); UNEP/POPS/COP.1/INF/16, 29 Nov 2004, Annex I (Member States of the United Nations General Assembly arranged in regional groups as of 31 May 2002). The latter comes with the proviso: "This grouping is unofficial and has been developed to take into account the purposes of United Nations General Assembly resolutions 1991 (XVIII) (1963), 22/138 (1978) and 2847 (1971)". See also UN Doc. A/60/351, 13 Sept 2005, 17-19.

51 Algeria, Angola, Benin, Botswana, Burkina Faso, Burundi, Cameroon, Cape Verde, Central African Republic, Chad, Comoros, Congo, Côte d'Ivoire, DPR of the Congo, Djibouti, Egypt, Equatorial Guinea, Eritrea, Ethiopia, Gabon, Gambia, Ghana, Guinea, Guinea-Bissau, Kenya, Lesotho, Liberia, Libyan Arab Jamahiriya, Madagascar, Malawi, Mali, Mauritania, Mauritius, Morocco, Mozambique, Namibia, Niger, Nigeria, Rwanda, Sao Tome and Principe, Senegal, Seychelles, Sierra Leone, Somalia, South Africa, Sudan, Swaziland, Togo, Tunisia, Uganda, UR of Tanzania, Zambia and Zimbabwe.

52 Afghanistan, Bahrain, Bangladesh, Bhutan, Brunei Darussalam, Cambodia, China, Cyprus, DPR of Korea, Fiji, India, Indonesia, Iran, Iraq, Japan, Jordan, Kazakhstan, Kiribati, Kuwait, Kyrgyzstan, Lao PDR, Lebanon, Malaysia, Maldives, Marshall Islands, Micronesia, Mongolia, Myanmar, Nauru, Nepal, Oman, Pakistan, Palau, Papua New Guinea, Philippines, Qatar, Republic of Korea, Samoa, Saudi

Group of Eastern European States (GEES) 22,[54] and the Group of Western European and Other States (WEOG) 29.[55] There are several peculiarities. The United States is not officially a member of any group but, for electoral purposes, is counted as a member of the WEOG. Turkey is a member of both WEOG and GASS, but takes part in elections as a member of the former.

III.B. Operation of the regional groups as electoral constituencies

The regional groups serve mainly, but not exclusively, as constituencies for elections to almost all political, judicial and expert organs of the United Nations.[56] Before formal elections take place in the General Assembly, the members of the regional group conduct consultations among each other with a view to determining which State is to be endorsed or nominated for the regional seat. Decisions in the regional groups are usually taken by consensus. Where no consensus can be reached or where there is a dispute as to whether a certain State has been endorsed by the group, candidates may compete for the regional seat. For example, in October 2000, the question of whether Sudan had been endorsed by GAFS arose. Uganda and Mauritania took the view that there was

---

Arabia, Singapore, Solomon Islands, Sri Lanka, Syrian Arab Republic, Tajikistan, Thailand, Timor-Leste, Tonga, Turkmenistan, Tuvalu, United Arab Emirates, Uzbekistan, Vanuatu, Vietnam, Yemen.

53 Antigua and Barbuda, Argentina, Bahamas, Barbados, Belize, Bolivia, Brazil, Chile, Colombia, Costa Rica, Cuba, Dominica, Dominican Republic, Ecuador, El Salvador, Grenada, Guatemala, Guyana, Haiti, Honduras, Jamaica, Mexico, Nicaragua, Panama, Paraguay, Peru, Saint Kitts and Nevis, Saint Lucia, Saint Vincent and the Grenadines, Suriname, Trinidad and Tobago, Uruguay, Venezuela.

54 Albania, Armenia, Azerbaijan, Belarus, Bosnia and Herzegovina, Bulgaria, Croatia, Czech Republic, Estonia, Georgia, Hungary, Latvia, Lithuania, Montenegro, Poland, Republic of Moldova, Romania, Russian Federation, Serbia, Slovakia, Slovenia, TFYR of Macedonia, Ukraine.

55 Andorra, Australia, Austria, Belgium, Canada, Denmark, Finland, France, Germany, Greece, Iceland, Ireland, Israel, Italy, Liechtenstein, Luxembourg, Malta, Monaco, Netherlands, New Zealand, Norway, Portugal, San Marino, Spain, Sweden, Switzerland, Turkey, United Kingdom, United States.

56 von Schorlemer, above n. 37, 75; Winkelmann, above n. 37, 456.

no endorsed candidate and the election was open to competition.[57] The Chair of the OAU and Permanent Observer of the OAU at the United Nations, on the other hand, took the position that the candidature of Sudan had been endorsed by the OAU in accordance with the organization's rules of procedure and established practice.[58] In the end, both Sudan and Mauritania put themselves forward for election to the African seat on the Security Council. Although endorsement by the regional group is not binding on the other members of the United Nations, candidates that have been endorsed by the group as a rule, and on the basis of reciprocity, are subsequently elected by the General Assembly.[59] This means that in practice the election of candidates takes place at the group level, with the General Assembly merely rubber-stamping the group's decision (especially if the group puts forward the same number of candidates as there are vacant seats). Voting in the General Assembly thus becomes a formality. The Assembly has, in effect, delegated part of its powers to the regional groupings.

The voting procedure also reflects the system of regionalism. Member States participating in the voting must adhere strictly to the distribution of seats among the regional groups. There are ballot papers marked A, B, C, D and E – one for each of the five regional groups. Each ballot paper has as many blank lines as there are seats for that group. Ballot papers containing more names from the relevant group than the number of seats assigned to it are declared invalid. Names on a ballot paper of Member States that do not belong to the regional group are not counted.

III.C. Ideas underlying the regional groups system

Two ideas underlie the regional groups system: cohesion of the regional groups and indirect participation through representation. It is generally assumed that States in the same geographic region have common interests and shared views

---

57 UN Docs. A/55/463 and 464, 9 Oct 2000; S/2000/933, 29 Sep 2000.

58 UN Doc. A/55/457, 6 Oct 2000.

59 That Member States accept each others nominees may be explained by the fact that elections of the non-permanent members of the Security Council and ECOSOC are "important question" in the sense of art. 18(2) of the UN Charter which requires a two-thirds majority.

and that therefore most differing views will be expressed in non-plenary organs which are composed of members from all geographic areas.[60] As members of the non-plenary organs are endorsed or, as has been seen above, effectively elected, by the members of the regional group, they are perceived as representatives of the group members. They act not only in their own national capacity, but as agents of all members of the region who indirectly participate in the work of the organ through their representatives.[61] It has been said that the idea of indirect participation through representation is expressed in the shift in terms from "equitable geographical distribution" as found in article 23(1) of the UN Charter to "equitable geographical representation" as found, for example, in General Assembly resolution 33/138 (1978).[62]

IV. A critique of present-day regionalism

IV.A. The world has moved on

There seems to be a common understanding that the composition of several non-plenary organs, especially the Security Council, ECOSOC and the ILC, no longer reflects geopolitical realities and thus needs to be rebalanced.[63] For example, the distribution of seats among the five regional groups still largely reflects the situation of the late 1950s/early 1960s. The number of UN Member States, however, has more than doubled from 82 in 1959 to 192 in 2007. As long ago as 1977, the Chinese delegate commented in the Special Political Committee of the General Assembly:

> As far as the composition of the relevant organs of the United Nations was concerned, a most unfair, unreasonable and undemocratic state of

---

60 See Henry G. Schermers/Niels M. Blokker, International Institutional Law (4th edn., 2003), 219. See also Athena D. Efraim, Sovereign (In)equality in International Organizations (2000), 122.

61 See Schermers/Blokker, above n. 60, 222, 230; von Schorlemer, above n. 37, 74-75. See also the statement of Belize, UN Doc. A/49/965, 18 Sep 1995, 75.

62 See Daws, above n. 37, 16.

63 See Report of the Facilitators to the President of the General Assembly, above n. 13, 13; Report of the Open-ended Working Group (A/58/47), above n. 13, 22,

> affair existed. While the number of Asian and African States had greatly increased, their level of representation in those organs had remained unchanged and they were therefore under-represented.[64]

The situation has become even worse since then, at least for the GASS. With 54 members, this group represents 28.13 per cent of UN membership but holds only 25 per cent of the non-permanent seats on the Security Council,[65] 20.37 per cent of the seats on ECOSOC, and 22.06 per cent of seats on the ILC. The situation has now been redressed with regard to the HRC. While the group had only 22.64 per cent of the seats on the old CHR, it now holds 27.66 per cent of the seats on the HRC, which is in line with its numerical strength. The WEOG, on the other hand, today accounts for only 15.10 per cent of UN Member States, but holds 20 per cent of the non-permanent seats on the Security Council, 24.07 per cent of seats on ECOSOC and 23.53 per cent of seats on the ILC. The WEOG is thus significantly over-represented in these important organs and, it may be added, always has been. At the time the seats were distributed, the percentage of allocated seats already exceeded its percentage of the overall membership by between 1.42 per cent (Security Council in 1963) and 8.88 per cent (ILC in 1981). The replacement of the CHR by the HRC has reduced its share of the seats from 18.88 to 14.89 per cent, which roughly corresponds with its share in the overall membership. The GAFS was under-represented for most of the period from the mid-1960s to the early 1990s. The situation only changed with the break-up of the former Soviet Union and Yugoslavia in the 1990s, and the considerable increase in the membership of the GASS and GEES which led to rebalancing of the percentage of the various groups. The GEES, on the other hand, was over-represented throughout that period. The number of seats it holds on the various organs was brought in line with its percentage of UN membership only through the increase in its

---

para. 17.

64 UN Doc. A/SPC/32/SR.46, 19 Dec 1977, pp. 2-3, para. 5 (13 Dec 1977).

65 In 1963, five seats were allocated to "African and Asian States" (A/RES/1991 A (XVIII) of 17 Dec 1963, para. 3). From 1966 to 1986, in practice this meant that three seats were held by the GAFS and two by the GASS. Since 1986, the two groups have two seats each, with the fifth seat alternating between the two groups every two years.

membership in the 1990s. At the beginning of 1990, the discrepancy between the percentage of seats and the numerical strength of the regional groups was probably highest with, for example, the GEES numbering only 6.29 per cent of UN membership but occupying between 10 and 11.11 per cent of seats on the relevant organs. The only group always represented roughly according to its numerical strength is GRULAC (see Tables A.1 and A.2).

Table A.1. Number of members of regional groups for electoral purposes (percentage of total UN Member States)[66]

	1963	1971	1981	1990	2006
GAFS	35 (30.97)	42 (31.82)	51 (32.48)	52 (32.70)	53 (27.60)
GASS	24 (21.24)	33 (25.00)	39 (24.84)	39 (24.53)	54 (28.13)
GEES	10 (8.85)	10 (7.58)	11 (7.01)	10 (6.29)	23 (11.98)
GRULAC	22 (19.47)	24 (18.18)	32 (20.38)	33 (20.75)	33 (17.19)
WEOG	21 (18.58)	22 (16.67)	23 (14.65)	24 (15.09)	29 (15.10)
Total UN membership[67]	113	132	157	159	192

66 The P-5 are included in their respective regional groups for all calculations, although this practice was adopted only in 1971. See Peterson, above n. 37, 157, 148.

67 Prior to 2001, Israel was not a member of any regional group. The total number of UN members is thus higher than the sum of group members.

Table A.2: Number of seats in selected UN organs in 2006/2007 (percentage of total number of members)

	UN members	SC (non-permanent members) (1963/1986)[68]	ECOSOC (1971)[69]	ILC (1981)	CHR (1990)	HRC (2006)
GAFS	53 (27.60)	3 / 2.5 (30.00) / (25.00)	14 (25.93)	8.5 (25.00)	15 (28.30)	13 (27.66)
GASS	54 (28.13)	2 / 2.5 (20.00) / (25.00)	11 (20.37)	7.5 (22.06)	12 (22.64)	13 (27.66)
GEES	23 (11.98)	1 (10.00)	6 (11.11)	3.5 (10.29)	5 (9.43)	6 (12.77)
GRULAC	33 (17.19)	2 (20.00)	10 (18.52)	6.5 (19.12)	11 (20.75)	8 (17.02)
WEOG	29 (15.10)	2 (20.00)	13 (24.07)	8 (23.53)	10 (18.88)	7 (14.89)
Total	192	10	54	34	53	47

The year in brackets indicates the year when the distribution of seats between the regional groups was last decided. The numerical strength of the groups for these years can be seen in Table A.1.

The situation is even more startling if one looks at the ratio of population to seats on the various organs (see Table A.3).

Table A.3: Population and membership in United Nations according to regional groups

	Population (%)	UN Member States (%)
GAFS	934,415,522 (**14.25**)	53 (**27.60**)
GASS	3,880,945,070 (**59.18**)	54 (**28.13**)
GEES	345,902,591 (**5.27**)	23 (**11.98**)
GRULAC	563,481,056 (**8.59**)	33 (**17.19**)
WEOG	833,415,912 (**12.71**)	29 (**15.10**)
Total	6,558,165,151 (**100**)	192 (**100**)

Data based on US Census Bureau, International Data Base, Countries Ranked by Population 2007 (www.census.gov/cgi-bin/ipc/idbrank.pl).

68 See above n. 65. See also Bailey/Daws, above n. 37, 150-151.

69 The change to the composition of ECOSOC took effect on 12 October 1973. The distribution of seats had previously been adapted in 1963 (with effect from 31 August 1965). See above n. 45 and text thereto.

The anachronism of the current distribution of seats needs no further demonstration. It is thus not surprising that the Asian (and also the African) States in particular have repeatedly expressed the need to adjust the number of seats available to each group, in line with the proportional growth of the regional groups. The latest attempt by these States to achieve a readjustment of the number of seats was made in June 2007, with regard to the number of judges on the International Tribunal for the Law of the Sea and the number of commissioners on the Commission on the Limits of the Continental Shelf.[70] Such attempts are usually met with opposition and delaying tactics by the members of the WEOG.

It is not only the distribution of seats between the groups that is outdated; the groups themselves are a relic of the past. The GEES and the WEOG reflect the East-West confrontation of the Cold War. The GEES was established to allow the Soviet Union to achieve symmetry or parity with the West.[71] Both groups were more political than regional. General Assembly resolution 2847 (XXVI) laying down the distribution of seats on ECOSOC thus spoke expressly of the "Six members from socialist States of Eastern Europe".[72] With the break-up of the Soviet Union and the fall of the Iron Curtain, the General Assembly expressly recognized "the changed international situation" for the first time in 1992, when examining the question of equitable representation on the Security Council.[73] Today, it may safely be said that the West or, more precisely, the European Union has "taken over" the GEES, which leads to the next point – the European Union factor.

70 See the joint African and Asian draft proposals on future elections of the members of the International Tribunal for the Law of the Sea and the Commission on the Limits of the Continental Shelf, SPLOS/163, 10 July 2007.

71 See Bosch, above n. 37, 17.

72 A/RES/2847 (XXVI) of 20 Dec 1971, para. 4(e). See also E/RES/1147 (XLI) of 4 Aug 1966, para. 1(e).

73 See A/RES/62 (1992) of 11 Dec 1992, preamble (clause 2). See also A/RES/48/26 (1993) of 3 Dec 1993, preamble (clause 5).

IV.B. The European Union factor

In September 2003, ahead of the accession of ten new Member States mainly from Eastern Europe, the European Commission wrote that the "enlargement of the EU will create both significant opportunities and serious challenges for the way in which the EU functions at the UN: it will increase the numerical weight of the EU […] and it will open up questions like the composition of the regional groups in the UN".[74] With the enlargement of the European Union in May 2004, its members were spread across three regional groups: WEOG, GEES and GASS. On their own, the EU Member States constitute the majority of the WEOG; together with the ten countries which may be referred to as EU+, the candidate countries, the countries of the stabilization and association process and potential candidate countries, and the European Free Trade Association (EFTA) countries, these States are also able to control the GEES (see Table B.1). The EU Member States are not bound by regional affiliation but by common positions on foreign and security policy established at EU-27 level in Brussels. They cooperate and coordinate their actions and voting within the United Nations.[75] The EU+ increasingly align themselves with the European Union in their statements in the General Assembly. Thus, the EU Member States' delegates speaking in UN organs usually use the following standard introductory formula:

> Mr. Chairman, I have the honour to speak on behalf of the European Union. The Candidate Countries Croatia, The Former Yugoslav Republic of Macedonia and Turkey, the Countries of the Stabilization and Association Process and potential candidates Albania, Bosnia and Herzegovina, Montenegro, and Serbia, the EFTA countries Iceland and

74 Communication from the Commission to the Council and the European Parliament, The European Union and United Nations: The choice of multilateralism, COM(2003) 526 final, 19 Sep 2003, 4.

75 On the cooperation and coordination among EU Member States in the UN, see Paul Luif, EU cohesion in the UN General Assembly, European Union Institute for Security Studies, Occasional Papers No. 49, Dec 2003, 9-19, 27-49, 51-52 and 57-75. See also Bardo Fassbender, The Better Peoples of the United Nations? Europe's Practice and the United Nations, 15 EJIL (2004), 857, 878.

> Liechtenstein [and, on occasions, Norway], members of the European Economic Area [...] associate themselves with this statement.[76]

The dominant role of the European Union in both the WEOG and the GEES has led to tensions between the EU Member States (and the EU+) and the other members of the groups.[77]

Table B.1: EU Members and Associated States as Members of Regional Groups

	Total Members	EU	EU+
GAFS	53	-	-
GASS	54	1 (1.85)[78]	1 (1.85)
GEES	23	10 (43.48)	16 (69.57)
GRULAC	33	-	-
WEOG	29	16 (55.17)	20 (68.97)
Total	192	27 (14.06)	37 (19.27)

As the EU Member States cooperate and coordinate their positions in the United Nations, they increasingly become perceived as a separate regional group. As such, the EU is grossly over-represented on all UN organs. The 27 EU Member States make up just 14.06 per cent of total UN membership, but hold 33.33 per cent of all seats on the Security Council (two permanent seats, France and the United Kingdom, two non-permanent seats of the WEOG and one non-permanent seat of the GEES), and 22 per cent of seats on ECOSOC. EU Member States provide 26.47 per cent of all members of the ILC (see Table B.2).

---

76 Compare for example UN Docs. S/PV.5736, 29 Aug 2007, 33-34.

77 See Bosch, above n. 37, 17; Winkelmann, above n. 37, 457.

78 Cyprus is a member of the GASS.

Table B.2: Seats occupied by EU member States in 2007

	Total	EU Member States (%)
World Population	6,558,165,151	487,796,149 (**7.44**)
UN Member States	192	27 (**14.06**)
Security Council Members	15	5 (**33.33**)
ECOSOC Members	54	12 (**22.22**)
ILC Members	34	9 (**26.47**)
HRC Members	47	8 (**17.02**)

IV.C. The fiction of regional representation and regional cohesion

The ideas that the regional groups form cohesive units and that States elected to a non-plenary organ represent the members of their regional group, which supposedly underlie the regional groups system, are seriously flawed. Fiji and Iraq probably do not have much in common other than being members of the same regional group (GASS). The relationship between China and Japan is characterized more by antagonism, mutual suspicion and rivalry than by a common regional identity. Members of the same regional group regularly vote differently on international issues.[79] Japan sides with the WEOG on many substantive issues, while most of its Asian neighbours negotiate under the Nonaligned Movement or Group of 77 umbrellas. The notion of equitable or adequate geographical "representation", as used in some resolutions,[80] is to be understood in the sense of the "representative character" of the organ, not in the sense of members of the organ representing the views or interests of the regional group.[81] In resolution 1990 (XVIII), the General Assembly specified

79 For example, Palau, Micronesia and the Marshall Islands regularly vote together with the United States and Israel on matters concerning the Middle East.

80 See A/RES/33/138 (1978) of 19 Dec 1978, preamble (clause 4); A/RES/1991 A (XVIII) of 17 Dec 1963, preamble (clause 2); A/RES/1991 B (XVIII) of 17 Dec 1963, preamble (clause 1).

81 Compare Report of the Facilitators to the President of the General Assembly, above n. 13, 13-14; Report of the Open-ended Working Group (A/58/47), above

that its General Committee "should be so constituted as to ensure its representative character on the basis of a balanced geographical distribution among its members".[82] There is no question of regional representation, if only because, as a rule, the groups to be represented have no uniform views or interests. In a letter to the President of the Security Council, India wrote:

> It is India's view that in a regional group as diverse as the Asian Group, it would be unreasonable and contrary to normal practice to expect any one Member State or even two Member States to represent the Asian region in such a debate in the Security Council. It is in recognition of the nature and diversity of its membership that the Asian Group has confined itself to discussing only candidatures and that it does not discuss substantive issues.[83]

Members of the Security Council, permanent and non-permanent, fulfil a global rather than a regional role and have an obligation to the international community as a whole.[84] Requiring the members of non-plenary organs to toe a certain "regional line" would not only be impracticable but incompatible with the basic principle of the sovereign equality of States.

Regional groups are sometimes split not only on substantive issues but also on regional candidates. In the case of contested candidacies, the allocation of the regional seat will be decided by the majority of States outside the region. On occasion, States from outside the regional group have actively "encouraged" members of the group to stand against each other. When in 1996 it was Libya's turn to be the African candidate for the non-permanent seat on the Security Council, other groups led by the WEOG lobbied for months to get Egypt nominated instead, as some countries considered it inappropriate for Libya to be elected to the Security Council while sanctions against it were still in place. In July 2000, the OAU Council of Ministers decided to endorse the candidature of Sudan for the African seat on the Security Council "in conformity with the recommendation of the Committee on Candidatures and of the African group

---

n. 13, 28, para. 22.

82 A/RES/1990 (XVIII) of 17 Dec 1963, preamble (clause 2).

83 UN Doc. S/2003/508, 30 Apr 2003, 1.

in New York".[85] The United States, which had bombed a pharmaceutical factory in Sudan some two years earlier and faced calls from Sudan for a UN enquiry, backed the independent candidacy of Mauritius, which was finally elected after four rounds of voting, despite Sudan having been endorsed by the GAFS.[86] In May 2007, when Belarus and Slovenia announced their candidacy for the two seats on the Human Rights Council reserved for Eastern European States, Canada, France, the United Kingdom and the United States, citing Belarus' appalling human rights record, persuaded Bosnia and Herzegovina to stand at the last minute as a third candidate from the GEES. Bosnia was elected after intense lobbying by the four countries, in the third round of voting receiving 112 votes while Belarus received only 72.[87] In such cases of what may be called outside interference in the internal affairs of a regional group, the elected States can hardly be considered representatives of the regional group.

Even without outside interference, regional groups more often than not cannot agree on which members to nominate for the regional seats. Jockeying for seats, especially on the Security Council, is intense.[88] In 1979–1980, there was a record of 154 ballots between Cuba and Colombia over a period of three months until, on 7 January 1980, both countries finally withdrew their candidacies and Mexico was elected from the GRULAC.[89] Similarly, in

---

84 Compare UN Charter, art. 24(2).

85 See the Decision on Candidatures of the OAU Council of Ministers adopted at its 72nd ordinary session, held at Lomé from 6 to 8 July 2000, OAU Doc. CM/Dec.546 (LXXII), para. 3. See also UN Docs. A/55/457, 6 Oct 2000; A/55/286, 15 Aug 2000, 51-52; A/55/PV.32, 10 Oct 2000, 3.

86 See Washington's Lobbying Keeps Sudan Out of UN Security Council, International Herald Tribune, 11 Oct 2000, 7; Sudan, at UN, Fails to Win Council Seat, NYT, 11 Oct 2000, 13. See also UN Doc. A/55/475, 12 Oct 2000 (Sudan claiming that the US delegation influenced delegates during balloting in the General Assembly).

87 See UN Doc. A/61/PV.97, 17 May 2007, 3-4. See also Belarus kept off UN human rights council, IHT, 19 May 2007, 5; Belarus fails in bid to join UN rights council, The Ottawa Citizen, 18 May 2007, A11; United Nations. Canada leads charge against Belarus bid, The Ottawa Citizen, 17 May 2007, A8.

88 For some interesting examples about jockeying for seats in the Security Council, see David M. Malone, Eyes on the Prize: The Quest for Nonpermanent Seats on the UN Security Council, 6 Global Governance (2000), 4-23.

89 UN Yearbook 1979, 374. On this case, see also W. Michael Reisman, The Case of

October/November 2006, GRULAC nominated two candidates – Guatemala and Venezuela – for the region's seat on the Security Council. After 47 rounds of deadlocked voting, both candidates withdrew their bids and supported the nomination of Panama.[90] The most intense competition takes place within the WEOG.[91] For example, in October 2000, the WEOG failed to come up with consensus candidates: there were three candidates – Italy, Ireland and Norway – to fill two vacancies for the group. Each State waged a quiet but intense diplomatic campaign before Ireland and Norway were finally elected.[92] National interest usually prevails over regional solidarity.

IV.D. The failure to ensure widespread and equitable participation

The system of regional groups has failed dismally to ensure "broad representation of the United Nations membership as a whole" in the non-plenary organs.[93] There are significant inequalities between as well as within the regional groups. For example, 75 Member States, or 39.06 per cent of the total membership of the United Nations, have never been elected to a non-permanent seat on the Security Council.[94] There is, however, a huge discrepancy between the regional groups. While only 20.75 per cent of the members of the GAFS have never served on the Security Council, the "exclusion rate" for the GASS (55.56 per cent), GEES (52.17 per cent) and GRULAC (42.24 per cent) is more than double that figure. The GAFS is thus the most inclusive group. This inclusiveness, however, comes at a price. While elected members of the WEOG on average served 6.67 years on the Security Council, members from the GAFS served on average for only 3.31 years, less than half that time. The

the Nonpermanent Vacancy, 74 AJIL (1980), 907-913.

90 On the contested election, see UN Docs. A/61/PV.32, 16 Oct 2006; A/61/PV.33, 16 Oct 2006; A/61/PV.34, 17 Oct 2006; A/61/PV.35, 17 Oct 2006; A/61/PV.36, 19 Oct 2006; A/61/PV.37, 19 Oct 2006; A/61/PV.40, 25 Oct 2006; A/61/PV.44, 31 Oct 2006; A/61/PV.49, 7 Nov 2006.

91 Malone, above n. 88, 3.

92 UN Doc. A/55/PV.32, 10 Oct 2000, 4-7.

93 Compare A/RES/2847 (XXVI) of 20 Dec 1971, preamble (clause 1).

94 For a list of States never elected members of the Security Council, see www.un.org/sc/list_eng6.asp. The list does not include Serbia or the Federal Republic of Yugoslavia, which also have not served on the Security Council.

fact that both groups have a similar exclusion rate shows that the WEOG is grossly over-represented on the Security Council.[95] The other groups achieve a longer average stay on the Council (6.53, 4.52 and 4.33 years) only by excluding more of their members from Security Council membership (see Table D.1). The inequality between the five groups is also shown by the number of States elected to the Security Council more than five times (see Table D.2). While there is only one such State from Africa (Egypt [5 times]) and Eastern Europe (Poland [5]), there are three from Asia (India, Pakistan [6], Japan [9]), four from Latin America (Panama [5], Colombia [6], Argentina [8], Brazil [9]), and four from the WEOG (Belgium, Netherlands [5], Italy, Canada [6]). Of the States never elected to the Security Council, one has more than 80 million inhabitants (Vietnam), two more than 30 million (Afghanistan, Myanmar), four more than 20 million, five more than 10 million and 26 between one and 10 million. Population size is thus not a decisive criterion, especially as six States with a population of fewer than one million have been elected to non-permanent seats on the Security Council.[96]

Similar pictures emerge for ECOSOC, the ILC and the CHR. Forty-five States (23.44 per cent of the total UN membership) have never served on ECOSCO, 106 States (55.21 per cent) have never had a national as commissioner on the ILC and 63 States (32.99 per cent) have never been elected to the CHR. In all cases, the exclusion rate is highest for the GASS and the GEES, followed by GRULAC. With the exception of the ILC, members of the WEOG on average served almost two and a half times longer than members of the GAFS, for example 26.88 years compared with a mere 11.29 years on ECOSOC. At the same time, seven States from the WEOG served for 30 or more years, while none of the African States served for such a long time. The fact that three members of the WEOG (France, the United Kingdom and the United States) and one of the GEES (Soviet Union/Russian Federation) have served (almost) continuously in both ECOSOC and the CHR since 1945

---

95 Only the four micro-States Andorra, Liechtenstein, Monaco and San Marino (each having fewer than 100,000 inhabitants), Iceland, Luxembourg and the recently admitted members, Israel and Switzerland, have never served on the Security Council.

96 Bahrain, Guyana, Qatar, Cape Verde, Djibouti and Malta, of which the last three each have a population of fewer than 500,000.

or 1946, respectively, may be explained by the fact of the "de facto permanent seats" of the P-5 on these organs; this also accounts for the higher average number of years served by members of these groups.[97] The high average number of years served combined with a relatively low exclusion rate is further evidence of the over-representation of the two groups over a long period of time.

Table D.1: Inequalities between the regional groups

	GAFS	GASS	GEES	GRULAC	WEOG
Security Council					
Non-permanent members (10)[98]	3 / 2.5	3 / 2.5	1	2	2
States never elected members of the SC from 1945 to 2007 (% of total number of group members)	11 (20.75)	30 (55.56)	12 (52.17)	14 (42.24)	8 (27.59)
Average number of years served	3.31	4.52	4.33	6.53	6.67
Number of States serving for ten (fifteen) years or more	0	3 (1)	0	3 (2)	2
Economic and Social Council					
Members (54)	14	11	6	10	13
States never elected members of ECOSOC from 1946 to 2007 (% of total number of group members)	4 (7.55)	23 (42.59)	8 (34.78)	5 (15.15)	5 (17.24)
Average number of years served	11.29	15.06	15.65	15.82	26.88
Number of States serving for thirty (sixty) years or more	0	4	1 (1)	5	7 (3)

97 The case of the fifth permanent member, China, is different because of the Chinese representation issue in the United Nations. See Peterson, above n. 37, 157.

98 See above n. 65.

International Law Commission					
Members (34)[99]	8.5	7.5	3.5	6.5	8
States which never produced a member from 1949 to 2007 (% of total number of group members)	33 (62.26)	36 (66.67)	13 (56.52)	16 (48.49)	8 (27.59)
Average number of times commissioners were elected	2.32	1.98	1.92	2.03	1.89
Average number of years served by commissioners	9.12	8.22	7.50	8.08	7.39
States whose commissioners served fifteen or more years	8	7	3	7	3
Commission on Human Rights					
Members in 2006 (% of total membership of CHR)	15 (28.30)	12 (22.64)	5 (9.43)	11 (20.75)	10 (18.88)
States never elected members of the CHR from 1947 to 2006 (% of total number of group members)	6 (11.32)	27 (50.00)	9 (40.91)[100]	13 (39.39)	8 (27.59)
Average number of years served	10.11	16.89	20.50	19.90	24.10
Number of States elected for thirty (fifty) or more years	1	4 (1)	4 (1)	4	6 (3)

Table D.2: Terms served on the Security Council by non-permanent members from the regional groups

	1	2	3	4	5	6	7	8	9
GAFS	20	16	5		1				
GASS	12	4	3	1		2			1
GEES	5	2	2	2	1				
GRULAC	4	5	3	3	1	1		1	1
WEOG	1	4	4	5	2	2			
Total	42	31	17	11	5	5		1	2

99 Half seats are used for statistical purposes only. They are the result of a rotational system whereby one seat is rotated between the GAFS and the GEES and one seat between the GASS and GRULAC. See A/RES/36/39 (1981) of 18 Nov 1981, para. 3.

100 On 16 June 2006, when the HRC was abolished the EES had 22 members.

There are, however, huge inequalities both between and within the various regional groups. A regional allocation of seats does not automatically prevent an intra-regional imbalance.[101] For this reason, sub-groups – such as the Nordic Group in the WEOG – have been established in several groups, in order to ensure that those countries have a greater presence in UN organs.[102]

As has been seen above (Table D.1 and D.2), the Group of African States is, as a rule, the most inclusive of the five groups, providing for equitable representation of its member States. The sole exception is the ILC, which is probably due to the fact that commissioners have to be "persons of recognized competence in international law".[103] The more equal distribution of seats among its members may be because the GAFS is the only group that has formalized rules and procedures in place for the nomination of candidates on a rotational basis. The GAFS is organized on the basis of five subregions: the western region has 15 members,[104] the eastern 13,[105] the central nine,[106] the southern ten[107] and the northern six.[108] Seats are distributed between the subregions according to a "new formula for equitable geographical distribution" based on quotients of the number of members of the subregion divided by the total number of the members of the GAFS. The GAFS has also established a Committee of Candidatures that recommends candidates for the African seats

---

101 Manno, above n. 1, 52.

102 The members of the Nordic group are Denmark, Finland, Iceland, Norway and Sweden. The role of the group is, however, declining with continuing European integration in the field of foreign and security policy. See Katie Verlin Laatikainen, Norden's Eclipse, 38 Cooperation and Conflict (2003), 409-441.

103 See Statute of the International Law Commission, art. 2(1)

104 Benin, Burkina Faso, Cape Verde, Côte d'Ivoire, Gambia, Ghana, Guinea, Guinea-Bissau, Liberia, Mali, Niger, Nigeria, Senegal, Sierra Leone, Togo.

105 Comoros, Djibouti, Ethiopia, Eritrea, Kenya, Madagascar, Mauritius, Rwanda, Seychelles, Somalia, Sudan, Tanzania, Uganda.

106 Burundi, Cameroon, CAR, Chad, Congo, DR Congo, Gabon, Equatorial Guinea, Sao Tome and Principe.

107 Angola, Botswana, Lesotho, Malawi, Mozambique, Namibia, South Africa, Swaziland, Zambia, Zimbabwe.

108 Algeria, Egypt, Libya, Mauritania, Morocco, Tunisia.

to the group as a whole.[109] When the number of candidates exceeds the number of allocated seats, the Committee applies the following rules. Seats are distributed among the five subregions in accordance with the new formula for equitable geographical distribution. Within subregions, as a rule, candidates who meet the deadline for the submission of candidacies are chosen in accordance with the criteria of non-re-election (priority is given to candidates who have not yet served, or have not recently served, on a certain organ) and non-pluralism (priority is given to candidates who are not serving on any of a number of listed UN organs). When these criteria cannot be applied to contesting candidates, the Committee conducts negotiations between candidates from the same subregion with a view to arriving at an agreement; where no agreement can be reached, candidates are chosen by consensus of the sub-group or, if this is not possible, by consensus of the African group as a whole.[110] In contrast, the practice of the GASS has been described by a participant in group meetings as follows: "There is no document on 'rotation' in the Asian Group [...] it's the usual big states like Thailand and China who orchestrate the rotation."[111]

In the wake of the debate on Security Council reform, a number of States proposed that "the five existing geographical groups shall decide on arrangements among its members for re-election or rotation of its members on the seats allotted to the Group; those arrangements shall also address, as appropriate, a fair subregional representation".[112] The examples of the Pacific Island States in the GASS and the Caribbean States in GRULAC show where the absence of a formal system for subregional representation may lead. The 12

---

109 The Committee consists of 10 members: three from the Western region, two each from the Eastern, Central and Southern, and one from the Northern. The AU Secretariat also participates in the Committee.

110 See Permanent Observer Mission of the African Union to the United Nations, Guidelines for Candidature to Organs, Committees and Specialized of the United Nations Organization (undated), Doc No. NY/AU/CAN/1. The author would like to thank Keren Michaeli for supplying him with this unpublished document. On the prior procedure, see UN Docs. A/55/457, 6 Oct 2000, Annex I; A/55/463, 9 Oct 2000, Annex II.

111 Interview with a Palau diplomat, 26 April 2007.

112 Compare the Draft Resolution on Reform of the Security Council, submitted by Argentina, Canada, Colombia, Costa Rica, Italy, Malta, Mexico, Pakistan, Republic of Korea, San Marino, Spain and Turkey, UN Doc. A/59/L.68, 21 July 2005, para.

Pacific Island States[113] are markedly under-represented in the GASS. None of these States was ever elected to the Security Council or provided a commissioner for the ILC. Of the 31 States from the Asian group elected to ECOSOC, only two are Pacific Island States. Fiji and Papua New Guinea served only nine and three years, respectively, while 17 other group members served ten or more years. From 1946 to 2007, members of the GASS served in total 467 years on ECOSOC, of which only 12 years or 2.57 per cent were served by Pacific Island States (see Table D.3). In the subsidiary organs of ECOSOC the picture is largely the same: only Fiji, Papua New Guinea and Vanuatu served on some of the functional commissions.

Table D.3: Representation of Pacific Island States within GASS (% of GASS total)

	GASS	Pacific Island States
States	54	12 (22.22)
Years served on the SC from 1945 to 2007	104	0
Years served on ECOSOC from 1946 to 2007	467	12 (2.57)
Members provided for the ILC (total years served)	41 / 337	0
Years served on the CHR from 1947 to 2006	474	3 (0.63)
Members on Human Rights Council from 2006 to 2007	13	0

The under-representation of the Pacific Island States may partly be explained by the fact that four of these States were admitted to the United Nations only in the last ten years and another three in the last 20 years. This leaves five States which have been members of the GASS for 25 years or more, at times when the group had fewer than 40 members, thus giving these States more than a 10 per cent share of the membership over that period. While it is true that the majority of Pacific Island States may be classed as "micro-States", at least two of them each have a larger population than six States from other groups elected to the Security Council since 1945.

5.

113 The 12 Pacific Island States are: Fiji, Kiribati, Marshall Islands, Micronesia, Nauru, Palau, Papua New Guinea, Samoa, Solomon Islands, Tonga, Tuvalu, Vanuatu.

The time element does not play a similar role in the case of the Caribbean States and GRULAC, the membership of which has been largely the same for the last 25 years. Although the ratio in GRULAC between Latin American and Caribbean States is roughly 60 to 40 per cent,[114] the Caribbean States have nowhere reached that percentage of representation within the group (see Table D.4). In most cases these States received fewer than half the seats due to them on the basis of their numerical strength. This is also reflected in GRULAC's relatively high exclusion rate (see Table D.1). Although GRULAC does not include a member of the P-5, several countries from the Latin American sub-group have established themselves as "de facto semi-permanent members" on UN organs. For example, Argentina and Brazil were elected to the Security Council for eight and nine terms respectively, and Brazil and Mexico provided a commissioner for the ILC almost without interruption.[115] Five Latin American States served for more than 30 years on ECOSCO, and four served a similar time on the CHR. The Latin American countries are also significantly over-represented in the subsidiary organs of ECOSCO: the ratio between Latin American and Caribbean States is, on average, 78 to 22 per cent, and these figures do not take into account that Latin American countries typically serve far more terms than their Caribbean counterparts.[116] Fifteen of the group's 17 commissioners elected to the ILC came from Latin American States.

---

114 There are several definitions of "Latin America". The United Nations Statistics Division lists under "Latin America and the Caribbean" the following "Caribbean countries": Antigua and Barbuda, Bahamas, Barbados, Cuba, Dominica, Dominican Republic, Grenada, Haiti, Jamaica, Saint Kitts and Nevis, Saint Lucia, Saint Vincent and the Grenadines, and Trinidad and Tobago. The Latin America countries include: Argentina, Belize, Bolivia, Brazil, Chile, Colombia, Costa Rica, Ecuador, El Salvador, Guatemala, Guyana, Honduras, Mexico, Nicaragua, Panama, Paraguay, Peru, Suriname, Uruguay, and Venezuela.

115 Brazilian commissioners served in total for 56 years and Mexican commissioners for 54 years, followed by Argentine commissioners who served a total of 38 years.

116 In the eight subsidiary organs examined the ratio ranged from 82 to 18 per cent to 73 to 27 per cent.

Table D.4: Distribution of seats between Latin American States and Caribbean States in GRULAC (% of total number)

	Latin American	Caribbean
States	20 (**60.61**)	13 (**39.39**)
States elected to the SC from 1945 to 2007	16 (84.21)	3 (15.79)
Years served on the SC from 1945 to 2007	112 (90.32)	12 (9.68)
States elected to ECOSOC from 1946 to 2007	20 (71.43)	8 (28.57)
Years served on ECOSOC from 1946 to 2007	352 (79.46)	91 (20.54)
Members provided for the ILC (total years served)	34 (89.47)	4 (10.53)
Years served by members of the ILC	287 (93.49)	20 (6.51)
States elected to CHR from 1947 to 2006	16 (80.00)	4 (20.00)
Years served on the CHR from 1947 to 2006	353 (88.69)	45 (11.31)
Members on Human Rights Council from 2006 to 2007	7 (87.50)	1 (12.50)

This unequal distribution of seats between the two sub-groups may be explained by the fact that eight of the Caribbean States have a population of fewer than 500,000 people. Another explanation may be that established group members have a certain advantage. The name of the regional group of "Latin American States" was changed to "Latin American and Caribbean States" only in February 1988.[117] A certain discrimination against new group members may be detected across all regional groups, with the exception of the GAFS (see Table D.5). Only four of the 26 new UN Member States admitted between 1991 and 1993 have since been elected to a non-permanent seat on the Security Council.[118] If one broadens the picture and looks at the States admitted since 1977, only three more can be added, making a total of seven out of 76 new UN Member States elected to the Security Council over the last 30 years.[119] In comparison, all but eight of the first 50 Member States (other than the P-5)

117 See UN Journal No. 88/19 of 1 Feb 1988, No. 88/23 of 5 Feb 1988 and No. 88/24 of 8 Feb 1988.

118 Czech Republic (1994-95), Republic of Korea (1996-97), Slovenia (1998-99) and Slovakia (2006-07).

have been elected to the Security Council, 30 of these within the first 15 years of membership.[120]

Table D.5: Election of new members that joined the group within the last 30 years

	New group members since 1977	Elected to SC	Elected to ECOSOC	ILC members provided	Elected to CHR/HRC
GAFS	4	3 (2)	3 (2)	0	3 (1)
GASS	19	1 (1)	3 (1)	1 (0)	2 (1)
GEES	15	3 (2)	7 (4)	2 (1)	5 (4)
GRULAC	6	0	2 (2)	0	0
WEOG	6	0	1 (1)	1 (1)	1 (1)
Total	50	7 (5)	16 (10)	4 (2)	11 (7)

The number in brackets is the number of States elected, or ILC commissioners provided, within a period of ten years of admission to the regional group.

Besides the huge inequalities between and within regional groups, there is the added problem that States do not have an automatic right to group membership. It is the existing members who decide whether or not to admit a State to, or expel it from, the regional group. The prime example is Israel, which was prevented from fielding candidates for non-plenary UN organs and high-level UN positions for more than three decades. Initially a member of the GASS, due to its geographical location, and as such elected to various non-plenary organs,[121] it was effectively expelled from that group in the wake of the Six-Day War in 1967. It took Israel until 30 May 2000 to become a "temporary member" of the WEOG, with limited membership rights, and its membership

119 Djibouti (1993-94), Zimbabwe (1983-84 and 1991-92), Namibia (1999-2000).

120 The eight States are Dominican Republic, El Salvador, Guatemala, Haiti (all GRULAC), Afghanistan, Saudi Arabia (GASS), Iceland, Luxembourg (WEOG).

121 Israel was a member to the CHR (1957-59, 65-70), the ECOSOC functional Commissions on Population and Development (1956-59), Status of Women (1956-61), Social Development (1951-56, 61-64, 66-68) and with Shabtai Rosenne having provided a member of the ILC (1962-71).

of the WEOG was extended indefinitely only on 21 May 2004.[122] In practice, however, Israel still stands at the back of the queue to field candidates for pivotal seats on the Security Council or ECOSOC.

V. A multicultural alternative?

The preceding sections adopt a purely arithmetical approach. Participation in UN organs, however, is not merely a numbers game. Pure numbers certainly overstate the problem. Even States that were calling for a review of the composition of non-plenary UN organs did not contend that the regional distribution of seats in these organs should be governed by "strictly numerical considerations". It was recognized that "in some cases the strict application of the principle of equitable geographical distribution might be difficult, impossible or even not advisable".[123] Account must be taken of political, economic and demographic realities, both with regard to individual States and regional groups. Some groups may have more States, others may be more populous, others may be larger in geographical size, and others may be economically stronger or contribute more to the UN budget. Many of the micro-States[124] simply do not have the capacity and expertise to serve on the various non-plenary UN organs. Others which have the personnel and resources to participate may choose not to stand for election.[125] This, however, does not mean that there is no real problem of participation in the United Nations today. There are significant inequalities between and within the existing regional groups. The WEOG is markedly over-represented and developing as well as small States are under-represented in the UN's non-plenary organs. It is generally recognized that the present-day system of regionalism does not provide UN Member States with an equal opportunity or even a fair and reasonable chance to participate in the work of the organization, and is thus in

---

122 See Israel's Membership in the Western European and Other States Group (www.israel-un.org/ israel_un/weog.htm).

123 UN Doc. A/SPC/32/SR.40, 9 Dec 1977, 6, para. 25 (Japan).

124 There are some 30 UN Member States each with a population of fewer than 500,000 people.

125 For example, Saudi Arabia, one of the original UN Member States, never served on the Security Council.

urgent need of an overhaul.[126]

All reform proposals put forward so far maintain a regional group system for the purpose of distributing seats on non-plenary organs.[127] While some want to retain the five existing groups, others are suggesting alternative groups; proposals range from the present five to nine new regional groups.[128] None of these proposals seeks to create a single "European Union Group". [129] Admittedly, the smooth running of the United Nations requires some kind of electoral group system and the regional groups seem to be a good way of ensuring equal opportunities for participation. Rather than redrawing the boundary lines of existing groups, or suggesting more and new groups, this final section attempts to set out some general principles that should guide the thinking on the formation of regional groups and their internal organization. These are as follows:

(1) All UN Member States should, as of right, be members of a regional group. However, States should be free not to join any group.[130]

(2) The General Assembly should lay down clear and objective criteria to determine the question of membership of any new Member State of one of the existing regional groups. For this reason, the regional group system should be institutionalized in the General Assembly's Rules of Procedure.

(3) Geographical affiliation should be just one of several criteria for determining group membership. Others may be language, culture, religion, economic or legal system, history, or membership of a political or economic integration organization. Member States of regional economic integration organizations with a common foreign, security and

---

126 Compare Kennedy Graham/Tânia Felíco, Regional Security and Global Governance (2006), 310.

127 See for example UN Docs. A/49/965, 15 Sep 1995, 65-67; A/59/L.68, 21 July 2005, para. 4; A/59/723, 3 Mar 2005, 2 and Report of the Facilitators to the President of the General Assembly, above n. 13, 5, 14, 15.

128 Winkelmann, above n. 37, 458. For other reform proposals, see Graham/Felíco, above n. 126, 310-319 ("Chapter VIII Electoral Mechanism").

129 Fassbender, above n. 75, 878.

130 Several States admitted to membership in the 1990s did not immediately join a regional group. Estonia joined the GEES only in May 2004, some 13 years after it had joined the United Nations.

defence policy element (such as the European Union) should be grouped together in one regional group, as such States will have a certain group identity and will usually be bound by common policy positions.

(4) Regional groups should generally have a limited number of members so as to ensure greater cohesion, identity and accountability. Smaller groups would allow for a more equitable geographical distribution of seats.

(5) The number of seats for the various groups should, as a rule, correspond to the groups' percentage of the total membership of the United Nations. This would allow for regional groups of different sizes and would thus not require the artificial partition of existing political blocs, such as the European Union, in order to create groups of roughly similar numerical strength.

(6) Each regional group should include an equal number of powerful or dominant States, as these States tend to lay claim to "*de facto* (semi-) permanent seats" on important non-plenary organs at the expense of the opportunities of other group members. Alternatively, special provision should be made for such States by regularizing the current practice and creating new permanent or semi-permanent seats for them on non-plenary organs, or by accounting for the group membership of such States by proportionally increasing the share of affected groups in the total number of seats, thereby ensuring that other group members also have an equal opportunity to participate.

(7) The distribution of seats among regional groups should be reviewed at regular intervals specified by the General Assembly to take account of any changes in the numerical strength of the groups.

(8) The procedure for the nomination of candidates within regional groups should be formalized. As the General Assembly has, in effect, delegated the election of members of non-plenary organs to the regional groups (at least in the case of uncontested candidacies) the electoral process at group level should comply with the requirements for elections in the General Assembly.

(9) The regional groups should adopt uniform rules and procedures for the nomination of candidates in order to ensure equality of treatment across regional groups, and thus across UN membership as a whole.

(10) The criteria applied by the regional groups for the nomination of

candidates should be guided by the principle of the sovereign equality of all members of the United Nations. This principle would be best served not by a strict but by an equitable system of rotation. Such a system would not mean that seats have to rotate among group members according to alphabetical order. Rather, States would have the opportunity to be nominated but may be passed over, if they so request.

Some Provisions of the Statute of the International Court of Justice which Deserve Amendments

Budislav Vukas*

I. Introduction

1. One of the signs of the precarious position of the United Nations (UN) in the contemporary international relations is the problems the World Organization faces whenever there are serious reasons for amending its Charter. The main obstacle to the necessary changes is the fear of the five permanent members of the Security Council of any amendment which could endanger their dominant role in the UN. Notwithstanding the basic principle of the Charter, that "The Organization is based on the principle of the sovereign equality of all its Members" (Art. 2, para. 1), and the various changes the original five permanent members have undergone since 1945, they consider that they have the eternal right to be more important than any others of the remaining 187 members of the UN! For this reason there is no change in the composition of the Security Council, and the necessary deletion of the provisions on the Trusteeship Council had to wait so many years.

2. Notwithstanding the above-mentioned problems in amending the UN Charter, there are two main reasons why I dare to engage in such a dangerous field. First, although the permanent members of the Security Council always manage to have each a member of the International Court of Justice (ICJ) to be of their national, they have no formal special rights either in the composition or

---

* Professor of International Law, Faculty of Law, University of Zagreb; member of the International Tribunal for the Law of the Sea (1996-2005, Vice-President, 2002-2005).

Sienho Yee & Jacques-Yvan Morin (eds.), Multiculturalism and International Law, 277-283.

in the functioning of the Court. Second, I do not propose any amendment to Chapter XIV of the Charter dealing with the Court, but to the Statute of the ICJ, which is annexed to the Charter and forms its "integral part" (Art. 92 of the Charter). In fact, I do not propose anything; I just indicate some doubts and problems I have in interpreting the Statute of the ICJ to my students.

II. Classes of Disputes

3. My first comment concerns Art. 36, para. 2, of the ICJ Statute. The hundred-year-long history of the origins of the present text of this provision is well known. Already in Art. XVI of the 1899 Hague Convention for the Peaceful Settlement of International Disputes, arbitration was suggested for settling disputes "in questions of a legal nature, and especially in the interpretation or application of International Conventions". The same statement was repeated in Art. 38 of the 1907 Hague Convention.[1]

To this category of disputes, Art. 13 of the Covenant of the League of Nations added three more classes of disputes "suitable for submission to arbitration or judicial settlement" (para. 1). They were:

> Disputes… as to any question of international law, as to the existence of any fact which, if established, would constitute a breach of any international obligation, or as to the extent and nature of the reparation to be made for any such break …[2]

It is understandable that this text was reproduced in the Statute of the Permanent Court of International Justice (PCIJ), but it is a question whether there are valid reasons for the insistence that 87 years after the adoption of the Statute, this list of disputes constitutes the contents of Art. 36, para. 2 of the Statute of the present Court.

There is no need for entering into the traditional discussions of the

---

1 See the text of the Convention in French in: P. Reuter, A. Gros, Traités et documents diplomatiques, Presses Universitaires de France, Paris, 1963, pp. 5-18.

2 For the text of the Covenant, with some comments, see Interuniversitair Instituut voor Internationaal Recht, T.M.C. Asser Instituut - 's Gravenhage Studenteneditie – International Organization and Integration, 2nd Ed., The Hague, 1984, pp. 1-4.

meaning and scope of each of the four mentioned classes of disputes, or of the overlappings and vacuums in this list. Perhaps, I should only point out that the category of disputes mentioned in para. 2(a) – "the interpretation of a treaty" – is without any doubt also a "question of international law" (para. 2(b)). In addition, I would like to recall the conclusion of Juraj Andrassy, that even the disputes mentioned under 2(c) and (d) are "legal disputes". That is to say, the facts which have to be established are the basis for a legal conclusion, and the nature or extent of the reparation must be determined in accordance with international rules.[3]

To discuss the list contained in Art. 36, para. 2, today seems unnecessary also for a special reason. The Statute of the prewar Court expressly permitted States to recognize as compulsory *ipso facto* and without special agreement the jurisdiction of the Court "in *all* or *any*" (emphasis added) of the four listed classes of legal disputes. On the other hand, the Statute of the ICJ mentions only the possibility of recognizing the jurisdiction of the Court in "all legal disputes" concerning the four classes of disputes listed in Art. 36, para. 2. Whatever the intended relation between this phrase and the four classes of disputes is, the declarations made by States recognizing the jurisdiction of the PCIJ as well as the ICJ have generally referred to the entire contents of that paragraph. (The reservations contained in many declarations are not based on the various classes of disputes listed in para. 2.[4])

Taking into account this practice of States I wonder whether it is necessary to have four classes of disputes listed in paragraph 2 of Article 36. The contents of subparagraph 2(b) – "any question of international law" – in fact covers all the legal disputes referred to in the introductory phrase to para. 2. Therefore, one should find a formulation which would integrate the introduction to para. 2, and sub-paragraph 2(a); all the remaining is redundant.

---

3 An analysis of the classes of disputes listed in Art. 36, para. 2 of the ICJ Statute see in: Međunarodno pravosuđe, Izdavački zavod Jugoslavenske akademije znanosti i umjetnosti, Zagreb, 1948, pp. 97-101.

4 Andrassy, ibid., p. 99.

III. Sources of International law

4. The next subject I am dealing with is the list of sources contained in Art. 38, para. 1 of the ICJ Statute. Yet, I will avoid the always intriguing question of the hierarchy of the mentioned sources.[5]

First, I have to refer briefly to the rather vague notion of "the general principles of law recognized by civilized nations" (Art. 38, para. 1(c)). Taking into account that international customary law is separately mentioned in para. 1(b) of the same Article, it is plausible to claim that the basis of these principles is to be found in municipal laws. However, the contribution of international law to the development of such principles is also not excluded.[6] Anyhow, I must agree with my students that the term "civilized nations" has a touch of the colonial era, when this phrase was drafted for the Statute of the PCIJ.

5. However, more disappointing than the vague and old-fashioned formulations is the incomplete list of sources of international law applied by the ICJ, and contained in paragraph 2 of Article 38 of its Statute. In the introductory phrase to paragraph 1 of the same Article, the Statute clearly states the purpose of the list of sources of international law that follows:

> "1. The Court, whose function is to decide in accordance with international law such disputes as are submitted to it, shall apply: "

The short list of sources that follows is understandable, taking into account the level of international law existing at the end of World War I, and the variety of opinions of the drafters of the Statute.[7] But, it is strange that in the following decades, the international community has not added to that list the sources of international law which in the meantime have been established by the general development of international law and confirmed by the international judicial practice. What is even much stranger is the passive attitude in this respect of the Court itself. In referring to the incomplete list of sources in Art. 38, para. 1 of its Statute, only some years ago the Court stated:

---

5 Ibid., pp. 131-132.

6 Ibid., pp. 129-130.

7 Ibid., pp. 121-133.

> The above is not an exhausted statement of the foundations on which the Court can construct its decision. Some are listed, but not all.
>
> For instance, the paragraph does not mention unilateral acts of international law, nor does it make reference to the decisions and resolutions of international organs, which very often contribute to the development of international law.[8]

However, the Court does not give any explanation for this incomplete list of sources; neither does it indicate any initiative to include in the list the missing sources. Anyhow, there is no sound reason for having in the Statute such a handicapped list of sources. Very important rules of international law can nowadays be treated in "international conventions" as well as in the decisions/resolutions of international organizations. Although the instruments we refer to concern the competence of international tribunals in respect of individuals, an interesting, relevant example is the recent regulation/restatement of international criminal responsibility. The International Tribunal for the Preservation of Persons Responsible for Serious Violations of International Humanitarian Law in the Territory of the Former Yugoslavia since 1991 (ICTY) has been established by Security Council Resolution 827, as a measure taken in accordance with Chapter VII of the UN Charter. Therefore, the cooperation with the ICTY is obligatory for all the States members of the UN, and, as claimed in Article 29 of the ICTY Statute, for all other States.

The adoption of the Resolution creating the ICTY, and another Resolution establishing the Tribunal persecuting the persons responsible for the genocide in Rwanda (Resolution 955) effectively contributed to the fifty-year-long efforts to create an international criminal court having general jurisdiction. Thus, in Rome, on 17 July 1998, the Statute of the International Criminal Court (ICC) was open for signature.[9] However, as its Statute is a treaty, every State is free to decide whether or not to adhere to the Statute and become a State party; more than one hundred States have already become parties. Yet, there are many

---

8 International Court of Justice, 5th Ed., ICJ, The Hague, 2004, p. 92.

9 Rome Statute of the International Criminal Court, United Nations Diplomatic Conference of Plenipotentiaries on the Establishment of an International Criminal Court, A/CONF.183/9*.

hesitant States, and some are extreme enemies of the international criminal jurisdiction in respect of their citizens.

IV. Jurisdiction to Decide *ex aequo et bono*

6. My next remark concerns Art. 38, para. 2 of the ICJ Statute. This provision, coming after the paragraph which lists the sources of international law to be applied by the Court, states the following:

> "2. This provision shall not prejudice the power of the Court to decide a case *ex aequo et bono*, if the parties agree thereto."

Although it is clear that the quoted provision permits the Court to depart from the strict application of international law, if the parties so agree, the exact meaning of this paragraph is not perfectly clear. As neither the PCIJ, nor the ICJ, has decided any case *ex aequo et bono,* the exact scope of this provision has not been clarified by the Court's practice. Anyhow, I do agree with Shabtai Rosenne's claim that:

> "To authorize the Court to decide *ex aequo et bono* is not to authorize it to depart from the essential rules governing its activity as a Court."[10]

Anyhow, as under the Charter and the Statute, the Court deals with legal disputes, it should expressly be stated that even when it decides *ex aequo et bono* it must never neglect imperative, *jus cogens* norms of international law.

V. Final Remarks

7. Finally, a question which perhaps is not very wise/polite to raise. It concerns the very name of the present Court in some of the official languages which we

---

10 Sh. Rosenne, The law and Practice of the International Court, 1920-1996, 3rd Ed., Vol II, Jurisdiction, Martinus Nijhoff Publishers, The Hague/Boston/Leiden, 1997, p. 593.

use when we translate the Charter and the Statute into our, unofficial, languages.

The official name of the Court in English is International Court of Justice, in French *Cour internationale de Justice*, but in Russian only *Meždunarodnij sud.* This variety of terminology causes confusion in our efforts to translate correctly the name of the Court into Croatian. As our language is a Slavic language, we mostly follow the Russian term. But, there are commentators who consider that there must be some substantive reason why in English the name is not only International Court, and in French *Cour internationale.* Do the English and French need Justice/*Justice* only for linguistic reasons, or the use of this term tries to point out some specific characteristics, competences of the Court? Or, perhaps it is just a recollection of the name of the Court which existed in the era of the League of Nations? However, "justice" in the title of the Permanent Court of International Justice had a different meaning than in the name of the present Court; the "international justice" in the name of the pre-war Court meant an independent specific basis/goal of the existence and activity of that Court.

All these doubts are nourished by the fact that, for example in England simple names such as Supreme Court or High Court are used for national courts. The newly created International Criminal Court did not need the addition of "justice"?!

Anyhow, I do understand that the opening of this question more or less corresponds to the idea of changing the title of the World Organization. In respect of many languages it is strange to use the title United Nations, when the members united in this organization are States. There are no problems in translating the term "States" into all the languages, while the term "nations" has different/various meanings in the majority of languages.

The Administration of Justice by the International Court of Justice and the Parties

Mariko Kawano*

I. Introduction

One of the distinctive features of the present situation of the International Court of Justice (the ICJ or Court) is the remarkable increase of the cases before the Court. It reflects the trust in the dispute settlement function of the ICJ in a sense and, therefore, the ICJ is expected to function more effectively to settle the disputes filed before it. However, it is also true that there is a possibility that the Court procedure is used rather easily. In the increase of the cases, especially of the ones unilaterally filed by one of the Parties, the other Party to the dispute is forced to be involved in the process before the Court. Under such circumstances the function of the ICJ as the principal judicial organ of the United Nations is much highlighted now: the effective settlement of each dispute and the administration of justice as the principal judicial organ.

To examine the function of the Court, the role of the Parties should not be neglected. The judicial system of the International Court of Justice is based upon the consent of the Parties and allows various opportunities for the Parties to express their intention and each Party to a dispute takes best advantage of the Court system to obtain the final judgment and the final settlement of the dispute with successful results. Such efforts of a Party may lead to the abusive or arbitral use of the judicial procedure and it is the task of the Court to regulate

* Professor of International Law, School of Law, Waseda University; Member of the Executive Board of the Japanese Association of International Law and of the World Law Association.

Sienho Yee & Jacques-Yvan Morin (eds.), Multiculturalism and International Law, 285-300.

such an inappropriate use and render a balanced decision which can contribute to the final settlement of the dispute. For these purposes, the Court should pay due regard to the Parties' will, the cornerstone of the Court procedure, on the one hand, and maintain the appropriate function of the judicial system, on the other. In other words, the Court should strike a proper balance between the Parties' interests and the administration of justice. In some of the recent cases, it seems that the Court was required to do so in a very delicate way. This paper will refer to those cases and examine how the Court deals with its two functions. Special attention will be paid to the opinions of the Judges in which the discussion of the Court on this point and the personal perception of each Judge about the function of the Court can be seen.

II. Subject-matter of a Dispute before the Court

II.A. Subject-matter Formulated by the Applicant State

Article 40, Paragraph 1, of the Statute requires that the subject of the dispute shall be indicated. In the case of unilateral submission, it is the Applicant State that formulates the subject-matter of the dispute in the Application and such a formulation is often in accordance with the intention of the Applicant State in order to justify the jurisdictional basis or the contents of the claims.

In response to the subject-matter formulated by the Applicant with a particular intention and interests, the Respondent State firstly expresses its intention as the preliminary objections, if it so desires. At this stage, the preliminary objections reflect the intention regarding the subject-matter of a dispute in relation to the object of the process and to the jurisdiction of the Court.

It is the long tradition since the Permanent Court of International Justice (PCIJ) that the Court has the power *proprio motu* to determine the subject-matter of the dispute in the case where the views of the Parties are different and that the function of the Court with regard to the subject-matter of a dispute is not to create or reformulate it but to interpret it in accordance with the facts and law alleged by the Parties. Such a function is considered to be inherent in the Court's power and sometimes the Court exercises this power *proprio motu*. For the Court it is necessary neither to substitute itself for the Parties nor to formulate new submissions simply on the basis of arguments and facts advanced. However, the Court is entitled to interpret the subject-matter of the dispute before it. In the cases where each Party takes a different view regarding the nature or the limit of the dispute, the Court specifies it *proprio motu.* In such cases the Court plays the role of clarifying the real subject in an objective way with the consideration of the arguments of both Parties.

In the *Nuclear Tests* cases, the Court examined the subject of the dispute as a solely preliminary question and the function of the Court was specially highlighted when the Court reached the conclusion that the object of the claim was to prevent further nuclear tests and not to get the declaratory judgments regarding the legality or illegality of nuclear tests, as a result of the close consideration of the Application as a whole.[1] With regard to this finding, several Judges appended various opinions. The Separate Opinion of Judge Gros began with the statement that this case consisted in a claim for prohibition of atmospheric tests on the ground that they were unlawful and this was the procedure for establishing legality and led to the discussion about the judicial function of the Court.[2] The Joint Dissenting Opinion of Judges Onyema, Dillard, Jiméz de Aréchaga and Sir Humphrey Waldock also started with the issue of the object of the claim. The Joint Opinion took the view that the request for a declaration of illegality was the essential submission[3] and criticized the judgment by suggesting that "the true nature of the Australian claim, and of the objectives sought by the Applicant ought to have been determined on the basis of the clear and natural meaning of the text of its formal submission" and that "[T]he Judgment revises … the Applicant's submission by bringing in other materials such as diplomatic communications and statements made in the course of the hearings".[4] It should be noticed that although the conclusions of these opinions are completely different, they take the same view, at least, as far as the real object of the claim is concerned. In this case, the avoidance of the legality or illegality of nuclear tests by the Court for mootness could be

1 Nuclear Tests (Australia v. France), Judgment of 20 December 1974, I.C.J. Reports 1974, pp. 260-263, paras. 24-30.

2 Separate Opinion of Judge Gros, ibid., p. 277, para. 2.

3 Joint Dissenting Opinion of Judges Onyeama, Dillard, Jiménez de Aréchaga and Sir Humphrey Waldock, ibid., p. 313, para. 6.

4 Ibid., p. 317, paras. 13 and 14.

explained by the ambiguity or even lack of international law rules governing the legal status of nuclear tests at that time. Therefore, although the decision of the Court might not reflect the initial intention of the Applicant State, it could be justified as a tool for the administration of justice in the judicial process of the Court which is deemed to interpret and apply existing international law rules.

II.B. Arguments Regarding the Subject-Matter in Recent Cases

The Court has faced more complicated cases since the 1990's and in these cases the Court is required to verify the subject-matter of the dispute before it by more deliberate way. It seems that there are differences even among the Judges in the Court with regard to the role to be played in this regard and such differences are often reflected in their opinions. In this section, the cases where the issue of subject-matter is one of the points on which the Judges express their opinions will be discussed.

In *Qatar v. Bahrain*, Qatar founded the jurisdiction of the Court upon two instruments concluded between the Parties. [5] During the negotiations undertaken for a long time between the Parties, the dispute between the Parties was considered to contain five points relating to the sovereignty over land and islands and maritime delimitation. [6] However, the subject of the dispute formulated in the Application by Qatar did not contain all these points. The Court noticed it and pointed out that there was an understanding between the Parties that all the disputed matters shall be referred to the ICJ for a final ruling biding upon both Parties on the basis of the two relevant instruments. The Court suggested that "whatever the manner of seisin, it left open the possibility for each of the Parties to present its own claims to the Court", but that "while the Bahraini formula permitted the presentation of distinct claims by each of the Parties, it nonetheless presupposed that the whole of the dispute would be submitted to the Court".[7] The Court admitted that in this case the subject of the

---

5 Two instruments are the exchanges of letters of December 1987 and the Minutes of December 1990, Maritime Delimitation and Territorial Questions between Qatar and Bahrain, Jurisdiction and Admissibility, Judgment, I.C.J. Reports 1994, p. 114, para.3.

6 Ibid., p. 117, para. 18.

7 Ibid., p. 123, paras. 31-33.

dispute should be clarified and examined the "subject of the dispute" referred to it in the Application by Qatar. It concluded that the subject of the dispute indicated in the Application filed by Qatar reflects only some of the elements of the subject-matter intended to be comprised in the Bahraini Formula and particularly mentioned that "there is the omission of any reference to a dispute over Zubarah to which Bahrain attaches importance, though this is not the sole subject of its concern". The Court took the view that "[T]he authors of the Bahraini formula conceived of it with a view to enabling the Court to be seised of the whole of those questions, as defined by each of the Parties within the general framework thus adopted".[8] The Court, therefore, decided to afford the Parties the opportunity to ensure the submission to the Court of the entire dispute as the Parties agreed in the relevant instruments.[9] This is clearly reflected in the second paragraph of the *dispositif*, which requires the Parties to "submit to the Court the whole of the dispute between them, as circumscribed by the text proposed by Bahrain to Qatar on 26 October 1988, and accepted by Qatar in December 1990, referred to in the 1990 Doha Minutes as the Bahraini formula".[10]

This part of the *dispositif* was adopted by fourteen votes to one but several Judges appended individual opinions on it. Judges Shahabuddeen[11] and Schwebel[12] respectively appended opinions and criticized it as some sort of reformulation of the subject-matter by the Court. For Judge Oda, the findings of the Court were the transformation of a unilateral Application into a unilateral filing of an agreement.[13] These Judges discuss what the Court should do as the exercise of its power to verify the subject-matter of the dispute. Their opinions are essentially related to the role of the Court regarding the identification of the real subject-matter of the dispute before it.

In the *Fisheries Jurisdiction* case, Spain explained the subject of the dispute as the one concerning the treatment of the vessels flying her flag and the use of force by Canada. Such a formulation was made with the intention to avoid the

---

8 Ibid., pp. 124-125, paras. 34-37.

9 Ibid., p. 125, para. 38.

10 Ibid., pp. 126-127.

11 Declaration of Judge Shahabuddeen, ibid., p. 129.

12 Dissenting Opinion of Judge Schwebel, ibid., pp. 130-131.

13 Dissenting Opinion of Judge Oda, ibid., para. 2, p. 134.

application of the reservation newly added by Canada before the new legislation at issue. In response to such a formulation of the subject, Canada maintained that the subject of the present dispute was the question concerning the new legislation for the management and conservation of fish stocks and its enforcement and that it, therefore, fell within the reservation newly attached by Canada to its Optional Clause Declaration. The Court suggests that "the Court will not confine itself to the formulation by the Applicant when determining the subject of the dispute", and that "[T]he Court will itself determine the real dispute that has been submitted to it … not only on the Application and final submissions, but on diplomatic exchanges, public statements and other pertinent evidence".[14] Then the Court distinguished the arguments of the Parties to justify their respective submissions from the dispute in itself. The Court took the view that it must take into account not only the Application submitted by the Applicant State but also the various written and oral pleadings by the Parties. From such a vantage point, the Court concluded that "[T]he specific acts … which gave rise to the present dispute are the Canadian activities on the high seas in relation to the pursuit of the *Estai*" and that "[T]he essence of the dispute between the Parties is whether these acts violated Spain's rights under international law and require reparation".[15] On the basis of this identification of the subject of the dispute before it, the Court examined the jurisdictional basis and reached the conclusion that it lacked jurisdiction in this case because such a dispute fell within the terms of the reservation made by Canada.[16] It must be said that the subject-matter identified by the Court played a key role in the examination of its jurisdiction in this case.

With regard to the findings on the subject-matter of the dispute by the Court, some of the Judges appended opinions expressing contrary views. Judges Bedjaoui, Ranjeva and Vereshchetin criticized the findings of the Court as reformulation of the subject or nature of the dispute as defined by the Applicant State.[17] Judge Ranjeva suggested that "the Court restated the subject-

---

14 Fisheries Jurisdiction (Spain v. Canada), Jurisdiction of the Court, Judgment, I.C.J. Reports 1998, pp. 448-449, paras. 30 and 31.

15 Ibid., p. 450, para. 35.

16 Ibid., p. 467, para. 87.

17 Dissenting Opinion of Judge Bedjaoui, ibid., pp. 521-533, paras. 13-41, Dissenting Opinion of Judge Ranjeva, ibid., pp. 554-561, paras. 4-21 and Dissenting Opinion

matter of the dispute *proprio motu*, without having completed its preliminary examination of all possible hypotheses" and that "in restating the subject of the dispute by comparison with that set out in the Application, the Court ruled *ultra petia*".[18] Judge Vereshchetin suggested that "[T]he Court had no good reason for redefining and narrowing the subject-matter of the dispute presented by the Applicant".[19] These views reflect the questions of the role to be played by the Court regarding the identification of the subject-matter of the dispute and of the extent to which the Applicant State can exert influence upon the presentation and evaluation of the subject-matter at the preliminary stage.

In *Certain Property*, the issue of the subject-matter was again taken up because the first preliminary objection raised by Germany was the existence of dispute comprising the subject as indicated by Liechtenstein. As the Court upheld Germany's second preliminary objection, it concluded that it lacked jurisdiction *ratione temporis* but it discussed the issue of subject-matter of the dispute to respond to the first objection submitted by Germany.

In this case, Liechtenstein based the Court's jurisdiction on Article 1 of the European Convention for Peaceful Settlement of Disputes. The Court admitted that there was a disagreement between the Parties on a point of law or fact, a conflict of legal view or interest between the Parties in this case. For the Court, Liechtenstein took the view that the dispute with Germany was related to the violation of its sovereignty and neutrality by Germany. Liechtenstein argued that Germany, for the first time in 1995, treated Liechtenstein property confiscated under the Beneš Decrees as German external assets for the purposes of the Convention on the Settlement of Matters Arising out of the War and the Occupation, notwithstanding Liechtenstein's status as a neutral State. In response to this argument, Germany denied the existence of a dispute with Liechtenstein and took the view that the subject-matter of the dispute was the confiscation by Czechoslovakia in 1945 of Liechtenstein property without compensation. The Court recognized the existence of dispute: "Germany's position taken in the course of bilateral consultations and in the letter by the Minister for Foreign Affairs of 20 January 2000 has evidentiary value in support

---

of Judge Vereshchetin, ibid., pp. 570-574, paras. 2-8.

18 Opinion dissidente de M. Ranjeva, ibid., p. 561, para. 20.

19 Dissenting Opinion of Judge Vereshchetin, ibid., p. 574, para. 8.

of the proposition that Liechtenstein's claims were positively opposed by Germany and that this was recognized by the latter".[20] Then, the Court verified the subject-matter of the dispute by the examination of the case file and concluded that it was "whether, by applying Article 3, Chapter Six, of the Settlement Convention to Liechtenstein property that had been confiscated in Czechoslovakia under the Beneš Decrees in 1945, Germany was in breach of the international obligations it owed to Liechtenstein and, if so, what is Germany's international responsibility".[21] It could be commented that the reasoning of this part is rather brief.

Paragraph 1(a) of the *dispositif* concerning the existence of the dispute was concurred with by fifteen Judges and the main focus of the dissenting opinions is on paragraph 1(b) regarding the jurisdiction *ratione temporis*.[22] However, the views expressed in the opinions of the Judges with regard to the subject-matter of the dispute are fairly nuanced and there seem to be some arguments among the Judges.

Judge Kooijmans elaborated his view on the subject-matter in this case. Concurring with the judgment, he explained that the subject-matter of this case was "whether Germany could lawfully apply it (the Settlement Convention) to confiscated property belonging to nationals of a State which remained neutral during that war and which, moreover, is not a party to that Convention"[23] and "the German authorities could lawfully apply the Settlement Convention to neutral assets or – to put it differently – whether neutral assets could be considered as 'German external assets or other property, seized for the purpose of reparation or restitution, or as a result of the state or war' for the purpose of applying the Settlement convention". He continued that "the legality or illegality of the confiscation of Liechtenstein property under the Beneš Decrees is irrelevant, and the Court is not asked to consider that issue".[24]

Judge Owada examined the difference of the views of the Parties with

---

20 Certain Property (Liechtenstein v. Germany), Preliminary Objections, Judgment of 10 February 2005, paras. 24 and 25.

21 Ibid., para. 26.

22 Ibid., para. 54.

23 Dissenting Opinion of Judge Kooijmans, ibid., para. 5.

24 Ibid., para. 6.

regard to the subject-matter of the dispute[25] and concluded that "all that the Court should pronounce upon at this stage of the proceedings, where it is addressing strictly the preliminary objections raised by the Respondent only, is whether there does exist a legal dispute between the Parties on this point for the purposes of the jurisdiction of the Court".[26]

In *Certain Property*, it is noticeable that the Court only briefly suggested that its decision was on the basis of the case file and did not explain the reasons for this. It is rather different from the reasoning given in the *Maritime Delimitation (Qatar v. Bahrain)* case or the *Fisheries Jurisdiction* case.

II.C. Subject-Matter and the Administration of Justice

From the discussion relating to the cases discussed in the previous section, in several cases the Court has to exercise its inherent power to verify the subject-matter of the dispute. In the exercise of such power, the Court, all the time, faces the question of the scope of the verification of the dispute. The Court should take into account the fair treatment of the Parties. The formulation of the subject-matter of a case is closely related to the jurisdictional basis and to the final settlement of the dispute between the Parties. The Court is required to deal with this issue in an objective way and to consider the scope of its power in accordance with its jurisprudence. To demonstrate such objectiveness and consistency, sufficient reasoning is very important.

III. Jurisdiction

III.A. Jurisdictional Basis and the Power of the Court

As far as the issue of the jurisdiction of the Court is concerned, the basic principle of the ICJ system is the consent of the Parties. Therefore, if a State wishes to submit a dispute to the Court, it is required to provide an appropriate jurisdictional basis. In this sense, the Applicant State plays a key role in the justification of the jurisdiction at the initial stage in the cases unilaterally

25 Dissenting Opinion of Judge Owada, ibid., paras. 1-11.

26 Ibid., para. 11.

submitted to the Court. In response to such a justification by the Applicant State, the Respondent State submits objections, if necessary, as preliminary objections. In response to such arguments, the Court has the *compétence de la compétence.* The Court has to exercise its function to secure the administration of justice in some cases where there is room for discussion of the abusive use of a jurisdictional basis by the Applicant State. For this purpose, the Court has to consider the objections submitted by the Respondent State or makes a decision *proprio motu* if necessary. The judicial function of the Court sustains an important task in cases where the specified jurisdictional basis is questionable.

III.B. Arguments Regarding the Bases of Jurisdiction in Recent Cases

In the recent jurisprudence of the Court, two cases are of particular interest for the purpose of the examination of the role that the Court plays at the jurisdictional stage: They are the Judgment on preliminary objections in the *Oil Platforms* case and the Order and Judgment on preliminary objections in the *Legality of Use of Force* cases. In these cases, the judicial function of the Court is one of the most controversial issues at every stage.

In the Judgment on preliminary objections in the *Oil Platforms* case, other aspects of the obligatory jurisdiction of the Court were examined. In this case, Iran instituted proceedings against the United States on the basis of the compromissory clause in the Treaty of Amity, Economic Relations and Consular Rights between the Parties signed in 1955 (hereinafter called "the Treaty of 1955"). The United States submitted two-faceted preliminary objections. One was on the applicability of the Treaty of 1955 to the present dispute and the other was related to the scope of the provisions invoked by Iran.[27] With regard to the applicability of the Treaty of 1955, the Court suggested that any action by one of the Parties that was incompatible with the various obligations under the Treaty of 1955 was unlawful, regardless of the means by which it was brought and such means may contain the use of force.[28] Then the Court respectively examined the scope of Article, I, Article IV,

---

27 Oil Platforms (Islamic Republic of Iran v. United States of America), Preliminary Objection, Judgment, I.C.J. Reports 1996, p. 810, para. 17.

28 Ibid., pp. 811-812, para. 21.

paragraph 1, and Article X, paragraph 1, and found that it had jurisdiction only over the dispute regarding the interpretation and application of Article X, paragraph 1. The Court considered that Article I and Article IV, paragraph 1, do not provide substantive rights and obligations for the Parties while Article X, paragraph 1, does.[29] The Court considered that the word "commerce" in Article X, paragraph 1, "includes commercial activities in general – not merely the immediate act of purchase and sale, but also the ancillary activities integrally related to commerce".[30]

The modality used by the Court for the examination of the scope of each provision is more detailed compared with the one used in the jurisdictional phase of jurisdiction in the Court's precedent, in the sense that it went into the examination of the concrete contents of the rights and obligations under each provision. Such an approach was the focus on which the Judges discussed in their opinions. Judge Shahabuddeen made an extensive argument from the viewpoint of the fair treatment of the Applicant and the Respondent and the role to be played by the Court.[31] He suggested that the test for the Court's jurisdiction should be lower than the one that the Court referred to in the present case.[32] Judge Ranjeva[33] appended his opinion with regard to the link between the jurisdictional basis and the contents of the dispute and the function of the Court in the phase of preliminary objections. Judge Higgins appended her opinion with regard to the test to be applied to find the jurisdictional link on the basis of the compromissory clause of the Treaty of 1955.[34] She gave a detailed examination of the jurisprudence of the ICJ and the PCIJ in which the compromissory clause was the basis of jurisdiction[35] and posed three questions about the function of the Court to be exercised at the stage of preliminary objections: first, the question of criteria; second, provisional or final nature of the Court's findings at the jurisdictional stage; and third, the necessity to avoid entering into the merits in the jurisdictional phase. For Judge Higgins, the Court

29 Ibid., pp. 812-820, paras. 22-53.

30 Ibid., p. 819, para. 49.

31 Separate Opinion of Judge Shahabuddeen, ibid., pp. 822-834.

32 Ibid., p. 834.

33 Separate Opinion of Judge Ranjeva, ibid., pp. 842-846.

34 Separate Opinion of Judge Higgins, ibid., pp. 847-863.

35 Ibid., pp. 847-854, paras. 4-26.

should have interpreted the provisions invoked by Iran in a more substantive manner, in order to get a definitive decision on the jurisdiction.[36] She suggested that "nothing in this approach puts at risk the obligation of the Court to keep separate the jurisdictional and merits phases … and to protect the integrity of the proceedings on the merits" and that "that is inherent in the nature of the preliminary jurisdiction of the Court".[37] Judge Higgins, therefore, took the view that the Court should have considered the provisions invoked by Iran in a substantive way, decided definitively the jurisdictional basis and followed the jurisprudence of the Court as far as the legal threshold is concerned.[38]

In the *Legality of Use of Force* cases, the Court found that it *prima facie* lacked jurisdiction at the stage of the request for provisional measures in eight cases and found that it lacked jurisdiction at the stage of preliminary objections.

In the Order on provisional measures, the Court did not uphold the arguments that the case should be removed from the General List in eight cases, which continued till the stage of preliminary objections. Only in the cases against Spain and the United States, it found that it manifestly lacked jurisdiction.[39] In the other eight cases, the Court examined the bases of jurisdiction *prima facie* invoked by the Applicant and found that it did not have jurisdiction *ratione temporis* and *ratione materiae.*[40] In the reasoning regarding the jurisdiction *ratione temporis*, the Court examined whether the dispute before the Court had begun before the Optional Clause declaration was made by the Federal Republic of Yugoslavia. Although the Federal Republic of Yugoslavia explained that the allegedly illegal act could be separated in every bombing and that each of them could constitute an illegal act, the Court took the view that the allegedly illegal act started before the date of the Declaration of the Federal Republic of Yugoslavia and had been conducted continuously over a period

---

36 Ibid., pp. 855-857, paras. 29-34.

37 Ibid., p. 856, para. 34.

38 Ibid., p. 857, para. 37.

39 Legality of Use of Force (Yugoslavia v. Spain), Provisional Measures, I.C.J. Reports 1999 (II), p. 774, para. 40 and Legality of Use of Force (Yugoslavia v. United States of America), Provisional Measures, I.C.J. Reports 1999 (II), p. 926, para. 34.

40 For example, Legality of Use of Force (Yugoslavia v. Belgium), Provisional Measures, I.C.J. Reports 1999 (I), p. 139, para. 45.

extending beyond that date.[41] As far as the jurisdiction *ratione materiae* is concerned, the Court discussed the conditions of the notion of genocide to be satisfied to justify the application of the Genocide Convention and found that the conditions were not satisfied in these cases.[42]

In the phase of preliminary objections, the first issue that was taken is the power of the Court to put an end to a case *in limine litis*. The Court admitted that it is endowed with this inherent power, but it did not consider that it was necessary to exercise it in the present case.[43]

The Court, then, moved on to the issue of jurisdiction. It firstly referred to its freedom to select the ground upon which it may base its judgment and to "base its decision on one or more grounds of its own choosing, in particular 'the ground which in its judgment is more direct and conclusive'". Based upon such a finding, the Court took the view that it should firstly examine the standing of Serbia and Montenegro.[44] Although the Court avoided the examination of this issue at the stage of the request for provisional measures, it considered it appropriate to deal with it at this stage. The Court examined the situation of the status of Federal Republic of Yugoslavia when the Application was filed and reached the conclusion that it was not a Member of the United Nations. Consequently, the Court concluded that it was not open to Serbia and Montenegro under Article 35, paragraph 1, of the Statute.[45] The Court further found that Serbia had no the standing under Article 35, paragraph 2, of the Statute and concluded that Serbia and Montenegro lacked standing before the Court when it instituted the present proceedings.[46]

It is interesting that although the conclusion of the Court was reached unanimously, some Judges appended their opinions on this point. These opinions are interesting in the sense that they reflect the view of the respective Judges on the function of the Court in such a case which was filed in a possibly abusive manner. The Joint Declaration of Vice-President Ranjeva, Judges

41 Ibid., pp. 132-136, paras. 22-32.

42 Ibid., pp. 136-138, paras. 34-41.

43 For example, Legality of Use of Force, Judgment on Preliminary Objections (Serbia and Montenegro v. Belgium), 15 December 2004, paras. 24-42.

44 Ibid., para. 44.

45 Ibid., paras. 52-89.

46 Ibid., paras. 90-113.

Guillaume, Higgins, Kooijmans, Al-Khsawneh, Buergenthal and Elaraby reflects their deep concern about the judicial function although they concurred with the conclusion of the Judgment. It pointed out that "[T]he choice of the Court has to be exercised in a manner that reflects its judicial function" and suggested three criteria that must be used to guide the Court in selection between possible options.[47] The Joint Declaration suggested some criticism in the light of the three criteria and expressed regret for the direction of the Court. Judges Higgins and Kooijmans further elaborated their concern in their respective separate opinion and suggested that the case should be removed from the General List *in limine litis.*[48] It is noticeable that Judge Higgins mentioned that such a removal from the List is an exercise of the inherent power to protect the integrity of the judicial process.[49] These declarations and opinions might reveal the differences among the judges regarding the treatment of the cases before the Court. For the judges appending a declaration or an opinion, main concern was the judicial function of the Court to be exercised in such cases filed to it in a rather abusive manner.

III.C. Jurisdiction and the Parties

In exercising its *compétence de la compétence*, the Court should be sensible of the differentiation of the matters of a preliminary nature from those regarding the merits. In the two cases, the jurisdictional basis invoked by the Applicant State comprises some possibility of inappropriate use. In such cases, the Court is expected to play an important role to secure the administration of justice. Although the power of the Court regarding the *compétence de la compétence* is

---

47 Three criteria are as follows: first, the consistency with its own past case law in order to provide predictability; second, the principle of certitude which will lead the Court to choose the ground which is most secure in law and to avoid a ground which is less safe and doubtful; and third, consideration, as the principal judicial organ of the United Nations, of possible implications and consequences for the other pending cases. Joint Declaration of Vice-President Ranjeva, Judges Guillaume, Higgins, Kooijmans, Al-Khasawneh, Buergenthal and Elaraby, ibid., para. 3.

48 Separate Opinion of Judge Kooijmans, ibid., para. 26 and Separate Opinion of Judge Higgins, ibid., para. 12.

49 Ibid.

essentially inherent in its judicial function and, therefore, allows it a fairly wide range of discretion, the modality of the exercise of such discretion is not clear. The Court should balance the right of the Applicant State to invoke a jurisdictional basis with the right of the Respondent State not to be involved in the proceedings which does not fall within the scope of that jurisdictional basis. As to the verification of the subject-matter, the Court is again required to give sufficient reasoning for the exercise of its discretion.

IV. Concluding Remarks

As Professor McWhinney shows in his lectures at the Hague Academy in 1990, the ICJ has been more and more internationalized corresponding to the change of the political circumstances of the United Nations and "in the character and composition, and also the public image, of the International Court, from its being a narrowly Western, 'Eurocentrist' institution to one that genuinely representative of larger, pluralistic World Community that has emerged in the wake of decolonization and self-determination of peoples".[50] It might be said that in such a pluralistic world community, the interests of States vary very widely because of the differences of the values and cultures. Such differences might lead to complicated international disputes.

Since he delivered his lecture, the circumstances of the UN and the Court have been changing even more quickly and widely. Now, the Court is faced with a wider variety of disputes which reflect the particular interests of the Parties with different cultural background and the cautious intentions to take advantage of the international dispute settlement process of the Court for their own interests. The Court should maintain its sound function under such circumstances.

Regarding the dispute settlement function, it is also interesting to see that the Court recommends unifying the preliminary stage and the merits stage or settling the dispute outside the Court, or that the Parties agree to ask the third party to reach the final settlement after the Court's Judgment.[51] These are the

---

50 E. McWhinney, "Judicial Settlement of Disputes: Jurisdiction and Justiciablity", RCADI, vol. 221 (1990), p. 191.

51 For example, in LaGrand and Arrest Warrant, the Court and the Parties agreed to deal with the preliminary objections and merits at the same time. All of them

attempts to utilize the Court process as a part of the final dispute settlement.

Under these present circumstances, the Court should get the Parties positively involved in the dispute settlement process and their cooperation, on the one hand, and try to secure its proper function as a judicial institution. For these purposes, the Court is required to render decisions with reasoning which is persuasive to the States of every cultural background. As the issue of subject-matter of the dispute is one of the salient points which directly reflect differences between legal cultures, the reasoning of the Court should be well-balanced and persuasive to both Parties. The arguments regarding the basis for the jurisdiction of the Court constitute the core of the proper function of the Court and the Court is required to consider the various factors relating to the subject and nature of the dispute before it. In this sense, the Court has never more expected to render decisions which are objective and well-founded. Such decisions can lead to the confidence and cooperation of the Parties and facilitate the whole process for the final dispute settlement.

---

agreed to settle the dispute as early as possible. (LaGrand (Germany v. United States of America), Judgment, I.C.J. Reports 2001, p. 466 and Arrest Warrant of 11 April 2000 (Democratic Republic of the Congo v. Belgium), Judgment, I.C.J. Reports 2002, p. 3). In Cameroon v. Nigeria, after the Judgment on the Merits of 10 October 2002, the Parties requested the Secretary-General of the UN to establish a mixed commission for the final settlement of their dispute. (M. M. M. Salah, "La commission mixte Cameroun/Nigeria, un Mécanisme original de règlement des différends interétatiques", 51 AFDI 162 (2005).) The dispute was finally settled by this commission (http://www.un.org/events/tenstories). One of the examples of the successful dispute settlement out of the Court is the Dispute on the right of Passage between Finland and Denmark. That dispute was settled amicably after the recommendation in the Order of provisional measures (I.C.J. Reports 1992, pp. 348-349).

Legal Multiculturalism and the International Law Commission

Sompong Sucharitkul*

I. Introduction

Much has been reported and commented about the International Law Commission[1] and its Work,[2] but virtually very little is known about multiculturalism within the international body set up for the principal task of codification and progressive development of international law. This dual task has been undertaken by the International Law Commission from the very start, as explicitly declared in Article 1 of its Statute, the Commission "shall have as its object the promotion of the progressive development of international law and its codification".[3] The purpose of this short essay is to endeavor to evaluate

---

* Emeritus Associate Dean and Distinguished Professor of International and Comparative Law, and Director of the Center for Advanced Internal Legal Studies at Golden Gate University School of Law (San Francisco); Former Ambassador of Thailand; Former Vice-President and Special Rapporteur of the International Law Commission; Membre Titulaire de l'Institut de Droit international (Geneva). This essay was completed on 15 April 2007.

1 The UN's webpage for the International Law Commission is at: http://www.un.org/ law/ilc/index.htm.

2 There have been fifty-eight Reports of the International Law Commission from its very First session to its 2006 session (1 May to 5 June and 3 July to 11 August 2006), General Assembly Official Records Sixty-first Session Supplement No. 10 (A/61/10). In addition, the United Nations has also published in successive editions of "The Work of the International Law Commission".

3 The original text of the Statute of the International Law Commission is annexed to General Assembly Resolution 174 (II) of 21 November 1947.

Sienho Yee & Jacques-Yvan Morin (eds.), Multiculturalism and International Law, 301-314.

the significance of multiculturalism as a key factor to ensure global acceptance of the drafts prepared by the International Law Commission as an essential part of its mandate. It will be seen how diversity is assured in the fair and equitable representation of the principal legal systems of the global community in the process of verification of the crystallization of common international norms and in the ultimate formulation of rules of international law as expressed in terms of their codification together with a set of pertinent commentaries.

An inductive approach will be adopted in a systematic analysis of the existing practice of States on the topics under examination in actual preparation of draft articles in one of the official working languages of the United Nations and translated into two other working languages of the International Law Commission, namely English, French and Spanish. It has long been the practice of the Commission to have the draft articles, after adoption at first reading, translated into all the six official languages of the United Nations, the three remaining are Russian, Chinese and Arabic. The draft articles are then transmitted to Member States for official comments so as to enable the Commission to have a broader outlook, more directly reflective of the views of the member nations of the global community. As such, the choice of the Special Rapporteur for each of the topics considered ripe for codification by the General Assembly is indeed crucial to the success of the project to be undertaken. In this connection too, the selection of the original language used by the Special Rapporteur may be indicative of the legal system and legal traditions and culture in which he or she has received legal education and professional training. While the choice of topics has been guided by a certain set of criteria, the corresponding selection or election of a Special Rapporteur for a particular topic, equally vital to ensure the positive end results of the mission, has to follow a more political set of directives. The choice of a Special Rapporteur for any topic requires a minimum degree of consistency and endurance on the part of the person, otherwise fully academically and professionally qualified for the position. Certain political considerations have to be fulfilled, such for instance as geographical distribution or allocation and equitable representation of a variety of the principal legal systems, or to be more precise the main legal cultures of the world and even expediency. It will be seen how in actual practice the desirable result could be attained through the passage of double testing. It is further questionable whether the methodical use of the rapporteurship is the best possible solution in every case, and whether there should not be other alternatives in exceptional areas of international law or in extraordinary circumstances. These are some of the basic questions that may be and have been raised in the past and will continue to occupy the attention of those called upon to devise and improve upon the methodology of international law in the making or the codification and progressive development of international law. It is with little or no hesitation that a minimum quantity of precaution is in order if not yet in place. It should be pointed out that for this specific purpose a self-review is recommended in preference to gratuitous advice from outsiders. Those within the Commission are better able to observe the shortcomings and imperfections from within with a clearer perspective than distant viewers, observers and critics, relying on remote sensing techniques from without as sources of their raw data on which to base their speculation and idealistic recommendations.[4]

Among the many factors and elements that have contributed in varying measures to the successes and/or failures of the International Law Commission should be mentioned the composition and structure of the Commission itself. One of the essential components of the membership and organization of the work and operation of the Commission is readily discernible from the constituent instrument creating that law-formulating body. It is none other than the necessity of diversity of its membership that should in principle as well as in practical reality embrace all the different legal systems of the world, each of which in turn disposes of a significant variety of differing legal cultures and traditions. It is on this last note of emphasis on legal multiculturalism that this study will be sharply focused.

This article will begin with the search for an ideal manageable size of the Commission taking into account its realistic workload. It will then examine the necessity for proportional representation of the principal legal systems of the world or the finding of an appropriate number of the most highly qualified publicists with expertise in each and in all of the main legal cultures and traditions known to this planet, to whom to assign the task of codification and progressive development of international law in areas that have become mature

---

4 See e.g. The International Law Commission: The Need for a New Direction, by Mohamed El Baradei, Thomas M. Franck and Robert Trachtenberg, Project of the

for codification process. It will further consider possible alternatives to the *modus operandi* hitherto evolved from within the Commission with the serviceable legal expertise at the disposal of Members of the Commission, particularly a specialist or a group of specialists available for consultations by a Special Rapporteur for any particular topic on the Commission's agenda. The paper will assess the practicality of the Commission's programme of work, having regard to the urgency and relative importance of each topic under active study by the Commission at various stages of its work. It will seek to ascertain the value of the multiplicity of the legal cultures that have been called into play, and will also evaluate the relevancy and contribution of existing legal multicultural components of the Commission in relation to the general acceptability of each of its final products. It is needless to stress that the entire exercise will be conducted from an Asian perspective, based mainly on Asian perceptions. The study will terminate with a succinct conclusion.

II. Use of Terms

The use of certain terms needs further clarification and precision for the present purpose. Each term that is used in this article and which has a special meaning in the context in which it is used deserves a particular attention, to avoid subsequent confusion of thought and possible misunderstanding. Special attention should be paid to the use of following terms in the present context:

(1) "Multiculturalism" means the interplay, coexistence and interactions of a plurality or multiplicity of legal cultures, and of a variety of legal traditions within and among the principal legal systems of the world.

(2) "Principal Legal Systems" refer to the variety of types of national legal systems and the legal systems in force in different parts and regions of the world, such for instance as, the civil law systems, including socialist legality, the common-law systems, legal systems based on religious principles, legal usages and traditions, including tribal laws and customs.

UNITAR Research Department, August 1981.

(3) "Legal Cultures" denote further subdivisions that exist within each principal legal system. For example, the common law world knows of the differences that are discernible between English and American common law, although the Americans inherited from the English Common Law, the same seeds have borne different fruits in different soil and with varying surroundings, the common law of the United States and that in England and some Commonwealth countries. The civil law world has known several subdivisions, from the German Civil Code, the School of Savigny, and the Code Napoleon of the Francophone communities in the four corners of the world, to the Socialist Legality School and the Spanish Leyes de Siete Partes and the Roman Dutch Law in The Netherlands, partly in Indonesia and in South Africa. The legal systems based on religious precepts are as diverse as Hindu law is from Mohammedan or Islamic Law or the Koranic verses or Adat law, the Chariah or Buddhist law, law based on Buddha's teachings, preceding the Old Testament and ecclesiastical law. The Code Manu is known among Hindu communities while the Hebrew Code is not alien to Judaism. Tribal legal cultures also vary from the Native Americans, the Mayas and the Incas to the African tribes and Asian Indian tribes and the Mongolian and other Asian Hill Tribes, as well as the Pacific islanders' archipelagic tribal legal cultures.

(4) "Multilingual Treaties" refer to multilateral and bilateral treaties with two or more official languages. Draft articles of treaties or codification conventions prepared by the International Law Commission are invariably in three working languages of the United Nations, namely English, French and Spanish, of which one or two being original and all equally authentic.

III. Multiculturalism and the Composition of the International Law Commission

The world being so diversely composed of distinct legal cultures, the composition of a world body charged with the responsibility of exploration and final preparation of draft articles on topics of international law that are considered ripe for codification are designed to reflect this diversity and to forge some measure of harmony in the absence of uniformity in the substance as well as in the form of the legal norms to be formulated, collected and codified as a draft code or convention on a particular topic of international law.

III.A. Object of the Commission

The International Law Commission was a creation of the United Nations.[5] Article 3 (1) of the Charter provides that "The General Assembly shall initiate studies and make recommendations for the purpose of encouraging the progressive development of international law and its codification".[6] The first Commission was elected on 3rd November 1948 and commenced its first annual session on12 April 1949. The prime object of the Commission, as mandated in Article 1 (1) of its Statute, is "the promotion of the progressive development of international law and its codification". The single Commission is to undertake the combined task of progressive development as well as codification.

Article 15 of the Statute draws a distinction for convenience between "progressive development" (as denoting "the preparation of draft conventions on subjects which have not yet been regulated by international law or in regard to which the law has not yet been sufficiently developed in the practice of States") and "codification" (as "covering the more precise formulation and systematization of rules of international law in the fields where there already has been extensive State practice, precedent and doctrine").[7] Thus, it is the task of this single Commission to undertake, in most cases, both progressive development and codification of international law.

The Commission "shall concern itself primarily with public international

---

5 See General Assembly Resolution 174 (II) of 21 November 1948.

6 Signed at San Francisco on 26 June 1945 and amended on 17 December 1963, 20 December 1965 and 20 December 1971.

7 Text amended by General Assembly Resolution 36/39 of 18 November 1981. For an informative and instructive study of the ILC up to 1986, see Sir Ian Sinclair, Sir Hersch Lauterpacht Memorial Lectures, 45-112 (1987).

law, but is not precluded from entering the field of private international law".[8] With very few exceptions, the Commission's work to date has been almost exclusively in the field of public international law. Only in one or two topics, the Commission has ventured into the periphery of private international law.[9]

III.B. Composition and Enlargement of the Commission

The Commission came into existence with fifteen members whose qualifications are defined by Article 2 of its Statute as "persons of recognized competence in international law".[10] Members of the Commission are elected by the General Assembly from a list of candidates nominated by the Governments of States Members of the United Nations.[11] Each Government can nominate up to four candidates.[12] There is no restriction with regard to nationality of the candidate subject only to the proviso that "no two members of the Commission shall be nationals of the same State".[13] In the case of a casual vacancy, the Commission shall fill the vacancy by co-optation from a list of candidates nominated by invitation. The process of co-option by the Commission shall also follow the provisions of Articles 2 and 8 of the Statute.[14]

---

8 Article 1 (2) of the Statute, cited in Note 7 supra.

9 Examples include the topic of "The Most-Favored-Nation Clauses", "Diplomatic Protection" and "Jurisdictional Immunities of States and Their Property". In the last topic, reference has been made to "the relevant rules of private international law regarding competent jurisdiction and the applicable law" (draft Article 11).

10 Compare the qualifications required of members of the International Court of Justice under Article 2 of the Statute of the Court: "The Court shall be composed of a body of independent judges, elected regardless of nationality from among persons of high moral character, who possess the qualifications required in their respective countries for their appointment to the highest judicial office, or are jurisconsults of recognized competence in international law."

11 See Article 3 of the Statute.

12 Ibid., Article 4.

13 The application of this provision, Article 1 (2) of the Statute during the merger between Egypt and Syria resulted in the lapse of membership of the late Judge Abdullah El-Erian and the maintenance of only one member, El Khouri. El-Erian was re-elected for a new mandate beginning in 1962. This is also in accordance with Article 9 (2) of the Statute.

14 Ibid., Articles 2 and 8.

At the election, the electors are reminded that the Commission should individually possess the qualifications required under Article 2 (1) of the Statute, and that "in the Commission as a whole representation of the main forms of civilization and of the principal legal systems of the world should be assured".[15] The phrase "principal legal systems of the world" has been loosely defined and clarified in the use of terms in the preceding Part II of this paper. "The main forms of civilization" refer to the currently existing forms of civilization rather than the antiquated forms of ancient civilization. But the phrase is not without controversy, and must be understood in an objective rather than subjective perspective.

The United Nations, as an organization of universal character, is destined to expand its membership to cover every corner of the globe. Although the world organization started in 1945 with the allied powers, original signatories of the San Francisco Charter, it has since grown by leaps and bounds. Its rapid expansion has been prompted by two noteworthy instruments, the Bandung Final Communiqué of 24 April, 1955 [16] and the timely passage of General Assembly Resolution 1514 in 1960.[17] The Asian African Summit Conference at Bandung called for the admission of Japan along with other newly independent Asian African States.[18] To give an added impetus on the global scale, General Assembly Resolution 1514 on the Granting of Independence to Colonial Countries and Peoples did much to accelerate the process of decolonization.[19]

---

15 See Article 8 of the Statute.

16 See the Final Communiqué of 24 April 1955, D. Problem of Dependent Peoples and F. Promotion of World Peace and Co-operation.

17 See General Assembly Resolution 1514 on the Granting of Independence to Colonial Countries and Peoples, 1960.

18 See Part F of the Final Communiqué, paragraph 1, calling for universality of the United Nations and admission of Cambodia, Ceylon, Japan, Jordan, Libya, Nepal and a United Vietnam. With the exception of Vietnam which was still divided, the States participating at the Bandung Conference were all admitted to the UN in 1955 along with other newly independent States as a package.

19 Paragraph 5 declares that "Immediate steps shall be taken, in Trust and Non-Self Governing Territories or all other territories which have not yet attained independence, to transfer all power to the peoples of those territories, without any conditions or reservations, in accordance with their freely expressed will and desire, without any distinction as to race, creed or colour, in order to enable them to enjoy complete independence and freedom".

In the light of increasing membership of the United Nations and to ensure fuller representation of the main forms of civilizations as well as the principal legal systems of the world, the International Law Commission has, in turn, begun to expand its membership to give fuller effect to the provisions of Article 8 of the its Statute.

The size of the Commission has accordingly been enlarged three times: from fifteen to twenty-one in 1956,[20] to twenty-five in 1961,[21] and to the current thirty-four in 1981.[22] The current size appears ideally to correspond to the need to reflect the main forms of civilization and the principal legal systems of the world, including the subtle distinctions that have emerged in the existing legal cultures of the world without being excessively numerous and unwieldy. It is a body of legal experts of recognized competence in public international law. It remains to be seen that such a body of international legal specialists with expertise in the fields that are considered ripe for codification and progressive development, being thus ideally composed and evenly distributed, still has to contend with other obstacles and further barriers to overcome in the performance of the various delicate and sophisticated tasks it has been called upon to accomplish.

III.C. Natural Barriers and Inherent Limitations

It is opportune at this point to evaluate the pre-existing natural barriers facing most members of the Commission, to examine practical ways and means of overcoming these barriers and to be prepared for the challenges posed by them. It is therefore necessary to identify some of the limitations and shortcomings that could be rectified or improved in the course of our examination of the significant mission conferred upon the Commission as a body and upon each and every individual member in his or her personal capacity to be better able to contribute to the work of the Commission. Some essential characteristics of the nature of the work of the Commission need first to be placed on notice.

---

20 See General Assembly Resolution 1103 (XI) of 18 December 1956.

21 See General Assembly Resolution 1647 (XVI) of 6 November 1961.

22 See General Assembly Resolution 36/39 of 18 November 1981.

III.C.1. The European Origin of International Law

The fact that contemporary international law was European in origin needs no confirmation. Nor could it be argued today that international law has not assumed a universal character. International law has clearly become universal in its application, and accordingly also in its codification. At any rate, the universality of international law is recognized in the formulation of rules which must be accepted by all countries to be of universal application, and not solely to be known within a particular region or within certain sectors or portions of the earth. This is not surprising in the circumstances, having regard to the methods of work adopted by the Commission through the institution of Special Rapporteurship. For most of the topics assigned to the Commission, Special Rapporteurs have been appointed to elaborate respective sets of draft articles. During the initial phase of almost two decades, Special Rapporteurs were invariably appointed from among the European or the Western world. It was not until almost the end of the second decade that one or two Special Rapporteurs were appointed from the Euro-Mediterranean basin. It has taken three decades for the Commission to appoint its first Special Rapporteur from outside of the Euro-Mediterranean or the Western world. Even since then, with the exception of one Senegalese expert jurist, most Special Rapporteurs have been almost exclusively European or at any rate from the Western world.

By way of illustration, during the initial phase of the Commission, even the Secretariat Memorandum entitled "Survey of international law in relation to the work of codification of the International Law Commission,"[23] containing twenty-five topics, was prepared by a European. From this list, the Commission selected fourteen. Earlier Special Rapporteurs were mostly European except for one American.[24] In the second decade, one Egyptian Jurist and another Algerian

---

23 Document A/CN.4/1, reissued under the symbol A/CN.4/1/Rev.1, UN Publication, Sales No. 48.V 1 (1). This was prepared by Professor Hersch Lauterpacht of Cambridge University.

24 Except for Judge Manley O. Hudson, other Special Rapporteurs were practically all European, Spiropoulos (Greece), Sandstrom (Sweden), Francois (The Netherlands), Jaroslav Zourek (Czechoslovakia), Endre Ustor (Hungary). There were also Garcia Amador (Cuba) and Cordova (Mexico). Special Rapporteurs for the Law of Treaties were all English, James Brierly, Sir Hersch Lauterpact, Sir Gerald Fitsmaurice and Sir Humphrey Waldock.

Ambassador were the first two appointed from the African shores of the Mediterranean Sea.[25] It was not until almost the end of the third decade that an Asian, non-Western, was appointed Special Rapporteur in 1978.[26] Another non-Western Special Rapporteur at first reading was appointed in 1982.[27] Hitherto, there have been very few additional appointees from the non-Western world.[28]

III.C.2. Linguistic Barriers

Among the existing barriers that members of the Commission have learned to overcome must be mentioned the linguistic barriers. As has been noted, the three official working languages of the Commission are exclusively European, namely, English, French and Spanish. The choice was not without practical reasons. On the other hand, the world is much wider than Europe despite the original Euro-centricity of international law. This presents a practical barrier in real terms for the great majority of Asian populations, such as Chinese, Japanese and Thai, who for several millennia have been in existence without having to learn any of the three working languages of the United Nations. This challenge is very difficult indeed to meet. It goes without saying that apart from the diversity in their legal cultures, the linguistic barriers have been almost insuperable without considerable efforts and unlimited endurance.

Linguistic difficulties afford at least a partial explanation for the paucity of Special Rapporteurs from the non-Western world, let alone from the three independent Asian nations, whose populations, fortunately or otherwise, have

---

25 Ambassador Abdullah El-Erian was appointed Special Rapporteur in 1962 for the "Relations between States and International Organizations". Mohammed Bedjaoui was appointed Special Rapporteur in 1967 for the topic: "Succession of States in respect of Matters other than Treaties".

26 Sompong Sucharitkul (Thailand) was appointed Special Rapporteur in 1978 for "Jurisdictional Immunities of States and Their Property", and the Commission completed the first reading in 1986, when he was succeeded at second reading by Motto Ogiso, Japanese Ambassador to Thailand.

27 Minister Doudou Thiam was appointed Special Rapporteur in 1982 for the "Draft Code of Offences against the Peace and Security of Mankind".

28 Mohamed Bennouna (Morocco) was appointed Special Rapporteur in 1997 for "Diplomatic Protection". He was succeeded by John R. Dugard (South Africa) as Special Rapporteur in 1999.

never been forced to learn any of the European languages, spoken by the colonial overlords of their Asian neighbours. Historical accidents apart, the time has come for the whole world to find peace with whatever remains at its disposal. Members of the Commission from independent legal cultures have had to learn to catch a fast-moving train, lest they might miss the boat altogether.

III.C.3. A Lingering Gap between the Civil-Law and the Common-Law Legal Cultures

Within the International Law Commission, members are generally divided into civil-law and common-law groups with a third group of mixed legal systems based on religious principles, which may lean partly towards civil law and partly towards common law, depending on their recent past. While international law itself is preponderantly civil law, the drafting committees of the Commission are invariably composed of an even proportion of the two principal legal systems of the world, not to mention the pre-existence of the world of the third category of distinct legal cultures, be it Hindu Law, Hebrew Code, the Koran or the teachings of the Lord Buddha.

In the formulation of draft articles, extreme care has to be taken initially by the Special Rapporteur and the drafting committees before the text as drafted is ultimately approved by the Commission at first reading. The second reading is intended to allow some passage of time for Governments to review the first draft on further reflections, thereby enabling the Commission to reconsider in a further process of screening and streamlining before final adoption at second reading. As has been seen, the life of a set of draft articles may end up in a Codification Conference at Vienna or New York. It may also find its way into the General Assembly on a fast tract and the General Assembly may decide to adopt the draft articles in the form of a declaration proclaiming the articles of the convention without convening a codification conference. This appears to provide a convenient shortcut which serves to save time and expenses of a separate diplomatic conference of plenipotentiaries.

To cite one unusual instance, the draft articles on State Responsibility appears to have had a long and checkered career, from Garcia Amador, a civilist, to Roberto Ago, another great civilist jurist, to Willem Riphagen, Arangio Ruiz and James Crawford, the last being the only common law professor, preceded without exception by civil law practitioners. It is harder for the common law world to appreciate the majestic structure of the civil law cultures. Yet the last Special Rapporteur managed to finalize his work of coordination by leaving out controversial issues and maintaining only the core of the subject matter, dispensing with the need to restate the obvious but succeeding in retaining the broader and more flexible formulation of the common law traditions. It is an art to try to bridge the gap between the two cultures. But closing the gap we must indeed, by all means, as the Europeans appear to have succeeded on some points, albeit not yet on the Constitution of the European Union.

On the other hand, it should be noted that the common law world is resourceful in the search for a wording that would appear reasonably acceptable to both legal cultures without offending the principles of either side. By way of examples, terms like "measures of constraint" as a collective terminology may be used to cover technical procedures of attachment both in the pre-trial and in the post-trial stages of the proceedings, without resorting to purely common law terms like garnishee order or civil law terms like, "exécution forcée" to mean both saissie conservatoire and saissie executoire.

IV. Concluding Observations

The preceding assessment of the existing barriers inherent in the introduction of multiculturalism in the work of codification and progressive development of international law does not readily lend itself to a definitive conclusion. Nor indeed does it in any way detract from the vital necessity of maintaining the interplay of distinct legal cultures in the making of international law through the work of the International Law Commission.

The ability to identify the weaknesses and shortcomings of the Commission due to the need for proportional representation of the main forms of civilization and the principal legal systems of the world is indeed a blessing in disguise. It has provided members of the Commission with endless opportunities to learn to appreciate the differences in the legal cultures and the common goals of international law, howsoever differently expressed. Both the common-law and the civil-law cultures should join forces to narrow down their mutual differences so as to make room for the great many gaps that have remained unnoticed as between the different legal cultures, based on distinct religious principles currently prevailing in the contemporary world.

Reciprocity, mutual understanding leading to mutual tolerance and ultimate acceptance of the essential differences may entail the salutary effect of assimilating or lessening the existing differences, and may pave the way to harmonization through the process of reconciliation of divergent viewpoints. It is only by dint of working together that peace and harmony can be earned through sheer hard work, tolerance and perseverance to reassure a gratifying and fruitful outcome of the constant interplay and continuing positive and healthy interactions among these distinct legal cultures.

In the final analysis, multiculturalism should breed community of interests and commonality of perspectives to ensure the finest product in the process of norm-formulating operation by the International Law Commission, a subsidiary organ of the United Nations as a world organization of truly universal character. It is our fervent hope and expectation that, given time and patience, that the collective efforts of the members of the Commission will prove conducive to achieving a harmonious blend of the end results of their laborious tasks, and that their joint product will be serviceable to the global community of nations in their inter-governmental relations and ultimately to the attainment and maintenance of peace and prosperity for mankind as a whole.

The International Criminal Court: Building on the Principal Legal Systems of the World

Phillippe Kirsch*

In the summer of 1998, representatives of 160 States – joined by representatives of intergovernmental and non-governmental organizations – gathered at the headquarters of the Food and Agriculture Organization in Rome where they adopted a treaty to establish a historic new institution, the International Criminal Court ("ICC"). This conference (the "Rome Conference") and the Court which it acted to establish were motivated by a long-standing need shared across the international community, which the United Nations ("UN") Secretary-General, Kofi Annan, described in his opening address to the Rome Conference as follows:

> People all over the world want to know that humanity can strike back – that wherever and whenever genocide, war crimes or other such violations are committed, there is a court before which the criminal can be held to account; a court that puts an end to a global culture of impunity; a court where "acting under orders" is no defence; a court where all individuals in a government hierarchy or military chain of command, without exception, from rulers to private soldiers, must answer for their actions.[1]

The ICC was established to fill this common need through contributing to an

---

* President of the International Criminal Court; associate, Institute of International Law. The paper was completed on 1 June 2008.

1 UN Press Release, L/ROM/6.r1, 15 June 1998 (http://www.un.org/icc/pressrel/lrom6r1.htm).

Sienho Yee & Jacques-Yvan Morin (eds.), Multiculturalism and International Law, 315-328.

end to impunity for, and thereby the prevention of, the most serious crimes of concern to the international community as a whole. The manner in which the ICC is intended to fulfill these common aims reflects the diversity of the international community. The need for representativeness of different States, regions, legal systems and genders, as well as the interests of particular individuals and groups of individuals, such as victims or populations otherwise affected by crimes, is manifest throughout the ICC – from its creation, through its substantive and procedural law, to its composition and its activities in practice.

I. Creation of the Court

The creation of the ICC was preceded by the international military tribunals set up after World War II at Nuremberg and Tokyo and the international criminal tribunals set up in response to genocides and other serious crimes in the former Yugoslavia and Rwanda in the 1990s. Like the ICC, these tribunals were established on the shared understanding that ensuring accountability for genocide, crimes against humanity and war crimes is a concern of the international community as a whole. Not only are the crimes themselves of international concern, but their commission and the subsequent impunity too often accorded to perpetrators can have serious consequences for international peace and security. While sharing common aims, these tribunals differed considerably from the ICC in how they were established.

The Nuremberg and Tokyo Tribunals were established following World War II by the victorious allied powers to try German and Japanese defendants respectively. The Nuremberg Tribunal was established by an international agreement between the United States, the United Kingdom, the U.S.S.R. and France while the statute of the Tokyo Tribunal was promulgated by order of the U.S. military. These methods of creation opened the tribunals to criticisms that they were a form of "victors' justice" imposed upon their vanquished foes. These criticisms were enhanced by the fact that individuals had not previously been held criminally responsible for their actions by an international tribunal. Furthermore, the tribunals' creation lacked substantial involvement by the rest of the international community, even those who supported and participated in the tribunals' operations (including those who fought alongside the major powers in the war).

The *ad hoc* tribunals for the former Yugoslavia ("ICTY") and Rwanda ("ICTR") were established by the UN Security Council following cataclysmic events in those countries. The jurisdiction of the *ad hoc* tribunals is limited to crimes occurring in the territory of the respective countries, and in the case of the ICTR also crimes committed by Rwandan citizens in neighbouring countries. Under the UN Charter, the Security Council, composed of five permanent members and ten other States, is the body entrusted with responsibility for the maintenance and restoration of international peace and security. These tribunals were therefore not subject to the same criticisms of victors' justice as the post-World War II tribunals, although the subsequent intervention in the former Yugoslavia of Security Council members and the lack of prosecution of alleged war crimes by their forces did lead to some criticisms. The *ad hoc* tribunals' creation by the Security Council did lead to two related criticisms, similar to those which faced the Nuremberg and Tokyo tribunals. First, the States directly affected by the tribunals were not involved in their creation, although they were able to express their views to the Security Council. This led to criticism of the tribunals as being imposed from the outside. Second, only the fifteen members of the Security Council were responsible for the tribunals' creation. This led to the criticism that the tribunals were not sufficiently representative of the international community (and therefore lacking in legitimacy). This criticism was made particularly strongly by States which had voiced concern about the power allocated to the five permanent members of the Security Council. Under the UN Charter, each of these five States has the ability to veto a decision by the Council and thus may exercise considerably more influence in the Council's negotiations than the ten non-permanent members.

In contrast to its predecessors, the ICC was established through an open process in which all States could participate equally. Broad participation was considered essential to ensure a Court which is representative of the international community and which enjoys broad support in carrying out the international community's common mission.

The establishment of a permanent successor to the Nuremberg and Tokyo tribunals was considered by the UN shortly after its founding in 1945. However, the Cold War made progress on this topic impossible. With the end of the Cold War, the idea of a permanent international criminal court was resuscitated in the UN General Assembly which is composed of all UN Member States. In 1989, the General Assembly requested its International Law Commission to consider the establishment of an international criminal court. The International Law Commission is a body of experts, falling under the General Assembly, charged with the progressive development and codification of international law. Its thirty-four experts are elected by the General Assembly, bearing in mind the need to assure "representation of the main forms of civilization and of the principal legal systems of the world."[2]

The International Law Commission's preparations for the establishment of the ICC culminated in a draft statute which was presented to the General Assembly in 1994. On the basis of this draft, the General Assembly convened a series of negotiations over the next four years. These negotiations took place first in the Ad Hoc Committee and subsequently in the Preparatory Committee for the ICC. Both committees were open to all UN Member States and the vast majority of States participated. In 1998, the Preparatory Committee prepared a consolidated text of a statute for the ICC incorporating the different options and proposals which had been put forth by States over the previous four years. This consolidated text contained about 1,400 square brackets or alternative options where agreement was lacking, including on many fundamental provisions.

In 1998, the General Assembly convened the United Nations Diplomatic Conference of Plenipotentiaries on the Establishment of the International Criminal Court (the "Rome Conference"). This conference was charged with resolving the many issues outstanding in the text prepared by the Preparatory Committee and adopting the Statute of the ICC. As with the Ad Hoc and Preparatory Committees, participation in the Rome Conference was open to all States. 160 States participated – a record for participation in such a conference.[3] All 160 could make their input into the Statute on an equal footing. The working methods of the Rome Conference strove to further the inclusive nature of the process, as most decisions were taken by consensus. On 17 July 1998, the

---

2 Statute of the International Law Commission, Article 8.

3 Roy S. Lee, Introduction in The International Criminal Court: The Making of the Rome Statute 9 (Roy. S. Lee, ed. 1999).

Rome Conference adopted the ICC Statute with a vote of 120 in favour, seven opposed and twenty-one abstentions.

While the Rome Conference adopted the Court's Statute, much work remained to be done. Following the Rome Conference, a Preparatory Commission (not to be confused with the prior Preparatory Committee) was established to prepare for the Statute's entry into force. Among the many key tasks of the Preparatory Commission were the adoption of the Court's Rules of Procedure and Evidence ("Rules") and the Elements of Crimes ("Elements") – a subsidiary text providing an element-by-element breakdown of each crime listed in the Statute. Following the model applied throughout the ICC's creation, the Preparatory Commission was again open to all States, and again the vast majority participated. The process was even more consensual than at the Rome Conference which, in the end, resorted to a vote on the final Statute. All decisions in the Preparatory Commission were taken by consensus, including the adoption of the Rules and the Elements. This consensual process further increased support for the ICC, and 139 States signed the Statute before the deadline for signature expired at the end of 2000.

In addition to the participatory character of its founding, the ICC further differed from previous tribunals in the nature of its founding document. The ICC Statute is an international treaty. States considered different ways by which the Statute could be adopted, including by treaty, by amendment to the UN Charter or by resolution of the Security Council or the General Assembly. States generally agreed that establishing the ICC through treaty was preferable. Unlike the other methods considered, a treaty would provide States with the opportunity to join the Court or not, as they saw fit. The Court thus has not been imposed on States. Rather, States only incur obligations under the Statute if they ratify or accede to it. Furthermore, as a treaty-based institution, the ICC is an independent, purely judicial body. It is not a part of the UN or any other political body. It has a relationship agreement with the UN and relies on the cooperation of the UN, but all decisions are taken independently in conformity with the Statute.

As of 1 June 2008, 106 States had become Parties to the ICC Statute. This is a remarkable pace for an international treaty, especially one which establishes a permanent international organization and which may require substantial changes to domestic laws. Many more States are expected to ratify the Statute. The clear intention of States in setting up the ICC was to contribute to their common goals through an institution that enjoys universal backing.

II. Jurisdiction

The Court's jurisdictional regime is closely tied to its treaty-based nature and reflects principles of criminal law common to diverse legal systems. The Court does not have universal jurisdiction. Rather, its jurisdiction is limited to nationals of or crimes committed on the territory of States accepting the jurisdiction of the Court. These two bases of jurisdiction are the most widely-accepted bases of jurisdiction common to diverse States. By ratifying or acceding to the Statute, a State consents to the Court exercising its jurisdiction over crimes committed by its nationals or on its territory if it should become unwilling or unable to investigate or prosecute the crimes in accordance with the principle of complementarity (discussed in the following section). A State which is not a party to the Statute may lodge a declaration with the Court accepting the Court's jurisdiction.

The Statute recognizes the special mandate of the UN Security Council with respect to the maintenance and restoration of international peace and security. Acting under Chapter VII of the UN Charter, the Security Council may refer a situation in which crimes appear to have been committed to the Court. In such circumstances, the Court may exercise jurisdiction independent of the nationality of the accused or the location of the crime. This eliminates the need for the Security Council to set up an *ad hoc* tribunal in such circumstances, and it allows the Security Council to draw upon a Court which was established with broad international support. The Security Council may also defer an investigation or prosecution by the Court for a period of one year by means of a resolution under Chapter VII of the UN Charter.

III. The Principle of Complementarity

One of the most fundamental and innovative aspects of the ICC is the "principle of complementarity". This principle further distinguishes the ICC from the *ad hoc* tribunals which have primacy over national courts. The ICC is not intended to supplant the role of national courts. Rather, the ICC is complementary to national jurisdictions. The prevention and punishment of international crimes, like all crimes, is primarily the responsibility of States. In ordinary circumstances, the ICC will defer to national proceedings. The ICC complements the role of national courts by acting only when States are unwilling or unable to do so in the gravest cases.

Whether a State is unwilling or unable genuinely to carry out an investigation or prosecution is a legal matter to be decided impartially and independently by the judges of the ICC in accordance with the Statute. In deciding whether a State is unwilling, the judges will look to whether the proceedings were undertaken to shield the person from justice or were conducted inconsistent with an intent to bring the person to justice. In determining inability, the judges will consider whether, due to a total or substantial collapse or unavailability of its judicial system, the State is unable to obtain the accused or the necessary evidence and testimony or is otherwise unable to carry out its proceedings.

The Statute does not require that a State's domestic proceedings take a particular form. States are free to pursue proceedings in whatever form they choose, so long as they meet the Statute's requirements of genuine willingness and ability. This allows States freedom to ensure accountability in different manners, thereby maintaining the diversity of practices underpinning international criminal law.

IV. Crimes

The crimes within the Court's jurisdiction reflect the common interest motivating States in establishing the ICC. The Court has jurisdiction over the most serious crimes of concern *to the international community as a whole.* These include genocide, crimes against humanity and war crimes. These crimes are all well-established in customary and conventional international law.

At the time of the Statute's drafting, only the crime of genocide had been comprehensively defined in an international treaty. Crimes against humanity existed largely as a matter of customary law. A rudimentary codification of these offences could be found in the statutes of previous tribunals and was developed by these tribunals in their jurisprudence. Provisions relating to war crimes were found in the 1949 Geneva Conventions and their additional protocols, as well as in other international treaties dealing with the law of armed conflict. In many cases, these treaties prohibited certain conduct but did not specify whether a breach of the relevant provision incurred individual criminal responsibility or only the responsibility of the State under international law.

In drafting the definitions of the crimes, the drafters of the ICC Statute sought definitions which were well-established in customary law. They had recourse to international conventions such as the Geneva Conventions and other multilateral treaties, national criminal and military justice laws and the statutes and case law of previous international tribunals. Their efforts resulted in a statute which provides a more comprehensive codification of crimes than that of any previous international tribunal.

The definitions of crimes in the Statute were supplemented by the Elements. For each separate offence in the Statute, the Elements set forth the conduct, consequences, circumstances and mental elements associated with the crime. The Elements were adopted by the Preparatory Commission by consensus at a time when the vast majority of States, including all five permanent members of the Security Council, participated in the Commission's proceedings. As such, the Elements evince a common agreement among States on the content of the crimes within the Court's jurisdiction.

In addition to genocide, crimes against humanity and war crimes, the Statute provides that the Court has jurisdiction over the crime of aggression. However, the Court cannot exercise this jurisdiction at present. The States Parties to the Statute must first adopt a definition of aggression and conditions for the exercise of the Court's jurisdiction (such conditions being relevant in light of the Security Council's concurrent responsibility for determining an act of aggression). This compromise reflects States' desire to achieve common objectives while remaining cognizant of differences in opinion. There was a widespread view at the Rome Conference that aggression was a fundamental crime and had to be included in the Statute. However, there also was consensus that the Court should not exercise jurisdiction if there was not sufficient agreement on the definition of an offence.

States may in the future decide to amend the Statute by modifying definitions of crimes or even adding additional crimes. The process for such amendments again highlights the consensual approach adopted by States. In ratifying the Statute, States Parties accept the Court's jurisdiction over their respective territories and nationals for crimes listed in the Statute at the time of ratification. However, the list of crimes or their definitions could be amended in the future. States may not wish to accept the Court's jurisdiction over newly-added or modified crimes. Therefore, a different process applies for amendments to the crimes as opposed to other amendments. Any amendment to the crimes must first be approved by two-thirds of the States Parties. Once approved, the amendment does not automatically enter into force for all States. Rather, States Parties must then ratify the amendment. Following a State's ratification, the amendment will enter into force for that State. If a State chooses not to ratify an amendment, then the amendment will not enter into force for that State.

V. Procedural Law

Taking into account the federal nature or other characteristics of many States, the 160 States participating in the Rome Conference represented over 160 different criminal justice systems, each with its own procedural regime. Although there were common features among certain groups of States (for example those whose trial procedure was considered primarily adversarial in nature or those with a more inquisitorial approach), even within such groupings considerable variety of practice abounded. The challenge for the Rome Conference (and subsequently for the Preparatory Commission) was to establish a workable, fair procedural law for the ICC which would be accepted by this diverse constituency. While all States shared the commitment to the absolute necessity of proceedings scrupulously adhering to principles of fairness and efficiency, often strong differences existed among States as to what practical arrangements these principles required. In seeking agreement, the negotiators could take heed of U.S. Supreme Court Justice Robert Jackson's statement in relation to his similar experience in establishing the Nuremberg Tribunal that "Members of the legal profession acquire a rather emotional attachment to forms and customs to which they are accustomed and frequently entertain a passionate conviction that no unfamiliar procedure can be morally right."[4] The lengthy process of negotiating the Statute and subsequently the

---

4 Preface to Report of Robert H. Jackson, United States Representative to the

Rules helped to acclimatise representatives of States to the differences which existed among their respective legal systems. Differences about technical aspects peculiar to one or another national system were overcome as States sought a procedural law which would ensure fair and efficient trials and safeguard the rights of the accused.

A broad spectrum of national experiences thus informed the ICC's procedural law. The primary sources of procedural law before the Court are the Statute and the Rules. These texts set out the detailed procedural law of the Court in their own terms and are supplemented by Regulations of the Court, adopted by the judges and circulated to the States Parties for their acquiescence. A great many of the provisions in these three texts will seem familiar to anyone with experience of a domestic criminal justice system, regardless of in which country. However, the system they established is unique and self-standing. One example of a significant procedural innovation in the Statute is the Pre-Trial Chamber. During the investigation phase and leading up to the trial, a Pre-Trial Chamber comprised of either one or three judges acts as a judicial check on the actions of the Prosecutor and is intended to enhance the efficiency of subsequent proceedings. Before beginning an investigation *proprio motu*, the Prosecutor must obtain the authorization of the Pre-Trial Chamber. Among its other functions, the Pre-Trial Chamber must confirm that sufficient evidence exists to establish substantial grounds to believe a person committed the charged crimes before a case can proceed to trial.

In interpreting the Statute, Rules, Regulations or Elements, the Court may need to have recourse to other sources of law and may apply general principles of law derived by the Court from national laws of legal systems of the world including, as appropriate, the national laws of States that would normally exercise jurisdiction over the crime. At all times, the law must be applied and interpreted consistent with internationally recognized human rights and without any adverse distinction founded on grounds such as gender, age, race, colour, language, religion or belief, political or other opinion, national, ethnic or social origin, wealth, birth or other status.

The ICC Statute provides for broader participation in judicial proceedings than existed in the statutes of previous tribunals. The prosecution

---

International Conference on Military Trials: London, 1945.

and the defence are not the only actors who may have an interest in proceedings. Others, in particular States and victims, may have legitimate interests to partake in proceedings. The Statute guarantees the right of States to participate at certain stages, in particular to assert that a case is inadmissible because that State is investigating or prosecuting, or has investigated or prosecuted, the crime in accordance with the principle of complementarity. The State may appeal adverse rulings of the Court on admissibility.

One of the great innovations of the ICC is in the role given to victims. For the first time in the history of an international criminal court or tribunal, victims have the possibility to present their views and observations before the Court directly or through legal representatives, even if not called as witnesses. The Court must ensure that participation takes place in a manner which is not prejudicial to, or inconsistent with, the rights of the accused and a fair and impartial trial. The Statute also provides that victims may seek and obtain reparations through the Court.

The procedural regime of the ICC involves interplay with domestic legal systems. The ICC is a structure built on two pillars: the judicial pillar which is manifest in the Court itself and the enforcement pillar which has been reserved by the States. In domestic jurisdictions, courts automatically rely on the police powers of the State to carry out their orders. The ICC does not have such police powers at its own disposal. Rather, it relies critically on States. In joining the ICC, States agree to provide a variety of cooperation to the Court, for example to arrest and surrender persons wanted by the Court. In providing cooperation, States are not necessarily obliged to follow one specific procedure. The Statute is peppered with phrases indicating such cooperation is to be provided "under procedures of national law" or "in accordance with its laws…." Whatever means they choose, States Parties must provide the necessary cooperation and are obligated to ensure that the requisite procedures are available under national law for all forms of cooperation required.

VI. Composition of the Court and its Staff

As the ICC was intended to be a truly global court, States sought to ensure the representativeness of its judiciary. There are eighteen judges of the Court, elected by the Assembly of States Parties to the ICC Statute ("Assembly"). In the Assembly, each State Party has one vote. In voting for judges, States are obliged to take several criteria into account to ensure the Court's representativeness.

First, States must take into account the need for representation of the principal legal systems of the world. In addition to ensuring the Court's representativeness as a value in itself, this provision helps ensure that the judges will bring a mix of different experiences to their interpretation of the Statute, thereby ensuring the interpretation of the law continues, like its drafting, to be informed by diverse perspectives.

Second, States must take into account the need for equitable geographical representation. No two judges may be nationals of the same State. The Assembly has devised complex voting procedures to achieve this representation, based on the informal regional groupings used at the United Nations. As of 1 June 2008, the judges included six judges from the Western European and Other States group, three from Latin America and the Caribbean, four from Africa, two from Eastern Europe and three from Asia.

Third, States must take into account the need for fair representation of female and male judges. As of 1 June 2008, the membership on the Court consisted of eight female and ten male judges. In comparison to previous international courts in which female judges have been historically underrepresented, the ICC is significantly closer to an equal representation of female and male judges.

Representativeness is only one characteristic of the judiciary. The most important aspects of the judiciary are the individual character and qualifications of each judge. Every candidate for judge must be of high moral character, impartiality and integrity and have the qualifications for appointment to the highest judicial offices of his or her own State. In addition, the candidate must have both established competence and sufficient experience in either criminal or international law. Once elected, judges are entirely independent in their functions, and specific statutory provisions ensure their independence. These elements of the Court's Statute are intended to ensure the impartial and expert interpretation and application of the law.

The judges, as well as the Prosecutor and other elected officials are served by a highly qualified and diverse staff. The paramount consideration for the recruitment of Staff is ensuring the highest standards of efficiency, competency and integrity. The Court also has regard in hiring to the same needs for representation as exist among the judges.

VII. The Court's Activities in Practice: Connecting with Local Populations

The Statute establishes the seat of the Court in The Hague, the Netherlands. However, the Court is charged with investigating and prosecuting crimes which may occur anywhere in the world. While the crimes within the Court's jurisdiction are of common concern to the entire global community, they are of particular concern to those directly affected by the crimes. This includes, in particular, those living in the areas where the crimes occurred. For these individuals and communities to be able to see that justice is done, the Court must be, and indeed has been, proactive in reaching local audiences.

In order to be able to respond to the needs of local populations, one of the priorities of the Court in the first years of its existence was to develop an outreach programme. Through its outreach programme, the Court engages in dialogue with local populations in order to provide accurate information regarding its work and to make accessible its judicial proceedings. Each situation in which the Court is involved is unique and presents different outreach needs. The Court must tailor its outreach activities to provide the appropriate information, via an accessible medium, in languages which the local populations can understand. The Court's initial outreach activities were enhanced by the opening of field offices within the different situations under investigation. In addition to supporting investigations and related measures such as witness protection, these field offices often included a team of staff dedicated to outreach activities. Conducting successful outreach is made more complicated by the fact that the Court will regularly operate in situations of ongoing conflict. Security concerns have, for instance, prevented the Court from opening field offices in certain areas, forced the temporary closure of offices or limited the staff to a core few. In addition, circumstances in the area where the Court is operating may at times require a low profile approach to outreach in order to not jeopardize sensitive investigative or other activities.

Another way in which the Court may bring justice closer to local populations is by holding judicial proceedings near where crimes were allegedly committed. The Statute and Rules enable the Court to hold proceedings away from The Hague. If the judges of the Court decide it would be in the interests of justice to do so, the Court may sit in another State, provided that State consents. Even before the Court held its first trial, its staff were preparing for future proceedings to be held locally, by identifying possible options and examining the budgetary and other implications of such proceedings.

VIII. Conclusion

The ICC is an independent judicial institution which is intended to further the realization of universal aims shared across the global community, namely the end to impunity for and the prevention of the most serious crimes of international concern. The Court was designed to achieve these aims in a representative way, taking account of different legal systems and working in cooperation with national systems in certain situations.

In creating the Court, States envisioned the emergence of an interdependent system of international justice in which national and international jurisdictions working together would help end impunity and prevent crimes. If this system is to be effective, the different parts of the system must work together as a coherent whole. States did not want a Court which was imposed on them. Rather, States sought to create a Court which was complementary to their own efforts. In setting up this system, States reserved the enforcement functions critical to the Court's success to themselves. Having wanted this system, it is essential that States Parties guarantee the needed cooperation and support, as they are obliged to do under the Statute. This system is still in its early stages. With the continued support and cooperation of States, the ICC is well-placed to contribute to the international community's aims through its role as an independent, impartial and representative judicial institution.

Multiculturalism and the Human Rights Committee

Nisuke Ando*

I. Introduction

The present writer has served for the past twenty years (1987-2006) as a member of the Human Rights Committee established by the International Covenant on Civil and Political Rights. In this paper, based on his experience in the Committee, he attempts to illustrate how the Committee has been dealing with the issue of multiculturalism in its main activities, i.e. consideration of States Parties' reports under the Covenant as well as of individual communications under the Optional Protocol attached to the Covenant. The term "multiculturalism" used in this paper implies an attitude to recognize the existence of different values and concepts stemming from a variety of cultures and traditions.[1]

However, before proceeding with the attempt, one thing needs to be emphasized. That is, the essential task of the Human Rights Committee is to implement universal standards of human rights as reflected in the provisions of the Covenant. At the same time, it must be admitted that one and the same Covenant provision may be subject to different interpretations and applications in the process of its implementation. Indeed, article 31, paragraph 2, of the Covenant provides: "In the election of the Committee, consideration shall be given to equitable geographical distribution of membership and to the

* Director, Kyoto Human Rights Research Institute; Professor Emeritus, Kyoto University; Member, Permanent Court of Arbitration; Membre, Institut de Droit international.

1 See, for example, Japan Society of International Law, Kokusai Kankei-ho Jiten [Dictionary of International Law and Relations] (2nd ed., 2005), p.594.

Sienho Yee & Jacques-Yvan Morin (eds.), Multiculturalism and International Law, 329-344.

representation of the different forms of civilization and of the principal legal systems." Thus, the Committee as a whole may be implementing universal human rights standards as reflected in the Covenant provisions, but the interpretation and application of those provisions by each of the Committee members may not necessarily be the same, which is sometimes evidenced by separate opinions as opposed to majority views adopted by the Committee in disposing of individual communications. Moreover, even if all Committee members are in agreement in their interpretation and application of a particular Covenant provision, some States Parties may disagree with the Committee.

Another thing to be emphasized is that this paper does not claim to be a comprehensive and systematic survey of the Human Rights Committee's dealings with multiculturalism. Rather, it presents an impressionistic picture of how, in the eyes of the present writer, the Committee has been disposing of the issue of multiculturalism.

II. Multiculturalism in the Committee's Practice

As indicated above, the two main activities of the Committee are the consideration of States Parties' reports under the Covenant and the consideration of individual communications under the Optional Protocol. Hereafter references will be made to either of these activities as appropriate. For convenience sake, the Committee's dealings with multiculturalism will be divided into those of a general nature and those in specific categories of human rights enumerated in different articles of the Covenant.

II.A. Multiculturalism in General

There is only one case under this heading: the Egyptian declaration made upon its ratification of the Covenant. Egypt signed the Covenant on 4 August 1967, but made the following declaration when it ratified the Covenant later on 14 January 1982[2]:

---

2 United Nations, Multilateral Treaties Deposited with the Secretary-General, Status as at 31 December 1995, p.113.

> Taking into consideration the provisions of the Islamic Sharia and the fact that they do not conflict with the text annexed to the instrument [the Covenant], we accept, support and ratify it …

During the consideration of the initial report as well as the second, and the third and fourth combined periodic reports of Egypt, the issue of inequality between the sexes was raised by many Committee members, who pointed out the discrepancies between the relevant Covenant provisions and the corresponding Egyptian domestic laws and practices.[3] Finally, in its concluding observations adopted on 31 October 2002, the Committee noted the general and ambiguous nature of this declaration and recommended that Egypt should either clarify the scope of declaration or withdraw it altogether.[4]

II.B. Multiculturalism in Specific Categories of Human Rights

II.B.i. Discrimination Based on Sexual Orientation (Article 2(1))

On 25 December 1991, Mr. N. Toonen, an Australian citizen, submitted a communication to the Human Rights Committee, alleging that the Tasmanian Criminal Code criminalised all forms of sexual contact between consenting adult homosexual men in violation of articles 2, paragraph 1; 17; and 26 of the Covenant. In this case the State Party itself conceded that consensual sexual activity in private came under the concept of "privacy" stipulated in article 17 of the Covenant. While the Tasmanian authorities maintained that no prosecution on the relevant provisions of its Criminal Code had been instituted since 1984 and the provisions could be justified on public health or moral grounds, the State Party acknowledged that the risk of their being applied to Mr. Toonen remained and there was then a general Australian acceptance of "not to put a

---

3 See Report of Human Rights Committee, GAOR, 39th Sess., Supp. 40 (A/39/40), §§287-315. Hereafter the form used for the session and supplement number, taking this footnote as an example, will be: "Report-HRC (A/39/40)". See, also, Yearbook of the Human Rights Committee 1983-1984, Vol.I, pp.402-411 & 430-432; Report-HRC (A/48/40), §§660-710; Official Records of the Human Rights Committee 1992/93, Vol.I, pp.312-337.

4 Report-HRC (A/58/40), Vol.I, p.32, §77 especially (5).

person at a disadvantage on the basis of his or her sexual orientation". Furthermore, according to the claimant, Australia was a pluralistic and multi-cultural society where citizens had different and at times conflicting moral codes, and the proper role of criminal laws should be not to entrench these different codes disproportionately to the detriment of human dignity and diversity.

The Human Rights Committee, on 31 March 1994, adopted its final views in which it found a violation of Mr. Toonen's rights under article 17, paragraph 1, in conjunction with article 2, paragraph 1 of the Covenant. In the view of the Committee, the criminalisation of homosexual activities in Tasmania could not be considered a reasonable means or proportionate measure on public health and moral grounds, in particular for the purpose of preventing the spread of AIDS/HIV as claimed by Tasmania. On the contrary, it tended to impede public health programmes by driving underground many of the people at the risk of infection. The Committee concluded that the Tasmanian legislation in question was not reasonable in the circumstance of the case and constituted an arbitrary interference with Mr. Toonen's privacy. Thus, finding a violation of article 17, the Committee did not consider it necessary to deal with the issue under article 26.[5]

II.B.ii. Discrimination against Women (Article 3)

The Human Rights Committee, in its concluding observations adopted on 5 November 1998 after consideration of the fourth periodic report of Japan, noted the continuation of discriminatory laws against women such as the prohibition on women remarrying within six months following the date of dissolution or annulment of their former marriage and the different marriageable ages between men and women.[6] Similarly, the Committee, noting the minimum age for marriage at 13 years for female and 15 years for male as provided by the Asian Marriage Act of Surinam too young, and recommended the State Party to change the law so that the intending spouses can be

5 Report-HRC (A/49/40), p.226ff.

6 Report-HRC (A/54/40), p.158.

sufficiently mature to decide with free and full consent on their own.[7]

In some States Parties to the Covenant, polygamy and other forms of inequality against women as well as female genital mutilation were still practiced or not banned by law. Thus, the Human Rights Committee had to recommend change or review of the relevant domestic laws to some African countries as well as to some Islamic States Parties.[8] In certain States Parties lower sentence for husbands who murdered their wives caught in the act of adultery (honour killings or crimes) than in the ordinary cases of murder was provided by law, and the Committee had to recognise that the law was not in conformity with article 3 of the Covenant and recommended its amendment.[9]

Furthermore, dowry and dowry-related violence as well as sati (self-immolation of widows) were still practiced in India despite the government efforts to illegalise them. In addition, in India, preference for male children persisted, sometimes leading to foeticide or infanticide of females, and the Human Rights Committee requested that the State Party should make further efforts to eradicate the practice.[10]

II.B.iii. Death Penalty (Article 6)

The International Covenant on Civil and Political Rights prohibits arbitrary deprivation of life but admits the imposition of death penalty for "the most serious crimes", and the issue of death penalty in the Philippines has been a highly controversial one among members of the Committee.

Prior to 1987 the death penalty existed in the Philippine legal system. Numerous crimes, including murder, were punishable by death. On 2 February 1987, a new constitution took effect whose article 3(19) (1) provided "Neither shall the death penalty be imposed, unless for compelling reasons involving heinous crimes, the Congress hereafter provides for it". On 13 December 1993

---

7 Report-HRC (A/59/40), Vol.I, pp. 46-47, §69 especially (18).

8 See, for example, Report-HRC (A/58/40), Vol.I, pp. 48-49, § 81 (10) & (11) for Mali; Report-HRC (A/60/40), Vol.I, p.31, §83 (10) for Benin; ibid., p.40, §84 (30) for Morocco; ibid., pp.45-46, §86 (10) & (12) for Kenya; ibid., p.60, §89 (24) for Uzbekistan; ibid., pp.66-67, §91 (9) & (11) for Yemen.

9 Report-HRC (A/60/40), Vol.I, p.67, §91 (12); ibid., p.81, §94.

10 Report-HRC (A/52/40), Vol.I, §431.

the Philippine Congress passed Republic Act No.7659, which re-introduced the death penalty in respect of certain heinous crimes, including murder in various circumstances.[11]

On 6 May 2002 Messrs. Carpo et al submitted a communication together, alleging violations of articles 6; and 14, paragraph 5, of the Covenant. They had been sentenced to death by a Regional Court, which had been affirmed by the Supreme Court, for the murder of three persons and the attempted murder of another. In its views adopted on 28 March 2003, the Human Rights Committee did not find a violation of article 14, paragraph 5, for the Supreme Court had reviewed facts as well as laws in this case. However, it found a violation of article 6, paragraph 1, because the Philippine courts applied article 48 of the Revised Criminal Code, according to which, if a single act constituted at once two crimes (in this case, three murders and one attempted murder), the most serious penalty for the more serious of several crimes had to be imposed – death penalty in this case. In the Committee's eyes, such imposition of the death penalty constituted mandatory or automatic imposition of death and the mandatory imposition of death penalty, without allowing discretion for courts to take into account the defendant's personal circumstances and the circumstances of the particular offence, and was regarded as "arbitrary deprivation of life", which was prohibited by article 6, paragraph 1, of the Covenant.[12]

The Committee's view to regard the mandatory imposition of death penalty as arbitrary deprivation of life was based on its precedent of the *Thompson* case.[13] However, in the *Thompson* case, five members opposed to the majority views on the ground that nothing in the Covenant demanded that courts be given discretion in sentencing, including sentencing in death penalty cases and the Philippine legislation was in conformity with the Covenant requirements.[14] In a similar vein, two members dissented to the majority views in the case of Carpo et al. with one of them also pointing out that the Philippine Criminal Code did leave room for court discretion in its application.[15]

---

11 Report-HRC (A/58/40), Vol.II, p.364, §§2.1-2.2.

12 Ibid., p.367, §8.3.

13 Report-HRC (A/56/40), Vol.II, p.93ff.

14 Ibid., pp.101ff & 105ff.

15 Report-HRC (A/58/40), Vol.II, pp.370ff & 372ff.

II.B.iv. Cruel, Inhuman or Degrading Treatment or Punishment (Article 7)

As in the case of death penalty, broad difference of views exists with respect to what constitutes a violation of article 7.

During the consideration of the initial report of Sudan, its delegation stressed that, while some Committee members challenged the justification of penalties imposed in accordance with Islamic laws, such punishments could not be considered cruel or degrading for Muslims because they were imposed by God and emanated from His will as expressed in Koran. A Committee member contended that certain punishments, such as lapidation, the amputation of limbs and crucifixion, were indeed cruel, inhuman and degrading in the view of the Committee, but the Sudanese delegation countered that, in the case of certain Islamic laws not complying with the Covenant provisions, the latter should be adapted to the recent Islamisation movement and the wording of the Covenant provisions, which dated from a bygone era, should be amended to reflect the evolution of the world.[16]

In this connection, it must not be overlooked that in many States Parties where Roman Catholicism is the dominant religion, abortion is made a crime or severely restricted, as a result of which even women with pregnancy caused by rape or incest have to undergo high-risk clandestine surgery.[17] A similar situation prevails in Ireland, where women may lawfully obtain abortion only when the mother's life is in danger or she is at the risk of nervous breakdown.[18] Sometimes, women attempt to go abroad where abortion is legally practiced in safer conditions, but then the government refuses to grant passport. Under these circumstances the Committee considers that the States Parties are in violation of article 7 and recommends them to change the relevant laws.

The issue of article 7 arises in the following situations as well. On 11 January 1999 Ms. N. Schedko, a Belarusian national, submitted a

---

16 Official Record of the Human Rights Committee 1990/91, Vol.I, p.292, §14; ibid., pp.296-297, §§60-61; ibid., p.298, §74. See, also, Report-HRC (A/60/40), Vol.I, p.68, §91 (15).

17 See, for example, Report-HRC (A/58/40), Vol.I, p.62, §84 (14) for El Salvador; Report-HRC (A/59/40), p.37, §67 (13) for Colombia.

18 Report-HRC (A/55/40), Vol.I, §444.

communication to the Human Rights Committee for herself and for her deceased son, alleging violations of articles 6 and 14 with respect to the criminal proceedings which had resulted in his conviction and execution. The Committee rejected her claims because they related to the evaluation of facts and evidence which was essentially left to domestic courts. However, her family had never been informed of the date and hour of his execution nor the exact site of his burial, causing the family anxiety and mental distress, which the Committee considered as constituting a violation of article 7.[19] The Committee noted a similar situation in its consideration of the initial report of Tajikistan and recommended the State Party to notify families of the date of execution and reveal the burial site of the executed.[20]

Article 7 issue also arises in regard to extradition. On 25 September 1991, Mr. J. Kindler, a US citizen, submitted a communication to the Human Rights Committee, alleging a violation of articles 6, 7, 9, 10, 14 and 26 by Canada. In its decision on the admissibility of claims, the Committee found that some of the claims were unsubstantiated and inadmissible but the communication raised new and complex questions with regard to articles 6 and 7. The core question was whether Canada, which had abolished death penalty except for certain military crimes, had violated its obligation under the two articles by extraditing Mr. Kindler to the United States where he had been convicted of murder and kidnapping and sentenced to death. In its views adopted on 30 July 1993, the Committee found no violation either of article 6 or 7, but five members dissented.[21] However, nine years later when deciding on a similar communication, the Committee adopted views finding a violation of article 6, paragraph 1, without giving persuasive explanation for the change of jurisprudence, which was severely criticized by two members.[22]

II.B.v. Administration of Justice and Judicial Independence (Article 14)

Two issues of multiculturalism seem to arise under article 14: the legal nature of disciplinary procedure, and the principle of judicial independence.

---

19 Report-HRC (A/58/40), Vol.II, p.161ff.

20 Report-HRC (A/60/40), Vol.I, p.71, §92 (9).

21 Report-HRC (A/48/40), Vol.II, p.138ff.

On 31 July 2001 Mr. P. Perterer, an Austrian citizen, submitted a communication to the Human Rights Committee, alleging some irregularities in the disciplinary procedure against his conduct as a civil servant, and one of the issues at admissibility stage was the scope of "suit at law" as stipulated in article 14, paragraph 1, of the Covenant. The Austrian government conceded that the trial senate of the Disciplinary Commission was a tribunal within the meaning of article 14, paragraph 1. In declaring the communication admissible, the Committee noted that the decision on a disciplinary dismissal did not need to be determined by a court or tribunal, but whenever, as in this case, a judicial body is entrusted with the task of deciding on the imposition of disciplinary measures, all the procedural guarantees enshrined in article 14, paragraph 1, should be respected, including the principles of impartiality, fairness and equality of arms.[23]

In the legal theory of the former Soviet or communist bloc, the predominance of the executive or administrative power over the judicial power was recognised, and its legacy has not completely disappeared even after the collapse of that bloc. Thus, in its concluding observations adopted subsequent to the consideration of reports of States Parties which used to belong to the bloc, the Human Rights Committee often recommends that they take measures to protect the judicial independence such as eradicating political pressures on courts and tribunals, promoting materials as well as institutional guarantees for judges, preventing corruption of legal professions and strengthening legal education and training.[24]

II.B.vi. Protection of Privacy and Family (Articles 17 and 23)

On 4 June 1993 Messrs. F. Hopu and T. Bessert, both ethnic Polynesians living in Tahiti, French Polynesia, submitted a communication to the Human Rights Committee, alleging that a French company was going to build a luxury hotel complex on the authors' ancestral burial ground, which would violate their right

---

22 Report-HRC (A/58/40), Vol.II, p.76ff especially p.98 and pp.99-100.

23 Report-HRC (A/59/40), Vol.II, p.231ff.

24 See, for example, Report-HRC (A/60/40), Vol.I, p.28, §82 (18) for Albania; Report-HRC (A/58/40), Vol.I, p.54, §82 (14) for Slovakia; Report-HRC (A/57/40), Vol.I, p.50, §77 (14) for Azerbaijan; ibid., p.55, §78 (12) for Georgia.

to family and privacy protected under articles 17, paragraph 1, and 23, paragraph 1, of the Covenant. Messrs. Hopu and Bessert also claimed a violation of their rights under article 27 (minority right), but due to the French declaration not to be bound by this article, the Committee excluded it from its review of the claims. Five Committee members were against this exclusion, stating that the French declaration covered the Metropolitan area of France only and did not extend to the overseas territories including Polynesia. Consequently, they considered that the Committee should have dealt with the claim under article 27. Four other Committee members were sympathetic with this minority opinion, but they emphasised that the term "family" in articles 17 and 23 should not be interpreted so broadly as to cover the whole of the indigenous population of the area. Likewise, for them, the notion of "privacy" should not be so broadly interpreted as to include a site publicly accessible to any person. Thus, they found no violation of any Covenant provision in this case.[25]

II.B.vii. Freedom of Thought, Religion and Expression (Articles 18 and 19)

On 9 June 1986 Mr. K. S. Bhinder, a naturalised Canadian citizen, submitted a communication to the Human Rights Committee, alleging that the Canadian regulations requiring railway workers to wear safety headgears in certain areas prevented him from wearing a turban, a symbol of his Sikh faith, in violation of article 18. In its views adopted on 25 October 1988, the Committee rejected his claim, noting that he attempted to manifest his religious belief by wearing a turban but that article 18, paragraph 3, authorised limitations on the right to manifest one's belief when it was necessary to protect public safety.[26]

On 15 September 1999 Ms. R. Hudoyberganova, an Uzbek national, submitted a communication to the Human Rights Committee, alleging that she had been excluded from the Tashkent State Institute for Eastern Languages because she had refused to remove her "hijab" as required by the Institute's administration and that such requirement violated her right to manifest her religious belief by wearing "hijab". As a matter of fact, the requirement of the administration was based on the newly enacted law prohibiting all Uzbek

---

25 Report-HRC (A/52/40), Vol.II, p.70ff.

26 Report-HRC (A/45/40), Vol.II, p.50ff.

nationals from wearing religious dresses in public places. In its views adopted on 5 November 2004, the Committee concluded that there had been a violation of article 18, paragraph 2, which provides: "No one shall be subject to coercion which would impair his freedom … to adopt a religion or belief of his choice." At the same time the Committee had to admit that neither she nor the State Party had specified what precise kind of attire she was wearing which was referred to as "hijab". Perhaps because of this uncertainty, one Committee member found it difficult to join in the majority views and another member found no violation of the Covenant.[27]

On 14 January 1991 Messrs. A. R. Coeriel and A. R. Aurik, two Dutch citizens, submitted a communication to the Human Rights Committee, alleging that the refusal of the Dutch authorities to have their current surnames changed prevented them from furthering their studies of the Hindu priesthood in violation of article 18 and that the refusal also constituted arbitrary or unlawful interference with their privacy in violation of article 17. As to their claim in respect of article 18, the Committee noted that the regulation of surnames and the change thereof were eminently a matter of public order and restrictions were permissible under paragraph 3 of that article, thus making the claim inadmissible. As to their claim under article 17, in its final views adopted on 8 July 1993, the Committee noted that their earlier request to change their first names had been granted and that the issue of unlawfulness did not arise since the change of surnames was regulated by law in the Netherlands. However, according to the State Party, the refusal was based on the grounds that Messrs. Coeriel and Aurik had not shown that the change of surnames was essential for them to pursue their studies and that the new names to be recognised were not "Dutch sounding". The Committee concluded that these grounds were not reasonable and that the refusal on unreasonable grounds constituted "arbitrary" interference with privacy in violation of article 17. Two Committee members dissented, with one indicating reservation against the inclusion of "family name" in the sphere of "privacy" protected by article 17, and the other expressing doubt about adding "reasonableness" to expand the scope of article 17.[28]

---

27 Report-HRC (A/60/40), Vol.II, p.44ff.

28 Report-HRC (A/50/40), Vol.II, p.21ff.

II.B.viii. Equality before the Law and Equal Protection of the Law (Article 26)

On 1 June 1984 Ms. S. W. M. Broeks, a Dutch citizen, submitted a communication to the Human Rights Committee, alleging that the requirements of the Netherlands Unemployment Benefits Act that a married woman had to be a breadwinner for her family to claim benefits, whereas any man or unmarried woman could claim benefits without being a family breadwinner, were in clear violation of article 26 of the Covenant which provided for equality before the law and equal protection of the law without discrimination on any ground such as race, colour, sex or other status.

The Netherlands government explained that, although the requirements in question were subsequently withdrawn, the concept of "breadwinner" as such was not intended to be discriminatory and reflected the *de facto* social and economic situation of the State Party when the law was enacted. At that time in Dutch society it was usually men who worked to win bread for their family, while women took care of domestic matters, and the law aimed to keep a proper balance between the limited availability of budget and the government obligation for social security. In the opinion of the government, the issue of social security fell under the International Covenant on Economic, Social and Cultural Rights which required "progressive implementation" of the rights enumerated therein. The Optional Protocol is attached to the International Covenant on Civil and Political Rights and is valid only for that category of rights provided for in that Covenant. Those points raised by the Netherlands government were indeed difficult, but in the end the Human Rights Committee concluded as follows. Article 26 is different from article 2, paragraph 1 and article 3, both of which limit their application only to the rights provided for in the Covenant. Equality before the law and equal protection of the law as stipulated in article 26 is an autonomous right of its own standing and applies to any public act and legislation. Unlike the other Covenant, the International Covenant on Civil and Political Rights requires States Parties to implement the rights provided for therein as soon as they come to be bound by it. A State Party to this Covenant is not obliged to enact a social security law, but once it has enacted a social security law, there should not be any discriminatory element in it. Thus, in its views adopted on 9 April 1987, the Committee found a violation of article 26 by the Netherlands.[29]

After the Committee adopted these views, many communications have been submitted claiming a violation of article 26. One of them relates to multiculturalism. On 29 February 1996 Mr. A. H. Waldman, a Canadian citizen, submitted a communication to the Human Rights Committee, alleging that the public funding by the Province of Ontario to Roman Catholic schools was discriminatory because schools of other religious denominations received no direct public financial support and that this system violated article 26 of the Covenant. The Canadian government explained that, in 1867 when the Confederation of Canada was first formed, its constitution granted each province exclusive jurisdiction on education and that the Province of Ontario enacted the Education Act which entitled Roman Catholic schools to full public funding in order to avoid the Protestant majority occupying 82% of the population from depriving Roman Catholic minority occupying 17% of their right to education. According to Mr. Waldman, the 1991 census indicated that 44% of the population were Protestant, 36% Catholic and 8% other religious affiliations. Though the Canadian Constitution was amended in 1982, the exclusive jurisdiction on education remained in the hand of provinces and in 1987 the Supreme Court of Canada upheld the constitutionality of the Ontario legislation. However, in its views adopted on 3 November 1999, the Human Rights Committee concluded that the differential public funding system in Ontario was not based on reasonable and objective criteria, thus violating article 26 of the Covenant.[30]

II.B.ix. Minority Rights (Article 27)

The issue of multiculturalism often arises in relation to minority rights under article 27.

Already on 29 December 1977, Ms. S. Lovelace, a Canadian citizen, submitted a communication to the Human Rights Committee, alleging that some provisions of the Indian Act of Canada, which deprived her of her rights and status as an Indian including her right to live on the Indian Reserve, were in

29 Report-HRC (A/42/40), p.139ff. See, also, ibid., p.160ff for F. H. Zwaan de Vries.

30 Report-HRC (A/55/40), Part II, p.86ff.

violation of articles 2(1), 3, 23(1) and (4) as well as article 27 because, while an Indian woman lost those privileges by marrying a non-Indian, an Indian man kept them even after marrying a non-Indian. The Canadian government admitted that some provisions of the Indian Act required reconsideration and reform, but explained that the Canadian legal system left Indian affairs with the Indian themselves, who were unlikely to agree to revise the provisions in question. In its views adopted on 30 July 1981, the Human Rights Committee decided that the facts of the case disclosed a violation of article 27, which made it unnecessary to decide on the other articles referred to above.[31]

On 2 December 1985 Mr. I. Kitok, a Swedish citizen of Sami ethnic origin, submitted a communication to the Human Rights Committee, alleging that his right under article 27 of the Covenant was violated because he could not engage in reindeer husbandry as other members of the Sami community due to certain provisions of the Reindeer Husbandry Act. The Swedish government explained that the Act aimed to preserve and protect traditional reindeer husbandry of Sami by limiting the number of reindeer as well as reindeer breeders to make the husbandry economically viable in the contemporary conditions of urbanisation and availability of land. In order to realise the aim, the Sami were divided into reindeer-herding Sami who were members of a Sami village and non-reindeer-herding ones. If a Sami engaged in any profession other than husbandry for longer than three years, he lost his status and the right to reindeer-herding. Although Mr. Kitok belonged to this group of Sami, he was granted by the Sami community a special permission to engage in reindeer-herding on payment of certain charges. In its views adopted on 27 July 1988, the Human Rights Committee concluded that the restrictions imposed on Mr. Kitok's herding right were based on reasonable and objective grounds and there was no violation of article 27 of the Covenant.[32]

During the consideration of the third and fourth combined report of Australia, it was revealed that Australia used to practice an assimilation policy by which children of the minority aboriginals were forcibly separated from their families to live with white families in order to be civilised. This policy was abandoned in the 1960s but had caused mental sufferings among many of these

---

31 Report-HRC (A/36/40), p.166ff.

32 Report-HRC (A/43/40), p.221ff.

children. In its concluding observations adopted after the consideration of the report, the Human Rights Committee recommended that the State Party continue to intensify the efforts to provide proper remedies to the victims of this tragic policy.[33]

Similarly, during the consideration of the fourth periodic report of New Zealand, the issue of indigenous Maori rights under article 27 was raised. Maori occupies more than 12% of the total population but is divided into many smaller groups. In 1840 when New Zealand officially became part of the British Empire, the Crown's representative signed the Treaty of Waitangi with about fifty major Maori chiefs. By the treaty New Zealand came under the British sovereignty and, in return, the Crown guaranteed to Maori the full possession of their lands, forests, fisheries and other properties. The treaty was intended to solve disputes between various Maori tribes and white European colonisers, but the disputes persisted in many subsequent years. However, efforts started in the 1960s to promote Maori elements in the New Zealand society. In the 1970s, the Treaty of Waitangi Tribunal was set up to deal with Maori claims relating to the treaty. In the 1980s Maori was declared as an official language. Thus, in the concluding observations adopted after the consideration of the fourth periodic report, the Human Rights Committee welcomed these developments and recommended further efforts in that direction.[34]

III. Conclusions

Three conclusions may be drawn from the study above.

First of all, the study clarifies that multiculturalism, as defined in the Introduction of this paper, does not always resolve the difference of values and concepts on human rights held by States Parties to the Covenant and by the Human Rights Committee, respectively. It is obvious, for example, from the exchange of views between the Sudanese delegation and the Committee members with regard to their interpretation of article 7. This paper does not attempt to indicate if and how the difference should be reconciled. On the one hand, it is essential for the Committee to specify what constitute universal

33 Report-HRC (A/55/40), Vol.I, p.73, §§512-513.

34 Report-HRC (A/57/40), Vol.I, p.63ff especially pp.64 (5) & 66 (14).

human rights standards. On the other hand, it must be admitted that, in the global situation as it is, there exists room for different approaches about the basic values and concepts with respect to human rights. An important thing is not to impose a particular set of values or concepts categorically but to try to understand what causes the difference and, if possible, to find ways for constructive dialogues towards possible reconciliation in the future.

Secondly, it is interesting to note that such difference exists not only between States Parties and the Committee but also among Committee members themselves. Each member has different cultural as well as legal backgrounds, which are bound to be reflected in his or her interpretation and application of one and the same Covenant provision. Indeed, it is important that the Covenant itself anticipates such difference and members serve in their personal capacity. Therefore, it is natural that difference of views or opinions exists among Committee members and they should make the most of the difference through respecting and learning from each other.

Thirdly and finally, it is fundamentally essential for States Parties and the Committee as well as each Committee member to try to maintain certain degree of flexibility in their approach to human rights. This study shows that not only the political but also the economic and cultural situations of a Member State change with time and these changes do affect the society and people constituting the State, which may lead to change of their attitude towards human rights and the values and concepts which lie behind such attitude. There may be some fundamental values and concepts universally applicable through different ages and societies, but it must not be forgotten that any type of dogmatic attitude could militate against the development of human rights.

Multiculturalism and the Bretton Woods Institutions

Bartram S. Brown*

I. Introduction

Multiculturalism has many aspects and broad ramifications. To begin with multiculturalism is an empirical and sociological fact. Multiple cultures exist and these are superimposed upon multiple national states in ever changing ways. These different cultures develop, interact and at times conflict. The multiculturalist view is that mutual respect and recognition of these cultures are essential if they are to work together in a positive way. This is as true in international law and organization as it is in other fields.

The implications of multiculturalism for the World Bank and the International Monetary Fund (IMF), the so-called Bretton Woods institutions, are of particular interest. The Bank and Fund are both multilateral institutions with considerable financial resources as well as unparalleled clout with private financial institutions. They differ in that the basic mission of the Bank is to provide support to developing countries while the IMF was created to stabilize the international monetary system and to monitor the world's currencies.

Both Bank and Fund have enormous power and potential to frustrate, or to promote, the realization of the multicultural ideal. They have inevitably become frequent targets of criticism from those calling for greater multiculturalism in international law and institutions.

---

* Professor of Law and Co-Director, Program in International and Comparative Law, Chicago-Kent College of Law, Illinois Institute of Technology; Member, American Law Institute; Member, Council on Foreign Relations (New York). Thanks to Pauline Dessler for valuable editorial assistance. The views expressed herein are solely the responsibility of the author.

Sienho Yee & Jacques-Yvan Morin (eds.), Multiculturalism and International Law, 345-372.

The Bretton Woods institutions fall short of the multicultural ideal in a host of ways. They were originally crafted by a monocultural Anglo-American alliance, and assume liberal economic principles as their basis. This alone makes them vulnerable to multicultural critique. Worse yet, even as they pursue a liberalizing economic agenda, each operates on the basis of a weighted voting system which favors wealthy industrialized countries. Another especially outmoded part of the Bretton Woods formula has been the informal agreement under which the President of the US always nominates the President of the World Bank, while European states have in practice collectively nominated the Managing Director of the IMF.

US President George W. Bush's decision to appoint Paul Wolfowitz as President of the World Bank was a shameless indulgence in unilateral excess. Prior to his appointment Wolfowitz had shown little interest in multilateral institutions, and little background in economic development. Instead he was identified with the failed unilateralist policy of the 2003 US invasion of Iraq. His appointment and subsequent fall from grace at the Bank have exposed the absurd extent of the Western privilege at the Bank and Fund and underlined the need for reforms to limit abuse of that power.

This essay argues that, despite their deficiencies, the Bretton Woods institutions can play an essential role in promoting multiculturalism, human rights and the rule of law, but will be most effective only if they learn to practice and respect these same principles in their own decision-making and other internal practices. Their credibility and ultimate future success depend on it. If the Bretton Woods institutions are to achieve their liberal free-market goals in the future, US and European leaders can no longer claim the exclusive right to determine who will lead them.

After this introduction, Part II of this paper examines the concepts of diversity and of multiculturalism; Part III introduces the Bretton Woods Institutions and the related issues of multiculturalism; Part IV considers the interplay of law, politics and multiculturalism at the World Bank and IMF; and Part V formulates a few brief conclusions.

II. Multiculturalism and Diversity

Defining multiculturalism can be difficult since the term is used variously to refer to diversity as a *de facto* demographic situation, to the normative ideals said to follow from that situation, or to programmatic policy responses to it.[1] Multiculturalism gained prominence as a phenomenon at the national level within countries with diverse multicultural populations. It has been described as "a democratic policy response for coping with cultural and social diversity in society".[2] Faced with the growth of highly diverse immigration within the framework of English/French/Native American linguistic and cultural divides, the Government of Canada has lead the way.[3] Under the 1988 Canadian Multiculturalism Act it is the policy of that Government "to recognize that multiculturalism is a fundamental characteristic of the Canadian heritage and identity"[4] and to "encourage and assist the social, cultural, economic and political institutions of Canada to be both respectful and inclusive of Canada's multicultural character".[5]

The thrust of these policies is to recognize and validate the different

---

1 According to a study published by UNESCO "[t]hree interrelated, but nevertheless distinctive, referents of 'multiculturalism' and its related adjective 'multicultural' which can be distinguished in public debate and discussion are: the demographic-descriptive, the ideological-normative and the programmatic-political." Christine Inglis, Multiculturalism: New Policy Responses to Diversity, MOST Policy Papers N°4, UNESCO, 1996, at 16. (http://unesdoc.unesco.org/images/0010/001055/ 105582e.pdf, viewed June 25, 2007).

2 Id. at 6

3 Canadian scholars have likewise lead the way in developing the concept of multiculturalism. See, e.g. Charles Taylor, whose ideas are the focus, infra, notes 6 to 15 and the accompanying text, and Edward McWhinney, who has applied the concept to international law in particular in a long series of thoughtful studies. See, Edward McWhinney, The World Court and the Contemporary International Law-Making Process, Sijthoff & Norodhoff (1979); Edward McWhinney, Conflict and Compromise, International Law and World Order in a Revolutionary Age, New York (1981); Edward McWhinney, Western and Non-Western Legal Cultures and the International Court of Justice, in: Festschrift: A Celebration of the Scholarship and Teaching of Gray L. Dorsey, 65 Wash. U. L.Q. 873 (1987); and Edward McWhinney, Judge Manfred Lachs, and Judicial Law Making, Opinions of the International Court of Justice, 1967-1993, Kluwer (1995).

4 Canada's policy is that multiculturalism is "an invaluable resource in the shaping of Canada's future." See, the Canadian Multiculturalism Act, R.S., 1985, c. 24 (4th Supp.), [C-18.7], An Act for the preservation and enhancement of multiculturalism in Canada, [1988, c. 31, assented to 21st July, 1988], Article 3(b).

cultural identities of the groups within Canada. The traditional model of liberalism abhors any such official recognition or distinction.

II.A. Multiculturalism and the Politics of Recognition: A Critique of Liberalism's Politics of Equal Dignity

Charles Taylor, in his essay on the Politics of Recognition,[6] notes that a "politics of equal dignity" has emerged in Western thought based in part on the ideas of Rousseau and Kant.[7] It values the notion of equal treatment for all "based on the idea that all humans are equally worthy of respect",[8] and that there are "universal, difference blind principles". [9] Taylor then formulates what is essentially a multicultural critique of this classical liberalism. He stresses that a "crucial feature of human life is its fundamentally dialogical character",[10] and argues that individuals can only develop and define their identity through dialogue with others. [11] From this perspective he concludes that "[t]he supposedly fair and difference-blind society is not only inhuman … but also, in a subtle and unconscious way, itself quite discriminatory". [12] In his view, recognition is so fundamental to identity that nonrecognition or misrecognition of a group can inflict serious harm.[13]

---

5 Id. Article 3(f).

6 Charles Taylor, The Politics of Recognition, in Charles Taylor et al, edited and introduced by Amy Gutman, Multiculturalism and the "politics of recognition," Princeton University Press (1994) at 25-73 [hereinafter The Politics of Recognition].

7 Taylor notes that "[t]he politics of equal dignity has emerged in Western civilization Western civilization" with the ideas of Rousseau and Kant as early exponents and standard bearers. The Politics of Recognition, supra note 6 at 44.

8 Id. at 41.

9 Id. at 43.

10 Id. at at 32.

11 "We become full human agents, capable of understanding ourselves and, and hence of defining our identity … through interaction with others who matter to us." The Politics of Recognition, supra note 6at 32.

12 Id. at 43.

13 "The thesis is that our identity is partly shaped by recognition or its absence, often by the misrepresentation of others, and so a person or group of people can suffer real damage, real distortion, if the people or society around them mirror back to

Can these two notions, the liberal politics of equal dignity and Taylor's politics of the recognition of difference, be reconciled? Taylor himself does not argue for the abandonment of liberalism, but he does endorse the idea of a new variant of liberalism more open to different cultural perspectives and to collective rights.[14]

Taylor's critique of liberalism is telling in many respects, but he goes too far in predicting that the so-called "rigidities of procedural liberalism may rapidly become impractical in tomorrow's world."[15] Rigidities have a way of becoming impractical, but procedural liberalism need not be rigid. When fairly applied to all states and parties, and with recognition of cultural differences where appropriate, procedural liberalism is the best hope for reconciling multiculturalism with respect for the rule of law at the international level. It is important not to throw out the baby of procedural liberalism and the rule of law, with the bath water of traditional liberalism's culturally blind and therefore implicitly western-biased approach. Of course the rule of law itself must to some extent develop with the times.[16]

In any case multiculturalism is much more than a mere critique of liberalism. To its adherents it is powerful normative principle in its own right. The trend towards greater recognition of multiculturalism's potential for good has been fueled by the development of multicultural values and even of a

---

them a confining or demeaning or contemptible picture of themselves. Nonrecognition or misrecognition can inflict harm, can be a form of oppression, imprisoning someone in a false, distorted, and reduced mode of being." The Politics of Recognition, supra note 6 at 25.

14 "There is a form of the politics respect, as enshrined in a liberalism of rights, that is inhospitable to difference, because (a) it insists on uniform application of the rules defining these rights, without exception, and (b) it is suspicious of collective goals. … Fortunately, however, there are other models of liberal society that take a different line on (a) and (b)." The Politics of Recognition, supra note 6, at 61.

15 Id. at 61.

16 Edward McWhinney has aptly noted that "the Rule of Law need not be another convenient synonym for perpetuating the political-legal status quo of yesterday, and … the role of the lawyer and of the judge today consists not merely of mechanically restating the old law but also of assuming responsibility for imaginatively up-dating or re-writing it to correspond with new societal conditions and demands." Edward McWhinney, Western and Non-Western Legal Cultures, supra note 3, at 873, 878-79 (1987).

multicultural ideal. Broadly speaking, multiculturalism values the diversity of cultures and dialogue between them over more insular, monocultural, western, or unilateral attitudes and approaches, and recognizes that internal diversity can impart strength, innovation and growth to a society.[17]

A key rationale for the policy of multiculturalism is recognition of the inherent value of dialogue with "the other". Diversity dialogue can fuel the internal development of the state and its economy. Socrates reportedly said that "the unexamined life is not worth living" and pursuing this foundational "Western" ideal he asked difficult questions about Athenian society for which "crime" he was ultimately sentenced to death.[18] It is in the spirit of Socrates that multiculturalism stresses the value of learning through an inter-cultural dialogue.[19] The coincidence of different cultures and peoples in one state can bring to it more varied insights and capabilities which can be especially valuable when dealing with the outside world.

II.B. Critiques of Multiculturalism

Even some proponents of multiculturalism recognize that it should be implemented with caution. Multiculturalism could potentially disadvantage the rights of individuals within the minority by reducing them to mere members of a recognized group. Respect for difference should not become a license for in-group subordination.[20]

---

17 Canadian Multiculturalism Act, supra note 4, Article 3(b).

18 The charge, according to Plato was "[t]hat Socrates is a doer of evil, and corrupter of the youth, and he does not believe in the gods of the state, and has other new divinities of his own." See, Plato, Apology, Benjamin Jowett trans. (1942) (The Internet Classics Archive, http://classics.mit.edu/Plato/ apology.html (last viewed June 28, 2007)).

19 "A multicultural curriculum works very well in fulfilling the traditional goals of education in philosophy. It can assist the teacher as Socratic 'midwife' and 'gadfly' in delivering students of their narrow and uncritical opinions and awakening them to a world of intellectual diversity." Carol J. Nicholson, Three Views of Philosophy and Multiculturalism: Searle, Rorty, and Taylor, Encyclopedia of Philosophy of Education, http://www.ffst.hr/ENCYCLOPAEDIA/jcarol.htm (last viewed June 27, 2007).

20 Ayalet Sachar, Two Critiques of Multiculturalism, 23 Cardozo L. Rev. 253, 257 (2001).

A more fundamental external critique of multiculturalism challenges the very idea of adopting policies based on cultural differences. Some are concerned that cultural recognition might come at the expense of other values, such as the neutrality of public institutions, economic redistribution or progress towards equality of the sexes.[21] As discussed above, multiculturalism would seem at the very least to imply some derogation from the principle of equal treatment.

A moderate policy of multiculturalism can answer such concerns by balancing multiculturalism and equal treatment. The Constitution of Canada provides that every individual is equal before and under the law and has the right to the equal protection, but also allows for special programs to advance disadvantaged minorities[22] and therefore Canada must moderate its approach to multiculturalism. The Canadian Multiculturalism Act contains multiple reaffirmations that citizens in Canada should remain legally equal before the law.[23] It balances these two interests in calling for Canada "to ensure that all individuals receive equal treatment and equal protection under the law, while respecting and valuing their diversity". [24]

In general critics of multiculturalism argue that it will cause much greater

---

21 See, e.g., Ayelet Shachar, Multicultural Jurisdictions: Cultural Differences and Women's Rights (Cambridge Univ. Press, 2001).

22 Under the heading of "Equality Rights" Section 15 of the Canadian Charter of Rights and Freedoms states:

(1) Every individual is equal before and under the law and has the right to the equal protection and equal benefit of the law without discrimination and, in particular, without discrimination based on race, national or ethnic origin, colour, religion, sex, age or mental or physical disability.

(2) Subsection (1) does not preclude any law, program or activity that has as its object the amelioration of conditions of disadvantaged individuals or groups including those that are disadvantaged because of race, national or ethnic origin, colour, religion, sex, age or mental or physical disability.

23 Canadian Multiculturalism Act, supra note 4, calls for it "to ensure that all individuals receive equal treatment and equal protection under the law, while respecting and valuing their diversity." Articles 3(1)(e). See also Preambular paragraphs 1, 5, 6, and 7, and Article 3(2)(a).

24 Canadian Multiculturalism Act, supra note 4, article 3(2)(b) mandates "policies, programs and practices that enhance the ability of individuals and communities of all origins to contribute to the continuing evolution of Canada".

problems than those it is intended to address.[25] Some even depict it as a threat to freedom, progress, reason and science.[26] In their view the very notion of multiculturalism denies the standards of objectivity and truth which are the foundation of Western civilization [27] and the widespread acceptance of multiculturalism would therefore lead to barbarism.[28] One author who does not endorse multiculturalism, speaks of objectivity as the search for "the widest possible intersubjective agreement". [29] It is true that at one extreme, the assumption that all cultural values are equal could lead to an empty and valueless moral and cultural relativism. Multiculturalism recognizes that "all should enjoy the presumption that their traditional culture has value" but it does not assume that all cultures are of equal value.[30]

---

25 See, Ayelet Shachar, Two Critiques of Multiculturalism, 23 Cardozo L. Rev. 253, (2001) at 257-273.

26 As the Ayn Rand Institute puts it:

> Multiculturalism seeks to obliterate the value of a free, industrialized civilization (which today exists in the West and elsewhere), by declaring that such a civilization is no better than primitive tribalism.
>
> We are opposed to this destructive doctrine. We hold that moral judgment is essential to life. The ideas and values that animate a particular culture can and should be judged objectively. A culture that values freedom, progress, reason and science, for instance, is good; one that values oppression, stagnation, mysticism, and ignorance is not."

Website of The Ayn Rand Institute: (http::/ /www.aynrand.org/site/ PageServer?pagename=media_topic_multiculturalim), last accessed June 15, 2007.

27 John Searle, "The Storm over the University," in Debating P.C. Paul Berman, ed. (New York: Dell, 1992) at 112.

28 Taylor acknowledges that in the view of multiculturalism critic Roger Kimball "[t]he multiculturalists notwithstanding, the choice facing us today is not between a "repressive" Western culture and a multicultural paradise, but between culture and barbarism." The Politics of Recognition, supra note 6 at 72, citing Roger Kimball, Tenured Radicals, New Criterion, January 1991 at 13.

29 Richard Rorty, Does Academic Freedom Have Philosophical Presuppositions: Academic Freedom and the Future of the University, Academe (Nov.-Dec. 1994) at 52.

30 "It makes sense as a matter of right that we approach the study of certain cultures with a presumption of their value … But it can't make sense to demand as a matter of right that we come up with a final concluding judgment that their value is great, or equal to others." The Politics of Recognition, supra note 6 at 68-70.

III. Multiculturalism & the Bretton Woods Institutions

The discussion thus far has focused upon multiculturalism within a national society. International society is characterized by greater diversity and cultural pluralism than can be found in most national societies. At this level the need for multicultural dialogue is compelling, and addressing multiculturalism in international norms and institutions[31] can be an especially difficult and delicate challenge.

If, as Taylor argues, individuals and groups within the State can only develop and define their identity through dialogue with others,[32] the same may also be true of States which can also learn from and influence each other in a global dialogue. This dialogical character is a crucial aspect of each State and of each culture's ability to achieve individuality and is not antithetical to it. What then might be the implications for the Bretton Woods institutions of this broader global vision of multiculturalism?

III.A. Some Background on Bretton Woods

The Bretton Woods Institutions were a post-World War II Anglo-American project. The period between the two World Wars had been plagued by protectionist high tariffs, exchange rate manipulations, and other economic policies reflecting a narrowly nationalistic and unilateral perspective. These policies had contributed to global economic stagnation by choking off international trade. Recalling the international economic chaos which had preceded the war, the leading economic powers of the time decided to construct a postwar system of international economic organizations which would build a liberal capitalist economic order.

The architects of the Bretton Woods system were influential UK economist John Maynard Keynes and Harry Dexter White of the US Treasury. They brought their governments into agreement on a shared vision of a liberal

---

31 As UNESCO notes, "[t]he close parallels between [the] ideological-normative usage of multiculturalism and the United Nations' views on cultural diversity are clear." Christine Inglis, Multiculturalism: New Policy Responses to Diversity, MOST Policy Papers N°4, UNESCO, 1996, at 17.

32 The Politics of Recognition, supra note 6 at 32.

economic order via more open international trade and a more stable and predictable international monetary system. They attempted to embed this liberal economic vision into the text of the treaties establishing the IMF and the World Bank.

These treaties created powerful and well-funded institutions dedicated to realizing this vision. Each provided for more wealthy or prosperous members to provide the resources which less prosperous and/or developing country members can draw upon, often subject to economic policy conditions. A weighted voting system is part of the price of developing countries pay for access to resources. Together these resources, and this decision-making system, give the Bretton Woods institutions great power over borrower countries.

III.B. The Roles of the IMF and World Bank

The IMF was intended to be a major pillar of the international economic order, maintaining exchange rate stability, helping its members to deal with short-term balance of payments disequilibria and, in general, establishing a reliable international payments system. The original Bretton Woods fixed exchange rate system completely collapsed in 1973, leaving the IMF in search of a new mission. In adapting to the developing country debt crisis of the 1980s, the IMF found a new niche as the designated advisor to heavily indebted developing countries. On the surface, the Fund's two major activities remain the same: surveillance of national economic policies and providing financial support for adjustment programs when necessary. Now, however, the Fund's advice concerns not only fiscal policy but also banking, competition policy and a broad range of economic policy matters, including governance.[33] That advice is supposed to be based on the principles of transparency, simplicity, accountability and fairness, which are essential aspects of good governance.[34] Until recently,[35] heavily indebted countries generally had little choice but to

[33] Robert Graham, Thirteen Years of Change Take Toll on IMF Chief: The Camdessus Years, Financial Times (London) (10 Nov. 1999), 16.

[34] See, The Role of the IMF in Governance Issues: Guidance Note (Approved by the IMF Executive Board, 25 July 1997), paragraph 13.

[35] See the discussion of Argentina's alternate approach to getting out of debt, infra. notes 68 to 71 and the accompanying text.

accept the Fund's austere policy directives.

Fund surveillance is facilitated by the extensive economic information that members are required to divulge to the Fund. Every year or so, pursuant to Article IV of the IMF's Articles of Agreement, the IMF sends a staff team to visit each member country to hold bilateral discussions. The team visits the country to collect economic and financial information and to discuss with national officials the country's economic developments and policies. After returning to headquarters, the staff prepares a report which is used by the Executive Board as the basis of discussion.

The basic financial resource of the IMF consists of funds from member states, each of which is required to contribute according to a "quota" reflecting the size and strength of its economy. Members are entitled to draw freely upon a first "reserve tranche" of these resources representing their contribution in gold and convertible currencies in excess of this quota. The Fund allows member countries to draw upon additional "credit tranches" of its resources only if they comply with IMF "conditionality," making financing available to debtors only if they promise to comply with IMF-determined conditions concerning their national economic policies and performance. After initial approval, the Fund continues to act as a sort of international financial policeman, monitoring compliance with the promises it has exacted from debtor countries and giving a creditworthiness green light to the international financial community.[36] Supplementing the basic financial support it makes available to its members, the Fund has developed an array of special "facilities" in response to the persistent economic problems of debtor countries.

In 1945, many countries did not share the enthusiasm of the US and the UK for an IMF to support monetary and financial discipline. Creation of the International Bank for Reconstruction and Development (IBRD), as an additional pillar of international economic cooperation, broadened the appeal of the proposed system of international financial institutions by offering something concrete to the economically disadvantaged regions of the world. The IBRD was established in 1945 to finance the reconstruction of countries devastated by World War II and the development of more traditionally

---

36 For an early analysis, see E. Robichek, The International Monetary Fund: An Arbiter in the Debt Restructuring Process, 23 Columbia JTL (1984), 143.

impoverished areas of the world. The Marshall Plan, introduced in June of 1947, eventually assumed the burden of financing reconstruction in Europe leaving the Bank free to devote its resources to the development task. Today, the IBRD is the central institution in what is known as the World Bank Group.

The Bank's role goes beyond providing development financing, since it has always provided borrowers with advice on development as well. Since there is a fine line between giving advice on development and giving general advice on economic policy, the Bank now shares with the IMF responsibility for inducing debtor countries to make needed macroeconomic reforms.

III.C. Liberal Aspects of the Bank and Fund

Liberalism is based on the idea that every individual has natural rights including life, liberty and the pursuit of happiness.[37] As rightly understood, it implies the search for success in the form of truth, justice and understanding. At its best, liberalism demands that we seek effective, workable solutions for problems that are both practically possible in a management sense and consistent with fundamental values such as human rights. Most liberal values are known to other non-liberal, traditions as well, and indeed within the liberal tradition it is often assumed, rightly or wrongly, that its core values are universal.

As noted above, the Bank and Fund were created to promote the liberal economic goal of economic globalization based on open markets. The Bank and Fund, however, are liberal in other ways as well such as in their dedication to promoting accountability, transparency, good governance and the rule of law. Increasingly, the Bretton Woods institutions are focused on implementing these liberal principles.

Different aspects of the liberal tradition sometimes seem to conflict, as when the World Bank was called upon to deny loans to apartheid regimes by incorporating concern for human rights international into its lending decisions. Originally, the Bank argued that it could not do so without betraying its duty to act impartially and only on the basis of economic considerations rather than political ones. Later the Bank developed a more evolved view of its role as

---

37 This phrase, adapted from John Locke's Second Treatise on Government, was used by Thomas Jefferson in the US Declaration of Independence. See The

lender, under which it considers government human rights violations as an indicator of economic creditworthiness.

There was a parallel development with the consideration by the Bank of international environmental performance and standards. At first, the Bank view was that environmental considerations were merely a political consideration. More recently, the Bank has acknowledged that the adverse environmental effects of its lending projects can be understood in economic terms as "externalities" which are indeed part of the total cost.

III.D. Bretton Woods Voting and Decision-Making Procedures

Voting and decision-making at the Bank and the Fund are organized along similar lines. The business of each is conducted by an Executive Board. The relative economic strength of the various member countries, and their contributions to the organization's resources, is reflected in the composition and voting of that Board. A "weighted voting" system is written into the treaties establishing Fund and Bank, ratifying and institutionalizing within them the inequality between the economically strong countries and the economically weak ones. As a result, the top five members wield 38% of the total voting power in the Fund[38] and 37% in the World Bank.[39] Together, the US and major European countries command more than 50% of voting power in each of them. The demand for greater equality has led the UN General Assembly to adopt resolutions calling for the reform of the decision-making procedures in international economic and financial institutions.[40]

Declaration of Independence, para. 2 (U.S. 1776).

38 The voting power percentages for each of the top five countries in the IMF is presently as follows: United States: 16.79%, Japan: 6.02%, Germany: 5.88%, France: 4.86%, and United Kingdom: 4.86%. IMF website, http://www.imf.org/external/ np/sec/memdir/eds.htm, consulted at 11:00 AM CST on June 15, 2007.

39 The percentages within the World Bank's principal organ, the International Bank for Reconstruction and Development (IBRD) are currently as follows -- United States: 16.41%, Japan 7.87%, Germany 4.49%, France 4.31%, United Kingdom: 4.31%.

40 See, for example, Article 10 of the Charter of Economic Rights and Duties of States, adopted by the UN General Assembly as Resolution 3281 (XXIX) on

Although apparently at odds with notions of "sovereign equality,"[41] the weighted voting procedure was a practical response to the valid concerns of major contributors about how the contributed funds would be used. Weighted voting answered these concerns and thereby assured the participation of donor countries.

Beyond the issue of weighted voting, the management structures of the Bretton Woods institutions are a direct affront to multiculturalism in another important way. According to an informal tradition, the post of IMF managing director is held by a European and the top job of the World Bank by an American. In practice these two appointment privileges have not been equally exercised.

In 2001 Europe's first proposed choice for IMF Managing Director was rejected, and essentially vetoed, by the US which then agreed to accept Europe's second choice.[42] In contrast President George W. Bush's unilateral selection of Paul Wolfowitz to head the World Bank in 2005 was effectively unilateral. Publicly known as a key architect of the disastrous US decision to invade Iraq in 2003, Wolfowitz was a controversial and divisive figure even within the US. He was a hated figure in Europe,[43] but at the time of his confirmation European leaders unanimously supported his appointment as President of the World

---

12 Dec. 1974.

41 Article 2 (1) of the UN Charter states that "The Organization is based on the principle of sovereign equality of all its Members".

42 The selection process of the IMF Managing Director in 2001 was described as follows: "Koehler's selection as managing director four years ago came after a power struggle among rich countries that was widely deplored as epitomizing the arbitrary nature of the process. Following the announcement in November 1999 by IMF Managing Director Michel Camdessus that he would retire, the German government made it clear that the time had come for a German to take the helm after two Frenchmen had held the job. Berlin's first nominee, Caio Koch-Weser, emerged as Europe's choice, but when the US government blocked his selection by the IMF board, German officials indignantly insisted on Koehler, then the head of the European Bank for Reconstruction and Development. Rather than risk a breach with the Germans, other nations acquiesced."

43 According to reports "[n]ews of Mr Wolfowitz's nomination was received with shock and awe by the international community." Comment & Analysis: World Bank: Bush's elbow, not his ear, The Guardian (London), Final Edition, April 2, 2005, Gaurdian Leader Pages, 19.

Bank.[44] The US decision to nominate him was accepted without any serious external review; and his accountability came only after the fact when he was found to have violated Bank policies with regard to a staffer with whom he had a personal relationship. Once his improprieties were revealed he could not benefit from the reservoir of credibility and goodwill that would shore up a candidate with true international support.

The appointment of Wolfowitz, a polarizing ideological figure with little technical expertise in finance or development, as President of the World Bank was more likely to weaken the Bank's effectiveness than to reinforce it.[45] Now, after Wolfowitz's reluctant resignation, it is clear that the World Bank's efforts to promote transparency, good governance and the rule of law were undermined despite his sincere effort to promote development and his welcome focus on fighting against corruption.

The UN General Assembly has implored the Bretton Woods institutions to reform their decision-making protocols, but to no avail. Now over sixty years after the IMF and World Bank were established, it is time to reconsider the basic compromise on decision-making. This reform is necessary not only out of respect for multiculturalism, but also to promote accountability, practicality, the rule of law and the other liberal principles that are the basis of the Bretton Woods institutions.

The potential incompatibilities of the Bretton Woods institutions with the ideals of multiculturalism seem to dwarf those raised by the multicultural critique of the liberal state. It is legitimate to ask whether the Bank and Fund are fundamentally and irreparably instruments of a "hegemonic international law"[46] and antithetical to the multicultural ideal or at least impervious to it. I do not believe that they are.

My thesis is that the Bretton Woods institutions have the potential to

---

44 Richard Bernstein, Is Europe Trying to Restore The Old Trans-Atlantic Club?, The New York Times, April 3, 2005, Section 1; Column 1; Foreign Desk; at 13.

45 The Italian business-oriented Il Sole 24 Ore, predicted that with Wolfowitz as president of the bank, "it will not be easy to 'sell' the World Bank as an institution that takes care of the poor in the world." As cited in Elaine Sciolino, Europe on Wolfowitz as Banker: Once Chilly, Now Tepid, The New York Times, March 31, 2005, Section A; Column 3; Foreign Desk; at 12.

46 See below notes 72 to 81 and the associated text.

become an arena within which different states, representing to some extent their peoples and cultures, "develop their identities together and in relation to each other via the same dialogical processes that are, for Taylor, at the very root of ethical substance and indispensable for recognition".[47] Although Western engineered and dominated, these institutions can accommodate multiculturalism insofar as they and the liberal principles they promote can adapt to remain sufficiently relevant to the multicultural psychology and politics of the 21st century. There are clearly limits to how far liberal economic principles and Bretton Woods institutional structures can adapt, but a more complete understanding of them will only emerge gradually, aided by intercultural dialogue.

The same Bretton Woods practicality that developed weighted voting as a useful solution in the 1940s now requires a technical correction in response to the reality of multiculturalism and the power of the multicultural ideal in today's world.

IV. Law, Politics and Multiculturalism at the Bank and Fund

IV.A. The Claim of the Bretton Woods Institutions to be Non-Political

Both the Bank and Fund have always laid claim to a neutral, technocratic legitimacy. Article IV, section 10 of the World Bank's founding treaty is entitled "Political activity prohibited," and it sets out a clear rule that the Bank and its officers are not to be influenced by "the political character of the member or members concerned" and that "only economic considerations shall be relevant to their decisions."[48] This section has been interpreted as a prohibition on the

---

47 Brian Milstein, "On Charles Taylor's 'Politics of Recognition'". Unpublished paper, New School for Social Research, New York (accessed on March 15, 2007 at http://magictheatre.panopticweb.com/aesthetics/writings/polth-taylor.html).

48 Articles of Agreement of the International Bank for Reconstruction and Development, Article IV(10), reads as follows:

> The Bank and its officers shall not interfere in the political affairs of any member; nor shall they be influenced in their decisions by the political character of the member or members concerned. Only economic considerations shall be relevant to their decisions, and these considerations shall be weighed impartially in order to achieve the purposes stated in Article

politicization of the Bank.

The first part of Article IV(10) is clearly designed to protect member states from interference in their internal political affairs. The second part[49] sets out a positive definition of how the Bank, its organs, and its officers are to exercise their discretion in decision-making. Both the General Counsel of the Bank, and the Bank's Executive Director's have endorsed the view that section 10 "is no more than a reflection of the technical and functional character of the Bank as it is established under its articles of agreement."[50]

The IMF's charter does not contain language similar to Article IV(10) of the Bank's articles,[51] but the Fund has nonetheless taken the position that it too is prohibited from making decisions based upon political considerations.[52] In the Fund's official view, "[d]omestic policies are 'social' or 'political' if they do not fall within the scope of the purposes of the Fund as set forth in Article I, and the Fund may not base its decisions on political considerations of this character".[53] Thus a political activity prohibition such as that explicitly set out in the Bank's charter technically applies to the Fund as well.

Although in principle both the Bank and Fund are to act solely on the basis of economic considerations, in practice this is more easily said than done. Both now consider the quality of a state's "governance" based on the argument that bad governance is economically relevant to lending decisions. This is not an exact science, however, and even the Fund has conceded that "in practice there

I.

49 The second clause of that Article's first sentence mandates that the Bank and its officers shall not "be influenced in their decisions by the political character of the member or members concerned". This clause serves a dual purpose, providing some protection for the internal affairs of states while also setting out a "functionalist" definition of how the Bank is supposed to reach its decisions.

50 From a letter dated 5 May 1967 from the IBRD General Counsel to the UN Secretariat, cited in UNJY (1967), 121.

51 See Y. Yokota, Nonpolitical Character of the World Bank, Japanese Annual of International Law (1976), 45 ("For the Americans who [at Bretton Woods] held a view that economics cannot be separated from politics, it was perhaps easier to accept a non-political Bank than a non-political Fund").

52 See J. Gold, Political Considerations are Prohibited by Articles of Agreement when the Fund Considers Requests for Use of Resources, 12 IMF Survey (No. 10, 23 May 1983), 146.

53 Gold, n. 52 above, 146.

is seldom a clear separation between such economic and noneconomic aspects".[54]

This is especially troublesome from a multicultural perspective because, in case of disagreement, the matter is resolved under the weighted voting system. The wealthy donor countries determine what is to be considered a technical economic matter and therefore relevant to the activities of these powerful organizations versus what is political and therefore in principle irrelevant. The injustice of this system threatens to undermine the credibility of the Bretton Woods institutions.

IV.B. Past Attempts at Politicization of the World Bank

The weighted voting systems of the IMF and World Bank are especially susceptible to politicization inasmuch as they concentrate so much influence in the hands of the US and a few allies. In a separate work the present author has developed a legal approach to the issue of politicization in the law and practice of the World Bank.[55] International organizations such as the Bank and Fund are established based on an agreement between their members to work to achieve common goals. A negotiated consensus on these goals, and on a set of rules and principles for achieving them, is then incorporated into a constitutive document in the form of a binding treaty.[56] The use of such an organization's formal mechanisms for purposes other than those within the agreed consensus may violate its founding treaty and constitute an illegal act of politicization.[57]

Although every loan the Bank makes must be presented to the Executive Directors and formally approved by them, the decision on each proposal is actually made by consensus before it is formally presented. Any loan presented to the Executive Directors for a vote will normally be approved, and details of these loans are published by the Bank. The Bank publishes no statistics, however, about the loans which are discussed by the Executive Directors but

---

54 The Role of the IMF in Governance Issues: Guidance Note (Approved by the IMF Executive Board, July 25, 1997), para. 22.

55 See Bartram S. Brown, The United States and the Politicization of the World Bank: Issues of International Law and Policy (1992) at 234-253.

56 Id. at 17.

57 Id. at 27.

not formally presented or approved. Without more information about these behind-the-scenes discussions, it is impossible to do a systematic and comprehensive study of politicization in the Bank's decision-making.

The US Congress has often passed legislation requiring the US-appointed Executive Director not to support any proposed World Bank loans to a certain country,[58] and often the rationale has been more political than economic. These Congressionally-mandated no votes have generally proved to be ineffective as a way to influence the Bank's lending decisions[59] largely because the US does not have enough voting power in the Bank to block loans without the votes of other countries. In some cases, however, US politicization of the Bank may have been effective in punishing the intended target.[60] Even when unsuccessful, US efforts to politicize the Bank have undermined its reputation as a fair and non-political institution.

IV.C. The IMF Role in the Asian Financial Crisis

Beyond concerns about the fairness of decision-making procedures, the politicization of the Bretton Woods institutions, or the subjectivity of the economic issue versus political issue distinction, the Fund in particular has in recent years lost credibility as a competent economic advisor. The IMF's credibility problems began with the Asian Financial crisis of the 1990s but the Fund's greatest embarrassment came in its relations with Argentina subsequent to 2001.

In 1997 a devastating financial crisis hit Thailand and spread quickly

---

58 See, for example the Zimbabwe Democracy and Economic Recovery Act of 2001. Act Dec. 21, 2001, P.L. 107-99, 115 Stat. 962, 22 USC § 2151, Sec. 4(c), requiring the US Executive Director to oppose or vote against proposed World Bank loans to Zimbabwe.

59 Two decades ago a survey of public records concluded that from October 1, 1979 to September 30, 1987, the US voted no 33 times and abstained 69 times on World Bank loans which were proposed to the Board of Executive Directors and that, astoundingly, every one of these 102 loan proposals was nonetheless approved by the Bank's Board. See, Brown supra note 55, at 253-255.

60 The denial of Bank loans to Czechoslovakia in the Bank's early years, and to Chile Between 1970 and 1973 when socialist Salvador Allende was in power are two examples. See, Brown supra note 55, at 132-135 and 164-178.

within the region to the Philippines, Indonesia, Malaysia and South Korea, and ultimately affected economies around the world. When the crisis began, the Fund formulated new programs for Thailand, Indonesia, and other affected Asian states, and these programs have been criticized for contributing to the panic in several ways. The IMF ordered sudden bank closures and, when these were implemented without a more comprehensive plan for financial sector reform, the effect was to deepen the panic.[61] The Fund also contributed to the severe credit crunch by pushing banks to recapitalize within an unrealistic time frame and by recommending contractionary fiscal and monetary policies.[62] Much of this advice was similar to past IMF prescriptions for debtor countries in the throes of overspending and inflation. Many doubt that this advice was an appropriate response to problems largely attributable to the volatility of private capital flows.[63] In any case, the IMF's lending rose to record levels during the crisis.[64]

The IMF has not publicly acknowledged making errors during the crisis, much less contributing to it. But there are reports that a confidential IMF review concluded that the Fund's policy on bank closures did indeed exacerbate the crisis.[65] Despite the IMF's lack of official public contrition, several of its Directors have acknowledged that mistakes were made. The Fund reports without elaboration that some Directors expressed concern that Fund policies had liberalized capital movements before appropriate regulatory regimes were in place[66] or that the IMF had overreacted by loading the first stage of its

61 See IMF Now Admits Tactics in Indonesia Deepened Crisis, NY Times (14 Jan. 1998) at 1.

62 Summary of a July 1996 IMF Board discussion on Thailand, in Steven Radelet and Jeffrey Sachs, The Onset of the East Asian Financial Crisis (30 Mar. 1998) at 24-30.

63 See Paula Hawkins, International Misery Fund, The European (5 Oct. 1998), Section: Finance.

64 The total credits drawn from the IMF accounts during the years 1997/1998 reached a total of $75.4 billion, $20.1 billion more than the previous year. IMF Annual Report 1998, 13 (Overview—Asian Financial Crisis Propels IMF Activity to New Levels in 1997/98).

65 See IMF Now Admits Tactics in Indonesia Deepened Crisis, supra note 61 at 1.

66 See IMF Annual Report 1999, 36.

programs with too many structural reforms.[67]

IV.D. Argentina's Challenge to the IMF

In 2001 Argentina was insolvent and had defaulted on its foreign debt. This is the typical situation in which a debtor country must turn to the IMF as the lender of last resort. The IMF can offer such a country a number of things, including financial resources to meet some of their immediate debts, advice on economic policy, and official IMF endorsement of their economic recovery plan. The IMF *imprimatur* is particularly valuable as it gives the green light to additional help from governments and private capital markets who rely on the IMF to act as *de facto* international financial policeman. But in order to receive it the borrower must sign a "letter of intent" signifying its agreement to implement the IMF's policy prescriptions.

Rather than accept the austerity and economic belt-tightening required by the IMF's draconian policy prescriptions, Argentina took another, more radical, approach. In 2005, after years of tension with creditors, Argentina bypassed the IMF in successfully renegotiating a 70% reduction of the bulk of its remaining foreign private debt.[68] Argentina's former President Nestor Kirchner has boasted that it was "the best debt renegotiation in history,"[69] and it was all completed without the support of the IMF. In another damaging blow to the IMF's credibility, in 2006 Argentina finished paying back in full that country's $US 10 Billion debt to the Fund.

Argentina still has substantial debt but has comfortable fiscal and current account surpluses adequate to deal with them. It has recently been attempting to normalize its relations with the Paris Club of officials from the world's richest countries. In the meantime Argentina has learned that, even without IMF or Paris Club support, it can still access international capital markets

---

67 Id.

68 Larry Rohter, Argentina Announces Deal on Its Debt Default, The New York Times, March 4, 2005, Section C; Column 5; Business/Financial Desk; International Business; at 3.

69 Barrie McKenna, Argentina's joke on IMF has a bond issue punchline, The Globe and Mail (Canada), May 10, 2005, Section: Report on Business Column; World; at B13.

through local bond issues in Buenos Aires and bonds issued directly to Venezuelan banks eager to invest that country's oil surplus.[70]

This experience, however difficult it might be to replicate,[71] has proven that an indebted state need not always accept the policy prescriptions of the IMF. The Fund's failure to acknowledge and address this new reality has undermined the credibility of the traditional Bretton Woods prescriptions.

IV.E. Can the Bretton Woods Institutions Adapt?

The World Bank has already demonstrated the capacity to adapt. In 1960 the Bank accepted the need to mitigate the severity of market based approaches when it created a new affiliate, the International Development Association or IDA. The IDA provides loans on concessional terms (*i.e.* charging no interest and with repayment terms up to 50 years) for the most impoverished borrower countries who are not eligible for its more market-based commercial financing. More recently the Bank has made important progress in incorporating human rights and environmental concerns into its decision-making.

In contrast, the IMF has done relatively little to adapt to changing circumstances, although it has made some effort. In 1999 the IMF's Executive Board authorized gold sales by the IMF to generate the equivalent of about US$3 billion to help finance the IMF's contribution to debt relief and financial support for the world's poorest nations. Since the Fund, unlike the bank, is not a development institution, this policy takes the Fund beyond its original mission.

---

70 Benedict Mander, Argentina tries making peace Buenos Aires is offering to tackle its defaulted debt in a bid to boost foreign investment, Financial Times (London, England), December 15, 2006, Section: Capital Markets And Commodities; at 39.

71 Argentine relied on financial assistance from Venezuela which, under the leadership of IMF critic President Hugo Chavez, has invested oil revenue in billions of US dollars worth of otherwise difficult to market Argentine bonds. The unusually favorable market conditions may also have played a role. Future debtors may not benefit from these favorable circumstances.

IV.F. The Choice: Multiculturalism or Hegemonic International Law?

China is rising fast, but the US is still the predominant military and economic power in the world today. There is concern about this fact even among US allies.[72] One danger is that international law and multilateral institutions could become just another tool used by the hegemonic power to enforce its dominance.

Detlev Vagts, noting that the United States is increasingly referred to "as the hegemonic (or indispensable, dominant, or preeminent power),[73] has suggested that a distorted hegemonic international law[74] might result from this dominance. As he describes it, hegemonic international law downplays the idea of the equality of states.[75] Instead, the hegemonic power uses ambiguous or indeterminate treaty language to claim greater freedom to impose its own

---

72 Former French Foreign Minister Hubert Vedrine once described the United States as a "hyperpower . . . a country that is dominant or predominant in all categories." He suggested that this domination could best be resisted "[t]hrough steady and persevering work in favor of real multilateralism against unilateralism, for balanced multipolarism against unipolarism, for cultural diversity against uniformity." Quoted in, To Paris, U.S. Looks Like a 'Hyperpower', International Herald Tribune, February 5, 1999 at 5.

73 Detlev F. Vagts, Hegemonic International Law, 95 Am. J. Int'l. L. 843, 843 (2001).

74 Jose E. Alvarez, Hegemonic International Law Revisited, 97 Am. J. Int'l L. 873, 873 (2003):

> HIL jettisons or severely undervalues the formal and de facto equality of states, replacing pacts between equals grounded in reciprocity, with patron-client relationships in which clients pledge loyalty to the hegemon in exchange for security or economic sustenance. The hegemon promotes, by word and deed, new rules of law, both treaty based and customary. It is generally averse to limiting its scope of action via treaty; avoids being constrained by those treaties to which it has adhered; and disregards, when inconvenient, customary international law, confident that its breach will be hailed as a new rule. Substantively, HIL is characterized by indeterminate rules—whose vagueness benefits primarily (if not solely) the hegemon—recurrent projections of military force, and interventions in the internal affairs of other nations.

75 See Vagts, supra note 73 at 845 ("The received body of international law is based on the idea of the equality of states . . . . To get to HIL, one must discard or seriously modify this principle.").

preferred interpretation of applicable rules.[76] In particular, Hegemonic International Law is characterized by the hegemon's circumvention of the basic rule against military intervention in the internal affairs of other states.[77]

Vagts has questioned whether the US has the political and psychological infrastructure to act as a true hegemon.[78] Jose Alvarez has discussed the possibility of "hegemonic capture of the Security Council"[79] but what about the Hegemonic capture of the World Bank and IMF? Even with only 28% of the total voting power, the US has more control over the Bank and Fund than it does over the UN Security Council where decisions are subject to veto by Russia, China, France or even the UK. Those who believe that international law is not really law[80] or who believe that the US should be unapologetic about using its singular power to reshape international norms[81] would presumably

---

76 See Vagts, supra note 73 at 846.

77 See Vagts, supra note 73 at 845 ("A shift to HIL most specially requires setting aside the norm of nonintervention into the internal affairs of states.").

78 See Vagts, supra note 73 at 844-45 (according to Vagts, doubts remain about the US as hegemon:

> The terrible blows of September 11, 2001, raise the question whether the United States can or will act as a hegemon in a drastic way, that is, in Krauthammer's terms, whether it can carry out "unapologetic and implacable demonstrations of will." . . . Nor does the United States have the political and psychological infrastructure hegemony calls for. Thus, the jury is still out on whether we will be a hegemon . . . .)

79 See Alvarez, supra note 74 at 873-74 (arguing that "despite that body's refusal to give explicit approval to Operation Iraqi Freedom in advance, worries about the hegemonic capture of the Security Council (along with other forms of global HIL) should not be relegated to science fiction. At the same time, it should be understood that global HIL, like other forms of hegemony, is a Janus-faced phenomenon, capable of winning praise or condemnation from all points on the political spectrum").

80 See, John R. Bolton, Is There Really "Law" in International Affairs? 10 Transnat'l L. & Contemp. Probs. 1, 48 (2000).

81 Charles Krauthammer, The Bush doctrine In American foreign policy, a new motto: Don't ask, Tell, TIME, Mar. 5, 2001 at 42: "America is no mere international citizen. It is the dominant power in the world, more dominant than any since Rome. Accordingly, America is in a position to reshape norms, alter expectations and create new realities. How? By unapologetic and implacable demonstrations of will."

welcome the extension of US hegemony through the decisions of the Bretton Woods institutions.

But from a multicultural perspective, hegemonic international law is completely unacceptable. The hegemony of any one country or cultural group denies recognition to others and is therefore incompatible with the values of multiculturalism. If the perception persists that the Bank and/or Fund are instruments of hegemonic international law, the ultimate cost, potentially to be borne by the US as by others is that this will reduce and perhaps destroy the future utility of these institutions to states and to the international community as a whole.

V. Conclusions

V.A. Politicization and Consensus

The utility and continued viability of the Bretton Woods institutions depends upon three different types of consensus. First, there is the *political consensus* on the goals to be achieved. The consensus goal of the Fund is to promote international monetary stability and that of the Bank is to promote international economic development. For the most part these political goals are not in question.

Also essential, although more elusive, is a *technical consensus* on the best and most appropriate means to achieve those objectives. Within the Bretton Woods organizations, the technical consensus has always been dominated by economists. Following the Asian financial crisis in the late 1990s and Argentina's apparently successful debt restructuring on its own terms, the IMF technical consensus is now very much in question. Even if fundamental changes are to be made, parts of the Bretton Woods technical consensus will need to be preserved. As the Bank and Fund incorporate lessons from multicultural dialogue and experience they will need to maintain a pragmatic, functional methodology.

Lastly, effective international economic cooperation depends upon a *normative consensus* which cannot be built or maintained without a foundation in multiculturalism. The requirement of *opinion juris* in the development of rules of customary international law means that new rules must be supported by a broad multilateral, and therefore multicultural, consensus. Any new rules for the Bretton Woods institutions must also be built on that basis.

V.B. The Bretton Woods Institutions Must Adapt

After their recent embarrassments both the World Bank and the IMF should recognize as never before the value of and need for a multicultural perspective. The ill-fated appointment of Paul Wolfowitz as President of the World Bank has exposed the US Government's abuse of its dominance within that institution. There will no doubt be consequences. In the future any US nominee for World Bank President will draw much greater scrutiny from the international community, which is only appropriate for such a key international post. Meanwhile the IMF's prescriptions for economic adjustment have lost their luster, and accepting the Fund's advice is no longer the only option for internationally indebted states. The Fund now needs to make adjustments of its own.

The IMF and World Bank have not always advanced multicultural identities, interests and values, but those institutions can still provide a way forward consistent with multiculturalism. In fact, they may be needed more than ever in the future. Only certain policies and principles often associated with liberalism can reconcile the multicultural perspective with both human rights and the practical legal framework essential to the rule of law. International financial institutions can preserve the best of liberal tradition by incorporating the multicultural perspective into that tradition.

To remain relevant and effective, the Bretton Woods Institutions must avoid two opposing ideological extremes. On the one hand, would be the ethnocentric notion that the Bretton Woods institutions, and the Western powers who fashioned them, can have nothing to learn from the rest of the world.[82] For obvious reasons this attitude is seen as both arrogant and insulting

---

82 US Supreme Court Justice Antonin Scalia, in the course of a dissenting opinion by that august body, wrote that the majority's citation of foreign law was not only "meaningless dicta," but also "dangerous" since as he put it "this Court ... should not impose foreign moods, fads, or fashions on Americans." Lawrence v. Texas 539 U.S. 558, 598 (2003). Cf. also, Bhikhu Parekh, Rethinking Multiculturalism: Cultural Diversity and Political Theory (2000), describing the position of so-called

by much of the world. The peril at the other extreme is of a crude cultural relativism which could undercut achievements in the development of internationally recognized human rights standards since the 1940s.

V.C. A Human Rights Perspective

Multiculturalism should not be confused with ethical relativism. The notion that all cultural conceptions, values, and principles are relative is extreme, and clearly incompatible with internationally recognized human rights. An openness to different cultural perspectives is generally a good thing, but it cannot justify violations of human rights or any other norms of *jus cogens*.

Western governments, and the US Government in particular, have often been tempted to take a narrowly liberal approach to human rights and economic development. The Anglo-American liberal perspective tends to prioritize civil and political rights over economic, social and cultural rights.[83] But the Bretton Woods institutions cannot thrive by stressing civil and political rights and free market economic principles to the complete detriment of economic, social and cultural rights. One important lesson learned in inter-cultural dialogue is that maintaining and advancing the international consensus on human rights requires a holistic approach.[84] Only within the framework of interdependent and indivisible human rights can both multiculturalism and the liberal goals of the Bank and Fund be fully realized.

"moral monists" at 16, 216, and 149.

83 "Those who take the view that individual rights must always come first, and, along with nondiscrimination provisions, must take precedence over collective goals, are often speaking from a liberal perspective that has become more and more widespread in the Anglo-American world. Its source is, of course, the United States, and it has recently been elaborated and defended by some of the best philosophical and legal minds in that society including John Rawls, Ronald Dworkin, Bruce Ackerman, and others." The Politics of Recognition, supra note 6 at 56.

84 See, the Vienna Declaration, World Conference on Human Rights, Vienna, 14 - 25 June 1993, U.N. Doc. A/CONF.157/24 (Part I) at 20 (1993) at para. 5, noting that "[a]ll human rights are universal, indivisible and interdependent and interrelated".

V.D. Liberalism's Capacity to Adapt to Multiculturalism

Despite the apparent contradiction between liberalism's politics of equal dignity and multiculturalism's politics of the recognition of difference, the two are not antithetical. Far from being an unchanging set of dogma, the liberal tradition has long appreciated the need for dialectic advancement and development. Multiculturalism flows logically from liberalism's norms of equal dignity[85] and in the past few decades multiculturalism has become an important current in contemporary liberal thought.

Marx predicted that capitalism would inevitably lead to revolution and communism. For the most part this did not happen, in part because liberalism, which borrowed and incorporated elements of capitalism, also helped that capitalism to develop into something more durable, viable and more potentially useful and of universal value. Liberal state trade unions, among other innovations, have helped mitigate the extremes of *laissez-faire* capitalism. Comparable adaptations are now needed if the productive potential of the liberal economic order is to be preserved in a multicultural world. Neither the pace of that reform nor its ultimate success, can be reliably predicted at this time, but this goal can be accomplished if supported by enlightened leadership from a multicultural alliance including liberal states.

---

85 The Politics of Recognition, supra note 6 at 68.

International Organizations and Governance of the International Monetary Fund

William E. Holder*

I. Introduction

In recent decades, the global system has changed in many respects; given the nature and depth of this change, this phenomenon is commonly captured by the term globalization.[1] The essence of this trend towards greater integration is found in the growth of international activities, demonstrated by the intensity of international transactions, movements and events. While this trend of greater integration could be reversed, barring catastrophe a reversal is unlikely.

As a starting point, there is reason for thinking that the place of international law in general and of international organizations in particular in a globalized world is not particularly well understood. Outside a relatively small circle of professionals, academics and commentators, the normal reaction is one of bafflement at best and disinterest at worst. Even within the field of experts, broader understanding seems to be impeded by the confines of traditional academic analysis, the complexity of the international legal system itself, and its increasing specializations.

The contribution of Professor McWhinney over many years should be viewed in this context. Throughout his long career, he has energetically identified and analyzed a broad range of international law issues (though not to

---

* Former Deputy General Counsel of the International Monetary Fund. Email: wandwholder@hotmail.com.

1 See generally Jagdish Bhagwati, In Defense of Globalization (2004); Martin Wolf, Why Globalization Works (2004).

Sienho Yee & Jacques-Yvan Morin (eds.), Multiculturalism and International Law, 373-391.

the exclusion of national law), tracing the trends and identifying the implications with the utmost insight. Of course, he has worked in the company of a multitude of other scholars, advisers, and decision-makers, thus enriching markedly the description and understanding of international law.

This essay offers two segments. The first part posits some points about the role and significance of international organizations today, being premised on the international organizations serving as agents of globalization, and their expansive and dynamic role within the processes of international law. Thereby, some of the achievements of the resulting multilateralism are highlighted. The discussion shifts to some details of the stance of the International Monetary Fund (IMF), relating in particular to multilateralism and multiculturalism, before turning to two other elements of governance, namely, the voting system and the operation of the rule of law.

II. Globalization and International Organizations

II.A. Agents of Globalization

The international legal system is a result essentially of inter-state interaction. Traditionally, international law developed as a means of responding to that interaction, involving the means of development, identification, and application and enforcement, of international law. With the solid dynamics of globalization, international law has grown substantially: in terms of the scope of its coverage, the emergence of new problems and areas of international law, and a growing inclusiveness.[2]

With the growth of international law, states – the dominant but not exclusive participants in the system – concede, explicitly or implicitly, the shift of authority and control from unqualified national discretion (sovereignty) to shared and common control and authority by means of international law.

A second major trend concerns the participation in these important political and legal trends of public international organizations (hereinafter international organizations). Before World War II, some international

---

2 See Ian Brownlie, Principles of Public International Law (6th ed., 2003); Gillian D. Triggs, International Law: Contemporary Principles and Practices (2006).

organizations had been established, particularly the League of Nations and some functional and technical bodies (such as ILO, UPU).

Since World War II, international organizations have continued to proliferate, with the UN (and its array of organs and programs), the Specialized Agencies, the global organizations not directly linked with the UN, political, military and economic agencies, regional bodies, and a range of others.[3]

Normally (but not always), states create international organizations through the negotiation of a treaty framework, with the agreement of other states.[4] Such an international convention, while varying in specificity, spells out the organization's purposes, functions, legal capacities, immunities, management, and budget system. At the same time, the agreement covers the organs and their competences, any provisions on interpretation and settlement of disputes amongst members and between the organization and a member, and amendment/termination prospects.

On that base, international organizations have been projected regularly into the process of globalization in general and the international legal system in particular. Henceforth, they play an important and pervasive role, as they respond to the conditions of international intercourse. While being the product of international law, they assume the status of subjects of international law, and they are thereby in a position to contribute to and benefit from the international legal system.

An international organization is thus a product of its charter and also subject to it. Inherently, the charter sets the boundary of its purposes and functions, and establishes other safeguards and limitations (e.g., the competence of its organs, its decision-making procedures, and the budget process). Accordingly, an international organization operates within the expectations of legality. Throughout, the provisions of the charter and other legal prescriptions must be interpreted and applied in good faith, and by invoking general

---

3 This categorization is used in the detailed analysis in Philippe Sands and Pierre Klein, Bowett's Law of International Institutions (5th ed., 2001).

4 The Joint Vienna Institute, an international organization without states as parties, aimed at training officials of the former Soviet Union; it was set up by the BIS, the European Bank for Reconstruction and Development, the World Bank, the IMF, and the OECD, with the WTO joining later. Austria assisted, and entered a headquarters agreement with the Institute.

principles of law such as the principles for interpretation of treaties, and showing due regard for such doctrines as implied powers and *ultra vires*. Some possibility may exist in the framework for third-party dispute resolution; more frequently, the internal organs will deal with attendant claims.

Despite such constraints, international organizations, especially those of global scope, tend to undertake new activities and permutations – sometimes branded "mission creep". Illustratively in this regard, the UN manifests a lengthy list of sub-organs and programs; the World Bank enlists new subsidiaries and programs; and the IMF takes on a laborious and detailed examination of members' financial systems, and harnesses additional resources to administer in the interest of the world's poorest countries (both, incidentally, with the World Bank).

Most organizations spawn a large array of studies, narratives and analytical reports, spanning the organizations' panoply of interests, for the benefit of their members, other targeted beneficiaries, and for public consumption.[5] These studies vary in authoritative type; some are mandated, authoritative documents, such as an annual report; some are studies for discussion, reaction, and possible official endorsement by the appropriate organ (like the IMF's World Economic Outlook); some are individual staff studies, not engaging the organs directly.

In addition, and by design, international organizations serve as the crossroads of interaction amongst their members, as well as between the organization and each member. The organization provides an arena, both formal and less transparent, allowing members to propagate their positions, be it the communication of national measures and developments, the launching of an initiative, the furtherance of national postures and interests, or other views concerning the operation of the regime of the organization or international aspirations (e.g., the UN Millennium Goals). Members will also submit legal views and interpretations, which normally are responded to and digested.

In this busy scene, international organizations can reasonably and accurately be labeled as the agents of globalization. Their pervasive effect in the conduct of normal human activities can be direct, real, and substantial (for

---

5 The output of the IMF, for example, is impressive. See IMF, 2006 Annual Report, 108 for a partial listing.

example, health standards, nuclear non-proliferation, human rights standards, opportunities for basic welfare and economic development, and the access to foreign exchange to settle international contracts). In summary: "Whatever activity one wishes to engage in at the beginning of the twenty-first century, be it the sending of a postcard to a friend abroad or the purchase of a television set produced in a foreign country, it is more than likely that the activity is in one way or another regulated by the activities of an international governmental organization."[6] Similarly, Professor Braithwaite, in his empirical demonstration of the reality and penetration of globalization, essentially demonstrates the same conclusion, by extrapolating from sectors of international activities.[7]

In performing the role of agents of globalization, as well as being constituted by a diversity of states, almost by definition international organizations epitomize the features of both multilateralism and multiculturalism. Of necessity, multilateralism is a part of their portfolio, with the diverse representation of countries, and the dedication to the pursuit of objectives that have been elevated from exclusive national jurisdiction and the implication of discretionary, unilateral action to the international domain, and the assumption of state cooperation, contribution, and benefit.[8]

Multiculturalism follows. Reflecting the trends of globalization, not only are people on the move, but in so doing they work increasingly with other types. In an international organization, one observes both a policy and a spirit, and accepts that, in such a cultural mix optimum productivity calls for personal tolerance and cooperation. This thinking is not confined to international organizations.

II.B. Some Features of International Organizations

Concerning the role of international organizations in the international legal system, several illustrative comments are in order.

First, as a matter of formal status, international organizations today are

---

6 Jan Klabbers, An Introduction to International Institutional Law (2002), 1.

7 John Braithwaite and Peter Drahos, Global Business Regulation (2000).

8 For an interesting call for better understanding of this resulting allocation of power, see John H. Jackson, Sovereignty-Modern: A New Approach to an Outdated Concept, 97 AJIL (2003), 782.

readily accorded international legal personality. There is little debate, as there might have been 50 years ago.[9] In general, the matter rests with the intention of the members creating the institution, and in line with the capacities as specified in or implied by its charter, and possibly according to a specific constitutional assertion of international legal personality.

Concurrently, the distinction as a matter of law between the organization and its membership seems firmly established, at least in terms of legal acts and prospective responsibility and liability, as confirmed by the *Tin Council* cases.[10] At the extreme, future situations could arise that will inject ambiguity into the legal separation of its members from the organization. Along this line of thinking, Professor Klabbers has suggested that, at the theoretical level, the nature of international legal personality remains a major subject for further clarification.[11] As a practical matter, however, international organizations do not dwell on the issue; each organization proceeds with its work agenda and thereby acts upon its assumptions and qualities of international legal personality, although the issue may call for authoritative national or international decision, concerning, for instance, the capacity of the organization to become a party to a treaty, or its recognition as a legal entity for the purpose of engaging in national litigation.[12]

In the decentralized nature of the international legal system, any master plan for the establishment and place of international organizations cannot realistically be foreseen, even if it would be suggested as desirable. States' willingness to create an international organization depends, therefore, on the particular circumstances, and specifically on the conclusion of its members that shifting authority to an international organization is the appropriate way forward.

Concerning numerous major international problems today, recourse to international organizations may be understood in terms of the pursuit of "public goods", to the effect that only intense support of international

---

9 Thus the importance of the Reparation case, ICJ Reports 1949, 174.

10 J.H. Rayner (Mincing Lane) Ltd. v. Department of Trade and Industry (1989), 3 WLR 969 (House of Lords).

11 Jan Klabbers, An Introduction to International Institutional Law (2002), 35.

12 See Arab Monetary Fund v. Hashim and Others (No. 3) (1991), 3 All ER, 871 (House of Lords).

organizations will allow effective progress on the most critical of issues, and their resolution.[13] At times, in the light of political developments, an international organization becomes appealing as a timely response (global warming), or adding the necessary clout (International Criminal Court). As a further motivation, in the steps towards regional, economic and political integration, at times it is pretty obvious that the desired functions and benefits almost certainly require turning from relatively informal techniques to more carefully defined and formal structures (ASEAN).[14]

At the same time, a considerable amount of international cooperative behaviour takes place beyond the ambit and formality of international organizations. As Professor Slaughter has recently and elegantly articulated, there exists a substantial web of transnational activities across a wide spectrum of governmental and non-governmental levels, which she describes as a network of transgovernmentalism.[15] Professor Slaughter in her study amply shows the extent and significance of these mechanisms and also points out that they can work quite compatibly with, and complementarily to, the acknowledged affairs of international organizations, and indeed may be observed within international organizations themselves. It follows that an international organization can not be presumed to be a panacea, nor even a preferred solution, to international problems; in many situations the virtues of international cooperation can be acquired with less fuss.

From the legal point of view, the "law of international organizations" has matured into a sophisticated and formidable slice of international law. Most international organizations develop a body of jurisprudence, precedents, and practice over the years, so that today it is possible to consolidate these materials in general treatises on the subject.[16] In addition, the formal linkages and informal practices amongst organizations allow consultation, identification of

---

13 International Task Force on Global Public Goods, Meeting Global Challenges: International Cooperation in the National Interest (2006).

14 See Vitit Muntarbhorn, Asean charter poses difficult challenge, Bangkok Post, 29 January 2007, Section 1, 10.

15 Anne-Marie Slaughter, A New World Order (2004).

16 See, e.g., C.F. Amerasinghe, Principles of the Institutional Law of International Organizations (1996); Jan Klabbers, An Introduction to International Institutional Law (2002); Philippe Sands and Pierre Klein, Bowett's Law of International

common and overlapping interests, and review of comparative experiences, together with some accommodation of work programs and new initiatives.[17]

Finally, the governance of organizations has become a matter of lively debate, in that a variety of observers, often in the guise of civil society, and supported by the surge of activities and comments by NGOs, build on the concept of democratic deficit.[18] Overall, the criticism is founded on the structures of exclusive state control of international organizations, with particular objections to features of decision making, such as weighted voting and the veto power, and especially the failure of organizations to admit national entities and people into the decision-making process.

The organizations, in turn, have reacted to these criticisms energetically, and have tended to accommodate some of them. This ready response builds on both transparency of decision making and the opportunity of outsiders to engage in reciprocal discourse and timely communication of views on initiatives and practices. Overall, however, organizations at the same time have usually defended that their decision-making systems, on the basis that they have been put in place by proper means, are generally effective and reasonable (even if government-centered), reflect effective power, and that the organizations in any case adhere to rules-based systems.[19]

III. IMF Governance

The IMF, one of the original Bretton Woods institutions (the other being the World Bank) displays several of the above general features of international organizations.

Institutions (5th ed., 2001).

17 See, e.g., IMF, 2005 Annual Report, 95-97.

18 See, for a brief review of the issue, Gillian Triggs, International Law: Contemporary Principles and Practices (2006), 24-25.

19 For a sample of some of the issues, see the panel discussion on Can International Organizations be Controlled? Accountability and Responsibility, in: Proceedings of the 97th Annual Meeting of the American Society of International Law (2003), 231-245.

III.A. Multilateralism and its Benefits

As exemplified by the unchanged stipulated purposes of the IMF,[20] the founding fathers had a solid conception of what they wanted to achieve. In particular, by becoming parties to the Articles of Agreement of the IMF, countries ceded a degree of monetary sovereignty, concerning, amongst other things, exchange arrangements and exchange rates. In return for undertaking obligations in this respect, members were assured some identified and direct benefits, including the use of Fund resources for balance of payments reasons. Later, a new and more flexible exchange regime replaced the initial par value system (by the Second Amendment of the Articles); and a new concept of potential international reserve asset, in the form of the Special Drawing Right, was introduced (by the First Amendment of the Articles).

Over more than 60 years, with an eye to those purposes, the Fund's functions have continued to evolve and adapt. At times, the general powers have been sufficiently broad to justify a range of operational measures, for example the monitoring and appraising of members' financial sectors, the spread of technical assistance at the request of members as a major function, the imposition of intrusive structural conditionality on members drawing on the Fund, and the assistance to the poorer developing countries.[21]

At other times, the Articles conveyed limits on functions, powers and techniques, so that without a constitutional change, proposals for extending the Fund's activities were thwarted. For instance, members did not support an amendment to boost the SDR by establishing a Substitution Account, expand the Fund's regulatory. jurisdiction on exchange restrictions to cover capital transactions, or to create a new international regime for dealing with unsustainable sovereign debt.

Overall, therefore, the IMF can be viewed through a broad lens as multilateralism at work; it manifests the participation of diverse states (with an expanded membership of 185 countries[22]), through the operation of its organs, and in the exercise of its given and assumed functions and operational

20 Article I, Articles of Agreement.

21 See IMF, 2006 Annual Report, which surveys the full scope of current major functions of the Fund and their elaboration in practice.

modalities. In this ongoing international cooperation, practically all countries choose to become a member, to stay a member, and generally to participate according to the basic rules of the game (including the constitution, policies, and rules). Of course, membership in the IMF is relatively open to countries, but on the other side joining is a voluntary act, taken in the light of identifiable rights and obligations, as well as benefits and costs. As a matter of observation, does a state wish to be a recognized member of the broader international community, to pursue its national interests within the cooperative rubric of the organization, to contribute to the debate on relevant international issues and solutions, and to explain and justify its national policies and measures to both its peers and the broader audience of world public opinion?

The IMF, the World Bank and the World Trade Organization constitute the triad of economic organizations contemplated as the three post-war pillars (though the GATT had to substitute for the delayed trade organization for many years). All favor inclusiveness and have welcomed new members. In the case of the IMF and the World Bank, the legal framework is take-it-or-leave-it; there is no room for special conditions or reservations, and the new member (to the surprise of some national officials) has simply to attest to full allegiance to the Articles of Agreement in their entirety, and to show that it is in a position to carry out the obligations under the Articles.[23]

Normally, discussions on membership and the size of the member's quota proceed relatively quickly; at times, sticking points, including political developments within the country, can be protracted (as in the case of Poland). For the WTO, in contrast, recent membership accessions have entailed strenuous and lengthy negotiations and trade-offs.

In general, therefore, the IMF and the World Bank have proffered a relatively broad tent, in that they have been receptive to countries with different social and economic systems, including, for instance, the People's Republic of China and the People's Republic of Vietnam. (Fully global membership awaited the demise of the Soviet Union, although the USSR attended and participated in

---

22 Montenegro became a member on 18 January 2007.

23 Decisions on representation can be more contentious; see Ramanand Mundkur, Recognition of Governments in International Organizations, Including at the International Monetary Fund, in: IMF, Current Developments in Monetary and Financial law, vol. 4 (2005), 77.

the Bretton Woods Conference.) For both the organizations and the respective countries, national identity and ideology have not deterred participation.

In the economic, monetary and financial domains, most observers view the achievements of the IMF and the World Bank as positive. Generally, it is concluded that the Bretton Woods Institutions, together with the WTO (and its predecessor), have not only helped states avoid the costly pitfalls of the pre-war period, but fostered economic development and global welfare. Recently, Anne Krueger, the former Senior Deputy Managing Director of the IMF, traced the record of achievements of this multilateralism in some detail. Noting that the achievements of the three global institutions are often under-appreciated, she postulates that, in this period of greater globalization, the need for a well-functioning multilateral international system is greater than ever. Moreover, she concludes: "Multilateralism has been the key to the huge economic successes of the past half century."[24]

III.B. The IMF and Multicuralism

Concerning international organizations, does multilateralism presume multiculturalism? As implied above, multiculturalism seems to be a condition of contemporary international organizations, as well as a probable consequence. As with many general words and concepts, a better understanding depends on the meaning of the term. In the case of multiculturalism, this is especially important, because of its ready invocation in national dialogues.

At the national level, in fact the issue of multiculturalism has assumed major proportions. Even then, this does not necessarily evidence a generally accepted core meaning of the concept: is it, in fact, a matter of tolerance of the nationalities and cultures of new settlers, or an official policy to encourage both the benefits of cultural diversity and social integration?[25] In some countries, such as the United Kingdom and Australia, one can detect political and ideological connotations.[26] In other countries, such as Canada, there seems to

---

24 Anne Krueger, An Enduring Need: Importance of Multilateralism in the 21st Century, speech delivered in Singapore, 19 September 2006, 1.

25 See, generally, David Bennett (ed.), Multicultural States (1998); Mark Lopez, The Origins of Multiculturalism in Australian Politics 1945-1975 (2000).

26 For example, see What does it mean to be an Australian? International Herald

be general understanding and acceptance of multiculturalism as a valuable national and social strategy.

In contrast to abstract generalities about the nature and workings of international organizations, in reality the functions, decision making, and operations are performed by people, be they political representatives, management, or staff. The positions in the governing organs, whether plenary or executive, by definition are occupied by a representative cross-section of member nationalities, bringing assorted cultures and backgrounds. In such circumstances, and in institutions like the IMF, there are strong expectations that national spokesmen exhibit restraint and tolerance, with a high level of civility, professional respect for others, and acceptance of formal procedures and general practices. Occasionally, as with the more political organizations, some may resort to ideological declarations and provocative rhetoric, but such behavior is quite exceptional. Generally, however, even on sensitive social and political matters, Governors, Executive Directors, and national spokesmen bring the style of the traditional diplomats, bankers or technocrats. So the IMF and the World Bank are not driven, nor distracted, by the clash of civilizations.[27]

As for the staff, the constraint and professional standard are even more explicit. In the 1990's, under the stewardship of Managing Director Camdessus, a strong policy was adopted, under the goal of "diversity", which was taken to refer to both gender and nationality.[28] In 1995, the Managing Director appointed a Diversity Advisor, with a strong mandate to strengthen, manage, and monitor diversity in the Fund. Accordingly, the Fund's strategy is one of inclusion, benchmarks, monitoring, and incorporation of diversity into the mainstream work of the Fund. Recruitment reflects the diversity goals, as well as promotions and other work practices.[29] In addition, these activities benefit

---

Tribune, 29 January 2007, 1.

27 As an apposite and timely example of multiculturalism, the Dean of the IMF Executive Board is Mr. Mirakhor, an Iranian.

28 See IMF, 2006 Annual Report, 117-118.

29 Article XII, Section 4(d) of the Articles of Agreement states: "In appointing the staff the Managing Director shall, subject to the paramount importance of securing the highest standards of efficiency and of technical competence, pay due regard to the importance of recruiting personnel on as wide a geographical basis as

from a more general statement of principles on acceptable personal conduct, with the support of an Ethics Officer.[30]

III.C. Quotas and Voting Power

In the creation of the Fund, it was agreed that the voting power of members would be unequal. The fulcrum of members' votes was the quotas system, which would be related to economic criteria and thus reflect the economic size of the countries. The quota, in turn, would determine the capital contribution of each member, and the amount that it could draw on the Fund. At the time, the recognition of economic size and capital contribution was seen as a fair tradeoff, tempered by the allocation of a minimum of basic votes.

In an international organization, however, the system of control, and the ingredients that go into that system, need to be structured to instill the confidence of members; otherwise issues of credibility and legitimacy can be at risk. In a recent review of Fund governance, Leo Van Houtven, a past Secretary of the Fund, observes: "The system of quotas and voting power in the IMF has, over the years, created distortions and lacks equity. A group of 24 industrial countries controls 60 percent of the voting power, while more than 85 percent of the membership – 159 out of 183 IMF members – together, hold only 40 per cent of the votes."[31] Thus, a more equal distribution of quotas and voting power is called for in order to overcome this critical lopsidedness in the international monetary system.

In short, the Fund has failed to deal with the shifting realities of the international political and economic system, thus endangering its effective multilateralism. Several cumulative factors contribute to this state of affairs. First, the traditional method of calculation of quotas depends upon certain quota formulas, which in turn seek to capture the economic fundamentals of

---

possible."

30 For a general review of the Fund's policies and practices, see Joan S. Powers, Overview of the Rules of Conduct and Ethics at the International Monetary Fund, in: IMF, Current Developments in Monetary and Financial Law, vol.3 (2005), 75.

31 Leo Van Houtven, Governance of the IMF, IMF Pamphlet No. 53 (2002), 65-66. This pamphlet presents an excellent overview of the various governance issues in the Fund.

members. However, these formulas, and their application, are not entrenched in the Articles, but are subject to evolution and revision. The formulas are far from transparent (especially to non-economists), and their objectivity and impartiality have been questioned. Secondly, the concept of basic votes, designed to assure the smaller members at least a minimum of recognition and voice, has remained static, at 250,000, since the beginning of the Fund. Throughout the years, while quotas have been increased, the impact of basic votes has thus decreased greatly in relative value.

In addition, obvious distortions in the makeup of the Executive Board have not been tackled in the quota reviews. In particular, the entrenched position of the European chairs (being eight Executive Directors) and a disproportionate voting total fail to adapt to both the move toward European Monetary Union and the changing position of developing countries and emerging economies.

Warnings that effective multilateralism requires a response have been current for some time. During the financial crisis of the late 1990's, a significant resentment against the IMF could be observed, on the part of those members using Fund resources, and by other countries and non-governmental sources as well. In Southeast Asia, concurrently, proposals and initiatives multiplied, such as the Asian Monetary Fund (not put in place) and the Chiang Mai Initiative (under way, to a certain extent).

At the same time, the IMF suffered a blow when it was circumvented by the major industrial powers in the search for better international financial architecture, leading to the creation of the Group of Twenty (as it is now called) and the Financial Stability Forum. On the one hand, these entities fulfilled ambitious work programs creatively and efficiently, to a large extent feeding back their products to the IMF (and other institutions) for elaboration, adoption and implementation. On the other hand, the Group of Twenty and the Financial Stability Forum had no pretense to global membership or democratic representation. Feelings of exclusion were thereby exacerbated.

In this circumstance, the Executive Board of the IMF deliberated on the matter of governance of the Fund during 2005-2006, grappling with the objective of achieving an adjustment in quotas and voting power in the absence of a general quota increase.[32] Having reached a sufficient degree of consensus, at the Annual Meeting in September, 2006, the Board of Governors voted to move forward. Firstly, as an initial step, *ad hoc* quota increases will be considered for China, South Korea, and Turkey. Secondly, the quota formulas will be revised, with the goal of more accurately and transparently reflecting the actual economic strength and position of each member, in the expectation of adjusting voting strength both currently and in the future. Thirdly, the basic votes of all members will be raised substantially, thus working to protect the position of the smaller members.[33]

The stage is now set for the ongoing political negotiation. Then, in respect of basic votes, an amendment to the Articles of Agreement will be required. While a vigorous debate will likely precede any positive outcome, it is notable that the fundamental principle of weighted voting is not on the table; rather, the focus is on its fair structuring and application. On the optimistic side, members generally seem to accept that effective multilateralism calls for such structural change. In addition, for the first time, the consensus at the Executive Board and setting of the agenda by the Board of Governors would seem to indicate the potential for the requisite political accommodation.[34]

While carrying valuable practical consequences, including the acceptance of the process of change, a successful outcome will symbolize the coming to grips with reality by the western countries. Not only will members have recognized the reality of shifting economic strength, but the IMF will gain increased commitment and support from its global membership, allowing it to tackle the issues of the international monetary system.

III.D. Decision Making and the Rule of Law

A successful international organization must adhere to the principles of legality in its decision making and operations. Members can expect no less (even if, as a

---

32 IMF, 2006 Annual Report, 105-107.

33 IMF, Board of Governors Approves Quota and Related Governance Reforms, IMF Press Release No. 6/205, 18 September 2006.

34 See Statement by Rodrigo de Rata, Managing Director of the International Monetary Fund, on the Work Program of the Executive Board, IMF Press Release No. 06/267, 30 November 2006.

political tactic, countries might be tempted to explore creative lawyering), and the reputation and integrity of the institution must not be risked. But what are the applicable legal principles, and how can they be reinforced?

In the IMF, a substantial record manifests support for the following propositions of legality[35]:

- All parts, including formal organs, created entities (like the IMFC), and staff, must act in accordance with applicable legal principles and rules, including the Articles of Agreement, prescribed rules of higher organs (or, until changed, the rule-making organ itself), and general principles of law.
- The organs of the Fund, and other committees and entities, must respect their given competence.
- Decisions and other outcomes must be taken in accordance with the applicable procedures and regulations.
- The above propositions also control the rights and obligations of members, and likewise the rights and duties of the Fund.

But how do these principles of the rule of law become operational? The response lies in the general expectation that legal advice will be sought in a timely and transparent way and in general respected; this extends to all decisions and for all organs. As in the World Bank, the source of legal advice lies with the General Counsel, who has, of necessity, to be ubiquitous. In practice, therefore, all policy papers, especially those manifesting or rearranging the legal order, and all substantive decisions, whether general (for example, establishing new techniques for the exercise of surveillance) or country-specific (say, the decision of the Executive Board to approve a stand-by arrangement), will bear the imprimatur of the General Counsel. In addition, the General Counsel attends relevant Executive Board Meetings, and advises the Managing Director on a constant basis.

As it works, the General Counsel will try to avoid the appellation of

---

[35] For a rigorous exposition of many of the points in this section, and others, see Francois Gianviti, Decision Making in the International Monetary Fund, in: IMF, Current Developments in Monetary and Financial Law, vol. 1 (1999), 31.

naysayer. On policy initiatives of any significance, the General Counsel will thus be given the opportunity to respond at an early stage: can they be accommodated within the legal framework in general and the Articles of Agreement in particular? If they do transgress, can the proposal be modified so as to make it legally acceptable? How should a decision be formulated? In the different phases of decision, what steps need to be taken to protect the rights of members, both in terms of substance and due process?

Several comments are in order. First, as in other contexts, the law is not always clear, nor is the answer to a legal inquiry altogether obvious. Accordingly, it is essential to the system that the view of the General Counsel is well-informed, well-reasoned (if necessary, in a fully-supported written opinion), and objective. On the more contentious or portentous occasions, it is open to Governors and Executive Directors respectively to seek advice from national authorities, in order to liven up the debate. Normally, however, the General Counsel's advice will settle the matter; occasionally a further round of discussions is necessary.

Interpretation of the Articles is a serious business, and so the Articles of Agreement of the Fund (as in other institutions) provides for more formal steps. Under Article XXIX of the Articles of Agreement, a member may request for a formal interpretation, in which case the matter is put to the Executive Board, with an appeal to the Board of Governors. Perhaps surprisingly, invocation of this option has fallen into disuse (after being used on ten occasions in the early days). Instead, members seem generally satisfied with the present practice, accepting that in fact interpretation of the Articles surfaces frequently in the normal ebb and flow of decision, and that such issues can be resolved expeditiously.

In addition, the Fund's Articles harbor no prospect of judicial review of legal differences or decisions. An advisory opinion of the International Court is a possibility, because of the Fund's agreement with the United Nations, but, for various reasons, there has been no rush in that direction.

It can be argued, therefore, that confining judgments of legality to the organs challenges the assertions of legality. But the arrangement rests on members' acceptance. Also, as stated by a past General Counsel, "the absence of judicial review has not been seen by the IMF as an exemption from the rule of law. It only means that the IMF must, in all its actions, decide for itself and in good faith whether it is acting in accordance with its law." [36]

IV. Conclusion

International organizations constitute an active subset of the participants in the international legal system. As subjects of international law, and by the recognition of their international legal personality, they have earned their place in the system. Acting pursuant to their charters, they partake of lively interaction with other participants, including states and *inter se*. In addition, as arenas of inter-state activities, they are well placed to engage in decision making for the benefit of their members, as well as improving the condition and welfare of all peoples.

As elaborated in the first part of this paper, the growth, activity, and cumulative experience of international organizations can now be consolidated as principles of institutional law of international organizations, primarily drawing on the internal regimes of organizations, and also extending to their external activities.

Meanwhile, to enhance legitimacy and credibility, and to fully protect the interests of both the organization and its members, an international organization should develop and rely on a rules-based legal system. In the case of the international financial institutions, the normal pressures in this direction have probably been reinforced by the link to the underlying economic and monetary realities of their members, and the fact that the organizations rely in various ways on market respectability.

As outlined, the IMF is illustrative in certain respects, e.g. clear rules for governance, limits to the competence of organs, and acceptance of legal due process. Members of the IMF have realized the benefit of working within the legal limits of the Articles in accordance with other general principles of law, the integration of legal advice into its decision making and activities, and the strong tradition of seeking and respecting the advice of the General Counsel.

In assessing the legal nature and the role of international organizations in international law, it should be kept in mind that, while the organization stands apart from its members, the productivity and efficacy of the organization

---

[36] Ibid., 37.

necessarily depend upon the continuing support of its member governments.[37]

Demonstrably, an international organization depends on the cooperative behaviour and the ongoing support of its membership. An organization may combine an acceptable legal framework, the active leadership of its head, and a talented staff, but its success in meeting its objectives and solving the related problems clearly require the political will of its membership. Only with that will can the organization fully live up to its potential and justify its objectives.

---

37 For a stimulating survey of the UN, its successes and problems, see Tony Judt, Is the UN Doomed?, The New York Review of Books, 15 February 2007, 45.

L'Union européenne, acteur civil et militaire dans la gestion des crises internationales : la PESD, politique européenne de sécurité et de défense

Daniel Vignes*

I. Introduction

Il y a quelques mois, les Institutions européennes ont fêté le cinquantième anniversaire de la signature à Rome le 25 mars 1957 du traité les ayant instituées. Ces cinquante années ont été riches en toutes sortes de développements pour elles. Primitivement trois Communautés européennes distinctes avaient été établies, une en 1951 et deux en 1957, par six États d'Europe occidentale entraînés par la France et l'Allemagne (alors dénommée République fédérale d'Allemagne), rejointes par l'Italie, la Belgique, les Pays-Bas et le Luxembourg. Il s'agissait d'abord de la "Communauté économique européenne", la CEE, laquelle avait, comme son nom officiel l'indiquait, surtout des objectifs économiques : création d'une union douanière, intégration des économies de ses Membres par des politiques économiques communes ou communautaires, la CEE mit vingt ans à ouvrir entre ceux-ci leurs frontières douanières, à s'engager dans leurs politiques communes, mais avant même ce résultat, il avait été convenu en 1965 entre elle et ses deux sœurs, la "Communauté européenne du charbon et de l'acier" (celle créée dès 1951) ainsi que la "Communauté européenne de l'énergie atomique" (dite Euratom), de

---

* Directeur général honoraire au Secrétariat du Conseil de l'Union européenne, Ancien professeur à la Faculté de droit de Bruxelles, Membre honoraire de l'Institut de droit international. Cet essai a été achevé en juin 2008; voir ci-dessous la Postface.

Sienho Yee & Jacques-Yvan Morin (eds.), Multiculturalism and International Law, 393-413.

fusionner leurs trois institutions exécutives en une seule appelée la Commission et plus couramment la "Commission européenne".

Le développement des Communautés ne s'arrêta pas là: dans les vingt dernières années du précédent millénaire, furent signés six traités[1] révisant en profondeur le traité CEE de 1957 et six traités « élargissant » de six à vingt-sept le nombre des États membres (ci-après les EM).[2] Un de ces traités de révision,

---

1 Le traité établissant la Communauté économique européenne, signé à Rome le 25 mars 1957 – d'où son nom de traité de Rome - a été révisé d'une manière importante à diverses reprises : par l'Acte unique européen, signé les 17 et 28 février 1986, puis par le traité de Maastricht, signé le 7 février 1992, puis par le traité d'Amsterdam, signé le 2 octobre 1997, puis par le traité de Nice, signé le 26 février 2001 ; il avait en outre été révisé plusieurs fois sur des points particuliers. Son nom officiel est "traité instituant la Communauté européenne", le TCE. Il avait par ailleurs été complété par un "traité sur l'Union européenne", le TUE, dont les dispositions figurent dans le traité de Maastricht du 7 février 1992 ; ce traité sur l'Union européenne fut par la suite modifié par les traités de révision d'Amsterdam et de Nice. Ces deux traités devaient être abrogés et remplacés par le traité instituant une Constitution pour l'Europe, signé à Rome le 29 octobre 2004. La ratification de ce traité fut toutefois rejetée par des referendum des 29 mai et 2 juin 2005, respectivement des peuples français et néerlandais. Pour se substituer au projet de Constitution, une nouvelle révision des traités de base, revenus au dualisme d'un traité sur l'Union européenne (TUE) et d'un traité sur le fonctionnement de l'Union européenne (TFUE), a été signée à Lisbonne le 13 décembre 2007, elle est toujours en instance de ratification. Il résulte par ailleurs de cette situation qu'à ce jour les traités européens de base sont – comme ci-dessus indiqué - le traité de Rome de 1957 en sa version révisée à Nice et le traité sur l'Union européenne de 1992 également en sa version Nice.

2 Outre les six États membres originaires que sont le Royaume de Belgique, la République fédérale d'Allemagne, la République française, la République italienne, le Royaume des Pays-Bas et le Grand Duché du Luxembourg, sont devenus membres des Communautés et maintenant de l'Union européenne les États suivants par six traités dits "d'élargissement" : à compter du 1er juin 1973, le Royaume-Uni de Grande Bretagne et d'Irlande du Nord, l'Irlande et le Royaume du Danemark ; à compter du 1er janvier 1981, la République hellénique ; à compter du 1er janvier 1986, le Royaume d'Espagne et la République portugaise ; à compter du 1er janvier 1995, la République d'Autriche, la République de Finlande et le Royaume de Suède ; à compter du 1er mai 2004, la République Tchèque, la République d'Estonie, la République de Chypre, la République de Lettonie, la République de Lituanie, la République de Hongrie, la République de Malte, la République de Pologne, la République de Slovénie et la République Slovaque ; à compter du 1er janvier 2007, la République de Bulgarie et la République de

celui de Maastricht, a profondément modifié les structures européennes, d'abord en chapeautant les Communautés par une Union européenne créée par un "traité sur l'Union européenne", ensuite en attribuant à cette Union compétence dans deux domaines portant, non pas sur de l'intégration économique, mais sur de la coopération intergouvernementale ; traitant de sujets où la sensibilité politique des États membres était vive et s'attaquant à des matières où leur souveraineté était en cause, ce traité concernait leur politique étrangère (sous le nom de PESC, politique étrangère et de sécurité commune) et par ailleurs leur sécurité intérieure (appelée JAI, Justice et affaires intérieures ou plus récemment "Espace de liberté, de justice et de sécurité"). Ce faisant, le traité de Maastricht avait aboli un "*tabou*" communautaire qui jusque là – dans le souvenir d'une crise politico-diplomatique majeure survenue en 1954, celle du rejet par l'Assemblée nationale française du traité instituant une Communauté européenne de défense, la CED - voulait que la Communauté (les Communautés) soit celle des marchands et ignore les problèmes de défense.

Que dire de cette PESC créée en 1993 et déjà révisée en 1997 (traité d'Amsterdam), sinon qu'elle est le cocon dans lequel est née, en juin 1999, à Cologne, sans besoin d'un nouveau traité mais par de simples Conclusions du Conseil européen, instance suprême de l'Union européenne, la Politique européenne de sécurité et de défense, notre PESD. Certes, cette éclosion de 1999 mériterait un bref retour en arrière sur les négociations de 1998 et en particulier sur le Sommet franco-britannique de Saint-Malo en décembre 1998; précisons qu'à Cologne, dans les premiers temps on parla de "Politique européenne commune en matière de sécurité et de defense", PECSD, puis qu'on oublia ce mot de commune ; que moins lyrique le projet de Constitution se contente de dire que « la PESD fait partie intégrante de la PESC », que la PESD fait d'ailleurs l'objet dans le projet de Constitution d'un changement de dénomination, on parlerait de "Politique de sécurité et de défense commune", PSDC[**]; le traité de Lisbonne reprend cette appellation.

Où se trouve le droit de la PESD et de la PSDC ? Telle est la question

---

Roumanie.

** Les deux mots de PESD et de PSDC, respectivement celui du traité de Nice et celui du traité de Lisbonne sont indifféremment employés dans les pages qui suivent avec peut-être un plus fréquent emploi du mot PESD qui a le privilège d'être celui en vigueur.

que préalablement à toute discussion de fond nous poserons. Actuellement, et en attendant l'entrée en vigueur du traité de Lisbonne, le texte de base est le traité sur l'Union européenne, le TUE, en sa version révisée pour la dernière fois à Nice en décembre 2000, entrée en vigueur le 1er février 2003. On ne saurait par ailleurs sous- estimer l'importance comme source accessoire du droit de la PESD des *Conclusions* des réunions trimestrielles *du Conseil européen* – notamment de ses réunions de juin et de décembre qui ponctuent les acquis d'un semestre de présidence du Conseil - lesquelles régulièrement complètent et précisent, dans le cadre normal de la tâche d'orientation et d'impulsion de l'activité de l'Union qu'a le Conseil européen, le contenu de cette politique (comme il le ferait pour toute autre politique) par des textes appelés "Conclusions", celles-ci ne sont certes pas des actes exécutoires mais des actes de nature politique et ont une grande importance pour le développement de la PESD puisqu'elles sont des instructions données par le Conseil européen, c'est-à-dire les Chefs d'État et de Gouvernement, à leurs représentants au Conseil de Ministres de l'Union, lequel est l'institution décideuse de la PESD ; parmi les sessions du Conseil européen les plus fructueuses en matière PESD, mentionnons celles de Cologne, juin 1999, d'Helsinki, décembre 1999, de Santa Maria de Feira (Portugal), juin 2000 et de Nice, décembre 2000. Bien souvent ces conclusions font d'ailleurs après coup l'objet d'une décision particulière formelle arrêtée par le Conseil de ministres; ainsi nombreux sont les procédures et mécanismes adoptés par le Conseil européen et formalisés par la suite, on en relèvera plusieurs exemples. On ne saurait négliger de signaler que le projet de Constitution ayant dans son texte incorporé plusieurs innovations des dernières sessions du Conseil européen concernant la PESD, le traité de Lisbonne les récupéra pour la plupart. On doit aussi signaler qu'aux traités sont souvent joints des protocoles sur des points particuliers, ainsi que des déclarations soit communes, soit propres à une ou plusieurs Parties, ce qui constitue encore une source accessoire. On devrait encore évoquer des actes isolés, tels par exemple la Stratégie européenne de Sécurité de décembre 2003 définissant les objectifs de la PESD (*cf infra*). Rappelons enfin que la PESD, ensemble avec la PESC sont mises en application dans chaque cas particulier d'intervention par la voie d'une "action commune" (terme juridique) ou d'une opération (terme plus politique ou technique), celles-ci décidées par le Conseil des ministres de l'Union et mettant à la charge des Institutions et des États membres leur exécution.

En deux Parties, on examinera successivement les Actions par lesquelles la PESD réalise ses objectifs (II), puis les Moyens utilisés pour cette réalisation (III). Constamment, dans ces développements, on sera confronté à des interférences entre les règles de la PESD et leur soubassement militaire, d'une part, et, d'autre part, d'autres règles elles aussi issues de la PESD, qui sont de nature soit civile, soit diplomatique, soit encore humanitaire, ainsi que de liens d'assistance mutuelle et encore et surtout de règles tenant à cette idée-force primordiale pour la PESD, qu'est la gestion civile des crises.

II. Les actions par lesquelles la PESD réalise ses objectifs

Par leur répétition dans les textes, deux qualificatifs révèlent une dualité fondamentale d'esprit dans la PESD: les actions peuvent être soit militaires- c'est-à-dire avec le moyen de forces militaires -, soit civiles en ce que les crises devront autant que faire se peut recevoir une gestion civile ; de même les "capacities" dont la PESD dispose sont soit militaires soit civiles ; devant une situation de crise, les autorités PESD auraient certes – théoriquement - le moyen d'utiliser leurs forces militaires, mais également elles disposent d'une autre voie, quasi préférentielle, en assurant une « gestion civile de crise », ou comme on commença à le dire à la session d'Helsinki (décembre 1999) par « une gestion non militaire des crises » Par un jeu de rédaction qui en dit long de la détermination politique de l'Union, les auteurs des dispositions PESC/PESD n'ont pas voulu d'emblée prendre la décision de créer une "armée européenne", voire d'assurer une "défense européenne", peut-être cela se fera-t-il *in futuro,* d'une manière progressive ; cette prudence a pour partie une cause qui est – au-delà du principe de l'interdiction du recours à la force, de l'article 2 § 4 de la Charte des Nations Unies -, l'importance, parmi les États membres, de ceux qui ont des mentalités de neutres (neutralité militaire et pas neutralisme politique), ou de pacifistes : sur les 27 États membres actuels, il est difficile de dire quel est exactement le pourcentage des neutres ; au contraire on a presque l'idée que de leurs malheurs passés, les États membres récents – nous parlons des Pecos, pays d'Europe centrale et orientale (et nous pensons particulièrement à la Pologne) - ont retenu celle de vouloir se défendre ; mais quand on regarde dans le passé, quand fût créée la PESD, en 1999, l'Union sur ses 15 États membres en avaient 4 (plus le Danemark qui était pacifiste) ayant des convictions de neutres bien arrêtées et non disposés à les abandonner.

Quoi qu'il en soit, l'idéal a donc été d'abord d'assurer la sécurité commune et après, peut-être, d'envisager une défense commune. Ce problème n'a pas été le seul, car pour d'autres des États membres, leur défense passe essentiellement par le Pacte atlantique et par l'Alliance avec les Américains, ce Pacte contenant au surplus une précieuse disposition de "défense mutuelle" (art 5 du traité de l'Atlantique Nord) liant entre eux ses Membres aux fins de venir automatiquement au secours en cas d'attaque de l'un ou de l'autre, dans le cadre du droit de légitime défense prévu par la Charte des Nations unies. Notons enfin qu'un quasi identique engagement de "défense mutuelle" existe dans le cadre d'un autre traité concernant la défense, conclu bien antérieurement au traité CEE de 1957 et auquel participent uniquement certains des Membres de l'Union européenne, celui de l'Union de l'Europe occidentale, l'UEO. On retrouvera plus loin cet engagement de l'UEO.

Successivement, on évoquera la diversité des actions utilisées dans la PESD (A) et le niveau de leur application (B) :

II.A. Diversité des actions relevant de la PESD

Les unes de ces activités sont opérées par des forces militaires, elles sont licites parce que, s'insérant dans la catégorie des opérations de maintien de la paix et autres activités se conformant au droit des Nations unies, elles bénéficient de la reconnaissance qui s'attache à ce qui concerne le "maintien de la paix" (ci-après 1) ; les autres sont des activités non militaires mais civiles consistant en ce qu'il est convenu d'appeler la gestion civile des crises (ci après 2) ; puis on verra (ci-après sous 3) comment ces actions sont décidées.

1. Le noyau le plus apparent de ces actions est constitué par les missions de forces militaires, dites missions de Petersberg, qui sont les seules missions de forces militaires possibles dans le cadre de la PESD. Si en 1992, le traité de Maastricht était plus que concis sur la mise en œuvre des actions communes à mener par l'Union en matière de défense, il contenait un mandat à l'UEO, l'Union de l'Europe occidentale, d'assister l'Union européenne dans sa tâche de définition des actions de défense de la PESD ; l'UEO, un peu l'exécutant des États d'Europe occidentale dans le domaine de la défense et qui était alors en

manque d'occupations, élabora une telle liste de missions lors d'une réunion à Petersberg ; cette liste fut incorporée au traité sur l'Union européenne lors de la révision d'Amsterdam dont elle devint l'article 17. 2 (texte identique dans les versions Amsterdam et Nice de ce traité), elle indique que les missions de force militaire « incluent les missions humanitaires et d'évacuation, les missions de maintien de la paix et les missions des forces de combat pour la gestion des crises, y compris les missions de rétablissement de la paix », toutes ces missions ont indéniablement un caractère non offensif et se rattachant à des opérations de maintien de la paix sont conformes au droit des Nations Unies.[3] Par ailleurs en évoquant les missions pour la gestion des crises, elles se rapprochent du second volet d'actions relevant de la PESC, les actions de gestion civile des crises, qui ont pris dans les faits plus d'importance que les missions militaires.

2. L'Union a en effet été confrontée, simultanément dans le temps à l'introduction par le traité de Maastricht des concepts de PESC-PESD, à des crises où des missions de forces militaires participaient à des opérations de maintien ou de rétablissement de la paix, dans le cadre notamment d'actions décidées par les Nations Unies, mais aussi – et surtout - à des situations où des victimes civiles pâtissent de la disparition de l'État de droit et de la défaillance des services publics des États en cause, nous pensons à l'ex-Yougoslavie, à certaines situations en Palestine, et à d'autres en Afrique, au Congo notamment ; cela a amené l'Union à examiner des objectifs en matière de gestion civile des crises, tels une aide sous forme de l'envoi de juges, de policiers, voire de gardiens de prison, ou à la formation locale et accélérée des mêmes corps de métiers (réunion au printemps 2000 du Conseil européen, à

---

3 Nous mentionnerons l'élargissement par le projet de Constitution de la liste des missions de Petersberg (art 309.1 de ce projet repris textuellement par l'art. 43.1 du TUE, version Lisbonne). Cette nouvelle liste se lîrait ainsi: « Les missions visées à l'art 42.1 (du TUE) dans lesquels l'Union peut avoir recours à des moyens civils et militaires incluent les actions conjointes en matière de désarmement, les missions humanitaires et d'évacuation, les missions de conseil et d'assistance en matière militaire, les missions de prévention des conflits et de maintien de la paix, les missions des forces de combat pour la gestion des crises, y compris les missions de rétablissement de la paix et les opérations de stabilisation des conflits ». On ajoutera enfin que la nouvelle liste est complétée par l'idée que les missions peuvent aussi être accomplies dans le cadre d'opérations de lutte contre le terrorisme.

Feira, Portugal).

De même on relèvera, en décembre 2005, à l'occasion de l'adoption d'une stratégie pour l'Afrique intitulée "l'Union européenne et l'Afrique : vers un partenariat stratégique" ; s'y rattacheraient trois missions en Afrique noire, en République démocratique du Congo : Eufor (maintien de l'ordre et surveillance des élections), Eupol (mission de police) et Eusec (renforcement des forces armées congolaises).

Encore on retiendra l'apport d'une présidence suédoise dans les conclusions du Conseil européen de Göteborg en juin 2001 d'un ambitieux "programme de prévention des conflits violents", ce qui a amené l'Union à établir en permanence des instances de prévention des conflits.

3. Le déclenchement et l'organisation des actions PESC-PESD ne saurait obéir aux mêmes règles de majorité que la prise de décisions de nature économique ; à l'inverse de celles-ci, on peut expliquer la réticence des États membres contre l'usage de la majorité, voire vers un transfert de compétence à la Commission européenne, dans le jeu de la PESC et dans celui de la PESD ; là est une des raisons du compromis de Maastricht d'avoir dissocié les actions PESC des procédures de prise de décision normale des Communautés : la coopération intergouvernementale mise sur pied pour la PESC (et pendant un temps pour la JAI) se distingue en ayant confié la responsabilité de la prise des décisions de base au Conseil européen (chefs d'État et de Gouvernement) et la prise des décisions subséquentes au Conseil des ministres des affaires étrangères, l'un et l'autre statuant à l'unanimité (art 31.1 du TUE, version Lisbonne), en ombrant le pouvoir d'initiative de la Commission, et surtour en ayant créé dès sa session de Cologne un poste de Haut Représentant de l'Union pour la PESC, en abrégé le HRSG, parce qu'il est actuellement en même temps le secrétaire général du Conseil UE, cette personnalité aurait, dans le projet de Constitution, été remplacée par un ministre européen des affaires étrangères, désigné par le Conseil européen et dépendant en large partie de celui-ci, mais qui aurait été en outre membre et vice-président de la Commission; sans doute au deuxième degré, le Conseil européen laissera-t-il au conseil des ministres le pouvoir de prendre les décisions de première exécution de ce qu'il a décidé au plan politique; à un troisième degré, le Conseil européen pourrait prévoir des décisions d'application prises par le Conseil à la majorité qualifiée, voire à un quatrième degré des décisions de la Commission; suite au rejet de la

Constitution, le ministre européen des AE serait remplacé dans le TUE version Lisbonne, par un Haut Représentant pour les affaires étrangères et la sécurité, désigné par le Conseil européen et dépendant dans une certaine mesure de celui-ci; ce Haut Représentant, s'il a perdu le titre de ministre, n'en conserve pas moins la présidence du Conseil des ministres des affaires étrangères, titre qu'il cumule avec celui de membre et de vice-président de la Commission.

Tel est le gros œuvre de l'application de la PESD ; on verra maintenant que des règles d'application particulières viennent faire face à diverses situations résultant de ce que la PESD concerne des matières imbriquées avec la souveraineté des États membres lesquels ont entendu garder leur liberté de ne pas participer.

II.B. Deux niveaux d'application de la PESD : des États membres qui veulent faire plus et d'autres qui veulent faire moins

Parlons d'abord de ceux qui veulent moins et notamment des neutres ainsi que des atlantistes (1), puis de ceux qui veulent plus, ce qu'on appellera la coopération renforcée (2).

1. Certains États membres veulent bénéficier de dérogations ou d'une application plus indulgente. Pour concilier l'exigence stricte de l'unanimité pour toute décision *importante* en matière de PESD, les traités ont prévu (voir successivement, le TUE, version Nice, art 23.1, puis le projet de Constitution, art 41, 309 et 313, puis le TUE version Lisbonne, art 31.1) une *lex specialis* que l'abstention d'un État membre est possible – ce qui est de droit commun dans l'Union au sein du conseil, – mais que en matière de PESD, un État membre peut assortir son abstention d'une *déclaration* par laquelle il accepte que la décision engage l'Union (malgré son abstention) et qu'il évitera de faire obstacle à son application ; cette facilité s'appelle "*l'abstention constructive*"; cette sauvegarde de la position d'un EM en risque d'être mis en minorité sur une affaire vitale pour lui est également prévue par une combinaison dans le traité de Lisbonne du TUE, art 22.1 et art 31.2, pour le cas où le Conseil des ministres serait appelé à statuer à la majorité qualifiée sur la possibilité pour l'"EM menacé d'obtenir que la question soit renvoyée au Conseil européen en vue d'une décision à l'unanimité. Inutile de dire que ces dispositions présentent un caractère hautement théorique : la PESD est une matière où – contrairement à

la quête généralisée que l'Union abolisse l'unanimité – tout ce qui est important relève d'une manière absolue de l'unanimité ou d'un commun accord.

2. La PESD « renforcée » et autres formes de coopération. Sous le nom de "*coopération renforcée*", le traité de révision d'Amsterdam a, en 1999, prévu que si quelques États membres trouvent l'Union trop timide dans quelque secteur de son activité, un groupe restreint de ceux-ci, plus dynamiques que les autres, pouvaient, sans enfreindre l'interdiction générale d'assurer au sein de l'Union un traitement mutuel inégal et discriminatoire entre ses États membres, se détacher des autres par une coopération, portant le titre de « coopération renforcée », mais ceci sous quelques conditions : que cette coopération soit décidée en dernier recours par une décision majoritaire du Conseil européen ; qu'elle ne contredise pas les principes généraux du système de l'Union, ni n'entrave le fonctionnement des Institutions ; qu'elle soit ouverte à tout État membre volontaire ; que ceux qui se sont abstenus puissent ultérieurement rejoindre les avant-gardistes… Une telle soupape avait paru nécessaire pour assouplir les conditions de fonctionnement de l'Union, gêné que celui-ci pouvait être par une récurrente opposition d'un ou de quelques États membres à une quelconque innovation souhaitée par une majorité d'autres.

Dès la négociation du traité de Maastricht, les rédacteurs de celui-ci avaient été confrontés au sujet de la PESC et de ses pourtant bien timides dispositions sur la défense européenne au fait que sur douze États membres de l'Union, deux (le Danemark et l'Irlande) ne faisaient pas partie de l'OTAN, ni de l'UEO, alors que pour d'autres au contraire, l'OTAN était le fondement de leur défense (Royaume-Uni et Pays-Bas). L'article J 4 § 5 du traité de Maastricht en avait pris acte en indiquant que ledit article ne faisait pas obstacle « au développement d'une coopération plus étroite entre deux ou plusieurs États membres dans le cadre de l'UEO et de l'Alliance atlantique, dans la mesure où cette coopération ne contrevient pas à celle qui est prévue (par la PESC) ni ne l'entrave ».

Quelques années plus tard, le traité d'Amsterdam (1997), en créant la coopération renforcée ne fixait toutefois pas son champ d'application (sauf par une disposition expresse qu'elle s'appliquerait à la JAI, Justice et affaires intérieures) et répétait la même disposition que l'article J 4 § 5 du traité de Maastricht pour son utilisation à l'égard de la PESC (*cf supra*)

Le traité de Nice (2000) - dont on rappellera qu'il constitue dans le présent la source de base du droit applicable à l'Union – contient une disposition ambiguë (ou mal rédigée ! ou spécialement rédigée pour masquer un désaccord) sur la possibilité d'une coopération renforcée dans le domaine de la PESD (voir ses articles 27 A à E) : certes des coopérations renforcées semblent possibles, notamment « pour la mise en œuvre d'une action commune ou d'une position commune », mais elles ne peuvent « pas porter sur des questions ayant des implications militaires ou dans le domaine de la défense » (TUE, version Nice, art 27A et B) ; ce qui parait restreindre la portée de la coopération renforcée en la matière.

Dernière disposition non encore en vigueur, mais prévue par le projet de Constitution, art 41.6 et 311, puis reprise par le traité de Lisbonne au TUE art 42, la coopération *structurée permanente* semble gagner du terrain – en ce qu'elle permet une coopération de plus longue haleine – tant parmi les EM originaires que parmi des plus récents, Allemagne, France, Royaume-Uni, Espagne plus Pologne seraient désireux de se joindre à une telle coopération! On soulignera que le traité de Lisbonne pourvoit au caractère permanent de celle-ci par un Protocole d'application (procédurale) de l'art 42 TUE.

Relèvera-t-on que l'entrée en vigueur du traité de Lisbonne privera (priverait) de tout effet l'engagement "d'aide et d'assistance mutuelle" qui, depuis 1948, sur la base de l'article 5 du traité de l'UEO, Union de l'Europe occidentale, existait entre les Parties à ce traité. Cette Union comportait à la presque fin du XXe siècle (en 1995) cinq membres originaires: Belgique, France, Luxembourg, Pays-Bas et Royaume-Uni; y avaient en outre adhéré Italie, Allemagne, Espagne, Portugal et Grèce; par ailleurs l'UEO avait un très beau bouquet de Membres observateurs, Autriche, Danemark, Finlande, Irlande et Suède, plus des membres associés, Islande, Norvège, Turquie, Hongrie, Pologne et République Tchèque; elle avait aussi des membres partenaires associés, Bulgarie, Estonie, Lettonie, Lituanie, Roumanie, République Slovaque, kyrielle qui montrait l'importance politique de cette aide. Conclu pour cinquante ans à compter de son entrée en vigueur, le 25 août 1948, ce traité semble, en application de son article 12.2, avoir expiré le 26 août 1998; sans doute aucune de ses HPC ne semble avoir demandé que ses dispositions cessent leur effet à son égard, comme l'art 12 aliéa 3 en exprime l'éventualité; les Institutions UEO ont tenu en l'an 2000 d'ultimes réunions de liquidation et de dévolution de ses fonctions; des parlementaires de son Assemblée ont toutefois soutenu que du fait de la non-dénonciation de l'art 5, l'engagement d'aide mutuelle continuait – même si les autres engagements du traité étaient tous devenus obsolètes – à pouvoir jouer; d'autres ont même soutenu que le projet de traité constitutionnel, par son art 41.7, aurait pu avoir pour effet d'accompagner une telle survivance; inversement il semble résulter des termes de l'article 42 du TUE version Lisbonne (ainsi que du Protocole relatif à l'application de l'article 42) que cet engagement du traité UEO a définitivement disparu.

III. Les moyens par lesquels la PESD réalise ses objectifs

Sur neuf années, du premier semestre 1999 au premier semestre 2007, grâce à la diligence de dix-neuf présidences semestrielles du Conseil européen à ses sessions de juin et de décembre, en approuvant des rapports qui lui étaient soumis par les instances préparatoires du Conseil (y compris le HRSG) ou par la Commission, le Conseil européen, c'est-à-dire les chefs d'État et de Gouvernement des États membres ont installé la PESD et mis en place les conditions nécessaires à son fonctionnement.

Tout au plus voudrions nous évoquer deux moments ayant marqué cette période : la *Déclaration d'opérationnalité* du 15 décembre 2001, prise au Conseil européen de Laeken et confirmée depuis en 2003, qui traduit l'état de la PESD suite à la mise en place au sein de l'Union d'une capacité effective d'action militaire, disposant « d'une capacité d'action autonome, soutenue par des forces militaires crédibles » et d'une capacité de prendre des décisions rapidement et ayant la disponibilité pour agir ; cette constatation faite au terme de la troisième année de le PESD, marque le début de ses opérations ; treize mois après, une première opération de gestion civile de crise sera décidée, en Bosnie Herzégovine, une mission de police. Le second moment serait la *Stratégie européenne de sécurité* adoptée sur l'initiative et le projet du HRSG M Javier Solana, par le Conseil européen en décembre 2003 : exposant le concept stratégique dans lequel s'inscrit la PESD, elle prend acte de nouvelles menaces, aussi variées que invisibles et non prévisibles, le terrorisme, elle insiste sur le caractère global – mais en même temps régional - de la réaction nécessaire, confirme la qualité d'acteur global de l'Union et sa vocation ainsi que sa volonté d'assumer sa part de responsabilité dans la sécurité internationale.

III.A. Moyens institutionnels et « capacités » militaires

1. Une chaîne institutionnelle, du politique au militaire, à la disposition de la PESD. Cette chaîne est tantôt composée d'organes intégrés (des agents de nationalités diverses, indépendants hiérarchiquement des EM), tantôt d'organes multinationaux (un représentant de chacun des EM).

Comme organes politiques multinationaux, on vise le Conseil européen et le Conseil des ministres des affaires étrangères dont aucun n'est évidemment exclusivement PESD ; si le premier dispose d'un pouvoir général d'orientation et d'impulsion, les deux organes disposent de pouvoirs PESD spécifiques, par exemple en identifiant – selon le projet de Constitution (qui était plus précis que le TUE version Nice); et qui a été repris par le traité de Lisbonne – "les intérêts stratégiques de l'Union et fixant les objectifs de la PESD et de la PESC" et en étant susceptible de déléguer des pouvoirs au Conseil de ministres, en habilitant celui-ci le cas échéant à statuer à la majorité qualifiée ; du Conseil de ministres AE, on indiquera que c'est lui qui décide la PESC et notamment se prononce sur le "lancement" des actions PESD, en organisant les missions … Indiquons enfin que, selon le traité de Lisbonne reprenant le projet de Constitution, le Haut Représentant de l'UE pour les affaires étrangères et la sécurité, le HR, est désigné par le Conseil européen et préside le Conseil des ministres AE; il est, soulignons-le, dans une curieuse position de dépendre simultanément du Conseil européen et de la Commission ("l'homme à la double casquette" sera en effet aussi Vice président de celle-ci) ; le HR "conduit" la PESC (alors que le texte précédent disait "exécute"). Notons encore le rôle des ministres de la Défense dont l'importance est grande pour les questions de capacités militaires et en matière d'armement (*cf infra*).

Quatre organes spécialisés doivent encore être mentionnés : le Comité politique et de sécurité, le Cops, composé d'Ambassadeurs des EM et qui présente des analyses et des projets de solutions au Conseil AE et par ailleurs assure "un contrôle politique permanent ainsi que la programmation et la direction stratégique des operations"; le Comité militaire de l'Union composé des Chefs d'État major des EM qui lui aussi fait rapport au Conseil AE ; l'État Major de l'Union, qui est un organe intégré fort de 200 officiers d'État Major qui dépend du Haut Représentant et qui, au sein d'un grand nombre de cellules, a des tâches d'études, de planification stratégique et de mise en application : une cellule civile et militaire, toujours ce souci que le civil épaule le militaire et un centre d'opération assurant le suivi (*cf infra*). Enfin une Agence européenne de défense, dont le chef est le Haut Représentant, on en examinera les fonctions plus loin au titre de son rôle dans le développement des capacités militaires. Enfin d'autres organes intégrés plus techniques (militaires) seront aussi évoqués.

En dessous de ces organes, tous bruxellois, il y a, pour chaque action ou opération, désignés par le Conseil AE, un responsable politique, chef de mission assisté – selon les cas – d'un militaire, chef d'opération et chef de la force ainsi le cas échéant qu'un chef de mission de police, voire s'il s'agit de veiller dans un État déstabilisé à l'affermissement de l'État de droit, d'un magistrat (mission Eujust, Themis en Georgie). En outre si l'opération se produit dans une région où l'Union a un "Représentant special", celui-ci est chargé d'une mission de coordination et de conseil des opérations PESD.

2. Les "capacités militaires" et les "groupes tactiques multinationaux d'intervention". Tout acteur de gestion de crises a besoin de connaître les effectifs de forces armées dont il dispose ; cette idée a motivé, depuis le premier Conseil européen ayant suivi la session fondatrice de Cologne, celui d'Helsinki en décembre 1999, un abondant usage du terme - venu du vocabulaire technico militaire - de "*capacities*" ; il s'agissait alors de réunir de « 50 à 60 000 personnes, déployables en deux mois, et *sustainable*[4] pendant une année, comme forces militaires capables d'effectuer les missions dites de Petersberg » (c'est de la réalisation de ces objectifs dont la déclaration d'opérationnalité de décembre 2001 mentionnée ci-dessus a pris acte). Par la suite cet *Headline goal* a été confronté aux possibilités des intéressés ; outre l'identification et la répartition entre États Membres des 60 000 hommes devenant 100 000 en 2004 (compte tenu des critères de déployabilité, *cf infra)* ; doivent y être ajoutés un nombre conséquent d'avions et de navires ; des conférences d'engagement des États membres furent tenues à un rythme fréquent pour établir un plan d'action européen sur les capacités adopté en mars 2004. En 2003, on s'est en outre attelé à remédier aux lacunes sectorielles des forces, en créant quinze groupes de projets concrets ; d'autres concepts ont du être approfondis comme celui de déployabilité qui veut que pour entretenir sur un an une force de *x* personnes, il

[4] "Sustainable" est parfaitement compréhensible en langue anglaise et équivaut à "maintenues en service" en langue française.

faut qu'un tiers de x soit déployé, un second tiers soit en formation et un troisième tiers au repos ; autre concept approfondi, celui de la rapidité du déploiement : en 5 jours ou en 30 ? Actuellement, on raisonne sur le *Headline goal 2010.*

En outre a été créée, par décision du Conseil du 12 juillet 2004 l'Agence européenne de défense, agence intégrée et organe subsidiaire du Conseil dirigée par le HR, avec à ses côtés un directeur exécutif, elle réunit régulièrement les ministres de la défense de 26 EM (le Danemark ne participe à aucune activité PESD) dans son conseil d'administration. Ses principales fonctions sont de développer les capacités de défense de l'Union, de promouvoir la coopération en matière d'armement, de renforcer la base technologique et industrielle de la défense et de soutenir la création d'un marché européen compétitif des équipements de défense, enfin de promouvoir la coopération en matière de recherche. Parmi ses projets phares, mentionnons les véhicules blindés pouvant offrir aux troupes une mobilité protégée ; les drônes, UAVs, indispensables pour fournir des renseignements ; les "problèmes de commandement, de contrôle et de communications" avec leurs difficultés particulières quand on travaille sur le terrain ou pour des opérations lointaines ; la réalisation d'un "marché européen des équipements de defense", ouvert à la fois au niveau de la demande, aux gouvernements et à celui de l'offre, aux industriels et qui permettrait de nouvelles synergies est étudiée; on a examiné aussi un cahier des charges des marchés de matériels de défense…

La place manque pour parler du Centre européen satellitaire de Torrejon, Espagne, créé en 2002 sur initiative franco/hispano/allemande, il aurait été au centre de l'opération Eufor en 2006 en République démocratique du Congo pour suppléer aux difficultés locales des services de renseignement, ainsi que de l'Institut d'études de sécurité de l'Union. On se contentera de mentionner le Centre de situation et d'alerte rapide – son nom explicite sa fonction – directement rattaché au HRSG. On glissera sur la réserve de 5 000 officiers de police envisagée comme un objectif en 2000 (Conseil européen de Feira) pour faire face à toutes déficiences locales dans un État en mal de stabilité. On manquera encore de parler de la Force de gendarmerie européenne, créée par cinq EM (Italie, Espagne, France, Pays-Bas et Portugal) et visant à renforcer les capacités internationales de gestion civile des crises.

En février 2004 fut sur proposition franco-germano-britannique admis le principe de la création de *groupes tactiques multinationaux* de 1500 hommes, une douzaine au total devait-on dire, rapidement déployables, moins de quinze jours de la demande ; cette forme serait réputée plus adaptée aux interventions hors du continent européen. Cette création, dont des règles provisoires furent adoptées en juin 2004 par le Comité militaire de l'UE, aurait beaucoup emprunté à l'expérience de l'intervention en 2003 en République démocratique du Congo (opération Artemis), elle aurait depuis séduit d'assez nombreux EM, vingt-cinq sembleraient intéressés, plus un État non membre, une dizaine de manœuvres d'exercice auraient été organisées sur son thème en 2005-6 ; le concept est considéré comme opérationnel depuis le début de 2007.

III.B. Relations avec des organisations internationales, universelles ou non, s'intéressant également à la Paix

Dirions-nous que si les organisations internationales qui au monde s'occupent le plus de maintien de la paix sont, outre l'Union européenne, l'Organisation des Nations Unies, d'une part et l'Organisation du traité de l'Atlantique Nord, de son acronyme OTAN, d'autre part et que si l'Union coopère beaucoup avec l'une et avec l'autre dans plusieurs opérations sécuritaires, sa coopération avec les Nations Unies se produit dans le traitement d'un différend *en amont* de l'intervention de l'Union, alors que dans ses rapports avec l'OTAN, l'Union est demanderesse de la coopération de l'OTAN, *en aval*, au stade de l'exécution de sa propre mission. On évoquera donc d'abord les rapports de l'Union avec les Nations Unies, puis ceux qu'elle entretient avec l'OTAN.

1. L'Union, mandataire des Nations Unies dans des missions PESD. Après des décennies de léthargie au cours de la période dite de la guerre froide, l'activité de gardienne de la sécurité mondiale de l'ONU s'est réveillée aux temps de son éphémère secrétaire général Boutros Boutros-Ghali ; au tournant du siècle, les Nations Unies étaient demanderesses de coopération pour accomplir leurs tâches de maintien de la paix pour lesquelles on a pu dire qu'elles manquaient de bras ; ainsi s'explique en 2003 la relève de l'IPTF (International Police Task Force) des Nations Unies par l'Union européenne en Bosnie et Herzégovine, puis une opération EUFOR République démocratique du Congo en 2006, l'une et l'autre de ces opérations à la demande des Nations Unies et pour soutenir son action ; par ailleurs s'est ouverte en Afrique noire,

notamment en RD du Congo, une place pour des interventions de l'Union en coopération avec les Nations Unies : action Artemis par exemple, avant d'autres missions plus récentes – en coopération avec l'Union africaine et pour conforter celle-ci - au Soudan (Darfour).

Relevons encore, le 6 septembre 2003, une Déclaration conjointe des Nations Unies et de l'Union européenne sur la gestion des crises et la création subséquente d'un comité mixte de pilotage des crises se réunissant deux fois par an ; on ne doit pas non plus manquer de rappeler l'importance du texte dit Stratégie européenne de sécurité adopté le 12 décembre 2003 par le Conseil européen qui magnifie les principes de la Charte des Nations Unies, appelle à leur respect et souligne le rôle éminent du Conseil de Sécurité ainsi que la primauté du droit international, l'Union étant prête à agir si ces règles ne sont pas respectées.

2. L'utilisation par l'Union de capacités de l'OTAN pour accomplir ses missions PESD. Dans les premiers temps de la PESD, l'Union était en cruel manque de certains moyens militaires pour des missions pointues de la PESD, notamment de divers moyens de logistique, par exemple dans les transports aériens d'avions gros porteurs, dans les télécommunications de certains moyens sophistiqués et plus encore d'organes de programmation, de planification .... ainsi que de quartiers généraux de commandement (pour remplacer ceux de l'OTAN, le SHAPE, qui n'étaient pas à sa disposition pour des missions auxquelles l'OTAN n'entendrait pas participer) ; cette question n'en était qu'une parmi les querelles internes à l'Alliance ; dira-t on – en exagérant – que l'on frôla une guerre des Quartiers généraux ? En décembre 2000, la Turquie mit son veto à l'accès de l'Union "aux structures de planification de l'OTAN" pour ses opérations PESD, l'Union avait pourtant tendu en juin de cette même année à l'OTAN la perche en proposant la mise en place de quatre comités conjoints *ad hoc* OTAN-UE sur les problèmes techniques de sécurité. Avec le temps les difficultés s'estompèrent ; à défaut de gros avions en toute propriété, des opérations de *leasing* fournirent une solution provisoire ; en outre l'OTAN évoluait et ne se consacrait plus si exclusivement à la défense européenne, elle opérait en Afghanistan, donc elle pouvait concevoir la diversification des activités de la PESD ; par ailleurs des séances communes du Conseil de l'Atlantique Nord et du Cops de l'Union avaient commencé de se tenir ; finalement en décembre 2002 fut officialisée une Déclaration commune

OTAN-UE – suite à la réunion la veille à Copenhague d'un Conseil européen où on avait parlé élargissement et où la Turquie avait obtenu des concessions et en avait fait d'autres– ; au terme de cette déclaration, l'Union, pour ses opérations PESD, aurait accès aux capacités OTAN non plus dans les conditions agréées à Berlin en juin 1996 à une réunion ministérielle de l'OTAN selon un concept dit de "l'Identité européenne de sécurité et de defense", mais dans de nouvelles conditions appelées Berlin +, où l'Union pour être assurée d'obtenir l'accord de l'OTAN doit respecter des procédures de coopération et d'information avec les États membres de l'OTAN non membres de l'UE. Depuis, cela a été appliqué pour des opérations en ARYM 2003 et en Bosnie 2004.

En revanche s'il s'agît d'une opération PESD autonome, deux solutions se présentent à l'Union, soit l'utilisation d'un QG national d'un de ses EM (cinq de ces QG nationaux sont reconnus comme tels dans le cadre de la PESD : au Royaume-Uni à Northwood, en France près de Paris au Mont Valérien, en Allemagne à Postdam, en Italie à Rome, en Grèce à Larissa ; c'est le QG de Postdam qui fut retenu pour l'opération Eufor au Congo ; soit depuis le 1er janvier 2007 – pour des opérations d'ampleur comparable à Artemis (format d'un groupement tactique de 1500 à 2000 hommes) – celle du Centre d'opérations dépendant de l'EMUE à Bruxelles.

IV. Conclusion

Sans doute si on examine la liste de la vingtaine d'actions qui durant ces huit dernières années furent lancées, peut-on considérer qu'il ne s'est pas agi de conflits majeurs – au vrai y a-t-il pour les intéressés des conflits qui ne soient pas majeurs ! – mais des conflits locaux, souvent au sein d'États qui avaient du mal à affermir leur identité internationale, leur création ayant résulté de l'éclatement d'anciens États qui pour avoir eux-mêmes été créés il y a moins d'un siècle avaient depuis lors vécu dans une certaine instabilité intérieure (tels les États issus de l'ancienne Yougoslavie), soit de troubles internes à des États ex-coloniaux, là encore incertains de leur identité nationale.

Cette vingtaine d'actions ont été très largement couronnées de succès ; aucune d'elles n'a duré plus d'une ou deux années, les forces engagées ayant levé le camp, leur mission ayant été remplie.

Il n'en reste pas moins qu'en une autre occasion, l'Union européenne a présenté l'image de la plus horrible inefficacité, nous voulons parler de ses réactions à la seconde invasion de l'Irak, en 2002, où les États-Unis, fort de l'appui du Royaume-Uni, débauchèrent plusieurs EM de l'Union européenne – et non des moindres, spécialement deux autres des six *gros* EM pour les y faire participer – à l'indignation d'une majorité des autres !

La PESD et demain (ou après demain ?) la PSDC ne seront-elles utilisables que pour les conflits que – avec une certaine condescendance – on traitera de conflits locaux voire régionaux, en tous cas de conflits de seconde importance ? Et quand cela serait vrai, ne serait-ce pas déjà un substantiel succès ? L'Europe, guérie des antagonismes existant de longues dates en son sein ou dans son voisinage !

On relèvera par ailleurs un autre progrès de l'Union dans sa participation au règlement de différends internationaux, là encore à ceux nés de l'éclatement de l'ex-Yougoslavie : en 1990, lors des premiers conflits inférieurs à la Yougoslavie, ceux nés du refus de reconnaissance des nouveaux venus, l'Union avait été incapable de former une unité, certains de ses Membres étant ouvertement pro-serbes, d'autres étant favorables à la reconnaissance comme États des entités nées du démembrement de l'ex Yougoslavie. À partir de 2000, certes des dissentiments affleurent, mais un consensus peut se former pour une solution civile des antagonismes.

Certes l'Union a mis un certain temps pour se remettre de sa crise constitutionnelle, l'ambition d'avoir voulu établir directement une Constitution plus que de perpétuer un traité international entre EM a probablement été une erreur de fédéralistes ou de parlementaires bien intentionnés mais trop pressés, ceci n'empêche pas la PESD de continuer à se développer à un rythme soutenu.

Il est aussi permis de se demander si, dans le développement de la PESD ou de la PSDC où un noyau dur sous forme de coopération structurée permanente paraît à la porte du possible, une telle option ne pourrait pas être dans le cadre d'une relance de l'idée européenne la meilleure fuite en avant ? Quelques États membres semblent prêts à se réunir autour de telles idées.[5]

---

5 Bibliographie : (1) La revue bisannuelle publiée partie en anglais, partie en français, par le secrétariat du Conseil de l'UE, sous le nom de ESPD newsletter, 6 numéros depuis décembre 2005, apporte une précieuse documentation sur les "capacités civiles et militaires" et les opérations de la PESD. (2) Le livre intitulé La politique

V. Postface

Le 12 juin 2008, le peuple irlandais, appelé à ratifier par voie de referendum le traité de Lisbonne, a rejeté celui-ci à une large majorité (53,4% de non avec 52% de votants) ; étant donné que ce type de traité requiert pour entrer en vigueur l'unanimité des 27 Etats membres l'ayant signé, il n'est pas encore en vigueur et le sera-t-il jamais ? Quelles sont les conséquences de cet état de choses ?

L'Union européenne reste gouvernée par le traité instituant la Communauté économique européenne du 25 mars 1959, dit traité de Rome, maintes fois révisé (cf supra note 1) et notamment pour la dernière fois par le traité de Nice du 23 février 2001 entré en vigueur le 1er février 2003. La plupart de nos développements ci-dessus restent d'application ; seules les dernières innovations, depuis 2003, ne sont, sauf exceptions, pas obligatoires.

Que penser de l'avenir ? Certes le peuple irlandais pourrait être appelé à revoter, moyennant quelques modifications ou satisfactions à lui données par voie déclaratoire ou autrement et le processus de développement de l'Union reprendrait avec les réformes institutionnelles de Lisbonne.

L'Europe est-elle en perte de vitesse ? Ses réussites dans nombres de domaines, l'euro, le marché intérieur, l'espace judiciaire et de sécurité, une participation croissante de l'Union aux gestions de crises dans le cadre des Nations unies, indiqueraient le contraire ; de même les demandes d'adhérer à

---

de sécurité et de défense de l'UE, sous la direction de Nicole Gnesotto et avec une préface de M Javier Solana, publié par l'Institut d'études de sécurité de l'UE, Paris, 2004, 322 pages ; deux parties : l'une en huit études coordonnées retraçant l'évolution 1999-2004 de chaque domaine de la PESD, l'autre constituant le témoignage de quinze acteurs de la PESD, hommes politiques, diplomates et autres hauts fonctionnaires ou professeurs sur leur action dans le cadre de la PESD ou en sa faveur. (3) Cinq articles de M Javier Solana, Haut Représentant du Conseil de l'UE pour la PESC, dans la Revue du marché commun et de l'Union européenne, entre 2000 et 2006, n° 442, 457, 466, 481 et 500. (4) Simon Duke, The EU and crisis management, Development and Prospects, Maastricht, EIPA, 2002. (5) La Stratégie européenne de sécurité, décembre 2003, a été publiée sous le nom de « Une Europe sûre dans un Monde meilleur » par le Secrétariat général du Conseil de l'UE. (6) European Defence Agency, An initial Long-Term Vision for European Defence Capability and Capacity Needs, publié en octobre 2006 par l'Agence européenne de Défense.

l'Union déposées par quatre ou cinq Etats (les Etats nés du démembrement de l'ex Yougoslavie et notamment la Croatie, ainsi que, mais d'une manière plus aléatoire, la Turquie) seraient un signe de santé de l'Union.

Mais l'intégration européenne est une longue marche et une marche semée d'embûches, de lenteurs et de reculs temporaires. Son achèvement risque de durer encore de nombreuses années.

The International Institutional System and International Non-Governmental Organizations

Ludmila Galenskaya*

The system approach to social phenomena for a long time has been used in science. It allows examining diverse elements in a certain unity and as interconnected elements, which exert influence on each other. This approach is applied in the science of international law. International law, which regulates contemporary international relations, if we consider it as a system, manifests itself as a complex structure consisting of different parts – subsystems, which in turn are divided into smaller parts and elements. When one applies the theory of system to international law, it is necessary to take into account that the notion of international relations is a basic one and international law is a secondary phenomenon.

It has been repeatedly noted in scientific works that the very notion of the system is used very often, but it has been given different interpretations.[1] But it is possible to consider, regardless of the variety of opinions, that the system would not exist without separate parts or elements as well as without links between them. An element of any system is a component and, at the same time, the smallest part of it. The elements of the system usually are grouped into subsystems. The subsystems are interconnected and have the qualities of

---

* Professor of International Law, St. Petersburg State University, Russia; Editor-in-Chief, The Russian Yearbook of International Law.

1 See in details: Цыганков П.А., Теория международных отношений, М.:ГАРДАРИКИ, 2004, С. 172; Моисеев Н.Н., Математические задачи системного анализа, М.: Наука, 1981 [Tsygankov P.A., Theory of International Relations (Moscow, Gardariki, 2004), p. 172; Moyiseev N.N., Mathematical Problems of System Analysis (Moscow, Science, 1981)].

Sienho Yee & Jacques-Yvan Morin (eds.), Multiculturalism and International Law, 415-428.

interpenetration, interaction and temporary stability. The parts of the system may have different characteristics,[2] but for the international relations system it is usual that it appears as an aggregate of these relations actors.

Contemporary international relations are characterized, in particular, by the existence of numerous institutions. In this article, any establishments by persons or entities, which are linked by certain purposes and have an organizational structure, are considered as institutions (from Latin – *institution).*[3] They are legal persons, political parties, social organizations and others. If man is the primary element of human society, then those mentioned institutions are the secondary ones. Furthermore, as created by people for the achievement of certain purposes, they are mouthpieces of some common (or social) interests, i.e. the interests of the group of people. At the same time they are institutions of the primary level, which are included into a more compound structure – State. State is a society of the second level and it is a mouthpiece of the public interests, which appears as a state one.

The institutions of the first level, as a rule, are created under and act in accordance with the provisions of the domestic law adopted in public interests. In the legal works it has been noted that non-legitimate groups and liberation movements are also acting in international relations.[4] As to the state, which is a society of the second level, it is created by individuals and individuals' societies and at the same time it dictates the rules of behavior, which are necessary for the human common existence.

In turn the state can create new societies, such as interstate organizations, international economic entities, different committees, commissions, groups, etc. In so doing, each state is directed by its own interests, which manifests themselves as private interests, when this state enters into relations with other

---

2 Кукулка Ю., Проблемы теории международных отношений, М.: Прогресс, 1980, С. 170 [Kukulka Ju., The Problems of the Theory of International Relations (Moscow, Progress, 1980), p. 170)].

3 On the Institutional theory see: Frischmann, Brett M., A Dynamic Institutional Theory of International Law, 51 Buffalo Law Review (2003).

4 Willets P., Transnational Actors and International Organizations in Global Politics (2nd ed.), Oxford and New York, Oxford University Press (2001); Weenink A., The Russian Mafiya: A Private Actor in International Relations?, in: Arts B., Noortman M., Reinalda B. (eds.), Non-State Actors in International Relations, Aldershot, Burlington USA, Singapore, Sydney: Ashgate (2001), 279-296.

states.

It is possible to conclude that the interests of one person are always private ones, the interests of society are public ones, but the interests of the societies of the primary and the second levels may appear as public or the private ones depending on the character of the relations and links. It is worth noting that private interests very often pretend to be public ones.

The institutions of the second level, i.e. states, are very strictly formalized, are linked by a certain territory and the relations between them are limited by certain frameworks, which have been created by adopted rules. The links between states are realized beyond the bounds of domestic law, although the latter is dictated by them.

The institutional system is a sub-system of the international system and has some features, which are inherent in the international system as a whole, such as stability, aspiration for development, hierarchy, diversity of its elements, and regulation by international law norms. At the same time this system has its own specific features: all its elements are artificial institutions; the majority of them are the institutions of non-state character; every element of the international system has a capacity of self-regulation.

The first of the mentioned features is obvious and does not need to be proved.

As to the second feature, it should be corroborated by some statistical data regarding the non-governmental organizations. For example, in 2003 consultative status with the ECOSOC had been granted to 1411 non-governmental organizations and 862 organizations had been put in the Roster, i.e. more than 2000 of such organizations had been registered by this organ of the United Nations alone. Taking into account that the total number of states is ten times smaller, it is possible to consider it indisputable that such a feature of the international institutional system results from the presence of the majority of non-governmental institutions. Besides, it is necessary to recollect that not only non-governmental organizations are present in the international institutional system, but also intergovernmental organizations, multinational corporations and others.

Finally, the third specific feature of the international institutional system is a capacity of self-regulation of its elements. In this context self-regulation means that the activities of the institutions are based on the constitutive documents, which are developed and adopted by these institutions themselves. The feature obtains for all institutions – governmental and non-governmental organizations, transnational corporations, legal persons, parties, etc. The charters, by-laws, agreements and other documents, which determine the purposes of an institution, the structure of its organs, the manner of its decision-making, etc., regulate the manner of the functioning of an institution. Every institution, acting in accordance with its constitutive documents, deciding by itself all problems that may arise, sets up links with other actors in the international sphere, narrows or widens its goals, and changes how it conducts its activities. The only condition to self-regulation is the conformity with the commonly recognized norms and principles of contemporary international law.

These institutions are not only numerous, but also very diverse. In international relations they exhibit a power or a non-power character.

The international institutional system should be subdivided into smaller structural systems (systems into subsystems) and it is possible to select out of it the institutions, which are united by the common name – international organizations. All international organizations have the following common features:

- they are acting on an international scale;
- they are established as international institutions or acquire this feature as a result of their transboundary activities;
- they are artificial institutions, i.e. communities of the second level acting in favor of public interests, these interests are to be reflected in their purposes;
- their goals should not be in contradiction to the general principles of contemporary international law; and
- they have certain organizational structure.[5]

---

[5] José E. Alvarez mentions also such features of these organizations as lack of legitimated authority to legislate over a territory and a population; membership within all of them is voluntary; all have limited scope and purposes and their goals are usually not to promote the interests of any one nation state; none of them are "owed" allegiance sanctioned by national or international law. See José E. Alvarez, International Organizations as Law-makers, New York: Oxford University Press (2005), p.3.

International non-governmental organizations (hereafter referred to as INGOs) are very significant actors in contemporary international relations. These relations at the present stage of their development are turning into really international ones, because they are wider than interstate (power) relations. Natural persons and legal persons, multinational corporations, parts of federative states, trade unions, political parties, INGOs, which are non-power subjects, take part in these relations.

It is necessary to mention that some legal scholars consider the relations with participation of non-power actors as transnational relations.[6] This point of view needs proving, because it gives rise to questions on the character of these relations, their structure and their regulation.

The existence of non-governmental organizations (NGOs) is typical for domestic relations of those states, which have such an organizational form of associations of natural and juridical persons (not having primary purposes of their activities to derive profit) provided for in their legislations and consider them as a part of their civil society. For example, in the Russian Federation the Federal Law "On Social Associations" was adopted in 1995, and has since been amended many times and now is in force as part of Law 2002, № 112-ФЗ. This Law in Article 5 defines "social associations" as "voluntary, self-managing, non-commercial formation, which was created on the initiative of citizens united on the base of community of the interests for the realization of common goals indicated in the charter of the social association".[7] Under this Law all social associations are subdivided into social organizations, social movements, social foundations, social agencies and organs of social initiative (Article 7).

There exists a point of view that "any attempt to define NGOs in positive rather than negative terms is problematic, except for the observation that they tend to be private citizens' groups established to further certain common objectives of their members". [8] Nevertheless, there are some

---

6 Willets P., n. 4 above.

7 Text see: Собрание законодательства Российской Федерации, 1995, № 21, Ст. 1930 [Collection of the Russian Federation Legislation, 1995, № 21, Art. 1930].

8 Kamminga M.T., The Evolving Status of NGOs under International Law: A Threat to the Inter-State System, in: Philip Alston (ed.), Non-State Actors and Human Rights (2005), p. 96.

definitions of NGO in the acts of international organizations and in legal literature. For example, the World Bank in Operational Directive 14.70 defines NGOs as "private organizations that pursue activities to relieve suffering, promote the interests of the poor, protect the environment, provide basic social services, or undertake community development". In legal works one can find such a definition: "NGOs constitute organizations which have not been founded, and are not formally controlled, by national governments. Rather, NGOs are initiated and ruled by citizens [and] hey pursue by private means private objectives that are likely to have domestic or transnational public effects."[9]

It is worth mentioning the point of view that "in its broadest sense, the term 'NGO' covers a wide variety of groups and entities, such as members of the scientific community, non-profit groups and associations, business entities, legal organizations, members of the academic community, and individual".[10] This position is not correct, because in any broadest sense the term NGO should include only organizations and exclude members of some communities and business entities.

These institutions are active in the internal life of States and, at the same time, enter into different kinds of relations in the international sphere. As a rule, social organizations retain their national status, but in some occasions this status is changing and these organizations turn into the category of INGOs.

Some criteria mentioned in the legal works and in acts of some intergovernmental organizations make it possible to consider one or another entity as an INGO. In particular, the ECOSOC Resolution 288(X) of 27 February 1950 states that any international organization which is not founded by an international treaty is an INGO; this concept was further developed by Resolution 1296 (XLIV) of 25 June 1968 as "including organizations which accept members designated by governmental authorities, provided that such membership does not interfere with the free expression of views of the

---

9 Reinalda B., Verbeek B., Theorising Power Relations between NGOs, Inter-Governmental Organizations and States, in: B. Arts, M. Noormann, B. Reinalda (eds.), Non-State Actors in International Relations, Aldershot, Burlington USA, Singapore, Sydney, p. 149.

10 LIN Zhengling, An Analysis of the Role of NGOs in the WTO, in 3 Chinese JIL (2004), pp. 485-486.

organizations." The ECOSOC Resolution 1996/31 of 25 July 1996 doesn't repeat this definition. The ECOSOC Committee on non-governmental organizations considers that an organization is an international one when it has branches in at least three states. The United Nations Conference on Trade and Development (UNCTAD) stated that "the Organization shall be international in its structure, with members who exercise voting rights in relation to the policies or action of the international organizations. Any international organization which is not established by the intergovernmental agreement shall be considered as non-governmental organization …." [11] The Union of International Associations at one time prepared a draft international treaty on INGOs and this draft stipulates that an INGO is not created to generate personal profit.[12]

The Russian scholar Kovalenko I.I. proposes such a definition of the international non-governmental organizations: "An INGO is an organizational legalized unit of different social categories from different countries which have common or similar social, political, economic, ideological, professional and other interests."[13]

Basing on the above mentioned views, it is necessary to express a separate opinion on the notion of INGO. First of all, the criterion of non-commercial character of these institutions' activities and that of the absence of the profit motive are beyond any doubt. It is necessary to mention here that in some cases an INGO can receive profit from its activities such as providing consultations, expertise, selling publications, etc. But this profit is used for promoting the activities of that organization. That is to say, it is used for the rendering assistance to and for the realization of other purposes of this institution. An example is the International Council on Monuments and Sites, ICOMOS. Article 16 of its Statute provides that income of ICOMOS shall

---

11 Par. 8 of the Arrangements for the participation of non-governmental organizations in the activities of the United Nations Conference on Trade and Development.

12 See in details: Морозов Г. И., Международные организации: Некоторые вопросы теории, Изд.2, М., 1974, С. 293-299 [Morozov G.I., International Organizations: Some issues of theory (2 ed.), Moscow, 1974, pp. 293-299].

13 Коваленко И.И., Международные неправительственные организации, М., 1976, С. 5 [Kovalenko I.I., International Non-Governmental Organizations,

derive, in particular, from contracts for research and provision of services, and other appropriate activities.

The next feature of an INGO is its voluntary character: they are formed voluntarily and its members voluntarily participate in the activities of the organizations.

The existence of some organizational structure also is an obligatory characteristic of international non-governmental organizations. Usually the organizational structure of these bodies is fixed in their charters and consists of main and subsidiary organs.

The main organs are general meetings of members, which have different names (General Assembly, General Meeting, Convention, etc.), have wider competence and adopt decisions obligatory for the members of the organizations.[14] The Executive Committees, Bureaus, Councils are elected by the General Meetings and direct the organization's activities between the sessions of the General Meetings, and are as a rule also the main organs. The charters of some INGOs classify the Secretariat (General Secretariat) as the main organ. Despite the fact that all organizations have a Secretariat in their structure, this is not always provided for in the charters. Subsidiary organs are created by main organs; usually they prepare the drafts of documents, study specific issues and carry out all tasks which are assigned to them by the main organs.

When examining the structure of an INGO, it is necessary to note that in some of them this structure is very specific. It greatly differs from the organizational structure of an ordinary INGO. International institutes, foundations and some religious organizations have such a specific structure. The Director or the Board of Trustees is usually the head body in the institutes and foundations. For example, the International Shinto Foundation (ISF) is

---

Moscow, 1976, p.5].

14 For example, the By-laws of the International Valuation Standards Committee (IVSC) in Section 7 is stating "Annual Meetings"; Statutes of the European Alliance of Press Agencies named this organ "General Assembly" (Art. 4.2); the same name is used in the By-laws of the International Society of Social Defence and Human Criminal Policy (ISSD); the name "General Meeting" is used in the Articles of Association of Bureau Européen de l'Environnement (Art. 10); By-laws of the International Association for Bridge and Structural Engineering (IABSE) named this organ as "Permanent Committee".

governed by the Board of Trustees headed by the Director General; the International Institute of Higher Studies in Criminal Sciences (ISISC), by the Council of Directors; and the Priests for Life (organization of the catholic churches), by the Director.

It is possible to draw a conclusion from the above discussion that the organizational structure of INGOs is not uniform, very diverse and dependent on the character of the particular entity. Elements of the structure do not affect the principal "international non-governmental" characteristic of the organization.

Is membership a necessary characteristic of INGOs? Membership may appear inherent in the organizations which have such names as Association, Federation, Union, Society, Organization, and Community. When we deal with such entities as Foundations or Institutes, it is always possible to see that they usually do not have membership. They have only a staff headed by a Director. But there are exceptions in this category of INGOs. For example, the Foundation E7 on Sustainable Energy Development has been created by seven companies and these companies are its members. Accordingly, it is necessary to answer negatively the above propounded question.

If an organization has membership, it usually consists of individuals and/or collective members. Natural persons are individual members. As for different national organizations, such as social organizations, research institutes, non-governmental foundations, educational bodies and others (as a rule all being non-power agencies), they are collective members.

A subject to be discussed is the issue of the inclusion of the organizations whose members are ministries (departments) of states into the category of INGOs. The practice of the ECOSOC shows that this organ of the United Nations includes the organizations which have state bodies, i.e. power structures, among their members, into the category of INGOs.

For example, the International Social Security Association has a general consultative status with the ECOSOC. The association's membership is divided into two categories – affiliate members and associate members. Affiliate membership is granted to institutions directly responsible for the administration of one or more aspects of social security or, additionally, of federations (other than international ones) of such institutions. Such a kind of membership is granted to ministries and departments of states, state foundations. Associate membership is provided for organizations (other than international ones) whose objectives are compatible with those of the ISSA as defined in the Constitution of the Association but are not qualified to be affiliate members. The organization at present has 273 affiliate members (including four of them from Russia) and 96 associate members (including Non-state Pension Foundation "Gasfond" from Russia) in 152 countries. It is quite obvious that in accordance with the existing classification of international organizations the International Social Security Association is an interdepartmental organization which is included in the category of intergovernmental organizations (IGO).

Thus, if we strictly adhere to the division of the international organizations into intergovernmental and nongovernmental, it is possible to ascertain that the ECOSOC does not always follow this classification.

One of the criteria for recognizing an organization as an INGO is the legality of its activities: the purposes of the organization and its activities should not be in contradiction with the general principles of international law. It means that terrorist organizations, different criminal groups, organizations engaged in trafficking in persons and the like cannot be recognized as INGOs, though they are non-state actors in international relations.

Finally, the difficulty in classifying an organization as an international or national one is of significance. The analysis of the charters of the organizations obtaining consultative status with the UN ECOSOC shows that the ECOSOC is granting this status to both international and national institutions. Accordingly, the attribution of organizations to one or another category presents a problem, which is to be decided by scientists. Of course, this problem is solved without controversy when there are such attributes as "international", "world", "global", "regional" in the names of the organizations. The situation is more difficult, when such attributes are absent. In particular, one can see such names as the Association DEVNET, the Abantu for Development (People for Development), the Anti-Racism Information Service, Cairo Institute for Human Rights Studies, etc. In such situations the charter of the organization has a great significance, which allows one to determine the purposes and territory of activities, the existence of chapters and others.

It seems that the following criteria are applicable for the determination of the international character of an organization:

- The charter purposes have a clear indication on its international character. For example, the Association of Chartered Certified Accountants (ACCA) has the mission to provide opportunity and access to people of ability around the world and to support members throughout the world in accounting, business and finance; to achieve and promote the highest professional, ethical and governance standards; to advance the public interest; to be a global leader in the profession. Such list of purposes reflects the international character of this organization.
- The activities of the organization are conducted on the territories of several States. Thus, the mission of Trickle Up Programme is to help the lowest income people take the first step up out of poverty, by providing conditional seed capital and business training essential to the launch of a micro enterprise. Such a formulation of the purposes of the entity doesn't allow one to judge the character of organization. But this organization works with approximately 250 Coordinating Partner Agencies, generally community-based development organizations in 120 countries, showing that its activities have clearly an international character. This fact makes it possible for one to assert that this organizataion belongs to the category of INGOs.
- Citizens, social organizations, companies, parties of different states are the members of the organization.

These conditions are in conformity with the requirements of the European Convention on the Recognition of the Legal Personality of International Non-governmental Organizations adopted by the Council of Europe in 1986.[15] Article 1 of this Convention states that this document shall apply to associations, foundations and other private institutions which satisfy the following conditions: (a) have a non-profit-making aim of international utility; (b) have been established by an instrument governed by the internal law of a state-party of the Council of Europe; (c) carry on their activities with effect in at least two States; (d) have their statutory office on the territory of a state-party and the central management and control in the territory of that state-party or of

15 See European Treaty Series, No. 124. The Convention entered into force in 1991.

another state-party.

INGOs actively collaborate with intergovernmental organizations and this collaboration usually is legalized by the way of granting them consultative status. The consultative status can be granted, in particular, by the United Nations Organization.

Article 71 of the United Nations Charter states that the Economic and Social Council (ECOSOC) "may make suitable arrangements for consultation with non-governmental organizations which are concerned with matters within its competence. Such arrangements may be made with international organizations and, where appropriate, with national organizations after consultation with the Member of the United Nations concerned". From the contents of this article it is possible to conclude that the competence in the maintenance of relations with non-governmental organizations is a duty of the ECOSOC – one of the main organs of the United Nations.

To be eligible for this status, an INGO must be comply with certain requirements: the organization may be admitted provided that they can demonstrate that their programme of work is of direct relevance to the aims and purposes of the United Nations; it must have been in existence for at least two years, must have an established headquarters, a democratically adopted constitution, an authority to speak for its members, a representative structure, appropriate mechanisms of accountability, and democratic and transparent decision-making processes.

There are three categories of status with the ECOSOC: General consultative status, Special consultative status and Roster status. General consultative status is reserved for large NGOs whose area of work covers most of the issues on the agenda of the ECOSOC and its subsidiary bodies. Special consultative status is granted to non-governmental organizations which have a special competence in, and are concerned specifically with, only a few of the fields of activity covered by the ECOSOC. Usually these NGOs are small and more recently established. Organizations that are not included in any of the other categories can be included in the Roster. They are the institutions with a rather narrow and/or technical focus. NGOs may obtain consultative status with other United Nations bodies or specialized agencies (FAO, ILO, UNCTAD, UNESCO and others) and with other intergovernmental organizations.

Each of the IGOs usually adopts rules for cooperation with INGOs, creates special organs for this cooperation, and lays down the categories of consultative status and the principles of interactions. For example, the UN ECOSOC has the Committee on Non-Governmental Organizations, whose main tasks are the consideration of applications for consultative status, the consideration of quadrennial reports submitted by NGOs in the General and Special categories, the implementation of the provisions of Council resolution 1996/31 and the monitoring of the consultative relationship.

The World Bank has a Consultative Committee consisting of the World Bank staff and NGO representatives and has established several facilities through which funding can be provided to NGOs directly. This Organization has divided all NGOs into two main categories: operational NGOs, whose primary purpose is the design and implementation of development-related projects; and advocacy NGOs, whose primary purpose is to defend or promote a specific cause and who seek to influence the policies and practices of the Bank.

The African Development Bank approved a policy for cooperation with NGOs in 1991; the International Labour Organization is working directly with NGOs in project activities.

The 28th session of the UNESCO adopted the Directives on the relations with NGOs. In accordance with this document all relations with NGOs are divided into two different categories: consultative relations and relations of cooperation.

The cooperation between intergovernmental organizations and all NGOs is built on certain principles. In particular, the UN ECOSOC in its Resolution 1996/31 provided for such principles in establishing consultative relations with non-governmental organizations: the organizations shall be concerned with matters falling within the competence of the ECOSOC and its subsidiary bodies; the aims and purposes of the organization shall be in conformity with the spirit, purposes and principles of the United Nations Charter; the organization shall undertake to support the work of the United Nations and to promote knowledge of its principles and activities, in accordance with its own aims and purposes and the nature and scope of its competence and activities; etc.

The existence of the consultative status or its absence doesn't change anything in the legal status of an INGO: INGOs are not subjects of public international law, but they are subjects of international private law, which is understood as a body of law regulating international relations with participation of private, non-state actors. But the availability of the consultative status is prestigious for an INGO, because it is proof of the recognition of the importance of its activities.

Many authors note that the role of INGOs in international relations is growing.[16] It should be explained by such factors as its close links with civil societies of different states and with IGOs, the ability to innovate and adapt, field-based development expertise, etc.

In conclusion, international non-governmental organizations are one of the parts of the international institutional system, actors of international non-power relations and have international legal subjectivity, i.e. they are subjects of international private law, which regulates these non-power relations. They differ from other non-state actors and have their own specific characteristics.

16 See: LIN Zhengling, n. 10 above, p. 485-497; August Reinisch, The Changing International Legal Framework for Dealing with Non-State Actors, in: Philip Alston (ed.), Non-State Actors and Human Rights, New York, Oxford University Press, 2005, p. 62.

Unilateral Responses to International Terrorism: Self-defense or Law Enforcement?

Shinya Murase*

I. Introduction

If, in retrospect, the twentieth century is to be called "the century of wars", the twenty-first century may be characterized as "the century of terrors", with the most extraordinary memory of the incidents which took place on September 11, 2001.[1] While wars are conducted between and among States, terrorist activities are carried out by non-State actors. Most of the terrorist activities today have international linkages, which calls for multilateral responses to cope with the problem. Yet, the international community has not reached a consensus on the comprehensive definition of terrorism apart from general or specific condemnations of terrorist acts by the UN General Assembly[2] and the Security

* Professor of International Law, Sophia University, Tokyo, Japan. This paper was completed in December 2006.

1 The present writer wishes to note that writing this article has been motivated in part by the memory of Mr. Yoichi Sugiyama, a former student of his, who passed away on September 11, 2001, at the World Trade Center.

2 Declarations on Principles of International Law concerning Friendly Relations between States, GA resolution 2625 (1970) stated: "Every State has the duty to refrain from organizing, instigating, assisting or participating in acts of civil strife or terrorist acts in another State or acquiescing in organized activities within its territory directed towards the commission of such acts, when the acts referred to in the present paragraph involve the threat of force." Other relevant resolutions are: GA resolutions 34/175, 38/130, 40/61, 42/22, 42/159, 44/29, 46/51. See also, GA resolution 49/60 (1994) which stated, in paragraph 2, "criminal acts intended or calculated to provoke a state of terror in the general public, a group of

Sienho Yee & Jacques-Yvan Morin (eds.), Multiculturalism and International Law, 429-453.

Council.[3] One of the obstacles has been an argument that acts of national liberation movements should be wholly outside the prohibition of terrorism.[4]

Accordingly, the attention of the international community has been given to concluding a series of treaties dealing with specific or functional manifestations of terrorism rather than agreeing upon a comprehensive definition of terrorism. They include: aircraft hijacking, crimes against the safety of civil aircraft, attacks on diplomats and other internationally protected persons, hostage-taking, the unlawful taking and use of nuclear materials, and unlawful acts against the safety of maritime navigation. The two international conventions, the International Convention for the Suppression of Terrorist Bombings of 1997, and the International Convention for the Suppression of the Financing of Terrorism of 1999, go further in the direction both of an objective definition of terrorism and a comprehensive ban.[5] However, their normative effect does not extend beyond these specific treaty provisions. Thus, the multilateral mechanism for suppressing terrorism remains a patchwork of specific treaties, leaving substantial gaps in international regulations.

In order to fill the gaps (*lacuna*) existing in international law, some States have resorted to unilateral forcible actions, either in the form of the exercise of the right of self-defense or of extraterritorial enforcement of domestic law. The most notable example is of course the military actions taken in the aftermath of the events which took place on September 11, 2001. However, certain problems of legality are noted in either approach.

First, the use of force in self-defense in the context of international terrorism appears to be contrary to the ordinary notion of self-defense which

---

persons or particular persons for political purposes are in any circumstances unjustifiable, whatever the considerations of a political, philosophical, ideological, racial, ethnic, religious or other nature that may be invoked to justify them …"

3 Security Council resolutions 687 (1991), para.32; 748 (1992); 883 (1993) and 1269 (1999), para.1.

4 See Article 2(a) of the Convention on Combating Terrorism adopted by the Organization of the Islamic Conference in 1999: "Peoples' struggle, including armed struggle against foreign occupation, aggression, colonialism and hegemony, aimed at liberation and self-determination in accordance with the principles of international law shall not be considered a terrorist crime."

5 Christopher Greenwood, "War, Terrorism, and International Law", Current Legal Problems, vol.56, 2003, pp.506-511.

has traditionally been conceived as an inter-State institution. The use of force against non-State actors such as terrorist groups is alien to the very concept of self-defense in international law. One may argue this as a phenomenon of an instant Charter-law transformation or instant customary law-making, considering the 9/11 events to be such a "decisive" situation which has brought about a "revolutionary" change in the legal structure of international law. It is however doubtful whether such categorizations can so easily be accepted.

Second, while the law enforcement action model seems to provide more appropriate legal basis for the measures taken against terrorist groups, its extraterritorial exercise has long been viewed as a violation of the principle of a State's enforcement jurisdiction. It is questioned whether such enforcement is permissible in exceptional and extreme circumstances. The actual scale and magnitude of the military activities in Afghanistan may also appear contrary to the notion of law enforcement actions.

This article tries to clarify the problem of legality presented by these unilateral actions. Before discussing the substance of the problem, however, it may be appropriate to indicate a normative framework by which to evaluate these unilateral actions from a juridical perspective. Naturally, any legal evaluations should be distinguished from appraisals of political processes: mixing law with politics would be a fatal mistake for a professional international lawyer. At the same time, if one limits the role of international law to the narrowly defined province of "legality", the result would likely be the *marginalization* of the function of international law as a tool to regulate the conduct of States. It is therefore very important, in the debate on unilateral measures, to have a methodological framework which facilitates the proper legal analysis of political realities in international relations. It is from this perspective that the concept of *opposability* has been proposed to be incorporated into the usual criteria for the determination of legality or illegality. As is shown in the normative scale below, it is submitted that, while a juridical evaluation is normally conducted on the black and white basis of legality, it has sometimes to be referred to the "gray areas" of opposability.

A Normative Framework

Legal	opposable	non-opposable	illegal

Briefly stated, the concept of opposability is addressed, not to those fields where the relevant law is clearly established, but to *the unsettled normative situation of law* where there is conspicuous *lacuna* with the law emerging or undergoing change. The state of international law regarding international terrorism is precisely one such area where the relevant law is still evolving, and the concept of opposability has great utility in characterizing the unilateral measures undertaken in this field. It may also be noted that the normative effect of opposability is limited to the particular bilateral relations of the States concerned and also to the temporary and transitional period until the measures in question be fully legalized *ex post facto*.[6]

The components of opposability are considered to be effectiveness and legitimacy. Unilateral measures must be *effective* in order to be opposable to the State(s) concerned. These measures must be self-sustaining, since they are, by definition, undertaken in the grey area of normativity, and therefore devoid of any legal protection. At the same time, however, opposability is not a concept which justifies power politics or gun-boat diplomacy, and therefore, to be opposable to the State(s) concerned, the unilateral measures in question must be supported by *legitimacy*. The measures must conform to a sense of equity and the general interests of the international community rather than to the special interests of a particular State or group of States. The legitimizing process is crucial in assessing opposability for the measures being undertaken, and in this process, the concept of "equity" plays an important role.[7]

---

6 Shinya Murase, "Unilateral Measures and the Concept of Opposability in International Law", Might and Right in International Relations, Thesaurus Acroasium, Vol. XXVIII, 1999, pp. 453-454; J. G. Starke, "The Concept of Opposability in International Law", Australian Yearbook of International Law, vol.5, 1968-69, pp.1-4. He observed that "kept within limits, opposability is a helpful concept, a methodological aid to reasoning and decision" (ibid.).

7 Professor Soji Yamamoto has presented an illuminating case for the "equity praeter legem" as the basis of the opposability concept. Soji Yamamoto, "The Function of Unilateral Measures by a State in the International Law-Making

Whereas effectiveness and legitimacy are the *objective elements* of opposability, the principle of good faith in the conduct of the parties is very important as the *subjective standard* in evaluating whether the measures in question can be considered opposable to the State(s) concerned, because the concept under consideration is relevant only to the particular relationship of the countries addressed. The State resorting to unilateral measures must show, for instance, that, having exhausted all available measures in good faith, it simply had no other choice but to apply a unilateral measure.

It is against this frame of reference that unilateral responses to international terrorism are to be assessed in this article.

II. Applicability of the Right of Self-Defense?

Whatever the definition of terrorism might be, a legal assessment of the operations in Afghanistan depends, of course, on the characterization of the actual "terrorist acts" which took place in the United States on September 11, 2001. Can terrorism justify the resort to force by a State, and if it can, then, on what ground, and to what extent, can force be employed? From the viewpoint of multilateralism, it would have been far more desirable to respond to the attacks by multilateral forces with Security Council authorization than to take a unilateral action.[8] However, it did not happen that way. The United States wished to conduct its military operations unilaterally, and the position received overwhelming support from most of the countries of the world.

Thus, the preambular paragraph of the Security Council resolution 1368 of September 12, 2001, spoke of the "inherent right of individual and collective self-defense" which it "recognized" in accordance with the UN Charter, that is, Article 51. This was restated in resolution 1373 of September 28, 2001. Conducting operations under the umbrella of self-defense had the understandable benefit for the United States of reducing involvement of the Council to a strict minimum. While there is strong support for the invocation of

---

Process", Sophia Law Review, vol.33, 1991, pp.47-86 (in Japanese).

8 Jonathan Charney, "The Use of Force against Terrorism and International Law", American Journal of International Law, vol. 95, 2001, pp.835-839.

the right of self-defense in this context,[9] the present writer submits that there is serious doubt about the use of self-defense here.

The right of self-defense recognized in Article 51 is an inter-State institution, by which to defend a *State* against "an armed attack" coming from another *State*. This is even more apparent in the French text of that article which refers to "une agression armée", as an armed aggression is conceivable only by a State. It is recalled that the International Court of Justice in the *Nicaragua* case (1986) stated that the use of force by individuals constituted an armed attack only when there had been a "*sending by or on behalf of a State* of armed bands, groups, irregulars or mercenaries, which carry out acts of armed force *against another State* of such gravity as to amount to acts of aggression".[10] In the recent *Wall* case (2004), while Israel claimed that the construction of the Wall is a measure wholly consistent with the right of States "to use force in self-defense against terrorist attacks", the Court rejected this position by stating that "Israel does not claim that the attacks against it are imputable to *a foreign State*".[11]

However large the scale and the gravity of the attacks might have been, those of September 11, coming from non-State actors such as Al Qaeda, would not have been tantamount to the "armed attacks" within the meaning of Article 51. Likewise, the self-defense measures should be directed against a *State*, and not against a non-State entity. Though the United States already employed the concept of self-defense in 1998 when it attacked the Al Qaeda training camps in

---

9 See, for example, Thomas Franck, "Terrorism and the Right of Self-Defense", American Journal of International Law, vol. 95, 2001, pp. 839-843.

It is true that both NATO and OAS approved the resort to the right of collective self-defense in their cooperation with the United States (Statement by NATO Secretary General, October 2, 2001, International Legal Materials, vol.40, 2001, p.1258; OAS, "Resolution on Strengthening Hemispheric Cooperation to Prevent, Combat and Eliminate Terrorism", September 21, 2001, ibid., vol. 40, 2001, pp. 1270-1272). Other countries including Japan and Russia also expressed support on the use of self-defense to counter terrorism. They should perhaps be understood, however, largely as the political expression of sympathy and solidarity with the United States and its people rather than the legal manifestation of their positions.

10 ICJ Reports 1986, p. 14, para. 195 (italics added).

11 ICJ Reports 2004, paras. 138-139 (italics added).

Afghanistan and a pharmaceutical plant in Sudan, it appeared that the position was not well supported by the international legal community at that time.[12] To broaden the scope of self-defense to include the involvement of non-State actors would simply be to fall back to its nineteenth-century concept.

In this regard, the *Caroline* case of 1837 has often been cited as analogous to the post-9/11 situation in which the military activities are targeted against non-State actors in the name of self-defense. True, *Caroline* has long been considered as a celebrated precedent of self-defense in international law because of the famous "Webster formula" on the requirements for the exercise of this right.[13] However, a close look at the factual background of *Caroline* would reveal that the incident was in no way a typical case of self-defense as conceived in contemporary international law: The American volunteers and suppliers assisting the Canadian rebels had nothing to do with the United States government. Though Great Britain resorted to the right of self-defense and self-preservation, she complained, in essence, that the United States had not prevented its own citizens from infiltrating into Canada in violation of the neutrality law and other regulations of the United States. The necessity and self-preservation asserted by Britain appeared in today's terminology to be the necessity of law enforcement against the civilian volunteers in the United States, which had to be carried out unavoidably due to the fact the United States government had not taken appropriate measures to prevent the illegal acts within its territory.[14]

---

12 The actions looked more like reprisals, because they were punitive rather than defensive. Christine Gray, International Law and the Use of Force, 2nd ed., 2004, p. 163.

13 R.Y. Jennings, "The Caroline and McLeod Cases", American Journal of International Law, vol.32, 1938, pp. 82-99; C.H.M. Waldock, "The Regulation of the Use of Force by Individual States in International Law", Recueil des cours, 1952-II, pp. 451-515.

14 It is interesting to note that the United States in turn countered the British assertion, stating that the United States had made all the efforts to have its citizens comply with its obligations of neutrality and refrain from interfering unlawfully in the conflict between Britain and its colony, and accordingly that the British act should be condemned (Doc.32, "Mr. Stevenson to Viscount Palmerston", K. Bourne & D. C. Watt, eds., British Documents on Foreign Affairs: Reports and Papers from the Foreign Office Confidential Print, part I From the Mid-

Certainly, the right of self-defense could have been employed against Afghanistan's Taliban government, if it had waged an armed attack on the United States. But, of course, that was not the case. President Bush declared that the United States would no longer distinguish between terrorists and States harboring them. The position would not be acceptable as far as the exercise of force is concerned. Naturally, Afghanistan should be held responsible for having assisted and harbored the terrorist groups concerned. However, there is a vast distance in international law between the situation where certain responsibility is borne by a State and the situation where use of force is permitted against the State.

Nonetheless, the Security Council's tacit or indirect approval of the

---

Nineteenth Century to the First World War, Series C, North America, 1837-1914, Vol.1, McLeod and Maine, 1838-1842, University Publications of America, 1986, p.32). See also Kazuyuki Nemoto, "The Significance of the Necessity and Proportionality Principles in the Law of Self-Defense", Sophia Law Review, vol.50, no.1, 2006, pp.71-100, no.2, pp.31-68 (in Japanese).

It should be borne in mind that in those days of the nineteenth century, States were free under international law to use force for self-preservation either in the form of a "war" or of the "use of force short of war". The latter category included self-defense, reprisal and law enforcement for which there was no pressing need for a State to differentiate one from another for a legal appraisal, as the use of force was all permissive. Of course, efforts were made to restrict unreasonable use of force, and the Webster formula was one of such results. It may be noted that self-defense and law enforcement were used interchangeably in the nineteenth century. In the Bering Sea Fur Seal Arbitration of 1893, the United States invoked the right of self-defense on the high seas, arguing that "the nation will be entitled to protect itself against the injury, by whatever force may be reasonably necessary, according to the usages established in analogous cases", which included the Caroline case of 1837. According to the United States, the forcible measures taken against the seal hunters qualified as acts of self-defense as they clearly met the test of necessity, in terms of the famous Webster formula, that is, "instant, overwhelming, leaving no choice of means and no moment for deliberation". It is important to note that the United States, along with the cases where necessity had dictated acts of self-defense, also referred to "extraterritorial operation of the statutes and regulations" that had been established for the protection of various fisheries outside the ordinary territorial waters. This is precisely what we call today the law enforcement action. J.B. Moore, Digest and History of International Arbitration to Which the United States Has Been a Party, vol.1 (1898), reprinted ed., William S. Hein & Co., Inc., 1995, pp. 840-841, 843.

military operations against Al Qaeda and against the Taliban regime as expressed in the subsequent resolutions can be cited as having laid the groundwork for the opposability of these operations under general international law.[15] After all, broad and strong support of the international community is the key to assessing legitimacy as a component of opposability. It is, in this writer's view, not on the ground of self-defense but on the ground of law enforcement actions that the military activities could be considered as opposable to Afghanistan, the point that is to be discussed next.

III. Extraterritorial Law Enforcement Actions

It goes without saying that, while a State can assert in some special situations the extraterritorial application of its *prescriptive or legislative jurisdiction*,[16] it cannot extend its *enforcement jurisdiction* outside its territory under normal circumstances. For example, if one State's authorities try to physically and forcibly arrest and transfer a fugitive criminal from another country, that act will be a gross violation of the latter's sovereignty and therefore illegal under international law.

---

15 The concept of opposability functions in the realm of general international law, and therefore, the shift of applicable law from the UN Charter to general international law is inevitable in employing this concept. See Shinya Murase, "The Relationship between the UN Charter and General International Law Regarding Non-Use of Force: The Case of NATO's Air Campaign in the Kosovo Crisis of 1999", in N. Ando et al., eds., Liber Amicorum Judge Shigeru Oda, 2002, pp. 1543-1554.

16 As is well known, extraterritorial application of prescriptive jurisdiction has been asserted under one of the following principles: the objective territoriality principle (and the so-called "effects doctrine" as its variation), the passive personality principle, the protective principle and the universality principle. If justified under one of these principles, a State can at least "give effect" to the conduct of another State by legislating a domestic law and by applying it outside its territory. (See F.A. Mann, "The Doctrine of Jurisdiction in International Law", in Studies of International Law, Oxford, 1973, pp.39-41; American Law Institute, Restatement of the Law, Third, The Foreign Relations Law of the United States, vol. I, 1987, pp.230-234. Werner Meng, "Extraterritorial Effects of Administrative, Judicial and Legislative Acts", in R. Bernhardt, ed., Encyclopedia of Public International Law, vol.II, 1992, p.340. See also Shinya Murase, "Perspectives from International Economic Law on Transnational Environmental Issues", Recueil des cours, vol. 253, 1995, pp.349-354.)

If a State wishes to bring a criminal to justice in its own court, it must follow the appropriate procedures under international law, i.e., by seeking extradition of the criminal and other means of judicial cooperation with the country where the fugitive is found.

However, in recent years, there has been increasing prevalence of States exercising enforcement outside their jurisdiction by forcible means. Some of these States are concerned with grave international crimes, such as offences against humanity, terrorism or those involving narcotics trafficking, the impunity of which these States consider to be intolerable. The crimes may also be related to the production, transportation and proliferation of weapons of mass destruction (WMD). International law in these areas has not fully developed both in its substantive and procedural aspects, and therefore, some States resort to unilateral measures in accordance with their domestic law. They are not *per se* direct enforcement of international law; they are the measures taken extraterritorially on the basis of domestic law of an individual State, which some may consider part of the emerging rules of international law.[17] The question is: Are they still considered to be illegal under international law, or,

17 To take the example of narcotics trafficking, while Article 108 of the Convention provides for the suppression of illicit traffic in narcotic drugs or psychotropic substances, all that is permitted is that States with reasonable grounds for suspecting its own ships that are engaged in the trade may request the cooperation of other States in suppressing the traffic, although presumably there is an implication that other States should normally accede to such a request (paragraph 2). This position of the Law of the Sea Convention has been greatly modified in practice: Countries which suffer from drug-smuggling, most notably the United States, have exercised certain unilateral measures on the high seas in accordance with their domestic laws in order to fill the gap between the requirement of suppression and the measures of enforcement. Although the gap has been narrowed by the Vienna Convention against Traffic in Narcotic Drugs and Psychotropic Substances of 1988 (entered into force in 1990), the Council of Europe Agreement of 1995 on Illicit Traffic by Sea, implementing Article 17 of the Convention, and some other bilateral agreements, the gap still exists, and it is therefore expected that States, other than the flag States, may resort to unilateral measures toward the vessels suspected of trafficking in narcotic drugs by conducting visit, search and seizure on the high seas (R.R. Churchill & A.V. Lowe, The Law of the Sea, 3rd ed., 1999, pp. 213, 219-220). Such actions would not be totally illegal, and perhaps, opposable, under international law, if the necessity and imminence requirements were met.

could they somehow be regarded "opposable" to the State(s) concerned, if not fully legal?

To illustrate the point, the case of General Manuel Noriega of Panama who was forcibly taken by the United States in 1988-89 may be recalled here. The United States seems to have been increasingly prepared to extraterritorially apprehend suspects and prosecute them in its domestic courts to curb international drug trafficking, even at the cost of being condemned for unlawful interference in and infringement on, foreign sovereignty. The *Noriega* case exhibits an extreme level of interference by military force involving 14,000 US troops. Although Noriega was the *de facto* head of State, he had been indicted before the national courts of the United States for illegal drug-trafficking, upon which the President of the United States explicitly authorized the use of the military to apprehend him. When captured, Noriega was taken to Miami, Florida, to face indictments from two federal grand juries on drug-related charges. The pro-US Government which was later established in Panama did not object to the proceedings brought against Noriega, and the US national trial court declined to consider whether the US invasion was illegal, and eventually held that it had jurisdiction to try Noriega.[18] Likewise, the new Panamanian Government did not file any complaints to the UN Security Council or the OAS, both of which did not seem to have any occasion to pass judgment on the incident, although strong condemnation was voiced from all corners of the world.

President Bush declared that the objectives for which he had ordered US troops to Panama were mainly to safeguard the lives of American citizens and help restore democracy in Panama, to protect the integrity of the Panama Canal Treaties and to bring Noriega to justice for his crime of drug trafficking. The first three objectives fall in the category of the "use of force" which was probably deemed illegal under article 2(4) of the Charter.[19] The last stated

---

18 M.R. Pontoni, "Authority of the United States to Extraterritorially Apprehend and Lawfully Prosecute International Drug Traffickers and Other Fugitives", California Western International Law Journal, vol.21, 1990, pp. 215-243; F.Y.F. Ma, "Noriega's Abduction from Panama: Is Military Invasion an Appropriate Substitute for International Extradition?", Loyola of Los Angels International and Comparative Law Journal, vol.13, 1991, pp. 925-953.

19 V.P. Nanda, "The Validity of United States Intervention in Panama under

objective, apprehension of Noriega, could be considered as having been undertaken as *law enforcement actions* conducted extraterritorially and perhaps been assessed opposable to Panama. Naturally, the United States should have resorted to normal international procedures by requesting extradition of the suspected criminal, but given that Noriega was the *de facto* ruler of the country, there was no reason to expect the then Panamanian Government would agree to his extradition. Panama was in no way a failed State, but was arguably in a similar situation, from the viewpoint of suppressing trans-border drug trafficking crimes. The limited exercise of law enforcement may not itself constitute a violation of Article 2(4), if it is intended to be an "in-and-out" operation lasting for a short period of time and if it is intended to be of minimal effect on the territorial integrity or political independence of the State where the action is conducted.

In the famous *Adolf Eichmann* case, it will be recalled that Argentina strongly protested Israeli infringement upon its sovereignty. Israel in turn claimed that Eichmann had been transferred by "volunteers", and argued that interest in bringing one of the world's most infamous war criminals to justice overrode technical legal requirements of the international extradition process. The dispute was resolved by way of a UN Security Council Resolution compromise which stated that it was, "mindful…of the concern of people in all countries that Eichmann should be brought to appropriate justice" (UN SC Res.138 (1960)). The Resolution did not call upon Israel to return Eichmann to Argentina, but instead requested Israel to "make appropriate reparation to Argentina". As a result, Israel and Argentina issued a joint statement acknowledging that "Israeli nationals…infringed fundamental rights of the State of Argentina", but, in the name of friendly relations, also announced that the parties "regarded the incident closed".[20] Now, does this mean that there is a

International Law", American Journal of International Law, vol.84, 1990, pp. 494-503; T.J. Farer, "Panama: Beyond the Charter Paradigm", ibid., pp. 503-515.

20 Adolf Eichmann was a former SS leader who shared heavy responsibility for the extermination of the Jewish people during World War II. He was abducted from Argentina by Israeli "nationals" in May 1960, and sentenced to death by an Israeli court under Israeli law for, inter alia, a crime against humanity, and, following rejection of his appeal by the Supreme Court of Israel, was executed on May 31, 1962 (International Law Reports, vol.36, p.5). See generally, P. Papadatos, Le procès Eichmann, 1964; Note, "Extraterritorial Jurisdiction and Jurisdiction

margin of permissiveness in some of the extraterritorial enforcement measures that are taken in some exceptional cases?

The question of extraterritorial enforcement actions by way of abducting fugitive criminals and terrorists from foreign countries have aroused heated controversies for a long time. On the high seas, where States exercise their flag-State jurisdictions, in parallel and sometimes in concurrence, it may not be wholly surprising to see that a State other than the flag-State exercises its enforcement jurisdiction in certain special cases. However, exercising enforcement in a foreign territory is almost unthinkable in international law. At first glance, therefore, the abduction of criminals appears to be a flagrant violation of the sovereignty of the State if a criminal is abducted covertly and forcibly from its territory, without its consent. Nonetheless, there have been increasing cases of extraterritorial abduction in recent years in which abducting States seek justification one way or another for such actions.

There has been a series of judicial precedents in the United States: *Ker* 1866, *Frisbie* 1952, *Toscanino* 1974, *Yunis* 1991, and *Alvarez-Machain* 1992. All these cases are related to forcible abduction of criminals by State authorities or agents from foreign countries.

The first case is quite instructive in today's context. Ker was a US citizen residing in Peru. The United States government sent an agent to Peru to contact the Peruvian authorities and request extradition on charges of larceny and embezzlement. However, the US agent was not able to locate any authorities because at that time Peru was in a state of war with Chile, and under circumstances that effectively placed Peru in the position of a "failed-State" in today's terminology. So, the agent requested permission from the Chilean general leading the occupation of Peru to extradite Ker. The general assented, and the agent forcibly arrested Ker and took him to the United States to stand trial. While Ker challenged the jurisdiction of the US court, arguing that his abduction violated the extradition treaty between the US and Peru, the Supreme Court of the United States held that although the United States did not pursue arrest under the extradition treaty, failure to resort to its provisions did not constitute a violation of the treaty and did not affect jurisdiction. The Court

Following Forcible Abduction: A New Israeli Precedent in International Law", Michigan Law Review, vol.72, 1974, pp.1087-1113.

reasoned that "mere irregularities in the manner in which he may be brought into the custody of the law" do not operate to prevent indictment.[21] Facing a similar issue in the *Frisbie* case[22] (though this was an inter-State abduction rather than an international one) the Supreme Court reached the same conclusion as *Ker*. The position is therefore known as the "*Ker-Frisbie* doctrine", by which the so-called "Catch and Snatch" policy was considered permissible in the United States. It seems, however, that there is a significant difference between *Ker* and *Frisbie*. In the former case, Peru was under Chilean occupation, or under the circumstances which would have been similar to today's "failed-State". There was no subsequent protest from Peru about the abduction or about infringement of its sovereignty.

Although the *Ker-Frisbie* doctrine has formed the legal basis for extraterritorial abduction in American jurisprudence, the exercise of jurisdiction could be barred if an abducted person is not properly detained. Thus, for instance, in *United States v. Toscanino*,[23] the Court of Appeals for the Second Circuit noted that a court should divest itself of jurisdiction where law enforcement authorities had utilized improper methods of torture. Toscanino, an Italian national, was abducted from his home in Montevideo, Uruguay, with the help of the Uruguayan police, and once in US custody at the Brazilian border, he was subjected to "deliberate, unnecessary and unreasonable invasion of the accused's constitutional rights" to effect the abduction, including denying him sleep and nourishment, forcing him to walk up and down a hallway for seven hours, flushing his eyes and nose with alcohol, and electrocuting him through his ears, toes and genitals.[24] *Toscanino* represents the policy of the abducting State's self-imposed limitation under the principle of "*male captus, bene detentus*" (wrongly captured, properly detained), that even if the abduction itself

---

21 Ker v. Illinois, 119 U.S. 436 (1866); Andrew J. Calica, "Self-Help Is the Best Kind: The Efficient Breach Justification for Forcible Abduction of Terrorists", Cornell Journal of International Law, vol.37, 2004, pp.402-403. It may perhaps be noted that in this case there was no protest from Peru about the abduction, and that arguably Peru's sovereignty was never violated since the Chilean forces controlled Peru at the time of the abduction.

22 Frisbie v. Collins, 342 U.S. 519 (1952).

23 United States v. Toscanino, 500 F. 2d 267 (2d Cir. 1974).

24 Calica, supra note 21, pp. 403-404.

is considered permissible, its exercise is denied on account of the improper methods utilized.

The *Yunis* case is also quite pertinent to the present theme. Yunis, a Lebanese national, was one of the hijackers who blew up a Jordanian airplane at the Beirut airport after the passengers (who included two Americans) had been released. The US Federal Bureau of Investigation (FBI) agents lured him onto a yacht in the eastern Mediterranean Sea by promising him a lucrative drug deal. The agents then directed the ship into international waters where they arrested Yunis and charged him with the hijacking in the United States. The Circuit Court held that the crime of hijacking fell under universal jurisdiction; it also found that the US courts had jurisdiction to try Yunis on the basis of passive personality principle since two of the victims were US citizens.[25]

The most recent case concerns Alvarez-Machain, a Mexican national, who was kidnapped by a United States agent after he had been indicted in the United States for alleged participation in the torture and murder of an undercover US drug enforcement agent in Mexico. The Mexican Government strongly protested in a diplomatic note, claiming violation of the existing bilateral treaty and requesting the repatriation of Alvarez-Machain. The District Court initially dismissed the charges, concluding that the abduction violated the bilateral extradition treaty, but the Supreme Court in 1992 held that the treaty had not been violated, giving a most peculiar reason that the treaty was silent about the obligation of the parties to refrain from forcible abductions.[26] The Supreme Court's decision has been much criticized by writers and governments, which may show that the international community does not acquiesce in the practice of forcible extraterritorial abduction of criminal suspects. In June 1993,

---

25 United States v. Yunis, 924 F.2d 1086 (D.C.Cir. 1991); A. F. Lowenfeld, "U.S. Law Enforcement Abroad: The Constitution and International Law, Continued", American Journal of International Law, vol.84, 1990, pp. 444-493; Calica, supra note 21, pp. 404-405.

26 United States v. Alvarez-Machain, 504 U.S.655 (1992); M.J. Glennon, "State-Sponsored Abduction: A Comment on United States v. Alvarez-Machain", American Journal of International Law, vol. 86, 1992, 746-756; B. Baker & V. Röben, "To Abduct or to Extradite: Does a Treaty Beg the Question? The Alvarez-Machain Decision in the U.S. Domestic Law and International Law", Zeitschrift für ausländiches öffentliches Recht und Völkerrecht, vol.53, 1993, pp. 657-688.

the United States and Mexico formally agreed to amend their bilateral extradition treaty to prohibit trans-border abduction.[27]

Comparable practices in other countries than the United States are noted, including England, Canada and Germany, which also seem to have maintained the policy "*male captus, bene detentus*". There are hardly any decisions made by their national courts dismissing the prosecution of a person abducted from a neighboring country, although in some cases the "exercise" of jurisdiction may be refrained from considerations of international customary law that allegedly prohibits such abduction.[28] However, the status and content of the prohibition are unsettled and unclear under international customary law.

There is only one case which totally rejects abduction, and that is the case of *Ebrahim* by the Supreme Court of South Africa in 1991. The South African agents had abducted a member of the African National Congress, who was living in Swaziland at the time of the abduction, to prosecute him for treason in South Africa. The Court held that there had been a violation of the applicable rules of international law, that these rules were part of South African law, and that this violation of the law deprived the court of its competence to hear the case.[29] The striking contrast of this case may have been attributed to the fact that the abducted person in this case was a political offender rather than a common criminal and that the decision was made in the critical period of regime change in South Africa.

In the context of international terrorism, the affair of the Italian cruise ship *Achille Lauro* in 1985 is well known. The incident involved the taking of hostages on board and the killing of one of the hostages, an American national.

The hijackers, who were PLO-PLF members, contacted Egypt who agreed to mediate in the management of the crisis, and signed a safe conduct agreement with Italy, West Germany and the PLO, and allowed the hijackers to leave Cairo and to be transferred to the PLO headquarters in Tunis for questioning and trial, in exchange for release of the hostages. Subsequent to the hostages' release, Italy learned of the murder of an American hostage, and

---

27 Thilo Marauhn, "Kidnapping (addendum)", in R. Bernhardt, ed., Encyclopedia of Public International Law, 1997, vol. 3, p.83.

28 Calica, supra note 21, 410-414; Marauhn, supra note 27, p.83.

29 S. v. Ebrahim, 1991(2) SALR 533(A); Calica, supra note 21, pp.409-410; Marauhn,

requested extradition of the hijackers from Egypt. In Italy's view, the safe-conduct agreement was tacitly subject to the condition that *all* hostages would be safely returned and the murder nullified the agreement. Egypt denied any knowledge of the murder, and allowed the hijackers, with two PLO representatives, to leave for Tunis aboard an Egyptian airliner. In so doing, Egypt violated the 1979 UN Convention against the Taking of Hostages, under Article 5 of which Egypt had an obligation either to try the hijackers in Egypt or to extradite them to the United States. One of the PLO representatives was Mohammed (Abul) Abbas, a known terrorist and the alleged mastermind of the incident. Pressed by the United States for prosecution, it is said that Egypt even attempted to deceive the United States by insinuating that the hijackers had already left its territory. However, on October 10th, an airliner chartered by the Egyptian government attempted to transfer the Palestinians to Tunis. The decision of Egypt provoked the United States to intercept the Egyptian airliner with the hijackers on board, forcing it to land at a NATO base in Italy.[30] At the base, US troops surrounded the airliner, and were in turn surrounded by Italian troops. Following a tense standoff, the US and Italian governments reached an agreement allowing the Italian forces to take custody of the hijackers, including Abbas. While the four hijackers were prosecuted, Abbas was freed, and traveled to Yugoslavia, South Yemen and eventually to Iraq, which refused extradition. Abbas remained at large until April 2003, when a US special operations team captured him in Baghdad.[31]

Justification of the US interception cannot easily be found: The *Achille Lauro* affair was not piracy, because it did not involve two vessels, a pirate and a victim, and because the hijackers did not act for their own private economic ends (they demanded the release of prisoners by Israel). Furthermore, international law only allows States to attack pirates or their craft, not the craft in which the pirates are being transported. It is only by the 1988 IMO Convention for the Suppression of Unlawful Acts against the Safety of Maritime Navigation (the so-called SUA Convention, entered into force in

---

supra note 27, p.83.

30 Antonio Cassese, "Achille Lauro Affair", in R. Bernhardt, ed., Encyclopedia of Public International Law, 1997, vol.1, pp.14.

31 Calica, supra note 21, pp.419-420.

1992) that the seizure of ships and the endangering of safe navigation by the use of violence against persons on board were stipulated for establishing jurisdiction by the States whose nationals are involved as victims (known as the passive personality principle). It also established the universality principle for such offenses by incorporating into the Convention the obligation to "prosecute or extradite" rule for the States in whose territory the offenders are found.[32]

Nonetheless, there has been an increasing call for extraterritorial enforcement against terrorists, especially after the 9/11 events. If, for example, a government came to discover that a terrorist such as Osama bin Laden planned to travel on a commercial airplane to a non-extradition country to launch renewed attacks on its people, would this government be allowed to intercept the aircraft in order to take him into custody, provided that other countries did not show any sign of intention or capability to arrest him? It has been advocated by some writers that certain measures of self-help must be permitted in such an "extreme circumstance" where there is no alternative. Under such a circumstance, it is asserted that imminence and necessity warrant the application of the *Ker-Yunis-Machain* doctrine.

The invocation of the term "an extreme circumstance of State survival" reminds us of its appearance in the advisory opinion of the International Court of Justice on the *Threat or Use of Nuclear Weapons* in 1996, paragraph E of the *dispositif.*[33] It appears to be a grave mistake, and even suicidal, for a court of law, which is supposedly charged with the mission to maintain the rule of law, to employ such a phrase as "extreme circumstances…in which the very survival of a State is at stake" which might imply the existence of an area where extra-legal or ultra-legal measures may be permitted.[34] It would nonetheless be admitted

---

32 Churchill & Lowe, supra note 17, pp. 210-211; M. Halberstam, "Terrorism on the High Seas: The Achille Lauro, Piracy and the IMO Convention on Maritime Safety", American Journal of International Law, vol.82, 1988, pp.269-310.

33 ICJ Reports 1996, pp.226 ff. The operative paragraph E reads in part, "in view of the current state of international law, and of the elements of fact at its disposal, the Court cannot conclude definitively whether the threat or use of nuclear weapons would be lawful or unlawful in an extreme circumstance of self defense, in which the very survival of a State is at stake".

34 Marcelo G. Kohen, "The Notion of 'State Survival' in International Law", in

from the viewpoint of a detached observer, even though rather hesitantly, that, in the context of suppressing international terrorism, there may be certain exceptional situations where limited extraterritorial enforcement measures against terrorists, including abduction, can be considered "opposable" to the States where the criminals are found, under a certain set of conditions. They are (here, basically following Calica's conclusion [35] with certain minor modifications): (1) the abducting State has a legitimate jurisdictional claim, based either on the universality principle or passive personality principle, or perhaps on the protective principle; (2) other States have failed to act; (3) the threat is imminent; (4) the measure is necessary, with no alternative; (5) the actions do not result in harm to bystanders or to the accused; (6) the "catch and snatch" actions are minimally intrusive to the territorial integrity or political independence of other States (like the "in-and-out" operation for the Entebe-type of "humanitarian intervention"); (7) a dangerous figure is neutralized yet still enjoys humane treatment and a fair trial.

Some of these criteria are *de lege ferenda* proposals rather than the rules clearly established as *lex lata* in view of the State practice and jurisprudence in the international community. In other words, they are generally in the grey area of normativity in which a unilateral measure is assessed in terms of opposability rather than legality. It is against the background of these precedents and jurisprudence that the military actions in Afghanistan after the 9/11 events are discussed next.

IV. Difference between Self-Defense and Law Enforcement Actions

The question is now how the post 9/11 military operations in Afghanistan are appropriately assessed. The present writer would regard the operations as *opposable* to Afghanistan, but not on the ground of self-defense. In his opinion, the operations can be justified as the extraterritorial exercise of *law enforcement action* which was taken under the exceptional circumstances of a "failed State". The United States, in whose territory the crime of hijacking and other forms of

---

L.B.de Chazourne & Philippe Sands, International Law, the International Court of Justice and Nuclear Weapons, Cambridge University Press, 1999, pp. 293-314.

35 Calica, supra note 21, p.428.

terrorism had been committed on September 11, requested extradition of the leaders of Al Qaeda who had planned and directed the commission, only to be refused by the Taliban government.[36]

After all, Afghanistan was then a "failed State",[37] from which no expectation was possible for the criminals to be brought to justice or extradition requests to be met. Under the circumstances, the United States was considered to be in a position to enforce its law outside its territory, that is, in Afghanistan. Similar to many extraterritorial law enforcement actions, the US/UK operations in Afghanistan could well be considered as opposable to the latter under general international law, even if they may not be considered fully legal. This line of argument on law enforcement actions appears to be more convincing than resorting to the right of self-defense, and even more so, as one is faced with the reality that the longer the operations in Afghanistan continue, the further it is detached from its initial reference to self-defense.[38]

Besides, this view of extraterritorial law enforcement is precisely in line with what was intended by the Security Council resolution 1368 of September 12, 2001 in its operative paragraph 3, in which the Council called "on all States to work together urgently to bring to justice the perpetrators, organizers and sponsors of these terrorist attacks…." Thus, although the US/UK actions in Afghanistan were essentially unilateral measures, they were nonetheless conducted under the blessing of the multilateral endorsement of the Security Council.

If such an assumption is valid, then, what would be the difference between self-defense and law enforcement actions in the actual application of the relevant rules? The most important point in this regard is the difference between the "use of force" in the exercise of self-defense and the "use of

---

36 Sean D. Murphy, "Contemporary Practice of the United States relating to International Law", 96 American Journal of International Law (2002), pp.243-244.

37 A narrow legal definition of a failed State in the context of international criminal justice can be found in the Rome Statute of the International Criminal Court, article 17 (admissibility), according to which the State is regarded as such when it is unable to obtain the accused, when it is unable to obtain the necessary evidence and testimony, and when it is unable to otherwise carry out its proceedings. See, Antonio Cassese, et al., eds., The Rome Statute of the International Criminal Court: A Commentary, vol.1, Oxford University Press, 2002, pp. 671-679.

weapons" in law enforcement actions.[39]

The actual methods of the "use of force" to be employed in self-defense are regulated by the law of armed conflict (*jus in bello*) under which a State is generally free to use whatever weapons and means of combat for which the consideration of military necessity may dictate unless otherwise prohibited by humanitarian considerations. By contrast, the "use of weapons" is mandated as well as restricted for law enforcement by the relevant domestic law and regulations concerning police activities, although the police are normally permitted, under the so-called "police proportionality" principle, to use appropriate weapons in accordance with the degree of resistance by the criminals. The rules of international law also define the degrees of the permissible use of weapons in case of law enforcement such as hot pursuits on the high seas, which appears to be very important in the context of the present article.

In the exercise of the right of hot pursuit, the pursuing vessel may use any necessary and reasonable force to effect the arrest, even if this results in the

---

38 Gray, supra note 12, p.169.

39 There are also other important differences to be noted regarding, for example, the status of captured personnel and the treatment of injured civilians. As to the former point, the State exercising law enforcement needs to observe the due process and other measures of human rights protection of the arrested criminals and suspects in accordance with the rules normally stipulated in the domestic law of criminal procedures, while a State exercising self-defense is required to treat them as prisoners of war in accordance with the applicable rules of international humanitarian law. The treatment of the "unlawful enemy combatants" who have been detained in Guantanamo and elsewhere and tried by the US Military Commission has been much criticized in this regard. See Padilla v. Bush, 233 F. Supp. 2d 564 (S.D.N.Y. 2002); Hamdan v. Rumsfeld, 126 S.Ct. 2749 (2006); "Amicus Curiae Brief of Seven Former Federal Jurists", International Legal Materials, vol.45, 2006, pp.1280-1290.

Regarding the second question, that is, treatment of casualties among civilians, a State exercising law enforcement is obliged to pay full compensation to the victims who were bystanders, whereas in self-defense, such casualties would be considered as collateral damages as long as the use of force in question was conducted within the limit of military necessity, and there is normally no compensation to be made for such damages.

unavoidable sinking of the ship.[40] It may be noted that precedents of hot pursuit such as the *I'm Alone* case (1935), the *Red Crusader* case (1961) and more recently, the *Saiga* case (1997), are all concerned with the reasonableness of the methods and extent that force was used in the process of pursuit. In the *S.S. I'm Alone* case, the award of the UK-US joint commission stated that the sinking of a ship may be justified if occurring incidentally but not if carried out intentionally.[41] The UK-Denmark commission of inquiry established for the *Red Crusader* case found that the firing of solid gun-shots "exceeded legitimate use of armed force on two counts: (a) firing without warning of solid gun-shot, and (b) creating danger to human life on board the Red Crusader without proved necessity", although the sudden escape of the Red Crusader was considered to be "in flagrant violation of the order received and obeyed".[42] The International Tribunal for the Law of the Sea found in the *M/V Saiga* case that Guinean officers used excessive force in stopping and arresting the ship. It observed that international law requires that the use of force be avoided as far as possible and, when force is unavoidable, that it does not exceed what is reasonable and necessary under the circumstances. The Tribunal stated that "[c]onsiderations of humanity must apply to the law of the sea, as they do in other areas of international law". Against this background, the Tribunal observed that "there is no excuse for the fact that the [Guinean] officers fired at the ship itself with live ammunition from a fast-moving patrol boat without issuing any of the signals and warnings required by international law and practice. The Guinean officers also used excessive force on board *The Saiga*. Having boarded the ship without resistance, they fired indiscriminately while on the deck and used gunfire to stop the engine of the ship. In using firearms in this way, the Guinean officers appeared to have attached little or no importance to the safety of the ship and the persons on board."[43]

---

40 Churchill & Lowe, supra note 17, pp. 214-215.

41 Report of International Arbitral Awards, vol. III, 1949, pp. 1609-1618; C.C. Hyde, "The Adjustment of the I'm Alone Case", American Journal of International Law, vol.29, 1935, pp. 296-301; G.G. Fitzmaurice, "The Case of the I'm Alone", The British Year Book of International Law, vol.17, 1936, pp. 82-111.

42 International Law Reports, vol. 35, 1967, pp. 485-500.

43 Judgment, para. 157-158, 38 International Legal Materials 1323 (1999); B. Oxman & V. Bantz, "The M/V Saiga (No.2) Judgment", American Journal of

As all these international decisions confirm, international law requires that the law enforcement operations on the high seas should be conducted with maximum care for human lives.[44] What should be stressed here is that the "use of weapons" as law enforcement against persons and ships is totally different from the "use of force" against an armed attack by another State.

International Law, vol.94, 2000, pp. 140-150.

44 The North Korean "spy ship" incident which occurred on December 21, 2001 may also be noted. To the Japanese public, this was as shocking an incident as the 9/11 attacks in the United States three months before. A suspicious fishing vessel was spotted that day within Japan's exclusive economic zone (EEZ) by an aircraft from the Japanese Maritime Self-Defense Forces. On receiving the report, several Japanese Coast Guard patrol boats rushed to the scene and ordered the vessel to stop. However, the vessel attempted to flee, to which the patrol boats fired warning shots and initiated a hot pursuit inside the Japanese EEZ by three Coast Guard patrol boats and aircraft. The targeted vessel totally disregarded the orders to stop and persistently tried to elude the pursuers. Warning shots fired toward the sky and the surface of the sea did not have any effect and the vessel zigzagged, colliding with the pursuing coast guard boats. In addition, there was a strong probability that it was equipped with heavy weapons. Considering these factors, the Coast Guard decided that firing shots into the hull of the vessel was both permissible and necessary. The vessel caught fire from 20 millimeter machine-gun shots, but this was quickly extinguished, and it continued to flee. When the Coast Guard tried to approach the vessel, it attacked the patrol boats with rocket ranchers. There was a heavy exchange of fire between the two sides, and then the vessel's crew, instead of surrendering, blew up their own vessel. It sank some twenty-one hours after it had first been spotted, at a point just outside the Japanese EEZ, that is, on the other side of the median line between the Japanese and Chinese coasts. The measures taken by the Japanese Coast Guard appears to be wholly in conformity with the requirements of both international law (Article 111 of the Law of the Sea Convention) and the domestic law of Japan (Article 5 of the Law on Fishery in the EEZ, Article 74, paragraph 3 of the Law on Fisheries, Article 20, paragraph 1 of the Law on the Coast Guard, and Article 7 of the Law on the Execution of Police Duties). See in detail Atsuko Kanehara, "The Incident of an Unidentified Vessel in Japan's Exclusive Economic Zone" (Japanese Digest of International Law), The Japanese Annual of International Law, no.25, 2002, pp. 116-126; Rekizo Murakami, "Police Protection of Territorial Sea and the Law of the Sea", in Chiyuki Mizukami, ed., Contemporary Law of the Sea, Yushindo, 2003, pp. 141-166 (in Japanese).

V. Conclusion

It goes without saying that, even as a means to combat international terrorism, unilateral measures are not desirable and should be avoided if they can be avoided. Unilateral measures often create frictions and tensions among States. Multilateral enforcement is much more desirable especially when it has to involve military force. However, the international community has not yet been able to reach a consensus even on the definition of international terrorism, not to mention on the establishment of a comprehensive treaty regime for its suppression. At the same time, there is a broad consensus of the international community that any safe haven or impunity is not going to be allowed for those who have committed such grave international crimes. Given the present state of international law, a unilateral response may be considered inevitable, and therefore permissible or opposable to the State(s) concerned, especially in extreme circumstances where the survival of the State is conceivably at stake when the "clear and present danger" of terrorist attacks exists.[45]

In order to avoid the perpetual prolongation of unilateral actions, it is strongly hoped that a comprehensive framework be established by a multilateral treaty on international terrorism under which States can collaborate for its effective suppression. It is necessary for this purpose to have as soon as possible a set of solid substantive law with a universally accepted definition of the crime of terrorism as well as the effective procedure based primarily on the universality principle.

It may also be desirable that the UN Security Council be given the explicit mandate to cope with enforcement against the threat of terrorism coming from non-State groups[46] in addition to the existing provision of a

---

45 A.V. Lowe, "'Clear and Present Danger': Responses to Terrorism", International and Comparative Law Quarterly, vol.54, 2005, pp.185-196.

46 Obviously, enforcement of international law has been a common part of the Security Council action even apart from the specific task set out in Article 94 (2) of the Charter (Bruno Simma, ed., The Charter of the United Nations: A Commentary, 2nd ed., 2002, vol. 1, p. 707). The law enforcement function referred to here is not confined to the breach of international law in the strict sense, nor confined to those aimed against States.

"threat to the peace, breach of the peace or act of aggression" coming from States. This new role of the Security Council is already seen in part in the Council resolution 1368 (2001) as indicated above, but an express reference would certainly give a strong message to the world in general and to the terrorist groups in particular.

The Legality of the Use of Force in the Recent Case Law of the International Court of Justice

Pieter H. Kooijmans*

In one of a number of half-hour talks broadcast in December 1966 and January 1967 in a nation-wide radio series Edward McWhinney said: "What is the nature and character of contemporary international law? Is it a static pattern of old juridical relationships, or is it a continuing process of creative adjustment of old positive law rules to rapidly changing societal conditions and expectations? Should the legal *honoratiores* follow the course of political prudence and exercise self-restraint; or should they, by contrast, practise activism and assume an affirmative responsibility for trying to re-mould international society in the image of a World Community in continuing revolution?"[1] That he included in this category of legal *honoratiores* international tribunals and, in particular, the International Court of Justice, is clear from what he said in another of these talks where he makes a distinction between judicial self-restraint and "judicially-based activism in the cause of effective community policy-making".[2]

It may be worthwhile to analyze the recent case law of the International Court of Justice on the use of force to see where the Court finds itself on this scale between two extremes.

If there is one part of law where a continuous re-interpretation seems necessary in a turbulent world it seems to be the law on the use of force. Since

---

* Former Judge of the International Court of Justice. This paper was completed in December 2007.

1 Edward Mcwhinney, International Law and World Revolution, 1967, p. 92.

2 Ibid., p. 43. This theme can be found in many of his publications, most recently, e.g., in The International Court of Justice and International Law-Making: The Judicial Activism/Self-Restraint Antinomy, 5 Chinese JIL (2006), 3.

Sienho Yee & Jacques-Yvan Morin (eds.), Multiculturalism and International Law, 455-466.

the end of the Cold War the world has been in a constant flux which brought to an end the static pattern of relationships which was so typical for the bipolar international system. And in the past decade the Court has had ample opportunity to give its views in this respect since it had to deal with this part of the law on a number of occasions.

The *locus classicus* of the Court's jurisprudence on this matter is what it said in the *Nicaragua* case in 1986. There the Court stated:

> In the case of individual self-defence, the exercise of this right is subject to the State concerned having been the victim of an armed attack.... There appears now to be general agreement on the nature of the acts which can be treated as constituting armed attacks.... The Court sees no reason to deny that, in customary law, the prohibition of armed attacks may apply to the sending by a State of armed bands to the territory of another State, if such an operation, because of its scale and effects, would have been classified as an armed attack rather than as a mere frontier incident had it been carried out by regular armed forces. But the Court does not believe that the concept of "armed attack" includes not only acts by armed bands where such acts occur on a significant scale but also assistance to rebels in the form of the provision of weapons or logistical or other support. Such assistance may be regarded as a threat or use of force, or amount to intervention in the internal or external affairs of other States. It is also clear that it is the State which is the victim of an armed attack which must form and declare the view that it has been so attacked.[3]

With regard to the question how the right to self-defence has to be exercised the Court stated that there is a "specific rule whereby self-defence would warrant only measures which are proportional to the armed attack and necessary to respond to it, a rule well established in customary international law".[4]

---

3 Military and Paramilitary Activities in and against Nicaragua, (Nicaragua v. United States of America), I.C.J. Reports 1986, Merits, Judgment, p. 103, para. 1954.

4 Ibid, p.94, para. 176; Legality of the Threat or Use of Nuclear Weapons, Advisory Opinion, I.C.J. Reports 1996, p. 245, para. 41.

The Court's statements have been widely commented upon and have also been criticized as being unrealistic or unduly restrictive.[5] The criticism concerned in particular the distinction made between an outright armed attack entitling to the use of force in individual and collective self-defence and illegal acts which do not amount to such an armed attack but nevertheless involve a use of force.

Since these acts are illegal the *affected* state may take counter-measures but these evidently cannot take the form of acts taken in self-defence in the sense of the Charter whereas the Court refrained from saying "what direct reactions are lawfully open to a State which considers itself the victim of another State's acts of intervention, *possibly involving the use of force"(* para. 210; emphasis mine); with regard to *collective* self-defence the Court stated that "the lawfulness of the use of force by a State in response to a wrongful act of which itself has not been the victim is not admitted when this wrongful act is not an armed attack" (para. 211).

It was said that the effect of the distinction made is that states are deprived of effective means of self-protection against unlawful uses of force, in particular if committed by irregular forces acting from abroad. As Thomas Franck eloquently put it:

> The consequence of this substantive rule appears to be that fire may be fought with water, but not with fire. It is a proposition that leaves victimized states little option but to confine countermeasures to their own territory.... They are not, however, allowed to strike back at the base camps, the source of their troubles, in states sponsoring proxy civil war, at least not until the intervention reaches the "armed attack" threshold defined by the Court. Source States get a free ride, legally invulnerable to individual or collective response against their own territory, even if the insurgency is planned, trained, armed and directed from there.[6]

---

5 See, e.g., the set of articles in 81 AJIL (1987); see also R. Higgins, Problems and Process, 1995, p. 248 ff.; I.C.J. Reports 1986, dissenting opinions of Judges Jennings (p. 543) and Schwebel (p.332 ff.).

6 Thomas M. Franck, Some Observations on the ICJ's Procedural and Substantive Innovations, 81 AJIL (1987), p.120.

In the *Oil Platforms* case (Iran vs. USA) the Court reconfirmed this distinction between "armed attack" and force beneath the threshold of Article 51. It stated that "the United States, in order to establish that it was legally justified in attacking the Iranian platforms, had to show that attacks had been made upon it for which Iran was responsible; and that those attacks were of such a nature as to be qualified as 'armed attacks' within the meaning of that expression in Article 51 of the United Nations Charter, and as understood in customary law on the use of force". Then follows a reference to paragraph 191 of the judgment in the *Nicaragua* case. The Court also re-stated that the United States must show that its actions were necessary and proportional to the armed attack made on it and that the platforms were a legitimate military target open to attack in the exercise of self-defence.[7]

The Court eventually found that the incidents invoked by the US, even if taken cumulatively, and reserving the question of Iranian responsibility, did not constitute an armed attack on the USA, qualified in the *Nicaragua* case as a "most grave" form of the use of force.[8] It also found that the attacks on the platforms did not seem necessary to respond to the incidents invoked by the USA whereas it concluded that the second attack on Iranian platforms could not be regarded as a proportionate use of force in self-defence.[9]

From a doctrinal point of view, therefore, the Court merely reiterated its earlier pronouncements on the use of force in the *Nicaragua* case. There is, however, one new element which had to do with the fact that in this case the right of self-defence was invoked with regard to maritime incidents. With regard to the alleged attack on the *USS Samuel B Roberts* the Court did not exclude the possibility that the mining of a *single* military vessel might be sufficient to bring into play the "inherent right of self-defence" (and thus could constitute an armed attack in the sense of Article 51), although it concluded that, in view of all the circumstances and the inconclusiveness of the evidence of Iran's responsibility, this was not the case.[10] This part of the judgment has been

---

7 Oil Platforms (Islamic Republic of Iran v. United States of America), Judgment, I.C.J. Reports 2003, p. 186, para. 51.

8 Ibid., p. 192, para. 64.

9 Ibid., p. 198, para. 76; p. 199, para. 77.

10 Ibid., p. 195, para. 72.

criticized as being overly cautious.[11]

It deserves mentioning however, that in his separate opinion, Judge Simma commented in a critical sense on the distinction made in the *Nicaragua* case and confirmed in the present case.

Like the Court, he distinguished between, on the one side, an armed attack in the sense of Article 51 of the Charter entitling the victimized state to self-defence and, on the other hand, an unlawful use of force "short of" an armed attack within the meaning of article 51, but submitted with regard to the latter: "Against such smaller-scale use of force, defensive action – by force also 'short of' article 51 – is to be regarded as lawful." Judge Simma is of the view that, although the Court in 1986 did not specify what it understood by "proportionate countermeasures", it can, in the circumstances of the *Nicaragua* case, not have had in mind mere pacific reprisals. And he concludes that against such hostile acts which do not reach the threshold of "armed attack", a state may "defend itself, but only within a more limited range and quality of responses (the main difference being that the possibility of collective self-defence does not arise, cf. *Nicaragua*) and bound to necessity, proportionality and immediacy in time in a particularly strict way".[12]

Judge Simma's position in *Oil Platforms* was not new. Already in 1984 – thus *before* the judgment on the merits in the *Nicaragua* case – he had argued that, next to the category of measures taken in self-defence under Article 51 against an armed attack in the proper sense of the word, a state could take armed defensive measures against other acts involving the use of force; such measures, provided they meet certain criteria, do not fall under the prohibition of the use of force of article 2, paragraph 4 of the Charter.[13]

In his opinion in *Oil Platforms* Judge Simma maintains that this conclusion logically follows from the distinction made by the Court in 1986 between an armed attack in the sense of Article 51 and the use of force below that level and was indeed acknowledged by it. As he put it: "... the Court drew a distinction between measures taken in legitimate self-defence on the basis of Article 51 of the Charter and lower-level, smaller-scale proportionate counter-measures

---

11 Dominic Raab, "Armed Attack" after the Oil Platforms Case, 17 Leiden JIL (2004), pp. 731, 733, 735.

12 I.C.J. Reports 2003, p.331 ff., paras. 12 and 13.

which do not need to be based on that provision." In itself that is correct but the all-important question is whether such lower-level measures may include the use of force. And, although it may be admitted that some of the Court's statements in this respect are not free of ambiguity, they do in my view not contain a license for an "armed response" to acts which do not constitute an armed attack properly.[14]

In the Advisory Opinion on the *Construction of a Wall in the Occupied Palestinian Territory* the Court dealt with Israel's argument that the construction of that wall ("barrier" as Israel called it) was consistent with Article 51 of the Charter. Israel maintained that the Security Council had recognized the right of states to use force in self-defence against terrorist attacks and therefore surely recognized the right to use non-forcible measures to that end. The Court gave short shrift to this argument. It stated that Article 51 recognized the existence of an inherent right of self-defence in the case of an armed attack by one State against another State and that Israel had not claimed that the attacks against it were imputable to another State. It moreover observed that Israel exercised control in the Occupied Palestinian Territory and that the alleged threat against it originated within that territory. Consequently, the Security Council Resolutions adopted after 9/11 and invoked by Israel were not applicable.[15]

The first-mentioned statement – the Charter merely recognizes the right of self-defence if there is an attack by another *State* – was criticized by three judges in their separate opinions.

They pointed out that the text of the Charter did not make the right of self-defence dependent upon an armed attack by another State.[16] Two of them referred also to Security Council Resolutions 1368 (2001) and 1374 (2001), adopted after 9/11, in which the Council called international terrorism, without any other qualification, a threat to international peace and security and *reaffirmed*

---

13 A. Verdross and B. Simma, Universelles Völkerrecht, 1984, p. 240, para. 472.

14 See also Jörg Kammerhofer, Oil's Well that Ends Well? — Critical Comments on the Merits Judgment in the Oil Platforms Case, 17 Leiden JIL (2004), p. 708 ff.

15 Legal Consequences of the Construction of a Wall in the Occupied Palestinian Territory, Advisory Opinion, I.C.J. Reports 2004, p. 194, para. 139.

16 Ibid., Judge Higgins (separate opinion), p. 215, paras. 33 and 34, Judge Kooijmans (separate opinion), p. 229, paras. 35 and 36, Judge Buergenthal (dissenting opinion), p. 242, para. 6.

the right of individual and collective self-defence without ascribing the acts of 9/11 to a particular State.[17]

Nor was the Court's reasoning that the alleged attacks did not come from an outside territory shared by two of these judges. In their view occupied Palestine is not part of Israel and consequently the possibility of measures taken in self-defence should not have been ruled out. The Court therefore should have determined whether the measures taken by Israel were consistent with a legitimate exercise of that right.[18] They seem, however, not to disagree with the majority that in general the question of self-defence only arises if an attack is committed from outside territory.

The Court's position can therefore be summarized as follows: an armed attack in the sense of Article 51 of the Charter only gives rise to the right of self-defence if it is attributable to a State within the parameters set by its judgment in the *Nicaragua* case.

This position was re-confirmed in the *Armed Activities* case even if a principled reasoning on the law of the use of force is lacking. Uganda had claimed that the DRC had actively supported Ugandan rebel forces present on Congolese territory and carrying out attacks against Ugandan targets. The Court first observed that Uganda had not claimed that it had been subjected to an armed attack by the armed forces of the DRC itself; it then found that it had not been proven that the Government of the DRC had been directly or indirectly involved in the attacks by Ugandan rebel forces. It thus concluded that the legal and factual circumstances for the exercise of the right of self-defence by Uganda were not present.[19]

At another place the Court dealt with the Ugandan argument that the rebel forces had been able to operate "unimpeded" in view of the almost complete absence of central government presence or authority in the region. The Court could not conclude, however, that the absence of action by the authorities in Kinshasa against the rebel groups in the border area was tantamount to "tolerating" or "acquiescing" in their activities.[20] These activities

---

17 Judges Kooijmans and Buergenthal.

18 Judges Higgins and Buergenthal.

19 Armed Activities on the Territory of the Congo (Democratic Republic of the Congo v. Uganda), I.C.J. Reports 2005, p. 223, para. 147.

20 Ibid., p. 268, para. 301.

therefore could not be attributed to the Congolese State. The Court leaves open whether tolerance or acquiescence on the side of the Congo (then Zaire), if proven, would have given rise to a Ugandan right of self-defence in the sense of Article 51.

But the Court leaves open another, even more important, question. If the armed activities of the rebel forces could have been classified as an armed attack rather than as a mere frontier incident, had they been carried out by regular armed forces, as claimed by Uganda, whereas they were not attributable to the "harbouring" state, the DRC, what actions Uganda could have taken to protect itself ? After having found that Uganda was not entitled to the exercise of the right of self-defence against the DRC, the Court continues: "Accordingly, the Court has no need to respond to the contentions of the Parties as to whether and under what conditions contemporary international law provides for a right of self-defence against large-scale attacks by irregular forces."[21]

Implicitly the Court seems to be of the view that in such a case the right of self-defence does not come into the picture since, as long as such large-scale attacks are not *attributable* to the state from whose territory they are carried out, there is no armed attack in the sense of article 51 of the Charter. This would be in line with the Court's statement in its advisory opinion of 2004 where it said that Article 51 recognized the existence of an inherent right of self-defence in the case of armed attack by *one state against another state.*

The Court recognized that during a certain period both anti-Ugandan and anti-Zairean rebel groups operated in the border area and that neither Zaire nor Uganda was in a position to put an end to their activities. But since the absence of action by Zaire's Government could not be found to be tantamount to "tolerating" or "acquiescing" in these activities, Uganda's claim that it was entitled to exercise the right of self-defence could not be upheld.[22]

In my separate opinion attached to the judgment I observed that the situation described by the Court reflected a situation that in present-day international relations had become quite familiar, viz., the almost complete absence of government authority in the whole or part of the territory of a state. And I continued: "If armed attacks are carried out by irregular bands from such

---

21 Ibid., p. 223, para. 147.

22 Ibid., p.268. para. 301.

territory against a neighbouring state, they are still armed attacks even if they cannot be attributed to the territorial state." In my view there is nothing in the language of Article 51 of the Charter that prevents the victim state from exercising its *inherent* right of self-defence even if there is no attacker state. And I quoted Professor Yoram Dinstein who wrote: "Just as Utopia is entitled to exercise self-defence against an armed attack by Arcadia, it is equally empowered to defend itself against armed bands or terrorists operating from within the Arcadian territory."[23]

I added that the lawfulness of the conduct of the attacked state in exercising its right to self-defence in such a case must be put to the same test as that applied in the case of a claim of self-defence against a state: does the armed action by the irregulars amount to an armed attack and, if so, is the armed action by the attacked state in conformity with the requirements of necessity and proportionality?

I must acknowledge that Uganda merely claimed that it was entitled to self-defence *against the DRC* since in its view that state had tolerated or fomented the activities of the rebels and that the Court formally only had to decide on that claim. But I strongly felt that in the circumstances of the case and in view of its complexity, a further legal analysis of Uganda's position, and the rights ensuing therefrom, would have been appropriate and that the Court, by not doing so, had foregone a precious opportunity to provide clarification on a number of issues which are of great importance for present-day international society but still are largely obscure from a legal point of view.[24]

A similar view was expressed by Judge Simma in his separate opinion. He observed that "since the *Nicaragua* case onwards the Court has made several pronouncements on questions of use of force and self-defence which are problematic less for the things they say than for the questions they leave open, prominently among them the issue of self-defence against armed attacks by non-state actors", whereas, in his view, in the present case the Court could have well afforded to approach this question in a realistic vein.[25]

These views were severely criticized by Jörg Kammerhofer. He is of the

---

23 Yoram Dinstein, War, Aggression and Self-Defence, 3rd ed., 2001, p. 216.

24 I.C.J. Reports 2005, Judge Kooijmans (separate opinion), pp. 313-316, paras. 26-35.

opinion that the Security Council resolutions adopted after 9/11 "do *not* say that all, some or any of the actions taken in response to the terrorist actions of 11 September 2001 are justified as acts of self-defence, or that this pronouncement wishes *to change the Charter* in this respect. The Council did not recognize the right of self-defence to act against private actors without attribution to a state, but only generally reaffirmed the right of self-defence *irrespective of context.* The mentioning of the right of self-defence can therefore not be understood as a pronouncement by the Council on how it believes the law is shaped" (emphasis added). With all due respect, but these resolutions were adopted in a very specific context, viz., that of the attacks by non-state actors on targets on American territory. The learned author continues, however, by saying: "Even if the Council had propounded that non-state armed groups (or terrorists) can commit armed attacks, this could not have changed the Charter law on self-defence. The Council is not authorized under international law to change the Charter...."[26]

I will not deal with the question if the latter proposition is correct, as far as a continuing re-interpretation of the Charter provisions is concerned, but merely with the underlying misconception about the Charter law on self-defence. The Charter does not *confer* the right of self-defence to the member-states but recognizes the *inherent* right of self-defence which each state has once it is attacked. The right of self-defence therefore is a pre-Charter right and the Charter merely prescribes certain modalities as to its exercise, like for instance the provision that it may be exercised until the Security Council has taken the measures it deems necessary to maintain international peace and security. Whenever the territorial integrity or political independence of a state is encroached on by forceful means, it is entitled under general international law to defend itself against such an attack, irrespective of whether it is carried out from Mars, from overseas or from the territory of a state. Only if the self-defence is carried out against the territory of another state or threatens international peace and security in any other way, the provisions of the Charter become relevant and it is the prerogative and the responsibility of the Security

---

25 Ibid., Judge Simma (separate opinion), pp.335-338. paras. 4-15.

26 Jörg Kammerhofer, The Armed Activities Case and Non-State Actors in Self-Defence Law, 20 Leiden JIL (2007), p. 99 ff.

Council to take the matter in hand. Once it has done so and has taken the measures it deems necessary in the interest of international peace and security, the *exercise* of the right of self-defence is suspended.

There is nothing in the conceptual framework or in the wording of the Charter provisions which conditions the exercise of the right of self-defence on a previous armed attack *by another state* even if this has been the generally accepted interpretation for more than 50 years. Thus, when the Security Council after 9/11 adopted resolutions recognizing the right of individual and collective self-defence in the case of large-scale armed attacks by terrorist non-state actors, it did not change Charter law, it merely re-interpreted the existing law in the light of new developments – as the Council is authorized to do –, a re-interpretation which was widely accepted in state practice and the accompanying *opinio juris*, as Judge Simma observed.

And just as the Security Council is authorized to do so, so is the Court. In this respect it may be useful to quote from the *Principles of International Law on the Use of Force by States in Self-Defence*, adopted by a panel of authoritative British international lawyers in 2005: "There is no reason to limit a state's right to protect itself to an attack by another state. The right to self-defence is a right to use force to avert an attack. The source of the attack, whether a state or a non-state actor, is irrelevant to the existence of the right."[27]

It must be noted that the problem mentioned by Judge Simma and me is different from the one that arose in relation to the Court's judgment in the *Nicaragua* case. Criticism at that time had to do with armed activities by irregular forces from the territory of another state, which do not amount to an armed attack in the sense of Article 51 but *are* attributable to the "harbouring" state; the point raised by Judge Simma and me relates to armed activities by irregular forces which by their scale and effects must be classified as an armed attack but *cannot* be attributed to the "harbouring" state.

I come to a conclusion. As may be clear from the foregoing, the Court has chosen to steer a very cautious course in the field of the legality of the use of force. In general it can be said to have remained close to its views in the *Nicaragua* case of 1986 even if it had the possibility to re-interpret or fine-tune its findings in that case. As I said elsewhere: "A court may have sound reasons

---

27 55 ICLQ (2006), p. 971.

not to rule on issues which are not strictly necessary for the determination of the *petitum*. One may wonder, however, whether this is the most meritorious attitude for a court which is the principal judicial organ of a world community which has to cope with a multitude of problems and where lawlessness is rampant and thus could benefit from guidance in the legal field."[28]

From a doctrinal point of view it is of course regrettable that the *Kosovo* cases (Serbia – then the Federal Republic of Yugoslavia – *versus* ten Member-States of NATO) have never reached the merits phase. If that had been the case the Court would have been called upon to rule on the legality of the use of force in a humanitarian crisis without authorization by the Security Council and without the states that used force having been the target of an armed attack. The Court could not have done so without a thorough analysis of the provisions of the Charter. One can only wonder whether the Court (to use McWhinney's words) "would have followed the course of political prudence and have exercised self-restraint" or whether it "would have practised a judicially-based activism in the cause of effective community policy-making".[29] Let me add that this difference in approach is of more relevance for the reasoning than for the dictum and that a finding either in favour of or against the applicant could have been reached from each of them.

If our conclusion is that, on the scale between "political prudence and judicial self-restraint" on the one hand and "judicial activism in the cause of effective community policy-making" on the other hand, the Court is closer to the first than to the latter, it may have very good reasons for taking this position. The present article merely contains a plea not to loose sight of the necessity of "a process of creative adjustment of old positive rules to rapidly changing societal condition and expectations", as McWhinney aptly put it forty years ago and as shown by the Court on a number of occasions in the recent past.

---

28 P.H. Kooijmans, The ICJ in the 21st Century: Judicial Restraint, Judicial Activism, or Proactive Judicial Policy, 56 ICLQ (2007), p. 753.

29 See above note 1.

International Protection of Human Rights: Universalism and Regionalism

Rudolf Bernhardt*

The title of the collection of essays in honour of Edward McWhinney, "Multiculturalism and International Law", reflects the interplay between universal and regional norms and values. The area of human rights is an outstanding example for this interplay, for the coexistence of universal as well as regional legal norms and cultural differences. This contribution offers some general remarks on the topic of universalism and regionalism in the international protection of human rights, dedicated to Ted McWhinney. He has taught in different regions of the world in different languages and we met for the first time many decades ago in Heidelberg, Germany.

1. Introduction

Since the end of the 2nd World War and beginning with the United Nations Charter, a great number of legal texts on the international protection of human rights have been elaborated and adopted, on the universal and the regional levels.[1] The literature discussing human rights from different viewpoints has gained a dimension which excludes any reliable overall survey. Even if one concentrates on public international law, as we do here, and leave aside all

* Former Director, Max Planck Institute for Comparative Public and International Law; former President (1998) of the European Court of Human Rights. This paper was completed in November 2007.

1 A recent survey is given by Thomas Buergenthal, The Evolving International Human Rights System, 100 AJIL (2006), pp. 783-807.

Sienho Yee & Jacques-Yvan Morin (eds.), Multiculturalism and International Law, 467-476.

philosophical and political contributions, it still remains only possible to discuss some general tendencies.

At present, there seem to be contradictory trends and tendencies in the discussion of human rights under public international law.[2] On the one side, the protagonists of the international protection of human rights demand further improvements in this field, especially after the end of the Cold War. On the other side, human rights skepticism has gained support,[3] especially under the pressure of international terrorism.[4]

If we try to distinguish between universal and regional human rights law, and if we try to find out whether different standards can coexist, a first question is whether the notion of human rights excludes any regional differentiations and distinctions. Such a thesis, that human rights are *per se* universal, could find some support in the relevant texts. The United Nations Charter invokes human rights as the fundamental rights of all persons. In the preamble of the Charter, the peoples of the United Nations "reaffirm faith in fundamental rights, in the dignity and worth of the human person, in the equal rights of man and woman …." According to Article 1, the purposes of the United Nations include "promoting and encouraging respect for human rights and for fundamental freedoms for all without distinction as to race, sex, language, or religion …." This is repeated in Article 55 of the Charter.

Regional human rights conventions also underline the universality of human rights, and they add some words on regional aspirations. In the Preamble of the European Convention for the Protection of Human Rights and Fundamental Freedoms we find these words:

> Being resolved, as the governments of European countries which are like-minded and have a common heritage of political traditions, ideals, freedom and the rule of law, to take the first steps for the collective

---

2 See for instance the different articles in: Stéphanie Lagoutte, Hans-Otto Sano, Peter Scharff Smith (eds.), Human Rights in Turmoil: Facing Threats, Consolidating Achievements (92 International Studies in Human Rights 2007).

3 Cf. Marie-Bénédicte Dembour, Who believes in Human Rights? Reflections on the European Convention (2006).

4 See Roberta Arnold, Human Rights in Times of Terrorism, 66 Heidelberg Journal of International Law (2006), pp. 297-319.

enforcement of certain of the rights stated in the Universal Declaration.

The American Convention on Human Rights begins with the words:

> The American States signatory to the present Convention, reaffirming their intention to consolidate in this hemisphere, within the framework of democratic institutions, a system of personal liberty and social justice based on respect for the essential rights of man ....

Also the African Charter on Human and Peoples' Rights invokes on the one side the universality of human rights, which "stem from the attributes of human beings", and underlines on the other side "the virtues of their historical tradition and the values of African civilization ...."

In sum, it seems to be a truism: Human rights are the fundamental rights of human beings, and since all human beings are equal and need equal protection, human rights can only be universal. But such a truism demands closer scrutiny in order to find out whether what seems to be obvious is really correct. It immediately turns out that distinctions and differentiations are necessary, and that our present world needs and accepts not only universal but also regional norms for the protection of human rights, and to a certain extent different standards are and must be accepted.

2. Categories of human rights

It begins with the question: What are human rights? International texts demonstrate that different categories of human rights are accepted or postulated. On the universal level, we have the two United Nations Covenants, one for economic, social and cultural rights and one for civil and political rights. Similar distinctions are found in regional texts; for example, the European Social Charter provides even for the possibility (Article 20) that states accept only a certain number and not all of the obligations contained in the Charter.

It has become usual to distinguish three categories of human or fundamental rights (we use these two notions as synonyms). These categories are sometimes called "generations" of human rights, but this expression should be avoided; not succeeding generations, but coexisting categories of rights is to be meant by this word. The first category comprises the traditional freedom rights, the rights protected against state interference. The second category consists of the so-called social human rights. Under the third category, a right to peace, of self-determination, a right to have a healthy environment and similar entitlements are mentioned. It remains doubtful whether the rights of the third category are really individual rights. In respect of the second category, the social rights, it seems to be clear that universal standards exist only to a limited extent. It might be correct that a right of the poorest members of every community to receive a minimum of support by the state in order to live in dignity exists. But in general living conditions are still different in different regions and countries, and it would be unrealistic to postulate the same social security everywhere, the same medical care everywhere, the same housing conditions, etc. In the field of social rights, regional standards prevail and universal standards can apply only to the most fundamental protection of the citizens and other persons living in a given state. This does not exclude that all possible efforts are made to extend and improve the social protection, e.g. by standards set by the International Labour Organization and other international organizations, but this can be done with binding force only by the conclusion of international agreements. General human rights under customary international law are, in this case, hardly available.

In the following considerations, we will concentrate only on the classical human rights of the first category, the rights protected against state interference, the right to life, the right not be tortured, the right not to be kept in custody without judicial protection, etc. Are universal and regional protections identical? Again, closer scrutiny is necessary.

3. Protection of human rights by customary international law?

If we consider the traditional sources of international law, immediately the question arises whether and to what extent customary international law protects human rights. The answer probably is that a limited number of human rights, namely the most basic rights, are protected by universal customary law. The prohibition of torture, of slavery, of the deprivation of liberty without due process of law, and the equality of sexes, are rights which are in my opinion guaranteed by customary law. The United Nations Charter, the Universal Declaration on Human Rights, and innumerable declarations, treaties, and court decisions, are pointing in this direction and support the assumption that customary international law protects these rights. But even in this area, doubts exist in respect of the limits of some of these fundamental rights.

Another problem requires further consideration. Should it be excluded, that regional customary law exists also in the area of human rights? The question of the death penalty supplies an example that is highly controversial. In Europe, the death penalty is prohibited by additional protocols to the European Convention on Human Rights, and in my view it is also arguable that regional – i.e. European – customary law now prohibits the death penalty. On the other hand, it is difficult to assert that also under universal customary law the death penalty is prohibited. There are still too many states practicing capital punishment, and this demonstrates that the *opinio juris* is not yet in favour of a universal prohibition. Is this also correct in respect of the execution of children and mentally handicapped persons? Doubts are indicated, further discussion required.

4. Similar treaty norms, different interpretations?

A great number of universal agreements protect human rights. The United Nations Charter, the two Covenants, the Anti-Torture Convention, the Convention against Racial Discrimination, the Convention against Discrimination of Women, the Convention on the Rights of Children contain the most important texts which are ratified by a great number of states. If all these conventions were not only ratified, but also implemented and respected by the states parties, we would live in a better world than we find in reality today.

If one compares the great number of ratifications of human rights texts with the reports on human rights violations in nearly all parts of the world, doubts are justified as to whether many governments do not really honor their treaty obligations. This assumption is supported by several factors. Third states are often not interested in the human rights situation in other states or they remain silent for political reasons. It cannot even be excluded that a considerable number of states have ratified some conventions with the clear knowledge and intention that they would not honor the obligations, and that the internal legal order is not compatible with the international obligations.

Universal and regional human rights conventions contain usually similar or even identical guarantees, and the same substantive rights are protected. The European Convention expressly refers, as do the American Convention and the African Charter, to the Universal Declaration of Human Rights. Thus, the substance of the universal and the regional conventions is similar.

In spite of the similarity of texts, the degree of supervision is often different on the universal and the regional level. The Human Rights Committee under the United Nations Covenant on Civil and Political Rights can receive individual "communications" only under additional conditions, and its findings are not legally binding. On the regional level, the European Court of Human Rights and the Inter-American Court of Human Rights deliver judgments with binding force for the state concerned. Besides the different competences and the different decision–making powers of the institutions just mentioned, their composition requires some comment. Universal bodies are composed of persons with quite different cultural backgrounds and experiences. Regional bodies are in principal more homogeneous in their composition. It is natural that regional bodies, when required to interpret and to apply regional human rights texts, consider the social and cultural conditions which are predominant in their region, while universal institutions often are compelled to apply lower common denominators.

Different interpretations of similar universal and regional guarantees may have their source in the composition of the competent bodies, but they can also be justified by other reasons. Let us take the example of the prohibition of torture. Torture itself should be banned universally and without exception (in spite of some supposedly "modern" tendencies in the battle against terrorism). But in nearly all human rights conventions, the prohibition of torture is accompanied by the prohibition of inhuman and degrading treatment. The European Court of Human Rights has several times decided that prison conditions can violate the prohibition of inhuman and degrading treatment, and it has applied European standards in this respect. If we apply universal norms with the same or similar wording, like Article 7 of the Covenant on Civil and

Political Rights, can the same standards apply to prison conditions on other continents? The answer is certainly not that European standards are applicable, but the question remains, whether similar universal standards do exist and must be applied. This example demonstrates that it is at least arguable that even if the prohibition of torture is part of universal customary law, the prohibition of inhuman and degrading treatment is open to interpretations which may vary according to regional standards and realities.

Therefore, one should not be unduly concerned when different conventions with similar texts are and can be interpreted differently, according to the social "environment" in which they have to be applied. The rules of treaty interpretation permit and require that the object and purpose of each treaty should be taken into consideration, and this enables different interpretations if the context so requires. Regional conventions can, for instance, receive a broader interpretation and application than universal texts, especially if the social and cultural convictions and practices in a given region indicate a meaning which is not shared around the world.

5. Permissible restrictions of human rights

International conventions for the protection of human rights always contain clauses which permit certain restrictions of some of the rights guaranteed. Again, some distinctions which are found in the texts of these conventions must be made.

Certain rights, namely the most fundamental rights, e.g. the right not to be tortured, permit no restrictions, neither in peacetime nor in emergency situations. Article 4, paragraph 2 of the International Covenant on Civil and Political Rights and Article 15, paragraph 2 of the European Convention on Human Rights enumerate the rights which cannot be restricted.

Restrictions of other rights are permissible, according to the conventions, in two different situations: in normal times if other interests of state and society need protection, and in times of emergency. The following examples serve to illustrate these categories. They are taken from one universal and one regional text.

Article 22 of the International Covenant on Civil and Political Rights guarantees the freedom of association, but it adds:

> No restrictions may be placed on the exercise of this right other than those which are prescribed by law and which are necessary in a democratic society in the interests of national security or public safety, public order (*ordre public*), the protection of public health or morals or the protection of the rights and freedoms of others.

The freedom of association is also guaranteed by Article 11 of the European Convention on Human Rights, with the following restricting clause:

> No restrictions shall be placed on the exercise of these rights other than such as are prescribed by law and are necessary in a democratic society in the interests of national security or public safety, for the prevention of disorder or crime, for the protection of health or morals or for the protection of the rights and freedoms of others.

Examples of emergency clauses are contained in the same conventions. Article 4 of the United Nations Covenant provides that:

> In time of public emergency which threatens the life of the nation and the existence of which is officially proclaimed, the States Parties to the present Covenant may take measures derogating from their obligations under the present Covenant to the extent strictly required by the exigencies of the situation ....

Article 15 of the European Convention contains the following clause:

> In time of war or other public emergency threatening the life of the nation any High Contracting Party may take measures derogating from its obligations under this Convention to the extent strictly required by the exigencies of the situation, provided that such measures are not inconsistent with its other obligations under international law.

Restrictions in the first category, permissible in "normal" time, refer to the protection of certain values by measures which are necessary in a democratic society. These clauses clearly permit measures which are designed to protect regional and even local interests. Requirements of public safety, public order, public health or morals and also the protection of the rights of others can be different in different states and even in different regions within the same state. The same holds true in respect of the clause which holds that only those restrictions are permissible which are necessary in a democratic society. This can hardly mean that uniform standards apply to all societies irrespective of their differing concrete situations, instead it refers to the exigencies in a given democratic society.

Similar considerations are applicable in respect of the emergency clauses quoted above. A "public emergency threatening the life of the nation" does not exist *in abstracto*, but in a given state at a given moment, and the measures which are necessary in such a situation are also dependent upon the dangers existing in this situation.

These considerations do not mean that the conventions permit different interpretations, but the treaty texts expressly refer to the possibility that different conditions exist in different surroundings, and that this can be taken into account when restrictions of human rights appear necessary. Also the notion of "margin of appreciation", applied again and again by the European Court of Human Rights, implies that regional and local conditions permit different measures under the same convention and that local authorities must primarily decide, in view of their familiarity with the situation, which measures are required or necessary.

6. Résumé

Some human rights are so fundamental for the life and the dignity of all human beings that they are not only protected by many conventions, but also by customary international law, even by *ius cogens* norms: the right not to be tortured, the right to life, the right not to be arbitrarily deprived of liberty, all help to form the basis rights of all human beings.

But it should also be admitted that cultural and regional diversities are of some importance for the international protection of human rights. The relevant conventions can and should be interpreted in the sense that the interpretation of regional texts can take account of the cultural and social background of the region, which is hardly possible for universal texts. Thus, universal and regional norms complement each other. Regional norms often provide a broader protection than universal norms, and this can even be the case if the texts are similar or identical.

Restrictions of human rights are admissible in conformity with the text of the relevant conventions, and these texts often expressly refer to the necessity of such restrictions in a democratic society. The necessity criterion permits and requires that national and regional particularities are taken into account.

The Right to Cultural Identity in the Evolving Jurisprudential Construction of the Inter-American Court of Human Rights

Antônio Augusto Cançado Trindade*

I. Introduction

There is increasing awareness of the international community in our times as to the importance of the preservation of the cultural identity of human beings, of human communities and of peoples. Although the right to cultural identity was not expressly spelled out as such at the time of the adoption of the American Convention on Human Rights (of 1969), it has in recent years (1993-2006) been brought to the attention of the Inter-American Court of Human Rights, in a succession of cases, in distinct contexts and circumstances.

In its jurisprudential construction on the matter, the Court has taken due account of the right to cultural identity, as a component of other rights protected under the American Convention. It is thus not surprising that cultural identity has come to the fore, and has found expression, in the recent and evolving case-law of the Inter-American Court. This is significant, and should not pass unnoticed, and is bound to have further developments in the future. The present article is intended to review, however succinctly, this reassuring jurisprudential construction, and to seek to extract some reflections and conclusions therefrom.

* Judge and Former President of the Inter-American Court of Human Rights; Professor of International Law at the University of Brasilia, Brazil.

Sienho Yee & Jacques-Yvan Morin (eds.), Multiculturalism and International Law, 477-499.

II. Jurisprudential Construction

Reference can be made, in this connection, to the Court's decisions in the cases of *Aloeboetoe and Others versus Suriname* (1993), of the "*Street Children*" (*Villagrán Morales and Others versus Guatemala*, 1999-2001), of *Bámaca Velásquez versus Guatemala* (2000-2002), the *Community Mayagna (Sumo) Awas Tingni versus Nicaragua* (2001), of the *Indigenous Communities Yakye Axa* and *Sawhoyamaxa versus Paraguay* (2006), and of the *Moiwana Community versus Suriname* (2005-2006). In pronouncing on the merits and/or reparations in those cases, the Inter-American Court has been attentive to the values, traditions and beliefs prevailing in the social *milieux* where the human rights breaches have occurred – be they those of the *Saramacas* in Suriname, of the Mayas in Guatemala, of the members of the *Mayagna* community in Nicaragua, or of the *Yakye Axa* and *Sawhoyamaxa* communities in Paraguay. The resulting jurisprudential construction is of relevance for the crystallization of the right to cultural identity in our days.

II.1. *The Case of* Aloeboetoe and Others versus Suriname *(1993)*

An early antecedent in this line of jurisprudential development by the Inter-American Court can be found in the case of *Aloeboetoe and Others versus Suriname* (Reparations, Judgment of 10.09.1993). In the *cas d'espèce*, as the respondent State had recognized its international responsibility (in 1991), the Court proceeded to the determination of the amount of reparations owed to the relatives of the seven murdered victims. To that end, it took into account the customary law itself of the Saramaca community (the *maroons*) in Suriname, to which they belonged, and wherein polygamy prevailed; the Court, accordingly, extended the amount of reparations to the several widows and their children.[1]

The reparations ordered by the Court, of different kinds (pecuniary and non-pecuniary), included the establishment of two trust funds and the creation of a foundation, as well as the reopening of a school located in Gujaba and the functioning of the medical dispensary already in place. The contribution of the

1 IACtHR, case of Aloeboetoe and Others versus Suriname (Reparations), Series C, n. 15, Judgment of 10.09.1993, pp. 3-49, paras. 1-116.

Court's Judgment consisted precisely in having determined the reparations for human rights violations within the social context where the conventional norms of protection apply, taking sensibly into due account the cultural practices (such as polygamy) in the community of the *maroons* (*Saramacas*) in Suriname, to which the seven murdered victims belonged.

II.2. *The Case of the* "Street Children" (Villagrán Morales and Others versus Guatemala, *1999-2001)*

Six years later, in the paradigmatic case of the "*Street Children*" (*Villagrán Morales and Others versus Guatemala*, Judgment of 19.11.1999) – its *leading case* on the wide dimension or extent of the fundamental right to life, as comprising also the conditions for living with dignity – the Inter-American Court pondered that, "in essence, the fundamental right to life includes, not only the right of every human being not to be deprived of his life arbitrarily, but also the right that he will not be prevented from having access to the conditions that guarantee a dignified existence".[2] The Court singled out the State responsibility for the killing (summary execution) by the police of the five children, as well as for its omissions to identify their mortal remains and hand them over to the mothers (and grandmother) of the children, and to investigate the facts and sanction of those responsible omissions that

> denied the next-of-kin the opportunity to bury the youths according to their traditions, values and beliefs, and, therefore, increased their suffering. [Para. 173.]

In the following Judgment on reparations (of 26.05.2001) in the same case of the "*Street Children*" (*Villagrán Morales and Others*), the Court took this into account to determine the reparations, of distinct kinds (pecuniary and non-pecuniary), owed to the relatives of the five murdered children. One of them consisted in securing a proper burial of the mortal remains, according to the "religious beliefs and customs" of the family (para. 102). Another consisted in ordering the respondent

---

2 The Court added that "States have the obligation to guarantee the creation of the conditions required in order that violations of this basic right do not occur and, in

State to "designate an educational centre with a name allusive to the young victims in this case, and place, in this centre, a plaque" with their names (para. 103).[3]

In my Separate Opinion in the case of the "*Street Children*" (*Villagrán Morales and Others*) (accompanying the Judge on reparations), I deemed it fit to ponder that

> A world which abandons its children in the streets has no future; it no longer renders it possible to create and develop a project of life. A world which neglects its elderly has no past; it no longer participates in the heritage of humankind. A world which only knows and values the ephemerous and escaping (and thereby desperating) present inspires neither faith nor hope. A world which tries to ignore the precariousness of the human condition inspires no confidence. It is a world which has already lost sight of the temporal dimension of human existence. It is a world which ignores the intergenerational perspective, that is, the duties everyone has in relation to both those who have already gone through the path of their lives (our ancestors) as well as those who are still to do so (our descendants). It is a world wherein each one survives amongst a complete spiritual disintegration. It is a world that has become simply dehumanized, and which today needs urgently to awake to the true values.
>
> [...] Even if those responsible for the established order do not perceive it, the suffering of the excluded ones is ineluctably projected into the whole social *corpus*. [...] Human suffering has a dimension which is both personal and social. Thus, the damage caused to each human being, however humble he might be, affects the community itself as a whole. As the present case discloses, the victims are multiplied in the persons of the surviving close relatives, who, furthermore, are forced to live with the great pain inflicted by the silence, the indifference and the oblivion of the others. [Paras. 21- 22.]

The aforementioned Judgments of the Court (merits and reparations) in the case of "*Street Children*" (*Villagrán Morales and Others*), truly pioneering in its conception of the right to life as encompassing the conditions of a dignified living, with due respect for cultural practices and religious beliefs, have been very positively received

---

particular, the duty to prevent its agents from violating it" (para. 144).

3 And resolutory points 6 and 7 of the Judgment.

by contemporary legal doctrine[4]; they form nowadays part of the history of the international protection of human rights, and have paved the way for a remarkable jurisprudential advance on the issues dealt with – one of these latter pertaining to the respect for the mortal remains of the five murdered youths in the *cas d'espèce.*

II.3. *The Case of* Bámaca Velásquez versus Guatemala *(2000-2002)*

Subsequently, in the case of *Bámaca Velásquez versus Guatemala* (Merits, Judgment of 25.11.2000), the Court took due account of the right of the relatives of the person forcefully disappeared, tortured and murdered (Mr. Efraín Bámaca Velásquez), to a proper burial of the mortal remains of the latter, so as to preserve the meaning of the rite in the Maya culture.[5] In my Separate Opinion I stressed the importance, in the Maya culture, of the identification of, and respect for, the mortal remains of the victim, and I dwelt at length on four points, namely, the respect for the dead in the persons of the living; the unity of the human kind in the links between the living and the dead; the links of solidarity between the dead and the living; and the prevalence of the right to truth, in respect for the dead and the living (paras. 1-40). Furthermore, in the same Separate Opinion I saw it fit to relate, in positive terms, cultural diversity to the universality of human rights:

> Human solidarity manifests itself not only in a *spacial* dimension – that is, in the space shared by all the peoples of the world – but also in a *temporal* dimension – that is, among the generations who succeed each other in time, taking the past, present and future altogether. It is the notion of human solidarity, understood in this wide dimension, and never that of State sovereignty, which lies on the basis of the whole contemporary thinking on the rights inherent to the human being.

---

4 Cf., e.g., CEJIL, Crianças e Adolescentes – Jurisprudência da Corte Interamericana de Direitos Humanos, Rio de Janeiro, CEJIL/Brazil, 2003, pp. 7-237; Casa Alianza, Los Pequeños Mártires..., San José of Costa Rica, Casa Alianza/A.L., 2004, pp. 13-196; K. Quintana Osuna and G. Citroni, "I minori d'età di fronte alla Corte Interamericana dei Diritti dell'Uomo", 2 Pace Diritti Umani – Università di Padova (2005), pp. 55-101, esp. pp. 69-72.

5 IACtHR, case of Bámaca Velásquez versus Guatemala (Merits), Series C, n. 70, Judgment of 25.11.2000, pp. 3-149, paras. 1-230.

Hence the importance of the cultures, as a link between each human being and the community in which he lives (the external world), in their unanimous attention to the respect due to the dead. In social *milieux* strongly permeated by a community outlook such as the African ones, there prevails a feeling of harmony between the living and the dead, between the natural environment and the spirits who animate it.[6] The cultural manifestations ought to find expression in the universe of Law. This does not at all amount to a "cultural relativism", but rather to the recognition of the relevance of the cultural identity and diversity for the effectiveness of the juridical norms.

The adepts of the so-called "cultural relativism" seem to forget some unquestionable basic elements, namely: first, cultures are not static, they manifest themselves dynamically *in time*, and have shown themselves open to the advances in the domain of human rights in the last decades[7]; second, many human rights treaties have been ratified by States with the most diverse cultures; third, there are more recent treaties (such as the Convention on the Rights of the Child (1989)) which, in their *travaux préparatoires*,[8] have taken into due account cultural diversity, and today enjoy a virtually universal acceptance[9]; fourth, cultural diversity has never been an obstacle to the formation of a universal nucleus of non-derogable fundamental rights, set forth in many human rights treaties; fifth, the Geneva Conventions on International Humanitarian Law also count on a virtually universal acceptance. [...]

All this points to the prevalence of the safeguard of the non-derogable rights in any circumstances (in times of peace as well as of armed conflict). The normative and interpretative convergences between the International Law of Human Rights and International Humanitarian Law, acknowledged in the present Judgment in the *Bámaca Velásquez* case (paras. 205-207), contribute to

---

6 J. Matringe, Tradition et modernité dans la Charte Africaine des Droits de l'Homme et des Peuples, Bruxelles, Bruylant, 1996, pp. 69-70.

7 E.g., women's rights, in various parts of the world. – Furthermore, no-one would dare to deny, for example, the right to cultural identity, which thus would have, that right itself, a universal dimension; cf. various authors in: Law and Cultural Diversity (eds. Y. Donders et alii), Utrecht, SIM, 1999, especially pp. 41, 72 and 77.

8 Cf., The United Nations Convention on the Rights of the Child – A Guide to the Travaux Préparatoires (ed. S. Detrick), Dordrecht, Nijhoff, 1992, pp. 1-703.

9 With very rare exceptions.

> place those non-derogable rights – starting with the fundamental right to life itself – definitively in the domain of *jus cogens*.
>
> Universal human rights find support in the spirituality of all cultures and religions,[10] and are rooted in the human spirit itself; as such, they are not the expression of a given culture (Western or any other), but rather of the *universal juridical conscience* itself. All the aforementioned advances, due to this universal juridical conscience, have taken place amidst cultural diversity. Contrary to what the spokesmen of the so-called – and distorted – "cultural relativism" preach, cultural manifestations (at least those which conform themselves with the universally accepted standards of treatment of the human being and of respect for their dead) do not constitute obstacles to the prevalence of human rights, but quite on the contrary: the cultural *substratum* of the norms of protection of the human being much contributes to secure their effectiveness. Such cultural manifestations – such as that of respect for the dead in the persons of the living, *titulaires* of rights and duties – are like superposed stones with which is erected the great pyramid[11] of the universality of human rights. [Paras. 23-25 and 27-28.]

In its following Judgment, on reparations (of 22.02.2002), in the same case of *Bámaca Velásquez*, the Inter-American Court took into account the uses and practices of the Mayas – including their conception that "the whole family is one" (para. 52) – for the determination of the reparations due to the relatives of Mr. Efraín Bámaca Velásquez. The Court kept in mind their suffering (para. 63), aggravated in the light of the Maya culture (the Mam ethnic group), for "not having been able to bury the mortal remains of Efraín Bámaca Velásquez" (para. 65(b)). Accordingly, the Court determined that the State "must locate" his mortal remains, and "hand them over to his next-of-kin, for them to be buried in accordance with their customs and religious beliefs" (para. 79). Significantly, the very *first* resolutory point of the Judgment contained this order, before all other kinds of reparations.

This should not pass unnoticed, as I pointed out in my Separate Opinion (para. 14) in this Judgment on reparations, wherefrom it ensues that the suffering of

---

10 Cf., various authors in: Les droits de l'homme – bien universel ou fruit de la culture occidentale? (Colloquy of Chantilly/France, March 1997), Avignon, Institut R. Schuman pour l'Europe, 1999, pp. 49 and 24.

11 To evoke an image quite proper to the rich Maya culture.

those who died has an incidence on the determination itself of reparations, disclosing the projection of human suffering in time, also in the relations between the living and their dead. And I added:

> One of the manifestations of the unity of the human kind lies in the links between the living (*titulaires* of the human rights) and the dead (with their spiritual legacy).[12] Thus, e.g., the respect for the dead is due in the persons of the living. Always cultivated in the most distinct cultures and religions, the respect for the dead is safeguarded in the domain of Law,[13] which, thereby, gives concrete expression to a universal sentiment of the human conscience. In effect, in comparative law it is found that the penal codes of numerous countries typify and sanction the crimes against the respect for the dead (such as, e.g., the subtraction and the hiding of the mortal remains of a human being). The question marks presence in national as well as international case-law.[14] On its turn, International Humanitarian Law also imposes expressly the respect for the mortal remains of the dead persons, as well as a burial place with dignity for them.[15]
>
> Underlying these norms is the constant search – present in all cultures and philosophical traditions of all peoples in all times – for an understanding of death. But despite all the attention dedicated to the theme in the cultures and the modes of expression of the human feelings (such as literature and the arts), curiously all the rich contemporary thinking on the rights inherent to the human being has concentrated almost exclusively in the persons of the living (as *titulaires* of those rights), failing to recollect with sufficient clarity the links between these latter and their dead, even to determine their legal consequences. This gap ought to be filled, bearing in mind, to start with, that

12 As I allowed myself to point out in my Separate Opinions in the cases of Bámaca Velásquez (merits, 2000, paras. 14-18) and of the "Street Children" (reparations, 2001, para. 25).

13 Already the ancient Roman law, for example, secured penally such respect for the dead.

14 Cf., as to this latter, e.g., the Advisory Opinion of the International Court of Justice (of 16.10.1975) on the Western Sahara, in: ICJ Reports (1975), pp. 68, 36 and 41, paras. 162, 70 and 87.

15 Geneva Convention of 1949 on the Protection of Civilians in Time of War, Article 130; Additional Protocol I of 1977 to the Geneva Conventions of 1949, Article 34.

we all live *in time*, and that the legal norms are created, interpreted and applied likewise *in time*. [...]

The juridical conscience is gradually forming itself and evolving itself with the succession of the generations in their search for the realization of the good in face of human suffering. The accumulation in time of the cultural manifestations, the traditions and ideals have conformed the moral patrimony of the peoples, which, in turn, has repercussions in the evolution of Law. Thus, those of us who are alive enjoy the rights which have been affirmed by past generations, and have the duty to contribute to the evolution of those rights to the benefit of future generations. The intergenerational equity is nourished by the spirit of human solidarity. [Paras. 2-3 and 21.]

II.4. *The Case of the* Community Mayagna (Sumo) Awas Tingni versus Nicaragua *(2001)*

In the case of the *Community Mayagna (Sumo) Awas Tingni versus Nicaragua* (Merits and Reparations, Judgment of 31.08.2001), the Inter-American Court went into depth in an integral interpretation of the indigenous cosmovision, insofar as the relationship of the members of the community with their ancestral lands was concerned. Such was the central point of its new Judgment, which became the leading case on the specific issue of cultural identity in its evolving case-law. Due attention to this issue was regarded as an essential requisite to secure the efficacy of the norms of protection of human rights, at both domestic and international levels. The Court observed that, for the members of indigenous communities such as the *Mayagna (Sumo) Awas Tingni*, the relationship with their lands did not exhaust itself in a simple question of possession and production, but constituted rather a basic material and spiritual element of their culture, essential to the preservation of their legacy and their transmission to the future generations (para. 149).

The Court's Judgment recalled *inter alia* that the Nicaraguan national Constitution itself provided for the preservation and the development of the cultural identity (within the national unity), and the forms of social organization proper to indigenous peoples, as well as the maintenance of the communal forms of property of their lands, and the use and enjoyment of these latter (Article 5).[16]

---

16 Cf. also Articles 89 and 180 of the Nicaraguan national Constitution.

Forms of cultural manifestation and social self-organization of the kind have thus materialized, in the course of time, in legal norms and case-law, at both national and international levels.

The Court acknowledged the importance of the strengthening of the spiritual and material relation of the members of the Community with the lands that they have occupied, not only to preserve the legacy of past generations, but also to maintain the responsibilities they have assumed in respect of the generations to come. The concern in favour of the prevalence of the element of *conservation* (over the simple exploitation of natural resources) reflected a cultural manifestation of the integration of the human being with nature and the world wherein he or she lives. Such understanding is, in my view, projected both in space and in time, as human beings relate themselves, in the space, with the natural system of which they form part (and ought to treat with diligence and care), and, in time, with other generations (past and future),[17] in respect of which they have obligations.

In its Judgment case of the *Community Mayagna (Sumo) Awas Tingni versus Nicaragua* (merits, 2001), the Court extended protection to a whole indigenous community (as the complaining party), and its right to communal property of its lands (under Article 21 of the Convention). The public hearings of the case before the Court were particularly illuminating with regard to the customary law of the indigenous *Mayagna Awas Tingni* community. In the light of Article 21 of the Convention, the Court determined that the delimitation, demarcation and the issuing of the title to the lands of the indigenous *Mayagna Awas Tingni* community should be undertaken in conformity with its customary law, its uses and habits.[18]

---

17 Future generations begin to attract the attention of the contemporary doctrine of international law: cf., e.g., A.-Ch. Kiss, "La notion de patrimoine commun de l'humanité", 175 Recueil des Cours de l'Académie de Droit International de La Haye (1982), pp. 109-253; E. Brown Weiss, In Fairness to Future Generations: International Law, Common Patrimony and Intergenerational Equity, Tokyo/Dobbs Ferry N.Y., United Nations University/Transnational Publishers, 1989, pp. 1-351; E. Agius and S. Busuttil et alii (eds.), Future Generations and International Law, London, Earthscan, 1998, pp. 3-197; J. Symonides (ed.), Human Rights: New Dimensions and Challenges, Paris/Aldershot, UNESCO/Dartmouth, 1998, pp. 1-153.

18 A.A. Cançado Trindade, "The Inter-American System of Protection of Human Rights: The Developing Case-Law of the Inter-American Court of Human Rights (1982-2005)", in: International Protection of Human Rights: Achievements and Challenges (eds. F. Gómez Isa and K. de Feyter), Bilbao, University of Deusto,

In reaching this significant decision, the Court took into account the fact that "among the indigenous persons there exists a communitarian tradition about a communal form of the collective property of the land, in the sense that the ownership of this latter is not centred in an individual but rather in the group and his community. [...] To the indigenous communities the relationship with the land is not merely a question of possession and production but rather a material and spiritual element that they ought to enjoy fully, so as to preserve their cultural legacy and transmit it to future generations" (para. 141), as pondered the Court.

The Court further remarked that "the close ties of indigenous people with the land must be recognized and understood as the fundamental basis of their cultures, their spiritual life, their integrity, and their economic survival" (para. 149). Throughout its reasoning (as to the merits), the Court took into special account the "indigenous peoples' customary law" (para. 151). And also for the purposes of reparations, the Court took likewise into account the "customary law, values, customs and mores" of the indigenous *Mayagna Awas Tingni* community (para. 164). The interpretation and application given by the Inter-American Court to the normative content of Article 21 of the American Convention in the present case of the *Community Mayagna (Sumo) Awas Tingni*[19] represent a positive and valuable contribution to the protection of the communal form of property prevailing among the members of that Community.

II.5. The Case of the Indigenous Community Yakye Axa versus Paraguay *(2005-2006)*

Half a decade later, the problem came again before the Court in the cases of the *Indigenous Communities Yakye Axa* (2005-2006) and *Sawhoyamaxa* (2006), both concerning Paraguay. As a result of the State-sponsored commercialization of their lands, the members of the two indigenous communities were forcefully displaced out of them, nowadays surviving at the border of a road in conditions of extreme

2006, p. 492.

19 For a case-study of the Court's Judgment, cf., in general, e.g., El Caso Awas Tingni contra Nicarágua – Nuevos Horizontes para los Derechos Humanos de los Pueblos Indígenas (ed. F. Gómez Isa), Bilbao, University of Deusto, 2003, pp. 9-60; and cf. also, e.g., C. Binder, "The Case of the Atlantic Coast of Nicaragua: The Awas Tingni Case", in: International Law and Indigenous Peoples (eds. J. Castellino and N. Walsh), Leiden, Nijhoff/R. Wallenberg Institute, 2005, pp. 249-

poverty. Some of the members of the communities contracted diseases and died in such poverty. It ensued from the Court's decision (of 06.02.2006) in the case of the *Indigenous Community Yakye Axa versus Paraguay* (Interpretation of Judgment) that the definitive return of the communal lands to the aforementioned Community aimed, ultimately, as I pointed out in my Separate Opinion, at the "survival of the cultural identity of the members of that Community", duly protecting their "fundamental right to life *lato sensu*, comprising their cultural identity" (para. 8).

The *universal juridical conscience*, which is in my view the ultimate *material* source of all Law, has evolved in such a way as to recognize this pressing need. This is what I further pondered in my Separate Opinion recalling the contents – as to the high relevance of cultural identities and heritage to humankind – of the triad of the UNESCO Conventions for the Protection of the World Cultural and Natural Heritage (of 1972), for the Safeguarding of the Intangible Cultural Heritage (of 2003), and on the Protection and Promotion of the Diversity of Cultural Expressions (of 2005) (paras. 9-11). This latter added that cultural diversity can only be protected and promoted by means of the safeguard of human rights.[20] And, in the same Separate Opinion in the case of the *Indigenous Community Yakye Axa*, I added that

> In my understanding, the universal juridical conscience has evolved towards the clear recognition of the relevance of cultural diversity to the universality of human rights, and *vice-versa*. It has, furthermore, evolved towards the *humanization* of International Law, and the conformation of a new *jus gentium* at this beginning of the XXIst century, of an International Law for humankind, – and the aforementioned triad of the UNESCO Conventions (of 1972, 2003 and 2005) is, in my perception, one of the many contemporary manifestations

267.

20 Article 2(1) of the UNESCO Convention of 2005. Cf., in this respect, in general, e.g., A.Ch. Kiss and A.A. Cançado Trindade, "Two Major Challenges of Our Time: Human Rights and the Environment", in: Human Rights, Sustainable Development and Environment (Seminar of Brasilia of 1992, ed. A.A. Cançado Trindade), 2nd ed., Brasilia/San José of Costa Rica, IIHR/BID, 1995, pp. 289-290; A.A. Cançado Trindade, Direitos Humanos e Meio Ambiente: Paralelo dos Sistemas de Proteção Internacional, Porto Alegre/Brazil, S.A. Fabris Ed., 1993, pp. 282-283.

of the human conscience in this sense.[21]

One cannot live in constant uprootedness and abandonment. The human being has the spiritual need of roots. The members of traditional communities value particularly their lands, that they consider that belongs to them, just as, in turn, they 'belong' to their lands. In the present case, the definitive return of the lands to the members of the Community Yakye Axa is a necessary form of reparation, which moreover protects and preserves their own cultural identity and, ultimately, their fundamental right to life *lato sensu.* [Paras. 12-14.]

II.6. *The Case of the* Indigenous Community Sawhoyamaxa versus Paraguay *(2006)*

Shortly afterwards, in its Judgment (of 29.03.2006) in the case of the *Indigenous Community Sawhoyamaka versus Paraguay*, the Inter-American Court underlined the positive measures to be taken in order to protect and preserve the non-derogable right to life of the members of the Community (paras. 148-153), and the reparations ordered (including the devolution of the ancestral lands, paras. 206-211) have kept in mind the pressing need of preservation of the cultural identity of the Community at issue (paras. 218-219, 226 and 231). In my Separate Opinion, I saw it fit to ponder that

> The concept of *culture* – originated from the Roman "*colere*", meaning to cultivate, to take into account, to care and preserve – manifested itself, originally, in agriculture (the care with the land). With Cicero, the concept came to be used for questions of the spirit and of the soul (*cultura animi*).[22] With the *passing of time*, it came to be associated with humanism, with the attitude of preserving and taking care of the things of the world, including those of the past.[23] The peoples – the human beings in their social *milieu* – develop and preserve their cultures to understand, and to relate with, the outside world, in face of the mystery of life. Hence the importance of cultural

21 Cf. A.A. Cançado Trindade, "International Law for Humankind: Towards a New Jus Gentium – General Course on Public International Law – Part I", 316 Recueil des Cours de l'Académie de Droit International de la Haye (2005), ch. XIII, pp. 365-396.

22 H. Arendt, Between Past and Future, N.Y., Penguin, 1993 [reprint], pp. 211-213.

23 Ibid., pp. 225-226.

> identity, as a component or aggregate of the fundamental right to life itself. [Para. 4.]

And next, in the same Separate Opinion, I further stressed the "close and ineluctable relationship" between the right to life *lato sensu* and cultural identity (as one of its components): in so far as members of indigenous communities are concerned, I added,

> cultural identity is closely linked to their ancestral lands. If they are deprived of these latter, as a result of their forced displacement, their cultural identity is seriously affected, and so is, ultimately, their very right to life *lato sensu*, that is, the right to life of each one and of all the members of each community. [Para. 28.]

When this occurs, they are driven into a situation of "great vulnerability", of social marginalization and abandonment, as in the *cas d'espèce* (para. 29). The legal representatives of the victims themselves in the present case of the *Community Sawhoyamaxa* stated, in their brief of final arguments lodged with the Court on 16.02.2006, that "not being able to live in their land has deprived the members of the Community, among other practices, to bury their dead, in accordance with their rituals and beliefs" (*cit.* in para. 30). Their cultural identity was thus "gravely affected", as living in their ancestral lands was essential to the "preservation of their values" (para. 30). An attempt against their cultural identity, as occurred in the present case, was, in sum, a breach of their right to live (right to life *lato sensu*) with dignity (para. 33).[24]

---

24 Cf., e.g., various authors in: Actes du Symposium sur le droit à la vie – Quarante ans après l'adoption de la Déclaration Universelle des Droits de l'Homme: évolution conceptuelle, normative et jurisprudentielle (eds. D. Prémont and F. Montant), Genève, CID, 1992, pp. 1-91; J.G.C. van Aggelen, Le rôle des organisations internationales dans la protection du droit à la vie, Bruxelles, E. Story-Scientia, 1986, pp. 1-89; various authors in: The Right to Life in International Law (ed. B.G. Ramcharan), Dordrecht, Nijhoff, 1985, pp. 1-314. The lucid Romanian writer Eugène Ionesco warned that "in our despiritualized world, culture ultimately allows us to transcend the world of day-to-day life and to bring men together. Culture unites men, politics separates them"; E. Ionesco, El Hombre Cuestionado, Buenos Aires, Emecé Ed., 2002 [reed.], p. 34.

II.7. *The Case of the* Moiwana Community versus Suriname *(2005-2006)*

The Inter-American Court's Judgment of 15.06.2005 in the case of the *Moiwana Community versus Suriname* (merits and reparations) addressed the massacre of the N'djukas of the Moiwana village and the drama of the forced displacement of the survivors. The Court duly valued the relationship of the N'djukas in Moiwana with their traditional land as being of "vital spiritual, cultural and material importance", also for the preservation of the "integrity and identity" of their culture. The Court warned that "larger territorial land rights are vested in the entire people, according to N'djuka custom; community members consider such rights to exist in perpetuity and to be unalienable" (para. 86(6)).

The Court's Judgment, besides disclosing the contemporary drama of the flows of displaced persons and their uprootedness, ordered a series of measures of reparations (comprising indemnizations as well as non-pecuniary reparations of distinct kinds), including measures to foster the voluntary return of the displaced persons to their original lands and communities, in Suriname, respectively. The delimitation, demarcation and the issuing of title of the communal lands of the N'djukas in the Moiwana Community, as a form of non-pecuniary reparation, has much wider repercussions than one may *prima facie* assume.

In my extensive Separate Opinion which accompanied that Judgment, I recalled what the surviving members of the Moiwana Community pointed out before the Court (in the public hearing of 09.09.2004), namely, that the massacre at issue perpetrated in Suriname in 1986, planned by the State, had "destroyed the cultural tradition [...] of the *Maroon* communities in Moiwana" (para. 80). Ever since then this has tormented them; they were unable to give a proper burial to the mortal remains of their beloved ones, and underwent the strains of uprootedness, a human rights problem confronting the universal juridical conscience in our times (paras. 13-22). Their suffering projected itself in time, for almost two decades (paras. 24-33). In their culture, mortality had an inescapable relevance to the living, the survivors (paras. 41-46), who had duties towards their dead (paras. 47-59).

Duties of the kind, the respect for the relationships of the living with their dead – I added in the same Separate Opinion (paras. 60-61) – were present in the origins of the law of nations itself, as pointed out, in the XVIIth century, by Hugo Grotius in chapter XIX of book II of his classic work *De Jure Belli ac Pacis* (1625), dedicated to the "right to burial", inherent to all human beings, in conformity with a precept of "virtue and humanity".[25] And the *principle of humanity* itself – as well recalled by the learned jus-philosopher Gustav Radbruch – owes much to ancient cultures, having associated itself, with the *passing of time*, with the very spiritual formation of the human beings.[26]

In the present case of the *Moiwana Community*, beyond moral damage, I sustained in my aforementioned Separate Opinion the configuration of a true *spiritual damage* (paras. 71-81), and, beyond the *right to a project of life*, I dared to identify what I termed the *right to a project of after-life*:

> Throughout the last seven years, the Inter-American Court has jurisprudentially asserted the *right to the project of life*, in particularly in the cases *Loayza Tamayo* (Reparations, 1998), *Villagrán Morales and Others* ("*Street Children*", Merits, 1999, and Reparations, 2001), and *Cantoral Benavides* (Reparations, 2001). The contribution of the Inter-American Court on this point, which has parallels in the jurisprudence of certain national tribunals reflecting in comparative law, has attracted the attention of, and has had a positive repercussion and receptiveness in, contemporary international legal doctrine. In addition, in other cases before the Inter-American Court, the right to the project of life has been invoked by the complaining parties before the Court, at individual level (cases *Myrna Mack Chang*, 2003; *Brothers Gómez Paquiyauri*, 2004; *Carpio Nicolle and Others*, 2004; and *De la Cruz Flores*, 2004), at family level (case *Molina Theissen*, 2004), and at community level (case of the *Massacre of Plan de Sánchez*, Reparations, 2004).
>
> The present case of the *Moiwana Community*, in my view, takes us even further than the emerging right to the project of life. A couple of years ago this Court broke into new ground by asserting the existence of a *damage to the project of life*. The whole construction took into account, however, the living. In the present case, however, I can visualize, in the grieves of the N'djukas of the Moiwana village, a claim to the *right to the project of after-life*, taking into account the living in the relations with their dead, altogether. International Law in

25 H. Grotius, Del Derecho de la Guerra y de la Paz [1625], vol. III (books II and III), Madrid, Edit. Reus, 1925, pp. 39, 43 and 45, and cf. p. 55.

26 G. Radbruch, Introducción a la Filosofía del Derecho, 3rd ed., Mexico/Buenos Aires, Fondo de Cultura Económica, 1965, pp. 153-154.

> general and, the International Law of Human Rights in particular, cannot remain indifferent to the spiritual manifestations of human beings, such as the ones expressed in the proceedings before this Court in the present case of the *Moiwana Community*.
>
> There is no cogent reason to remain in the world exclusively of the living. In the *cas d'espèce*, it appears to me that the Ndjukas are certainly well entitled to cherish their project of after-life, the encounter of each of them with their ancestors, the harmonious relationship between the living and their dead. Their outlook of life and after-life embodies fundamental values [...].
>
> My years of experience in this Court have enabled me to adjudicate on cases which have raised issues which have gone, in fact, beyond this world of the living (such as the *Bámaca Velásquez* case, 2000-2002, and the *Massacre of Plan de Sánchez* case, 2004, among others). These have been cases with a dense cultural content, and the solutions arrived at by the Court have left with me the impression that there is a fertile ground on which to advance further. I have, ever since those decisions, much reflected on the matter, and the present *Moiwana Community* case appears to me to constitute a most adequate occasion to propose an entirely new category of damage, not covered by the existing categories to date. [Paras. 67-70.]

In the same line of reasoning, and in the light of the circumstances of the present case, I turned next to what I termed the *spiritual damage*, which I sought to elaborate conceptually as

> an aggravated form of moral damage, which has a direct bearing on what is most intimate to the human person, namely, her inner self, her beliefs in human destiny, her relations with their dead. This *spiritual damage* would of course not give rise to pecuniary reparations, but rather to other forms of reparation. The idea is launched herein, for the first time ever, to the best of my knowledge.
>
> This new category of damage, as I perceive it, embodies the principle of humanity in a temporal dimension, encompassing the living in their relations with their dead, as well as the unborn, conforming the future generations. This is how I see it. The principle of *humanitas* has, in fact, a long historical projection, and owes much to ancient cultures (in particular to that of the

Greeks), having become associated in time with the very moral and spiritual formation of human beings.[27]

This new type of damage that I am proposing herein can be distinguished from moral damages, as these became commonly understood. May I dwell upon this point for a while. Moral damages have developed in legal science under a strong influence of the theory of civil responsibility, which, in turn, was constructed in the light, above all, of the fundamental principle of the *neminem laedere*, or *alterum non laedere*. This basic conception was transposed from domestic into international law, encompassing the idea of a reaction of the international legal order to harmful acts (or omissions) to the human person (individually and collectively) and to shared social values. [Paras. 71-73.][28]

---

27 G. Radbruch, Introducción a la Filosofía del Derecho, 3rd ed., Mexico/Buenos Aires, Fondo de Cultura Económica, 1965, pp. 153-154.

28 I added that "the determination of moral damages ensuing therefrom (explained by the Roman law notion of id quod interest) has, in legal practice (national and international), taken usually the form of 'quantifications' of the damages. Moreover, a 'quantification' of the kind is undertaken as a form of reparation, to the benefit essentially of the living (direct or indirect victims). When one comes to the proposed spiritual damage, however, I cannot see how to separate the living from their dead" (para. 74). Moreover – I continued – "in historical perspective, the whole doctrinal discussion on moral damages was marked by the sterile opposition between those who admitted the possibility of reparation of moral damages (e.g., Calamandrei, Carnelutti, Ripert, Mazeaud et Mazeaud, Aubry et Rau, and others) and those who denied it (e.g., Savigny, Massin, Pedrazzi, Esmein, and others); the point that they all missed, in their endless quarrels about the pretium doloris, was that reparation did not, and does not, limit itself to pecuniary reparation, to indemnization. Their whole polemics was conditioned by the theory of civil responsibility" (para. 75). "Hence the undue emphasis on pecuniary reparations, feeding that long-lasting doctrinal discussion. This has led, in domestic legal systems, to reductionisms, which paved the way to distorted 'industries of reparations', emptied of true human values. The advent of the International Law of Human Rights, and in particularly the case-law of the Inter-American Court, came fortunately to widen considerably the horizon of reparations, and render that doctrinal difference largely immaterial, if not irrelevant, in our days. There appears to be no sense at all in attempting to resuscitate the doctrinal differences as to the pretium doloris in relation to the configuration of the proposed spiritual damage. This latter is not susceptible of pecuniary reparations, it requires other forms of reparation" (para. 76).

I further recalled, in my Separate Opinion, that the testimonial evidence produced before the Court in the *cas d'espèce* indicated that, in the N'djukas cosmovision, in circumstances like those of the present case, "the living and their dead suffer together, and this has an intergenerational projection". Unlike moral damages, in my view the *spiritual damage* was not susceptible of "quantifications", and could only be repaired, and redress be secured, by means of obligations of doing (*obligaciones de hacer*), in the form of *satisfaction* (e.g., honouring the dead in the persons of the living) (para. 77).[29] In fact, the expert evidence produced before the Court indeed referred expressly to "spiritually-caused illnesses".[30] I then concluded, in my Separate Opinion, on this particular point:

> All religions devote attention to human suffering, and attempt to provide the needed transcendental support to the faithful; all religions focus on the relations between life and death, and provide distinct interpretations and explanations of human destiny and after-life.[31] Undue interferences in human beliefs, whatever religion they may be attached to, cause harm to the faithful, and the International Law of Human Rights cannot remain indifferent to such harm. It is to be duly taken into account, like other injuries, for the purpose of redress. *Spiritual damage*, like the one undergone by the members of the

[29] It should be kept in mind – I proceeded – that, in the present case of the Moiwana Community, as a result of the massacre of 1986, "the whole community life in the Moiwana village was disrupted; family life was likewise disrupted, displacements took place which last until now (almost two decades later). The fate of the mortal remains of the direct victims, the non-performance of funerary rites and ceremonies, and the lack of a proper burial of the deceased, deeply disrupted the otherwise harmonious relations of the living N'djukas with their dead. The grave damage caused to them, in my view, was not only psychological, it was more than that: it was a true spiritual damage, which seriously affected, in their cosmovision, not only the living, but the living with their dead altogether" (para. 78). Moreover, "the resulting impunity, in the form of a generalized and sustained violence (increased by the sense of indifference of the public power to the fate of the victims) which has persisted to date, has generated, in the members of the Moiwana Community, a sense of total defencelessness. This has been accompanied by their loss of faith in human justice, the loss of faith in Law, the loss of faith in reason and conscience governing the world" (para. 79).

[30] Paragraphs 77(e) and 83(9) of the Court's Judgment.

[31] Cf., e.g., various authors in: Life after Death in World Religions, Maryknoll N.Y.,

> *Moiwana Community*, is a serious harm, requiring corresponding reparation, of the (non-pecuniary) kind I have just indicated. [...]
>
> The N'djukas had their right to the project of life, as well as their *right to the project of after-life*, violated, and continuously so, ever since the State-planned massacre perpetrated in the Moiwana village on 29.11.1986. They suffered material and immaterial damages, as well as spiritual damage. Some of the measures of reparations ordered by the Court in the present Judgment duly stand against oblivion, so that this atrocity never occurs again. Such is the case of the State's duty to investigate the facts and to try and sanction those responsible for them; the State's duty to find and identify the mortal remains of the victims of the massacre of Moiwana village and to pass them on to the survivors of the Moiwana Community; the State's duty to secure the safe return to, and resettlement in, the Moiwana village of all those forcefully displaced from it; the State's duty to implement a fund of community development; the State's apologies to the victims, and the building of a monument in memory and honour of the victims of the massacre of 1986.[32]
>
> In sum, the wide range of reparations ordered by the Court in the present Judgment in the *Moiwana Community* case appears well in keeping with the recognizedly rich case-law of the Inter-American Court on the matter, which, as widely acknowledged,[33] has concentrated on, and enhanced the centrality of, the position of the victims, as well as on devising a wide range of possible and adequate means of redress. In the *cas d'espèce*, the collective memory of the Maroon N'djukas is hereby duly preserved, against oblivion, honouring their dead, thus safeguarding their right to life *lato sensu*, encompassing the right to cultural identity, which finds expression in their acknowledged links of solidarity with their dead. [Paras. 81 and 91-92.]

In my following Separate Opinion (of 08.02.2006) in the same case of the *Moiwana Community* (Interpretation of Judgment), I insisted on the need of reconstruction and preservation of cultural identity (paras. 17-24) of the members of the Community, on which the *project of life and of post-life* of each member of the

---

Orbis, 1997, pp. 1-124.

32 Resolutory points ns. 8-14 of the Court's Judgment.

33 Cf., e.g., I. Bottigliero, Redress for Victims of Crimes under International Law, Leiden, Nijhoff, 2004, pp. 111 and 144, and cf. pp. 176-177 and 183.

Community much depended. Even before the adoption of the last two of the aforementioned triad of UNESCO Conventions (of 1972, 2003 and 2005 – cf. *supra*), the understanding had already been manifested within UNESCO to the effect that the assertion and preservation of cultural identity, including that of minorities, contributes to the "liberation of the peoples":

> Cultural identity is a treasure which vitalizes mankind's possibilities for self-fulfillment by encouraging every people and every group to seek nurture in the past, to welcome contributions from outside compatible with their own characteristics, and so to continue the process of their own creation.[34]

In this new Separate Opinion, I expressed my own understanding of the exercise of the international judicial function, in holding that the Inter-American Court ought *to say what the Law is*, not limiting itself simply to settle a contentious case. The Court, in my view, ought to demonstrate "the pressing need to reddress the *spiritual damage* caused to the N'djukas of the Moiwana Community, and to create the conditions for the prompt reconstruction of their cultural tradition" (para. 19). To that end – I added – the delimitation, demarcation, issuing of title and return of their traditional land were essential. This was "a question of survival of the cultural identity of the N'djukas, so that they may conserve their memory, at personal as well as collective levels. Only thus one will be duly giving protection to their fundamental right to life *lato sensu*, comprising their cultural identity" (para. 20).

III. Conclusions

Every juridical instrument is the product of its time, as law does not operate in the vacuum. The American Convention on Human Rights does not make an exception to that. Although its draftsmen did not expressly insert into its normative *corpus* the right to cultural identity, the changing needs to protection have led the Inter-American Court of Human Rights to dwell upon it in recent years, in the resolution

---

34 J. Symonides, "UNESCO's Contribution to the Progressive Development of Human Rights", 5 Max Planck Yearbook of United Nations Law – Heidelberg (2001), p. 317. And, on the projection of culture in time, cf., e.g., A.Y. Gurevitch, "El Tiempo como Problema de Historia Cultural", in Las Culturas y el Tiempo, Salamanca/Paris, Ed. Sígueme/UNESCO, 1979, pp. 261-264, 272 and 280.

of cases of great cultural density, disclosing distinct circumstances. The right at issue was duly taken into account by the Court, which proceeded to its jurisprudential construction of the right to cultural identity as a relevant component of other rights protected by the Convention (e.g., the fundamental right to life itself; the right to private (communal) property; the right not to be subjected to cruel, inhuman or degrading treatment; among others).

Significantly, an international mechanism of protection such as that of the American Convention has been resorted to in order to protect the right to cultural identity. This is reassuring, as, after all, each culture is an expression of human aspirations, a means of communication of each human being – individual or in groups or communities – with the outside world, of seeking the meaning of life in trying to understand the mysteries of existence and of the world. To the extent that cultural manifestations remain open to the basic values underlying universal human rights, they contribute to, rather than threaten, the universality of human rights.

They are essential to the attainment of such universality, rather than an obstacle to this latter. Cultural diversity, to be preserved, is not to be confused with the misleading distortions of so-called cultural "relativism" or cultural "particularisms". All cultures and religions care to foster respect for others, are open to minimum universal standards of respectful behavior, and to human solidarity, and acknowledge the human dignity of the human person. They are open to advances in the international protection of human rights. Upon cultural diversity is erected the universality of human rights.[35]

In so far as the right to cultural identity is concerned, the decisions of the Inter-American Court in the cases reviewed in the present article – those of *Aloeboetoe and Others versus Suriname* (1993), of the "*Street Children*" (*Villagrán Morales and Others versus Guatemala*, 1999-2001), of *Bámaca Velásquez versus Guatemala* (2000-2002), the *Community Mayagna (Sumo) Awas Tingni versus Nicaragua* (2001), of the *Indigenous Communities Yakye Axa* and *Sawhoyamaxa versus Paraguay* (2006), and of the *Moiwana Community versus Suriname* (2005-2006) – bear witness to the importance ascribed to the matter at issue, with a direct bearing on the safeguard, to start with, of the fundamental right to life itself.

Last but not least, due attention to cultural identity awakens human awareness

35 A.A. Cançado Trindade, Tratado de Direito Internacional dos Direitos Humanos, vol. III, Porto Alegre/Brazil, S.A. Fabris Ed., 2003, pp. 305-306, 335-336, 339-343,

to the ineluctable temporal dimension in the interpretation and application of law. When, in my Separate Opinion in the case of the *Moiwana Community versus Suriname* (2005 – cf. *supra*), I sought to develop conceptually – breaking into an entirely new ground – what I termed the *spiritual damage* and the right not only to a *project of life* but also to a *project of after-life*, I was moved by the imperative of the preservation of cultural identity, so as to give a meaning to the life of surviving members of the aforementioned Community.

And, in my Separate Opinion in the case of the *Indigenous Community Sawhoyamaka* (2006), I pointed out that the safeguard and preservation of the cultural identity of human beings, human communities and peoples are a legitimate concern of humankind as a whole. I further recalled a ponderation I made, in my *General Course of Public International Law* delivered at the Hague Academy of International Law in 2005, to the effect – going a step further – that "humankind as such has emerged as subject of International Law" (para. 34).

After all, humankind can regrettably be victimized, and a great challenge to the scholars of International Law nowadays is, in my view, precisely to conceive and formulate a conceptual construction of the legal representation of humankind as a whole (comprising present and future generations), leading to the consolidation of its international legal capacity, in the framework of the new *jus gentium* of our times (para. 34), the International Law for humankind.[36] The recent jurisprudential construction of the Inter-American Court of Human Rights on the right to cultural identity, reviewed herein, is a significant step in this direction.

387-391 and 396.

36 A.A. Cançado Trindade, "International Law for Humankind: Towards a New Jus Gentium – General Course on Public International Law – Part I", 316 Recueil des Cours de l'Académie de Droit International de la Haye (2005), ch. XI, pp. 318-333.

Danish Cartoons: Freedom of Speech *versus* Freedom of Religion?

Curtis F.J. Doebbler*

"The pious man and the atheist always talk of religion; one speaks of what he loves, the other of what he fears."

Baron de Montesquieu, in *The Spirit of Laws*[1]

I. Introduction

The publication of a series of cartoons by a Danish newspaper that depicted Islam in a derogatory manner and which were accompanied by an editorial criticizing Islam, ignited significant emotions about both the freedom of speech and the freedom of religion or the respect for religion. The reactions of both the Danish authorities and the Muslim community in Denmark and abroad elevated this matter into a cartoon controversy of international proportions.

This contribution examines how international human rights law helps us to understand this controversy. This is the case, even though the controversy is predominately political. Because the controversy took place in a multicultural society, international law provides some guidance, particularly as to how the state authorities might have responded. Moreover, had more attention been

* Dr. Doebbler is a Professor of Law at An-Najah National University, Nablus, Palestine, and an international human rights lawyer. His publications can be viewed at http://cdpublishing.org. His work is described at http://international-lawyers.org.

1 Baron de Montesquieu, The Spirit of Laws, vol. II, p. 129 (translated by Thomas Nugent, revised by J.V. Prichard, London, UK: G. Bell & Sons Ltd., 1914).

Sienho Yee & Jacques-Yvan Morin (eds.), Multiculturalism and International Law, 501-515.

paid to the guidance provided by international law, it is suggested that, this controversy could have been defused at an early stage.

This contribution is divided into six sections. Following this brief introduction, Section Two recites the main facts concerning the cartoon controversy. Although the recital of facts is brief and somewhat selective, care has been taken to select the facts that are not widely disputed. Section Three describes very briefly the relevant wider context of the multicultural and increasingly globalized world in which this controversy arose. Section Four then reviews some of the jurisprudence and the normative statements of international human rights bodies that have dealt with clashes between human rights. Special attention is paid to decisions concerning the conflicts between the human right to freedom of expression and the human right to freedom of religion. Section Five, using the analysis in Section Four, briefly reflects on some of the lessons learned from international human rights bodies and how they apply to the Danish cartoon controversy. And finally, Section Six comments on how this controversy has been influenced by, and might influence, multicultural relations.

This contribution is, of course, not an exhaustive consideration of a topic about which much has already been written. It is instead merely intended to shed some light on how the controversy might be situated within the realm of international human rights law in a multicultural society.

II. The Facts about the Danish Cartoons

On 30 September 2005 the Danish *Morgenavisen Jyllands-Posten* (*The Morning Advisor Jutland Post*, hereinafter the "*Posten*"), the best-selling daily newspaper in Denmark,[2] published a series of twelve cartoons depicting the last prophet of the Islamic religion in a derogatory manner. The cartoons accompanied an editorial by the newspaper's cultural editor Mr. Fleming Rose entitled "The Face of Mohammed" that argued that Islam was wrong to impose censorship on the depiction of the prophet of Islam.[3] The editorial was critical of Islam and

2 The newspaper's website states that its circulation is 670,000 copies six days a week and 790,000 on Sundays (www1.jp.dk/info/about_jyllands-posten.htm).

3 Rose, F., "Muhammeds ansigt" ("The Face of Muhammed"), Morgenavisen Jyllands-Posten (Danish) (30 September 2005).

presented Islam in a largely negative light. The cartoons had been solicited by the newspaper to accompany the editorial that claimed that Muslims were often intimidated, by what the newspaper called "Islamic extremists", from commenting critically on their religion.[4]

The reaction to the publication of the editorial and the accompanying cartoons from the Muslim community both in Denmark and abroad was hostile. Muslims opposing the cartoons presented a variety of arguments based on the prohibition of depicting the prophet Mohammed—a prohibition which, not expressly stated in the *Quran*, has become fundamental to Islam's rejection of idol worship.[5] They claimed that the cartoons were an assault on their freedom of religion and an insult to the Islamic religion. The American-Arab Anti-Discrimination Committee issued a statement condemning the cartoons as "negative, hateful, and racist" and claiming that "[t]hese racist attacks … do nothing but perpetuate hate and violence against Muslims".[6] Both in Denmark and abroad huge demonstrations ensued, Danish goods were boycotted throughout the Islamic world, and Danish Prime Minister Anders Fogh Rasmussen felt compelled to describe the cartoon controversy as "Denmark's worst international crisis since World War II".[7]

Many journalists around the world as well as others came to the defense of the Danish editor claiming that the cartoons were an exercise of the freedom of expression that should be protected.[8] The *Posten* also defended its position saying that it had acted in the public interest of open discussion and not against Muslims in particular.[9]

---

4 Id.

5 See Saloom, R., "You Dropped a Bomb on Me, Denmark—A Legal Examination of the Cartoon Controversy and Response as It Relates to the Prophet Muhammad and Islamic Law", 8 Rutgers J. Law & Relig. 3 (Fall 2006).

6 American-Arab Anti-Discrimination Committee, "ADC Condemns Hateful Depiction of Islam and Calls for Inquiry", (2 February 2006), accessed at www.adc.org on 3 March 2007.

7 "70,000 gather for violent Pakistan cartoons protest", Times Online (15 February 2006) accessed 2 May 2007.

8 See Moore, M., "Offending cartoons Reprinted; European Dailies Defend Right to Publish Prophet Caricatures", Washington Post, Sec. A, p. 17 (2 February 2006)

9 Rose, F., "Why I published those cartoons", Washington Post (19 February 2006) at www.washingtonpost.com, accessed 30 March 2006.

III. A Glimpse at the Wider Context

Although the row itself had settled into relative obscurity in the international media by mid-2007, its repercussions continue to reverberate around the world. This is in large part because this controversy is alleged to pit the freedom of religion against the freedom of expression. The freedom of expression has been the primary concern of both rich western and predominately Christian governments; while the freedom of religion has been the primary concern of many Muslim countries who have criticized the publication of the cartoons. This distinction makes the controversy appear to be a conflict between two internationally protected human rights or even a clash between civilizations. Relevant to understanding if this is the case is the context in which this controversy arose.

One context that is often undervalued is that of Islamic law. The depiction of the prophet is prohibited by Islamic law.[10] The fact that the *Posten* intentionally violated a fundamental principle of Islamic law constituted a significant insult to the basic values of many Muslims. In an article cited above, Ms. Rachel Saloom has pointed out in a very concise manner how the Danish cartoons violated Islamic law.[11] She convincingly identifies both the depiction of the prophet, and the insulting manner in which the prophet was depicted, as being in conflict with Islamic law.[12] As law and society are inseparably intertwined in Islam, the publication can also be viewed as an affront to the way of life and governments of states where Muslims form a significant part of the population.

The motivation for the cartoons appears to have been imbued with the intention to insult the prophet of Islam. This is evidence from the fact that the cartoons were solicited to accompany an article on censorship and extreme Islam. Rather than asking for cartoons that depicted extreme Islam or even censorship, Fleming specifically asked for cartoons that depicted the prophet of Islam, stating in his letter to the artists, "[w]e would … like to invite you to

---

10 Id.

11 See supra note 5.

12 Id.

draw Mohammed, as you see him. The result will be published in the paper next weekend."[13] Such a request indicates the editor's prior expressed intention to associate the prophet of Islam with a negative commentary on Islam.

Critics of the editorial and the accompanying cartoons claimed that the cartoons were just "another" attack directed at Muslims by the western press.[14] They pointed out that the cartoons must be understood in the wider international context in which Muslims are "under-attack" in many parts of the world.[15] Implicit in this claim is the allegation of intentional discrimination against Muslims or at least the express intention to insult Islam. These critics pointed out that in April 2003, the newspaper had rejected cartoons offered to it depicting Jesus—an important Christian (and Muslim) prophet apparently, at least in part, because these cartoons would insult Christians.[16] Why the Danish newspaper was more sensitive to Christian, rather than Muslim values has never been adequately explained.

The cartoons appeared in the political context of a multicultural society in which different actors are vying to defend and promulgate their ideas. As indicated above, the defenders of the publication argued that the editor had the right to publish as part of the human right to the freedom of expression. On the other side, the critics of the publication were claiming that their human right to freedom of religion was at stake. The Danish cartoon controversy thus viewed is presented as a conflict between the freedom of religion and the freedom of

---

13 Supra, note 9.

14 See, for example, Edward W. Said, Covering Islam: How the media and the experts determine how we see the rest of the world, Vintage Press: London, UK (1997) (arguing that Islam has long been under attack and misrepresented by especially the western press).

15 See, for example, Deane, C. and Fears, D., "Negative Perceptions of Islam Increasing: Poll Numbers in U.S. Higher Than in 2001", Washington Post, Sec. A, p. 1 (9 March 2006). One also need only look at the aggression against the Iraqi and Afghan people that have left those Muslim countries desolate and the almost sixty years of oppression of largely Muslim Palestinian people.

16 Fouché, G., "Danish paper rejected Jesus cartoons", The Guardian (6 February 2006) accessed at MediaGuardian.co.uk on 5 March 2007, (The paper's Sunday editor, Jens Kaiser, claimed, according to The Guardian that "I don't think Jyllands-Posten's readers will enjoy the drawings. As a matter of fact, I think that they will provoke an outcry. Therefore, I will not use them.").

expression.[17] Indeed, international human rights bodies have been confronted with clashes between the freedom of expression and the freedom of religion relatively recently.

IV. International Human Rights Bodies and the Freedoms of Expression and Religion

Both the freedom of expression and the freedom of religion are long established human rights recognized by numerous treaties. The right to freedom of expression is found in almost every major human rights instrument. Among the articles protecting this right are Article 19 of the ICCPR,[18] Article 10 of the ECHR,[19] Article 14 of the ACHR,[20] and Article 9 of the ACHPR.[21] The human right to freedom of religion is also found in almost every major human rights instrument. Among the articles protecting this right are Article 18 of the ICCPR,[22] Article 9 of the ECHR,[23] Article 12 of the ACHR,[24] and Article 8 of the ACHPR.[25]

Both the freedom of expression and the freedom of religion are expression rights that entail responsibilities.[26] For example, all of the above instruments

---

17 See, for example, Marshall, P., "The Mohammed Cartoons: Western Governments have Nothing to Apologize For", 11(21) The Weekly Standard (13 February 2006) accessed online at www.weeklystandard.com on 2 March 2007.

18 International Covenant on Civil and Political Rights, 999 UNTS 171, entering into force January 1976.

19 European Convention for the Protection of Human Rights and Fundamental Freedoms, 213 UNTS 222, ETS No. 5, entering into force 3 September 1953.

20 American Convention on Human Rights, OAS TS No. 36, 1144 UNTS 123, entering into force July 18, 1978.

21 African Charter on Human and Peoples' Rights, OAU Doc. CAB/LEG/67/3 rev. 5, entering into force 21 October 1986.

22 Supra note 18.

23 Supra note 19.

24 Supra note 20.

25 Supra note 21.

26 See, for example, UN HRC General Comment No. 10, Article 20 (Nineteenth session, 1983), reprinted in Compilation of General Comments and General Recommendations adopted by Human Rights Treaty Bodies, U.N. Doc. No. HRI/GEN/1/Rev.6 at 133 (2003); Ross v. Canada, UN HRC Comm. No.

also limit certain kinds of speech or expression.[27] Article 20 of the ICCPR is an example, reading:

> 1. Any propaganda for war shall be prohibited by law.
> 2. Any advocacy of national, racial or religious hatred that constitutes incitement to discrimination, hostility or violence shall be prohibited by law.

These restrictions are meant to protect the rights of others and to ensure that the right to expression is exercised responsibly.[28] Additional justifications for restrictions on the freedom of expression are found in the article granting the right. For example, article 19 of the ICCPR states in paragraph 3 that:

> 3. The exercise of the rights provided for in … this article carries with it special duties and responsibilities. It may therefore be subject to certain restrictions, but these shall only be such as are provided by law and are necessary:
>   (a) For respect of the rights or reputations of others;
>   (b) For the protection of national security or of public order (*ordre public*), or of public health or morals.

Despite these provisions, the accommodation between the human right to freedom of expression and the human right to freedom of religion is complex. Fortunately, assistance in how to deal with this accommodation has however, been repeatedly provided—with a relative degree of consistency—by international human rights bodies of diverse membership that have been confronted with cases involving clashes between the right to freedom of

---

736/1997, 10 BHRC 219 (26 October 2000) at para. 11.5 (discussed below); Otto-Preminger-Institut v. Austria, ECtHR Dec. Ser. A, No. 295, (1995) 19 EHRR 34 (20 September 1994) (discussed below) at para. 47; and Francisco Martorell v. Chile, Case 11.230, Report No. 11/96, IAComm.H.R., OAS Doc. No. OEA/Ser.L/V/II.95 Doc. 7 rev. at 234 (1997) at para. 62.

27 Art. 10(2) of the ECHR, Art. 13(5) of the ACHR and Arts. 27-29 of the ACHPR.

28 See, for example, Nowak, M., U.N. Covenant on Civil and Political Rights. CCPR Commentary (2nd Rev'd ed., 2005), 472.

expression and that to the freedom of religion.

In deciding whether or not there has been a violation of human rights, the various human rights bodies have invariably used a relatively common approach whereby they decide (1) if there has been an interference with a protected right, (2) whether the interference is based on existing law, (3) whether the interference is based on a legitimate aim, and (4) whether the interference is necessary in a democratic society.[29]

Several of the cases defining this test in greater detail have dealt with the relationship between the freedom of expression and the freedom of religion.

One of the most notable of these cases is *Otto-Preminger-Institut v. Austria*,[30] which was decided by the European Court of Human Rights in 1994. In this landmark case, the Court gave religious beliefs protection against infringement through the exercise of the right to freedom of expression. The case involved the showing of a film—*Das Liebeskonzil* ("Council in Heaven") by Werner Schroeter—that allegedly offended the religious sentiments of Catholics. The film was seized and ultimately destroyed by the Austrian authorities. The authorities justified their "seizure of the film [because it was] an attack on the Christian religion, especially Roman Catholicism".[31] The Court found that the state was justified in confiscating and destroying the film "to protect the right of citizens not to be insulted in their religious feelings by the public expression of views of other persons".[32] The right of the state authorities to take action to protect religious belief was clearly exonerated.

In 2000, the United Nations Human Rights Committee was confronted with a similar alleged conflict between the freedom of expression and the freedom of religion. In *Ross v. Canada*, a teacher had been removed from a teaching position for writings that defended Christianity and criticized Judaism. The writings were not contrary to Canadian law and they were done in the author's own time without using any resources of the state school where he taught. Furthermore, no mention was made of the author having used his

---

29 See Doebbler, C.F.J., Introduction to International Human Rights Law (2006), 127.

30 See supra, Otto-Preminger-Institut v. Austria, at note 26.

31 Id. at para. 52.

32 Id. at para. 48. Also see Murphy v. Ireland, ECtHR Appl. No. 44179/98, [2003] ECHR IX.

writings to incite religious or other types of hatred. Nevertheless, the Committee was of the opinion that the removal of the teacher "from a teaching position can be considered a restriction necessary to protect the right and freedom of Jewish children to have a school system free from bias, prejudice and intolerance".[33] After finding that there was an interference that was allowed by law, the Committee also found that the state had a legitimate interest in limiting the petitioner's speech because it was perceived to be disparaging of a religion. The action taken against Mr. Ross did not, therefore, constitute a violation of his freedom of expression. In other words, once again the freedom of religion was protected against threats even when the protections limited an individual's freedom of expression.

Shortly thereafter, the Inter-American Court of Human Rights decided *Olmeda Bustos, et al. v. Chile* ("The Last Temptation of Christ").[34] This case dealt with facts very similar to *Otto-Preminger-Institut v. Austria.* Once again the censorship of a film was involved because the film allegedly offended the religious values of a particular religion in the state concerned. In this case a motion picture company had sought permission from the Chilean Cinematographic Council to show the film entitled "The Last Temptation of Christ" in Chile. Permission was first denied and then granted with the restriction that the film only be shown to audiences over 18 years of age. Later, however, even this limited permission was canceled by the Chilean courts after persons acting on behalf of the Christian community—and specifically Jesus Christ—challenged the granting of permission on the grounds that it violated the honor of Christian persons. The Supreme Court of Chile agreed with these claims finding that the film violated the right to dignity of the person of Jesus Christ. The case came before the Inter-American human rights mechanisms eventually reaching the Inter-American Court of Human Rights. The Court decided that preventing the film from being shown constituted a violation of the right to freedom of expression. Unlike the two previously mentioned human rights mechanisms, the Inter-American Court found that the matter did not raise an issue of religious freedom and dealt with the case merely as one of

---

33 See supra, Ross v. Canada, at note 26, at para. 11.6.

34 Olmeda Bustos, et al. v. Chile, IACtHR Decision, Ser. C, No 73 (5 February 2001).

the freedom of expression. In so doing, the Court was able to concentrate on the "absolute" ban on prior censorship in article 13, paragraph 4, of the American Convention on Human Rights.[35] Such an explicitly defined ban on prior censorship does not exist in other international human rights systems. Moreover, the Inter-American Court also interpreted the "right to maintain, change, profess or disseminate" one's religion more narrowly than the other human rights bodies already mentioned, concluding that none of these freedoms has been violated.[36]

In a more recent case, the European Court of Human Rights rejected the Inter-American Court's narrow understanding of the freedom of religion. In so doing the Court found that Turkey could legitimately impose a criminal fine on a publisher for producing a book that the Turkish courts had found to be blasphemous and insulting to Muslims.[37] The Court acknowledged that there had been an interference with the freedom of expression, but considered "that the measure taken [an 'insignificant fine'] in respect of the statements in issue was intended to provide protection against offensive attacks on matters regarded as sacred by Muslims that the measure taken in respect of the statements in issue was intended to provide protection against offensive attacks on matters regarded as sacred by Muslims"[38] and was therefore a legitimate state action.

The European Court of Human Rights has also considered acts of freedom of religion as part of the freedom of expression. In *Paturel v. France*, for example, the Court found that the conviction of an author for his book criticizing anti-sect movements from his perspective as a member of the religion of the Jehovah's Witness, contravened the freedom of expression in article 10 of the European Convention on Human Rights.[39] In this case the Court

---

35 This article limits the "prior censorship" of "public entertainments" to "the sole purpose of regulating access to them for the moral protection of childhood and adolescence". Note that paragraph of this same article does allow for limitations based on the protection of the rights of others and paragraph 5 of the same article requires the criminalization of religious hatred. The court did not discuss either of these paragraphs.

36 Supra, note 34 at para. 79.

37 İ.A. v. Turkey, ECtHR Appl. No. 42571/98 (13 September 2005).

38 Id. at para. 30.

39 Paturel v. France, ECtHR Appl. No. 54968/00 (22 December 2005).

appeared to impose limits on the margin of appreciation of the state as to the determination of the value of the act of expression.[40] In comparison, the European Court in considering that the exercise of a religious act—the wearing of headscarves in a Swiss school by Muslim girls—could be interfered with by the state gave the state a significant margin of appreciation.[41] In both cases, the Court appeared to consider the relevance of state's actions on the value of democracy, although one may wonder if the Court's assumption of "secularism" as a value of European democracy[42] is valid in an expanded European context. In any event, these recent cases of the European Court appear to reiterate a general principle stated in *Otto-Preminger-Institut v. Austria* that "[i]t is not possible to discern throughout Europe a uniform conception of the significance of religion in society".[43]

It is clear from this brief review of some of the international human rights jurisprudence concerning the freedom of expression and the freedom of religion that international human rights bodies have been willing to allow state interference with the right to freedom of expression in order to protect the freedom of religion. This conclusion is consistent with the resolutions entitled "Combating Defamation of Religions" which have been passed in several successive years since 2002. The main point of these resolutions "[e]ncourages states … to provide adequate protection against all human rights violations resulting from the defamation of religions and to take all possible measures to promote tolerance and respect for all religions and their value systems".[44] These resolutions also reflect the significant concern being expressed by the majority of the international community that religions be protected against attacks.

---

40 The Court's decision focused on the fact that in finding the author criminally liable, the French court had referred to the author's beliefs as a Jehovah's Witness. See id. at para. 45.

41 See Dahlab v. Switzerland, ECtHR Appl. No. 42393/98 (2001) and Leyla Şahịn v. Turkey, ECtHR Appl. No. 44774/98 (10 November 2005).

42 See, for example, Leyla Şahịn v. Turkey, supra note 41 at para. 113.

43 Leyla Şahịn v. Turkey, supra note 41 at para. 109 (citing Otto-Preminger-Institut v. Austria, supra note 26 at para. 50).

44 UN Doc. E/CN.4/RES/2002/9 (2002). Also see UN Doc. E/CN.4/RES/ 2003/4 (2003); UN Doc. E/CN.4/RES/2004/6 (2004) and UN Doc. E/CN.4/RES/ 2005/3 (2005).

V. The Danish Cartoon Controversy and International Human Rights Law

The jurisprudence and actions of international bodies on issues of international human rights law provide some guidance for how the Danish government could have dealt with the cartoon controversy. Below is a summary of how this law helps us to understand the controversy.

First, it appears that the Danish government had a significant degree of discretion in deciding whether or not to punish the publishers of the cartoons. Indeed, had the government punished the *Posten* or its editors, such a punishment would not have likely fallen afoul of the prohibition of prior censorship since the cartoons had already been published.

Second, any measures taken by the Danish state would have had to satisfy the test of being necessary in a democratic society, which in practice translates into a test of proportionality once the state has come forward with a legitimate reason for the restrictions such as the one stated above. Cursorily, this means that the measures taken by the state—the punishment or fine imposed—would have had to be such so as not to completely stifle the freedom of expression in religious matters and to have been a reasonable response for protecting the religious freedom of Muslims.

Third, because the Danish state did not take any action against the publishers when it had the discretion to do so in accordance with its international human rights law obligations, this could be interpreted as a political decision not to protect Muslims against attacks on their religious beliefs or at best indifference to protecting them from such attacks.

As these points indicate, while international human rights law does not mandate a specific solution for the Danish cartoon controversy, it does provide a guide to what action the Danish state might have taken consistent with its obligations under international human rights law and which may have defused the controversy that evolved. These steps could have included an official condemnation of the publication of the cartoons as insulting to Islam and a token penalty. While these actions were not required, they would have been intelligent political steps. Moreover, given that few could criticize the Danish authorities' political astuteness, the failure to take these steps creates suspicion of an intentional policy. Furthermore, as indicated above such suspicion finds adequate support in the wider context in which Muslims increasingly find themselves under attack in western societies.

VI. Understanding the Danish Cartoon Controversy in a Multicultural Society

Although international human rights law does not provide a template solution to the Danish cartoon controversy, it does indicate that the Danish state enjoyed a degree of flexibility in its actions. This state discretion could have been exercised within the context of a multicultural society and in a manner consistent with Denmark's international obligations. The challenge constituted both an opportunity and a test for state policy dealing with the increasingly globalized dimensions of multicultural society.

The reaction of the Muslim community defending their faith was foreseeable. Muslims have constantly gone into the streets to object to insults not only by outsiders, but also by their own leaders. For example, on 17 September 2005, just days before the cartoons were published hundreds of thousands of Pakistanis demonstrated against their President's suggestion that women claming to be raped were doing so to claim compensation.[45]

Often insults emanating from outside the Muslim community have drawn a more heated response.[46] Since March 2003, for example, hundreds of thousands of Muslims have not only regularly and peacefully demonstrated against the illegal invasion of Iraq, but an armed resistance has fought to remove the United States and its allies who continue the *de facto* military occupation of Iraq.

The cartoon controversy cannot be viewed in a vacuum in a globalized and multicultural world in which the followers of Islam have been repeatedly the victims of western aggression and oppression. Afghanistan, Iraq, and Palestine stand as the most obvious examples of how western nations have

---

45 On 4 May 2007 a court in Azerbaijan sentenced two journalists to four years in prison for publishing an article on 9 November 2006 criticizing Islam. See Al-Jazeera, "Azeris jailed for supporting Islam", reported in Arabic on Al-Jazeera TV on 4 May 2007.

46 Witness the recent response to the British government award to Salman Rushdie.

supported the use of force that has led to the killing and oppression of millions of Muslims. Countries with Muslim majorities have often suffered disproportionately from the scourge of poverty, high infant mortality rates, lack of sanitation, and the lack of human development as consequences of this aggression. This is not to diminish the accomplishments of many Islamic countries, but merely to suggest that an observer could reasonably wonder why Muslims account for such a high proportion of those who are vulnerable and could rationally relate this to the victimization of Muslims.

There are, of course, many non-Muslim groups who have shared the indignity of such derogatory treatments—for example, the majority of sub-Saharan Africa residents live on less than two euros a day per person, while western multinationals, and sometimes their own elites, exploit the resources of their countries. To this broader group the Muslims standing against the Danish cartoons may well be seen as part of a broader struggle against the phenomenon of neo-colonialism that often manifests itself in the exercise of western freedoms.

The feeling of being threatened by actions directed against widely-shared value precepts is not something unique to Muslims. The human rights cases discussed in Section Four above indicate that members of other religions have felt threatened when what they perceive to be their religious freedoms have been limited by the state or when the state has failed to protect them.

While the guidance given by the international human rights bodies does not provide a solution, it clearly highlights the seriousness with which concerns related to religious values need to be taken and the right of states to take action to protect these values against irresponsible exercises of the freedom of expression. Viewed in this light, the Danish government's reaction to the publication of the controversial cartoons evidences a failure to take religious values seriously and an intentional failure of the state to the protection of Islamic values.

Finally, the cartoons undoubtedly inspired a wide-ranging and sometimes extreme reaction against what was perceived as an attack against the freedom of religion. Whether this is a bad consequence or not very much depends on one's vantage point. For example, would it be terrible if the impoverished people of Africa more actively protested against the rich developed countries' governments agreeing almost half a century ago to provide 0.7% of the GDP each for overseas development assistance and to implement debt-forgiveness programmes, but failing to fulfill these commitments? For the many rich elites—both in developed and developing countries—such complaints might be uncomfortable and inconvenient, but for the impoverished people who lost billions of life years annually to such disparaging treatment so that such complaints might seem eminently justified. In this way, maybe the danger that dissents against the exercise of the press freedoms that are so prized in the developed world contributes to making the society more multicultural. Perhaps it would not be bad at all if the majority of the world were incited to question how the elites exercise their freedoms on their own terms. This would serve the cause of multiculturalism by empowering some of the most vulnerable groups of people in the world.

Two Faces of Multiculturalism in Present International Law

Vladimir-Djuro Degan*

I. Introduction

With Edward McWhinney I became friends on his initiative. The Basel Session of our Institute of International Law took place between 26 August and 3 September 1991, in a dramatic period for Croatia. After the brutal and unconstitutional suppression of the autonomy of Kosovo and Voyvodina that had happened already in the beginning of 1989, and after the short conflict in Slovenia between 26 June and 7 July 1991, Croatia was then the main target of the brutal attacks by the Yugoslav Federal Army and Serb insurgents. That culminated later on the same year in the siege of Dubrovnik and the fall of Vukovar with the ensuing massacre of the wounded from the City hospital.

My *Confrère* Edward McWhinney was at that time well aware of all these events and he expressed his sympathies to me. For him that was not just a Balkanic war in which the aggressor and his victims could not be distinguished. In addition, he proved knowledgeable of various groups of Yugoslav immigrants in his native Canada. He thus detected among Croats a nostalgic group remaining of the Fascist regime from World War II, and the other one democratic. He told me that among the Serbs there were as many as three groups: one monarchist, another titoist, and the third one moderate democrats.

Hence our friendship deepened in light of McWhinney's special knowledge and interest of what happened in the former Yugoslavia later on. The

* Membre de l'Institut de droit international, Emeritus Professor of the University of Rijeka (Croatia).

Sienho Yee & Jacques-Yvan Morin (eds.), Multiculturalism and International Law, 517-559.

conflict continued in Bosnia-Herzegovina in 1992, and it ended in 1999 in Kosovo. He is not a person for quick impression and stereotypes, which he also proved in organizing the excellent Session of our Institute in Vancouver in 2001.

*

At the time I got the invitation to prepare an article for the Essays in honour of my friend Edward McWhinney, I did not feel that I was an expert on Multiculturalism in present International Law. So, I began with research among the contributions on this subject-matter in a broad sense, in the collected papers dedicated to my *confrères* and other colleagues, to which I also contributed albeit on different topics. To this I must add a precious book by our *confrère* François Rigaux: *Guerres et interventions dans le Sud-est européen*, published by Pedone in Paris in 2004. Of course, in this the writings by Samuel Huntington cannot be neglected.

In these materials collected *ad hoc*, I found some precious writings on Multiculturalism from which I myself have learned a lot, along with some simplified allegations which seek to be clarified.

II. The Notion of Culture (Civilization) and Its Different Types

For the purposes of the present analysis "multiculturalism" means various civilizations in the present international community of sovereign States.[1] When we take into account various legal traditions, we connect "cultures" more often than not with different religious teachings and the philosophies based on in particular societies.

Judge C.G. Weeramantry from Sri Lanka made particular efforts in search of the concepts of traditional law in major global traditions, in order to

---

1 Hence, Le Petit Robert defines "culture", *inter alia*, as "Ensemble des aspects intellectuels d'une civilisation: La culture gréco-latine, Culture occidentale, orientale. La culture française". "Civilization" is: "ensemble de phénomènes sociaux (religieux, moraux, esthétiques, scientifiques, techniques) communs à une grande société ou à un groupe de sociétés. Civilisation chinoise, egyptienne, grecque. Les civilisations pré-colombiennes d'Amérique. Civilisation occidentale…."

further enrich the present public international law. He thus discerns the main features of the following religious and philosophical traditions which should be useful for that purpose: 1. Buddhism; 2. Confucianism; 3. Hinduism; 4. Islam; 5. Judaism; and 6. Christianity.[2]

From quite a different perspective, Samuel P. Huntington in his book which still incites fervent arguments, enumerates the major contemporary civilizations as follows: (i) Sinic (Chinese); (ii) Japanese; (iii) Hindu; (iv) Islamic; (v) Orthodox; (vi) Western; (vii) Latin American; and (possibly) (viii) African.[3] For him, too, religion is a central defining character of civilizations.

Depending on the criteria adopted, other authors can provide, for their own purposes, differing classifications of the main civilizations in the present world community. It should be noted that Weeramantry undertakes his research for the sake of a productive synthesis of concepts from various legal and philosophical traditions, in order to enrich the existing rules of general international law. Now that the Cold War has ended, Huntington looks at different civilizations as the main cause of future conflicts at the global level. Of course, in our further analysis we cannot overlook these two aspects of "civilizations" or "cultures".

III. The Growth of "Multicultural" International Law

As is commonly known, the adjective of the term "civilization" is used in the qualification of one of the main sources of international law. In Article 38(1) of the Statute of the International Court of Justice, among the sources applied by it there are, under sub-paragraph (c), "the general principles of law recognized by civilized nations".

The existence and the scope of this particular source were, and still are, a matter of doctrinal controversies.[4] Some authors rejected the existence of this

---

2 Cf., C.G. Weeramantry, Cultural and Ideological Pluralism in Public International Law, in: Liber Amicorum Judge Shigeru Oda, Volume 2, The Hague 2002, pp.1491-1520, at pp.1505-1519.

3 Samuel P. Huntington, The Clash of Civilizations and the Remaking of World Order, Touchstone Books 1998, pp.44-47.

4 See the large review of these disparate opinions: V.D. Degan, Sources of International Law (Martinus Nijhoff Publishers), The Hague 1997, pp.14-19.

source simply because of its above-mentioned qualification.[5] It allegedly divides all the nations or States into "civilized" and "non-civilized".

Nevertheless, whatever the drafters of this provision and its dubious qualification had in mind in 1920, today, all "nations" are organized in States, and statehood must be accepted as a mark of civilization. That is because law, i.e. the existence of a legal order in a State, also implies civilization.

On the other hand, even some "civilized" States have undergone periods of totalitarian rule in their history, whose legal order and practice could not be qualified as being "recognized by civilized nations". That was in particular the case with the Nazi Germany whose law and practice were based on "racial" discrimination according to the criteria dictated by its leadership. The same applies to certain so-called "new" principles of Nazi criminal law: that of *nullum crimen sine poena* (that no crime must remain unpunished), and the notorious "sound popular feeling", applied directly as such by national-socialist judges.[6]

The foregoing qualification from Article 38(1), sub-paragraph (c), of the Court's Statute should be reasonably interpreted today in the sense that it is the matter of the general principles of law – which are common to advanced legal systems of the world – regardless of the particular form of civilization. In support of this interpretation Article 9 of the Statute of the Hague Court is to be invoked, which provides that the body of elected judges forming the Court should assure as a whole – "the representation of the main forms of civilization and of the principal legal systems of the world".

The present composition of the International Court of Justice fulfills the above-mentioned requirement. Therefore, as Michel Virally had stated many years ago: "anything which all the judges of the Court are prepared to accept as a 'general principle of law' must in fact be 'recognized by civilized nations'".[7]

It is, nevertheless, not necessary, as Wolfgang Friedmann stressed, that

---

5 See the strong criticism of this wording as incompatible with the UN Charter and as a legacy of colonialism, by the Lebanese Judge Fouad Ammoun in his separate opinions to two Judgments of the Hague Court: on the North Sea Continental Shelf cases, I.C.J. Reports 1969, pp.132-133; and on The Barcelona Traction, Light and Power Company, Limited, I.C.J. Reports 1970, p.309.

6 The Socialist regimes achieved similar objectives distorting some general principles, but not openly denying them.

7 Cf., The Sources of International Law, in Max Soerensen (ed.), Manual of Public

the general principles should be found to exist in identical form in every legal system of civilized law. However, as comparativist Gutteridge alleged, its application must not be doing violence to the fundamental concepts of any of those systems.[8]

It is not difficult to identify some other universally applicable general principles of law relating to legal relations between all States, at all times and regardless of the particular form of civilization. When two or more States conclude an agreement with their common intention to carry it out in good faith, the fundamental principle *pacta sunt servanda* is immediately applicable. The 1969 Vienna Convention on the Law of Treaties codifies in detail other general principles of law in this domain. They should be neutral with respect to the variety of civilizations of their States parties. In fact, it is not dissimilar to the principles of formal logic and of mathematical operations.

Based on the principle of *pacta sunt servanda*, some rules of customary law exist from time immemorial. In the *U.S. Diplomatic and Consular Staff in Tehran* case (Provisional Measures) of 1979, the International Court of Justice declared that:

> there is no more fundamental prerequisite for the conduct of relations between States than the inviolability of diplomatic envoys and embassies, so that through history nations of all creeds and cultures have observed reciprocal obligations for that purpose.[9]

In its Judgment, in the same case, of 24 May 1980, the Court reiterated this fact in another context:

> The Vienna Conventions, which codify the law of diplomatic and consular relations, state principles and rules essential for the maintenance of peaceful relations between States and accepted throughout the world by nations of all creeds, cultures and political complexions ...[10]

International Law, London 1968, p. 146.

8 Cf., Wolfgang Friedmann, The Uses of "General Principles" in the Development of International Law, American Journal of International Law 1963, No. 2, pp. 284-285.

9 I.C.J. Reports 1979, p.19, para.38.

10 I.C.J. Reports 1980, p.25, para.45.

*

It is, however, far from the truth that a few precepts of international law of this scope of validity can regulate all kinds of relations between States. The international community has undergone deep transformations throughout the centuries. It is now faced with new challenges, requiring new legal solutions.

In view of the problems of cultural and ideological pluralism, Judge Weeramantry has divided, with good reason, the evolution of the Law of Nations into its five phases.

(i) The first phase is marked by the teachings of natural law from Aristotle and Cicero to the end of the 18th century. The loose universalist ideas on human being, and later on, on the universal Christian Empire in Europe, had no strong impact on the harsh reality of slavery, serfdom and on the acquisitions by States of indigenous territories based on the title of "discovery". Nevertheless, at the end of that period there appeared legal instruments of lasting importance which will be discussed separately.

(ii) The second phase was distinguished by legal positivism. The positive international law of that time was conceived to be valid only among "civilized States" of Christian Europe, to which later on the United States and the countries of Latin America were added.[11] Another circle formed the so-called "semi-civilized States" which enjoyed only "partial recognition". According to Franz von Liszt "they are part of the international community to the extent they are bound by treaty to civilized nations". As for the rest, i.e. "savage humanity" or the "uncivilized", they were left to the "discretion" of the members of the international community and to their moral sense or feeling (but without any obligation on their part).[12] These rules were not more than a product of the

---

11 It is true that according to Article 7 of the Paris Peace Treaty of 1856, ending the Crimean War, the Sublime Porta was "admitted to participate in the advantages of the public law and the Concert of Europe". But that did not change its actual situation until the reforms undertaken by Kemal Atatürk in 1924, by which he created a modern and secular Turkey.

12 Quoted according to Georges Abi-Saab, International Law and the International Community: the Long Road to Universality, in: Essays in Honour of Wang Tieya, Martinus Nijhoff, 1993, at p.39.

imperialism of the Western Powers.

(iii) The third phase was marked by the universalization of the international community mostly through the United Nations Organization. That was also the period of the Cold War with the dominance of the two ideologies and its negative consequences. However, the concept of human rights was extended to social, economic and cultural rights.

It should be added here that the struggle between the two blocs of States with their opposed ideologies was mitigated by the Non-aligned Movement. In this Movement, embracing the majority of UN members, including India, Egypt, Burma, Indonesia, Sri Lanka and other States of the Third World, the Yugoslav Federation at the time of its President Tito was very active. It should not be forgotten now that many important international instruments codifying the rules of general international law of lasting importance were adopted with the support and participation of this Movement. Yugoslav lawyers of that time were very active in drafting and adopting these legal rules.[13]

It was a shock for many that with the end of the Cold War that peace-loving and active member of the international community simply collapsed in a series of bloody fratricidal conflicts. This event raises many questions which directly concern the main topic of our discussion here. According to some interpretations, since its establishment in 1918, Yugoslavia was an artificial creation composed of nations belonging to different civilizations. As a consequence, its demise could not be avoided. It is, nevertheless, a fact that in the period of the Cold War Yugoslavia seemed to be so stable and consolidated as a State that almost nobody associated it with the previous Balkanic conflicts. All these questions need a thorough explanation.

(iv) The fourth phase according to Weeramantry is still lasting. It is marked with the trend towards globalization in all areas of activity. With the end of the Cold War only one superpower is in the dominant position in world affairs. With the demise of the Soviet Union the ideology of the welfare State is pushed aside in the West. In association with global financial institutions the free trade principle began to enter even such areas as education, health care and public utility services. Globalization, driven by the economic imperative,

---

13 See a review of this contribution, Milan Šahović, The Former Yugoslav Federation and International Law, in: Essays in Honour of Wang Tieya, Martinus Nijhoff, 1993,

submerged other inputs into international law.

Weeramantry explains one example in this respect. If the principles of environmental protection required one form of action and the principles of free trade required another, the balance tended to tilt in favour of the latter and this trend manifested itself even in decisions of World Trade Organization tribunals. "The dice came to be heavily weighted against all principles and philosophies other than free trade".

However, to believe Weeramantry, this is only a passing phase. It is true that liberal capitalism is in its present form self-destructive. It needs new legal regulations in order to be viable and to subsist.

The author stresses that the globalization has served the important purpose of forcing people all over the world to look inward to their own cultures to see what they contain. According to him, we are today witnessing the emergence of the multicultural approach.

(v) Weeramantry believes that the current situation can be overcome by a thorough research of the potentials of various cultures in order to contribute to the development of public international law. To this end he indicates in his article some features in cultural traditions enumerated above, together with the original Christian teachings. At the same time, he proposes a long list of issues in present international law which should be further developed on this basis.

It appears that the above reformation should principally be accomplished through "the teachings of the most qualified publicists of various nations" under Article 38(1), sub-paragraph (d) of the Statute of the Hague Court. Nevertheless, he stresses the special importance of the "general principles of law recognized by civilized nations" under its sub-paragraph (c).

The initiative by Judge Weeramantry should be welcomed. It seems, nevertheless, highly important from the outset, to couch the precepts of the foregoing teachings in the form of rules *de lege ferenda.*[14] In time, some of them could be transformed into positive rules of customary international law through the practice of States and *communis opinio juris.*

However, nothing precludes even now two or more States belonging to

---

pp.619-629.

14 It seems that the idea of the New International Economic Order has failed partly because the related declarations insisted more on the aims to be achieved than on sound legal principles.

the same legal tradition, as for instance Islamic or Buddhist, from appointing an arbitral tribunal among the members of their confidence who are at the same time the most qualified specialists of that law. Such a tribunal could perhaps settle their actual disputes on this basis. These awards, if published, could have an influence on the body of international law comparable to that of other arbitral awards.

IV. The Clash of Civilizations

This is an entirely different aspect of multiculturalism that cannot be neglected at present. Samuel P. Huntington, a political scientist from the United States, published an article in *Foreign Affairs* in 1993 under this title, followed by his book in 1997.[15]

His writings were obviously inspired by the conflicts in the former Yugoslavia, especially in Bosnia-Herzegovina where the three factions seemed to be divided along their religious differences. What is more important, his writings preceded the events of 11 September 2001 in the United States. After the trauma they provoked world-wide, it seemed that this author faithfully described the new era in the post-Cold War Global Politics, notably the Islamic terrorism.

In Huntington's interpretation of this new world, "local politics is the politics of ethnicity; global politics is the politics of civilizations".[16] "In the post-Cold War world States increasingly define their interests in civilizational terms. They cooperate with and ally themselves with States with similar or common culture and are more often in conflict with countries of different culture."[17]

Because for him, too, religion is a central defining character of various civilizations; that would perhaps imply that the greater the religious differences between States, the more probable conflicts seem to be between them than with others.[18] For instance, the Hindu civilization stands very much apart from the

---

15 Here is quoted its paper-back edition published by Touchstone Books in 1998. See supra, n.3.

16 Huntington, above n. 3, p.28.

17 Ibid., p.34.

18 It is a fact that the era of Communism with its militant atheism, which in the Soviet Union lasted the longest, proved to have no lasting impact on the societies in these

three monotheistic religions of Abraham: Judaism, Christianity and Islam. And unlike various Protestant denominations, the doctrines of the Catholics and the Orthodox are almost the same in religious matters, although they are historically separated into two distinct Churches. On the other hand, the Russian, Serbian, Greek, Bulgarian and Macedonian national churches belong to the same Eastern Orthodox religion. As a consequence, there should not be any important discords between the Macedonian, Serbian, Bulgarian or Greek congregations, and between their respective States. However, all that is far from being true and Huntington does not have in mind the differences and similarities of this nature. In fact, he tries to apply a more sophisticated approach to these problems.

As already stated, this author divides the entire world into seven or eight major civilizations. Parallel to the Sinic, Japanese and Hindu civilizations, Islam forms a civilization in itself, although he recognizes that many distinct cultures or subcivilizations exist within it, including the Arab, Turkic, Persian, and Malay.[19]

It is more interesting though, how Huntington divides the Orthodox, Western and Latin American civilizations as separate. The Western civilization encompasses the areas of early European Christendom with Catholicism and Protestantism as its single most important characteristic. Now, it also comprises the United States as the leading power, and other States settled by the Europeans such as Canada, Australia and New Zealand.

The States from Western and Central Europe went through the Reformation and the Counter-Reformation, which was totally absent from Eastern Orthodoxy and largely missing in the Latin American experience.[20] Although an offspring of European civilization, Latin America had an authoritarian culture, which Europe had to a much lesser degree and North America not at all.[21]

States. For instance, already in 1991 Russia immediately returned to its Orthodox values and tradition. The same happened in the Catholic Poland, or in the former Central-Asian Soviet Republics with predominant Islamic population. Some of these States remained more secular than others.

19 Huntington, above n. 3, p.45.

20 Ibid., p.70.

21 Ibid., p.46.

As being a politologist, Huntington was wise enough to make a far-reaching reservation in the Preface of his book: "While a civilizational approach may be helpful to understanding global politics in the late twentieth and early twenty-first centuries, this does not mean that it would have been equally helpful in the mid-twenty-first century."[22]

This, however, does not exclude our observation and critical assessment of the views in his book in relation to the time referred to in it. Hence, in its very beginning he described an event in the capital of Bosnia-Herzegovina in the following terms: "On April 18, 1994, two thousand people rallied in Sarajevo waiving the flags of Saudi Arabia and Turkey. By flying these banners, instead of UN, NATO, or American flags, these Sarajevans identified themselves with their fellow Muslims and told the world who were their real and not-so-real friends."[23]

This allegation deserves a broad comment. A city of some 450,000 inhabitants just before the conflict in Bosnia-Herzegovina, Sarajevo endured in its largest part a siege by the Serbian forces. It was longer even than the siege of Leningrad during World War II, with comparable tragic consequences. It lasted exactly between 6 April 1992 and 12 October 1995.[24]

That siege would never have happened had the UN Security Council not adopted its resolution 713 of 25 September 1991, imposing a general and complete arms embargo on the entire Yugoslavia, under Chapter VII of the UN Charter.[25] The Serbian part having unlawfully appropriated most of the arms of the former "Yugoslav People's Army", other new States, especially Bosnia-Herzegovina, remained without the means to resist the aggression.

During that long period of the siege, the civilians of that unfortunate city were daily exposed to artilleries and snipers shelling from the surrounding mountains, regardless of their civilizational affiliation. About 11,000 inhabitants were killed, among them 2,500 children. A special target of artillery was the City Maternity Hospital, which was soon razed to the ground. Even the funeral services for the victims were fired upon by snipers at city cemeteries, which

---

22 Ibid., p.14.

23 Ibid., p.19.

24 Leningrad was encircled by the German Army between August 1941 and January 1944.

25 See the text, International Legal Materials 1992, No. 6, pp. 1433-1434.

caused new civilian casualties.

With the majority of Bosnian Moslems, in that besieged part of the city lived about 30,000 Croats, 15,000 Serbs, and several hundred remaining Jews.[26] Almost all windows were shattered and the city was cut from the electric power and water supply for the longest period of time. All its inhabitants suffered harsh winters in 1992, 1993 and 1994. In addition, Sarajevo was cut from the rest of the world. The only connection was through a tunnel dug under the airport runway.

The UNPROFOR in Bosnia-Herzegovina was authorized by a series of the UN Security Council resolutions mainly to secure humanitarian relief. It could not use force except in self-defence. Being a peace-keeping mission, it was obliged to strict neutrality and tried to enjoy the confidence of all the conflicting parties. Apart from its duty to observe the situation, it did not even try to prevent or punish war crimes, including those atrocities daily committed against civilians in the besieged Sarajevo.[27]

Hence, the residents of Sarajevo, regardless of their religion or civilizational affiliation, did not have any reason until August 1995 to waive the flags of the UN, NATO or the United States, as expected by Samuel Huntington.[28] If, instead, some of them waived the flags of Saudi Arabia and Turkey, that was an act of despair, that even this author has no moral right to reproach.

I met some Serbs from Sarajevo, my former colleagues, who represented the Government of Bosnia-Herzegovina at international conferences abroad. I remember among them Professor Mihajlo Trifković in Geneva and Brussels.

---

26 The formerly quite numerous Jewish Community of Sarajevo was mostly annihilated during World War II. Many of these who survived moved to Israel after that War.

27 See a critical review of these UN Security Council resolutions and their actual effects, Malcolm N. Shaw, International Law, Fourth Edition, Cambridge University Press 1997, pp.868-872.

28 Only after the massacre committed in Srebrenica in July 1995 and the Serb mortar attack on a Sarajevo market in 28 August, U.S. air-planes destroyed, within two weeks, communication centers, air defence and ammunition dumps of the Army of the Republic of Srpska. Previously, in a joint offensive by Croatian and Bosnian forces, roughly 15 percent of the territory was liberated. The cease-fire agreement reached after that was the first one respected by the Serbian side. Soon after that intervention, the siege of Sarajevo was lifted forever.

During his short stays there the most precious thing for him was to have a bath in his hotel room. I admired him for his courage and perseverance to return to the hell of Sarajevo time and again.

For sure, these Serbs did not recognize their national leaders in Slobodan Milošević, Radovan Karadžić and Ratko Mladić, but, like the rest of us, saw them as the war criminals that they really were.

In fact, the conflicts in Croatia and, especially, Bosnia-Herzegovina, were not the best examples of the clash of civilizations Samuel Huntington had in mind. More than that they looked like assaults by rural population and their leaders against cities, which could otherwise be called "*urbicide*". This applies, for instance, to the damaging of the dome of the Šibenik renaissance cathedral or the demolition of the Old City of Dubrovnik by the Yugoslav Army, and to the destruction of the old historical bridge in Mostar by the Croatian forces. These conflicts were very much like the *Taiping* Rebellion in China between 1850 and 1865.

Huntington thus quite arbitrarily imagined the main causes of the clash of civilizations at the present time, and then tried to find evidence in support of his assumptions. In these undertakings he largely neglected, for instance, the repression against the Kurds by the government power of the States they live in, who all belong to the same Islamic civilization. He did not anticipate the present conflicts between the Sunni and Shiite populations in Iraq under foreign occupation. Perhaps he could *a posteriori* construe civilizational differences between these two Islamic religions. However, it is a struggle of a majority population which was formerly oppressed against a previously dominant minority. This has very little to do with civilizational differences, if at all.

There are many other examples like this from the former times. The Slavic Orthodox people in Macedonia, still under the Ottoman rule before the Balkanic Wars of 1912-1913, were enrolled either to the Bulgarian, or Serbian, or Greek Orthodox Churches and their schools according to their individual choice. As it happened, two or three brothers from the same family belonged to different Churches, depending on the prospects of getting a scholarship. However, during the Second Balkanic War in 1913, when the Greek and Serbian Armies occupied that territory, they killed and oppressed not only the Moslem Turks and Albanians, but also members of other Orthodox congregations. That was but another example of the war for territorial conquest and not a clash of civilizations.

In traditional Orthodox States such as Greece, Orthodox Churches other than the national one are simply banned.[29] For this reason the Macedonian Slavic population in Greece has never enjoyed minority protection, either on the basis of their ethnic origin, or different language, or even religion.[30]

To sum up, the main shortage of Huntington's theory is that, by announcing the clash of civilizations, we can all fall into the trap set by the Islamic terrorists who desire to oppose peoples against each other, one culture against another, a religion against another religion.[31] However, the strong opposition in some member States of the European Union to the admission of Turkey as a full member has exactly the same roots. This opposition also comes with a price.

*

There are other interpretations of ethnic conflicts throughout the world, which are not so much based on pretended civilizational differences, but which,

---

[29] According to Yugoslav Constitutions of 1921 and 1931, "recognized religions" were only those recognized as such before 1918 in any part of the Kingdom. That included the Serbian Orthodox, Catholic, Islamic and Jewish communities. It was, however, expressly provided that other religions could only be recognized by law. Because the Bulgarian Orthodox Church was treated as schismatic, there were no practical means for its legal recognition.

[30] Nicolas C. Alivizatos, The Constitutional Treatment of Religious Minorities in Greece, Mélanges en l'honneur de Nicolas Valticos, Droit et justice, Paris 1999, pp.629-642, brings some precious data on the actual situation in his State, at which he is very critical. According to Article 3 of the Constitution adopted in 1975, less than a year after the fall of the colonels' dictatorship, "the prevailing religion of Greece is that of the Eastern Orthodox Church of the Christ". Beyond it only two religious minorities are actually officially recognized in Greece: the Moslem minority in Thrace and the sparse Jewish minority. Unlike them, the Catholic Church with a few thousand believers mainly in the Cyclades, and even the thinner Protestant denomination in the area of Athens, are not officially recognized, the same as Jehovah's Witnesses. This also means that there is no possibility to organize the Macedonian Orthodox Church on the Greek soil.

[31] This was stressed in the inspiring speech by the French President Jacques Chirac at the opening session of the UNESCO conference in Paris on 15 October 2001. Cf. Le Monde of 16 October, p.17.

nevertheless, can lead to wrong political decisions with far-reaching harmful consequences.

There are doctrinal attempts to define in abstract terms the "ethno-nationalism" (different from the so-called "civic nationalism"), as the main cause of conflicts of this kind.[32] Such, otherwise convincing, conclusions can be followed by the one that in an actual conflict, for instance in the former Yugoslavia, there was no "blameless side". Consequently, the responsibility for all the calamities which affected the civilian population, is shared by all the conflicting parties.

Sometimes, this is simply not true. The Polish State between the two World Wars was not a model of western democracy. Anti-semitism, together with xenophobia especially against Polish Ukrainians, was widespread. Hence, ethno-nationalism existed in Poland like that in Germany. However, it was not Poland that committed the aggression against the Nazi Germany on 1 September 1939, but the opposite occurred. The Nazi regime erected all its extermination camps on the soil of the occupied Poland. And although we now all hate the Communist and National-socialist totalitarianism equally, it was Germany that invaded the Soviet Union on 22 June 1941, grossly violating the Molotov-Ribbentrop Pact of 23 August 1939.

There were still Germans, mostly in emigration, who cannot be blamed for all these misdeeds committed allegedly in the name of their Nation. Willy Brandt had no personal responsibility to kneel at the monument of the Warsaw ghetto. However, if ever a monument in honour of civilian victims in the besieged Sarajevo is erected, the then UN Secretary-General Boutros Boutros-Ghali will have every reason to do that.

Still, the gesture of the German Chancellor was highly appreciated throughout the world. He symbolized another Germany, profoundly different from the time of Adolf Hitler, Heinrich Himmler or Joseph Goebbels. It should, however, never be forgotten that the final outcome of the Nazi aggressive wars was the ethnic cleansing of 10 to 12 millions of ethnic Germans from the Baltic countries in Northern Europe to Yugoslavia and Romania in

---

32 See an excellent analysis to this end by Asbjorn Eide, Human Rights an Transition: Ethno-nationalism and the Falling Dominoes in Former Yugoslavia, in: Milica Develić Đilas, Vladimir Đerić (eds.), The International and the National, Essays in Honour of Vojin Dimitrijević, Belgrade 2003, pp.93-110.

the South, where they peacefully lived before Hitler.

In some other legal analyses facts are compared carelessly, without entering into their deep causes. In this respect I can quote as an example the conclusion by my friend Rein Müllerson, with whom I otherwise agree. "The experience of such culturally different countries as Nazi Germany, democratic Kampuchea, Bosnia, and Rwanda show that there is no specific genocidal culture in the world, or to put it another way, that acts of genocide can be committed by people whose culture, traditions, or religion differ widely".[33] It can, nevertheless, be reasonably doubted that the acts of genocide were committed by "peoples", perhaps in the sense of Thomas Hobbes.

Let us analyze a few of the examples quoted above. When Müllerson mentioned Nazi Germany, this implies that he has in mind the Germany of Adolf Hitler and not that of Konrad Adenauer or Angela Merkel.

The example of "democratic" Kampuchea needs a larger explanation. During the harsh years of the Vietnam War, Cambodia, under the rule of its Prince film-maker Norodom Sihanouk, looked like a paradise. However, that weak regime was unable to prevent the abuses of its national territory for the transportation of arms, ammunition and warriors of Vietcong between North and South Vietnam.

By 1970 the United States was already waging a lost war in South Vietnam, probably the same as now in Iraq. Those in the U.S. Government who encouraged the *coup d'Etat* and the destitution of Norodom Sihanouk in Cambodia on 18 March 1970, bear responsibility for all the calamities which have affected that previously prosperous and happy State, until the present date. The anti-communist regime of General Lon Nol imposed from abroad was soon replaced by the Khmer Rouge. There is, therefore, no legal ground sometimes to bring to criminal justice (in case it actually exists) persons who provoked bloody internal armed conflicts like that. The genocide by the Khmer Rouge was mainly directed against the urban population of Cambodia, similar to the later events in the former Yugoslavia.

Bosnia is not at all a good example for the genocide committed "by peo-

---

33 Cf., Rein Müllerson, On Cultural Differences, Levels of Societal Development and Universal Human Rights, Theory of International Law at the Threshold of the 21st Century, Essays in honour of Krzysztof Skubiszewski, The Hague 1996, pp.927-953, at p.934.

ple". The only crime that can be qualified in legal terms as genocide was the one that occurred in Srebrenica in July 1995. Even that massacre cannot be imputed to the Serbian people as a whole. Other atrocities committed in Croatia, Bosnia-Herzegovina and Kosovo were crimes against humanity or war crimes, bearing personal criminal responsibility of the perpetrators and their superiors on various sides. However, for the dynamics of the demise of the Yugoslav Federation and the responsibility of Governments for large-scale and systematic crimes that ensued, Bosnia was merely a by-product of that entire process. The central issue was the situation in Kosovo.[34]

Finally, the genocide with probably the greatest number of victims after World War II occurred in Rwanda, between 6 April and 17 July 1994. In that short period of time, between half a million and 800 thousand Tutsi and moderate Hutu were brutally killed, including women and children.

The population of that East-African State of some 7.8 million is traditionally divided along tribal lines between the majority agriculturalist Hutu and the minority cow-breeders Tutsi. The former German and Belgian colonizers found support in Tutsi as allegedly being the local "aristocracy". After the country acquired its independence in 1962, the majority Hutu demanded a greater voice in the State's affairs, but Tutsi were always over-represented in the Army and Government.

The massacre started after the airplane crash over Kigali under still mysterious circumstances, in which both presidents of Rwanda and Burundi perished. In the wake of the loss of their national leadership the Hutu erected barricades throughout the country and the massacre started. According to some, that genocide was spontaneous. But some see in it a carefully premeditated and organized action. In any event, the operation *Turquoise* by 2,500 French soldiers stopped the crimes and a new coalition Government was established.[35] It seems, however, that now all the power is in the hands of Tutsi again.

---

34 There is no room to explain here all these events and their deep causes in detail. But a careful reader should not overlook the excellent book by Noel Malcolm, Kosovo: A Short History, London 1998, 492 pages. This author has previously also published: Bosnia, A Short History, London 1994, 360 pages.

35 These data were collected from: Jean-Paul Bazelaire et Thierry Cretin, La justice pénale internationale, son évolution et son avenir De Nuremberg à La Haye, Paris 2000, pp.57-61.

At first glance this act of genocide looks for the most part like the one committed by a "people" against another "people". Nevertheless, its victims, who were Tutsi and moderate Hutu, cannot have a shared responsibility with their executioners. Its deep cause can be found in unequal chances between members of the two tribes who otherwise largely share the same Roman-Catholic religion and French language. This situation reminds of that in Kosovo.

*

Many massacres such as the above-mentioned ones could have been prevented if the UN Security Council, or some foreign powers, had not made wrong and inadequate decisions, and had the UN troops acted properly on the ground. Such wrong decisions, with all their tragic consequences, are most often based on the approach that there was "no blameless side" in an actual conflict.

However, the main cause of most of these inter-ethnic conflicts lies in somebody's wish to conquer a foreign territory, or to commit ethnic cleansing, acts of genocide, or "humanitarian resettlement", or in the best case a forceful assimilation of alien population, in one's own territory. The crimes in progress very soon reveal the truth that the well-being of one's own population is not of the primary concern. The territorial conquest becomes the purpose in itself, regardless of all its consequences.

Attempts to explain these conflicts in terms of the clash of civilizations can only encourage such bloody confrontations in the future and produce new human suffering on all sides, without offering viable solutions to their prevention.

This theory is in contradiction with itself. If its author really believes in all the values of the Western Civilization as he described them, a Western democratic Government cannot expel overnight all its citizens belonging to Hindu, Buddhist, Islamic, or even Orthodox civilizations. That is, of course, not in the mind of Samuel Huntington, but there are some extremist groups in these States which uphold such a policy, either directly or by implication. The same as at the time of the National-socialist regime in Germany, measures of this kind are not "recognized by civilized nations" and they themselves constitute international crimes.

V. Human Rights and Multiculturalism

Some legal authors and diplomats from the Third World object to the set of human rights as codified, for instance, in the 1948 Universal Declaration, as being a product of "Judeo-Christian civilization", reflecting an individualist ethos which is not in conformity with "communitarian" traditions of other societies.[36] It seems that there are some misunderstandings here, especially in respect of the first objection referred to above.

Are human rights really a product of Christian or even Judeo-Christian tradition as such? There are writers from the West who are trying to impose this prejudice on others. By doing so they prove in their arrogance the superficial knowledge of some facts from the past.

Early Christian teachings can in modern terms be characterized as "anarchist". There was, for instance, to the Christians from the 2nd century A.D. a serious problem as to whether military profession was compatible with their faith. However, when under the Roman Emperor Constantine the Great, Christianity became the State religion, and soon after that the exclusive religion in the Empire, the Church doctrine had no choice but to accommodate to this new reality. The teachings about just wars were revived and further developed.[37]

The Eastern Church in Constantinople submitted itself to the secular power, which became part of its tradition. The developments in Western Europe were different. Popes heading the Catholic Church as an organization inspired or even waged numerous wars against "infidels" of various kinds. Among them were the Crusades to recover the Holly Land. Later on, in Catholic countries there ensued prosecutions of Protestants by the Inquisition, which was very remote from the original Christian teaching. But it was not very much different in the protestant countries of the same period. In all these

---

36 See in this respect the larger explanation, Müllerson, above n. 33, pp.927-953; C.N. Kakouris, L'universalité des droits de l'homme, le droit d'être différent. Quelques observations, Hacia un nuevo orden internacional y Europeo, Estudios en homenaje al Profesor Manuel Diez de Velasco, Madrid 1993, pp.415-425.

37 Nevertheless, it must be admitted that if things had happened otherwise, the Barbarians could have extinguished all Christians in the territories they captured and devastated.

events, what was at stake was nothing else but battles for the control of territories.

In addition, Christian churches promised equality of all their believers only in the other world. On Earth itself they always found excuses for slavery and slave trade, or for conquests of native territories. They were the principal support of the Feudal order which was itself a negation of equality of human beings. Only some courageous theologians like Bartolomé de Las Casas or Suarez condemned or tried to moderate the greatest abuses in their time. But neither of them taught equality of all human creatures on Earth, regardless of their religious affiliations.

The roots of human rights are often found in the teachings on natural law. But some scholars even now confuse natural law with the writings of Hugo Grotius, or of his predecessors and followers. Nevertheless, a careful reader of his magisterial work *De jure belli ac pacis* cannot find in it a consolidated list of immutable and everlasting rules of natural law, including human rights in the modern sense.[38]

What Grotius tried to do in the time of the Thirty Year War was to establish a set of legal rules based on the "dictates of right reason" and on rational and social nature of man, as he perceived them. Although his rules were mostly of speculative character and highly imprecise, he still believed that they would be imposed on secular princes by themselves and would stop the actual war and prevent the future ones. But his attempt, like many other of this kind, failed.[39]

*

Human rights in the modern sense, based on natural law, began to develop at

---

38 See in this respect, Peter Pavel Remec, The Position of Individual in International Law according to Grotius and Vattel, The Hague 1960.

39 It would be too much to pretend that his famous book was a direct source of the law of nations of that time and that it was as such observed by absolutist monarchs and their ministers. Nevertheless, it was consulted whenever a practical problem appeared. By that some of his allegations were gradually followed in the practice of States, and thus ultimately became rules of positive international law. Some others became obsolete.

the time which roughly corresponds with the larger period of the French Revolution, at the end of the 18th century. These ideas were secular and remote from the doctrine of any Church of that time. However, it must be admitted at the same time that all religions contain premises upon which human rights ideas and practices can be built.[40]

That short period of time has left to the mankind some legal texts in written form of lasting importance. It was in fact the period of fecund law creating between two epochs: the time of a subjective and free determination of rules of natural law by scholars like Grotius, and the time which followed, that of voluntarist creation of positive law by all-mighty sovereign States of the West. It was, in fact, an era of the sublimation of natural law itself, and of the genius transformation of its precepts into written rules apt to be transformed into positive law.

All these legal acts of lasting importance confirm the equality and inalienable rights of every human person.[41]

In the domain of human rights the American Declaration of Independence of 1776 declared *inter alia*:

> We hold these truths to be self-evident, that all men are created equal, that they are endowed by their Creator with certain unalienable Rights, that among these are Life, Liberty and the pursuit of Happiness.

Much more exhaustive was, however, the Declaration of the Rights of Man and of the Citizen, which the French National Assembly approved on 26 August 1789, less than a month after storming the Bastille in Paris. It remained a masterpiece of concision, clearness and precision, entirely based on reason and on rational and social nature of man. Here will only be quoted two articles from it:

> Article 1. Men are born and remain free and equal in rights. Social distinctions may be founded only upon the general good.

---

40 Cf., Müllerson, above n. 33, p.931.

41 Some internal legal acts reflected the rules of this kind as well. The matter was of the US Constitution of 1789. After Justinian's *Corpus Juris Civilis*, the French and Austrian Civil Codes in their original form were based on natural legal precepts.

> ...
>
> Article 6. Law is the expression of the general will. Every citizen has a right to participate personally, or through his representatives, in its foundation. It must be the same for all, whether it protects or punishes. All citizens, being equal in the eyes of the law, are equally eligible to all dignities and to all public positions and occupations, according to their abilities, and without distinction except that of their virtues and talents.

The historical and lasting importance of this Declaration is found in several aspects. First, it does not only proclaim a list of natural rights of individuals. Its legal and trans-temporal value rests upon an ingeniously conceived balance between the declaration of rights and duties.[42] Exactly the duties formulated in such a way should have a superior value even to the constitutional acts of States. Neither the democratic majority expressed by a referendum, nor a majority of representatives in a legislative body should modify, abrogate, suspend or restrain these duties without running dangerous risks. This Declaration is therefore, in fact, a declaration of duties, i.e. obligations, in regard to man and the citizen. That is probably its primary advantage.

The French declaration announces furthermore some general principles of criminal law of lasting importance. Besides the basic principle from its Article 6 that law must be the same for all whether it protects or punishes, they are: the principle *nullum crimen sine lege* including the non-retroactivity of criminal laws, and the principle that limits to human liberties can only be determined by law. After this Declaration, important legal rules were aggregated in national legislations, concerning the personal criminal responsibility of an individual, the definitions of different forms of perpetration and participation in a crime, the mental (psychological) element of a crime (*mens rea*), grounds for excluding criminal responsibility, mistakes of fact and mistakes of law, etc.

Whenever a criminal judge grossly violates these general principles of criminal law, he commits a mockery of justice. This applies to national as well as

---

42 We find in this text duties of individuals in regard to their alike (Article 4). Also provided are duties of political associations and other bodies in regard of individuals (Articles 2 and 3). The most important are, however, statements of the obligations of State legislative and other bodies in favor of the freedoms and rights of individuals (Articles 5, 7, 8, etc).

to international judges.

The 1948 Universal Declaration of Human Rights was originally also an act based on natural law. A few States of that time if any, had all these rights guaranteed in their national legislation. Its drafters were strongly inspired by the 1789 French Declaration, but some human rights were added and couched in more precise terms. Its net advantage was the proclamation of a set of economic, social and cultural rights.

There is, however, the problem of relationship of these statements of human rights based on reason and natural and social nature of all human beings, and of the positive law of a given epoch. It is, for instance, not difficult to prove that the basic precept according to which all men are born free and equal in dignity and rights, is a pure fiction. The entire history of the mankind contradicts it.

However, by its revolutionary slogans "*Liberté, Egalité, Fraternité*" and by its Civil Code of 1803, France introduced the equality of all its citizens in all the countries it occupied. It was the first time that Jews became equal in rights with all other citizens. Since then, they contributed enormously to the economic and cultural well-being of the States in which they lived. Nonetheless, in the modern State of Israel there is still a minority of its citizens wishing to base its constitutional order on the same legal principles.[43]

On the other hand, the guarantees of human rights from the French Declaration were grossly violated in that country, especially during the Jacobin Reign of Terror in 1793 and 1794. In 1802, Napoleon reintroduced slavery in French overseas territories, only to be definitely abolished there in 1848. France itself did not respect all these rights of the local population in its colonies, for

---

43 A special problem is the respect of human rights and humanitarian law in the Israeli occupied territories of Palestine. In its 2004 Advisory Opinion on Legal Consequences of the Construction of a Wall in the Occupied Palestinian Territory, the I.C.J. *inter alia* stressed that: "All States are under an obligation not to recognize the illegal situation resulting from the construction of the wall and not to render aid or assistance in maintaining the situation created by such a construction; all States parties to the Fourth Geneva Convention relative to the Protection of Civilian Persons in Time of War of 12 August 1949 have in addition the obligation, while respecting the United Nations Charter and international law, to ensure compliance by Israel with international humanitarian law as embodied in that Convention." I.C.J. Reports 2004, para.163, (3), D.

instance in Algeria following 1830. Its colonial rule knew grave abuses of human rights in all respects. The award of its citizenship to all inhabitants of these territories came after World War II, but then it was too late to keep these possessions as part of the metropolitan territory.

The situation was more or less the same in other overseas territories of European powers. Nevertheless, after the decolonization came to its end and a mass of immigrants from the former colonies came to Europe, these States could not deny all human rights to persons who became their citizens.

In fact, the assimilation of the above rules of natural law into national legislation was a prolonged and painstaking process in the 19th century, initially confined to metropolitan territories only.

The question is what the real scope of validity of rules of natural law is. They are as such deprived of temporal sanction by States if not incorporated into their legislation. However, one of the fundamental natural rights of all men and of all human groups is resistance to oppression.[44] The precepts of natural law, whether embodied in positive law or not, should be observed simply in order to avoid greater evil. The ill-fated consequences of their disrespect cannot be avoided in the long run, regardless of the initial intention or wishes of the violator. Their flagrant violations always prove counter-productive for the violator himself, but they also affect a great number of innocent persons. On that relies their "sanction" and, so to say, their potential if not existing "legal force".

It must, nevertheless, be stressed that all the concepts of natural law, like all other doctrinal postulates, must ultimately be proved or rejected by what actually becomes positive law in a given time. Notwithstanding the ingenuity of authors of legal concepts, they have no great value if not embodied in positive law, first of all in the rules of positive general international law. The measure of their "positivity" is, therefore, the test of their trustworthiness. It is on that the

---

[44] In this light the preamble to the 1948 Universal Declaration states with good reason that: "it is essential, if man is not to be compelled to have recourse, as a last resort, to rebellion against tyranny and oppression, that human rights should be protected by the rule of law", meaning in this context the rule of positive law. And the preamble to the 1789 French Declaration did in the same spirit proclaim that: "the ignorance, neglect or contempt of the rights of man are sole cause of public calamities and of corruption of governments ..." Its Article 2 stated, in addition, the resistance to

relationship between precepts of natural law and positive municipal or international legal rules relies.

It must finally be admitted that the naturalist concept of human rights is secular and distanced from religious teachings although, as stressed, all religions contain premises upon which human rights ideas and practices can be built. It applies to all human beings on Earth regardless of their civilizational affiliations. It should be above these differences.

*

Nevertheless, some objections are now being raised against the universality of human rights if the obvious cultural diversity of the world is not seriously taken into account. The very concept of human rights is frequently taken as a product of the Western Civilization, and their promotion is seen as a policy of neo-colonialism in the Third World. These political objections cannot be neglected altogether.

These objections are likely to be a by-product of some doctrinal misunderstandings. Many advocates of human rights easily take as customary rules of general international law already in force, anything that is useful for the accomplishment of their noble aims. To them the 1948 Universal Declaration is not a document initially based on natural law, but a set of peremptory norms of general international law (*jus cogens*), having an *erga omnes* character as a whole. According to a hypothesis, all the rights declared in it must be applied and respected: (a) always, (b) everywhere, (c) in respect of all human beings, and (d) completely.[45] And if the content of these provisions is interpreted in the same way as for instance by the European Court of Human Rights, controversies about their universal character cannot be avoided.

It must be carefully distinguished, for the sake of legal security, between the precepts of natural law which can still be on the level of norms *de lege ferenda*, and the genuine rules of positive international law. Among these latter must further be distinguished between some rules which have already transformed into the norms of *jus cogens* as being of *erga omnes* character, and the conventional

oppression as being one of the four natural and imprescriptible rights of man.

45 Cf., Kakouris, above n. 36, p.417.

obligations of States.

After the Universal Declaration was adopted by the UN General Assembly on 10 December 1948, a number of important multilateral conventions on human rights have entered into force. Among them the most representative is the 1966 International Covenant on Civil and Political Rights. States parties to these conventions undertook to apply them as treaty obligations, including the enforcement measures provided in them. Nevertheless, some of their provisions allow for a choice of measures, or even considerable restrictions in their implementation, in order to ensure such objectives as "morality", "public order", "national security", etc. Hence, cultural diversities of their States parties can be taken into account within the normal implementation of legal obligations they assumed.

Much more important is the question of whether the "hard core" of human rights which actually constitutes *jus cogens*, and as such has an *erga omnes* character, can affect the cultural peculiarities of States belonging to different traditions.

To this group belong first of all some elementary rights of human beings whose gross and systematic violations constitute *international crimes.*[46] These violations relate to life, physical integrity (including torture), freedom of movement of human beings, etc.

In present international law international crimes include: (a) slavery and practices similar to slavery; (b) the most heinous of all, the crime of genocide; (c) crimes against humanity that can be committed not only in international and internal armed conflicts, but also in time of peace; and (d) a large spectrum of

---

46 Their definition was proposed by Roberto Ago in the International Law Commission in draft article 19(2): "An internationally wrongful act which results from the breach by a State of an international obligation so essential for the protection of fundamental interests of the international community that its breach is recognized as crime by that community as a whole constitutes an international crime." In its final text of Draft Articles on State Responsibility of 2001, the Commission deleted all the provisions concerning international crimes. It replaced this concept with the one of "serious breaches by a State of an obligation arising under a peremptory norm of general international law". The new article 40(2) states: "A breach of such an obligation is serious if it involves a gross or systematic failure by the responsible State to fulfil the obligation." These changes are only formal because in the new more confusing text they also apply to international crimes.

war crimes that can be committed in international and non-international armed conflicts. The latter three are conferred to the competence of the International Criminal Court in The Hague (the ICC).[47]

It seems likely that international terrorism will soon become another international crime. It is, however, necessary that a general convention defines this crime in all its aspects, or perhaps a better solution is that the Rome Statute of the ICC be amended with its definition, as well as with that of the crime of aggression.

Civilizational differences cannot be an excuse for the commission of the above-mentioned crimes by a State, or against another State and its population, or against another ethnic or other group. In all the situations the same international crimes are involved. They all generate personal criminal responsibility of their perpetrators and superiors, as well as the international responsibility of the wrong-doing State which is currently not of the criminal character.

Large-scale and systematic commission of international crimes most often constitutes a "threat to the peace". As such it calls for enforcement action against the wrong-doing Government, or a faction in an internal conflict. The international community should not close its eyes to the fact that there exist some criminal governments, like the one that existed in Germany between 1933 and 1945. Situations like this, as happening now in the Sudanese province of Darfour, call for effective measures in order to stop the crimes.[48]

Furthermore, there is a norm of *jus cogens* prohibiting the measures of discrimination of human beings, even if they do not consist of international crimes, either in the execution of municipal laws in force or committed in a State through an unlawful practice. There is no doubt that the principle of non-discrimination has become a peremptory norm of general international law.[49]

---

47 Other crimes in general international law are aggression and piracy on the high seas.

48 See V.D. Degan, Humanitarian Intervention (NATO action against the Federal Republic of Yugoslavia in 1999), in: L.C. Vohrah *et al.* (eds), Man's Inhumanity to Man, Essays on International Law in Honour of Antonio Cassese, Kluwer Law International 2003, pp.233-259. There are situations discussed in which the Security Council failed in its primary responsibility to maintain international peace and security under Article 24 of the U.N. Charter.

49 It has already been declared in the Preamble and in Articles 1(3), 13(1) and 55(c) of

However, some explanation in this respect seems to be necessary. As Article 2(1) of the 1948 Universal Declaration states: "Everyone is entitled to all the rights and freedoms set forth in this Declaration, without distinction of any kind, such as race, colour, sex, language, religion, political or other opinion, national or social origin, property, birth or other status."

The above means that States whose legal tradition is based on the inequality of sexes should make special efforts to eradicate the discriminatory measures against their female population. That also follows from the conventional obligations in this respect which most of these States have assumed. On the other hand, there is no rule of *jus cogens* imposing on States the recognition of the full marital status to homosexual marriages, although discriminatory measures against that population are not lawful.

Other norms of *jus cogens* should primarily be sought in conventional provisions on civil and political rights, allowing no exceptions or attenuation in their observance. To this class belong first of all human rights that cannot be derogated in any circumstances such as war, public danger or other emergency. Different conventions provide somewhat different lists of these non-derogable rights, though they are essentially the same. Article 4 of the 1966 International Covenant on Civil and Political Rights, defines its following provisions as non-derogable: Article 6 (right to life); Article 7 (right to human treatment); Article 8, paragraphs 1 and 2 (freedom from slavery and servitude); Article 11 (freedom from imprisonment for debt); Article 15 (freedom from *ex post facto* laws); Article 16 (right to juridical personality); and Article 18 (freedom of thought, conscience and religion).[50]

To this list certain other fundamental rights of individuals should be

---

the UN Charter. It has been subsequently reinforced in Articles 1 and 2 of the 1948 Universal Declaration of Human Rights, and virtually in all the human rights conventions which followed.

50 Article 15(1) of the European Convention for the Protection of Human Rights and Fundamental Freedoms of 1950, is in that respect more restrictive, providing as non-derogable the following rights: right to life, right to human treatment, freedom from slavery or servitude, and freedom from *ex post facto* laws. The most extensive is, however, Article 27 of the American Convention of 1969. In addition to all the foregoing, it provides as non-derogable – right of the family, right to name, rights of the child, right to nationality, right to participate in government, as well as juridical guarantees essential to the protection of these rights.

added that perhaps may be derogated in public emergency for a short period of time only. Nevertheless, their violation justifies strong measures of intervention by the international community if committed for a longer period of time and on a large-scale and systematic basis. According to the text of the aforesaid 1966 International Covenant, these are the rights as provided in its Article 9 (right to personal liberty); in Article 10 (right to human treatment of imprisoned persons); and in Article 14 (right to a fair trial).

Even if the customary process has not already been accomplished in respect of all the above-mentioned rights, it seems most likely that all of them will in the foreseeable future transform into peremptory norms of general customary international law.

Hence, distribution of pornography does not belong to this group of human rights as an alleged manifestation of the freedom to expression. There are other issues such as death penalty, euthanasia, abortion, etc, but on neither of them there are as yet norms of *jus cogens* allowing or prohibiting such practices.

It must be concluded that cultural differences between States do not prove a serious obstacle in carrying out their obligations in the domain of human rights which now constitute *jus cogens*. Perhaps the most difficult to ensure is the perfect equality of rights of women in some States.

Regional organizations, such as the European Union, are entitled to claim from new States candidates to their membership a much higher degree of respect to individual freedom, political liberty and the rule of law, than what now constitutes *jus cogens* in this domain. Within the Council of Europe the legal protection of minorities is now higher than in any other part of the world.

What Western States are not entitled to do is to impose their democratic institutions on other States by force, or by trade restrictions, blockade or embargo. All these measures constitute unlawful intervention in internal affairs of the affected States.[51] Ultimately, they all prove to be counter-productive.

---

51 Hence, the statement by the Hague Court in Nicaragua case of 1986 is still valid that: "adherence by a State to any particular doctrine does not constitute a violation of customary international law; to hold otherwise would make nonsense of the fundamental principle of State sovereignty, on which the whole of international law rests, and the freedom of choice of the political, social, economic and cultural system of a State." I.C.J. Reports 1986, p.133, para.263.

States seeking to attain economic progress in the present global economy need more and more highly educated population and more complex division of labour, which tend to be supportive of democratic political institutions.[52] Such a progress within these societies will encourage higher standards of human rights. That will bring these States closer to the more successful ones.

VI. Fundamental Natural Rights and Duties of Ethnic Groups within a State

Only in ancient history were there isolated States like Imperial China, or Christian Europe, that belonged to one civilization in Huntington's terms. Massive migrations of populations cannot be avoided in modern times, which in most States like the U.K. and France create a mixture of various groups. Civilizational differences of the population constitute a normal situation, and if not grossly abused, they as such should not be the cause of conflicts.

The starting premise here is that just as every individual is entitled to some natural, unalienable and sacred rights, every independent State, according to the theory of fundamental rights and duties, also has some imprescriptible rights by the very fact of its existence,[53] and on the very same basis it is possible to define a number of natural and fundamental rights of all ethnic and religious groups living mixed in a territory.

Formulated on the basis of natural law, there follows a number of fundamental and inalienable rights and duties of all ethnic communities of citizens living together within a State, or in a component State of a federation, or in an administrative sub-division of a State, or even in a commune. Like all the other concepts of natural law it is above the civilizational differences of these groups. But there is again the question of the transformation of their totality into the

---

52 Quoted Francis Fukuyama, according to Müllerson, above n. 33, p.949.

53 According to this teaching every independent State has natural rights to existence, sovereignty, equality, respect and communications. The content of these rights is provided in the Declaration on Principles of International Law concerning Friendly Relations and Co-operation among States in accordance with the Charter of the United Nations (UN General Assembly resolution 2625 (XXV) adopted on 24 October 1970).

rules of positive law.[54]

These fundamental rights and duties will be explained here according to a certain hierarchy, in the order of their importance. Their sum relates to all ethnic groups of citizens regardless of their origin, or their share in the overall population. Nevertheless, an ethnic group in this sense is not a very small population of the same origin living dispersed and mixed with other citizens over a vast territory and not communicating with one another. However, that population is still a potential ethnic group and *in statu nascendi*, because it may organize itself in the future.

1. Right to existence

- *All ethnic or religious groups have the equal and inalienable right to exist. No group, on the basis of its alleged historical or other rights, its greatness, importance, or for any other reasons, shall under any circumstances deny this fundamental right to existence to any other groups living mixed with it on the same territory. There shall be no "constitutive nations" and "minorities", no "dominant" and "second-rate" groups on any other grounds.*
- *Any propaganda threatening the right to existence of any group must be severely punished according to law.*

The deepest cause of most communal conflicts throughout the world lies in the fear of members of various groups for their very survival. For various reasons – whether justified or not – they sometimes feel that their physical existence is becoming threatened by another group with which they live together on the same territory.

This is then the cause of many ensuing misfortunes. The instinct of survival and self-defense conduces the members of a group to threaten the existence of the "hostile" group as a whole. Then social and even family

54 This author has already published the list of these rights and duties on several occasions in English, French and Croatian. Here, a slightly abridged text from his article: Fundamental Rights and Duties of Ethnic Groups within a State – A Naturalist Concept, Jugoslovenska revija za medjunarodno pravo 1996 No.1-2, (Belgrade), pp.139-164, is presented. All the contributions in that issue were dedicated to the 70th anniversary of Professor Milan Šahović.

relations between relatives, and former friendships, rapidly deteriorate and the paranoia on a massive scale takes over. Such tensions make it extremely difficult to distinguish between the causes of the actual conflict and their consequences. A potential social conflict can gradually degenerate into an armed struggle in which the right to existence of all individuals becomes threatened, regardless of their origin or affiliation. Just and rational solutions to such conflicts are very difficult to find. It is even more difficult to literally implement them.

In this connection it must be stressed that the relations between ethnic and other groups do not entirely depend on their mutual sentiments. The existing proportions among the population of these groups on a territory cannot be petrified by the will of legislator or otherwise. Like individuals, and even like States, ethnic groups are living bodies which are not eternal or immutable. Due to the natural processes of assimilation, migrations, diseases and varying birthrate, proportions between various ethnic groups on a territory are subject to continuous changes. But the natality is a factor which itself is neither constant nor foreseeable, because it can change unexpectedly.[55]

It is, however, of the utmost importance that the State with its policy and legislation does not deliberately intervene in this process with the aim of changing these proportions. Above all, it must by no means threaten this fundamental right to existence of any ethnic or religious group of its citizens.

Members of certain groups have a deeply rooted feeling that they constitute the only autochthonous element in the territory which they believe belongs to them alone, and that they alone have the so-called "historical rights" to it. Individuals belonging to other groups are in their eyes nothing but "intruders".

In multiethnic States or territories this is a typical cause of other groups'

---

55 The inner factor which resulted in the destruction of the Yugoslav Federation altogether was the high birthrate of Albanian population in Kosovo, which was the highest in Europe. It was easy to manipulate the national sentiments of the Serbs in Yugoslavia, which see in that province the hearthstone of their Nation, when the Serbs fell bellow 20% of its total population. To this the demonstrations of Albanian students in Prishtina in March 1981 were added, claiming for Kosovo the status of the seventh Yugoslav Republic. Before that Kosovo was, with Voyvodina, an autonomous province within Serbia, and at the same time an element of the Yugoslav Federation. Since these events Yugoslavia gradually lost its character of a free association of equal republics and provinces and of its equal nations and "nationalities" (of which Albanians and Hungarians were the most numerous).

mistrust and their fear that they may be deprived of their political rights, forcibly assimilated, expelled or even physically exterminated.

The alleged "intruders" in their turn start to fabricate arguments about their own even older title of "historical rights" over the same territory. These arguments soon lose any rationale and themselves become the cause of mutual distrust and conflicts. Each group becomes convinced that its "title" is stronger and older than that of other groups. Finally, the question arises not as of "titles" but of the bare survival of all the inhabitants of such a territory.

"Historical rights" of one population over a territory is a highly relative argument. In itself, it is an obstacle to the co-existence and friendly relations among more groups which have to live together. Even if the ancestors of an ethnic group settled in that territory in ancient times, they must have met some other known or unknown tribes living there before them. Who can really trace one's lineage only five or six centuries back?

The difference of a few centuries of settlement of several groups should never be a reason for the discrimination of their descendants, or even for the denial of the right to existence of members of one group by another group. Even the most recent immigrants, once they have acquired citizenship and after their children are born as citizens, must have the right to exist in the respective State or region like all the others.

The fundamental right to existence of other groups, including especially that of migrant workers, is sometimes readily denied by political parties, or unstable individuals. These arguments are quite frequently defended as the exercise of the so-called freedoms of association, expression and the press. However, because of their ill-fated and far-reaching harmful consequences, especially in multiethnic States lacking stable democratic institutions, they should not remain "freedoms". They should be forbidden as criminal acts and heavily penalized.

Intercommunal conflicts of today have become more dangerous for the maintenance of international peace and security than the disputes and contests between States and their military alliances. At any rate, it is much more difficult to terminate an internal conflict and to find a just and lasting solution to it than to reach a peace treaty between belligerent States.

*

Now the question is how to redress the situation after large-scale ethnic cleansing has already taken place. If it is accepted as a *fait accompli* with regard to a future political settlement and as a justification for altering frontiers between new States, lasting peace will never be restored in such a region.

Therefore, any peace settlement should be based on the right of all refugees and displaced persons of whatever origin to return to their homes in safety and dignity. All contracts or laws on disappropriation or confiscation of their property should be canceled. All owners of the destroyed property should be compensated on an equitable basis as much as possible. All persons accused of international crimes should be brought either to domestic or to international justice.

Peace on any other basis would encourage the aggressor to attempt to gain new territories in the future, which he would then ethnically cleanse again. On the other hand, under these circumstances nobody could deny the victims of the aggression the right to re-conquer their lost territories. The expected consequence would then be the same as the fate of the German population in Eastern Europe after the fall of the Nazi Germany.

*

The fundamental right to existence of all ethnic and confessional groups is not yet firmly established in all its aspects in general international law as such.

The broadest basis for the responsibility of intellectual criminals, who did not personally commit crimes or ordered their subordinates to do so, is found in Article III of the 1948 Genocide Convention and in the same text in Article 4(3) and Article 2(3) of the Statutes of the international criminal tribunals for the former Yugoslavia and Rwanda.[56] The Rome Statute of 1998 does not have such a provision.[57] Nevertheless, direct and public incitement of others to commit genocide constitutes a separate crime in Article 25(3) sub-paragraph (e).

---

56 According to this common provision, in addition to genocide itself, the following acts shall be punishable: conspiracy to commit genocide, direct and public incitement to commit genocide, attempts to commit genocide, and complicity in genocide.

57 Acts of perpetration of or participation in all the crimes within the jurisdiction of the ICC are regulated by its Article 25(3).

On that basis, any person who has in writing or speech, directly and publicly incited the committal of genocide against members of one or more ethnic groups can be accused and punished.

This basis of international criminal responsibility has proved to be too narrow. On the one hand, any propaganda threatening the right of existence of any settled group on a territory should be punishable as an international crime, even if it does not consist of a direct and public incitement to commit genocide, or of a complicity in genocide in the narrowest sense of this term.

On the other hand, provisions in other general and in regional conventions on human rights do not precisely prohibit forcible expatriation of individuals from their country on the basis of domestic laws or in violation of them.[58] And they neither prevent nor provide punishment for forcible measures of assimilation of ethnic groups by a State, which can be very refined and perfidious.

*

It seems important that the fundamental right to existence of all groups should as such be endorsed in all the international instruments on human rights, the same as it is now with the right of non-discrimination. It is only under these clear and unequivocal terms that it is capable of transforming into a new peremptory norm of general international law.

For achieving lasting peaceful co-existence and amicable co-operation of all peoples on a territory, more important than formal legal rules seems to be maintaining their mutual confidence in each other. This means that no group should feel menaced in its existence, its equality and its respect by other groups.

2. Right to equality

- *All citizens of whatever ethnic or other origin are free and equal in rights. On the*

---

58 However, Article 7 of the Rome Statute, among the crimes against humanity prescribes: (d) deportation or forcible transfer of population; (h) persecution against any identifiable group or collectivity on political, racial and similar grounds; (i) enforced disappearance of persons; and (j) the crime of apartheid. It is to hope that States will embody these crimes in their national legislation.

same ground all ethnic groups of citizens and all confessional congregations are free and equal before the law.

- *All individuals shall be equally eligible to all dignities and to all public positions and occupations, according to their abilities, and without distinction except that of their virtues and talent.*

The right to equality is displayed in the legal principle of non-discrimination but is not tantamount to it. Its full respect in all its aspects should lead to conscious renunciation of "historical" or similar exclusive rights of members of one group over a territory which it inhabits with other groups. With even a better reason, it should result in the refutation of the division between "constitutive nations" and "minorities" in respect of their rights which has no basis in the positive international law. This seems to be a distant objective today, which in this intolerant world sounds rather like a dream.

Paradoxically, in an atmosphere of genuine equality, in which members of no group feel discriminated in any respect, the processes of spontaneous and natural assimilation of diverse populations are the speediest and the most efficient. And *vice versa*, nothing helps the consolidation and homogeneity of an ethnic or confessional group so much as its deliberate discrimination and oppression either by a State's official policy, or by the hostile attitude against it on the part of the rest of the population.

Although the principle of non-discrimination is not tantamount to the principle of perfect equality of all groups, it is the most essential part of it. As already said, since the UN Charter of 1945 the non-discrimination of individuals has transformed into a *jus cogens*, binding all States and all other international persons without exception.

Most of all, persons belonging to one group must not be restricted in or deprived of their fundamental civil, political and other rights, in order to ensure "adequate advancement" of members of a numerically smaller group with a lower birthrate. If such measures against a group were undertaken "for the purpose of establishing and maintaining domination" by one group over another, then it is a case of the international crime of *apartheid*.[59]

---

59 Cf., Article II of the 1973 International Convention on the Suppression and Punishment of the Crime of Apartheid.

All temporary measures in the period of public emergency derogating certain civil, political or other rights in an ethnically mixed region must under no circumstances involve discrimination of individuals, nor of groups.[60]

The prerequisite to strict implementation of the fundamental right to equality is a firm legal order, based on the rule of law and with functioning independent judiciary.

It is, in addition, highly desirable that particularly States with mixed population adhere to the human rights conventions and protocols according to which individuals and groups within their jurisdiction may take their cases to impartial international bodies.

Although there is nothing to add to the existing legal instruments in respect of non-discrimination of individuals, what remains is to advance the idea of elimination of any distinction in the enjoyment of collective rights of majority and minority groups. This should result in the abandonment of any degrading or humiliating notion of ethnic, national or religious "minorities" in the municipal legislation.

*

However, the right to equality and the right to political representation, which will be discussed further, must be clearly distinguished from public positions and occupations, or civil service. Every citizen must have, without discrimination, an equal opportunity to accede to all public positions. These functions, which require special abilities, talent or competence, should not be distributed according to ethnic, regional, tribal, confessional or other proportions of the population.[61] This is because such practice harms the entire

---

60 Cf., Article 4(1) of the 1966 International Covenant on Civil and Political Rights. Article 4 (1) of the 1993 Declaration on Minority Rights (see below) provides in this respect that: "States shall take measures where required to ensure that persons belonging to minorities may exercise fully and effectively all their human rights and fundamental freedoms without any discrimination and in full equality before the law."

61 In this respect it is worthy to quote a part of Article 6 of the 1789 French Declaration of the Rights of Man and of the Citizen: "All citizens, being equal in the eyes of the law, are equally eligible to all dignities and to all public positions and occupations, according to their abilities, and without distinction except that of their

society within a State and usually opens the door to grave abuses.

This however also includes the guarantee that members of all groups should have equal access to the highest level of education.

3. Right to proportionate sharing in the decision-making

- *Persons belonging to all ethnic or other groups, regardless of their number or percentage in population, are political subjects in their respective State. They shall vote and be eligible to election for representation in all political bodies by secret ballot and without unreasonable limits imposed by law. They shall be entitled to represent and to defend the interests of their constituency.*
- *In ethnically mixed territories, the rights of no group shall be derogated or reduced without the approval of its representatives and without their participation in the decision-making. The fundamental rights of all groups – especially the rights to existence, to equality, to proportionate sharing in decision-making, to the use of national language and to institutions – ought to be guaranteed by the constitution. They shall not be subject to modifications or abrogation by the majority decision in the parliament, in a popular referendum or otherwise.*

In ethnically mixed areas on different levels of self-government or administration, the principle of "one man, one vote" can be a rule but is not sufficient for all the purposes. The structure of power must be organized on such a basis as to prevent the domination and absolute legislative power of the most numerous population and its representatives. Especially, the restriction of existing rights, or even the adoption of discriminatory measures against smaller groups by means of legislative and other acts adopted by the majority vote, must be prevented.

Therefore, on the questions essential to the respect of the fundamental rights of specific groups, the simple majority vote must be excluded. On the other hand, questions to be decided either by consensus or by a qualified majority, must be restricted to the essential rights of particular groups, in order to prevent the obstructions of the decision-making in all other domains. And in order to prevent discrimination, any special rights which were already granted to

---

virtues and talents."

one group should be recognized to other groups as well. In this respect a kind of the "most-favored-nation clause" should be practiced.

For such a structure of power in a centralized State or in a Federation or in a component State of a Federation or in a province or commune, there are no universally recognized precepts. Probably no legal principles of universal application can be formulated in this domain. General international law is silent in this respect.

But even if the enactment of precise legal norms seems impossible, the most important goal to be achieved is to assure that no group, even the least numerous, feels marginalized, isolated and deprived of their rights. At the same time there must be assured a certain proportion in the political representation, according to the number of members of each group.

4. Right to free use of national language

- *All linguistic groups have the right to use their language and alphabet in a family, in private communications, in administrative and judicial procedure, as well as for other official purposes. The ignorance of the official language shall in no way impair the enjoyment of anybody's rights.*
- *Languages of proportionally substantial group or groups in a territory shall be in official use on equal footing, even if they do not have the status of the official language at the level of the respective State.*

In the past, there were regrettable instances of the policy of forcible assimilation where even the use of a native language in a family was strongly suppressed and severely punished. These assaults on privacy are not widespread at present, at least not in Europe, but they still have not been abolished everywhere.

Things are much more difficult with the use of minority languages in judicial and administrative procedures, at post-offices and other public agencies. Very few States provide precise regulations in this regard. In the criminal procedure the translation in the language of the accused is generally provided, but not in the case of petitions of individuals claiming their rights in civil or administrative proceedings.

Things are similar with the rules of positive international law in this respect. Article 27 of the 1966 International Covenant on Civil and Political Rights is not quite precise. It first admits the attitude of some States to deny the very existence of ethnic, religious or linguistic minorities on their soil. In respect of the States in which such minorities are recognized, Article 27 provides that "persons belonging to such minorities shall not be denied the right, in community with the other members of their group, to enjoy" *inter alia* "to use their own language". From its context, therefore, it still follows that it is a matter of the freedom of the use of the language with other members of the same group, but not for any official purposes.

Article 2 (1) of the 1993 UN Declaration on the Rights of Persons Belonging to National or Ethnic, Religious and Linguistic Minorities (hereinafter "the 1993 UN Declaration"),[62] has extended the scope of the rule from Article 27 by the following words:

> Persons belonging to national or ethnic, religious and linguistic minorities ... have the right to enjoy their own culture, to profess and practice their own religion, and to use their own language, in private and in public, freely and without interference of any form of discrimination.

In some territorial entities within a State the concentration of linguistic groups is very high. Somewhere they practically constitute all the population. Somewhere they are in net majority, or in substantial proportion. It is then just and fair that their respective language is in the official use for all the purposes, on an equal footing with the official language of the State. This includes bilingual or even multilingual inscriptions of places, streets, public institutions, and issuing public communications and the official gazette, if any. This is also a goal to be reached, because general international law is still silent on this subject.

The discrimination in the use of ethnic languages marginalizes members of linguistic minority groups, and can be harmful to the enjoyment of the rest of their rights.

---

62 The UN General Assembly resolution 47/135 of 3 February 1993. Cf., International Law Materials 1993, No.3, pp.913-916.

5. Right to institutions

- *Linguistic groups are entitled to kindergartens and schools in their own language.*
- *All ethnic groups have the right to their cultural institutions, such as theaters, press, and an equitable share in programs of the State-owned radio and television network.*
- *To these ends ethnic groups shall be ensured an equitable share in the sums that may be provided out of public funds under the State, municipal or other budgets for these purposes.*

Essential to the survival of linguistic groups is their enjoyment of the right to kindergartens and elementary education in their own languages. It has been proved that kindergartens in ethnic languages are even more essential to the preservation of ethnic identity than secondary schools or the highest education level. When a child with both its parents employed forgets its language in its infancy, it is then lost to learning it even in the elementary school.

It is understood that in minority schools the teaching of the official language of the State should be obligatory. On the other hand, in ethnically mixed regions it is equally understood that the languages of the largest minorities are taught as obligatory in other schools.

In any case, when they are deprived of education in their own language, linguistic groups have the feeling of being condemned to slow assimilation with the majority population, even if they fully enjoy all the other above-mentioned fundamental rights.

The 1993 UN Declaration is not very explicit in this respect. Paragraphs 3 and 4 of its Article 4 provide the following "obligations" for States:

> 3. States should take appropriate measures so that, wherever possible, persons belonging to minorities may have adequate opportunities to learn their mother tongue or to have instruction in their mother language.
>
> 4. States should, where appropriate, take measures in the field of education, in order to encourage knowledge of the history, traditions, language and culture of the minorities existing within their territory.

> Persons belonging to minorities should have adequate opportunities to gain knowledge of the society as a whole.

The permissive language of these provisions does not recognize the right of minorities to schools in their languages.

By assuming the legal obligation to ensure the right of all ethnic groups to their institutions, and after carrying it out to the letter, respective States definitely renounce their declared or hidden policy of forcible assimilation of their ethnic minorities. As already said, the abandonment of such an objective is the best means for natural and spontaneous processes of assimilation. It must ultimately depend on the free will of parents whether they will use their language in the family and send their children to a minority kindergarten or school. And it depends again on the free choice of an adult to belong to whatever community he or she wishes to. It is a matter, in fact, of the natural right of a person freely to choose his or her affiliation.

Supporting and financing schools and other institutions of all the ethnic groups from the public funds in the territory in which they live, must constitute part of their fundamental right to institutions. Without their own institutions these groups will always feel unsatisfied.

Even if a deliberate long-term State policy attains its ultimate goal of assimilation and most members of a linguistic group forget their native language – as has happened to the Irish, the Welsh, the Basques, or the Bretons in France – their national sentiment or even aggressiveness will not vanish for that reason.

VII. Conclusion

Perhaps the above is not the complete catalogue of fundamental rights and duties necessary for sound relations of various ethnic and religious groups within a territory, regardless of their cultural affiliations. But attentive respect of these five fundamental rights, undertaken in good faith, would considerably diminish the existing communal tensions and prevent new conflicts everywhere.

On the contrary, systematic and large-scale violation of any of the above rights of one or more ethnic groups, will in the long run ruin every State with ethnically mixed population. As already stressed, due to many historic and recent factors, the majority of States of the present world fall into this category of multi-ethnic States.

This explanation of the fundamental rights and duties of ethnic groups should however not be interpreted as an *a priori* attitude against the existence of nation States and of national sub-divisions in Federations of States. Such States are a result of historical, cultural and economic emancipation and of the former natural processes of assimilation of several groups into one nation. The existence of these States cannot, therefore, be contested. It is even more dangerous to contest the actual frontiers and borders between these States and their sub-divisions, especially when they are a result of long historical processes.

In nation States minority groups living together with the homogenous majority population are expected to be loyal to the State and to its institutions, to be patriots, to have a feeling of being part of it, and not to harm its vital interests. Such a loyalty can, however, reasonably only be expected if the majority population respects all the five fundamental rights of minorities mentioned above. These relations, therefore, work both ways, and the minority groups must also respect all these five fundamental rights of the majority group.

The ultimate goal of the mutual relationship based on the above-mentioned rights and duties should be a veritable elimination of the status of the dominant group – which usually constitutes the majority, but can even consist of a numeric minority – and of the status of inferior groups which are reduced in or deprived of their rights.

Finally, we cannot conceal the truth, that after the fratricidal war which consisted in the ethnic cleansing of territories and in large-scale annihilation of individuals only because they belonged to distinct groups, it will be extremely difficult to redress the injustices inflicted and to restore the minimum of tolerance and mutual confidence.

Respect for all the above-mentioned five fundamental rights of all ethnic groups is a far more efficient precept for preventing inter-communal conflicts than redressing all their harmful consequences after they happen. Nevertheless, full respect for these natural and inalienable rights according to the doctrine of natural law seems to be the only rational basis for the consolidation of new States within their recognized frontiers, and for peaceful relations between these States in the future.

Kosovo: Some Thoughts on its Future Status

Rüdiger Wolfrum*

Introduction

After consultations with concerned and interested governments or groups, Martti Ahtisaari, Special Envoy of the UN Secretary-General for the Future Status Process for Kosovo, submitted on 2 February 2007 his report concerning the future of Kosovo (Comprehensive Proposal for the Kosovo Status Settlement – hereafter: Proposal). The Secretary-General of the United Nations has transmitted the Proposal to the Security Council[1] for action. At the time of writing this contribution, it was still unclear what action the UN Security Council would take and to what extent it would be based upon this Proposal. However, this is not the focus of this contribution; it is concerned with the approach taken by the Proposal in respect of the future status of Kosovo.

The solution envisaged in the Proposal for the future status of Kosovo is a complex one. Any solution for the future status of Kosovo has to balance the interests of Serbia in safeguarding its sovereignty and territorial integrity with the human rights of the people of Kosovo. Theoretically, several options exist: extended autonomy within Serbia, statehood within a Serbian federal republic or a Serbian confederation, unification with Albania, independence of Kosovo,

* Director, Max Planck Institute for Comparative Public and International Law; President and Judge, International Tribunal for the Law of the Sea. This paper was completed in April 2007. Subsequent events are not taken account of in this paper. However, it should be noted that Kosovo's Constitution adopted subsequent to its declaration of independence is based on and repeatedly refers to the Proposal.

1 UN Doc. S/2007/168 and 168/Add.1 both of 26 March 2007.

Sienho Yee & Jacques-Yvan Morin (eds.), Multiculturalism and International Law, 561-574.

etc. [2] Although the Proposal itself avoids referring to the future Kosovo explicitly as an independent State, Kosovo will have to be qualified as such if the Proposal or something alike is to be accepted and implemented.[3/4] The consequences of the implementation of the Proposal for Serbia are evident; Serbia would lose its sovereignty over the area in question. However, Kosovo would be facing several international restrictions or obligations concerning the conduct of its foreign relations, the treatment of minorities, its internal structure, etc. The Proposal does not yet contain a constitution for the future Kosovo, but it contains detailed guidelines amongst others concerning the protection of minorities, decentralization (local self-administration), the justice system, and the future involvement of the international community. Some of these core areas are dealt with in such detail in the Proposal that there is little room left for the future constitution-making process, given that the Proposal is drafted in mandatory terms.[5] Finally Kosovo would remain under international supervision for a transitory period. In sum, this new entity would qualify as a State albeit one with limited sovereignty.

This solution envisaged for Kosovo – and as a matter of fact for Serbia – should be seen against the background of the historical development of independent statehood in this area following the First World War. The development of statehood here was based on the principle of self-determination as formulated by former US President Wilson.[6] In Point 10 of his Fourteen Points he had proclaimed: "The peoples of Austria-Hungary, whose place

---

2 See in detail Z. Gruda, Some Key Principles for a Lasting Solution of the Status of Kosova: Uti Possidetis, the Ethnic Principle, and Self-Determination, 80 Chicago-Kent LR (2005), p. 353-394 at 353-359.

3 In that respect, the Proposal UN Doc.S/2007/168 Add.1 and the Report of the Special Envoy of the Secretary-General (UN Doc.S/2007/168) (Report) seem to differ. The latter refers to independence in paragraphs 5, 10 et seq., although it avoids referring to a State.

4 It should be noted that S/Res. 1244 (1999) 10 June 1999 called for a solution based on "the sovereignty and territorial integrity of the Federal Republic of Yugoslavia".

5 See also Annex I, article 1 which states that the "Constitution of Kosovo shall be consistent in all its provisions with this Settlement".

6 See, with further reference B.S. Brown, Human Rights, Sovereignty, and the Final Status of Kosovo, 80 Chicago Kent LR (2005), p. 235-272 at p.241 et seq.

among the nations we wish to see safeguarded and assured, should be accorded the freest opportunity of autonomous development." And he continued in Point 11 stating that "Rumania, Serbia and Montenegro should be evacuated; occupied territories restored; Serbia accorded free and secure access to the sea ..."[7] The relationship between some of these States was regulated by the proclamation of the Kingdom of the Serbs, Croats and Slovenes on 1 December 1918. International guarantees were not given for the several Balkan States although such option existed according to the Peace Treaty of 10 September 1919 with Austria, for example.

One rationale of the Fourteen Points of President Wilson was that ethnicities, qualifying as peoples, under foreign domination should be granted the possibility to develop within their own State.[8] The same idea is at the root of the Proposal for the status of Kosovo although article 1.1 of the Proposal states that Kosovo "shall be a multi-ethnic society".[9] In his Report the Special Envoy, however, states under the heading "Reintegration into Serbia is not a viable option" that "A return of Serbian rule over Kosovo would not be acceptable to the overwhelming majority of the people of Kosovo".[10] In particular the consideration of a system for the protection of minorities makes it quite evident – although this is not expressed in such words – that Kosovo is going to be an Albanian State. It may be considered ironic or probably tragic that the same principles which were instrumental in establishing a Serbian State after the First World War barely 90 years later are being used against it by allowing Kosovo to secede from Serbia and to become independent.

Apart from that, Kosovo as envisaged by the Proposal will not and may never develop into a "multi-ethnic" State if that term is used on the basis of the common understanding of this notion. A State qualifies as a multi-ethnic State if the various ethnicities develop a common identity. However, the institutional

---

7 Papers relating to the Foreign Relations of the United States 1918. Supplement 1, The World War, Volume 1 (1933), p.12.

8 It should be noted that the principle of self-determination has undergone modifications since its invocation by President Wilson. It is generally held that only in cases of decolonization and where a people is subject to alien subjugation, domination or exploitation outside a colonial context a right to external self-determination exists, see Brown (note 6) at 250 et seq. with further references.

9 See note 1.

guarantees, in particular the ethnicity-based municipal autonomy, will favor segregation of the ethnicities concerned rather than their reciprocal approximation.

One may wonder whether the establishment of ethnicity-based States really reflects the state of the art of international law, an international law which features the protection of individual human rights. What seemed to be the appropriate solution at the beginning of the 20th century is not necessarily adequate in a changed international legal environment at the beginning of the 21st century.

As a corollary to the establishment of an ethnicity-oriented State of Kosovo and its secession from Serbia, the Proposal establishes a sophisticated regime concerning the protection of minorities. It follows also in this respect the example of the Peace Treaties after the First World War, although this regime for Kosovo and in particular its institutional safeguards go far beyond what was provided for by the regime in place between the two World Wars. This regime on the protection of minorities was criticized by the States against which the obligations in question were addressed. This was one of the reasons why there was no recourse to this regime after the Second World War. It was the then prevailing view that the protection of ethnic, religious, or linguistic minorities could be achieved best through the protection of individual human rights. Meanwhile it has become evident that this was not fully correct, at least not in every circumstance. Recent years have seen an increased strengthening of minorities by entrusting them with territorial autonomy. However, the establishment of a new State on this basis is still rather the exception.[11]

Against this background one has to understand the statement of the Special Envoy that "Kosovo is a unique case that demands unique solutions. It does not create a precedent for other unresolved conflicts".[12] Whether or not an independent Kosovo would become a precedent cannot be decided by those drafting the Proposal or by those accepting and implementing it. International law will develop a momentum of its own in this respect depending on whether other minority groups are invoking an independent Kosovo to endorse their

---

10 UN Doc. S/2007/169, para. 7.

11 Another example is the creation of Bosnia-Herzegovina with its separate entity the Republika Srpska.

claim. There are several candidates who may be intrigued to do so.

The Proposal provides that Kosovo shall have no territorial claims against, and shall seek no union with, any State or part of State.[13] A similar provision – although phrased differently – was already enshrined in the Treaty of St. Germain, the Peace Treaty with Austria after the First World War,[14] which *de facto* obliged the latter not to seek a union with Germany. This provision meant to preserve the political balance in Central Europe was considered to be in violation of the principle of self-determination and the similar provision in the Proposal, also designed to provide a territorial guarantee to the neighboring countries, may suffer the same criticism.

This contribution will briefly describe some of the aspects of the Proposal, namely the limits imposed upon the conduct of foreign relations by a future Kosovo government, the regime on the protection of minorities including the consequential institutional set-up, and the role the international community is meant to play in the future. This does not exhaust the content of the Proposal, but it touches upon some of the points dealt with by other contributions in this book.[15]

The Comprehensive Proposal

Limits imposed upon the conduct of foreign relations

The restrictions imposed upon the conduct of foreign relations by the Proposal are limited. Kosovo will have the right to negotiate and conclude international agreements and the right to seek membership in international organizations.[16] Since Kosovo is meant to be independent, this provision is of a declaratory

---

12 Report (note 1), para. 15.

13 Article 1.8, Proposal (note 1).

14 Article 88, Treaty of St. Germain-en-Laye of 19 September 1919 (in force since 16 July 1920).

15 As to suggestions or considerations having been made concerning the future status of Kosovo see in general M. Defarges, Le Kosovo ne sera pas indépendant, 55 Défense nationale (1999), p. 73-79; Brown (note 6), p. 251 et seq; W. Benedek, Final Status of Kosovo, 80 Chicago-Kent LR (2005), p. 215-233.

16 Article 1.5 of the Proposal (note 1).

nature only. The capability to negotiate and to conclude international treaties and to become a member in international organizations is an attribute of States.

The only restriction of substance concerning the conduct of international relations in this respect is contained in article 1.8 of the Proposal. As already indicated, it provides that Kosovo shall not have any territorial claim against other States and is prohibited from seeking union with another State or a part of another State. This means two things. The borders of Kosovo may not be expanded to the detriment of other States. This is, however, not tantamount to guaranteeing the borders of Kosovo, in particular, this does not exclude that the municipalities predominantly inhabited by Serbs and bordering Serbia may try to seek unification with Serbia. Further article 1.8 of the Proposal clearly excludes a union with the Albanians in Macedonia or a union with Albania. This provision may be criticized as not conforming to the principle of self-determination. It is meant to provide a guarantee for the territorial integrity of Macedonia. It also is meant to forestall the development of a unified Albanian State which is feared to be a potentially destabilizing factor in the region.

Finally, Kosovo and the Republic of Serbia are encouraged to establish a joint commission to facilitate cooperation and good neighborly relations.[17] What is remarkable concerning this provision is it being phrased in such hortatory terms. One could have expected more to be undertaken to foster the establishment of better relations between the Republic of Serbia and Kosovo in particular since the segregation of Kosovo from the Republic of Serbia will result in many administrative issues which need to be dealt with jointly and in the spirit of compromise.

Protection of minorities

The Proposal establishes a detailed minority regime which, in substance, exceeds the ones established under the peace treaties after the First World War although the approach is identical. It is particularly remarkable that the rights attributed to minorities (referred to as Communities) are in addition to the human rights and fundamental freedoms as envisaged in the Proposal. The future Constitution of Kosovo shall reflect international and European human

---

17 Article 1.10 of the Proposal (note 1).

rights standards.[18] That means individual rights and group rights are meant to supplement each other. This approach is in its completeness dogmatically innovative. When the whole system is set up it will be necessary to consider to what extent individual rights and fundamental freedoms may be invoked *vis-à-vis* the Communities. It cannot be excluded that the pursuance of individual rights and fundamental freedoms by individual members of the Communities may come into conflict with measures taken by the Communities to protect their identity. Such conflicts are known in particular in States where indigenous communities are vested with autonomy which is meant as a means for the protection of their group identity.

The regime concerning the protection of minorities operates on several levels: prohibition of discrimination; obligation of Kosovo to guarantee the national or ethnic, cultural, linguistic, and religious identity of all Communities; and the obligation of Kosovo to establish the constitutional, legal, and institutional mechanisms necessary for the promotion and protection of the rights of all members of Communities, and for their representation and effective participation in political and decision-making processes. The key provision on the institutional protection of minorities is article 3 of the Proposal in connection with its Annexes I, II and III.

Article 3 of the Proposal refers to national or ethnic, cultural, linguistic, or religious groups "traditionally present on the territory of Kosovo". This provision goes, as far as the definition of minorities is concerned, beyond article 27 of the International Covenant on Civil and Political Rights[19] which mentions neither national nor cultural minorities. This is of limited significance though if one uses as the decisive criterion for qualifying a group as a minority that this group considers itself as being different from the majority population or the population it is living with in a common State.[20] However, the provision

---

18 As to human rights and fundamental freedoms see article 2 of the Proposal as well as Annex I, article 2.

19 UNTS vol. 999, p. 171.

20 See General Recommendation of the Committee on the Elimination of Racial Discrimination VIII (1990), UN Doc. A/45/18 according to which the membership in a minority group should be based, as a matter of principle, on self-identification. This element accordingly is decisive for the qualification of a group as minority.

referred to contains a limiting clause since only such groups "traditionally present on the territory of Kosovo" benefit from the particular protection provided for in the Proposal. This excludes new minorities which may be the result of recent migration. However, such limitation was necessary given the particular institutional position these minority groups will enjoy in the future.

Article 2 of the Proposal provides that all persons in Kosovo are entitled to human rights and fundamental freedoms, without discrimination of any kind on grounds of race, color, sex, language, religion, politics, or other opinion, national or social origin, association with community, etc.[21] The structure of this provision reflects international human rights standards[22]; however, the list of criteria which must not serve as a justification for different treatment has been expanded. This, in particular the affiliation to a specific community, reflects the situation prevailing in Kosovo. In the future Kosovo may face the problem that it will be necessary to give particular support to members of a given Community or to a given Community as such. Such affirmative action is qualified by article 1, paragraph 4 of the International Convention on the Elimination of all Forms of Racial Discrimination in principle as discrimination and tolerated only for a transitional period. The national law of many States is less restrictive in this respect in particular when such affirmative action is being undertaken not only to remedy present inequalities but also to ameliorate historic discrimination. Since article 2.2 of the Proposal expanded the criteria which must not be used for justifying discriminatory treatment, also the scope of article 1, paragraph 4 of the International Convention on the Elimination of all Forms of Racial Discrimination has been broadened. This may render it difficult in the future to provide for affirmative action for particular groups on a permanent basis. Article 2.4 of Annex II of the Proposal tries to overcome this problem by stating that such affirmative action shall not be considered an act of discrimination. This does not solve the conflict with article 1, paragraph 4 of the International Convention on the Elimination of all Forms of Racial

---

21 Article 2.2, see also article 2.3 of the Proposal (note 1), dealing with employment in the public sector, a particularly sensitive issue.

22 See article 1 of the International Convention on the Elimination of all Forms of Racial Discrimination, 1966, UNTS vol. 660, p. 195; article 2 of the International Covenant on Civil and Political Rights, 1966, note 13. Both international treaties are amongst others, referred to as reference for the future Constitution.

Discrimination.

According to article 1.6 of the Proposal the two official languages for Kosovo are Albanian and Serbian. Turkish, Bosnian, and the Roma language are official languages at the municipal level. The Proposal leaves open the question of how this provision is going to be implemented. A decision has to be taken as to what conditions must exist in a municipality for it to declare one or more of the said languages as official. Even in States with the record of an appropriate level of protection of minorities it has proven to be difficult to agree upon such criteria.

Apart from the fact that it will be necessary in the future to ensure that the members of the smaller communities learn the two official languages to avoid facing the danger of social and economic marginalization, *de facto* the protection of minority languages means that the members of these minorities have the right to become multilingual.[23]

According to article 3.2 of the Proposal, Kosovo is under an obligation to guarantee the protection of national or ethnic, cultural, linguistic, and religious identity of all Communities and their members. This obligation is phrased as a group right as well as an individual right. The content of this obligation is not fully clear since it does not speak of an obligation of Kosovo to protect, which would clearly entail the obligation to take positive action. Instead it says Kosovo shall "guarantee the protection". This seems to indicate a less pro-active role of the Kosovo government in this respect. This question may be of a rather academic nature, though. At the moment in the future Kosovo initiates a program designed to foster one community, the other communities could invoke the prohibition of discrimination which would force the government to provide adequate programs for those communities, too. Apart from that, article 2.1 and 2.5 of Annex II of the Protocol are somewhat more specific as far as the promotion of the Communities is concerned. Those provisions speak of the obligation to "create appropriate conditions enabling Communities and their members to preserve, protect, and develop their

---

23 Article 3.1 of Annex II of the Proposal provides for the right of members of Communities to receive public education in one of the official languages of Kosovo of their choice. This provision also provides for the teaching of Community languages for members of the Communities "to the extent prescribed by law".

identities". Even financial assistance is mentioned in this context.

As already indicated, the core of the regime for the protection of Communities rests on institutional safeguards; these operate at the national[24] as well as the municipal level.[25]

According to article 3.2 of the Proposal, Kosovo shall establish the Constitutional, legal, and institutional mechanisms necessary for the promotion and protection of the rights of all members of Communities and for their representation and effective participation in political and decision-making processes. It is noteworthy that this provision has been formulated as an individual rather than a group right. The Communities as such do not have the right to be represented and to participate in political and decision-making processes; these rights are reserved for their members. This means that the Communities as such will not participate in the political decision-making of Kosovo but rather individuals claiming to belong to such Communities. This will render the question of who will decide on the membership of a particular Community even more crucial. As article 1.2 of Annex II of the Proposal provides, such membership is based upon self-identification which is in line with the approach taken by the Committee on the Elimination of Racial Discrimination,[26] the treaty body monitoring the implementation of the International Convention on the Elimination of all Forms of Racial Discrimination.

This principle concerning the participation of members of Communities in the decision-making of Kosovo is further detailed in article 3.2 of Annex I. According to it, 20 of the 120 seats of the Assembly of Kosovo are reserved for representation of Communities which are not in the majority in Kosovo. Ten of these seats will be occupied by groups, political parties, and independent candidates who have declared to represent the Kosovo Serb community. The other ten seats are distributed to the Ashkali, the Roma, the Egyptian, the Bosnian, the Turkish, and the Gorani communities. This system will be modified after the first two electoral mandates but not abandoned. These

24 See article 3.2, second sentence of the Proposal in connection with Annexes I and II (note 1).

25 See article 6 of the Proposal in connection with Annex III (note 1).

26 General Recommendation VIII of the Committee on the Elimination of Racial Discrimination (note 20).

members of the Communities have particular voting rights in respect of laws which are likely to affect the states of the Communities.[27] Such laws require for adoption, repeal, or amendment the majority of the members of the Assembly present and voting as well as the majority of the Assembly members representing Communities present and voting.[28] Equally, the Communities have to be represented in the cabinet.[29] The selection of two of the six national judges at the Constitutional Court of Kosovo requires the consent of the majority of the members of the Assembly including the consent of the majority of Assembly members representing Communities. Here again the members representing Communities yield a particular influence.

The Proposal obviously considers decentralization as one core element for the accommodation of the rights of the Communities as it obliges Kosovo to pass the new law on local self-government within 120 days after the entry into force of the decision on the status of Kosovo (referred to as settlement). The competences of the municipalities basically cover all issues of local interests including education on the primary and secondary levels. These competences are enhanced for certain municipalities.[30] Schools that teach in Serbian language may apply curricula or text books developed by the Ministry of Education of Serbia upon notification to the competent Kosovo ministry.[31] This provision is remarkable since one of the issues at the roots of the dispute between Kosovo and the government of Belgrade was on curricula and text books when the Albanian textbooks and curricula were replaced by Serbian ones.

Municipalities may cooperate, within the area of their own competencies, with Serbian municipalities, institutions and government agencies. They may even receive financial assistance for that cooperation or funding for municipal activities.[32] This provision opens the possibility to maintain close contact with certain municipalities predominantly inhabited by Serbians and to politically influence them. Certainly the financial assistance has to be made public but it

---

27 Article 3.7 of Annex I of the Proposal (note 1) contains a list of these laws.

28 Article 3.7 of Annex I of the Proposal (note 1).

29 Article 5, Annex I of the Proposal (note 1).

30 See article 4, Annex III of the Proposal (note 1).

31 See article 7, Annex III of the Proposal (note 1) which also provides for a dispute settlement procedure in case a dispute may arise in this respect.

32 Articles 10 and 11, Annex III of the Proposal (note 1).

may nevertheless lead to an alienation of these municipalities from Kosovo.

Annex V of the Proposal contains safeguards for the protection of the Serbian Orthodox Church. The establishment of protective zones is envisaged for monasteries, churches, and religious centers. The Serbian Orthodox Church will enjoy certain privileges and immunities. Also these rules have to be seen from the point of view of safeguarding the cultural identities of Communities, in particular the Serbian one.

International Supervision

Kosovo will remain, as already indicated, under international supervision. This supervision will involve a civilian as well as a military arm.

It is the function of the International Civil Representative to ensure the effective implementation of this settlement and to take corrective measures to remedy any action taken by the Kosovo authorities which is in breach of this settlement, or seriously undermines the rule of law or is otherwise inconsistent with the terms or the spirit of the settlement. In this capacity the International Civilian Representative may annul decisions or laws or even, in serious cases, remove Kosovo officials from office. The International Civilian Representative is the final authority in Kosovo regarding the interpretation of the civilian aspects of this settlement.[33]

The International Civil Representative will report periodically to an International Steering Group consisting of representatives of France, Germany, Italy, Russia, United Kingdom, United States, European Union, European Commission, and NATO.[34] The major responsibilities devolve upon the European Union. The system of international supervision will be terminated when the International Steering Committee, based upon the recommendation of the International Civil Representative, decides that Kosovo has implemented this settlement. The whole system of international supervision copies to a certain extent the existing systems of international administration of Kosovo and of the institutional set-up for Bosnia-Herzegovina. Therefore the criticism voiced there may be voiced against the institutional framework for Kosovo, too.

---

33 Article 2, Annex IX of the Proposal (note 1).

34 Article 4, Annex IX of the Proposal (note 1).

Conclusion

The solution for the future status of Kosovo may reflect realities. As indicated in the introduction, the solution for the future status of Kosovo has to find a balance between the sovereignty of Serbia and its territorial integrity on the one hand and the human rights of the Albanian population on the other. This Proposal is opting, on the scale of options available, for one resulting in secession from Serbia. It thus seems to deviate from the approach taken by the Security Council, although that body has never completely ruled out independence.[35]

The Special Representative has indicated that a return to the *status quo ante*, namely an autonomous region within Serbia, was unrealistic. One of the reasons given in support thereof, namely that for the past eight years Kosovo and Serbia have been governed in complete separation,[36] is a dangerous one, for it may be understood to say that the establishment of an independent Kosovo had been anticipated. This would prove all the statements made on the occasion of S/Res. 1244 (1999), namely that the status of Kosovo was open, to be not totally correct.

Perhaps one should have pointed out another factor, the secession of Montenegro from Serbia. This development is a relevant one, for it resulted in Serbia becoming an ethnicity-oriented State: a State in which it would have been more difficult to safeguard the interests of the Albanians.

The assessment of the Proposal may sound critical; however, this should not cloud the fact that this is, given the realities, probably the only solution available. The only other solution, namely to seek an accommodation of all the

---

35 The transitional international administration of Kosovo – the consequence of widespread and significant human rights violations against Albanian and the military intervention of NATO in reaction thereto – is being based upon Security Council Resolutions 1160 (1998) of 31 March 1998 and 1244 (1999) of 10 June 1999. The latter refers in Annex II, para. 8 to a "substantial self-government for Kosovo taking full account of the Rambouillet Accord and the principles of sovereignty and territorial integrity of the Federal Republic of Yugoslavia and the other countries of the region".

36 UN Doc S/2007/168, para. 8 (see note 1).

ethnicities in a greater state entity, has either not been grasped or been disregarded on earlier occasions. Since the end of the First World War no attempt has been made to transform the Austrian-Hungarian Empire into a State which provided room for all the ethnicities concerned. The establishment of the Kingdom of the Serbs, Croats and Slovenes contained the seed of developing a Serbian dominance. The breakup of Yugoslavia was then a logical consequence and so is the subsequent fragmentation of Serbia. The seeming impossibility of achieving a solution encompassing all entities after the breakup of Yugoslavia and the opting for several independent states in the Rambouillet Accord made it impossible to give human rights the chance to become the main instrument in solving the problem posed by the existence of many ethnic groups.

Minorities in Europe: Recent Trends

Bogdan Aurescu*

I. Introductory Remarks

It is not an easy task to present the recent trends concerning minorities in Europe, as Europe was always, and still is, the region of the world where the regime of minority protection has experienced the most substantial and dynamic transformations.

In this paper I will focus on three major evolutions taking place in the last five years. The first one is related to the legal regime of the kin-State involvement in minority protection, the second refers to the recent re-start of the scientific debate on the concept of "nation", and the third concerns the issue of extending the minority protection regime to non-citizens.

II. The Legal Regime of the Kin-State Involvement in Minority Protection

Before presenting this first issue, a question of terminology is to be clarified. The term "kin-State" is defined by the European Commission for Democracy through Law (the Venice Commission – a legal body of the Council of Europe composed of independent experts in the field of constitutional and international

---

* Dr., Professor-Lecturer, Faculty of Law, University of Bucharest; President of the Romanian Branch of International Law Association and Editor-in-Chief of the Romanian JIL; member of the Permanent Court of Arbitration; substitute member of the Venice Commission of the Council of Europe and Agent of Romania before ICJ in the Case concerning Maritime Delimitation in the Black Sea (Romania v. Ukraine). The opinions expressed in this paper are solely the author's.

Sienho Yee & Jacques-Yvan Morin (eds.), Multiculturalism and International Law, 575-588.

law[1]) as the State having a corresponding minority group residing abroad (on the territory of another State – the "home-State"), a group possessing the same ethnic background as its majority population, and "playing a role in the protection and preservation" of this minority, "aiming at ensuring that its genuine linguistic and cultural links remain strong". Correlatively, a "kin-minority" represents a group of persons sharing the same ethnic and, in general, cultural features with the majority population from another State (the kin-State).[2]

The debate started with the adoption, by the Hungarian Parliament, in June 2001, of a piece of legislation "on Hungarians living in neighboring countries",[3] without consulting the neighboring States. The decision to adopt this law was the result of three main factors. One was the will of the Hungarian government to set the rules and instruments for developing a relationship with the Hungarian minorities abroad before Hungary became a member of the European Union. A second objective was to contribute to the "re-unification" of the Hungarian nation, "dismantled" by the Trianon Treaty, while encouraging ethnic Hungarians to stay in their native land. The 2003 general elections in Hungary were another reason for promoting this "national project", as the then-government of Hungary considered the law as a worthy electoral hit.

The lack of consultation with neighboring countries was justified by the concept present in Hungary that the Hungarian State, as the "mother-State" – the concept replaced now from the legal point of view by the "kin-State" – has a constitutional right (set forth in Art. 6(3) of the Hungarian Constitution) and, at the same time, an obligation to protect the Hungarian minorities abroad. It should be also mentioned that at that time there were no detailed standards regulating the support that can be granted to kin-minorities abroad despite the

---

1 For a comprehensive description of the activities of the Venice Commission in the field of promoting the Rule of Law principles, see http://www.venice.coe.int/site/main/presentation_E.asp?MenuL=E.

2 Bogdan Aurescu (ed.), Kin-State Involvement in Minority Protection. Lessons Learned, edited by the International Law Section of the Romanian Association for International Law and International Relations, and the Venice Commission (RAMO, Bucharest, 2005), 136, 159.

3 Act LXII of 19 June 2001 on Hungarians Living in Neighboring Countries, amended on 23 June 2003. For the text of the law and related documents, see http://www.htmh.hu/act.htm.

fact that a correct interpretation of the existing fundamental principles of international law would have offered a substantive answer to this issue and led to the conclusion that consultation is mandatory.

The law, as adopted in 2001, raised a number of concerns:[4] it produced discriminatory and extraterritorial effects, and risked to create a political (and quasi-legal) bond between the kin-State and the kin-minority.

The most important discriminatory effects were the following: first, granting facilities in the socio-economic field, especially the unconditional and unlimited right to work on Hungarian territory to ethnic Hungarians, created discrimination as far as the citizens of non-Hungarian ethnic origin were concerned (for instance, a Romanian-Hungarian agreement already in force when the law was adopted, provided for a certain quota of Romanian citizens to work in Hungary – 8,000 work permits per year; the number of ethnic Hungarians able to work on the basis of the law was unlimited, but the number of other Romanian citizens was limited, thus creating discrimination on ethnic basis). Second, the law stipulated the granting of financial subsidies to ethnic Hungarians in the neighboring countries on an individual basis, for those who learn/teach in Hungarian, thus discriminating against other citizens learning/teaching together with ethnic Hungarians in the same school. Third, the law provided for granting the so-called "Hungarian dependent certificate" (together with a Hungarian certificate to attest the ethnic origin of a person), to the non-Hungarian spouse of an ethnic Hungarian, thus creating discrimination among the non-ethnic Hungarian citizens of the neighboring countries. From the very beginning, the law was considered to infringe the provisions of the Amsterdam Treaty on discrimination, which is why Austria (an EU member neighbor to Hungary) was excluded from the scope of the law.

---

4 See for a detailed presentation of the debate and the legal issues implied by the Hungarian law, Adrian Năstase, Raluca Miga-Besteliu, Bogdan Aurescu, Irina Donciu, Protecting Minorities in the Future Europe — Between Political Interest and International Law (RAMO, Bucharest, 2002); Bogdan Aurescu, "Bilateral Agreements as a Means of Solving Minority Issues: The Case of the Hungarian Status Law", in 3 European Yearbook of Minority Issues (2003/4), 509-530. See also Bogdan Aurescu (ed.), Kin-State Involvement in Minority Protection. Lessons Learned, edited by the International Law Section of the Romanian Association for International Law and International Relations, and the Venice Commission (RAMO, Bucharest, 2005).

The extraterritorial effects of the law were numerous, especially those concerning the procedure of granting the "Hungarian certificate". This procedure directly involved legal persons from neighboring States – the organizations of persons belonging to the Hungarian minorities from neighboring States, which were not Hungarian legal persons. So, the law directly regulated the activities of foreign legal persons on foreign territory outside Hungarian jurisdiction and without the consent of the neighboring State. According to international law, extraterritoriality is permitted if the consent of the foreign State is granted – which was not the case in relation with the law (moreover, some neighboring States expressly opposed to such extraterritorial application). These organizations were supposed to issue compulsory recommendations with regard to the ethnic origin of the persons applying for the certificate (and thus for the facilities set forth by the law), which was a clear infringement of the right provided for by the Council of Europe Framework Convention on the Protection of National Minorities to freely choose whether to be considered to belong or not to a certain national minority. If these recommendations were negative, such persons would have failed to be considered as ethnic Hungarians and would have had no entitlement to the facilities set forth by the law. This would have been an infringement of the Framework Convention on the neighboring State territory, as a direct result of a Hungarian extraterritorial law. According to international law, the State is responsible for the implementation of agreements to which it is a party on its own territory. Another extraterritorial effect was the possibility for the owners of the certificates to use them on the neighboring State's territory in order to get the facilities granted by the law.

The third concern consisted in the risk to create a political bond between the persons belonging to the Hungarian minorities and the Hungarian State, as a consequence of two elements contained in the law. The first one was the concept of the "Hungarian nation as a whole", used by the law, as its preamble fixed the objective of this piece of legislation "to ensure that Hungarians living in neighboring countries form part of the Hungarian nation as a whole". The European Commission, by a document issued in December 2002,[5] asked for the

---

5 For the text of this document, see Appendix 3 to my article: Bogdan Aurescu, "Bilateral Agreements…", note 4, at 529-530. See also Bogdan Aurescu (ed.), Kin-

elimination of this concept from the law and its replacement with a "more culturally oriented" one. Indeed, after numerous demarches in this regard, the modification of the law in June 2003 excluded the said formula from the text. The second element was the format and the contents of the certificate, which were considered to create the risk of a political bond, as it had the characteristics of an identity card/passport (it was quasi-identical to a Hungarian passport with a photo and the same security features) and contained nationalistic symbols and texts. Also the title ("certificate of Hungarian nationality") was criticized by the Venice Commission, which concluded that only an administrative document with no reference to the ethnic background of the bearer can be issued in order to certify the entitlement to certain facilities.[6]

This debate on the effects of the law was far from being a bilateral one between Hungary and (some of) its neighbors. It became a debate at the European level – which involved many organizations and bodies like the Council of Europe (through the Venice Commission[7] and the Parliamentary Assembly of the Council of Europe – PACE[8]), the High Commissioner for National Minorities of the Organization for Security and Cooperation in Europe (OSCE),[9] the European Commission[10] – regarding the standards

State Involvement…, note 4, at 165-166.

6 See Chapter E, Conclusions, of the "Report on the preferential treatment of national minorities by their kin-State", adopted by the Venice Commission at its 48th session (Venice, 19-20 October 2001), CDL-INF (2001) 19. For the text of the Report, see http://www.venice.coe.int/docs/2001/CDL-INF(2001)019-e.asp.

7 See "Report on the preferential treatment of national minorities by their kin-State", adopted by the Venice Commission at its 48th session (Venice, 19-20 October 2001), CDL-INF (2001) 19, http://www.venice.coe.int/docs/2001/CDL-INF(2001)019-e.asp.

8 See PACE Resolution No. 1335 (2003) on the "Preferential treatment of national minorities by the kin-State: the case of the Hungarian Law on Hungarians living in neighbouring countries ('Magyars') of 19 June 2001", http://assembly.coe.int/Main.asp?link=/Documents/AdoptedText/ta06/EREC1735.htm.

9 See the Statements of the OSCE High Commissioner on National Minorities of 26 October 2001, at http://www.osce.org/hcnm/item_1_6352.html; and of 24 June 2003, at http://www.osce.org/hcnm/item_1_7602.html.

10 See European Commission's Non-Paper "Assessment of the compatibility of the revised draft 'Law on Hungarians living in neighbouring States' with European standards and with the norms and principles of international law (the findings of the Council of Europe's Venice Commission) and with EU law", reproduced in

regulating the involvement of the kin-State in granting minority protection. These organizations and bodies adopted reports, recommendations, resolutions, statements, comments etc. that shape now these standards.

The conclusions of the 2001 Venice Commission Report – the first and most comprehensive codification on the matter – show that on the basis of the *interest* (and *not* of a right) of the kin-State, it is allowed to maintain cultural links with the kin-minority and to provide for assistance in the cultural field, while several principles and rules are to be observed: the primary responsibility for minority protection belongs to the home-State (the State where the minority live); the respect for the territorial sovereignty of the home-State; the respect for the *pacta sunt servanda* principle; the respect for friendly relations among States (including, of course, the good neighborly relations); the preferential treatment may be granted by the kin-State in the educational and cultural fields, and with the condition of the existence of the legitimate aim of fostering cultural links and with the respect for the principle of proportionality.[11]

Based on these standards shaped at the European level, Romania and Hungary used successfully the bilateral channels (especially the Joint Bilateral Committee on Minority Issues, established in 1997 under the Joint Intergovernmental Commission created by the Treaty on Understanding, Cooperation and Good-Neighborliness between the two countries, concluded on 16 September 1996), and concluded two agreements aiming at "filtering" the non-Euro-conforming provisions of the law, in December 2001 (the Memorandum of Understanding concerning the Law on Hungarians Living in Neighboring Countries and Issues of Bilateral Cooperation)[12] and, after the law was amended in June 2003 (which was also the result of the adoption of general standards, as mentioned above), in September 2003 (the Agreement on Conditions concerning the Implementation of the Law on Hungarians Living in Neighboring Countries with regard to Romanian Citizens).[13]

Bogdan Aurescu, "Bilateral Agreements…", note 4, 529-530.

11 See note 6.

12 For the text of this document, see Appendix 1 to my article: Bogdan Aurescu, "Bilateral Agreements…", note 4, at 521-524. See also Bogdan Aurescu (ed.), Kin-State Involvement…, note 4, at 181-184.

13 For the text of this document, see Appendix 2 to my article: Bogdan Aurescu, "Bilateral Agreements…", note 4, at 525-527. See also Bogdan Aurescu (ed.), Kin-

III. The Re-start of the Scientific Debate on the Concept of "Nation"

The second issue of recent interest at the European level may be considered the re-start of the scientific debate on the concept of "nation". As I already mentioned, one of the bodies involved in the European debate on the law on Hungarians living in neighboring countries was the Parliamentary Assembly of the Council of Europe. Starting from the problematic issue of the "Hungarian nation as a whole" (see above), the June 2003 Resolution 1335 on the "Preferential treatment of national minorities by the kin-state: the case of the Hungarian Law on Hungarians living in neighboring countries ('Magyars') of 19 June 2001" proposed *inter alia* that PACE should discuss and adopt a document to clarify the concept of "nation". This document was adopted in January 2006 in the form of a Recommendation – Recommendation No. 1735 (2006) on "The Concept of 'Nation'".[14]

I will not insist here on rehashing the whole debate around this issue – the essence of which could be defined by the search for the "best" concept of nation in Europe or elsewhere. (The dispute between the "French" concept of "civic/political nation" and the "German" concept of "ethnic/cultural nation" is old and therefore it has a history of its own – as it started even before the French Revolution.) I will neither make a detailed presentation of this Recommendation 1735, [15] which did not even succeed in finding a commonly accepted definition of the nation (as it is too much connected with the debate on the definition of national minority, for which it was equally impossible to agree to a generally accepted definition,[16] too – in a multilateral treaty or in any

---

State Involvement…, note 4, at 185-187.

14 For the full text of the PACE Recommendation No. 1735, see http://assembly.coe.int/Main.asp?link=/Documents/AdoptedText/ta06/EREC1735.htm.

15 For a detailed presentation, see Bogdan Aurescu, "Cultural Nation versus Civic Nation: Which Concept for the Future Europe? A Critical Analysis of Recommendation No. 1735/2006 of the Parliamentary Assembly of the Council of Europe on "The Concept of 'Nation'", in 5 European Yearbook of Minority Issues (2005/6), 147-159.

16 For a comprehensive analysis, see Gaetano Pentassuglia, Minorities in International Law, European Centre for Minority Issues, Council of Europe

other binding document).

For the purposes of this paper, I will focus on one conclusion of the said PACE Recommendation which is directly connected to multiculturalism. That conclusion, contained in paragraph 16(4) of the Recommendation, "invite(s) the member States[17] to bring their constitutions into line with the contemporary democratic European standards which call on each State to integrate all its citizens, irrespective of their ethno-cultural background, within a civic and multicultural entity and to stop defining and organising themselves as exclusively ethnic or exclusively civic States".[18] Thus, the PACE defines the "ultimate" goal of the (European) State's evolution – the multicultural State society.

I believe this statement is correct, but incomplete. The following arguments will show why.

Indeed, historical reality shows that the formation of the modern European nation-States took place starting from a certain ethnic/cultural nation, which – by exercising what later on will be defined as the right to self-determination – transformed itself into a State, thus becoming, by a process of instant, but natural transformation, a civic nation. Once the modern theories regarding minority protection appeared, along with the trend of consolidation of the culture of respect, and of social, ethnic and cultural tolerance for each other, these civic nations became (naturally) multicultural. Of course, multiculturalism is a positive tendency. It allows the coexistence of identities – the identity of the majority with the identities of the minorities and the identities of the minorities *inter se*. It also allows for the preservation of these identities; it works against their dilution, assimilation or disappearance. In comparison with the initial "pure" civism of nation-States, multiculturalism is certainly a progress.

But it can in no way constitute the final goal or point of progress, the terminal point of the contemporary State's evolution. The simple coexistence of various identities cannot be satisfactory in and of itself. I think the true finality is the *interculturalism*, the result of a complex interaction between the culture of

---

Publishing, Strasbourg, 2002, 55-74.

17 Of the Council of Europe.

18 Emphasis added.

the majority and those of the minorities, which enrich each other. The *separate* cultural diversity may be an interesting theoretical concept, but is practically impossible and socially undesirable. Those cultures that isolate themselves cannot progress at all. On the other hand, *interculturalism* does not require the loss of specificity, and a minority's integration into the society of its home-State does not imply, *per se*, its assimilation.

The idea that cultural diversity is a source of enrichment for the society where the minorities live and the necessity to encourage the intercultural dialogue have already been addressed in many international instruments on the matter.

Take for instance Article 6(1) of the Framework Convention for the Protection of National Minorities: "The Parties shall encourage *a spirit of tolerance and intercultural dialogue* and take effective measures to promote *mutual respect and understanding and co-operation among all persons living on their territory, irrespective of those persons' ethnic, cultural, linguistic or religious identity,* in particular in the fields of education, culture and the media." [19] The Explanatory Report of this Convention is even clearer: "In order to strengthen *social cohesion*, the aim of this paragraph is, *inter alia*, to promote *tolerance and intercultural dialogue*, by eliminating barriers between persons belonging to ethnic, cultural, linguistic and religious groups through the encouragement of *intercultural* organizations and movements which seek to promote mutual respect and understanding and to *integrate* these persons into society whilst preserving their identity."[20] Another example (of many) is the Central European Initiative Instrument for the Protection of Minority Rights, which declares in its preamble: "[The Member States of the Central European Initiative signatory hereto are] convinced that *national minorities form an integral part of the society of the States in which they live and that they are a factor of enrichment of each respective State and society*, […]".[21] The OSCE High Commissioner on National Minorities shares the same approach: "*The principle of integration* with respect for *diversity*, which I consider a cornerstone of the OSCE approach to international security, should be the basis for any proposed solution. As I have pointed out already, integration does not mean involuntary

19 Emphasis added.

20 Emphasis added.

21 Emphasis added.

assimilation. It means living together, with tolerance and mutual respect for difference as regards culture, religion, language and historic perceptions. *Integration in a multiethnic society of such differences is difficult and challenging. But is a necessity if the forces for separation and conflict are not to win out.*"[22]

I will now invoke, for the sake of clarity, a model: the model of the can. The can could be perfectly beneficial for preserving a certain product, for instance a certain identity. But in order to value the taste of that specific identity, it is necessary to open it. If you want to cook food according to a recipe, it is not enough to boil vegetables and an unopened can preserving inside, in perfect condition, a juicy piece of the best meat. The final taste of the recipe will be reached and valued only by the true interaction of all its ingredients. "While maintaining their identity, a minority should be *integrated in harmony* with others *within a State as part of society at large.*"[23]

My proposal is to complete the evolutionary sequence from *ethnic nation* (before the exercise of self-determination and creation of the state) to *pure civic nation* (in the next period to State creation), and *multicultural civic nation*, with its natural finale: *the intercultural civic nation* (after the multicultural phase), that is, *the "new cultural nation" of the home-State.*

Therefore, the contemporary States should aim to get over the multicultural goal to the intercultural one, which enables us to determine the true progress of the societies of the respective States. To do so is normal and natural. In fact, the minorities and the majority of a certain State build together, through cultural interaction, a real cultural nation *within* the civic nation-State, where they live together – of course, without the possibility for these minorities to lose their own identity or for excluding their links with the kin-States. It is a sole common space – social, economic, political, and cultural – to which both the majority and the minorities belong and which belongs to both the majority

---

22 Statement of the OSCE High Commissioner on National Minorities, "Effective Participation of National Minorities in Public Life – Developing and Concretizing Practical Forms of Participation Drawing on the Lund Recommendations", HDIM Working Session on Tolerance and Non-Discrimination II, Warsaw, 28 Sept. 2005, at http://www.osce.org/documents/odihr/2005/09/16460_en.pdf. Emphasis added.

23 Statement of the OSCE High Commissioner on National Minorities (26 October 2001), "Sovereignty, Responsibility, and National Minorities", at http://www.osce.org/hcnm/item_1_6352.html. Emphasis added.

and the minorities, equally and with equal legitimacy. The vision shared above is, in my opinion, the only one able to resolve this old dispute of "cultural nation *versus* civic nation".

IV. Extending Minority Protection for Non-citizens

The third and last issue of the recent evolutions in Europe in the minority protection field regards the "Non-citizens and the Minority Rights". In fact, this is the title of a very complex Report/Study adopted by the Venice Commission in December 2006,[24] of almost 50 pages and 144 paragraphs, joined by findings and conclusions.[25]

According to paragraph 5 of the Report, this study aims to provide a comprehensive picture of the international standards and practice, in the light of national examples and bilateral agreements, as regards the relevance of the citizenship and other criteria for circumscribing the circle of those entitled to minority rights. In the light of this picture, the Report suggests departing from a restrictive stance based on rigid criteria – including citizenship – and to move towards a more nuanced approach to the question.

The starting point (the source of the debate) was represented by two issues. The first was at the level of State practice. In this regard, some particular cases can be identified such as those in some Baltic States or in certain successor States of the former Yugoslavia, where the legal status of an important number of persons is not yet clarified or settled. Thus, the existence of certain restrictive conditions for granting citizenship by some successor States generated a significant number of individuals (who possessed a specific "minority-like" ethnic, linguistic, religious and cultural identity) not having or being deprived of the citizenship of the State where they have resided for quite a long time. In these particular situations, these persons – who, in the common sense, would have been considered as belonging to the minorities – might face

---

24 Study no. 294/ 2004, hereinafter referred to as "the Report". For the full text of the Report, see the Venice Commission document CDL-AD(2007)001, http://www.venice.coe.int/docs/2007/cdl-AD(2007)001-e.asp.

25 For a detailed presentation of the Report, see Bogdan Aurescu, "The 2006 Venice Commission Report on Non-Citizens and Minority Rights – Presentation and Assessment", in 2 Security and Human Rights (2007), 306-320.

difficulties in participating in public life and, in general, in preserving their specific ethnic/cultural identity because they did not have the citizenship of their home-State due to specific historic or legal circumstances. This situation highlighted the need for them to be granted/extended the minority protection regime or, at least, a certain level of minority-type protection. Besides the impulse given by these specific situations, the second issue was the well-known fact that neither the UN, nor the European instruments on minority protection mention the citizenship criterion in order for this protection to be granted. On this basis, a large number of positions expressed by various bodies at both the international and European level shared the view that the citizenship requirement should no longer represent a *sine qua non* condition for defining the national minority.

At the beginning, the Report focused on the idea – which I, as one of the rapporteurs, considered wrong from the very first second – that the solution to the problem would be simply to exclude the citizenship criterion from the definition of national minority (thus departing from the traditional point of view embodied, for instance, in the famous Capotorti definition[26] of 1978). This approach would have ignored a number of problems, including the fact that non-citizens – who are either stateless persons, or foreign citizens, including refugees – are under various concurring regimes under international law,[27] but also the fact that the source of the problem was a particular one. In real terms, what is important is to extend, when necessary, on a case-by-case basis, the regime of minority protection to those who need it, and to avoid adventuring ourselves – the academic community – in endless disputes on definitions.

The conclusions of the Report, which departed from the initial focus on excluding the citizenship condition from the definition of national minority to prefer a more nuanced and circumscribed approach, were pragmatic and result-oriented.

They recommended that the attention be shifted from the definition issue to the need for an unimpeded exercise of minority rights in practice, as citizenship should not be regarded as an element of the definition of

---

26 See Gaetano Pentassuglia, note 16, 57.

27 See, for a critical analysis on this issue, Bogdan Aurescu, "The 2006 Venice Commission Report on Non-Citizens…", note 25, 313-315.

"minority", but as a condition of access to certain minority rights. In this sense, it is recommended that States should devote particular attention to the need for them to regularize, without undue delay, the situation of those who lost their citizenship since the slow and difficult allocation of citizenship following the formation or consolidation of new entities may have an adverse impact on persons belonging to the minorities. It is considered that this will help promote a fuller integration of those non-citizens who form part of a minority group. The Commission also encourages those States which have neither adopted constitutional provisions nor entered a formal declaration under the Framework Convention restricting the scope of minority protection to their citizens only, to abstain from introducing a citizenship requirement in a domestic definition and/or in a declaration, as well as to consider, where necessary, the possibility of extending, on an article-by-article basis, the scope of protection to non-citizens. The States which have adopted such restrictive constitutional provisions and/or entered a formal declaration to the same effect are encouraged to consider, where necessary, the possibility of extending on an article-by-article basis, the scope of protection to non-citizens. In the Commission's view, States should make judicious and possibly combined use of those objective criteria for circumscribing the personal scope of application of minority protection which appear most suited to the context, such as lawful and effective residence, numerical size, time factor coupled with a certain link with a territory and, only if needed from the constitutional viewpoint, citizenship.

In my view, it was a good choice that the Report departed from the initial approach focusing on recommending the exclusion of the citizenship requirement from the definition of national minority, either at the international or at the domestic level. In fact, even though the UN and European documents regulating the rights of persons belonging to national minorities do not mention the citizenship condition, it is equally true that they do not mention any other condition. At the same time, citizenship is still of essence in allowing the access of these persons to exercising political rights, which are very important for the capacity of the national minority to participate in public decision-making and to influence, to their benefit, the society where they live and of which they are part and parcel. Also, there are still situations where citizenship represents the best protection for persons belonging to national minorities.

What is really important is not to generally exclude the citizenship criterion from the definition, but to exclude the possibility that citizenship becomes a barrier for persons belonging to national minorities to enjoy, when needed, the benefits of the minority protection regime. At the same time, avoiding recommending an "indiscriminate" exclusion of the citizenship requirement from the definitions of national minority is likely to elude, at least at the theoretical level, the possible difficulties mentioned above stemming from the concurrent application of the various international regimes for non-citizens.

Taking into account its pragmatic and flexible, thus efficient, outcome, the Report of the Venice Commission will certainly prove, in my view, its usefulness and value in the future.

V. Conclusions

As it can be easily noted, minority issues still represent, in Europe, an appealing field for lawyers to explore and to develop. It is a natural consequence of the high level diversity experienced by Europe, which still conserves its dynamics. The present lack of a European Union Law *acquis* in minority protection,[28] as well as certain international developments in progress (like the complex Kosovo issue)[29] are only two examples that might provide for further "raw materials" for lawyers to debate and elaborate their views in the minority protection field. Directly connected to the more general issue of multiculturalism in international law, minority protection is important as it is an essential factor on which international stability and security depend not only in Europe, but in the whole globalized and interdependent contemporary world.

---

28 Only recently, as a result of a joint Romanian-Hungarian proposal, the draft Treaty establishing a Constitution for Europe included in Article I-2 (on the "Values of the Union") that the Union shall be based *inter alia* on the value of "respect of human rights, including the rights of persons belonging to minorities". This proposal was finally included as such in the EU Reform Treaty of Lisbon.

29 This raises, again, the issue of collective rights for national minorities, unaccepted by the current international law, and the controversial debate on the right to (external) self-determination for national minorities.

We the [Indigenous] Peoples of the United Nations

Maivân Clech Lâm*

> For the first time in human history it is possible to talk to the jungle-dwelling Indians of South America in a European language at a North American conference and find out what they think about the world they live in and the world we live in. It is possible for the first time to take all the knowledge of the whole family of humanity and start plotting a course toward a viable future. It is possible at last to look at the modern period, not as a process of crisis and decline, but as a wonderful opportunity to amalgamate and pull things together, to make the world our library.
>
> — John Mohawk, Seneca Nation.[1]

Introduction

International law, particularly in the human rights field, faces a serious tension today between its reach for universal legitimacy on the one hand and the cultural diversity of its expanding subjects on the other. The long and difficult campaign waged by representatives of indigenous peoples in the last two

---

* Professor of international law and Associate Director of the Ralph Bunche Institute for International Studies at the City University of New York Graduate Center. The author also advises the American Indian Law Alliance which has long participated in the UN process for drafting a Declaration on the Rights of Indigenous Peoples. This paper was completed in May 2007.

1 Mohawk, J., Looking for Columbus: Thoughts on the Past, Present and Future of Humanity, in M. Annette Jaimes (ed.), The State of Native America: Genocide, Colonization, and Resistance, Boston: South End Press (1992), 439-444.

Sienho Yee & Jacques-Yvan Morin (eds.), Multiculturalism and International Law, 589-616.

decades at the United Nations for that body to affirm their communities' collective rights in a UN Declaration on the Rights of Indigenous Peoples (Declaration) exhibits aspects of this tension.[2] As expert, state, and indigenous actors negotiated the text of the Declaration in Geneva, their divergent and also changing political interests and cultural perspectives led them not only to clash, but also to compromise, over foundational yet indeterminate concepts that were to figure in the text like "indigenous peoples", "collective human rights", "self-determination", and "free, prior, and informed consent". In the end, these terms were sufficiently clarified or qualified in Geneva that the participants accepted their inclusion in the final draft of the Declaration (Final Draft) which the new Human Rights Council (HR Council) adopted at its opening session in 2006, and subsequently recommended to the General Assembly for its own adoption. [3] There the document now stands pending the outcome of "consultations" that a number of state representatives in New York called for regarding, by and large, the same concepts that had been most debated in Geneva. Because the current contestation in the G.A., in the author's view, concerns substance as well as process, this paper will discuss both.

Legal systems, which are a sub-set of social control systems, it is fair to say, harness a modicum of shared norms to established means of coercion, physical or otherwise, to maintain the social order of the societies that they regulate. The American Marxist anthropologist Stanley Diamond theorized, in a seminal article in 1974, that social control systems, in turn, range from a type that relies primarily on community consensus for its operation to one that relies largely, instead, on coercion. He called the first type, typically found in small acephalous societies, the "order of custom". The second, characteristic of large hierarchical societies, he termed the "rule of law", a category that includes modern statist or positivist law.[4] Interestingly, while international society is both

---

2 I use "Declaration" to refer in a generic way to the proposed human rights instrument that has gestated, in various forms, in the U.N. since 1984. "Draft Declaration" or DD refers to the version completed in 1994 by independent experts attached to the Commission on Human Rights, while "Final Draft" refers to the version adopted in 2006 by the Human Rights Council.

3 Human Rights Council Resolution 2006/2.

4 Diamond, Stanley, The Rule of Law versus the Order of Custom, in Diamond, Stanley (ed.), In Search of the Primitive: a Critique of Civilization, New Brunswick,

acephalous and small when seen as composed of fewer than 200 states, scholars typically ascribe the "weakness" of international law to its underdeveloped coercive capabilities. If Diamond is right, however, coercion in any event plays a secondary role in such societies. Consequently, international law's strength or weakness could as easily be ascribed to the quantum of consensus that lies behind its values or norms. On the other hand, if one considers that the subjects of international law now include not only states but also, albeit in distinctive ways, the plethora of international organizations (IGOs) that now exist, as well as the more than 6 billion individuals, including 350-500 million indigenous people, out there who assert their respective human rights, one might well wonder whether international law can ever run on normative consensus. At the same time, given that the use of coercion in postwar international relations is generally disapproved, and also typically counterproductive, the international community may have little choice but to "grow" consensual norms. The question is: how?

To begin with, the author proposes a two-step initiative. First, international society needs to clearly recognize that both types of social control identified by Diamond serve important regulatory functions, in different ways and contexts, so as to avail itself appropriately of both. Second, because the rule of law has had more currency in international relations than the order of custom (law being taught in international studies programs more often than anthropology), international society needs to consciously undertake the construction of what might be called sub-orders of custom to regulate those areas of international activity that, because they engage deep cultural values and sensibilities, turn more readily on guiding norms than prescriptive rules. Through such efforts the practice of norm-growing could expand, and international normative consensus itself could grow.

In a real sense, the U.N.'s sustained engagement with indigenous peoples in the last two decades represents just such an exercise. During the course of this engagement a new norm called indigenous/state partnership, in fact, emerged. Should the G.A. now adopt the Declaration, practices that actualize its norms will inevitably spring up in a number of states and settings that, over time, will yield data from which the "best practices" of partnership could then

---

New Jersey: Transaction Books (1974), 255-280.

be culled for other states to selectively emulate. Of course, projects of norm-growing, as opposed to rule-making, will likely prove lengthy and even tedious, as the genesis of the Declaration shows. The latter's drafting phase alone, for example, consumed 22 years and mobilized hundreds of expert, diplomatic, and indigenous participants to trek annually to Geneva to work together, in two-to-three-week sessions, on a template of indigenous/state relations that could enable the survival and well-being of some of the world's most vulnerable cultural communities.

On the other hand, it is also possible to conclude that the unprecedented time and resources spent on the drafting of the Declaration were exceptional inasmuch as the U.N., in this project, was engaged in nothing less than the novel and highly complex task of reconciling two very different paradigms of social organization that co-exist in political spaces today where, under the pressure of globalization, they increasingly compete for the allegiance of overlapping memberships.[5] The two paradigms are the generically formatted modern state, and the historically idiosyncratic cultural community. This paper identifies the key areas of contestation that the collision of these paradigms engendered in the course of the Declaration's development, discusses the norm-growing process involved, and suggests ways in which the U.N. could turn contestation into growth.

I. The Modern State

The 1648 Treaty of Westphalia, which ended 30 years of religious warfare in Europe, serves as a convenient birthing moment in the origin story of the modern state and, by extension, the modern interstate system. Prior to the Treaty, much of Europe had been organized as a single political unit loosely overseen by two distinctively supreme authority figures: the secular (notwithstanding his title) Holy Roman Emperor, and the (not quite) other-worldly Bishop of Rome or Pope. Westphalia replaced this binary scheme of

---

5 For how this dynamic contributed to the break-up of the Soviet Union, see Robert J. Kaiser, The Geography of Nationalism in Russia and the USSR, Princeton: Princeton University Press (1994). See also the excellent essays in Stephen May, Tariq Modood and Judith Squires (eds.), Ethnicity, Nationalism and Minority Rights, Cambridge: Cambridge University Press (2004).

jurisdiction with one that recognized almost as many secular sovereigns in the European space as had ruled the constituent political units of the erstwhile Holy Roman Empire. Sovereignty itself, then as now, denoted the sovereign's right to exercise supreme secular jurisdiction in a particular territory to the exclusion of any other authority that would intrude itself into that space.

The 1789 French Revolution, in due course, administered a severe shock to this Westphalian construct of sovereignty, not by modifying its content as such but by shifting its locus from the person of the king to the amalgam of an as yet inchoate entity called the People which, at the time, was inconveniently neither monocultural, nor even monolingual, nor particularly French. Furthermore the regicidal state, no longer symbolized by the monarchy, had now to find another hermeneutic representation of itself. It chose an artifact that did not yet exist but would be manufactured: the monolingual, monocultural French *nation-state*. A rigorously centralized educational system driven by the new ideology of the would-be nation-state, which we now call nationalism, was established and assigned the primary responsibility for alchemizing Bretons, Basques, Normans, Gascons, Auvergnats, and members of other *ethnies* into homogeneous French citizens.[6] Summing up this process a century later, the French commentator Ernest Renan famously said: "Indeed, the essence of a nation is that its individuals share much in common, and have also forgotten much."[7]

Interestingly, the emergence of the German "nation-state" proceeded in inverse order. Unlike the case of France, the German ethno-linguistic entity pre-dated the creation of the German state, which Chancellor Otto von Bismarck all but willed into being in 1860 as a way of aggrandizing the political power of the Prussian state that he then served. Alarmed by what he saw as the conflation of ethnicity and statehood, Bismarck's fellow ethnic, the Austrian poet Franz Grillparzer, roundly rebuked the Chancellor: "You claim that you have founded a Reich, but all you have done is to destroy a *Volk*."[8] Starting from opposite

---

6 See Eugen Weber, Peasants into Frenchmen: the Modernization of Rural France, London: Chatto and Windus (1977).

7 Ernest Renan, Qu'est-ce-qu'une nation?, in Homi K. Bhabha (ed.), Nation and Narration, New York: Routledge (1990).

8 James J. Sheehan, German History 1770-1866, Oxford: Oxford University Press (1991), 911.

ends then, the political leaderships of France and Germany arrived at a common destination: the nation-state. Others in Europe followed suit, or wished they could. The flames of nationalism in the ensuing century, as we know, spread through much of the rest of the continent leaving in its wake both destruction, in the form of WWI, and liberation, in the form of the demise of the hold on minorities of the Austro-Hungarian and Ottoman Empires. Thereafter, the flames spread worldwide.

Nationalism's elevation of cultural consciousness over class consciousness, not to mention Hitler's vicious racialization of the ideology in the 20th century, caused Marxist theorists through the years to view it with considerable wariness. V.I. Lenin, however, understood that, problematic as nationalism was, its embrace by the Third World could convulse the capitalist order which then manifested itself there as colonialism. Even so, Lenin preferred to ground the anti-colonial project in another concept, which he termed self-determination, to which he gave a liberationist rather than a self-referential ring. As it turned out, Woodrow Wilson decided to compete with Lenin in winning the hearts and minds of the down-trodden by asserting his own championing of the concept of self-determination at the founding of the League of Nations. His arch-colonialist ally Winston Churchill, however, made sure that the earnest American President would agitate only on behalf of the self-determination of the down-trodden in the territories of the defeated European empires, but not in Asia or Africa.

Churchill notwithstanding, Europe's preoccupation with WWII inevitably loosened its colonial grip on Asia and Africa where, as a result, independence movements were then able to take off fueled by the then heady rhetoric of a multiplicity of ideological strains and their local combinations and permutations: nationalism, fascism, socialism, and communism among others. By the close of WWII, a consensus had formed among socialist states and Third World movements that the principle of self-determination, which supports the desire of peoples to freely choose their own political status without at the same time specifying or judging the outcome of that choice, had to be enshrined in the forthcoming UN Charter so as to pre-validate the expected post-war accessions to independence of Asian and African peoples. The independence thus foretold in the 1945 Charter in fact materialized, as we know, in swift succession over the following decades. Indeed, by 1960, the U.N. itself shifted from its Charter's sparing mention of the *principle* of self-determination of peoples to the full-fledged proclamation of the *right* of self-determination of peoples set out in its Declaration on the Granting of Independence to Colonial Countries and Peoples (Declaration on the Granting of Independence).

While self-determination is, *par excellence,* the international law principle on which the decolonization movement anchored its legitimacy, the concept has also been invoked to support state-making and state-altering developments in non-colonial contexts. The creation of Bangladesh, the break-ups of the former USSR, Yugoslavia and Czechoslovakia, and the emergence of East Timor among other events come to mind. In virtually all post-war assertions of the right of self-determination prior to the present indigenous one, however, whether these were lodged in colonial contexts or not, the asserters opted for independence.[9] Moreover, they chose to represent the post-independence entity, by and large, as the mythologized nation-state where one people = one culture = one state.[10] Under the circumstances, it is important to restate here, as the point is highly relevant in the context of the Final Draft now in front of the G.A., that the right of self-determination is the right of a people to freely choose, among other things, its political status. The right has *never* been understood to either prescribe, or even skew, the product of that choice. In fact, the G.A. made it clear in a resolution accompanying the Declaration on the Granting of Independence that the outcome of the exercise of self-determination may range from incorporation into an existing state, through free association with it, to independence. Moreover, under certain circumstances, the choice is also reversible.[11] The 1975 Helsinki Final Act adopted 15 years later by Western states, incidentally, goes even further:

> By virtue of the principle of equal rights and self-determination of peoples, all peoples *always* have the right, *in full freedom*, to determine, *when and as they wish their internal and external political status*, without external interference, and to pursue as they wish their political, economic, social

---

9 Exceptions include Puerto Rico and a number of Pacific island territories that opted for versions of free association with their former colonial, or trusteeship administrator, states.

10 See Benedict Anderson's classic Imagined Communities, London: Verso (1991).

11 U.N. Doc. A/Res/1541 (XV).

and cultural development.[12]

II. International Society

The world today is rent by two contradictory post-war impulses: that of Dumbarton Oaks,[13] which gave us the U.N., and that of Bretton Woods,[14] which gave us the current capitalist global economy. The Charter of the U.N. introduced an extraordinarily bold idea into the world: that of a secular and inclusive global *community* of peoples, represented by their states, in which interstate warfare is outlawed, human progress pursued, and human dignity protected. The Charter also provided fora like the General Assembly, the Security Council, and ECOSOC for member-states, and sometimes also non-state entities, to gather and collaborate on realizing these three broad goals. While it is not possible to say how the world would look today had the U.N. not been created, it is fair to conclude that the organization has achieved less than was hoped for but more than could have been expected given the controlling interstate system. A more interesting counterfactual question to which there can also be no conclusive answer, however, is whether the U.N. might have done decidedly better by now had the Bretton Woods institutions never been invented.

As it was, plans for the latter were forged a year ahead of the founding of the U.N. In July 1944, at the initiative of the U.S. and U.K., representatives of 45 states, mostly from the two powers' respective spheres of influence in Latin America and the Commonwealth, met in Bretton Woods to map out a postwar global capitalist order that, in essence, would safeguard the West's extensive extra-territorial economic interests in the world against the threat posed to them at the time by the potential convergence in the non-Western world of two rising ideologies: socialism, which was decidedly anti-capitalistic; and anti-colonial nationalism, which might not be anti-capitalist but was certainly anti-Western. Under the circumstances, the stratagem devised at Bretton Woods called for the

---

12 Final Act of the Conference on Security and Cooperation in Europe, International Legal Materials 1292 (emphasis added).

13 An estate in Washington D.C. where meetings preparatory to the founding of the U.N. were held.

14 A resort town in New Hampshire, U.S.A.

massive proffer of American capital, packaged with attractive features but fraught with dangerous consequences, to a cash-strapped postwar world in dire need of reconstruction and development funds such that neither war-ravaged European states nor, later, modernization-bent Third World governments could or would refuse the proffer. The critical institutions established to launch and execute this plan, which has now produced a global economy of dominance-*cum*-dependence otherwise known as globalization, include the International Bank for Reconstruction and Development (now World Bank), the International Monetary Fund (IMF) and, later, the General Agreement on Trade and Tariffs (GATT) which has evolved into the World Trade Organization (WTO).[15]

These and other similar institutions exert tremendous pressure on the sovereignty of states today, particularly in the Southern Hemisphere. In addition to the capitalist ideology and practice that Bretton Woods institutions disseminated early on alongside loans that, ironically, came more and more laden with conditions that limit borrowing states' policy choices, the Bretton Woods impulse has also put in place an international trade regime anchored in the WTO that powerfully bends the national economies of the South to support those of the North (i.e., Northern financial services today readily penetrate the South while Southern agricultural products selectively reach the North). To top it off, transnational capital is now assured digital free-rides across borders, however destabilizing that mode of transaction may prove to vulnerable states. The cumulative effect of all this is that states, again especially in the South, have become increasingly unable, and/or unwilling, to protect or assist their own subjects on the economic front. Indeed, many such subjects now see their governments as positively abetting the Bretton Woods scheme. Why else would state representatives, who regularly rise to defend state sovereignty against human rights initiatives in the U.N., then turn around in Bretton Woods spaces to virtually give it all away?

Not surprisingly intra-state conflicts, which more often than not also involve outsiders, have displaced interstate wars as primary dispensers of

---

15 See Antony Anghie, Time Present and Time Past: Globalization, International Financial Institutions, and the Third World, 32 International Law and Politics (2000), 243-290; and Antonio Cassese, International Law, Oxford: Oxford University Press (2001), 394-418.

violence in the world today.[16] These conflicts arguably result when sub-state groups, particularly with a historical experience of cultural and political subordination within their states, try to fend off the onslaught of the global economy (and its cultural accoutrements when these are experienced as offensive) by distancing themselves from its handmaiden: the state. Indigenous peoples figure prominently in this distancing which, however, should not be misunderstood as a bid for separate statehood which, in fact, very few pursue for a variety of reasons.[17] These reasons likely include size, fear of violent repression, built-up dependence on the state, habituation to its world and, quite possibly, the realization that, in the globalized moment, statehood is not the panacea that 20th century independence movements made it out to be. In any event, the distancing that indigenous peoples seek is perhaps best understood by asking and answering this question: in which states today are indigenous peoples and their interests reliably recognized, represented, and protected when national and international decisions are made that substantively affect their communities? If the answer is "in few states", or even "in none", then surely something that states now do, or fail to do, in the context of a global economy that ravages indigenous communities, needs fixing. Global capitalism, in other words, has generated a crisis of recognition and representation for indigenous peoples who, already pushed and shoved by so-called progress for up to 500 years, have now arrived at a point where the survival of those who remain, and their cultures, hangs on decisions that continue to be made "for them", *but in spite of them, in alien spaces.* It is this crisis that has brought indigenous peoples to the U.N.

Looking back at the Bretton Woods idea now, it would appear that its authors pretty much achieved what they set out to do. A form of capitalism that can only be called predatory now dominates the world; the West's material privileges remain secure even though others have now joined the club of transnational capitalists who capture and divvy up among themselves an

---

16 See Zelim Skurbaty, As if Peoples Mattered: Critical Appraisal of "Peoples" and "Minorities" from the International Human Rights Perspective and Beyond, Martinus Nijhoff Publishers (2000). The author sees, in the present, the decline of nation-states as sub-state groups move to the foreground.

17 Exceptions probably include those in West Papua, Ka Pa'e Aina/Hawai'i, Tahiti, and Kanaky/New Caledonia.

improbable share of the world's wealth; as for most of the rest of humanity, they either manage to access the sufficiency-minus-security world of the working middle class or fall off the economic juggernaut altogether into the abyss of poverty. In the meanwhile, sustaining natural resources and meaningful natal communities, which are what the humble and the indigenous traditionally rely on, are commoditized and scattered, respectively. To put it plainly, the indigenous campaign at the U.N. is a campaign that calls for a halt of the Bretton Woods impulse now penetrating the last indigenous territories left on earth.

III. The UN Declaration on the Rights of Indigenous Peoples[18]

Conservative estimates of the world's indigenous peoples put them at 350-500 million individuals grouped in some 5,000 distinctive cultural communities. Predictably, figures vary depending on who does the counting and what markers of indigeneity are used.[19] The U.N. and indigenous participants in its fora generally prefer flexible, working descriptions of indigenous peoples to rigid, legal definitions. The description they like to rely on was drafted some years ago by José R. Martinez Cobo, the Special Rapporteur charged in 1971 by the old Commission on Human Rights (Commission on HR) with conducting the first comprehensive UN review of the situation of the world's indigenous peoples:

> Indigenous communities, peoples and nations are those which, having an historical continuity with pre-invasion and pre-colonial societies that developed on their territories, consider themselves distinct from other sectors of the societies now prevailing in those territories, or parts of

18 For fuller discussions of indigenous peoples and international law see James Anaya, Indigenous Peoples in International Law, Oxford: Oxford University Press (2004); Maivân Clech Lâm, At the Edge of the State: Indigenous Peoples and Self-Determination, Ardsley: Transnational Publishers (2000); and Patrick Thornberry, Indigenous Peoples and Human Rights, Cambridge: Cambridge University Press (2002).

19 For a discussion of the rise of indigenism, see Ronald Niezen, The Origins of Indigenism: Human Rights and the Politics of Identity, Berkeley: University of California Press (2003).

> them. They form at present non-dominant sectors of society and are determined to preserve, develop and transmit to future generations their ancestral territories, and their ethnic identity, as the basis of their continued existence as peoples, in accordance with their own cultural patterns, social institutions and legal systems.[20]

Cobo's description has the distinct advantage of capturing the essence of the message that indigenous delegations themselves carry to international fora where they seek help from both the interstate system and international civil society in resisting the depredations of the global economy in their territories.[21] That message is simple enough: indigenous peoples' survival as culturally distinctive peoples is intimately tied to their lands and resources which they must therefore have the right to claim or reclaim, and control. Translating the rights oriented language of the message into its political correlate: indigenous peoples today are in fact asserting an attribute of territoriality which many find perplexing inasmuch as modern political thinking ascribes that attribute solely to sovereign statehood.[22]

Helpful as Cobo's description is, it is commonly agreed at the U.N. that no single summation of indigenous peoples could do justice to the diversity of cultures and experiences of the ethnic groups that consider themselves indigenous and seek out the protection and support of the world body and its affiliates. Premature insistence on any one legal definition would, in this view, likely exclude too many groups in need of the assistance that the U.N. and other IGOs currently extend to vulnerable communities that they deem to be indigenous. Where clarification or guidance is nevertheless needed, U.N. practice, as stated, typically falls back on the criteria that underlie the Cobo description: an attachment to a traditional territory and its resources; a cultural

---

20 Study of the Problem of Discrimination against Indigenous Populations, vol. V (New York: United Nations, 1987), para.379; U.N. Doc. E/CN.4/Sub.2/1986/7/Add.4.

21 The Copenhagen-based International Work Group for Indigenous Affairs (IWGIA) documents the circumstances and struggles of indigenous peoples in three places: its annual The Indigenous World, its journal Indigenous Affairs, and its monographic series of some 200 titles.

22 Maivân Clech Lâm, Remembering the Country of their Birth, 57 Journal of

distinctiveness that the indigenous community seeks to preserve and reproduce; a vulnerability *vis-à-vis* the dominant society.

The first international body to formally recognize the special needs of indigenous peoples while requiring states to protect their rights is the International Labour Organization (ILO) which, as early as 1957, spelled out the rights of indigenous workers in its Convention Concerning the Protection and Integration of Indigenous and Other Tribal and Semi-Tribal Populations in Independent Countries (ILO Convention 107). Three decades later, this instrument was judged by many to be flawed by the assimilationist tenor of its time. Acting to correct this bias, the ILO in 1989 adopted a very different instrument, the Convention Concerning Indigenous and Tribal Peoples in Independent Countries (ILO Convention 169) which, even as it sets out the rights of indigenous workers, mandates respect for their cultural identities and practices. While indigenous activists certainly welcomed ILO Convention 169's path-breaking re-orientation of the ILO's earlier perspective on culture, they were already focusing, by 1989, on the gestation then in progress in a different forum of what promised to become an even more inspired and encompassing statement of their collective human rights: the Draft Declaration on the Rights of Indigenous Peoples (DD).

That forum, lodged within the Commission on HR, was the Working Group on Indigenous Populations (WGIP) created in 1982 pursuant to a mandate from the G.A. Composed of five state-appointed independent experts, the WGIP was charged with two tasks: the monitoring of developments affecting the well-being of indigenous communities, and the setting of standards to guide the behavior of states toward them. Early on, the WGIP, in a move unprecedented in UN history, opened wide its doors to indigenous participants (whether accredited to the U.N. or not) from all regions of the world who soon attended, in the high hundreds, its annual sessions in Geneva at which they spoke and proposed Declaration language on a footing virtually equal to that of state representatives. The latter, it turned out, paid scant heed to the early sessions of the WGIP. Only after 1990, when the completion of the DD neared, did governmental participation suddenly pick up. Not surprisingly then, when the WGIP experts completed their DD in 1994 and unanimously

---

International Affairs 2 (2004), 129-150.

recommended it to the similarly experts-composed Sub-Commission on Prevention of Discrimination and Protection of Minorities (Sub-Commission), which in turn unanimously passed it on to the states-composed Commission on HR, the text was found to have generally incorporated the demands of the large and active contingent of indigenous representatives who had attended WGIP sessions in Geneva from the start. The incorporation covered, among other things, the key contested areas of: a) the definition of indigenous peoples; b) collective human rights; c) self-determination; and d) lands, territories, and resources.

IV. Contestations

Like the Cheshire cat in *Alice in Wonderland,* disputes over the four above issues appear, disappear, and re-appear in the successive fora in which variants of the DD have been discussed: the WGIP, from 1884 to 1994; the Working Group on the Draft Declaration (WGDD) created by the Commission on HR to review the DD, from 1995 to 2006; the HR Council in 2006; and now the G.A. While the four issues remained persistent points of contestation in the successive fora, it is important to note that the identity of the disputants shifted radically as the debate on the Declaration moved from Geneva to New York. The experts-composed WGIP had openly welcomed to its process any and all interested state and indigenous parties. The states-composed WGDD, for its part, had tried at first to substantially limit indigenous involvement in its process but, outnumbered by a large, united, and insistent indigenous contingent—constituted by then as the Indigenous Caucus—the WGDD soon relented and adopted, even liberalizing, the indigenous/state form of dialogue pioneered in the WGIP. Once the Final Draft reached New York, however, the Indigenous Caucus lost all formal voice in the relevant proceedings.

IV.A. Definition of Indigenous Peoples[23]

From the outset, the ILO and WGIP entertained long debates on what the beneficiaries of their respective instruments should be called. The beneficiaries themselves insisted on "indigenous peoples" while several states at first argued for "indigenous populations" and/or that "indigenous" be defined. As indigenous representatives explained that the term "populations" belittled their peoples by reducing them to statistical groupings, and the WGIP experts began to contemplate using "peoples", these states further demanded the removal of the "s" from the word so that the Declaration would benefit a type of *individual*, rather than a class of *peoples*, in the world. Some Asian and African states, in addition, advocated a definition of "indigenous peoples" that would reflect their view that the Declaration can have no application in their countries because, they argued, everyone there was indigenous, or none were. The contestation subsided after ILO Convention 169 substituted "indigenous peoples" for the "indigenous populations" used in its previous ILO Convention 107. Nevertheless, ILO Convention 169 added this proviso to its new terminology: "peoples in this Convention shall not be construed as having any implications as regards the rights which may attach to the term under international law."[24] The implication feared by several states was that indigenous *peoples* would be seen as holding the right of self-determination set out in the 1960 Declaration on the Granting of Independence and in the two 1966 International Human Rights Covenants:

> All peoples have the right of self-determination. By virtue of that right they freely determine their political status and freely pursue their economic, social and cultural development.

Like the ILO, the WGIP soon switched to "indigenous peoples", without qualification at that, in its DD text. In fact, the WGIP went further; it

23 For a broader discussion of the subject, see Timo Makkonen, Identity, Difference and Otherness: the Concepts of 'People', 'Indigenous People' and 'Minority' in International Law, Helsinki: the Erik Castrén Institute of International Law and Human Rights (2000).

24 Article 1, section 3.

incorporated the classic formulation of the right of self-determination quoted above into the DD, replacing only "All peoples…" in the original with "Indigenous peoples…" in DD article 3, which formulation the Final Draft retains. In a conciliatory gesture to states troubled by the DD's incorporation of the classic formula of self-determination, however, the WGIP added to the text, over the objections of indigenous participants, article 31 which perplexingly, and indeed ungrammatically, states: "Indigenous peoples, as a specific form of exercising their right to self-determination, have the right to autonomy or self-government in matters relating to their internal and local affairs …."

When the WGDD first met in 1995 to review the DD, some states tried to re-launch the debate over the relative appropriateness of the terms "populations", "people", and "peoples" but the growing use of "indigenous peoples" by NGOs, IGOs, and the G.A. itself in the prior decade took the wind out of their sails. Demands in the forum for a definition of "indigenous peoples" lingered longer but civil society participants there marshaled powerful counter-arguments that eventually prevailed. The proposed Declaration, like the Minorities Declaration adopted by the G.A. in 1992, they said, is an aspirational instrument that needs no definition. Moreover, they pointed out, a premature definition was bound to be over- or under-inclusive, divisive, and also restrictive of the space that states and indigenous peoples need, within the framework of the Cobo criteria, to negotiate their own local or regional understandings of the term "indigenous peoples". The Final Draft thus reached the G.A. without a definition of the beneficiary class.

Given this apparent conciliation of the definition issue in Geneva, it was with real surprise and consternation that, in the fall of 2006, indigenous and state proponents of the Final Draft heard, in the G.A.'s Committee on Human Rights (Third Committee), which was then considering the Final Draft in New York, a number of states--primarily Canada, Australia, New Zealand, Botswana, and Namibia--suddenly re-open the matter.[25] While the latter two states, and others from the South, may have lacked the means to adequately follow the prior contestation and conciliation of the issue in Geneva, such was certainly not the case for Canada, Australia, and New Zealand (CANZ) which had all

25 The U.S., which had conspicuously sought the dilution of a large number of rights in both the WGIP and the WGDD, largely sat out the debate in the Third

regularly participated in the drafting process. Moreover, these three states argued for a definition without simultaneously acknowledging that the issue had already been raised and laid to rest in Geneva. Because indigenous representatives, who had the most to lose from an unnecessary and ill-conceived definition, are not permitted to formally participate in G.A. committees, they could not challenge this new demand for a definition of the beneficiary class.

IV.B. Collective Human Rights

Interestingly, as debate on the use and meaning of "indigenous peoples" abated in Geneva in the WGDD, a number of states there began to question the collective nature of the Declaration's rights holder. Two states in particular, France and the U.K., maintained for a number of years in that forum that a human rights instrument cannot recite collective rights as all human rights necessarily lodge in individual human beings. These states thus asked that the DD's operative paragraphs starting with the phrase "Indigenous peoples have the right to …" be changed to "Indigenous individuals have the right to …". Indigenous participants who had all along assumed that the Declaration would protect the rights of their *peoples,* i.e. collectivities, reacted to this new objection with incredulity and indeed suspicion. Was this, many asked, the latest state strategy for rendering the right of self-determination, which is a manifestly collective right, inoperative in the Declaration?

While such a strategy may have flitted more than once through the minds of some state delegates, the evidence suggests that, in this instance, cultural paradigms, as much as political agendas, drove the French and UK positions. Indeed, French academics who worked alongside francophonic indigenous participants in Geneva often shook their heads in dismay at the "Jacobin" attachment to *étatisme*—which casts citizens in an unmediated relationship to the state—that was displayed by their country's diplomats. Conversely, some in the U.K. delegation appeared at times truly startled at how readily indigenous participants cast what, for the former, were purely individual rights—of marriage and child-rearing for example—as rights that concern the indigenous

---

Committee.

community. Taking this set of interlocutors from the French, U.K., and indigenous worlds as a sample, it is tempting to conclude that negotiators in Geneva acted to privilege the category of rights that had been most fought for in their respective societies, and consequently also most deeply imprinted on these societies' separate cultural imaginations. Arguably, for France, that fight was for a unitary Republic; for the U.K., it was for the inviolability of the person secured in the Magna Carta; for indigenous peoples, it is for the survival of their communities.

Interestingly, no state from the South, which has long advocated in international fora for the collective right to development to be recognized, was heard to question the collective nature of the Declaration's rights holder. But it was also the case that a significant number of states from the North expressed satisfaction with the collective phraseology. On reflection, it is clear that all three levels of rights—individual, communal, and state—matter, albeit in different versions and combinations, to international society today.[26] And that, implicitly, is how the differences on this issue were conciliated in the WGDD. The Final Draft uses three formulations of rights holder depending on the context: "Indigenous individuals", "Indigenous peoples", and "Indigenous individuals and peoples". While the compromise reached may have pleased fully neither states nor indigenous peoples, it appears not to have seriously displeased any party either for the issue of collective rights has not been raised since, at least not in the same terms. Conceivably, then, negotiators with different histories and cultures learned something from each other here, stretched their paradigms, toned down their dogmas, and concluded that inelegant, ambiguous, and even paradoxical provisions, better than impeccable formulas, make the diverse world go round … well enough anyway.

IV.C. *Self-Determination*

Without doubt, the recognition of indigenous peoples' right to self-

26 See Eva Brems, Human Rights: Universality and Diversity, Martinus Nijhoff Publishers (2001), where the author advocates a human rights approach of *inclusive universality* that accommodates the contextual interpretation of human rights norms as this is more likely to produce transformative action than an approach that opposes human rights and culture.

determination in article 3 of the DD has been the document's most fought-over provision. As already noted, the struggle over the very naming of the Declaration's beneficiaries played out in the shadow of this right. Early in the WGIP process, indigenous representatives asserted that their peoples are entitled to the right of self-determination because: 1) they are historically, culturally, and socially distinctive entities, hence peoples; 2) international law recognizes that all peoples enjoy the right and the Charter itself enjoins "equal rights" for all peoples hence indigenous peoples must also enjoy the right; and 3) the latter arguably confers an international legal personality needed by indigenous peoples to access international fora where decisions are made that affect them.

As these points gained currency in Geneva, the U.S. and some other Western states advanced counterpoints: 1) the right of self-determination is only available to peoples in colonial territories, not in independent states; 2) if recognized in indigenous peoples, the right could lead to secession which would violate international law's enjoinment of respect for the territorial integrity of states; or 3), in the alternative, indigenous peoples have internal self-determination, otherwise known as autonomy or self-government. A small group of indigenous representatives in Geneva indicated, for a few years, that they could accept this last formulation but the overwhelming majority of indigenous participants vehemently rejected it. Some Western states, additionally, postulated an exception to their first counterpoint. Indigenous peoples living in non-democratic independent states, they said, could claim external self-determination. Needless to say, socialist and Third World states habitually dubbed non-democratic by the West decried this view. China, which regularly participated in the WGDD after it was formed, was particularly forceful in its rebuttal.

Responding to the arguments made by the U.S. and other states, civil society participants, indigenous and non-indigenous, variously noted that: 1) international law does not in theory or practice confine the right of self-determination to colonial contexts and indigenous peoples; in any event, indigenous peoples, particularly in the Americas, see themselves as colonized; 2) the term secession, sometimes called political divorce, does not fit the circumstances of indigenous peoples as they had not consented to the marriage in the first place; 3) while international law prohibits a state from infringing the territorial integrity of another state, it is silent on whether a constituent people may alter its enclosing state's borders; 4) the right of self-determination is unitary, and not fragmented into internal and external parts; 5) autonomy and self-government denote powers that states *devolve* onto (and could withdraw from) constituent parties whereas indigenous peoples claim an *inherent* right of self-determination; and 6) finally, indigenous peoples are at risk in all states, democratic or otherwise.[27]

The WGIP experts themselves doubted for several years that indigenous peoples enjoy the classically stated right of self-determination. However, in the course of decades' worth of close listening to, learning about, and visiting indigenous communities, these experts underwent an evolution of perspective which some have acknowledged, none more eloquently than their chair at the time, Professor Erica-Irene Daes of Greece, who continues to fight indefatigably for the adoption of the Declaration. In the end, the experts came to appreciate that the right of self-determination is the lever without which indigenous peoples would not easily secure their survival. At the same time, the experts understood that virtually all indigenous communities would use the lever to secure a satisfactory *partnership* with states rather than to break away from them. The experts thus ingeniously constructed a binary DD that rested on two foundational norms—one classic and the other innovative—that, together, faithfully frame the desired indigenous reality. The first norm, embodied in DD article 3, establishes indigenous peoples' right to self-determination on the same basis that other peoples enjoy. The second, set out in the DD's remaining 44 articles, describes the terms of the partnership with states that indigenous peoples are nevertheless presumed to want to pursue, but not obliged to follow.

The contestation over self-determination in the experts-led WGIP was replayed with greater intensity in the states-led WGDD. All arguments made below were reproduced by parties in the new forum. At the same time, states opposing DD article 3 seemed readier to accept the provision in the WGDD provided that the text made clear that indigenous peoples may not breach the

---

27 On secession, see Marcelo G. Kohen (ed.), Secession: International Perspectives, Cambridge: Cambridge University Press (2006); on autonomy, see Hurst Hannum, Autonomy, Sovereignty, and Self-Determination: the Accommodation of Conflicting Rights, Philadelphia: University of Pennsylvania Press (1996).

territorial integrity of states. Civil society participants, joined by a number of state representatives, rejected this proposal. The prohibition, they said, would: 1) alter existing international law which only speaks to states' violation of another's territory; 2) be manipulated by states to deny indigenous peoples' control over their traditional lands and resources *within* the confines of states; 3) be out of place in a document that announces the *rights* of, and not limitations on, indigenous peoples. Seeking a compromise, nevertheless, indigenous participants proposed that the Declaration make explicit that, with regard to the right of self-determination, the instrument takes international law *as it finds it.* A preambular paragraph of the Final Draft was thus amended to read that the right of self-determination will be "exercised in conformity with international law".[28] The new wording was widely, but not unanimously, acknowledged as resolving the controversy.

Hearing a handful of states still express dissatisfaction on the issue of self-determination at the last session of the WGDD, its Chair, Mr. Luis Chavez of Peru, acceded to the demand of some that DD article 31 on autonomy be moved up next to article 3 on self-determination. Final Draft article 4 thus contains this edited version of DD article 31:

> Indigenous peoples, in exercising their right to self-determination, have the right to autonomy or self-government in matters relating to their internal and local affairs, as well as ways and means for financing their autonomous functions.

Most indigenous participants objected strongly to this change as it arguably adds an ambiguity to article 3 that was not there before. The Indigenous Caucus nevertheless supported the Final Draft in Geneva to gather states' good will and obtain a Declaration. Once again, however, they felt undermined when, in the Third (Human Rights) Committee of the G.A. in New York, the CANZ states, later joined by some African states, resurrected yet again the disingenuous argument that the Final Draft's self-determination clause ran counter to international law on two issues: secession, and the territorial integrity of states. The argument is disingenuous because: 1) it is well known that international law

28 Preambular paragraph 17.

is silent, and not prescriptive, on the subject of secession which it properly regards as a political, not legal matter; and 2) the authoritative 1970 document on the territorial integrity of states, popularly known as the Declaration on Friendly Relations among States, imposes the duty to respect a state's territorial integrity on other states, and not on constituents of that state. Because G.A. procedures did not allow it, indigenous representatives could not offer a formal response to the CANZ arguments in New York.

That response, of course, had already been given in Geneva when the Indigenous Caucus proposed, and most states accepted, that the Final Draft explicitly subject indigenous peoples' exercise of self-determination to relevant provisions of international law. Translated, this means, among other things, that while the exercise of self-determination by indigenous peoples does not, in itself, violate international law's protection of the territorial integrity of states against other states, bringing a third-party state into the exercise could. In any event, it defies common sense to suggest that hundreds of indigenous persons trekked annually to Geneva during two long decades, at enormous cost to themselves and their communities, to hash out more than 40 detailed provisions setting out the new paradigm of indigenous/state partnership as a mere cover to pursue, not partnership, but secession.

IV.D. Lands, Territories, and Resources (LTR)

Because indigenous peoples invariably link the survival and well-being of their communities to their retention and control of LTR, the Final Draft dwells at some length on this subject. Its article 26 broadly states the overall right: "Indigenous peoples have the right to the lands, territories and resources which they have traditionally owned, occupied or otherwise used or acquired." Specific provisions keenly debated in Geneva concerned: 1) the recovery of, and/or redress for LTR that were coercively taken; 2) the demilitarization of indigenous territories; and 3) the right to give or withhold free prior and informed consent (FPIC) to or from projects that affect indigenous LTR. Where LTR have been lost, Final Draft article 28 now provides for "redress" in the form of restitution or, where restitution is impossible, compensation. As for military activities on indigenous territory, only those "justified by a significant threat" or "freely agreed with or requested by the indigenous peoples concerned" are allowed under article 30. All other activities affecting indigenous LTR are subject to the mandate under article 32 that governments:

> … consult and cooperate in good faith with the indigenous peoples concerned through their own representative institutions in order to obtain their *free and informed consent prior* to the approval of any project …. (emphasis added)

It should be noted that the LTR section was highly contested in Geneva and that its language in the Final Draft consequently embodies major compromises painstakingly worked out between states and indigenous peoples, or ultimately imposed on them there by the WGDD Chair. Indigenous parties, for example, long resisted anything short of restitution for lost lands and total demilitarization for all lands. A number of states, on the other hand, as adamantly dismissed their demands as unacceptable.

The FPIC norm, which arguably grounds the Declaration's partnership paradigm, is one of those norms that, like "sustainable development" and "human security", somehow capture the imagination of international civil society and then go on to also enlist the fealty of UN institutions that work closely with that society.[29] For some time now, UN agencies and NGOs have been urging states to assure the participation and approval of local communities for projects that significantly affect them. The meaning of FPIC was elaborated for indigenous activists in a workshop organized in 2005 by the UN Permanent Forum on Indigenous Issues.[30] The "free" element, it was generally agreed, mandates that neither coercive sticks nor inducing carrots be permitted to influence the outcome of the consenting process. The "prior" element, for its part, disallows "facts on the ground" from becoming, as too often happens, an overriding reason for letting projects go forward. The "informed" element opens up the complex issue of what constitutes information or knowledge. For example, do environmental impact statements (EIS) that a number of domestic and international fora now require before a development project is approved in

---

29 For the World Bank's changing stances on FPIC see Joji Carino, Report on World Bank's Extractive Industries Review, Tebtebba Foundation (January 14, 2004).

30 E/C.19/2005/3.

fact provide reliable information? Typically, it is the would-be developer who authors the EIS. While this practice rightfully places the cost of assembling an EIS on the party most able to bear it, the method also ends up privileging that party's perspective. A better approach might be to require the developer to contribute to the concerned community a sum equal to that which the former spends on its EIS so that the community too may generate its own parallel EIS. Information assembled from both EISs, it seems evident, would be far more reliable than that provided by a single interested party.

The last element of FPIC, consent, raises difficult questions: *who* actually consents; and how *decisive* must the consent be? While answers will vary with context, they must, it stands to reason, conform with, and indeed advance, the goal of the Declaration, which is the survival of the indigenous communities in sustainable homelands. Moreover, inasmuch as human rights instruments serve to protect the vulnerable, uncertainties regarding the consent factor must be resolved in favor of the indigenous party and in accord with international environmental law's precautionary principle. Together, these principles suggest that it is the *potentially* affected community whose physical and cultural survival depends on the maintenance of its LTR which is the "who"; and that community's consent must be overwhelming. Moreover, inasmuch as international society as a whole stands to gain from the preservation and well-being of the indigenous communities that, it is increasingly recognized,[31] contribute invaluable epistemic traditions to the human knowledge pool, the principle of the common heritage of humankind should also apply.

Unfortunately, on the issue of FPIC as on others, and notwithstanding the extensive good faith negotiations that went into the composition of the Final Draft's LTR section in Geneva, CANZ states, again in concert with some African states, alarmed a good number of other states in New York when they simplistically depicted the FPIC norm as a veto power, and the delicately-balanced LTR section as a straightforward conferral of exclusive property rights on indigenous peoples. Why they were able to do so is discussed in the next section.

---

31 Among UN agencies, UNESCO and WIPO work prominently in protection and support of indigenous knowledge.

V. Human Rights Norm-Growing at the U.N.

Until it was dissolved, the Commission on HR sent its recommendations for action to ECOSOC which then transmitted them with comments to the G.A. which, in turn, passed them on to its Third Committee to pre-digest for the Plenary Committee of the G.A. When the HR Council was created at the elevated Council level in 2005, it was understood that it would bypass ECOSOC and report directly to the G.A. What was not decided was whether recommendations for action would still be vetted first by the Third Committee, where states' human rights personnel sit, or be taken up directly by the Plenary Committee, where ambassadors decide. The issue provoked a serious split at the 61st session of the G.A. Most Northern states, seeking maximum prestige for the HR Council, wanted the G.A. to act directly on the recommendations. Southern states, many of which lack an effective presence in Geneva, generally insisted on prior Third Committee vetting. For a human rights instrument to garner universal support, some said, it must be reviewed not just by the HR Council's 47 member-states in Geneva, but also by the human rights personnel attached to the 192 missions in New York.

The split delayed action on the Final Draft for about two months in fall 2006 at the end of which it was decided, pending a definitive decision applicable prospectively, that the Third Committee would, at the 61st session, preview recommendations. Compared to the 10-year scrutiny that the WGDD lavished on the DD in Geneva, the review that the Third Committee subsequently gave the Final Draft was strikingly desultory. At its conclusion, the Third Committee advised the G.A. to defer action on the instrument through the end of the 61st session to allow for consultations demanded primarily by CANZ and African states. The G.A. took the advice and consultations are now presumably underway. Based on informal tallies of states' dispositions, proponents of the Final Draft remain optimistic that, before the 61st session ends, the G.A. will adopt the document as the UN Declaration on the Rights of Indigenous Peoples.

Nevertheless, the important matter of the proper process for reviewing a human rights declaration that the HR Council recommends to the G.A. remains on the table. The circumstances of the Declaration's genesis suggest that four key issues are at play here: the function of a declaration, the agency of beneficiaries, the role of independent experts, and the difference between the Geneva and New York sites of norm-growing. It is axiomatic in international law that a UN human rights *declaration* is a normative instrument that sets out the desired relationship between states and a designated class of beneficiaries whose vulnerability demands protection. A declaration is thus aspirational, optional, and tentative in nature. In fact, it represents the experimental first stage of a two-stage process that the U.N. uses for developing a fully matured human rights instrument. The second stage begins when, satisfied with reports on how the norms have fared during the declaration stage, member-states authorize the drafting of a convention that—once signed, ratified, and entering into force—becomes the legal, binding, and definitive instrument on the subject. Given the exploratory nature of a human rights declaration, then, the extensive redrafting that some states suggested in New York in a document that has already received 20 years' worth of scrutiny by indigenous, state, and expert bodies was nothing short of incredulous, if not also disingenuous.

It also makes no sense to undertake a rewrite of a human rights declaration in a setting where its intended *beneficiaries* are cut out of the process. State proponents of the Declaration from Peru, Mexico, and the European Union said as much in the Third Committee and indeed refused to engage in a rewrite absent indigenous participation. At the same time, neither state nor indigenous proponents thought it possible to recreate in New York the scale of the indigenous presence that had so marked the Geneva norm-growing process and influenced its outcome. In some respects, the two UN sites are antipodal. Roughly speaking, the Palais des Nations in Geneva is to international civil society what UN Headquarters in New York is to the interstate system. Over the course of several decades now, a network of individual, NGO, and Swiss governmental entities has been assembled in Geneva that stands ready to assist the vulnerable of the world who go there to seek protection and redress. This network, beginning with DoCip (Indigenous Peoples' Centre for Documentation Research and Information) and the World Council of Churches, is what provided indigenous representatives with services and resources that enabled them to follow and influence the genesis of the Declaration for some 20 years. It does not exist in New York.

Another asset that New York lacks is the critical mass of *independent human rights experts*, including Special Rapporteurs, whom the old Commission on HR assembled in Geneva to investigate reported human rights abuses and/or staff working groups created to draft specific human rights instruments for states to later review and act on in Geneva and then New York. The new HR Council has not decided whether to retain the services of these experts or not. They temporarily carry on as before, pending that decision. It would be, in the author's view, a grave mistake to terminate their role inasmuch as they constitute, in the UN human rights domain, the key interface there between the world's interstate system and its international civil society. Appointed by states, mandated to function independently, and interacting regularly with human rights advocates as well as diplomats based in Geneva, the independent experts figure as agents of change who propose to states how power and need should be reconciled with each other in a world still held largely hostage to power. Unlike human rights personnel attached to missions in New York, the independent experts in Geneva have the requisite time, independence, experience, and often also academic background to propose well-thought-out instruments that ameliorate the power differential between human beings and communities on the one hand, and governments and states on the other.

Conclusion

This being said, the author has some sympathy for the argument that not all states, particularly if they do not sit on the HR Council, have the means to meaningfully follow the human rights norm-growing that mostly takes place in Geneva. Moreover, if human rights instruments are to garner universal consensus, the circle of state and civil society actors engaged in their discourse must indeed expand rather than contract. At the same time, it would be wholly wasteful of resources, and downright disdainful of the good faith and inspired work of the hundreds of negotiators who labored in Geneva if a New York forum like the Third Committee could lightly reject, in a matter of weeks, an instrument that its key stake-holders—beneficiaries, independent experts, and state human rights specialists—painstakingly formulated over two decades during which they not only engaged in advocacy but, as importantly, submitted to and profoundly grew from mutual challenges of cultural and political perspectives, something that the New York site does not foster.

In sum, whatever process of review is adopted in New York, the greatest possible degree of deference, indeed the highest presumption of validity, must be accorded the HR Council's recommendations for action. At the same time, the HR Council needs to carefully, creatively, and continuously educate missions in New York on its ongoing work in Geneva, possibly even holding seminars for colleagues in New York on recommendations for action ahead of those actions. Otherwise, as happened with the Final Draft in the Third Committee, vacuums of information will be filled with disinformation. In brief, a bridge is needed to link the two sites of *norm-growing*.

Multiculturalism and the Development of International Humanitarian Law

Michael Bothe*

I. Introduction

Multiculturalism means a social or political system where different cultural groups or individuals belonging to different cultures can live together while preserving and practicing their cultural identity. This contribution tries to elucidate the question whether this concept has any impact on international humanitarian law or, vice versa, whether international humanitarian law has any impact on the functioning of multicultural systems. This possible relationship between multiculturalism and international humanitarian law raises two different questions:

- Is there a positive or negative impact of culture and, as a consequence, of multiculturalism on international humanitarian law?
- Does international humanitarian law protect multiculturalism?

II. The Impact of Culture on International Humanitarian Law

The origins of the basic principles of international humanitarian law as we know it today date from the age of the enlightenment in Europe, from the 18th century. Its basic principle of distinction goes back to the thinking of Jean-

---

* Professor em. of international law, Johann Wolfgang Goethe-Universität. This essay was completed in August 2007.

Sienho Yee & Jacques-Yvan Morin (eds.), Multiculturalism and International Law, 617-628.

Jacques Rousseau, formulated in his *Contrat social* of 1762: "Since the aim of war is to subdue a hostile State, a combatant has the right to kill the defenders of that State while they are armed; but as soon as they lay down their arms and surrender, they cease to be enemies or instruments of the enemy; they become simply men once more, and no one has any longer the right to take their lives."[1] Several essential restraints on the conduct of war flow from this sentence: War is a conflict between sovereigns who fight with their military against the military effort of the adversary. Only a limited category of persons are entitled to perform acts of hostility; only a limited category of targets is lawful. This implies both the immunity of those who are *hors de combat* and of the civilian population. It is also the basis of the rule prohibiting "superfluous" injury. This was not only a philosophical postulate; it corresponded to the reality of the "cabinet wars" of that time (although privateering was only abolished in 1856).[2] For the purpose of the present article, it must be noted that this restraint on warfare was not motivated by Christian thinking, by such ideas as charity or Christian brotherhood. It was a secular philosophy, based on the rule of reason.[3] In the words of Rousseau: "These principles are derived from the nature of things; they are based on reason." These ideas had already been formulated by Vattel and can be found in Diderot's *Encyclopedia.* Under the influence of these ideas, the first treaty on what we now call international humanitarian law is negotiated between two protagonists of the age of enlightenment, namely the Prussian King Frederick II (often called "the Great") and Benjamin Franklin, perhaps a little ahead of their time. In a chapter of the Treaty of Amity and Commerce between Prussia and the newly independent United States of 1785, we find provisions on the decent treatment of prisoners, in the case a war breaks out between the two powers. There is the rule of reason behind these provisions: it is unreasonable to kill and mistreat prisoners.

If one looks on the further development of the law of armed conflict through the Geneva Conventions since 1864, the men who were the driving forces, from Henry Dunant to Max Huber, certainly acted under a Christian

---

1 Quoted from the English edition, translated by M. Cranston, 1968, p. 57.

2 W. Grewe, The Epochs on International Law, English edition translated by M. Byers, 2000, p. 367 et seq.

3 K.J. Partsch, The Western concept, in: UNESCO/Henry Dunant Institute (eds.), International Dimensions of Humanitarian Law, 1988, p. 59 et seq., at 60.

inspiration. But they took care not to explain the rationale of international humanitarian law on the basis of the Christian religion, but rather on more general concepts, such as "humanity", "philanthropy", "civilization" and "progress", [4] for fear that reliance on specifically Christian values might jeopardize the universality of the new rules which they intended to achieve. It is a sign of this spirit that the choice of the red cross as the protective emblem is explained as an homage to Switzerland.[5]

Like most other rules of traditional international law, international humanitarian law has its roots in the European system of the 18th and 19th century. The reception of this body of law by the other States of the world constitutes a historic development which has taken place in the 19th and 20th century. During this process of reception, a debate about the Eurocentrism of international law arose. In particular as the result of the codification processes which took place during the 20th century this image of Eurocentrism was overcome. This holds true for international humanitarian law as it does for many other fields of international law. If international law changed in this process, this was due to the change of the political, economic and social problems during that time, not because of an accommodation between cultures. The debate about the universality of human rights or about their uniform application throughout the world is a special case.

Historically speaking, international humanitarian law is, thus, not related to any particular culture, it is, one could say, a-cultural. It applies, and has to apply, regardless of the cultural appurtenance of a person performing acts of war or of a person being the victim thereof. This, however, describes only part of the picture. It neglects the ethical underpinnings which, as already indicated, have also had a bearing on the development of international humanitarian law. Thus, it is not possible to completely dissociate humanitarian law from ethical commands which also flow from religious commands. In this sense, it is quite telling that in the very moment that the red cross was expressly declared not to constitute a religious symbol, namely at the diplomatic conference of 1906, Egypt and Turkey insisted on the use of the red crescent, and Persia on that of the red lion and sun. The three States made corresponding reservations to Art.

---

4 Partsch, ibid., p. 61 et seq.

5 Art. 18 of the Geneva Convention of 1906.

18 of the 1906 Convention.

Thus, the question of the religious foundations of international humanitarian law cannot be avoided as a practical matter. Therefore, those who wanted to promote the idea of international humanitarian law have tried to show that the essentials of international humanitarian law are anchored in the commands of all religions. In this sense, international humanitarian law becomes a multicultural phenomenon. One of the main protagonist of this approach was Jean Pictet. In his introduction to the volume "International Dimensions of Humanitarian Law"[6] he writes:

> [T]he plurality of cultures and the need to take an interest in them and study them in depth is acknowledged. This leads to an awareness that humanitarian principles are common to all human communities wherever they may be. When different customs, ethics and philosophies are gathered for comparison, and when they are melted down, their particularities eliminated and only what is general extracted, one is left with a pure substance which is the heritage of all mankind.

This is, to say the least, a very special kind of multicultural approach. It tries to disregard different cultural identities in order to integrate or merge all cultures in a limited aspect, namely the respect for humanitarian principles. This is closer to Rousseau's non-religious concept than it appears at a first glance. What mankind has in common, is not so much religious teaching, but reason, hopefully. This was Rousseau's approach.

Even if one considers it possible to extract certain common principles from different religions, this approach, with due respect, is a little too optimistic. It neglects the fact that there is a definite ambivalence in religious teaching about war. The attitude of religions towards war is not necessarily negative, quite to the contrary. The notion of a "just war" has been developed in particular in the monotheistic religions, Judaism, Christianity and Islam,[7] in various forms, although this is by no means the undisputed interpretation of the teachings of these religions. Asian religions (Hinduism and Buddhism) and

---

6 Above note 3, p. 3.

7 Hans Küng, Religion, Violence and "holy wars", 87 IRRC 253 (2005).

ancient Chinese philosophies seem to be less inclined to such theories.[8]

As to the means of waging war, the Old Testament is not free from condoning atrocities.[9] The Christian version of the just war concept was at certain times used to justify barbaric treatment of person belonging to the (defeated) enemy.[10] Wars of religion in the Christian world are not known for restraints in warfare, although some of the excesses which occurred were also reason for contemporary critique.[11] In the early days of Islam, the treatment of prisoners (whether to kill or keep them for ransom) was the object of some debate which still is reflected in the Koran.[12]

This ambivalence entails a fundamental danger: Where elements of a culture, be they ethnic, be they religious, induce an attitude of exclusion, the respect for the most fundamental rules of international humanitarian law is in jeopardy. This can be shown for certain wars of colonisation,[13] the German warfare in Eastern Europe during the 2nd World War,[14] which systematically and categorically disregarded the human dignity of those populations, for Japanese warfare, for instance in the practice of forced prostitution, for practices of ethnic cleansing in the Balkans conflict in the 1990s – and more examples could be added. Thus, the application of international humanitarian law depends in a

---

8 On Buddhism, see G.I.A.D. Draper, The Contribution of the Emperor Asoka Maurya to the Development of the Humanitarian Ideal in Warfare, in M.M. Meyer/H. McCoubrey (eds.), Reflections on Law and Armed Conflict, 1998, 37. On Chinese philosophy S. Ajibenova, Symbolism of Chinese Philosophy and Nature of Conflict Culture, IICP (Institute for Integrative Conflict Transformation and Peacebuilding) Paper, 2005, p. 4.

9 N. Solomon, Judaism and the ethics of war, 87 IRRC 295 (2005).

10 G.I.A.D. Draper, Christianity and War, in Meyer/McCoubrey, above note 8, p. 5, at 16.

11 A. Holzem, Kriegslehren des Christentums und die Typologie des Religionskrieges, in D. Beyrau/M. Hochgeschwender/D. Langewiesche (eds.), Formen des Krieges, 2007, p. 371, in particular at 379.

12 Y. ben Achour, Islam et droit international humanitaire, RICR 1980, p. 59, at 61 et seq.

13 "Burn their Houses and Cut Down their Corn": Englische Kolonisierungskriege in Virginia und Neu-England 1607-1646, in Beyrau/Hochgeschwender/ Langewiesche, above note 11, p. 243.

14 See the documents in Hamburger Institut für Sozialforschung (ed.), Verbrechen der Wehrmacht. Dimensionen des Vernichtungskrieges 1941-1944, 2002, pp. 37 et

very profound way on the respect for other cultures, which is the very essence of multiculturalism.

That being so, it is of course laudable and essential for the actual respect for humanitarian law that writings about that law abound with contributions which try to show, in the sense of Jean Pictet, that international humanitarian law corresponds to the exigencies of a particular culture, religion being a particularly important cultural phenomenon. As to restraints in warfare, it seems to be possible in all major religions to find elements of restraint in warfare, although they may not have been prevalent at all times. The following elements can be singled out:

- the distinction between combatants and non-combatants (civilians);[15]
- the immunity of persons who are *hors de combat*;[16]
- the prohibition to kill innocent vulnerable people (children and the elderly, traditionally also women);[17]
- the prohibition of looting and depriving a population of its means of sustenance (prohibition of "cutting trees");[18]
- a decent treatment of prisoners.[19]

---

seq.

15 Islam: Sheikh W. al-Zuhili, Islam and International Law, 87 IRRC 269 (2005); H. Sultan, The Islamic concept, in International Dimensions of Humanitarian Law, above note 3, p. 29 at 37. Hinduism: M.K. Sinha, Hinduism and international humanitarian law, 87 IRRC 285 (2005), at 291 et seq.; N. Singh, Armed conflicts and humanitarian law in ancient India, in C. Swinarski (ed.), Studies and essays on international humanitarian law and Red Cross principles in honour of Jean Pictet, (1984), p. 531, at 532.

16 Islam: Sultan, above note 15, p. 35; Hinduism: Sinha, above note 15, p. 291 ; Sijngh, above note 15, p. 533. Japan: S. Adachi, The Asian concept, in International Dimensions of Humanitarian Law, above note 3, p. 13, at 16.

17 Islam: M.A. Boisard, De certaines règles concernant la conduite des hostilités et la protection des victimes de conflits armés, in 8 Annales d'études internationales 145 (1977), at 151 ; Sheikh al-Zuhili, above note 15, at p. 282. Hinduism: Singh, above note 15, at p. 534; African tradition: A.N. Njoya, The African concept, in International dimension of Humanitarian Law, above note 3, p. 5, at 6 et seq.

18 Islam: Boisard, above note 17, at p. 151; Sheikh al-Zuhili, above note 15, at p. 282. Japan: Adachi, above note 16, at p. 16 et seq.

19 Islam: Sultan, above note 3, at p. 33; see already ben Achour, above note 12.

Under current circumstances, emphasizing these religious demands is an important aspect of the measures to induce compliance with the law of armed conflict. Where religion is an important social force (as it nowadays is in many societies), in particular where it is interpreted by certain radical forces to call for violence, teaching those religious restraints on warfare becomes particularly relevant, even urgent. As and to the extent that these conflicts have an intercultural character, international humanitarian law has to be multicultural. It depends on the fact that these basic restraints on warfare are required by all religions and that these restraints are not exclusionary, i.e., apply also where the victims belong to another culture, another religion.

If one goes beyond these general considerations and turns to some specific rules, a cultural element can be seen in the fact that some of these rules contain key terms which are culturally loaded. This begins with the famous Martens clause:[20]

> [T]he inhabitants and the belligerents remain under the protection and the rule of the principles of the law of nations, as they result from the usages established among civilized peoples, from the law of humanity, and the dictates of the public conscience.

Notions like "humanity" or "public conscience" are cultural concepts. They must be applied in a cross-cultural way. The same holds true for such notions as "humane treatment", "respect for their person and honour", and the treatment of women "with all consideration due to their sex". Therefore, it is important that comparable concepts are found in religious commands. The Islam, for instance, enjoins those who wage war "never to transgress, let alone exceed, the limits of justice and equity and fall into the ways of tyranny and oppression".[21]

This brings us to the question how international humanitarian law achieves this cross-cultural respect in concrete terms, how it protects, in this

---

20 Preamble of Hague Convention (IV) Respecting the Laws and Customs of War on Land, 1907.

21 Second Sura, Ayats 109 et seq.; see H. Sultan, The Islamic concept, in International dimensions of Humanitarian Law, above note 3, p. 29 et seq., at 32 et seq.

sense, multiculturalism.

III. The Protection of Multiculturalism by International Humanitarian Law

International humanitarian law protects elements of culture in various ways. As a matter of principle, it does so in a way which refrains from any value judgment of the culture in question. It does so in a spirit of respect for other cultures. In this sense, it has a multicultural approach.

The relevant parts of international humanitarian law are the rules on the treatment of persons in the hand of an adverse party (detainees, population of an occupied territory) and the protection of physical manifestations of culture (cultural property).

III.A. Persons deprived of their liberty

The basic provisions guaranteeing persons deprived of their liberty a respect for their cultural identity are found in the Third Geneva Convention on the treatment of prisoners of war.

> Art. 14. Prisoners of war are entitled in all circumstances to respect for their persons and honour.
>
> Women shall be treated with all the regard due to their sex …
>
> Art. 16. … all prisoners shall be treated alike by the Detaining Power, without any adverse distinction based on race, nationality, religious belief or political opinions, or any other distinction founded on similar criteria.
>
> Art. 34. Prisoners of war shall enjoy complete latitude in the exercise of their religious duties, including attendance at the service of their faith, on condition that they comply with the disciplinary routine prescribed by the military authorities.
>
> Adequate premises shall be provided where religious services may

> be held.

The latter provision also appears in the Fourth Convention regarding internees.

> Art. 86. The Detaining Power shall place at the disposal of interned persons, of whatever denomination, premises suitable for the holding of their religious services.

Similar principles re-appear in Art. 75 AP I containing fundamental guarantees for persons who are in the power of a party to the conflict and who do not benefit from a more favourable treatment under other provisions:

> [These persons] shall be treated humanely in all circumstances and shall enjoy, as a minimum, the protection provided by this Article without any adverse distinction based upon race, colour, sex, language, religion or belief, political or other opinion, national or social origin, wealth, birth or other status, or on any other similar criteria. Each party shall respect the person, honour, convictions and religious practices of all such persons …

The non-discrimination clauses explicitly show that this means a respect for the other culture. A Christian or a Muslim detainee may not be treated better or worse for reason of this religious belief.

The provisions quoted are, first of all, duties of abstention: The detaining power must refrain from any pressure on the detainee not to follow cultural and religious practices, or to follow a different one.[22] The duties of equal treatment, however, go further than a duty of abstention. If a party facilitates the exercise of one religion, it must facilitate the exercise of another religion in the same way.

The Third and the Fourth Convention go a step further. They provide for a positive duty regardless of considerations of equality. A Christian detaining power must provide facilities for a Muslim prayer, and a Muslim detaining

22 J. Pictet, The Geneva conventions of 12 august 1949, Commentary, Vol. III, p. 144 et seq., 227 et seq.

power must facilitate holding a Christian service. This is a positive duty, not just a duty of abstention and tolerance.[23] The underlying concept is, as already mentioned, due regard for other cultures, in this sense multiculturalism.

A special case in point is the treatment of women with due regard to the culture to which they belong. Relevant provisions of AP I are:

> Art. 75 (5). Women whose liberty has been restricted … shall be held in quarters separated from men's quarters. They shall be under the immediate supervision of women.

> Art. 76 (1). Women shall be the object of special respect and shall be protected in particular against rape, forced prostitution and any other form of indecent assault.

What is an "indecent" assault is also to be determined by consideration of culture. Also in this respect, due regard for the other culture matters and disregard for the culture of the victims can be, and has been systematically used as a means of warfare, as a means of gaining a victory through the psychological destruction of the population of the adversary. This is the appalling practices perpetrated against Muslim women during the conflict in Bosnia-Herzegovina.[24]

III.B. Occupied Territory

The fundamental provision relevant in the present context is Art. 46 of the Hague Regulations of 1907:

> Family honour and rights, the lives of persons, and private property, as well as religious convictions and practice, must be respected.

The section on occupied territories of the Fourth Geneva Convention of 1949 goes into the details of this principle of the respect due to religion:

---

23 Pictet, ibid, p. 229.

24 See in particular the case of Kunarac, Kovac and Vukovic, ICTY case no. IT-96-23 and 96-23/1, Trial Chamber, Judgement of 22 February 2001.

> Art. 58. The Occupying Power shall permit ministers of religion to give spiritual assistance to the members of their religious communities.
>
> The Occupying Power shall also accept consignments of books and articles required for religious needs and shall facilitate their distribution in occupied territory.

Be it noted that this is a positive duty, not just a duty of abstention and tolerance.

The duty to respect the cultural identity of *all* inhabitants of the occupied territory may be at odds with, but has primacy over, another principle of the law of occupation, namely the respect of pre-existing local law. An occupying power may not continue to enforce pre-existing local law denying human rights. It must, thus, grant religious freedom to all inhabitants – even if that did not exist before. It must do so, however, with due regard to the religious sensitivities of all inhabitants.

III.C. Cultural Property

In the case of occupation, cultural property is already protected by Art. 56 of the Hague Regulations. But the centrepiece of the protection of cultural property is the Hague Convention of 1954 and its two additional protocols (1954 and 1999). The provisions of the Protocols additional to the Geneva Conventions do not add very much to this regime of protection.[25] It imposes on the parties the duty not to use cultural property in a way which would make it a military objective and to refrain from attacks against cultural property (Art. 4 (1) of the Convention). The definition of cultural property in a way hides the problem of the relevance of a multicultural approach. Cultural property is "property of great importance to the cultural heritage of every people". This implies the problem of the evaluation of the relative cultural importance of a certain piece of property. This evaluation is, to begin with, the competence of

25 Art. 53 AP I, Art. 16 AP II, see W. A. Solf, Cultural Property, Protection in Armed Conflict, in R. Bernhardt (ed.), EPIL vol. I, 1992, p. 892, at 895.

the State where the property is situated.[26] The external sign of the evaluation is the marking of the property with the distinctive emblem (Art. 17 of the Hague Convention). But is this evaluation the final word, or can it be challenged by another State by putting into question the cultural value of the property? The destruction by the Taliban of the famous Bamiyan valley Buddha statue in Afghanistan in 2001 illustrates the problem.[27] The protection of cultural property also means accepting and respecting the value judgment of a different culture as to the worth of a certain property. Thus, a multicultural approach also underlies the regime of protection established by the Hague Convention of 1954.

IV. Conclusion

There is a definite link between the preservation of multiculturalism in times of armed conflict and international humanitarian law. On the one hand, the effective application and implementation of international humanitarian law requires a multicultural approach being taken towards different groups and their activities and achievements. On the other hand, international humanitarian law protects that multicultural approach.

---

26 Solf, above note 25. Only for cultural property "under special protection", there is an international registration process.

27 Whether international humanitarian law applied to that destruction depends on a determination whether there was an armed conflict going on in Afghanistan at the relevant time.

Multiculturalism and the Development of the System of International Criminal Law

Bing Bing Jia*

I. The problem stated

The topic suggests many questions, actual or prospective, in the international criminal proceedings. The revival of international criminal law in our times has provided one of the most studied disciplines in contemporary international law.[1] Compared with its early manifestation in the first half of the last century, its current version has transcended many classical or traditional concepts and ideas, due to the direction International Law has taken since the founding of the United Nations Organisation ("UN"). The universality of this institution's influence has proved to be a blessing to mankind.[2] It is little surprising, therefore, that it has been heavily involved in this revival of international

* Professor of International Law, Tsinghua University Law School, Beijing, China. The view expressed here is purely personal. The term "judgement" is spelled this way in this paper in order to follow the spelling used in the International Criminal Tribunal for the Former Yugoslavia, whose judgements figure prominently herein.

1 E.g., G. Werle, Principles of International Criminal Law (TMC Asser Press, 2005, in cooperation with F, Jessberger, W. Burchards, V. Nerlich, and B. Cooper), Part I, which contains numerous references to books and articles published on simply the foundational aspect of international criminal law.

2 This does not negate the role played by other networks and bodies, esp. nongovernmental groups in the development of today's world order: see C. Ku, "Forging a Multilayered System of Global Governance", in R. Macdonald and D. Johnston (eds.), Toward World Constitutionalism (Martinus Nijhoff Publishers, 2006), pp.636-638. For the UN's central role in the world, see UNGA Res. A/61/1, 2005 World Summit Outcome, 24 October 2005.

Sienho Yee & Jacques-Yvan Morin (eds.), Multiculturalism and International Law, 629-648.

criminal law, prompted in the early 1990s by the spate of crimes of shocking proportions committed in Europe and Africa. On the other hand, the revival commenced at that time with a fundamental respect shown by the UN to customary international law,[3] the content of which had been influenced by the emergence of newly independent States on the international stage as well as certain monumental events that took place before our eyes and changed the world forever: the end of the Cold War, the 1992 United Nations Conference on Environment and Development in Rio de Janeiro, Brazil, and the establishment of the World Trade Organization as "the central illustration of legal and jurisprudential developments influenced by phenomena of our contemporary world", namely, globalization.[4] The coming into fore of international criminal law was one piece of the jigsaw of the global picture. It may be said that the customary law to be applied in this area at that time was reflective of the influence of the multiculturalism of the UN forum. In that sense, the substantive law of international criminal justice was already a body of rules evident of cultural diversity.

It is necessary to first address the meaning of multiculturalism as used in this context. This paper is a brief study of different *legal* cultures in joint action on the international plane. This has been one of the central themes of the distinguished Professor McWhinney's life's work.[5] The development of international law has for long become an affair of finding compromise formulae based on rationalization of conflicting national or group interests. In a way, this approach has served well the international system of equal, sovereign States

---

3 Report of the Secretary-General pursuant to Paragraph 2 of Security Council Resolution 808 (1993), S/25704, 3 May 1993, para. 34.

4 J. Jackson, Sovereignty, the WTO and Changing Fundamentals of International Law (Cambridge University Press, 2006), p.19. It may be added that a train of events, including those mentioned in the main text, that has proven to be significant in the development of contemporary international law, later reached something of a climax in 2001 in the September 11 bombings, the fallout of which still haunts the world. As for the impact of these events upon the development of international criminal law, see B. Broomhall, International Justice and the International Criminal Court: Between Sovereignty and the Rule of Law (Oxford University Press, 2003), pp.188-189.

5 For instance, E. McWhinney, United Nations Law Making: Cultural and Ideological Relativism and International Law Making for an Era of Transition

which, in one way or another, instil in the system the peculiarities of their respective legal systems. The constituency of that system is primarily represented by the UN with its 192 member States. While it may still be possible for each of those States to influence the shaping of the international legal order, the reality is stark that national laws follow certain legal traditions, and that the training and background of international judges, prosecutors, and legal staffs reflect those traditions. That reality may provide a basis for the efficient operation of an international institution, but it has probably reduced the degree of possible influence exerted by other legal cultures upon the core rules of the system. International criminal law is a prime example of this amalgam of certain legal traditions.

The submission here is that substantive rules or procedural devices will perpetuate if they reflect the needs of international justice as generally shared by members of the international community. It is not thought that such rules or devices reflect only one legal tradition with fixed adherents. Rather, they accord with the values that are fundamental to every legal culture, such as fairness and justice.[6] Those values are acceptable to all States, being the essential ingredients of a workable criminal justice system.[7] The list of such values, later becoming general principles, and eventually "true rules" has become fairly lengthy.[8] National laws, which as carriers of those values are imbued with national characteristics, converge in an international trial through the use made by international judges of general principles of law derived from those laws. Multiculturalism is reflected through such principles, since the determination of them requires a comparative study of different legal systems or the use of

---

(UNESCO and Holmes & Meier Publishers, 1991).

6 In comparative law one may find a common core of rules derived from major legal systems an illusive matter: H. P. Glenn, Legal Traditions of the World (2nd edn., Oxford University Press, 2004), p.357.

7 One example is Article 14 of the International Covenant on Civil and Political Rights of 1966, UN Treaty Series, vol.999, p.171. At the time of writing, there are 160 States parties to the treaty. Another example would be Articles 1 to 3 of the Convention on the Prevention and Punishment of the Crime of Genocide of 9 December 1948, UN Treaty Series, vol.78, p.277. As of 6 December 2006, 140 States had become party to the convention.

8 M. Delmas-Marty, Towards a Truly Common Law (Editions du Seuil, 1994, English Translation by N. Norberg, Cambridge University Press, 2002), pp.95-96.

private law analogies.[9] This convergence is not hard to come by. Based on my personal experience, there has not been known a case in which a principle manifested in so many forms in different countries that the judges could not decide on its content as appropriate to the issue before them. In these circumstances, international judges effectively become legislators in determining the form and content of the principles. Furthermore, the case-law of international criminal tribunals has shown that there exists a surprising degree of similarity among domestic practices in the treatment of same types of cases. The existence of veritable and operational general principles of law, in terms of Article 38(1) (c) of the Statute of the International Court of Justice ("ICJ"), is a reality.[10] This has been a development from a time not so long past when such principles were considered "a largely inchoate juridical category, with an important potential for the future but little or no supporting evidentiary international practice and application".[11]

It is noted that Article 38(1) (c) refers to principles recognised by civilized *nations*, or States.[12] The presumption seems to be that a common principle originates in the national practice of a State or a group of States of a same legal system or tradition before it is incorporated into the body of international law through acceptance by other States. A comparative study of national practices, in order to find out whether a prospective principle is indeed part of all major legal systems, is thus inevitable for the determination of the content of this principle as recognized by States in general. The comparative approach has, above all, long underpinned the hope for a "common law of

---

9 I. Brownlie, Principles of Public International Law (6th edn., Oxford University Press, 2003), p.16.

10 There is a slightly modest view of this source of international criminal law: A. Cassese, International Criminal Law (Oxford University Press, 2003), p. 32. However, the eminent author acknowledges that international courts, and the ICTY in particular, have often relied on these principles: ibid., p.33. The practice shows that the reliance on such principles is by no means of recent origin: H. Lauterpacht, Private Law Sources and Analogies of International Law (originally published by Longmans, Green and Co., 1927, reprinted by the Lawbook Exchange, Ltd., 2002), p.69.

11 E. McWhinney, above, n. 5, p.62.

12 B. Cheng, General Principles of Law as Applied by International Courts and Tribunals (Cambridge University Press, reprinted 1993), p.25.

civilised humanity...while maintaining, for each country...absolute independence".[13] In practice, it is not always possible for international judges to compare national laws of every country in this world. What an international court can do is rely on general principles recognised by *major legal systems.* After all, that is a requirement for the election of international judges.[14] Comparative lawyers would say that each law, in the sense of the law of any country, constitutes a system, linked to a particular civilization and the ways of thinking prevalent in it.[15] For the sake of comparative studies, they would prefer to deal with laws in terms of a limited number of families, defined by reference to the different vocabularies, hierarchies of sources and methods of the laws, and to the foundations of the laws built on different philosophical, political or economic principles so as to achieve different models of society.[16] It is submitted that major legal systems as known in international law are the equivalents of the families of laws so defined by comparatists. They probably include the Romano-Germanic system, the Common Law system, the (formerly well-recognised) Socialist system, the Islamic system, the Hindu system, the Chinese system, the Japanese system and of course, the African system.[17]

This paper will refer to the practice of those international criminal tribunals resultant of the UN's efforts in continually steering the communal life of today's international society to a peaceful yet just order. In the course of the work of those tribunals, necessity or instinct has compelled them to be creative in the refinement of international criminal procedure. It is proposed to examine certain procedural inventions—in the sense that they were not included in statutes for the tribunals--whose emergence from the work of international tribunals owes to multiculturalism. It is to be recalled that general principles of

---

13 R. Saleilles, Revue trimetrielle de droit civil (1902), p.112, cited by M. Delmas-Marty, Towards a Truly Common Law (Editions du Seuil, 1994, English Translation by N. Norberg, Cambridge University Press, 2002), p. 93.

14 Such elections shall ensure "the representation of the main forms of civilization and of the principal legal systems of the world": Art. 9, the ICJ Statute. Similar requirements can be found in Art.13bis (c), the ICTY Statute and Art. 12bis (c), the ICTR Statute.

15 R. David and J. Brierley, Major Legal Systems in the World Today (2nd edn., Stevens & Sons, 1978), p.18.

16 Ibid., p.20.

17 Ibid., pp.21-29. Cf. A. Cassese, above n. 10, pp.32-33.

law as referred to under Article 38(1)(c) of the ICJ Statute include those relating to procedure.[18] The dynamic nature of principles of this type has ensured that they fill in gaps in international criminal procedure.[19] The jurisprudence of existing international tribunals on procedural matters is rich in inventiveness due partly to the fact that the precedent of the post-World War II trials conducted in occupied territory was of little avail.[20] The Statute for the International Criminal Tribunal for the former Yugoslavia ("ICTY"), for instance, provides (in Article 15) the judges of the tribunal with the power to devise rules of procedure and evidence for the conduct of the tribunal's work, whereas the Statute itself only lays down general principles.[21] It is an open invitation for judicial creativeness. Attention will also be directed at the practice of sentencing proceedings of those tribunals, which is an area in which national legal cultures may have a role to play. The discussion that ensues seeks to reflect the view that the procedural part of this law is culture-specific,[22] at least initially, in the sense that many concepts or rules emerge by way of the interaction of practices of different legal systems. In the meantime, it is to be cautioned that the influence of multiculturalism is limited once the judges find the basic elements of a principle to enable them to reach a conclusion in the light of the international context of the case at hand. That second part of this process effectively elevates a principle common to national laws to one of international law.

On the other hand, the impact of those legal systems upon the content of

---

18 B. Cheng, above n.12, p.25.

19 A point well recognized by authorities like J. Brierly (The Law of Nations, Oxford University Press, 6th edn. (by H. Waldock), 1963, p.63), and W. Jenks (The Proper Law of International Organizations, Stevens, 1962, pp.259-260).

20 This was a fact well recognized from the beginning of the tribunals: Annual Report of the International Tribunal to the General Assembly of the United Nations, 29 August 1994, UN Doc. A/49/342, para. 71.

21 Similar provisions are to be found in the Statute for the International Criminal Tribunal for Rwanda ("ICTR"), Art.14; the Statute of the Special Court of Sierra Leone ("SCSL"), Art.14; Law on the Establishment of the Extraordinary Chambers, with Inclusion of Amendments as Promulgated on 27 October 2004 (NS/RKM/1004/006), Art.33.

22 W. Menski, Comparative Law in a Global Context (2nd edn., Cambridge University Press, 2006), p.179.

international criminal law will be briefly and selectively discussed below, and this paper is not intended in the least to be exhaustive of this topic. No attempt would be made here to consider the impact of multiculturalism upon the substantive part of international criminal law, for it is recognized that the subjective and objective elements of an offence can be inferred from *existing* international law. Even if there is the possibility that some offences are not readily defined as to their subjective elements in international law, the choices of subjective elements are not many.[23] Compared with procedural rules of international criminal proceedings, substantive law in this area is better defined by way of treaty than in national laws. This is even clearer after the adoption of the ICC Statute, which contains lengthy lists of offences as subject to the jurisdiction of the Court.[24] To assist the interpretation and application of the Statute, the Assembly of States Parties to the ICC Statute has adopted the document, "Elements of Crimes", in accordance with the requirement of Article 9 of the Statute. The document is to be applied together with the Statute as the primary body of applicable law.[25] It is clear that this part of international criminal law, even still of a nascent nature, has displayed a clearly positivistic characteristic: its rules have been developed by practice and can be found in established sources of general international law. In contrast, existing treaties or statutes are quite sparing in providing for procedural rules.

II. The Issue of the Defence of Duress

The singularity of the *Erdemović* case lay in the fact that, with regard to the question of duress as a defence in a case involving multiple murders, there was neither conventional nor customary international law available.[26] A pronouncement of *non liquet* did not appeal to the judges on the case, and four of the five judges went on to examine other sources of international law for

---

23 A. Cassese, above n. 10, p.58.

24 There are five genocidal offences, 10 crimes against humanity plus the category of other inhumane acts, and 50 war crimes.

25 Art.21, ICC Statute.

26 Case No. IT-96-22-A, Judgement, the ICTY Appeals Chamber, 7 October 1997 (the nationalities of judges would be given in subsequent footnotes where cases are mentioned).

solution. Three of them based their votes on a brief, comparative study of national practices. But this decision ultimately showed, as now it appears, that multilateralism reflected through comparative studies may work well to produce the necessary ingredients for a general principle, but it may not be decisive in the final outcome of judicial deliberation: the applicable rule as agreed by the judges (sometimes in majority).

The final decision was carried by a vote of three to two among them. Yet, the reasons offered by them were different, to say the least. There was in fact a majority *decision* on this question, but no majority *opinion*. One of the majority judges, the late Judge Li Haopei, decided in his Separate and Dissenting Opinion that municipal law did not provide for a general principle in the sense of Article 38 (1) (c) of the ICJ Statute, and that he went on to examine the decisions of the military tribunals established after the Second World War, ending with the conclusion that there was a general *rule* as evidenced by the decisions that duress constituted a complete defence, subject, however, to the exception that it would not apply to heinous crimes.[27] The other two judges forming the majority, however, held otherwise.[28] While they agreed with the learned judge that conventional and customary law was silent in this regard, they found inspiration for a rule after a survey of national practice, which resulted in their finding of a general principle of law applicable to this case.[29] The survey examined the practice of some 28 countries in relation to the application of the plea of duress in felony trials.[30] The materials researched displayed a great deal of subtle differences in respect of the conditions for the application of the plea of duress. The Joint Opinion noted after the survey that there was a dichotomy of opinions as shown by the survey.[31] This finding was further compounded by the fact that most of the surveyed laws did not deal with war crimes or crimes

---

27 Separate and Dissenting Opinion of Judge Li (China), 7 October 1997, para. 5.

28 Joint Separate Opinion of Judge McDonald (US) and Judge Vohrah (Malaysia), 7 October 1997.

29 Ibid., paras. 53 and 58. The comparative approach was also endorsed by Judge Stephen of Australia in his Separate and Dissenting Opinion, which however drew a different general principle from the survey conducted by the two majority judges.

30 Ibid., paras. 59-61, covering the practice of the Continental system, the Common Law system, the Chinese and Japanese systems, and the Indian law, as well as the laws of Islamic and African countries.

31 Ibid., para. 66.

against humanity involving multiple murders in armed conflict. In the end, the judges seemed to incline towards the common law approach in denying the plea of duress to a charge of murder, which was said to be based on practical policy considerations.[32] That was achieved despite their acknowledgement that "the penal codes of most civil law jurisdictions do not expressly except the operation of the defence of duress in respect of offences involving the killing of innocent persons".[33]

The Joint Opinion referred to above shows a difference between major legal systems, and the choice of solution was made by the two majority judges on the basis of policy considerations in reference to the mandate of the judges under the ICTY Statute and the ultimate aim of international humanitarian law: the protection of humankind.[34] It was within their purview to do so. What is relevant to this paper is the fact that it was the policy considerations or extra-juridical factors that somewhat decided the opinions held by the judges. Like the two majority judges, Judge Cassese, in his Separate and Dissenting Opinion, also considered the issue of the "hard" law by looking at the practice involving trials of war crimes or crimes against humanity. Not satisfied with what he found after the survey, he, like the other two majority judges referred to above, felt necessary to go one step further by stating that "law is based on what society can reasonably expect of its members".[35] That reasonableness, in his view, did not manifest in intractable standards of behaviour which appeared to constitute the content of the "hard" law.

The training of those judges, which enabled them to find something beyond the law as a reason for their views, can thus exert a conspicuous influence upon judicial decisions. That something, in the present case, turned out to be one of the many policy considerations specific to different legal orders. This is a fact already noted by comparative lawyers in their studies of those systems.[36] While the comparative lawyer may notice the "duplication of

---

32 Ibid., para. 77.

33 Ibid., para. 68.

34 Ibid., para. 88.

35 Separate and Dissenting Opinion of Judge Cassese (Italy), 7 October 1997, para. 47.

36 B. Markesinis, Comparative Law in the Courtroom and Classroom (Hart Publishing, 2003), p.193.

ideas" in different legal systems in his effort to explain the existence of different concepts and reasoning in those systems,[37] it is equally clear to this author that the sides formed in the *Erdemović* appeal developed their respective lines of reasoning in pursuance of different policy factors that were embedded in the legal cultures to which they were accustomed.[38]

There has not been a contrary judgement on this issue ever since, despite the splitting views forcefully set forth by the judges on the case. However, the ICC Statute provides differently from the judgement.[39]

III. The Question of Subpoena Powers

The *Blaškić* Judgement on this matter has proved influential in the work of both the ICTY and ICTR.[40] The term, as appeared in the RPE of the ICTY, had an unmistakable ring of the US law.[41] The case here shows that a national rule of discovery, echoed by other national legal systems in varying degrees, will undergo necessary internalization before it can safely become part of international procedure. Internationalization may take the form of counter

---

37 Ibid.

38 On that note, it may be said that judges trained in civil law have the same sentiments towards the policy side of the law as their common law colleagues. Contra, see Markesinis, above n.36, p. 189.

39 Art.31(1)(d) provides that "a person shall not be criminally responsible if, at the time of that person's conduct…the conduct which is alleged to constitute a crime within the jurisdiction of the Court has been caused by duress resulting from a threat of imminent death or of continuing or imminent serious bodily harm against that person or another person, and the person acts necessarily and reasonably to avoid this threat, provided that the person does not intend to cause a greater harm than the one sought to be avoided…".

40 Case No. IT-95-13-AR108bis, Judgement on the Request of the Republic of Croatia for Review of the Decision of Trial Chamber II of 18 July 1997, the ICTY Appeals Chamber (JJ. Cassese, presiding, Karibi-Whyte (Nigeria), Li, Stephen (Australia), and Vohrah) 29 October 1997 ("Subpoena Judgement"). Cf. K. Khan, R. Dixon, and A. Fulford (eds.), Archbold International Criminal Courts: Practice, Procedure and Evidence (2nd edn., Sweet & Maxwell, 2005), ss. 4-40—4-41.

41 Case No. IT-85-14-PT, Decision on the Objection of the Republic of Croatia to the Issuance of Subpoena Duces Tecum, Trial Chamber II (JJ. McDonald, Odio Benito (Costa Rica) and Jan (Pakistan)), 18 July 1997 ("Trial Chamber's Decision"), para. 36.

influence derived from other legal cultures, including the distinct culture of international law, if it may be so called.

The dispute arose from the issue of *subpoenae duces tecum* by a judge of the tribunal to the Republic of Croatia and its then Defence Minister, and Bosnia and Herzegovina and its Custodian of the Records of the Central Archive of the Croatian Community of Herzeg Bosna, to produce documents before the tribunal, on the basis of the terms of Rule 54 of the ICTY Rules of Procedure and Evidence ("RPE").[42] In its decision reinstating the subpoenas issued by the judge,[43] Trial Chamber II looked at the practice in various countries to find that, in addition to the common law countries that allow the use of such injunctions, a number of other national legal systems (including those of France, Costa Rica, Spain, Pakistan, and Germany), while not using the term "subpoena", empowered their courts to compel the attendance of a witness and the handing over of documents and other evidence.[44] The Chamber considered that, as an international tribunal, the ICTY relied on the assistance of States in order to be able to function effectively, in particular in the gathering of evidence. A Judge or Trial Chamber must, therefore, have the authority to oblige States to submit whatever material was necessary. Various grounds were advanced by the Chamber to justify this, including the doctrine of inherent powers and the nature of the action by the UN Security Council to establish the tribunal.[45]

The whole debate in the case thus turned on a name given to a type of order of the tribunal of a specific function, and the possible implications of such orders. Trial Chamber II explained the possible rationale for including this type of order in the RPE as follows:

> As an international institution, the International Tribunal was intended to give effect to the highest standards of justice. However, since it was the first institution of its kind, little guidance was available from existing international instruments. Terminology utilized which originates in one or another domestic legal system does not convey its full meaning in the

---

42 The term of "subpoena" was adopted by the Plenary of the Judges of the tribunal on 30 January 1995 and included in Rule 54 of the RPE (IT/32/Rev.3).

43 Trial Chamber's Decision, para. 44.

44 Ibid., paras. 36-39.

45 Ibid., para. 40.

> International Tribunal's context. Likewise, the Judges did not reject a term simply because it was peculiar to one legal system. Indeed, although the term 'subpoena' literally means 'under penalty', in the French text of the Rules, the expression '*assignation*' is used. This term does not necessarily imply any imposition of a penalty. … Thus, it would be incorrect to infer that a penalty was envisaged, just as it would be incorrect to infer that a penalty was excluded from consideration.[46]

The Chamber applied a flexible interpretation to the term "subpoena" in conformity with the mandate of the tribunal, in order to capture its essence, namely, the power to compel the production of evidence. That power was found by the Chamber as common to both common and civil law traditions. Its decision, however, gave rise to an appeal brought by the Republic of Croatia.

On appeal, the matter was not argued by counsel for Croatia as to whether the tribunal had the power to issue such orders, but whether the orders could be directed at States and State officials.[47] The point made by Trial Chamber II in its impugned decision was thus not challenged by counsel for Croatia that a device known to common law had parallels in the Continental system. The counsel in fact accepted the notion of this device as used in the US system.[48] The Appeals Chamber noted that an order bearing this name originated in the practice of the Common Law system, and that it should be understood, in the context of the tribunal's work, as compulsory orders, with penalty only attached to individuals in their private capacity.[49] A compulsory order, or in the words of the Chamber, a binding order, would comport with the terms of Article 29 of the ICTY Statute, which authorised the tribunal to issue orders and requests to secure the cooperation by States.[50]

Since the Subpoena Judgement, the term "subpoena" has remained with

---

46 Trial Chamber's Decision, para. 61.

47 Subpoena Judgement, para. 26.

48 Trial Chamber's Decision, footnote 89.

49 Subpoena Judgement, para. 21.

50 Art.29 (2) provides in part that "States shall comply without undue delay with any request for assistance or an order issued by a Trial Chamber" for various purposes, including the taking of testimony and the production of evidence. The whole of Art. 29 is reproduced in Art.28 of the ICTR Statute.

the RPE, as that type of summons can be issued to individuals in their private capacity.[51] The trappings of domestic law in relation to this term have, presumably, been retained, too.[52] This fact may have blunted the reasoning of Trial Chamber II in support of a flexible construction of the meaning of the word "subpoena" as something not necessarily involving penalty in case of non-compliance. Penalty now attaches to individuals in private capacity only, whereas a subpoena as a tool to compel the production of evidence is inapplicable to States or State officials. Where it is inapplicable, it has been replaced by the type of binding orders endorsed and defined by the Appeals Chamber in the Subpoena Judgement.[53] By this development, subpoena power as part of international criminal procedure has grown beyond the domestic law confines, to the extent that, in proper form, its application will be limited to one category of subject of international criminal law: individuals in private capacity. In the constructive form, however, it can be issued to States and State officials by the neutral name of a binding order, non-compliance with which will result in a negative report by the tribunal to the UN Security Council.[54]

Subsequent practice of the ICTY and the ICTR has shown notable instances in which subpoenas were issued along the lines of the Subpoena Judgement.[55] It is perhaps a sign of the nascent status of this notion in international criminal law that the International Criminal Court ("ICC") does not possess a power to issue Article 29-type subpoenas, and that the obligation

---

51 Subpoena Judgement, para. 47. Rule 54 of the ICTY RPE is identical to Rule 54 of the ICTR RPE.

52 So the penalty would be a decision holding an individual refusing to comply in contempt of the tribunal, based on the inherent power of the tribunal or the specific contempt power provided for in Rule 77 of the ICTY RPE: ibid., para. 59.

53 Interestingly, the elaborate procedures and conditions for the issuing of binding orders, all contained in Rule 54bis, have not been adopted for the ICTR: Khan, Dixon, and Fulford, Archbold, op.cit., s. 4-7.

54 Subpoena Judgement, para. 33. Rule 7bis was adopted, in recognition of the inherent powers of the tribunal, shortly before this judgement allowing the President of the tribunal to report to the UN Security Council instances of non-compliance by States with Art.29 obligations.

55 J. Jones and S. Powles, International Criminal Practice (3rd edn., Transnational Publishers, Inc., 2003), pp.544-550.

to cooperate with the court under its statute falls upon the States parties.[56] The importation of subpoena powers into the practice of international criminal law still requires some time to convince States in general to accept it as part of the law.

IV. The Issue of National Laws of Sentencing

This is an area in which national legal systems—not necessarily the major ones—should have a bigger role to play. *Ad hoc* tribunals or mixed tribunals are required by their statutes to deal with cases that have taken place in the territory of a certain country or involve nationals of the country. It is natural that the law of sentencing as applied in that country shall be taken into account. However, existing practice has, by virtue of international instruments, veered against recognition of this bigger role. If any, the role has proved to be minimal.

Article 24 of the ICTY Statute provides that the determination of penalty by the Trial Chambers "shall have recourse to the general practice regarding prison sentences in the courts of the former Yugoslavia".[57] Article 23 of the ICTR Statute provides the same requirement for the Trial Chambers to have recourse to the practice in the courts of Rwanda. The approach, with certain adjustments, has been adopted for both the Panels for Serious Crimes in East Timor and the Special Court for Sierra Leone.[58]

The difference between international law and national law is significant in terms of the severity of the sentences rendered. For instance, the ICTR and the ICTY cannot impose the capital punishment under the Statutes whereas Rwandan law or the law of the former Yugoslavia contains it.[59] For similar

---

[56] Cf. Arts. 87 and 88 of the ICC Statute. The difference in regard to subpoena powers is considered as resulting from the different natures of the ICTY and ICTR and of the ICC: Khan, Dixon, and Fulford, Archbold, op.cit., s. 4-48.

[57] The Statute obviously needs an expanded application where the sentencing chamber is the Appeals Chamber sitting as a first instance court.

[58] Cf. the UN Transitional Administration in East Timor's Regulation 2000/15 of 6 June 2000, s.10 (1)(a), which also includes recourse to the practice of "international tribunals", and Art.19(1) of the Statute for the Special Court, which also includes recourse to the practice of the ICTR in this regard.

[59] Prosecutor v. Seromba, Case No. ICTR-2001-66-I, Judgement, Trial Chamber III (JJ. Vaz (Senegal), presiding, Hökborg (Sweden) and Gustave Kam (Burkina

offences, punishment as determined in international and national courts can be so different that its result is a matter of life and death, literally. The Rwandan Organic Law, for instance, provides for death penalty for the masterminds of crimes against humanity and genocide, those in position of authority, those exhibiting excessive cruelty, and those having committed sexual violence.[60] But these persons can receive at maximum a life imprisonment from the ICTR. The removal of capital punishment from the repertory of penalties available to international or mixed tribunals has quickly become a norm as shown by their statutes. This may encourage voluntary surrender to these bodies.

The provisions of the basic instruments for the tribunals has therefore given rise to a continuing argumentation on the part of the defence as to whether a particular sentence imposed by the tribunal is too severe compared with one set by a national court. The latest judgement from the ICTY Appeals Chamber in *Galić* is in point.[61] On appeal, Galić argued that the tribunal was bound by the law of the former Yugoslav penal law and practice to the extent that, for his convictions, the appropriate sentence would be that of 20 years' imprisonment—which was the maximum term of imprisonment under that law and practice, if a convicted person did not receive the death penalty. However, in reliance upon established authorities, the Appeals Chamber stated that, while it was bound to consider that law and practice, it was not bound to *follow* it.[62] At the close of the appeal proceedings, Galić's sentence of 20 years' imprisonment was revised by the Appeals Chamber to that of life imprisonment. The outcome of this case shows that the requirement to consult national practice in sentencing seems to have had little impact on the determination of sentence in a concrete case. If the country in which a case arises provides for capital

---

Faso)), 13 December 2006, para. 402. Also see Prosecutor v. Tadić, Case No. IT-94-1-Tbis-R117, Judgement, Trial Chamber II (JJ. McDonald, presiding, Vohrah and Robinson (Jamaica)), 11 November 1999, para. 12.

60 The full title is the "Rwandan Organic Law on the Organization of Prosecutions for Offences constituting the Crime of Genocide or Crimes against Humanity, committed since October 1, 1990": quoted in Kham, Dixon, and Fulford, op.cit., s.18-44.

61 Prosecutor v. Galić, Case No. IT-98-29-A, Judgement, the ICTY AC (JJ. Pocar (Italy), presiding, Shahabuddeen (Guyana), Güney (Turkey), Meron (US), and Schomburg (Germany)), 30 November 2006, para. 397.

62 Ibid., para. 398, referring to a number of appeal judgements on this point.

punishment in its domestic law, it would leave an international tribunal in charge of the case a considerable degree of freedom to assess forms and degrees of punishment. This measure of freedom will also accrue to the tribunal if the maximum penalty is life imprisonment. For in both cases, the tribunal's decision on the sentencing scale will not be undermined by the possibility that the country in which the case arose over which the tribunal exercises jurisdiction may impose a more lenient penalty under its domestic law for an offence that is the subject-matter of the case. In fact, the universality of life imprisonment as the top or one of the top sentences in national legal systems allows current or future international tribunals to, effectively, ignore national cases, on the ground that they are faced with a category of offences which are not subject to national law, and that the factual circumstances of the offences are different anyway: both between any pair of such cases and between an international crime and a domestic offence. On the other hand, even if sentences international tribunals can impose are more severe than those prescribed by national law, the tribunals would still be bound to apply their statutes, and the principle of *lex mitior* does not apply in this case.[63] It may be wondered therefore whether the reference to national law and practice is necessary to be included in the constituent documents of international jurisdictions. The ICC Statute seems to reflect this doubt by removing any reference to national practice from Article 78, entitled "Determination of the Sentence", which provides, in relevant part, that, "[i]n determining the sentence, the Court shall, in accordance with the Rules of Procedure and Evidence, take into account such factors as the gravity of the crime and the individual circumstances of the convicted person".[64]

The sentencing rules for international tribunals thus appear to be much simplified than rules for national courts, in the sense that even in the most elaborate of international rules for sentencing, such as contained in the ICC Statute and its accompanying RPE, there is no provision concerning the gradation of sentences that is a common feature to all national legal systems. The consequence is that sentences by international or mixed tribunals are and will remain the prerogatives of international judges or national judges sitting on

---

63 Ibid.

64 Detailed factors to be considered by the Court are set out in Rule 145 of the RPE. Cf. R. Fife, "Penalties", in R. Lee (ed.), The International Criminal Court: The Making of the Rome Statute (Kluwer Law International, 1999), pp.341-343.

the bench of mixed tribunals, controlled only by principles set forth in constituent treaties or statutes. There is, furthermore, little role for case-law to play in this context, as existing practice has shown abundantly clear.[65] A sentencing tariff has not been seriously entertained by the ICTY Appeals Chamber which, while noting the issue, considers the sentencing practice of the tribunal as "but one factor which a Chamber must consider when exercising its discretion in imposing a sentence".[66] The result is that the sentencing exercise will remain case-specific, and that an outside observer may discern no more than a pattern emerging from individual sentencing decisions. This might instill a sense of uncertainty for future cases, but it may also encourage the defence to use every legitimate argument and piece of evidence to obtain a reasonably lenient penalty for its client, if an acquittal is clearly unattainable.

However, it should be noted that the role of national laws and practice of sentencing will remain, as recognized by Article 80 of the ICC Statute which provides that nothing in the relevant part of the Statute affects the application by States of penalties prescribed by their national law, or the law of States which do not provide for penalties prescribed in that Part. Rules generated by this practice will affect sentencing by international or mixed tribunals by way of customary law. For the ICC, customary law has clearly a role to play in its judicial work.

The question as to whether the ICC Statute neglecting capital punishment reflects an emerging rule of customary law does not arise, as far as the terms or the negotiating history of the Statute can tell.

V. Conclusion

The question that will linger after this short discussion remains to what extent multiculturalism affects the evolution of international criminal law. The substantive part of the law seems to be an area where multiculturalism has only

---

65 Prosecutor v. Kambanda, Case No. ICTR-97-23-S, Judgement and Sentence, Trial Chamber I (JJ. Kama (Senegal), presiding, Aspegren (Sweden) and Pillay (South Africa)), 4 September 1998, para. 25.

66 Prosecutor v. Krstić, Case No. IT-98-33-A, Judgement, the ICTY AC (JJ. Meron, presiding, Pocar, Shahabuddeen, Güney, and Schomburg), 19 April 2004, para. 248.

a modest impact, due to the fact that this part of the law has been formulated mainly by way of treaty. The States having adopted a treaty like the London Agreement of 1945,[67] the International Covenant on Civil and Political Rights of 1966, or the Rome Statute of 1998 have been successfully codifying rules and principles sifted out of national legal cultures.[68] By statutes or treaties, the ambit of applicable law is usually clearly set by the States which imbue the prescribed law with characteristics of their legal cultures. Against that backdrop, there is little wonder that questions raised in this respect by authors of different nationalities tend to be remarkably similar. The dialectic difficulties they feel are more or less the same. For instance, one will find, in respect of the conditions for the application of the defence of duress in a murder case, the same doubts in a standard Chinese textbook on criminal law as in textbooks in other legal systems.[69] The fundamentals of all systems of criminal justice are human relationships of a particular kind. Often for the same reasons people in Asia act in the same way as people in Europe (or any other inhabited continent) in similar situations, and they all act with similar mental visions and motives to assert similar rights.[70] What is still open for further development is mainly in the

---

67 Agreement for the Prosecution and Punishment of the Major War Criminals of the European Axis, signed at London, 8 August 1945, United Nations Treaty Series, vol.82, pp.280-311.

68 A present international or mixed tribunal may, in most cases, need only to say that "every legal system" recognizes a particular device before it applies it to a case before it: e.g., Prosecutor v. Norman, Kallon, and Gbao, Cases Nos.SCSL-2003-08-PT, SCSL-2003-07-PT, SCSL-2003-09-PT, Decision on the Applications for a Stay of Proceedings and Denial of Right to Appeal, the SCSL Appeals Chamber (JJ. Robertson (UK), presiding, Ayoola (Nigeria), Winter (Austria) and King (Sierra Leone)), 4 November 2003, para.4.

69 ZHANG Mingkai, Criminal Law (Chinese) (2nd edn., Law Press, Beijing, 2003), p.274, where he discusses the difficult task in evaluating proportionality in the application of a plea of necessity or avoidance of danger--a concept already known to German penal law. Cf. D. Ormerod, Smith and Hogan Criminal Law (11th edn., Oxford University Press, 2005), pp.311-313.

70 It may be recalled here part of the 1993 Vienna Declaration and Programme of Action (UNGA Doc. A/CONF.157/24 (Part I)), which provides that "[h]uman rights and fundamental freedoms are the birthright of all human beings", and that "[a]ll human rights are universal, indivisible and interdependent and interrelated." The document was adopted at the World Conference on Human Rights held in Vienna from 14-25 June 1993, with 171 States participating.

area of procedure and, perhaps, sentencing.[71] While the practice of the ICTY and ICTR has shown a successful infusion of legal cultures on a large scale in respect of international criminal procedure, the momentum for further refinement remains strong.[72] On the other hand, the judge-made procedural rules of the two tribunals are paralleled by those adopted by the Assembly of States Parties of the ICC.[73] This latter type of procedural rule shows that the days when international judges by examining major national laws find a general rule may be numbered, even though there still is considerable room left for them to interpret particular rules of statutes, thus susceptible of being influenced by their national cultures and producing decisions showing distinctive features of one or several legal systems. In sentencing matters, international judges possess a considerable measure of discretionary powers, and the existing practice has shown that each sentence has been determined on the basis of the relevant statutory instrument and the specific factual circumstances of each case with little heed taken of national practice of sentencing or even the practice of the same tribunal's other chambers.

The preceding observation is concerned with the impact of legal cultures on the content of international criminal law. Another fact is equally noteworthy that the legal training and cultural background of international judges seems to have weighed heavily in the making of decisions. Their interpretations of law in the light of the factual circumstances of a particular case may show a diversity of opinions that proves the important role of multiculturalism in the development of this area of law as a whole. This diversity permeates both substantive and procedural parts of the law. This may explain the phenomenon, in the wise words of the Appeals Chamber as said in the *Tadić* Appeal Judgement, that "two judges, both acting reasonably, can come to different

---

71 Other areas may also be in for development, including the enforcement of sentences, imposed by international tribunals but enforced in a country whose national law may be modified and limited by enforcement agreements concluded by the country with those tribunals: e.g., S. Zappalà, Human Rights in International Criminal Proceedings (Oxford University Press, 2003), pp.209-214.

72 The ICTY RPE has undergone 38 revisions since its first edition: cf. IT/32/Rev/39, 22 September 2006. The ICTR RPE is currently in its 14th edition, adopted on 10 November 2006.

73 ICC/ASP/1/3, 9 September 2002.

conclusions on the basis of the same evidence".[74] Judicial opinions may indeed be a matter of accommodating different legal cultures. It may be added that, in some cases, where the judges are bound to apply the *same* set of rules, the judicial findings may still be different due to extra-judicial factors. There, multiculturalism may continue to manifest itself in the result of judicial deliberation, in spite of the uniformity of the applicable law. Its manifestation as such will be a more subtle matter.

On the whole, different legal cultures have, surprisingly, exerted only a mild influence on the development of international criminal law. The influence manifests the most conspicuous in the area of procedure and probably of sentencing. However, in this context, a procedural device is a tool for the purpose of justice, and carries much less of an imprint of a particular legal system. Existing practice has shown that many of what look first like notions particular to a legal system have parallels in other legal systems. The inherent nature of the legal process does not change with legal systems. The difference between the systems, if any, shows in the few instances in which policy considerations, necessarily linked with the distinctive perception of the function of law in society, differ and result in opposite conclusions by equally competent judges. However, the foundation for the international system of criminal justice lies in the principles that are commonly adopted by municipal legal orders. The law-making process in this field has followed the usual routes of classic international law. Those two facts ensure that the growth of this body of law will remain a matter of common effort by the international community, always resulting in a kind of common law.

---

74 Case No. IT-94-1-A, Judgement, the ICTY AC (JJ. Shahabuddeen, presiding, Cassese, Wang (China), Nieto-Navia (Colombia), and Mumba (Zambia)), 15 July 1999, para. 64.

Toward a New Cultural Exemption in the WTO

Claire Osborn Wright*

The World Trade Organization (WTO)[1] Members[2] have engaged in a long and torturous debate since the Uruguay Round of Multilateral Trade Negotiations (Uruguay Round) culminating in the establishment of the WTO on January 1, 1995 regarding whether "cultural goods and services" should be exempt from the WTO free trade rules. The WTO rules on the trade in goods are set forth in the General Agreement on the Tariffs and Trade (GATT) 1994,[3] and a number of related Agreements.[4] These Agreements very generally provide that no Member should erect barriers to the entry of foreign goods and furthermore no Member should unfairly support its domestic suppliers of goods.[5] These rules, in turn, are based on liberal economic theories which posit that each country is better off economically if it produces and exports those goods and services which it produces most efficiently and then imports the balance of goods and services that it needs.[6] The WTO rules on the trade in services, which are set

* Associate Professor at Thomas Jefferson School of Law, San Diego, California. The assistance of Andrea Carter, Julie Cook, Erik Laakkonen and Reena Patel is gratefully acknowledged. This paper was completed in March 2007.

1 The official homepage of the WTO is located at: http://www.wto.org.

2 Today, there are 150 Members of the WTO. See http://www.wto.org/English/thewto_e/whatis_e/tif_e/org6_e.htm (accessed Feb. 12, 2007).

3 General Agreement on Tariffs and Trade 1994, Apr. 15, 1994, Marrakesh Agreement Establishing the World Trade Organization, Annex 1A, The Legal Texts: The Results of the Uruguay Round of Multilateral Trade Negotiations 179 (1999), 1867 U.T.S. 187, 33 I.L.M. 1153 (1994) [hereinafter GATT 1994].

4 See text accompanying infra notes 60-80.

5 See id.

6 "The liberal school of economics became famous in Europe when Adam Smith,

Sienho Yee & Jacques-Yvan Morin (eds.), Multiculturalism and International Law, 649-697.

forth in the General Agreement on the Trade in Services (GATS),[7] are similar, but, in the case of services, the rules for each Member depend on the specific commitments that the Member has made with respect to each "Service Sub-Sector" included in its GATS schedule.[8]

The terms "cultural goods" and "cultural services" are nowhere explicitly defined in the WTO Agreements.[9] However, the classification scheme used by

---

an English economist, published a book in 1776 called The Wealth of Nations. He and others advocated the abolition of government intervention in economic matters. No restrictions on manufacturing, no barriers to commerce, no tariffs, he said; free trade was the best way for a nation's economy to develop. Such ideas were 'liberal' in the sense of no controls. This application of individualism encouraged 'free' enterprise, 'free' competition ...." Elizabeth Martinez and Arnoldo Garcia, What is Neoliberalism? A Brief Definition for Activists, National Network for Immigrant and Refugee Rights, available at www.corpwatch.org/article.php?id=376 (accessed Feb. 18, 2007). Adam Smith posited a specific economic theory of "absolute advantage" regarding international trade, meaning that a country should specialize in producing all of those items with respect to which it possesses lower costs of production in comparison to other countries. This theory of absolute advantage was then amended by another British economist named David Ricardo in 1817. In his treatise entitled The Principles of Political Economy & Taxation, he proposed the adoption of the alternative theory of "comparative advantage", meaning that, in order to obtain the very highest economic returns, a country should produce only that particular product which it produces more efficiently than any other product. Since the publication of Ricardo's treatise, a number of economists have pointed out flaws with the theory of comparative advantage and suggested amendments to it. Still, "[t]his notion of comparative advantage 'remains the lynchpin of liberal trade theory' ". Christopher M. Bruner, Culture, Sovereignty, and Hollywood: UNESCO and the Future of Trade in Cultural Products, Texas Tech School of Law, 2007 [hereinafter "Bruner"], available at http://law.bepress.com/expresso/eps/1972, at 78 (quoting Raj Bhala, International Trade Law: Cases and Materials (1996) at 9 (in turn quoting Robert Gilpin, The Political Economy of International Relations (1987))). Throughout the remainder of this essay, these liberal economic theories underlying the WTO free trade rules, as they have evolved and been amended over time, are referred to more generally as "liberal economics".

7 General Agreement on Trade in Services, Apr. 15, 1994, Marrakesh Agreement Establishing the World Trade Organization, Annex 1B, The Legal Texts: The Results of the Uruguay Round of Multilateral Trade Negotiations 284 (1999), 1869 U.N.T.S. 183, 33 I.L.M. 1167 (1994) [hereinafter GATS].

8 Id. at Article XVI, para.1.

9 However, some Panel and Appellate Body decisions in the WTO have considered

the WTO Members to set forth their GATS commitments provides guidance as to the meaning of cultural goods and services in the WTO context. In the GATS classification scheme, cultural services appear to be categorized as archival services, live entertainment services, sporting services, audio-visual services, and "other cultural services."[10] Accordingly, this definition of cultural services suggests that cultural goods in the WTO context primarily are products which the providers of such cultural services create, distribute, or maintain – in other words, "content" or audio-visual goods, such as paintings, books, audiotapes, compact discs, digital versatile discs (DVDs), videotapes, and at least the editorial portion of newspapers and periodicals. This understanding of "cultural goods" and "cultural services" is also consistent with the lists of goods

---

the meaning of the term "good" within specific provisions of particular WTO Agreements. See, e.g, U.S. – Final Countervailing Duty Determination with Respect to Certain Softwood Lumber from Canada, WT/DS257/AB/R (adopted January 19, 2004), at paras. 58, 62-67 (discussing the meaning of the word "good" in Article 1.1(a)(1)(iii) of the Agreement on Subsidies and Countervailing Measures, Apr. 15, 1994 Marrakesh Agreement Establishing the World Trade Organization, Annex 1A, The Legal Texts: The Results of the Uruguay Round of Multilateral Trade Negotiations 275 (1999), 1867 U.N.T.S. 14 [not reproduced in I.L.M.] [hereinafter SCM Agreement]).

10 Although they are not required to do so, most WTO Members utilize twelve broad service categories referred to as the GATS Services Sectoral Classification List, supplemented by the 1991 Provisional Central Product Classification (prov CPC) of the United Nations, to classify their liberalization commitments regarding various service industries. See MTN.GNS/W/120, available at http://www.wto.org/english/tratop_e/serv_e/serv_e/mtn_gns_w_120_e.doc (accessed March 9, 2007). In this GATS classification scheme, there are two major Services Sectors applicable to cultural services. The first is "Recreational, Cultural, and Sporting Services", and the second is "Communication Services". The first Sector includes Sub-Sectors for "Entertainment Services", "News Agency Services", "Libraries, Archives, Museums and Other Cultural Services", "Sporting and Other Recreational Services", and "Other Recreational, Cultural and Sporting Services". In sum, this first Sector appears to encompass archival services, live entertainment events, and sporting activities. The Communications Sector includes a Sub-Sector for "Audiovisual Services", which, in turn, includes Sub-Sectors for "Motion Picture and Video Tape Production and Distribution Services", "Motion Picture Projection Services", "Radio and Television Services", "Radio and Television Transmission Services", "Sound Recording Services", and "Other Audiovisual Services". See id.

and services produced by the "cultural industries" exempted from the disciplines set forth in a number of bilateral and regional free trade agreements entered into by the WTO Members, primarily with Canada.[11]

There are two major factions in the WTO concerning the proper treatment of cultural goods and services in the WTO trade regime. The U.S. Group, headed by the U.S., for the most part views cultural goods and services as tradable commodities.[12] The EU Group, headed by France[13] and most notably supported by Canada,[14] on the other hand, maintains that cultural goods and services are not commodities at all, but rather are the "cherished articulation of a nation's soul".[15]

The U.S. Group's viewpoint perhaps is best exemplified in the much-publicized remark of the former Director of the Motion Picture Association of America (MPAA), Jack Valenti, that a movie is "just a toaster with pictures".[16]

---

11 See, e.g., Canadian-U.S. Free Trade Agreement, 27 I.L.M. 281 (1988), Art. 2012(a)-(e); North American Free Trade Agreement, Dec. 17, 1992, 32 I.L.M. 289 (pts. 1-3); 32 I.L.M. 605 (pts. 4-8) (entered into force Jan. 1, 1994), Annex 2106; Canada-Chile Free Trade Agreement, available at http://www.dfait-maeci.gc.ca/tna-nac/reg-en.asp (accessed Feb. 19, 2007), Annex O-06; Canada-Costa Rica Free Trade Agreement, available at http://www.dfait-maeci.gc.ca/tna-nac/reg-en.asp (accessed Feb. 19, 2007), Article XIV.6; Canada-Israel Free Trade Agreement, available at http://www.dfait-maeci.gc.ca/tna-nac/reg-en.asp (accessed Feb. 19, 2007), Article 10.5.

12 See, e.g., Bruner, supra note 6, at 6 ("So far as the MPAA and the U.S. government officials are concerned, films, television shows, and the like are simply entertainment commodities.").

13 See id. at 10, 12.

14 See, e.g., Cultural Industries Sectoral Advisory Group on International Trade (SAGIT), New Strategies for Culture and Trade: Canadian Culture in a Global World (Feb. 1999), How Do Canada's Cultural Policies Compare with Those of Other Countries?, available at http://www.dfait-maeci.gc.ca/tna-nac/canculture-en.asp? (accessed Feb. 12, 2007).

15 See Michael Braun and Leigh Parker, Trade in Culture: Consumable Product Or Cherished Articulation of a Nation's Soul, 22 Denv. J. Int'l L. & Pol. 155-191 (1993) (describing the EU's perspective on cultural products in this manner).

16 See Claire Wright, Hollywood's Disappearing Act: International Trade Remedies to Bring Hollywood Home, 39 U. Akron L. Rev. 739, 767, note 161 (citing various sources for this quote, which apparently was first used by former U.S. Federal Communications Commission Chairman Mark Fowler in an interview in Reason magazine on November 1, 1981).

Accordingly, the U.S. Group claims that, with very few exceptions, cultural goods and services should be fully subject to the WTO trade rules.[17] The U.S. Group's position on this point undoubtedly is motivated in large part by its role as the dominant supplier of cultural goods and services in the world. In 2001, the U.S. audiovisual industry had revenues of $530 billion (constituting over 5% of the U.S. gross domestic product) and exported $90 billion worth of its products and services to other countries.[18] "The combined fiscal year 2005 revenues of [the Members of the] . . . MPAA alone totaled $323.7 billion – a figure exceeding the gross domestic product of all but 20 countries on Earth."[19]

The EU Group, on the other hand, given that it emphasizes the artistic character of cultural goods and services, argues that such goods and services should be exempt from most, if not all, of the WTO free trade rules.[20] Members of this Group claim that governments should be allowed to subsidize and otherwise promote their own cultural industries without limit.[21] In addition,

---

17 Bruner, supra note 6, at 5 ("Given the demonstrated export value of these 'content industries' and their magnitude relative to the overall U.S. economy, U.S. trade negotiators have enthusiastically responded to the MPAA's call, pushing hard over the course of recent decades for the maximum degree of audiovisual trade liberalization attainable – wherever they can get it.").

18 Joe Middleton, The Effectiveness of Audiovisual Regulation Inside the European Union: The Television Without Frontiers Directive and Cultural Protectionism, 31 Denv. J. Int'l L. & Pol'y 607, 609 (2003).

19 Bruner, supra note 6, at 60 (citing numerous sources).

20 Sacha Wunsch-Vincent, The WTO, the Internet And Trade in Digital Products: EC-US Perspectives, Studies in International Trade Law, Hart Publishing, Oxford and Portland, Oregon, 2006 [hereinafter "Wunsch-Vincent"], p. 198 (citing Pt. 4 of the EC Communication in chapter 5, n. 2 See the European Commission Webpage on 'Cultural Diversity at the international level' for more background under Internet: europa.eu.int/comm/avpolicy/extern/culdi_en.htm. See also Commissariat General Du Plan (2004), pp. 123 and 124. It notes that the UNESCO Convention would permanently and irrevocably create an exemption of cultural goods and services from the rules and obligations of the WTO. See also "Cultural Diversity: A Major Step towards the Adoption of a UNESCO Convention", European Commission, IP/05/676 (6 June 2005)).

21 See, e.g., Tom G. Palmer, Globalization and Culture: Homogeneity, Diversity, Identity, Liberty, The Liberal Institute of the Friedrich Naumann Foundation, Potsdam, Germany, 2004 [hereinafter "Palmer"], pp. 13-14, available at www.tomgpalmer.com/papers/liberales2.pdf (accessed March 5, 2007).

they argue that, nations, at least in certain situations, should be permitted to restrict the volume of foreign cultural products and services entering their territories.[22] The EU Group's view is undoubtedly influenced, at least to some extent, by the fact that France originally was in the forefront of film and movie development, but it ceded this role to the U.S. in the early to mid-1900s, as European industries became preoccupied with the World Wars, many European artists and producers fled to the U.S., and Hollywood developed as the new worldwide center for film production.[23] In addition to this historical rivalry between the U.S. and France in the film industry, however, the EU Group is motivated by sovereignty concerns. In particular, Members of this Group are concerned that, through the process of globalization, the distinct cultures of individual nations could very well disappear into one bland homogenous stew, flavored primarily by U.S. cultural values, if WTO Members are not permitted to take special measures to prevent this eventuality.[24]

The cultural divide in the WTO has resulted in a strange schism in the WTO trade rules, in which cultural goods are subject to the rules almost without exception, while cultural services are largely exempt from the rules. This schism is the result of the U.S. Group's refusal to amend the GATT 1994 or related agreements concerning the trade in goods to provide special treatment for cultural goods,[25] and the EU Group's refusal to include most

---

22 Id.

23 Id. at 14, note 20; see also Paul C. Weiler, Speaking for Fun and Profit, ch. 12 Leveling the Entertainment World (West forthcoming); Frank Wicks, Picture This: Scientist? Businessman? The Inventor Who Popularized His Fortune Well, The American Society of Mechanical Engineers, available at www.cojoweb.com/camera-club-geo-eastman.html (accessed March 5, 2007) ("Edison traveled to Paris in 1889 for a 50th-anniversary celebration of photography by Daguerre. When Edison returned, his associate, William Dickson, had successfully replaced the rotating drum with Kodak film on a reel. Edison proceeded to demonstrate a crude movie camera and projector. In 1893, Edison built a studio and started the movie industry using Kodak film.").

24 See, e.g., supra note 14; Palmer, supra note 21, at 15-16.

25 For a history of the Uruguay Round generally, see http://www.wto.org/English/thetwto_e/whatitis_e/tif_e/fact5_e.htm (last accessed Feb. 15, 2007). The American stance is elaborated upon by Ivan Bernier, The Recent Free Trade Agreements of the United States as Illustrations of Their New Strategy Regarding the Audiovisual Sector, available at http://mediatrademonitor.org/node/146

cultural services in their GATS commitments.[26] Both the U.S. Group and the EU Group constantly exploit this distinction in the treatment of cultural goods and cultural services in the WTO trade rules.[27] In the long run, this distinction

---

(accessed Feb. 15, 2007). See also WTO, Council for Trade in Services, Communication from the United States, Audiovisual and Related Services, S/CSS/W/21, December 18, 2000, para. 9.

26 For a history of the European Union position on audio-visual services in the GATS, see European Parliament, Committee on Culture, Youth, Education, the Media and Sport, Working Document on Safeguarding (and Promoting) Cultural Diversity, DT/490273EN.doc, July 16, 2003, at 5-6, found at http://www.europarl.europa.eu/meetdocs/committees/cult/20030911/490273EN.pdf (visited on Feb. 15, 2007); European Parliament resolution on the General Agreement on Trade in Services (GATS) within the WTO, including cultural diversity, B5-0167/2003, 2003, paras. 6, 12, available at http://www.guengl.eu/upload/docs/P5_B(2003)0167_EN.pdf (accessed Feb. 15, 2007); see also The European Broadcasting Union, Audiovisual Services and GATS Negotiations: EBU Contribution to the Public Consultation on Requests for Access to the EU Market, DAJ/MW/mp, January 17, 2003, available at http://www.ebu.ch/CMSimages/en/leg_pp_gats_170103_tcm6-4388.pdf (accessed Feb. 15, 2007).

27 For example, whenever a cultural item could be considered to be either a good or a service, the U.S. Group invariably claims that the item is a "good" while the EU Group likewise predictably argues that the item is a "service". A case in point is a movie that is transmitted to a consumer via the internet. The U.S. argues that such a movie does not lose its character as a good just because it is distributed to a consumer via a communication service, pointing out that it is difficult to imagine that the WTO Dispute Settlement Body (DSB) would find that such a movie and another movie distributed in hard copy format are not "like products" as that term is used throughout the WTO Agreements, solely given their different delivery mechanisms. The EU, on the other hand, claims that such a movie has been transformed into a service. For a good discussion of the differing views of the U.S. and the EU on this issue, see Wunsch-Vincent, supra note 20, at p. 56, note 94 (citing CTS Work Programme on Electronic Commerce, Communication from the EC, S/C/W/87 (9 December 1998); CTS Work Programme on Electronic Commerce, Preparations for the 1999 Ministerial Conference, Communication from the EC, WT/GC/W/306 (9 August 1999); European Commission (2000c) and European Commission (1999b) and noting that "[o]ther Members arguing that digitally-delivered content products are services are: Brazil, Hong-Kong, Norway, Singapore, Switzerland and Thailand.") Similarly, in the WTO case of Canada – Certain Measures Concerning Periodicals, W/DS31/AB/R (adopted June 30, 1997), Canada claimed that the very high excise tax that it was collecting on the advertising revenues gained by certain foreign publishers of periodicals was

is untenable, as it is based primarily on the historical accident that the GATT 1994, with its negative approach to commitments,[28] preceded the GATS, with its positive approach to commitments, [29] rather than on any theory of multiculturalism or trade economics.

The new United Nations Convention on the Promotion and Protection of the Diversity of Cultural Expressions (the Convention)[30] must be viewed in light of this contentious debate among the WTO Members regarding the proper treatment of cultural goods and services in the WTO trade rules. The proponents of the Convention have made no secret of the fact that one of the main objectives of the Convention, if not *the* main objective, is the establishment of a complete, or at least more comprehensive, cultural exemption to the WTO rules.[31] While the Convention's provisions are not self-executing and hence any changes to the WTO Agreements in accordance with the Convention's terms would have to be effected through formal amendments to those Agreements,[32] the debate in the WTO is likely to be greatly tempered by the Convention's terms. This is especially true, given the fact that the great majority of WTO Members signed the Convention in their capacity as Members

---

imposed in connection with the advertising services contained in those periodicals, not on the periodicals themselves. Id. at Parts III-IV. This claim was crucial to Canada's argument that its excise tax did not violate the WTO rules, because the GATS, not the GATT 1994, applies to advertising services and Canada had not yet made any commitment to liberalize its advertising service industry in its GATS schedule. Id. Ultimately, the WTO Appellate Body in this case rejected Canada's argument on the ground that Canada's excise tax was collected from the publishers of the periodicals, not the advertising companies. Id. at Parts IV, VI.B.1.

28 See infra note 56.

29 See infra note 39.

30 Convention on the Protection and Promotion of the Diversity of Cultural Expressions, CLT-2005/Convention Diversite-Cult Rev., adopted at Paris (October 20, 2005), found at http://portal.unesco.org/la/convetion_p.asp?order =alpha&language=E&KO=31038 (accessed Feb. 17, 2007).

31 See, e.g., Michael Hahn, A Clash of Cultures? The UNESCO Diversity Convention and International Trade Law, Journal of International Economic Law, Vol. 9, No. 3, 515-552, Oxford University Press, 2006 (jiel.oxfordjournals.org/cgi/ content/full/9/3/515(accessed Feb. 18, 2007); Wunsch-Vincent, supra note 20, at 198, note 149 (citing several sources).

32 See Convention, Article 20.

of the United Nations Education, Social, and Cultural Organization (UNESCO), which sponsored the Convention.[33] The U.S. and Israel were the only UNESCO Members that voted against the Convention, four countries abstained, and the U.K. signed with some reservations.[34] The Convention will become effective for its signatories on March 18, 2007, as the thirtieth UNESCO Member signed the Convention on December 18, 2006.[35]

The propriety of adopting a cultural exemption to the WTO rules is a very complicated issue, fraught with numerous political considerations and far-reaching ramifications. At the same time, this issue is enormously important and should be addressed by the WTO Members as soon as possible.[36] At present, though, the WTO Members must first resolve their bitter controversy over the proper trade treatment of agricultural subsidies and address other issues of vital interest to the developing and least developed WTO Members, in the context of the Doha Round of Multilateral Trade Negotiations (Doha Round).

Whenever the debate on this subject does take place in the WTO, the U.S. Group and the EU Group should acknowledge that their extreme "all or nothing" arguments regarding the treatment of cultural goods and services in the WTO trade rules are overbroad, in that each Group is partly right and partly wrong. The U.S. Group is correct that cultural goods and services possess an economic character, but such goods and services are not entirely economic in nature. On the other hand, the EU Group is correct that cultural goods and services possess an artistic character, but such goods and services are not solely artistic in nature. A more accurate view of cultural goods and services is that they possess both an economic character and an artistic character but the

---

33 See, e.g., Bruner, supra note 6, at 7.

34 Id. at 7-8 (citing Alan Riding, U.S. Backs Hollywood at Unesco; It votes against plan to fight globalization on the cultural level, Int'l Herald Trib., October 22, 2005, available at Lexis, and noting that the four abstaining countries were Australia, Nicaragua, Honduras, and Liberia).

35 See http://portal.unesco.org/culture/en/ev.php-URL_ID=32599&URL_DO=DO_TOPIC&URL_SECTION=201.html (accessed Feb. 18, 2007); see also Convention, Article 29.

36 Further liberalization of the Audiovisual Services Sub-Sector has been an on-going topic since the new services negotiations under the GATS were commenced in the WTO in January of 2000. See http://www.wto.org/english/tratop_e/serv_e/audiovisual_e/audiovisual_e.htm (accessed Feb. 19, 2007).

nationals of any WTO Member understandably emphasize the artistic over the economic with respect to domestic cultural goods and services,[37] and the rules ultimately adopted in the WTO regarding the trade in these goods and services should reflect these facts.

This essay first describes the major WTO Agreements and principles and in particular addresses the extent to which the Agreements already provide special treatment for cultural goods and services. Next, it considers how the WTO trade regime could be affected if a complete cultural exemption to the trade rules in accordance with the provisions of the Convention were adopted by the WTO Members. Lastly, the basic outline of a new paradigm for a cultural exemption in the WTO rules is proposed.

A. Current WTO Trade Rules and Special Treatment for Cultural Goods and Services Contained Therein

There are three "pillar agreements" in the WTO system. These are the GATT 1994, the GATS, and the Agreement on Trade-Related Intellectual Property Rights (TRIPS or the TRIPS Agreement).[38] As the GATT 1994 is the most developed of these agreements, especially as concerns the treatment of cultural items, the GATS and TRIPS are described below briefly first. Then, the remainder of this section will concern the major provisions and principles contained in the GATT 1994 (and related agreements concerning the trade in goods) and the specific exceptions for cultural goods contained therein.

Again, the GATS is the overarching agreement regulating WTO Members' commitments to liberalize their service industries, and it employs a positive approach to commitments regarding the trade in services.[39] This means that only those service industries specifically identified as such by each WTO

---

37 Paragraph 5 of Article 2 of the Convention states that parties should recognize this dual nature of cultural goods and services.

38 Agreement on Trade-Related Aspects of Intellectual Property Rights, Apr. 15, 1994, Marrakesh Agreement Establishing the World Trade Organization, Annex 1C, Annex 1A, The Legal Texts: The Results of the Uruguay Round of Multilateral Trade Negotiations 320 (1999), 1869 U.N.T.S. 299, 33 I.L.M. 1197 (1994) [hereinafter TRIPS Agreement].

39 GATS, Article XX; see also Bruner, supra note 6, at 24.

Member are subject to any of the GATS free trade rules, and even then, a WTO Member is permitted to make only limited commitments with respect to any such industry so identified. Specifically, each WTO Member is required to indicate, for each service industry "Sector" and "Sub-Sector", the level of market access, if any, available to foreign companies in that service industry, any exceptions to the Most Favored Nation (MFN) Principle claimed for that industry,[40] and any exceptions to the National Treatment Principle claimed for that industry.[41] In this context, the MFN Principle provides that an importing country should not treat the services or service suppliers of any one WTO Member more favorably than the like services and service suppliers of any other WTO Member.[42] The National Treatment Principle, on the other hand, provides that a WTO Member should not treat foreign services and service suppliers less favorably than it treats like domestic services and service suppliers.[43]

There are two major GATS Services Sectors applicable to the cultural services industries. These are "Recreational, Cultural, and Sporting Services", and "Communications Services" (Sub-Sector of Audio-Visual Services).[44] Only the U.S., the Central African Republic, Gambia, and the Kyrgyz Republic made commitments in all of the Sub-Sectors applicable to cultural services.[45] A full 82 WTO Members made no commitments in any of these Sub-Sectors.[46] In fact, the great majority of WTO Members opted to take advantage of a moratorium on commitments in the Audio-Visual Sub-Sector for a five-year period ending on January 1, 2000,[47] and most Members have not liberalized this Sub-Sector since that date.[48] As a result, the WTO Members' commitments to open up their cultural services industries to foreign competition essentially are non-

---

40 GATS, Article XX, para. (a).

41 GATS, Article XX, para. (b).

42 GATS, Article II.

43 GATS, Article XVII(1).

44 See supra note 10.

45 Scc GATS, Schedules of Parties, available at http://tsdb.wto.org/wto/WTOHomepublic.htm (accessed Feb. 18, 2007).

46 Id.

47 Bruner, supra note 6, at 23-24 (citing various sources).

48 See http://www.wto.org/English/tratop_e/serv_e/s_neg_e.htm (accessed Feb.

existent. This means that the great majority of WTO Members can "promote" their domestic cultural services industries and "protect" them against competition from foreign cultural services industries in any manner that they wish, without limitation.

In addition, Article XIV of the GATS sets out a number of exceptions to Members' GATS commitments, and the exception that is most relevant to the cultural services industries is contained in paragraph (a) of Article XIV. This exception provides that each WTO Member possesses the right (as modified by the introductory paragraph to Article XIV) to exclude any services or service providers, including cultural services and service providers, if doing so is "necessary to protect public morals or to maintain public order" within the country. The WTO Appellate Body recently addressed the scope of this exception in the case of *United States – Measures Affecting the Cross-Border Supply of Gambling and Betting Services.*[49]

The TRIPS Agreement provides that WTO Members must provide certain minimal protection for various types of intellectual property in their territories and ensure that this protection is extended to foreign products and foreign intellectual property holders. The developing countries and least developed countries were afforded longer time periods than the developed countries to implement these commitments. [50] In addition, the TRIPS Agreement, similar to the GATS (and the GATT 1994), provides for limited exceptions,[51] including the right "to exclude from patentability inventions, the prevention within their territory of the commercial exploitation of which is necessary to protect *ordre public* or morality ..."[52]

The TRIPS Agreement was a very significant addition to the trade rules in January of 1995 at the commencement of the WTO. Its inclusion in the trade rules was especially important for countries, like the U.S. and the EU, whose nationals possess a great deal of intellectual property. Perhaps not surprisingly, then, the U.S. Group and the EU Group appear to be in agreement that all

---

12, 2007); see also generally www.gatswatch.org (accessed Feb. 18, 2007).

49 WT/DS285/AB/R (adopted April 20, 2005). This case is discussed further below, at text accompanying infra notes 95-114.

50 See, e.g., TRIPS, Articles 65-66.

51 Id. at Articles 27-31, 73.

52 Id. at Article 27, para. 2.

cultural goods are subject to the TRIPS rules without exception,[53] and hence the TRIPS Agreement generally is not implicated in the cultural exemption debate in the WTO.[54]

The GATT 1994, again, is the main agreement governing the trade in goods in the WTO, and it consists primarily of the GATT 1947 provisions.[55] The GATT 1994 essentially employs a negative approach to commitments regarding trade in non-agricultural goods, meaning that the WTO Members generally agreed to subject all of their non-agricultural goods to the free trade disciplines contained in the GATT 1994 and then negotiate to exempt specifically-identified goods from certain of those disciplines.[56] Hence, when the EU Group, during the Uruguay Round, failed to win approval for inclusion of a blanket cultural exemption in the WTO trade rules, the result was that cultural goods remained subject to the GATT 1994 trade rules, with only a few

---

53 During the three meetings of experts from around the world who first developed a draft of the Convention, for example, "[t]here [was] . . . general agreement that a commitment to protection of intellectual property should be included . . . ." CLT/CPD/2004/602/6, 14.05.2004 (Report of Second Meeting of Experts (Category VI) on the Preliminary Draft of the Convention on the Protection of the Diversity of Cultural Contents and Artistic Expressions, UNESCO headquarters, 30 March – 2 April 2004, Paris), § III.3.3, available at http://portal.unesco.org/culture/admin/file_download.php/Report_R2.pdf?URL_ID=21750&filename=10897342041 1Report_R2.pdf&filetype=application%2Fpdf&filesize=99493&name=Report_R2.pdf&location=user-S/ (accessed March 9, 2007).

54 See id.

55 The GATT 1994 consists of: (a) the provisions of the Agreement on Tariffs and Trade, Oct. 30, 1947, 61 Stat. A-11, T.I.A.S. 1700, 55 U.N.T.S. 194 [hereinafter GATT 1947], as amended by legal instruments which entered into force before the date of entry in force of the Marrakesh Agreement Establishing the World Trade Organization, opened for signature 15 April 1994, 1867 UNTS 3 (entered into force 1 January 1995) [hereinafter WTO Agreement]); (b) the provisions of legal instruments which entered into force under GATT 1947 before the date of entry into force of the WTO Agreement; (c) the Understandings on the interpretation of a number of GATT Articles, adopted at the end of the Uruguay Round; and (d) the Marrakesh Protocol to GATT 1994. See GATT 1994, para. 1.

56 See generally http://www.wto.org/English/docs_e/legal_e/ursum_e.htm (accessed Feb. 17, 2007).

exceptions discussed below.[57] In addition, the WTO Appellate Body, in the case of *Canada – Certain Measures Concerning Periodicals*,[58] implicitly confirmed that there is no exemption in the GATT 1994 applicable to cultural goods when it concluded that the U.S. periodicals and Canadian periodicals in question were at least "directly competitive or substitutable products" and therefore the National Treatment Principle set forth in Article III of the GATT 1994 prohibited Canada from discriminating against the U.S. periodicals.[59]

The GATT 1994 and related agreements governing the trade in goods generally require that WTO Members permit the entry of any and all foreign products without undue delay and effort, and forbid various forms of government promotion of domestic products. Specifically, Article XI of the GATT 1994 prohibits, with few exceptions, complete import bans, quotas and any other quantitative restrictions on imports and exports. Article II of the GATT 1994 requires WTO Members to impose tariff rates no higher than the bound (or maximum) tariff rates that they have agreed to apply to specific products. The Customs Valuation Agreement[60] and the Agreement on Rules of Origin[61] provide that importing countries must apply certain pre-established valuation methods and country of origin rules when assessing the tariffs due. Otherwise, countries could significantly discourage the importation of foreign-origin products through high value assignments and arbitrary country of origin determinations with respect to imported goods.[62]

---

57 See, e.g., http://www.unesco.org/culture/industries/trade/html_eng/question2.shtml (accessed Feb. 15, 2007); see also Rene Lemieux and Joseph Jackson, Cultural Exemptions in Canada's Major International Trade Agreements and Investment Relationships, Library of Parliament, October 12, 1999, p. 1, available at http://www.parl.gc.ca/information/library/PRBpubs/prb9925-e.htm (accessed Feb. 15, 2007).

58 W/DS31/AB/R (adopted June 30, 1997).

59 Id. at Part VI.B.1.

60 See Customs Valuation Agreement (Article VII of GATT 1994), General Agreement on Tariffs and Trade 1994, Apr. 15, 1994, Marrakesh Agreement Establishing the World Trade Organization, Annex 1A, (1994) [hereinafter Customs Valuation Agreement].

61 See Agreement on Rules of Origin, General Agreement on Tariffs and Trade 1994, Apr. 15, 1994, Marrakesh Agreement Establishing the World Trade Organization, Annex 1A, (1994) [hereinafter Agreement on Rules of Origin].

62 This is the case, because most duty rates are "ad valorem" rates (a percentage rate

The Agreement on Import Licensing Procedures[63] and the Pre-Shipment Inspection Agreement [64] require the utilization of transparent, non-discriminatory and facilitated procedures whenever a government mandates, respectively, that an import license be acquired, or an inspection in the foreign country be performed, prior to the importation of a particular product. The Agreement on Technical Barriers to Trade (the TBT Agreement)[65] likewise prohibits a WTO Member from imposing unnecessary non-tariff barriers to trade, such as redundant labeling requirements. In sum, the above-described WTO Agreements governing the trade in goods are intended to diminish as much as possible all barriers to the importation of foreign products into each WTO Member.[66]

In contrast, the Agreement on Subsidies and Countervailing Measures (the SCM Agreement)[67] and the Agreement on the Implementation of Article VI of

---

applied against the value of the imported product, with the specific rate being dependent on the country of origin).

63 See Import Licensing Agreement, General Agreement on Tariffs and Trade 1994, Apr. 15, 1994, Marrakesh Agreement Establishing the World Trade Organization, Annex 1A, (1994) [hereinafter Import Licensing Agreement].

64 See Preshipment Inspection Agreement, General Agreement on Tariffs and Trade 1994, Apr. 15, 1994, Marrakesh Agreement Establishing the World Trade Organization, Annex 1A, (1994) [hereinafter Preshipment Inspection Agreement].

65 See Technical Barriers to Trade Agreement, General Agreement on Tariffs and Trade 1994, Apr. 15, 1994, Marrakesh Agreement Establishing the World Trade Organization, Annex 1A, (1994) [hereinafter Technical Barriers to Trade Agreement].

66 There are also a number of WTO Agreements that are applicable to specific types of goods. For example, as their names suggest, the Agriculture Agreement contains specific rules for agricultural products, the Information Technology Agreement (the ITA) governs the trade in information technology products, and the Agreement on Sanitary and Phytosanitary Measures concerns goods that implicate health and safety concerns for the importing country. All of these WTO Agreements may be found at http://www.wto.org/english/docs_e/legal_e /legal_e.htm (accessed March 9, 2007).

67 Agreement on Subsidies and Countervailing Measures, Apr. 15, 1994 Marrakesh Agreement Establishing the World Trade Organization, Annex 1A, , Annex 1A, The Legal Texts: The Results of the Uruguay Round of Multilateral Trade Negotiations 275 (1999), 1867 U.N.T.S. 14 [not reproduced in I.L.M.] [hereinafter SCM Agreement].

the GATT 1994 (otherwise known as the Anti-Dumping Agreement) [68] address unfair methods of promoting domestic products in the international trade arena. The SCM Agreement prohibits, without exception, subsidies provided to local producers based either on those companies' incorporation of domestic components or their export performance.[69] These subsidies are considered to be illegal *per se,* as they directly discourage the importation of foreign components or unfairly encourage the exportation of domestic products, thereby unfairly tipping a nation's balance of trade in favor of exports. Note that the Agreement on Trade-Related Investment Measures (TRIMS)[70] likewise prohibits government programs that provide benefits to companies conditioned on their utilization of domestic, rather than foreign, components in their goods.[71]

The SCM Agreement also makes "actionable" certain other government subsidies provided to local producers.[72] These "actionable subsidies" are not illegal *per se*, but rather can be challenged by another country on the basis that

---

68 Agreement on Implementation of Article VI of the General Agreement on Tariffs and Trade 1994 (Anti-Dumping Agreement), Apr. 15, 1994 Marrakesh Agreement Establishing the World Trade Organization, Annex 1A, (1994) [hereinafter Anti-Dumping Agreement].

69 SCM Agreement, Article 3.

70 Agreement on Trade-Related Investment Measures, Apr. 15, 1994 Marrakesh Agreement Establishing the World Trade Organization, Annex 1A, , Annex 1A, The Legal Texts: The Results of the Uruguay Round of Multilateral Trade Negotiations 143 (1999), 1868 U.N.T.S. 186 [Not reproduced in I.L.M.] [hereinafter TRIMS Agreement]. The TRIMS Agreement, which as its name suggests applies to trade-related investment measures, originally was intended to open up all industries in WTO Member countries to foreign investment. See, e.g., Gas Van Harten, Guatemala's Peace Accords in a Free Trade Area of the Americas, CERLAC Working Paper Series, Toronto, Canada, May 2000, pp. 24-25, available at www.yorku.ca/cerlac/ducments/VanHarten.pdf (accessed March 6, 2007). However, during the Uruguay Round, a requirement was added that a trade-related investment measure being challenged by another WTO Member must involve the production of a physical good. See id. At that point, the TRIMS Agreement essentially became duplicative of other WTO Agreements, most particularly the GATT 1994 (especially Articles III and XI) and the SCM Agreement.

71 TRIMS, at Annex, paras. 1(a)-1(b) (Illustrative List).

72 SCM Agreement, Article 5.

they are causing "adverse effects" to an industry producing a like product in that country. "Adverse effects" consist of "injury to the domestic industry of another Member[,] ... nullification or impairment of benefits accruing directly or indirectly to other Members under GATT 1994 ... [or] ... serious prejudice to the interests of another Member.[ ]"[73] In general, government subsidies are regulated in the WTO regime because they ultimately can have the same economic effect in the international marketplace as an import ban or restriction. That is, a subsidy provided by a government to the producers in a particular domestic industry can initiate an upward subsidy spiral among those countries

---

73 SCM Agreement, Article 5, paras. (a)-(c). "Injury" under the SCM Agreement, "shall, unless otherwise specified, be taken to mean material injury to a domestic industry, threat of material injury to a domestic industry or material retardation of the establishment of such an industry . . . ." SCM Agreement, note 45. A determination of "injury" itself must be based on "an objective examination of both (a) the volume of the subsidized imports and the effect of the subsidized imports on prices in the domestic market for like products [...] and (b) the consequent impact of these imports on the domestic producers of such products". SCM Agreement, Article 15.1. (Footnote omitted.) "Like product" in the SCM Agreement means "a product which is identical, i.e., alike in all respects to the product under consideration, or in the absence of such a product, another product which, although not alike in all respects, has characteristics closely resembling those of the product under consideration". Id. at note 46. Finally, "[t]he examination of the impact of the subsidized imports on the domestic industry [must] include an evaluation of all relevant economic factors and indices having a bearing on the state of the industry, including [, for example], actual and potential decline in output, sales, [and] market share . . . ." Id. at Article 15.4. In this context, a country's benefits are nullified or impaired when a subsidy reverses or reduces the effect of a benefit, such as a lower tariff rate, that it otherwise was guaranteed under GATT 1994. See, e.g., http://www.wto.org/english/thewto_e/whatis_e/eol/e/wto8/wto8_19.htm (accessed Feb. 17, 2007); see also SCM Agreement, note 12. "Serious prejudice . . . arise[s] in any case where at least one of the following applies: (a) the effect of the subsidy is to displace or impede the imports of a like product of another Member into the market of the subsidizing Member; (b) the effect of the subsidy is to displace or impede the exports of a like product of another Member from a third country market; [or] (c) the effect of the subsidy is a significant price undercutting by the subsidized product as compared with the price of a like product of another Member in the same market or significant price suppression, price depression or lost sales in the same market…." Id. at Article 6.3, paras. (a)-(c). (Note that paragraph (d) of Article 6.3 of the SCM Agreement was omitted, as this paragraph concerns agricultural products.)

that have or would like to have such an industry. In such a situation, it is possible that none of the local industries will benefit from the subsidies that it received and each of the nations will be worse off as a result of having paid the ineffective subsidies.[74] In addition, at the national level, government subsidies can interfere with consumer choice by allowing domestic producers to offer lower prices for their products vis-à-vis competing foreign products which the consumers may actually prefer.

If the WTO Dispute Settlement Body (DSB) finds that a particular actionable subsidy program is causing adverse effects to the relevant industry in another WTO Member, the DSB will instruct the subsidizing Member to either abolish the offending subsidy program or at least remove its adverse effect.[75] Alternatively, the SCM Agreement authorizes a complaining Member to impose countervailing duties on a foreign product determined to have benefited from such a subsidy program, in accordance with the procedures outlined in the Agreement.[76]

Similarly, the Anti-Dumping Agreement authorizes an importing country to assess anti-dumping duties on any foreign product that is being "dumped" in that country.[77] A seller "dumps" a product when the seller charges a lower price for the product in the importing country than the seller charges for the product in the seller's home market.[78] The rationale of the anti-dumping disciplines is that, when a product is dumped in another country, this encourages domestic consumers to purchase the foreign, lower-priced product; hence, readjustment of the foreign price through assessment of an "anti-dumping" duty on the value of the foreign product is warranted if domestic competitors are being harmed by the dumping.

The incorporation of two major principles in the GATT 1994 and other

---

74 Cf. Alan O. Sykes, Subsidies and Countervailing Measures, in: The World Trade Organization: Legal, Economic And Political Analysis 90 (A. Appleton, P. Macrory & M. Plummer eds., Springer, New York, 2005). Some commentators argue that there are a number of economic reasons why the WTO trade regime should not attempt to regulate most types of domestic subsidies in any case. See, e.g., id. at 84, 106-107.

75 SCM Agreement, Article 7.8.

76 Id. at Articles 10-19.

77 Anti-Dumping Agreement, Article 1.

78 Anti-Dumping Agreement, Article 2.1.

WTO Agreements concerning the trade in goods, the MFN Principle and the National Treatment Principle, helps further the goal of ensuring that the most efficient producers of any particular product will prevail in the international marketplace. In the context of the GATT 1994 and related WTO Agreements governing the trade in goods, the MFN Principle generally provides that a WTO Member must apply the same tariff rate and other import rules to all foreign like products, regardless of source.[79] The National Treatment Principle, on the other hand, generally provides that a WTO Member must treat a domestic producer no more favorably than a foreign producer of a like product (or, alternatively, a directly competitive or substitutable product, provided that a government fiscal measure is at issue and certain other criteria are met).[80] The purpose of both of these principles is to prevent countries from making arbitrary distinctions between, on the one hand, products from two different foreign countries that are competitive, and, on the other hand, a foreign and domestic product that are competitive.

In sum, the goal of the above-described WTO Agreements, apart from the SCM Agreement and the Anti-Dumping Agreement, is the removal of all unjustifiable barriers to the importation of foreign products into an importing country. The goal of the SCM Agreement and the Anti-Dumping Agreement, on the other hand, is the elimination of unfair methods of promoting domestic products in the international marketplace. It naturally follows from the liberal economic theories justifying the WTO trade rules that arbitrary restrictions on the importation of foreign products, as well as the dumping or government subsidization of domestic products, would distort such a system, and hence the WTO Agreements prohibit or discourage such measures.

Again, there is no blanket exception for cultural goods in the GATT 1994 or any of the related WTO Agreements concerning the trade in goods. However, there are three exceptions in the GATT 1994 relevant to cultural products. These exceptions are found in Articles IV, Article XX(a), and Article XX(f), and each of these is discussed briefly below.

Paragraph (a) of Article XX of the GATT 1994 provides that WTO Members, despite the obligations stated elsewhere in the GATT 1994, may

---

79 See, e.g., GATT 1994, Article I.

80 See, e.g., GATT 1994, Article III.

adopt or enforce any measure that is "necessary to protect public morals" (as tempered by the "chapeau language" at the beginning of Article XX).[81] While Article XX(a) isn't directly solely at cultural goods, governments not infrequently ban foreign cultural goods on the ground that they are morally objectionable to their people. For example, in 1921, Canada banned "the importation of posters and handbills depicting scenes of criminal violence".[82] Similarly, the U.S., in 1909, "banned the importation of any film 'of any prize fight or encounter of pugilists' which may be used for purpose of public exhibition".[83] There are also examples of nations relying on this provision to ban or restrict foreign cultural products today. For example, a number of countries ban the importation of foreign media containing "pornographic images".[84] In addition, in late 2005, a number of countries prohibited the importation and publication of certain cartoons (originally published by the Danish newspaper *Jyllands-Posten)* that ridiculed the Prophet Mohammed and allegedly were considered offensive to these countries' Muslim populations.[85] In

81 The chapeau language applies to all of the exceptions stated in Article XX of the GATT 1994 and provides that countries are permitted to enact measures consistent with those exceptions so long as "such measures are not applied in a manner which would constitute a means of arbitrary or unjustifiable discrimination between countries where the same conditions prevail or a disguised restriction on international trade . . . ."

82 Steve Charnovitz, The Moral Exception in Trade Policy, 38 Va. J. Int'l L. 689, 714 (summer 1998) [hereinafter Charnovitz] (citing T.E.G. Gregory, Tariffs: A Study in Method 115 (1921); see also Jeremy C. Marwell, Trade and Morality: The WTO Public Morals Exception After Gambling, 81 N.Y.U. L. Rev. 802, 818 (2006) [hereinafter Marwell] (citing Canada, Report by the Secretariat, Canada Trade Policy Review, tbl.III.4). Both of these articles present a good general history of the public morals provision in Article XX(a) of the GATT 1994.

83 Charnovitz, supra note 82, at 714 (citing an Act to prohibit the importation and the interstate transportation of films or other pictorial representation of prize fights, and for other purposes, July 31, 1912, 1, 37 Stat. 240 (repealed)).

84 See, e.g, Marwell, supra note 82, at 818 (citing Singapore, Report of the Secretariat, Singapore Trade Policy Review, at 43, WT/TPR/S/14 (May 7, 1996)); see also commercecan.ic.gc.ca/scdt/bizmap/interface2.nsf/vDownload/CCG_6381/$file /X_954646.DOC (accessed March 4, 1007) (U.S. Commercial Service reports on import/export restrictions in various countries).

85 See www.google.com/search?hl=en&q=Danish+cartoons+banned+ (accessed on Feb. 19, 2007).

addition, in 2006, seven different states in India banned the exhibition of the movie *The Da Vinci Code* on the basis that its suggestion that Jesus might have married and fathered a child was contrary to Christian theology and accordingly was considered offensive by their (small) Christian populations.[86]

Article XX(a) of the GATT 1994 does not contain a definition for the term "public morals", and the official negotiating history (or *travaux preparatoire*) of this provision when it was first incorporated in the GATT 1947[87] reveals that the negotiating parties did not discuss this provision at length.[88] In fact, all that is clear from the *travaux preparatoire* is that one delegate noted that it was his understanding that the provision would permit a country to ban imports of alcoholic beverages.[89]

However, at the time the parties were negotiating the GATT 1947, the parties undoubtedly were aware of a great many earlier commercial and trade treaties that had contained a similar public morals exception.[90] These exceptions in the earlier treaties had been considered necessary by the treaty parties in order to ensure that each party, despite the remaining treaty provisions, could continue to ban products that its people considered to be morally offensive.[91] Interestingly, pursuant to such exceptions, the treaty parties routinely excluded products based on either the humanitarian conditions existing in the exporting country (such as the existence of slavery or the use of child labor) or the contention that the foreign products themselves offended the public morals of

---

86 See http://news.bbc.co.uk/1/hi/entertainment/5074578.stm (accessed Feb. 19, 2007).

87 Again, the GATT 1994 consists primarily of the original GATT 1947 provisions. See supra note 55. In particular, all of Article XX of the GATT 1947, including paragraph (a), is identical to Article XX of the GATT 1994. See GATT 1947, supra note 55.

88 Charnovitz, supra note 82, at 704-705.

89 Id. at 704 (citing Report of the Drafting Committee of the Preparatory Committee of the United Nations Conference on Trade and Employment, U.N. ESCOR, U.N. Doc. E/PC/T/34 (Mar. 5, 1947) (referring to comments made by the delegate from Norway).

90 See Charnovitz, supra note 82, at 705-711 (citing and discussing many such treaties).

91 Id. at 710.

the importing country.[92] In fact, a number of the public morals provisions in these early treaties explicitly stated that governments could exclude products "on moral *or* humanitarian grounds".[93] For many years prior to the GATT negotiations in 1947, then, it appears that governments enjoyed broad power pursuant to such exceptions to exclude any foreign product on moral or humanitarian grounds, so long as a government had enshrined those morals or humanitarian beliefs in its domestic legislation or other treaties to which it was a party – in other words, so long as the asserted morals or humanitarian beliefs in question were indeed held by "the public" or "the nation" in question.[94] This history suggests that the public morals exception contained in Article XX(a) of the GATT 1947, which was subsequently carried over into Article XX(a) of the GATT 1994 during the Uruguay Round, similarly grants WTO Members very wide latitude to exclude any foreign product, including a cultural product, that its population finds morally offensive.

This conclusion finds further support in the recent WTO case of *United States – Measures Affecting the Cross-Border Supply of Gambling and Betting Services* [hereinafter *"Gambling"*],[95] which concerned the almost-identical public morals exception contained in Article XIV(a) of the GATS.[96] That provision, which was also derived from Article XX(a) of the GATT 1947,[97] stipulates that the

---

92 Id.

93 Id. at 709 (Emphasis added.)

94 Id. at 710-716.

95 WT/DS285/AB/R (adopted April 20, 2005).

96 Article XIV(a) of the GATS reads that WTO Members can exclude foreign services and service providers that meet the "chapeau language" contained in the introductory paragraph of Article XIV and that are "necessary to protect public morals or to maintain public order". The chapeau language of Article XIV of the GATS is almost identical to the chapeau language contained in the introductory paragraph of Article XX of the GATT 1994 and reads "Subject to the requirements that such measures are not applied in a manner which would constitute a means of arbitrary or unjustifiable discrimination between countries where like conditions prevail, or a disguised restriction on trade in services, nothing in this Agreement shall be construed to prevent the adoption or enforcement by any Member of measures: . . . ."

97 See supra note 95, at paras. 291-292 ("Article XIV of the GATS sets out the general exceptions from obligations under that Agreement in the same manner as does Article XX of the GATT 1994 . . . Similar language is used in both

WTO Members can implement measures that otherwise conflict with their GATS commitments "in order to protect public morals or maintain public order".

The Government of Antigua and Barbuda (Antigua) brought this case against the U.S., claiming that several federal and state laws in the U.S. which prohibited the provision of remote (internet) gambling services to U.S. nationals were inconsistent with the U.S.' commitment to allow foreign companies to provide "Other Recreational Services (except Sporting)", as that commitment was set forth in the U.S.' GATS schedule.[98] The WTO Appellate Body, in this case, first found that Antigua had not established a *prima facie* case of the U.S.' violation of its GATS commitments with respect to the various state laws at issue, given that these laws regulate the behavior of the recipient of gambling services, not the providers of such services.[99] It then found that each of the three federal laws challenged by Antigua does indeed prohibit the provision of internet gambling services to U.S. nationals, although none of these laws on its face targets solely foreign providers of such services.[100] These three federal laws are the Wire Act,[101] the Travel Act,[102] and the Interstate Gambling Business Act.[103] It furthermore affirmed the panel's conclusion that the internet gambling prohibition contained in these three federal laws constitutes a violation of Article XVI of the GATS, as the prohibition provides a "zero quota" for such services in contravention of the U.S.' commitment to allow foreign service providers to provide "Other Recreational Services (except Sporting)". It also affirmed the panel's ruling that this GATS Sub-Sector includes internet gambling and betting services, despite the U.S.' claims to the contrary.[104]

The Appellate Body then affirmed the definition of "public morals" that the panel had set forth in its decision ("right and wrong conduct maintained by

---

provisions, notably the term 'necessary' and the requirements set out in their respective chapeau . . .").

98 Id. at para. 208.

99 Id. at para. 154.

100 Id. at paras. 257-265.

101 18 U.S.C. § 1084 (2007).

102 18 U.S. C. § 1952 (2007).

103 18 U.S.C. § 1955 (2007).

104 Supra note 95, at para. 265.

or on behalf of a community or nation"),[105] and further noted the panel's reference to five specific moral concerns that Members of Congress had voiced in various reports and hearings regarding this prohibition.[106] These concerns were the risk of organized crime involvement (which risk is also present with gambling generally), as well as the heightened risk posed by internet gambling of money laundering, fraud, underage gambling, and health concerns (related to pathological gambling).[107] In light of these public moral concerns,[108] once the Appellate Body also found that the prohibition against internet gambling contained in each of these laws was "necessary" to protect against these concerns,[109] it concluded that each such prohibition was justified, so long as it also satisfied the chapeau language of Article XIV.[110]

Ultimately, though, the Appellate Body ruled that the internet gambling prohibition in the above-discussed three federal laws did not satisfy the chapeau language of Article XIV(a) of the GATS. This ruling was based on the fact that a fourth federal law, the Interstate Horseracing Act (the IHA),[111] on its face permitted U.S. companies (but not foreign companies) to provide internet gambling services in connection with horse races.[112] It therefore ordered the

---

105 Id. at para. 358 (citing the Panel Report, at para. 6.465 (in turn relying on definitions contained in the Shorter Oxford English Dictionary, 2002)).

106 Id. at para. 296.

107 Id. Given that four out of these five concerns (organized crime, money laundering, underage gambling, and fraud) are crimes, these concerns unquestionably involve "public morals" as defined by the panel and Appellate Body. See 18 U.S.C §1956, et seq. (2007) (it is a crime to launder money); www.worldcasinodirectory.com/gambling _age_chart.htm (accessed March 4, 2007) (A number of states provide that gambling below a stipulated age is illegal.); www.crimes-of-persuasion.com/Laws/US/criminal_laws.htm (There are numerous state and federal criminal fraud statutes in the U.S., many of which are concerned with fraud in connection with lottery, betting, and gambling operations.); Racketeer Influenced and Corrupt Organizations Act (RICO Statute), 18 U.S.C. Part I Chapter 96 §§ 1961-1968 (2007) (Organized crime constitutes a separate crime and often is prosecuted federally under the RICO Statute).

108 Supra note 95, at paras. 283-284, 296-299, 323-324, 347.

109 Supra note 95, at para. 327.

110 Id. at para. 338; see also id. at paras. 283-284, 296-299, 323-324, 347.

111 See DC Appropriations, Pub. L. No. 106-553, § 629, 114 Stat. 2762A-108 (2000), codified at 15 U.S.C. § 3002, et seq. (2007).

112 Supra note 95, at para. 371.

U.S. to bring its laws into compliance with its GATS commitments.[113]

Gambling has clarified that the public morals exception contained in Article XIV(a) of the GATS, as well as in Article XX(a) of the GATT 1994, authorizes a WTO Member to exclude a wide range of foreign products and services, including foreign cultural products and services, on the ground that they are morally objectionable to that Member's people. However, *Gambling* has also made it clear that this exclusionary power, while broad, is limited by the chapeau language that circumscribes each of the exceptions contained in the GATS and the GATT 1994. In essence, the WTO Appellate Body in *Gambling* interpreted these provisions to mean that a WTO Member can rely on the public morals exceptions to exclude particular products and services, so long as the moral concerns of its people are evidenced in pre-existing government measures and those measures treat domestic, as well as foreign, threats to those concerns in a uniform manner.[114]

As broad as the public morals exceptions might be, however, they do not authorize a WTO Member to limit the volume of foreign cultural products and services being offered in its territory or subsidize the production of national cultural items solely on the ground that its domestic cultural industries would be protected or promoted as a result. In sum, these public morals exceptions are not the type of cultural exemption to the WTO rules that the Convention's supporters are seeking, as they are concerned with the disparity between the quantity of foreign and domestic cultural items available in their territories rather than the content of such foreign cultural items in general.

Paragraph (f) of Article XX of the GATT 1994 exempts from the reach of the GATT 1994 rules any government measure (again tempered by the "chapeau language" found at the beginning of Article XX)[115] that is "imposed for the protection of national treasures of artistic, historic or archaeological value". The GATT 1994 does not define "national treasures", just as it does not define "public morals". It seems clear, though, that very few artistic, historic or archaeological goods in any country could be encompassed within this provision, as the word "treasures" refers only to "thing[s] of great worth or

---

113 Id. at para. 374.

114 Id. at para. 371.

115 See supra note 81.

value".[116] Furthermore, it appears that the only manner in which a nation can "protect" its national treasures through its trade laws, is by enforcing export restrictions regarding such items.[117] That is, a nation can't "protect" its people's national treasures by refusing to allow such items to reenter its territory or imposing a high tariff on such an item. In fact, a WTO Member cannot protect its national treasures by implementing such protectionist measures in connection with foreign artistic, historic or archaeological items.

Therefore, both the plain language of this provision and its context within the GATT 1994[118] imply a very narrow scope for the national treasures exception to the GATT 1994 rules. In essence, it appears to establish simply that each WTO Member is entitled to take whatever measures are necessary to retain within its territory those few objects of national origin that its people in general consider embody their national heritage. Such items could include, for example, the Book of Kells in Ireland, portions of the columns of the Coliseum in Italy, and the mummified remains of pharaohs in Egypt.

The final exception contained in the GATT 1994 applicable to cultural goods is found in Article IV. Article IV, which like paragraphs (a) and (f) of Article X, were simply carried over into the GATT 1994 from the GATT 1947 without amendment, provides, *inter alia*:

> If any contracting party establishes or maintains internal quantitative regulations relating to exposed cinematograph films, such regulations shall take the form of screen quotas which shall conform to the following requirements:
>
> (*a*) Screen quotas may require the exhibition of cinematograph films

---

[116] Webster's Ninth New Collegiate Dictionary, Merriam-Webster Inc., Publishers, Springfield, Massachusetts, 1989, p. 1257.

[117] See also Raj Bhala, Modern GATT Law: A Treatise On The General Agreement on Tariffs and Trade, Sweet & Maxwell, London, 2005 [hereinafter "Bhala"], p. 1193 ("Obviously, the kind of trade measure contemplated by Article XX(f) would be an export restriction.").

[118] See Vienna Convention on the Law of Treaties, Done at Vienna, 23 May 1969, 1155 U.M. T.S. 331, 8 International Legal Materials 679 [hereinafter "Vienna Convention"], Article 31(a) ("A treaty shall be interpreted in good faith in accordance with the ordinary meaning to be given to the terms of the treaty in their context and in light of its object and purpose.").

> of national origin during a specified minimum proportion of the total screen time actually utilized, over a specified period of not less than one year, in the commercial exhibition of all films of whatever origin, and shall be computed on the basis of screen time per theatre per year or the equivalent thereof ....

As indicated, this provision permits a WTO Member to require that locally-developed "cinematograph" or "motion picture" films be exhibited for a certain minimum percentage of time on each screen in each local cinema located within the nation. While a screen quota program maintained by a WTO Member is not a direct restriction on the number of foreign films that can be imported into a country, it nonetheless can operate as an indirect import restriction on such films as the exhibition time on each local movie theatre screen is finite. (At the same time, of course, the development of "home theatres," CDs, VHS tapes, DVDs, laptop computers, the internet, and digital technology have unquestionably expanded the amount of "screen time" available for the exhibition of any film in at least the developed nations.) In addition, Article IV does not place any upper limit on the percentage of cinema screen time that can be reserved for the exhibition of domestically-developed films. In fact, the only significant limit provided in Article IV on the type of screen quotas that a country can employ is that a nation employing a screen quota program is not permitted to discriminate between films of different national origin in its application, except as its screen quota programs already discriminated against various countries' films at the time of the adoption of the GATT 1947.[119]

A number of the GATT 1947 contracting parties considered the inclusion of the screen quota provision to be necessary, as otherwise the screen quota programs that a number of them had already implemented by the mid-1940s (in order to counter the U.S.' position as the dominant supplier of movies even at that time and as a substitute for a tariff, given the fact that one movie reel, after it has been imported, can be projected on many different occasions for the enjoyment of many different people) arguably would violate the National Treatment Principle that they had to agreed to include in Article III of the

---

119 GATT 1994, Article IV, paras. (b), (c).

GATT 1947.[120] That Principle, again, generally provides that a WTO Member cannot treat foreign producers of a product less favorably than it treats domestic companies that manufacture a "like product".[121]

There are two main questions regarding the scope of Article IV today. The first question is whether the screen quota provision can be interpreted to apply to movies that are exhibited on a commercial basis in local cinemas but were first recorded on a medium other than motion picture film. Today, some films that were recorded on other types of media undoubtedly are being displayed on commercial movie screens in countries that maintain screen quotas.[122] Still, no WTO Member appears to have argued that the application of Article IV is limited to screen quotas enforced in connection with movies originally recorded on cinematograph film. If this situation persists, ultimately the screen quota provision contained in Article IV might be interpreted to apply to films recorded on media other than cinematograph film, based on the subsequent

---

120 See, e.g., Ivan Bernier, Local Content Requirements for Film, Radio, and Television as a Means of Protecting Cultural Diversity: Theory and Reality, at 5, (www.mcc.gouv.qc.ca/diversite-culturelle/eng/pdf/update040103section2.pdf) (accessed Feb. 19, 2007).

121 GATT 1994, Article III.

122 When the screen quota provision was first included as Article IV of the GATT 1947, all movies around the world were produced utilizing "cinematograph" or "motion picture" film. Today, while most movies are still recorded on such film, some movies are also being recorded using analog video technology similar to that used in television production or even digital technology. See UNESCO, Cultural Industries & Enterprises Surveys, March 2000, available at http://www.unesco.org/culture/industries/cinema/html_eng/intro.shtml (accessed Feb. 15, 2007). These new production methods have the advantage of allowing film makers to immediately review footage recorded in digital format, rather than having to wait for the development of the film stock. See http://en.wikipedia.org/wiki/List_of_film_formats (accessed Feb. 14, 2007). Furthermore, as the quality of digital films improves and the cost of converting local theatres to enable them to display these films decreases, more and more film makers are likely to record their films using these newer technologies. See, e.g., news.bbc.co.uk/1/hi/programmes/click_online/4565771.stm (accessed Feb. 16, 2007). At present, however, the cost of converting just one screening room in a theatre to be able to utilize digital technology is approximately $150,000. See, e.g., news.zdnet.com/2100-9595_22-5059347.html (accessed Feb. 17, 2007); www.communicationforsocialchange.org/publications-resources.php?id=229 (accessed Feb. 17, 2007).

practice of the WTO Members.[123]

The second question regarding the scope of Article IV is whether the provision would allow a government to impose screen quotas in connection with movies (whether or not recorded on cinematograph film) viewed by consumers in their "home theatres". The answer to this second question most likely is no. While the word "theatre" in Article IV arguably could be interpreted to include a "home theatre", the reference in Article IV to the "commercial exhibition" of films appears to limit the provision to movies shown in commercial movie theatres.[124] Moreover, while the GATT 1994 is strictly a trade treaty, it is unlikely that the WTO Members as a group (or the GATT 1947 contracting parties before them) intended to endorse, pursuant to Article IV, Members' regulation of the media content enjoyed by their citizens in the privacy of their own homes.

Therefore, while the Article IV screen quota provision contained in the GATT 1994 at first might appear to represent a significant exemption for cultural products, in fact it also constitutes a relatively narrow exemption for a certain type of cultural product. As discussed, it appears to be limited to movies exhibited in commercial movie theatres, and perhaps it is even to be limited to the subset of such movies originally recorded on motion picture film.

Given the U.S.' dominance in the movie industry, it is not surprising that the U.S. does not perceive a need to enforce a screen quota system in the U.S. and it has often advocated the abolition of Article IV, usually relying on the statement contained in paragraph (d) of Article IV that "[s]creen quotas shall be subject to negotiation for their limitation, liberalization or elimination"[125](just as tariff rates negotiated by the GATT/WTO Members have always been subject to further liberalization or elimination). In bilateral and regional trade negotiations, the U.S. has also argued strongly for the abandonment or significant reduction of any screen quotas currently in effect in the other country or countries negotiating with the U.S. (occasionally as part of a "digital free agenda" that it recently has been promoting in trade negotiations), and not

---

123 See Vienna Convention, Article 31.3(b).

124 See also Bhala, supra note 117, at 1184, 1187-1188 (similarly concluding that the reference to the "commercial exhibition" of films limits the screen quota provision in Article IV of the GATT 1994 to movies exhibited in commercial theatres).

125 GATT 1994, Article IV, para. (d).

infrequently the U.S. has prevailed on such arguments.[126]

In any case, the future of the screen quota provision contained in Article IV is likely to be a particularly contentious issue in future debates in the WTO over the proper trade treatment of cultural products and services generally. In this debate, the U.S. Group is very likely to argue that, as consumers in the developed countries are watching more and more movies at home in their home theatres rather than in commercial theatres,[127] Article IV in its current incarnation is largely irrelevant.[128] Furthermore, the U.S. Group is likely to claim that screen quotas simply are no longer needed, because, with the development of various new technologies, especially the internet and digitization, the desired good in this case – screen space – is no longer limited but rather is essentially infinite. On the other hand, the EU Group, in this debate, is likely to point out that local cinemas still are the primary medium of film exhibition in a number of developing countries, the large movie production companies in the world own or have substantial holdings in commercial movie theatre chains around the world and, in the absence of screen quotas, would tend to primarily exhibit their own movies in those movie cinema chains. In addition, the EU Group is

---

126 For example, at the commencement of bilateral trade talks with South Korea, the U.S. insisted that South Korea abolish or at least significantly reduce its screen quotas. After much contentious debate at home, South Korea ultimately agreed to reduce its screen quota from 146 days per year to 106 days per year. See Hyungjin Kim, WTO Audiovisual Industry Seminar, Geneva, 4 July 2001, p. 2, available at http://www.ebu.ch/en/legal/leg_gats_seminar_4_7_01home.php (accessed Feb. 16, 2007). Similarly, as part of the North American Free Trade Agreement negotiation, Mexico agreed to reduce its screen quotas from 50% to 30%. See Laura Márquez Elenes, Mexico in the face of globalization: audiovisual policies to promote and protect its cultural diversity, Quaderns del CAC: Issue 14, p. 54, available at http://www.audiovisualcat.net/publicationsing/Q14mexic.pdf (accessed Feb. 16, 2007).

127 See, e.g, www.vanns.com/shop/servlet/item/features/757593505 (accessed on Feb. 19, 2007) (Quality and convenience quickly made the DVD the medium of choice for Hollywood, to the point where U.S. sales of DVDs outstrip movie theater revenue.).

128 See, e.g, Sacha Wunsch-Vincent, The Digital Trade Agenda of the U.S.: Parallel Tracks of Bilateral, Regional and Multilateral Liberalization, Institute for International Economics, Washington, D.C., Auseenwirtschaft, 58, Jahrgang (2002), Heft I, Zurich: Ruegger, S. 7-46 (discussing the U.S. new emphasis on a "digital free trade agenda" in recent trade negotiations).

likely to argue that, even in a developed country, the exhibition of a film in a commercial movie theatre still provides a substantial promotional benefit to a film even if most consumers ultimately will view the film using their home theatre systems, a number of countries still maintain screen quota programs today,[129] and while the "digital space" might be almost infinite in countries with a high level of internet access, that space nonetheless is exceedingly crowded with movies and other cultural offerings produced by media companies in just a few countries. For all of these reasons, the EU Group is likely to advocate the retention of Article IV, and it might even propose that it be extended to cultural products other than movies and to exhibition fora other than commercial movie theatres.[130]

---

129 See, e.g., various screen quota systems discussed at http://www.terramedia.co.uk/law/quotas_and_levies.htm (accessed March 9, 2007).

130 See generally Rostam J. Neuwirth, The Cultural Industries and the Legacy of Article IV GATT: Rethinking the Relation of Culture and Trade in Light of the New WTO Round, presented at a conference entitled Cultural Trade: Policy, Culture and the New Technologies in the European Union and Canada, Carleton University, November 22-23, 2002, available at www.carleton.ca/ces/papers/november02/Neuwirth.pdf (accessed March 9, 2007). Note also that, in 1961, the U.S. filed a GATT case against 20 nations regarding their domestic content requirements for television programming, arguing that Article IV of the GATT 1947 did not apply to such screen quotas. Canada argued that Article IV did apply to television programs, on the ground that the only reason that Article IV did not mention television programming was that the popularity of television programming was not foreseen in the 1940s, when Article IV initially was negotiated. See Ivan Bernier, Local Content Requirements for Film, Radio, and Television as a Means of Protecting Cultural Diversity: Theory and Reality, p. 5, available at http://www.mcc.gouv.qc.ca/diversite-culturelle/eng/pdf/update040103section2.pdf (accessed Feb. 19, 2007) (citing, as favoring a broad interpretation of Article IV to media other than films, Chi Carmody, When Culture Was not at Issue: Thinking about Canada – Certain Measures concerning Periodicals, 30 Law and Policy in International Business 231, 255); see also Michael Parker and Leigh Parker, Trade in Culture: Consumable Product of Cherished Articulation of a Nation's Soul, 22 Denv. J. Int'l. & Pol'y 155, 170). Today, television programming is treated as a "service" embraced with the GATS, which has mooted this particular debate between the U.S. and the EU concerning the scope of Article IV. See, e.g., GATS/SC/90, available at http://docsonline.wto.org /Schedules of Concessions/Trade in Services/All Commitments/United States (accessed Feb. 12, 2007).

As indicated, the GATT 1994 generally does not provide special treatment for cultural products, but it does carve out the above-discussed three narrow exceptions for certain cultural products. The U.S. Group and the EU Group disagree strongly as to whether these three exceptions provide sufficient "protection" to domestic cultural values and industries, but these exceptions at least permit countries to provide some such protection. What is incontrovertible, however, is that neither the GATT 1994 nor the SCM Agreement contains any provision explicitly allowing countries to "support" or "promote" without limitation the production of domestic cultural products.[131] As indicated above, it is also undisputed that the treatment of cultural goods under the GATT 1994 and related WTO Agreements is in stark contrast to the almost complete exemption afforded to cultural services under the GATS, as is evidenced in the WTO Members' GATS commitments.

---

[131] To be sure, a country can provide subsides to a domestic cultural production company so long as the "like industry" in other WTO Members does not suffer "adverse effects" as a result of such subsidies. See SCM Agreement, Article 5. However, Members are hampered in their provision of cultural subsidies in light of the possibility that other Members may claim that any particular cultural subsidy causes such adverse effects. Also, as most WTO Members are free to subsidize their cultural services companies and cultural services companies can include companies that produce cultural products, the argument could be made that Members are in effect free to subsidize their cultural products. At least in the not infrequent case where a WTO Member conditions its subsidies on the production of a specific cultural product – such as the filming of a certain movie within the Member's territory – though, the Appellate Body could very well conclude that it is the product, not the company or industry, that the Member is subsidizing and accordingly the provisions of the GATT 1994 and SCM Agreement, rather than the provisions of the GATS, are applicable to such subsidies. Cf. Wright, supra note 16, at 758-761 (discussing how the Appellate Body's ruling Canada – Certain Measures Concerning Periodicals (WT/D31/AB/R, adopted on June 3, 1997) that Canada's excise tax assessed on the advertising revenues received by U.S. periodical publishers from Canadian companies was governed by the GATT 1994 was based primarily on the fact the tax was collected from the periodical publishers and tied to the production of each periodical sold in Canada rather than from the Canadian companies paying to advertise their products in those periodicals.

B. Effect of the Convention for the Promotion and Protection of the Diversity of Cultural Expressions on the WTO Trade Rules

The new Convention on the Promotion and Protection of the Diversity of Cultural Expressions[132] lists a number of very laudable, non-controversial goals. These goals include, for example, governments' increased respect for minority cultures in their own societies,[133] the dynamic development of new cultures within and across nations,[134] a more secure and peaceful world resulting from an increased understanding and tolerance of other cultures,[135] and the recognition of the fundamental human right to express oneself creatively and participate in cultural activities.[136] Again, though, the proponents of the Convention made clear that the adoption of at least a more comprehensive cultural exemption to the WTO trade rules was also a very important goal of the Convention.[137]

Article 21 of the Convention in fact obligates its signatories to promote the goals of the Convention in other international for a, such as the WTO. Hence, it is to be expected that Members of the EU Group will soon initiate an effort to amend the WTO trade rules so as to create a more extensive cultural exemption to those rules. To repeat, as the Convention's terms are not self-executing,[138] the WTO Members would be required to negotiate the specific terms of any amendments to the WTO rules in order to effect changes to those rules. However, it is instructive to consider how the WTO trade rules could be affected if the WTO Members were to adopt a complete cultural exemption, without any further clarification or modification of the Convention's terms. This section addresses that issue.

At its most general, the Convention provides that countries have "the sovereign right to adopt measures and policies to protect and promote the

132 Supra note 30.

133 Convention, Article 2, para. 3.

134 Id. at Article 1, paras. (b)-(d).

135 Id. at Article 1, para. (c).

136 Id. at Article 2, para. 1.

137 See supra note 31.

138 Id. at Article 20.

diversity of cultural expressions within their territory".[139] On its face, this provision poses no problem for the trading system, especially as it refers to the *diversity* of cultural expressions in a country. Unfortunately, the Convention provisions are so lacking in detail that their implementation in the WTO trade regime could pose very significant threats to the maintenance of that system. In fact, there is a risk that implementation of the Convention's provisions without refinement in the WTO arena would lead to a dangerous new form of trade protectionism and at the same time would defeat the goal of the Convention's promoters of increasing cultural diversity around the world.

The most serious issue with the Convention's terms is that the definitions for "cultural goods and services" and "cultural expressions" provide so little guidance that literally any product produced, or service provided, in a nation could fall within these definitions. In particular, "cultural goods and services" are defined as "goods and services ... which ... embody or convey cultural expressions, irrespective of the commercial value they may have".[140] "Cultural expressions", then, are defined as "those expressions that result from the creativity of individuals, groups and societies, and that have cultural content".[141] "Cultural content", in turn, is defined as "the symbolic meaning, artistic dimension and cultural values that originate from or express cultural identities".[142] Alas, the term "cultural identities" is nowhere defined in the Convention. Ultimately, then, the Convention appears to provide that each country possesses the sovereign right to promote and protect all of its "cultural products, services and expressions", which are those goods, services, and expressions "that reflect that country's culture". These definitions are so circular and broad that they are not helpful.[143]

Given the Convention's open-ended definitions of cultural products, services, and expressions, it certainly is the case that, under the Convention, Italy could consider its Parma ham to be a cultural good, France could consider its Burgundy wine to be a cultural good, and Switzerland could consider its watches to be a cultural good. In fact, some commentators in France have

---

139 Id. at Article 2, para. 2.

140 Id. at Article 4, para. 4.

141 Id. at para. 3.

142 Id. at para. 2.

143 Wunsch-Vincent, supra note 20, at 197.

already taken the position that France's wine and *foie gras* meet the definition of "cultural goods" under the Convention.[144]

The Convention also does not provide any limitation to the level of "promotion or protection" that a country can provide to its "cultural industries", which are defined simply as those "industries producing and distributing cultural goods and services as defined ... above".[145] In fact, the words "promote" and "promotion" are not even defined in the Convention, although Article 6 of the Convention lists examples of the types of "promotion" that a country can provide. These examples include, for example, "measures aimed at nurturing and supporting artists and others involved in the creation of cultural expressions" and "measures aimed at providing public financial assistance".[146] In fact, the Convention does not specifically restrain countries from providing export subsidies or import substitution subsidies so long as such subsidies are provided in connection with a country's broadly-defined "cultural goods or services". As discussed above, such subsidies are expressly prohibited in the SCM Agreement because they directly distort international trade.

As is discussed further below, both the liberal economic theories that underlie the WTO trade rules and theories of multiculturalism suggest that at least the poorer WTO Members should be authorized to subsidize the production or offering of domestic "content" or audio-visual goods and services, regardless of whether other WTO Members could demonstrate that their sales of cultural goods and services have decreased as a result of such subsidies. At the same time, given the exceedingly broad and circular definition of "cultural goods, services and expressions" set forth in the Convention, the Convention's apparent endorsement of nations' unlimited promotional support for domestic cultural items is extremely problematic. That this is true can be demonstrated with a simple example. The progress of the Doha Round, which was launched in 2001 in Doha, Qatar and was dedicated to improving the

---

144 Bruner, supra note 6, at 11 (citing U.S. Ambassador to UNESCO Louise Oliver Speaks with Foreign Journalists, States News Service, November 8, 2005, available at Lexis).

145 Convention, Article 4, para. 5.

146 Convention, Article 6, paras. (g), (d).

position of the developing countries in the WTO, has been very slow.[147] In large part, this has been due to the unwillingness of the U.S. and the EU to either abolish or significantly reduce the subsidies that they currently provide to their agricultural producers.[148] Most of the WTO Members are developing countries,[149] many of whose major exports are agricultural products. Understandably it is their position that they cannot compete successfully in the international marketplace until the U.S. and the EU agree to reduce their enormous agricultural subsidies, especially their export subsidies.[150] As a result, many other issues pending in the WTO cannot be resolved until this impasse between the U.S. and the EU, on the one hand, and the developing countries, on the other, is resolved.[151] If some member of the EU Group were now to propose the wholesale incorporation of the Convention's terms into the WTO scheme and the *de facto* exclusion of many agricultural products from the WTO disciplines on the ground that such products are "cultural", this suggestion could end all possibility of breaking the current deadlock in the WTO on agricultural subsidies and concluding the Doha Round.

The word "protect" is defined in the Convention simply as "to adopt ... such measures ... [which are] aimed at the preservation, safeguarding and enhancement of the diversity of cultural expressions".[152] This definition repeats the language contained in Article 8 of the Convention, which states that, "a

---

147 See, e.g., Africa worries over slow pace on Doha Round, EPAs Talks, Trade News Bulletin, Issue No. 51, 16 January 2007, available at http://www.thecommonwealth.org/Shared_ASP_Files/UploadedFiles (accessed March 9, 2007) (originally reported in Pan African Press, Addis Ababa, Ethiopia, 16 January 2007).

148 See, e.g., Aoife White, EU: U.S. needs more ambitious farm subsidy cuts to make trade breakthrough, N.C. Times.com, Feb. 1, 2007, available at www.nctimes.com/articles/2007/02/02/business/news/19_49_302_1_07.txt (accessed Feb. 19, 2007).

149 See http://www.wto.org/english/thewto_e/whatis_e/tif_e/org6_e.htm (accessed Feb. 19, 2007).

150 See, e.g., Joseph Stiglitz, Reasons behind the demise of the Doha development round: Agricultural subsidies and the refusal of the US and EU to phase them out are preventing poorer countries from developing and damaging multilateral trade, Taipei Times, August 15, 2006, p. 9, available at www.taipeitimes.com/News/editorials/archives/2006/08/15/2003323304 (accessed Feb. 18, 2007).

151 Id.

152 Convention, Article 4, para. 7.

Party may determine the existence of special situations where cultural expressions on its territory are at risk of extinction, under serious threat, or otherwise in need of urgent safeguarding[ ]" and "may take all appropriate measures to protect and preserve cultural expressions in [such] situations".[153] While these provisions literally refer to a nation's right to take action to protect cultural *diversity,* not its own culture, the Convention by its terms clearly maintains that each nation should have complete discretion to determine when "cultural diversity" within its territory is threatened in the first place. Furthermore, there is no limit placed on the measures that a nation can take in such a situation other than its own determination that the implementation of any particular measure is "appropriate".

On the face of the Convention, then, there is no provision that would prevent a government's establishment of prohibitively high tariff rates, quantitative restrictions or even a complete ban on the importation of all or specifically-identified foreign cultural goods. Such measures, as explained above, otherwise most likely would violate Articles I (in the event that particular foreign cultural goods are treated less favorably than "like" cultural goods from other nations), II and XI of the GATT 1994. Also, there is nothing in the Convention that would prevent a country from imposing very high internal taxes on foreign cultural goods or otherwise discriminating against such products in its internal laws and regulations. As discussed above, in the absence of amendments to the WTO trade rules, these latter measures arguably would violate the National Treatment Principle set forth in Article III of the GATT 1994. In addition, an importing nation could impose unnecessarily stringent pre-shipment inspection procedures, unneeded import licensing processes, or other unnecessary technical requirements in connection with the importation of foreign cultural products. As the WTO rules stand today, such measures would violate, respectively, the Pre-Shipment Inspection Agreement, the Import Licensing Agreement, and the Technical Barriers to Trade Agreement. In fact, there is nothing clearly stated in the Convention that would prevent a country from removing intellectual property protection from one or more foreign cultural good(s) as a method of safeguarding cultural diversity in its territory.[154]

---

[153] Id. at Article 8, para. 1.

[154] But see supra notes 53-54.

In light of the above, it appears that if the Convention's terms were to be incorporated into the WTO system *in toto*, the Convention's terms could lead to a dangerous new form of protectionism in the name of cultural diversity. In fact, adoption of the Convention's terms without further refinement could lead nations to severely restrict their peoples' access to foreign cultural products and services, with the result that the interaction between different national cultures could be significantly reduced. Hence, even when viewed solely from perspective of the stated goals of the Convention,[155] its terms could lead to the completely counterproductive result of decreasing cultural diversity around the world.

To repeat, the Convention's provisions are not self-executing in the WTO rules.[156] Hence, the danger of incorporating the Convention's terms without amendment into the WTO system is merely theoretical. Still, in the upcoming debate on the proper trade treatment of cultural items in the WTO, the WTO Members will likely consider what provisions of the Convention, if any, should be carried over into the WTO scheme. The WTO Members' overwhelming support for the Convention (in their capacity as UNESCO Members) indicates that most WTO Members agree that cultural goods and services should be accorded some greater degree of special treatment under the WTO trade rules, but much hard work clearly still needs to be completed in order to develop a new paradigm for how cultural items should be treated in the WTO trade rules. The final section of this article presents the general outline of such a paradigm.

C. A New Paradigm for a Cultural Exemption in the WTO

The formulation of a complete new paradigm for a cultural exemption in the WTO is beyond the scope of this essay. Only the basic parameters of such a paradigm can be presented here, but the intent in outlining a new paradigm in this essay is to initiate further serious discussion regarding the proper components of a cultural exemption to the WTO trade rules.

The paradigm proposed in this essay essentially posits that countries' protectionist actions regarding foreign cultural goods and services (as such

155 See Convention, Article 1, para. (e).

156 See Convention, Article 20.

goods and services are very carefully defined) should be prohibited almost without exception, while, at the same time, countries' promotion of activities that convey or reflect their own distinct cultures should be permitted almost without limitation. At its most basic, this paradigm is based on the notion that the best method of ensuring that thousands of distinct cultures thrive around the world is to provide each nation with the necessary nutrients for developing its own people's culture(s), rather than encouraging nations to treat foreign cultures as dangerous "weeds" that must be rooted out. This paradigm takes into account the dual economic and artistic nature of cultural goods and services, and, as is explained further below, appears to be consistent with theories of multiculturalism, the liberal economic theories underlying the WTO free trade rules, and welfare economic theories.[157] The unifying principle in all of these theories is the maximization of individual choice.[158]

The definition of "cultural goods and services" proposed in this paradigm is "goods and services that reflect or convey a nation's distinct arts and literature, lifestyles, ways of living together, value systems, traditions and beliefs but which do not have a utilitarian value beyond the value inherent in the creation and enjoyment of such goods and services." More specifically, cultural goods and services in any nation, in this paradigm, are those goods produced, or services provided, by the industries included within the GATS Service Sub-Sectors dedicated to cultural services[159] which concern that nation's distinct

---

157 Welfare economics is a branch of economics that is concerned with individuals rather than with societies or groups, because it assumes that the individual is the best judge of his or her own welfare and that the social welfare is simply the aggregation of the welfare of all of the individuals in the society. See, e.g., Arthur C. Pigou, The Economics of Welfare, 4th ed., Macmillan and Co., London, 1932; A.B. Atkinson, The Contributions of Amartya Sen to Welfare Economics, available at www.nuff.ox.ac.uk/users/atkinson/sen1998.pdf (accessed on Feb. 18, 2007); Michael Albert and Robin Hahnel, A Quiet Revolution in Welfare Economics, Participatory Economics Project, available at www.zmag.org/books/quiet.htm (accessed Feb. 18, 2007).

158 For example, "[i]t has been observed that the identification of autonomy and meaningful choice with unfettered market exchange is deeply embedded in the psychology of welfare economics". Bruner, supra note 6, at 15 (citing Sarah Owen-Vandersluis, Ethics and Cultural Policy in a Global Economy, 2003, at 40-49).

159 See supra note 10.

culture and typically are referred to as content or audio-visual goods and services. This definition has several advantages. First, it builds upon the definition of culture recognized by UNESCO, the international organization that is dedicated to the protection and promotion of cultural activities and items around the world.[160] Second, it encompasses the industries that are already recognized as "cultural industries" in the WTO system as well as in numerous bilateral and regional trade agreements.[161] Third, this definition includes items with respect to which individuals in different nations are likely to attribute different values, such as live performances, museums, libraries, galleries, audiotapes and movies, and excludes items that could be traded as commodities in the international marketplace, such as wine produced in France, textiles manufactured in Kenya, and ceramic bowls created in Mexico. Finally, this definition limits the meaning of "cultural goods and services" in any nation to those that actually reflect or convey that nation's distinct culture(s). This focus on nationalism is appropriate, given the right under international law of any

---

160 In 1958, Raymond Williams, who probably is the most well-known cultural researcher and theorist, wrote that culture is a "set of distinctive spiritual, material, intellectual and emotional features of society or a social group, and that it encompasses, in addition to art and literature, lifestyles, ways of living together, value systems, traditions and beliefs". See www.articleworld.org/index.php/Culture (accessed Feb. 18, 2007) (2002 article published by UNESCO setting forth Williams' definition of culture and stating that UNESCO agrees with it). In 1982, UNESCO, the international organization which is dedicated, in part, to the understanding and preservation of cultures around the world, essentially adopted Williams' definition of "culture", when it announced that "culture may now be said to be the whole complex of distinctive spiritual, material, intellectual and emotional features that characterize a society or social group. It includes not only the arts and letters, but also modes of life, the fundamental rights of the human being, value systems, traditions and beliefs". UNESCO, Mexico City Declaration on Cultural Policies, World Conference on Cultural Policies (July 26, 1982 – Aug. 6, 1982) at 1, available at http://portal.unesco.org/culture/en/files/12762/11295421661mexico_en.pdf/mexico_en.pdf. The Declaration on Cultural Diversity, which was unanimously adopted by the UNESCO General Assembly in 2001 and preceded the adoption of the Convention, incorporated this definition of culture. Preamble to the UNESCO Universal Declaration on Cultural Diversity, 2 November 2001, available at http://unesdoc.unesco.org/images/0012/001271/127160m.pdf (accessed March 9, 2007).

161 See supra notes 10-11.

nation to promote its own distinct *national* cultures (as is acknowledged in Article 5.1 of the Convention) and the WTO's mission to protect *national* industries and products [162] and promote commercial exchange between its Members, which are limited to customs territories possessing full autonomy in the conduct of their external commercial relations and consist primarily of sovereign *nations.*[163]

Theories of multiculturalism, free trade economics, and welfare economics all support the paradigm's prohibition of protectionist measures. The prevailing view of multiculturalism provides that a multicultural society is preferable to a uni-cultural society, not only because such a society tends to be more stimulating and interesting, but also because it is better equipped to tolerate dissent and adjust to change, and, as a result, provides a safer, more stable environment for humans.[164] The principle that a multicultural world possesses these advantages and therefore is a goal that all of the nations of the world should strive toward, especially given the advancement of globalization, permeates the text of the Convention.[165] There is also some evidence suggesting that governments' attempts to protect their own national cultures by isolating

162 See, e.g., Indonesia – Certain Measures Affecting the Automobile Industry, WT/DS54/R, WT/DS55/R, WT/DS59/R, WT/DS64/R (adopted on July 2, 1998), at paras. 14.198-14.204, 15.1(e) (WTO panel decision discussing how a WTO Member alleging it has been "seriously prejudiced" by the subsidies that another Member has provided to a domestic industry producing a like product must demonstrate that it produces the product in question within its own territory, as the WTO subsidy disciplines protect national industries and national products, not national companies).

163 The WTO Agreement, at Article XII, para. 1.

164 See, e.g., discussions of various theories of multiculturalism in Will Kymlicka, Liberalism, Community, and Culture, Oxford University Press, New York, 1989; Stacy Smith, Liberalism, Multiculturalism, and Education: Is There a Fit?, Cornell University, 1995, available at www.ed.uiuc.edu/EPS/PES-Yearbook/95_docs /smith.html (accessed Feb. 18, 2007); Marcello Pera, Multiculturalism and the Open Society, Popper Memorial Lecture, London School of Economics, Feb. 10, 2004, available at http://www.lse.ac.uk/collections/philosophyLogicAndScientific Method/newsAndEvents/eventsarchive/popperMemorialLecture.htm (discussing the three main philosophical approaches to multiculturalism, Derrida's view of hospitality, Taylor's view of communitarianism, and the classical liberal view of the neutrality of the state).

165 See, e.g., Convention, Article 2, paras. 7, 8.

them from foreign influences ultimately can have a stagnating, rather than invigorating, effect on those national cultures, especially in light of the interdependence of many nations' economies pursuant to the GATT/WTO system. In light of the stated objectives of the Convention, then, the EU Group will be hard-pressed to justify any amendment to the WTO rules permitting Members to implement import bans or other import restrictions on foreign cultural products or services. In any event, such import restrictions would be exceedingly difficult, if not impossible, for any WTO Member to enforce in light of the development of the internet and digital technology.

In addition, as the WTO free trade system is premised on the notion that the most efficient supplier of any particular good or service should be rewarded in the international marketplace, the liberal economic theories underlying the WTO regime likewise generally prohibit government protectionist measures. From an economic standpoint, protectionist measures are discouraged, because they cause the price of foreign products and services to rise to cover the cost of the protectionist measures and then the foreign goods and services are more expensive for domestic consumers than they otherwise would be. The higher prices for the foreign goods and services skew domestic consumption patterns toward domestic goods and services and away from foreign goods and services, regardless of consumers' true preferences. Likewise, protectionist measures are discouraged in theories of welfare economics, given that protectionist measures tend to decrease the range of individuals' consumption choices.

Accordingly, based on theories of multiculturalism, liberal economics, and welfare economics, this paradigm proposes that, in the upcoming debate in the WTO over the proper trade treatment of cultural goods and services, governments should agree to amend the WTO rules to stipulate that barriers to the free flow of cultural goods and services, both within and between nations, are proscribed in all but the most exceptional situations. To clarify, this paradigm would permit WTO Members to implement import restrictions on those foreign cultural products and services that are considered to be morally offensive to the local population, as evidenced in laws that the Member applies uniformly to domestic and foreign cultural suppliers. In addition, the paradigm proposed here would permit a WTO Member to enforce export restrictions in connection with domestic cultural products considered to be national treasures.

This paradigm does not advocate a firm position on the screen quota question. Consistent with the paradigm, there are arguments supporting the continuation of the screen quota provision contained in Article IV of the GATT 1994, as well as arguments supporting its abolition.[166] Rather, it is suggested here that WTO Members consider as one solution to this issue the adoption of a phase-out schedule for screen quotas. This possibly could satisfy both the U.S. Group and the EU Group on the issue of screen quotas and also would be consistent with the WTO Members' current obligation, stated in the screen quota provision itself, to subject screen quotas to "negotiation for their

---

166 Again, theories of multiculturalism advocate the flourishing of distinct local cultures, so these theories support the maintenance of screen and other media quotas to the extent that such quotas actually assist to invigorate local cultures. Arguably, media quotas are unnecessary in developed countries where the digital revolution has enabled consumers to enjoy an essentially unlimited array of domestic and foreign media products through various media sources. At the same, at least screen quotas may benefit movie producers in developed countries, as exhibition of a movie in a commercial movie theatre still constitutes a significant promotional tool for the movie. In addition, media quotas may provide a meaningful benefit to consumers in developing countries, whose current level of technological development dictates that their populations have access to a limited number of media sources, such as a few local cinemas, radio stations, and television stations, and few or no home media options and foreign media providers' investment in local media outlets may dictate the offerings made available through those outlets without reference to local consumers' preferences. That is, the "space" available on each of these media outlets is finite, so that each such outlet presents a "resource scarcity" problem in economic theory. See Mark Frohardt and Jonathan Temin, The use and abuse of media in vulnerable societies, available at www.idrc.ca/rwandagenocide/ev-108303-201-1-DO_TOPIC.html (accessed March 7, 2007) ("In developed countries, media access is taken for granted, but in many developing countries it is not easily achieved.") From an economic standpoint, quotas are often considered to be an appropriate response to scarcity problems. See, e.g., M. Antona, F. Bousquet, et al., Economic Theory of Renewable Resource Management: A Multi-agent System Approach, available at www.springerlink.com/index/ EG6RG5RET1X86FBL.pdf (accessed March 7, 2007). Hence, even from the perspective of theories of liberal economics and welfare economics, media quotas in some countries may be justified, so long as good-quality local cultural products are available for exhibition on the local media outlets (and, given the allowance of unlimited government subsidies, such products should be available if the countries in question are able to provide such subsidies).

limitation, liberalization or elimination". [167]

In contrast, theories of multiculturalism, liberal economics, and welfare economics support the allowance of government subsidies to the cultural industries, which are defined here as those industries that produce or offer cultural goods and services as defined in this paradigm. Theories of multiculturalism support the provision of such subsidies because they should result in the availability of a wider variety of cultural products and services for all people around the world to enjoy. That is, the production of new cultural products and the offering of new cultural services, by definition, will create a more multicultural society at the global level, which theories of multiculturalism hold is a valuable end.

Theories of liberal economics and welfare economics likewise support the provision of subsidies to the cultural industries. To begin with, cultural goods and services possess many of the characteristics of "public goods", and, according to such economic theories, the provision of government subsidies often is required in order to produce such goods.[168] "Public goods" generally refer to those goods that are "non-rivalrous", meaning that one person's consumption of the item does not reduce the amount of the item available for consumption by others.[169] "Pure public goods" are items that are both non-rivalrous and "non-excludable", with the latter term meaning that it is impossible to exclude non-payers from consumption of the item.[170] Cultural goods certainly are non-rivalrous, in that one person's enjoyment of a cultural item, such as a movie or a sound recording, does not diminish other people's enjoyment of that same item. Furthermore, given the pervasive illegal copying of audio-visual products around the world today,[171] one could argue that

---

[167] GATT 1994, Article IV, para. (d).

[168] See, e.g, Tyler Cowen, Public Goods and Externalities, The Concise Encyclopedia of Economics, The Library of Economics and Liberty, available at www.econlib.org/library/ENC/PublicGoodsandExternalities.html (last accessed Feb. 18, 2007).

[169] See, e.g, Paul Samuelson, The Pure Theory of Public Expenditure, Review of Economics and Statistics, 36 (4), 1954, pp. 387-389.

[170] Supra note 168.

[171] See, e.g., Brenna Robertson, IP Antiquated: Research Report, May 2006, available at http://liu.english.ucsv.edu/wiki1/index.php/IP_Antiquated:_Research_Report (accessed Feb. 18, 2007); Can of Worms: Content is a Pure Public Good, available

cultural goods are also non-excludable to a very significant degree, at least in the absence of effective copyright protection. Therefore, the allowance of government subsidies for cultural goods and services arguably is warranted simply on account of their "public goods" characteristics.

In addition, however, the cost to produce certain cultural products, including most notably, feature films, is prohibitively high for most private companies in most countries. A high-quality movie can cost many millions of U.S. dollars to produce in any country even without incorporation of the expensive high-tech features that U.S. film producers often include, and if a movie producer cannot guarantee private investors that the production costs will be covered by revenues generated by domestic consumers (because a film emphasizing local cultural values is most popular with the local populace), the producer is unlikely to be able to obtain the investment funds necessary to shoot the film.[172] Moreover, in countries with small populations, the fact is that domestic sales alone almost certainly will not cover the production costs of a major feature film. Given these economic realities as well as the "public goods" aspects of cultural goods and services, the reality in many countries is that if the government does not underwrite the costs to produce major projects reflecting national cultural values, such projects simply will not be produced. Hence, if countries desire that their citizens participate in the creation and enjoyment of products and services reflecting their own cultures (and the answer to this question appears to be a resounding yes in light of the overwhelming worldwide support for the Convention), then the WTO Members should agree to amend the trade laws to clearly state that government assistance for the production of such goods and services is permitted without limitation. In other words, the WTO free trade rules should be modified to take into account that the normal economic rules of demand and supply do not operate so as to provide a

---

at www.conent-wire.com/cans.cfm?ccs=106&cs=1056 ("Put simply, in a world where there are essentially no costs to replicate content and it is effectively impossible to stop anyone from doing so at will, the current economic model underpinning content creation will be dead.").

172 See, e.g., A. Marvasti, Motion Pictures Industry: Economies of Scale and Trade, 7 International Journal of the Economics of Business, Routledge, part of the Taylor & Francis Group, 2000, pp. 99-114; Krishna P. Jayakar, David Waterman, The Economics of American Theatrical Movie Exports: An Empirical Analysis, 13 Journal of Media Economics, 2000, pp. 153-169.

sufficient quantity of the specific cultural goods and services that consumers in individual WTO Member countries wish to enjoy.

There are likely to be two major objections to this proposal to amend the WTO rules so as to permit the WTO Members to provide unlimited subsidies to their cultural industries (apart from export subsidies, as these are defined in the SCM Agreement). First, it may be argued that the allowance of cultural subsidies across the board is unfair, because the dominant suppliers of cultural goods and services in the world are pursuing their comparative advantage in the international marketplace and are simply enjoying the economic benefits of their having done so. Such an argument implies that participants in the cultural industries in other countries should either learn how to produce better-quality products that can compete more successfully in the global economy, or those countries should focus their energies on the production of other goods with respect to which they have a comparative advantage. Second, the claim may be made that governments shouldn't provide subsidies to their cultural industries, because such subsidies may distort consumer preferences in favor of domestic cultural offerings.

The first objection ignores the economic realities of cultural production and misinterprets the theory of comparative advantage. Whatever the theory of comparative advantage means in today's world, it certainly cannot mean that products reflecting all of the various cultures around the world should be produced only in those few countries with populations large enough to underwrite the production costs associated with such projects. Surely, nations are entitled to create opportunities for their own people to create cultural goods and offer cultural services reflecting their unique culture(s). In addition, the nationals in each nation, by definition, are best-suited to create goods and services reflecting their national cultures. That is, these people are the only people who can actually articulate what it means to be "of or relating to [that] … nation".[173] Therefore, the cultural goods and services within any nation likely will be of a higher quality if nationals from that country are the primary providers of such goods and services. Moreover, if national populations are not encouraged to create goods and services reflecting their distinct culture(s), the

---

[173] Webster's Ninth New Collegiate Dictionary, Merriam-Webster Inc., Publishers, Springfield, Massachusetts, 1988, p. 787.

continued existence of such cultures around the world will be jeopardized.

The answer to the second objection to the paradigm's proposal that the WTO trade rules be amended to allow cultural subsidies almost without limitation is that the economic disadvantages of subsidies are largely inapplicable to subsidies provided in connection with cultural goods and services. In particular, subsidies generally are disfavored in the international trade regime because they tend to start a game of round-robin among the WTO Members whenever consumers consider the products in question to be "like" or "similar" and ultimately have much the same effect on international trade and consumer welfare as a tariff or quota.[174] However, there is very little chance that a people of one nation will consider goods and services that reflect or convey their own distinct culture and possess no utilitarian purpose to be "like" or "similar" to goods and services reflecting the distinct culture(s) of peoples in other nations. [175] Accordingly, there is no reason to believe that a government's subsidization of its people's production of domestic cultural goods and services (as defined in this paradigm) will initiate a counterproductive subsidy spiral among the WTO Members.

In order to ensure that the goods and services being subsidized by any particular nation meet the definition of cultural goods and services suggested in the paradigm proposed here, the WTO Members will need to develop specific "country of origin" rules for cultural goods and services, and this could be a challenging task. [176] At the same time, national films commissions and

---

174 See text accompanying supra note 74; SCM Agreement, Article 15.1, note 46.

175 See SCM Agreement, Article 15.1, note 46.

176 The WTO Members could simply agree that the national origin of a cultural product will be based on the nationality of the person or entity that has been, or would be entitled to be, granted the copyright to that product, under that nation's copyright laws. After all, it is people, not nations, who create cultural products, and the copyright laws were developed for the explicit purpose of determining what individual or group of individuals should be considered to be the "creator" of a particular cultural product. The nationality of a product (such as a movie) to which several people have contributed could prove to be problematic under such a system, but a system of points attributable to the nationality of the various contributors could be devised (and in fact a number of countries, including Canada, have already devised such systems). See, e.g., Bernier, supra note 120. In the case of a movie, for example, the nationality of the author of the underlying story, the screen writer, the director, and any other person considered to be a

government funding agencies around the world have been developing and applying such definitions for years, as have those nations that have enforced screen quota programs at one time or another. Moreover, the WTO Members have already developed special "country of origin" rules for products that are made in more than one country and products qualifying for preferential tariff treatment under numerous bilateral and regional free trade agreements.[177] The WTO Members can take advantage of all of these different schemes for devising country of origin rules for cultural goods and services. Various rules that are being developed in connection with the new TRIPS provisions requiring WTO Members to protect geographical indications on products[178] may also prove useful in this regard.

It is not proposed that countries be required to obtain pre-approval from the WTO, UNESCO, or any other international agency in order to subsidize a particular cultural project. Rather, what is suggested is that if a dispute in the WTO is initiated against a particular Member with regard to the subsidies that it has provided to a particular good or service, that Member, if applicable, could raise as a defense that the good or service is a "cultural" good or service. By way of example, if Australia were to subsidize the production of a number of movies shot in Australia and those films are adversely affecting U.S. film producers, under the paradigm proposed in this essay, the U.S. still could

---

critical participant in the production of the movie could be considered in such a point system. Alternatively, the WTO Members may wish to consider adoption of a "Dewey Decimal" system of ascertaining the national origin of cultural goods and services. That is, a WTO Member could consider a cultural good or service (as defined in the paradigm proposed here) to possess the national origin of that Member if the title refers to that nation or the subject or author of the product possesses that national origin. Again, the nationality of the "author" could be determined in accordance with a point system such as was described above. Finally, rules determining the national origin of a product's subject matter would be the most difficult to devise, but the most relevant factors to include in such rules would seem to be the nationality of the characters involved in the original narrative, if any, as well as the particular history and geography highlighted in such a narrative.

177 See, e.g., country of origin marking rules for goods entering the U.S. from Mexico or Canada under the North American Free Trade Agreement, which are reflected in 19 C.F.R. Part 102 and 19 C.F.R. § 134.35(b) (2007).

178 See TRIPS, Articles 22-24.

challenge Australia's subsidies in the WTO. However, if Australia were able to prove that the movies in question are Australian cultural products – that is, that they reflect or convey the distinct culture(s) of Australia[179] – it would prevail in the dispute.

The allowance of cultural subsidies in the WTO trade regime, in accordance with the paradigm proposed here, would raise a number of important issues, not the least of which is how the developing countries would find the resources to pay for such subsidies.[180] At the same time, amendment of the WTO rules so as to permit the Members to subsidize their cultural industries without incurring the risk that trade sanctions would go a long way toward both promoting the goals of the Convention and assisting the WTO Members to bridge their cultural divide.

It is not certain when the WTO Members will debate anew the adoption of a more comprehensive cultural exemption to the WTO trade rules, but there can be no doubt that this debate will take center stage at the WTO once the adoption of such an exemption is proposed. It is hoped that the new paradigm for a cultural exemption proposed in this essay, which attempts to shift the focus away from the current disparate treatment of cultural goods and cultural services in the WTO system toward a unified theory of multiculturalism and international trade, will assist the WTO Members in this debate.

---

179 When a nation undertakes to support the production of a product that reflects or conveys the cultural values of a nation other than its own, the product in question might be an entertainment product, even a very economically successful entertainment product. However, other than with the possible exception of official co-productions among nations, in the paradigm proposed in this essay, the product would not be considered to be a "cultural good". If Australia, in the above example, were simply subsidizing the shooting of U.S.-developed films in its territory, it should not be opposed to having the WTO scrutinize its subsidies under the normal SCM rules. That is, Australia could hardly claim that such films are part of the cherished articulation of Australia's soul.

180 Article 18 of the Convention established an International Fund for Cultural Diversity, from which countries could draw funds for cultural projects. More reliable methods of seeding this fund appear to be needed, though, as the Fund currently relies heavily on contributions, gifts and bequests from the UNESCO Members. See id.

Multiculturalism and Church-State Concordats

Maurizio Ragazzi*

In necessariis unitas,
in dubiis libertas,
in omnibus caritas.[1]

1. Introduction

Although being today on everybody's lips and having enjoyed widespread popularity for quite some time, the term "multiculturalism" remains ambiguous. This was the recurrent refrain in a volume on the topic published at the end of the 1990s.[2] As ambiguity does not seem to have vanished in the ensuing period,

---

* Senior Counsel (International Law) at the World Bank in Washington, DC. The opinions expressed in this contribution are those of the writer and should not be attributed to the institution for which he works.

1 "In essentials, unity; in doubtful matters, liberty; in all things, charity." The origin of this maxim is unclear and has been attributed to several authors belonging to different epochs. The maxim was "recalled with approval" by Pope John XXIII in para. 72 of his 1959 encyclical on truth, unity and peace, in a spirit of charity (Ad Petri Cathedram), the official Latin text of which is in Acta Apostolicae Sedis 51 (1959), 497-531, and an English translation of which is electronically available at the Vatican web site: <www.vatican.va>. The same maxim, with a citation of John XXIII's passage, was repeated in para. 92 of the Second Vatican Council's pastoral constitution on the Church in the modern world (Gaudium et spes), reproduced in an English translation from the Latin original in Austin Flannery (ed.), Vatican Council II. Volume 1: The Conciliar and Postconciliar Documents (new revised edn., Northport and Dublin, 1998), 1000.

2 Pierre Savard and Brunello Vigezzi (eds.), Multiculturalism and the History of

Sienho Yee & Jacques-Yvan Morin (eds.), Multiculturalism and International Law, 699-718.

it is necessary to clarify, at the outset, the sense in which the terms "culture" and "multiculturalism" will be used here, and explain the reason for the particular perspective that has been chosen.

If, in the words of the former Cardinal Ratzinger (now the reigning Roman Pontiff), culture is the "social form of expression, as it has grown up in history, of those experiences and evaluations that have left their mark on a community and have shaped it",[3] the existence of many cultures, hence the phenomenon of "multiculturalism" in time and through time, is an undisputable fact. Beyond this static dimension of the plurality of cultures, there is the dynamic exchange between cultures ("interculturality") and the animation of culture by faith ("inculturation").[4] Christianity brings the mark of "interculturality" since its very origins in the Near East, at the geographical point of contact among Asia, Africa and Europe. Likewise, in her missionary activity to all the peoples of the earth, the Catholic Church has not embraced any particular culture to the exclusion of all the others, but has taken what is

---

International Relations from the 18th Century up to the Present (Milan and Ottawa, 1999), xx (Pierre Savard: "For want of a definition universally accepted among historians, 'multiculturalism' has been taken to signify many different realities"), 483 (Claudio Visentin: "it does not seem to have a single meaning, since it changes according to the subjects and the contexts in which it is used"), 511 (Alessandro Colombo: "The ambiguity of the term 'multiculturalism' takes on an even greater dimension in international politics").

3 Joseph Cardinal Ratzinger, Truth and Tolerance. Christian Belief and World Religions (English trans. Taylor, San Francisco, 2004), 60. Cardinal Ratzinger became Pope Benedict XVI on April 19, 2005.

4 Ratzinger's Truth and Tolerance presents a sustained reflection on the relationship between faith and culture in chapter 2 of part one (pages 55-109). To appreciate this reflection in all its depth, it may be helpful to recall the chapter on culture (paras. 53-62) in Gaudium et spes, in Austin Flannery (ed.), Vatican Council II. Volume 1, 958-68. Among the many pronouncements on Christianity and culture, see also Pope John Paul II's June 2, 1980 speech at UNESCO and November 25, 2002 message for the 50th anniversary of the Permanent Mission of the Holy See to UNESCO. (Both documents are electronically available at the Vatican web site.) The Pontifical Council for Culture, a dicastery of the Roman Curia, publishes a quarterly review entitled Cultures and Faith and has issued several documents on the theme. Most notable among them, for present purposes, is the one issued in 1999 and headed Towards a Pastoral Approach to Culture, electronically available at the Vatican web site.

good in the cultures it has encountered and animated them from within with the good news of Christ, thus contributing to their human and spiritual development. One can say, with the late Pope John Paul II, that "it is through the diversity and multiplicity of languages, cultures, traditions and mentalities, that the Church expresses her catholicity, unity, and faith".[5]

Against this background, the only difficulty when writing on the Church and multiculturalism is selecting one particular perspective among the many possible ones. The Institute of International Public Law and International Relations in Thessaloniki, Greece, dedicated its 2004 annual session to the theme of "multiculturalism and international law". Many of the subjects addressed by the lecturers on that occasion, from cultural rights to the protection of minorities and indigenous peoples to the preservation of cultural property, find an echo in Catholic social teaching, as is evidenced by an even cursory review of the analytical index at the end of the *Compendium of the Social Doctrine of the Church*.[6] It would therefore have been tempting to select one such topic and analyze the position expressed by the Church on it, both in her pastoral activities and her participation in international conferences.

However, it was deemed preferable to address the theme from a different angle. Since the Middle Ages, one of the means to ensure cooperation between Church and state at the institutional level has been the concordat, i.e. that wide variety of agreements (in the form of accords, conventions, exchanges of notes, protocols, *modus vivendi*, treaties, and others) between the Holy See and a State regulating matters of common concern.[7] As the international legal significance

---

5 Para. 4 of John Paul II's 2002 message for the 50th anniversary of the Permanent Mission of the Holy See to UNESCO, cited in the previous footnote.

6 The Compendium was published in the Vatican City in 2004. (In the United States, it was also published by the United States Conference of Catholic Bishops. The text of the Compendium is electronically available at the Vatican web site.) The Compendium offers a full overview of the doctrinal corpus of Catholic social doctrine on such themes as human rights, the family, the political community, the international community, the environment, peace and war. It was prepared by the Pontifical Council for Justice and Peace (another dicastery of the Roman Curia) on the express request of the late Pope John Paul II.

7 On concordats, from an international legal perspective, the classic monograph remains Henri Wagnon, Concordats et droit international. Fondement, elaboration, valeur et cessation du droit concordataire (Gembloux, 1935). Among

of concordats has not diminished in the current age, this is a promising perspective on multilateralism in at least two respects. The first one is that the comparison between the general provisions on concordats in the 1917 and 1983 Latin Codes of canon law, and the 1990 Eastern Code, on the other hand, will show how the Catholic Church appreciates different cultures within herself. (This is the internal aspect of multiculturalism.) The second one is that a brief consideration of the recent concordats/agreements between the Church and the Baltic states will reveal how respect for different cultures plays also a role in the political relations of the Church. (This is the external aspect of multiculturalism.[8]) There is no need to warn that this particular (but in itself fairly complex) perspective will only be developed to the limited extent required in the present contribution.

2. The internal aspect of multiculturalism: concordats and the Codes of canon law

2.1 *Corpus iuris canonici* (the two lungs, East and West, of the Church)[9]

Today the universal body of law that governs the Catholic Church (*corpus iuris canonici*) is composed of three legislative acts, which had been under preparation for decades and were promulgated within a span of seven years from the first to the last one. The first is the Code of canon law (*Codex Iuris Canonici*), which applies to the Latin Church. It was promulgated on January 25, 1983, and

---

the entries in encyclopedias, see Heribert Franz Köck, "Concordats", in Rudolf Bernhardt (ed.), Encyclopedia of Public International Law 1 (1992), 729-32. (Köck is the author of one of the most comprehensive works on the Holy See in international law, which he published, in German, in the 1970s.)

8 In his contribution to the volume on multiculturalism cited in footnote 1, above, Alfredo Canavero too highlighted an internal and an external component of multiculturalism, as applied to the Catholic Church: "The Holy See and the Problem of Multiculturalism from Pope Pius XII to Pope John Paul II", in Pierre Savard and Brunello Vigezzi (eds.), Multiculturalism, 475-81.

9 This image of the Church fully breathing with both its lungs (the Eastern and Western traditions) was used by the late John Paul II in his November 12, 1988 speech to the members of the Pontifical Commission on the Eastern Code: Acta Apostolicae Sedis 81 (1989), 650-6, electronically available (in Italian) at the Vatican web site.

entered into force on November 23 of that same year.[10] This Code replaced the earlier (and first ever) Code for the Latin Church, called "Pio-Benedictine" because it was the result of the monumental task begun by Pope Pius X and brought to fruition by his successor, Pope Benedict XV,[11] who promulgated it on May 27, 1917, almost a year before it entered into force on May 19, 1918.[12] The second legislative act that is part of the present *corpus iuris canonici* is the apostolic constitution on the restructuring of the Roman Curia (*Pastor Bonus*), which was promulgated on June 28, 1988, and entered into force on March 1, 1989.[13] Finally, the third component is the Code of canons of the Eastern Churches (*Codex Canonum Ecclesiarum Orientalium*), which applies to the Eastern Churches in communion with Rome. It was promulgated on October 18, 1990, and entered into force on October 1 of the following year.[14]

The "Eastern Churches" to which the 1990 Code applies are not the Orthodox Churches of the East, which have been divided from the Latin

---

10 "Codex Iuris Canonici, auctoritate Ioannis Pauli PP. II promulgatus", in Acta Apostolicae Sedis 75/II (1983), 1-317. For an English translation, see Canon Law Society of America (under the auspices of), Code of Canon Law. Latin-English edition (new English translation, Washington, 1999). The Latin original and an English translation of the Code are also electronically available at the Vatican web site.

11 Cardinal Gasparri, the faithful and ingenious executor of Pius X's vision for a code, had become Benedict XV's Secretary of State at the time of its promulgation.

12 "Codex Iuris Canonici, Pii X P. M. iussu digestus, Benedicti P. XV auctoritate promulgatus", in Acta Apostolicae Sedis 9/II (1917), 1-521. For an English translation, see Edward N. Peters (ed.), The 1917 Pio-Benedictine Code of Canon Law (San Francisco, 2001). The Latin original of the Code is also electronically available at <www.jgray.org>.

13 "Constitutio apostolica de Romana Curia", in Acta Apostolicae Sedis 80 (1988), 841-934. An English translation is annexed as Appendix 2 to Canon Law Society of America (under the auspices of), Code of Canon Law, 679-751. The Latin original and an English translation of the apostolic constitution are also electronically available at the Vatican web site.

14 "Codex Canonum Ecclesiarum Orientalium, auctoritate Ioannis Pauli PP. II promulgatus", in Acta Apostolicae Sedis 82 (1990), 1045-1363. For an English translation, see Canon Law Society of America (under the auspices of), Code of Canons of the Eastern Churches. Latin-English edition (new English translation, Washington, 2001). The Latin original and an English translation of the Code are

Church for centuries over the primatial authority of the Roman Pontiff. They are instead those twenty-one Churches *sui iuris*, i.e. having the capacity of governing themselves according to their own laws,[15] which, with the exception of the Maronite Catholics (who trace their origins to the fourth century and claim not to have ever been out of communion with Rome), have returned to communion with the Holy See from the traditions of the Orthodox Churches.[16] While any suggested number is merely tentative, the usual estimate is that there are between fifteen and twenty million Eastern Catholics, a low number if compared to the more than one billion Latin Catholics but with no incidence on the esteem in which the Eastern tradition is held.

The existence of twenty-one Eastern Churches, plus the Latin Church, within the Catholic Church may be news to those thinking of Catholicism as a monolith regarding not only its patrimony of revealed and moral truth (which is obviously one and the same for everyone; otherwise it would not be the truth) but also its liturgical and spiritual tradition. In this last respect, any image of

---

also electronically available at <www.jgray.org>.

15 The expression "Church sui iuris" is defined in canon 27 of the Eastern Code ("A group of Christian faithful united by a hierarchy according to the norm of law which the supreme authority of the Church expressly or tacitly recognizes as sui iuris is called in this Code a Church sui iuris"). It is different from the concept of "rite", which is defined in canon 28 ("A rite is the liturgical, theological, spiritual and disciplinary patrimony, culture and circumstances of history of a distinct people, by which its own manner of living the faith is manifested in each Church sui iuris"). The twenty-one Eastern Catholic Churches, which are listed in the next footnote, trace their origins to five traditions. On Churches sui iuris, rites and traditions, see the commentary on the relevant canons in George Nedungatt (ed.), A Guide to the Eastern Code. A Commentary on the Code of Canons of the Eastern Churches (Rome, 2002), 99-128.

16 These are the twenty-one Eastern Catholic Churches sui iuris: Coptic and Ethiopian (belonging to the Alexandrian tradition); Syrian, Maronite and Syro-Malankar (belonging to the Antiochene tradition); Armenian (belonging to the tradition having the same name); Chaldean and Syro-Malabar (belonging to the Chaldean tradition); Albanian, Byelorussian, Bulgarian, Greek, Melkite, Italo-Albanian, Macedonian, Romanian, Russian, Ruthenian, Slovak, Ukrainian and Hungarian (belonging to the Constantinopolitan tradition). A historical overview of these Churches can be found in Victor J. Pospishil, Eastern Catholic Church Law (2nd edn., Staten Island, 1996), 15-28. On both Catholic and Orthodox Eastern Churches, see Ronald Roberson, The Eastern Christian Churches. A Brief

monolithism is false, if only one reads what was clearly acknowledged in the Second Vatican Council's Decree (*Orientalium Ecclesiarum*) on the Catholic Eastern Churches. In this Decree, it was solemnly stated that the Catholic faithful form separate Churches, between which "there is such a wonderful communion that this variety, so far from diminishing the Church's unity, rather serves to emphasize it. For the Catholic Church wishes the traditions of each particular church or rite to remain whole and entire, and it likewise wishes to adapt its own way of life to the needs of different times and places."[17] The esteem (the roots of which reach quite deep into history)[18] for the diversity of the Catholic heritage found legal expression in canon 39 of the Eastern Code, which created a legal obligation "religiously" to preserve and foster this variety of rites, precisely because they are the patrimony of the entire Church and the sign of the "unity in diversity" of the Catholic faith.[19]

Having therefore recalled the significance of the variety of Churches *sui iuris*, rites and traditions for the Catholic faith, and the existence of two connected but separate Codes of canon law as itself an expression of respect for

---

Survey (6th edn., Rome, 1999).

17 Para. 2, in Austin Flannery (ed.), Vatican Council II. Volume 1, 441-2.

18 See the pontifical pronouncements, since 1053, listed at footnote 2 of the Decree, immediately after the passage that has just been quoted. There is no need to discuss here the question, which remains complex in its historical and ecclesiological dimensions, of the theory and practical applications of the prevalence of the Latin rite (praestantia latini ritus) and the impact that Leo XIII's 1894 encyclical Orientalium dignitas had on it. On this complex question, see the reflections developed by Ivan Žužek (a Jesuit father who played a key role in the preparation of the Eastern Code in his capacity as Secretary of the Pontifical Commission that worked on it) in a 1993 paper now reproduced in Ivan Žužek, Understanding the Eastern Code (Rome, 1997), 266-327, especially at 282-92. As to Leo XIII's Orientalium dignitas, an English translation of it (together with those of many other pronouncements, from Benedict XIV's Allatae sunt in 1755 to John Paul II's Orientale lumen in 1995) can be found in Vatican Documents on the Eastern Churches. Papal Encyclicals and Documents concerning the Eastern Churches (2 vols., Fairfax, 2002).

19 In its entirety, canon 39 reads as follows: "The rites of the Eastern Churches, as the patrimony of the entire Church of Christ, in which there is clearly evident the tradition which has come from the Apostles through the Fathers and which affirm the divine unity in diversity of the Catholic faith, are to be religiously preserved and fostered."

this variety,[20] it is now possible to proceed to consider the provisions on concordats that are found in the Codes.

2.2 Concordats and the Latin Codes of 1917 and 1983

In the 1917 Code, there were several canons referring to agreements with states, where different terms, all having the same meaning of agreements between independent subjects giving rise to reciprocal rights and obligations, were used: from *pacta conventa* in canon 255 to *concordata* in canon 1471. Regarding the effect of the codification on concordats, canon 3 read as follows:

> The canons of the Code in no way abrogate or alter the agreements entered into by the Apostolic See with various nations; they therefore continue to be in force as at present, notwithstanding any prescriptions of this Code to the contrary.[21]

This canon referred to agreements (*conventiones*) concluded by the Apostolic See with nations (*nationes*), thus delimiting the scope of its application and excluding from its reach agreements stipulated by lower Church authorities than the Apostolic See, such as agreements concluded by bishops. Presumably, the term "*nationes*" was intended to be broad enough to encompass not only agreements with states but also agreements with territorial subdivisions of states.

What the canon provided was that the Code neither abrogated (*abrogare*)

---

20 The question why there is a common Eastern Code for the twenty-one Eastern Churches sui iuris (as opposed to twenty-one separate codes) cannot be examined here. It will be sufficient to refer to the considerations on the limitations of a common code developed by Victor J. Pospishil in his Ex occidente lex. From the West-the law. The Eastern Catholic Churches under the tutelage of the Holy See of Rome (Carteret, 1979), 89-97. A convincing reply to these considerations has been given by Ivan Žužek in his Understanding the Eastern Code, 106-7, 127, 239-41, 279-81 and 306-27, who also explains why the Latin Church has her own code and that the tri-lemma of one code, two codes, or as many codes as rites, had already been put down on the table during the First Vatican Council in 1869.

21 "Codicis canones initas ab Apostolica Sede cum variis Nationibus conventiones nullatenus abrogant aut iis aliquid obrogant; eae idcirco perinde ac in praesens vigere pergent, contrariis huius Codicis praescriptis minime obstantibus."

nor altered (*obrogare*) these agreements. The background to this terminology was a passage attributed to the Roman jurist Ulpian, where he wrote that a law may abolish a previous law in its entirety (*abrogare*), abolish it only in part (*derogare*), add to it (*subrogare*), or alter it (*obrogare*).[22] Interestingly, in this canon, the verb *obrogare*, unusually followed by the accusative case (*aliquid obrogare*), meant "to alter", whereas elsewhere in the 1917 Code, notably in canon 22, the verb *obrogare*, followed by the dative case (*alicui obrogare*), meant to abrogate implicitly or explicitly an earlier law, by means of (a) an express provision that the earlier law is abrogated, (b) the creation of an incompatible law, or (c) the complete reordering of the matter previously regulated at least in part by the earlier law. In any event, the use of the terms in canon 3 clearly indicated that the Code was not meant to affect the agreements in question.

In this way, canon 3 implicitly reaffirmed the fundamental principle *pacta (iusta) sunt servanda*, serving the purpose of avoiding any "temptation to appeal to the *law of force* rather than to the *force of law*".[23] By embodying it in a general norm of the Code, the ecclesiastical legislator proclaimed, in the canonical order, a fundamental principle of international law and of Church diplomatic practice.

The Italian canon lawyer Pio Fedele has also seen in this reaffirmation of the principle *pacta sunt servanda* in canon 3 the explicit acknowledgment of the dualistic theory, whereby the law of concordats and canon law are separate and autonomous legal orders from one another. Canon 3 would therefore operate in such a way that, (a) as soon as a concordat enters into force, canon law would automatically adapt to it so as to avoid any conflict, and (b) adaptation would be complete and continuous, in the sense that any change to a concordat would automatically be mirrored by a corresponding change in canon law.[24] In other words, as another writer has remarked, canon 3 is similar to those provisions on the adaptation of internal law to international law, which are found in the

---

22 "Lex autem rogatur, id est fertur; aut abrogatur, id est prior lex tollitur; aut derogatur, id est pars primae legis tollitur; aut subrogatur, id est adiicitur aliquid primae legi; aut obrogatur, id est mutatur aliquid ex prima lege." Liber singularis regularum I, 3.

23 Para. 437 of the Compendium of the Social Doctrine of the Church, quoting from a message of John Paul II.

24 Pio Fedele, "Valore delle norme concordatarie nell'ordinamento canonico," in Chiesa e Stato. Studi storici e giuridici per il decennale della conciliazione tra la

constitutions of various countries.[25]

In the numbering of the opening canons of the 1983 Code for the Latin Church currently in force, the canon on concordats remained canon 3 and reads as follows:

> The canons of the Code neither abrogate nor derogate from the agreements entered into by the Apostolic See with nations or other political societies. These agreements therefore continue in force exactly as at present, notwithstanding contrary prescripts of this Code.[26]

The comparison between this text and the wording of canon 3 in the 1917 Code reveals the following differences: (a) the counterparts to the agreements with the Apostolic See are identified as those belonging to the broader category of "nations or other political societies" ("*nationibus aliisve societatibus politicis*") instead of the narrower one of "various nations" ("*variis nationibus*"); (b) the verb "derogate" (*derogare*) has replaced the verb "alter" (*obrogare*); and (c) the words "neither … nor" (*non … neque*) have replaced "in no way" (*nullatenus*). That the changes to the previous text of canon 3 should be limited to these ones was unanimously accepted during the preparation of the new Code.[27]

The reasons for these modifications are fairly obvious. In particular, it was readily accepted that the changes in international society occurring since 1917 had brought about a wider category of international legal subjects than those forming the community of states.[28]

Other suggested changes were considered but rejected. There was a

---

Santa Sede e l'Italia (Milan, 1939), vol. II, 402.

25 "Can. 3 videtur quamdam normam statuere, similem communibus in Statuum modernis Chartis, quae constitutionales dicuntur, ordinem juridicum internum internationali juri exaequantibus." (Vincenzo Bellini, "Jus canonicum, jus internationale, jus concordatarium. Brevis commentatio de natura et officio can. 3 C.J.C.", Ephemerides juris canonici 3 (1947), 698.)

26 "Codicis canones initas ab Apostolica Sede cum nationibus aliisve societatibus politicis conventiones non abrogant neque iis derogant; eaedem idcirco perinde ac in praesens vigere pergent, contrariis huius Codicis praescriptis minime obstantibus."

27 "Canon 3 CIC", Communicationes 23 (1991), 115.

28 Ibid., 114-115.

proposal to refer in the canon, not only to agreements entered into by the Apostolic See, but also to those approved by the Apostolic See and concluded by the Conferences of Bishops. This suggestion conflicted, though, with the decision to include in the Code only universal (not particular) law and of restricting the operation of canon 3 to agreements between international legal subjects (which the Conferences of Bishops are not).[29]

Another proposal had been the suppression of the second part of the canon, whereby agreements would remain in force despite any contrary prescripts contained in the Code. This proposal too was rejected, presumably on account of the explanation given by some commentators of the corresponding canon in the 1917 Code, namely that the second part was not superfluous as it specified that the preservation of the effects of the concordat applied only to those concordats which were still in force and for those privileges that had not yet ceased.

As a conclusion to these debates, the canon on concordats in the current Latin Code remained essentially the same as the corresponding one in the 1917 Code.

2.3 Concordats and the Eastern Code of 1990

A provision on concordats similar to the one found in the 1917 and 1983 Latin Codes appears also in the Code of canons of the Eastern Churches, canon 4 of which reads as follows:

> The canons of the Code neither abrogate nor derogate from the agreements entered into or approved by the Holy See with nations or other political societies. These agreements therefore continue in force exactly as at present notwithstanding contrary prescripts of this Code.[30]

There are two differences from canon 3 in the current Latin Code. The first one

---

[29] Ibid., 113-114.

[30] "Canones Codicis initas aut approbatas a Sancta Sede conventiones cum nationibus aliisve societatibus politicis non abrogant neque eis derogant; eaedem idcirco perinde ac in praesens vigere pergent contrariis Codicis praescriptis minime obstantibus."

is the use of the expression "Holy See" instead of "Apostolic See", but this difference is not substantial as both canonical expressions identify the Roman Pontiff and the dicasteries of the Roman Curia.[31]

The second difference from the Latin Code is the reference, in canon 4, to agreements into which the Holy See does not enter but which it approves. As was mentioned above, the question of the agreements concluded by others (such as the Conferences of Bishops) and merely approved by the Holy See had been discussed also in the preparatory work of the new Latin Code, but the final decision was not to include them within the scope of the new canon 3. The explanation for the opposite solution reached in the Eastern Code is that, in accordance with canon 98,[32] a patriarch of an Eastern Church may, with the consent of the synod of bishops of that patriarchal Church and the prior assent of the Roman Pontiff, conclude agreements with the civil authority that are not in conflict with the law established by the Holy See. These agreements enter into effect upon receiving the approval of the Roman Pontiff.

In conclusion, even a dry and technical norm as the canon on the conclusion of agreements with the civil authority bears the mark of cultural sensitivity towards the internal structure of the Eastern Church and expresses, in tangible terms, the "special honor" accorded to the patriarchs of the Eastern Churches.[33]

---

31 See canons 360 and 361 of the 1983 Latin Code of canon law, and canons 46 and 48 of the Eastern Code. What has been written in the text is not meant to gloss over the fact, however, that, while in the West Rome is the Apostolic See, in the East the expression still applies to the many Churches of apostolic origin. See Jobe Abbas, Apostolic See in the New Eastern Code of Canon Law (Lewiston, 1994). This explains why, in the title on ecumenism contained in the Eastern Code, one finds the expression "Roman Apostolic See", while the adjective "Roman" would be redundant in a Western context.

32 Canon 98 reads as follows: "With the consent of the synod of bishops of the patriarchal Church and the prior assent of the Roman Pontiff, the patriarch can enter into agreements with a civil authority which are not contrary to the law established by the Apostolic See; the patriarch cannot put these same agreements into effect without having obtained the approval of the Roman Pontiff."

33 Canon 55 of the Eastern Code reads as follows: "According to the most ancient tradition of the Church, already recognized by the first ecumenical councils, the patriarchal institution has existed in the Church; for this reason a special honor is to be accorded to the patriarchs of the Eastern Churches, each of whom presides

3. The external aspect of multiculturalism: adapting concordats to different realities

3.1 The data from diplomatic practice: concordats today

Since the end of the Second Vatican Council, the Holy See has concluded more than one hundred and twenty agreements with about forty different states. During the reign of John Paul II, from 1978 to 2005, the number of agreements was higher than that of the agreements concluded under his four predecessors taken together (including John Paul I, who reigned for 33 days in 1978 and signed no agreement).[34] Part of the explanation for this proliferation of agreements is the fall of the Berlin wall in 1989 and the breaking up of the former Soviet Union and Yugoslavia, with the consequent conclusion of various agreements with the newly independent countries and new democracies emerging from those events. However, it is also true that, in addition to the traditional geographical areas of Europe and Latin America, the agreement/concordat has expanded to new territories during and after the Second Vatican Council. After the signing, in 1964, of a *modus vivendi* with Tunisia, the Holy See has concluded agreements with many other North-African and Sub-Saharan countries (Morocco, Ivory Coast, Cameroon, Gabon) and even with a regional organization (the African Union). Likewise, it would have been unthinkable, forty years ago, that the Holy See should enter into agreements with Israel and the Palestine Liberation Organization, or with Kazakhstan (a Central Asian country having a population that is an almost entirely Muslim).

In some ways, the expanded geographical sphere in the conclusion of

---

over his patriarchal Church as father and head."

34 There is no comprehensive collection of English translations of agreements/concordats. For agreements concluded since 1950, see José T. Martín de Agar (ed.), Raccolta di concordati 1950-1999 (Rome, 2000) and Id., I concordati del 2000 (Rome, 2001). The text (and Spanish translation) of the concordats currently in force is given in Carlos Corral Salvador (ed.), Concordatos Vigentes (4 vols., Madrid, 1981-2004).

concordats mirrors the expansion of the Holy See's diplomatic relations, whereby, between the beginning of the pontificates of Paul VI and the end of the reign of John Paul II (i.e. between 1963 and 2005), the number of states entertaining diplomatic relations with the Holy See almost quadrupled, from forty-six to one hundred and seventy-two.[35]

One of the aims pursued by the pontifical diplomacy between the two World Wars had been to negotiate and conclude concordats that would regulate the whole spectrum of the relations with a given state. This comprehensive model is still occasionally used, for example in the agreements with the German *Ländern*. However, besides this traditional approach, two other models have evolved, namely the model of parallel agreements and the model of the framework agreement.[36]

The model of parallel agreements is the one used in Spain in the late 1970s: the 1976 agreement on the appointment of bishops and penal matters was followed, in 1979, by four agreements on religious assistance to the armed forces and on legal, cultural and economic matters, with subsequent agreements on tax issues (1980) and matters of common interest in the Holy Land (1994).

Unlike this model, in which subsequent agreements on specific matters are concluded between the Holy See and the state, the model of the framework agreement is one in which an umbrella agreement between the Holy See and the state is followed by subsequent agreements in various forms (exchange of notes and others) between subjects that are not necessarily the same highest authorities that entered into the umbrella agreement. This model has been followed, for example, in Italy since the 1984 amendment to the 1929 concordat.

In summary, the diplomatic practice over the last forty years reveals (a) a proliferation of Church-state agreements, which confirms the continued usefulness of the concordat/agreement in promoting cooperation between Church and state, and (b) the adaptability of this instrument to the specific circumstances of every country both in its form and (what cannot obviously be

---

35 An updated list of the countries having diplomatic relations with the Holy See is electronically available at the Vatican web site.

36 See Romeo Astorri, "Gli accordi concordatari durante il pontificato di Giovanni Paolo II. Verso un nuovo modello?", Quaderni di diritto e politica ecclesiastica (1999/1), 23-35.

explored here) in its content.

3.2 The new concordats with the Baltic states

Adaptation to local culture and circumstances can best be illustrated by a brief comparison among the agreements that the Holy See concluded with the three Baltic states between 1999 and 2000, a few years after the late Pope John Paul II had visited the Baltic states, from September 4 to 10, 1993, which was his first visit to the former Soviet Union.[37] The main political events of the last century affecting each of these three states present many similarities within the Baltic context: all three became independent after the First World War, all three were forcibly annexed by the Soviet Union in 1940 (which annexation the Holy See did not recognize),[38] and all three seceded from the former Soviet Union between 1990 and 1991, before the Soviet Union was dissolved. From the perspective of the presence of the Catholic Church in these three countries, the dissimilarities are likewise noticeable: in Lithuania, Catholics are predominant with almost 80% of the population, in Latvia they are a sizeable minority accounting for almost 25% of the population, while in Estonia they are a tiny minority of less than 1%. This accounts for considerably different agreements between the Holy See and each one of the Baltic states.

In 1927, Lithuania had concluded with the Holy See a concordat which Lithuania unilaterally denounced at the time of the Soviet occupation and annexation in 1940.[39] When negotiations for a new agreement were undertaken

---

[37] The chronicle of this visit, and the English translation of the speeches delivered by the Pope, are in L'Osservatore Romano (weekly edition in English), September 1 to 22, 1993 (Nos. 35 (1305) to 38 (1308)).

[38] The Holy See continued listing, in the Annuario Pontificio, its local nunciatures in the three Baltic states, even though they were vacant by force majeure. On the 1940 annexation and the reactions by third states to it, in light of their historical background and subsequent developments, see William J.H. Hough, "The Annexation of the Baltic States and its Effect on the Development of Law Prohibiting Forcible Seizure of Territory", New York Law School Journal of International & Comparative Law 6 (1985), 301-484 (with appendices); Romain Yakemtchouk, "Les Republiques baltes et la crise du federalisme sovietique", Studia Diplomatica 43 (1990/4, 5 and 6), 1-318 (with documentary annex).

[39] "Concordat entre le Saint-Siège et le Gouvernement de Lithuanie", Acta

after Lithuania had regained its independence, the approach that was followed led to the conclusion of three separate agreements:[40] one on juridical aspects,[41] one on co-operation on education and culture,[42] and one on the pastoral care of Catholics serving in the army.[43] The model was therefore that of parallel agreements, the first one having general content and the other two regulating particular matters.

Latvia too had concluded a concordat with the Holy See after the First World War.[44] Actually, the one with Latvia, signed in 1922, was the concordat

---

Apostolicae Sedis 19 (1927), 426-34. For commentary, see Alafridus Ottaviani, "Concordatum Lithuanicum", Apollinaris 1 (1928), 53-64 and 140-9. Part of the text of the agreement is also reproduced in Amleto Giovanni Cicognani, Canon Law (2nd edn., Philadelphia, 1935), 472-4, with footnotes showing the part played by the 1917 Code in the drafting of the Lithuanian concordat. On the unilateral denunciation of the concordat, see Jean-Marie Aubert et al., Le Droit et les institutions de l'Église catholique latine de la fin du XVIIIe siècle a 1978 (Paris, 1984), 248, footnote 3. (This book is vol. 28 in the history of the law and institutions of the Church edited by Le Bras and Gaudemet.)

40 For the background to these agreements, see Carlos Corral Salvador (ed.), Concordatos Vigentes, vol. IV (co-ed. by Petschen), 879-80; Kazys Lozaraitis, "Relazioni internazionali giuridiche bilaterali: esperienze e prospettive – Lituania", in Marek Šmid and Cyril Vasil (eds.), International bilateral legal relations between the Holy See and states: experiences and perspectives. December 12-13, 2001 (Vatican City, 2003), 204-7.

41 "Agreement between the Holy See and the Republic of Lithuania concerning juridical aspects of the relations between the Catholic Church and the State", Acta Apostolicae Sedis 92 (2000), 783-95. (Also in José T. Martín de Agar (ed.), I concordati del 2000, 23-33; Carlos Corral Salvador (ed.), Concordatos Vigentes, vol. IV, 881-906.)

42 "Agreement between the Holy See and the Republic of Lithuania on co-operation in education and culture" Acta Apostolicae Sedis 92 (2000), 796-808. (Also in José T. Martín de Agar (ed.), I concordati del 2000, 34-42; Carlos Corral Salvador (ed.), Concordatos Vigentes, vol. IV, 907-27.)

43 "Agreement between the Holy See and the Republic of Lithuania concerning the pastoral care of Catholics serving in the army", Acta Apostolicae Sedis 92 (2000), 809-16. (Also in José T. Martín de Agar (ed.), I concordati del 2000, 43-7; Carlos Corral Salvador (ed.), Concordatos Vigentes, vol. IV, 928-39.)

44 "Concordat entre le Saint-Siège et le Gouvernement de Lettonie", Acta Apostolicae Sedis 14 (1922), 577-81. For comentary, see Alphonse Van Hove, "Le Concordat entre le Saint-Siège et le gouvernement de Lettonie", Nouvelle Revue Théologique 50 (1923), 132-43.

that, after Benedict XV's speech opening the way to such agreements[45] and the initiation of Pius XI's pontificate in 1922, inaugurated the new policy of the Holy See on concordats. Upon its newly restored independence, Latvia negotiated an agreement with the Holy See, which was signed in 2000.[46] Here, though, the approach was different from the one followed in Lithuania. Instead of parallel agreements, the parties concluded only one agreement, divided into five parts. The first part is on the juridical status of the Catholic Church, the second part deals with institutions of education, while the third and fourth parts regulate the matter of religious assistance to Catholics in the army and in jail. One of the final clauses in the fifth part expressly provides that the details of certain specific aspects of the agreement "will be regulated by special documents of understanding between the competent authorities of the Catholic Church and those of the Republic of Latvia". This is a clear example, therefore, of an umbrella agreement to be followed, if and when the parties so decide, by specific agreements concluded by either the signatories to the umbrella agreement or lesser authorities.

Among the three Baltic states, Estonia stands out for having such a tiny Catholic population that one commentator, during the period between the two World Wars, doubted whether a concordat with that country might at all be useful.[47] While, unlike the cases of Lithuania and Latvia, no concordat with Estonia was signed during the pontificate of Pius XI, after it regained independence Estonia negotiated an agreement with the Holy See and signed it

---

45 It is his speech to the secret consistory on November 21, 1921: "Allocutio SS. D. N. Benedicti PP. XV, die 21 novembris 1921," Acta Apostolicae Sedis 13 (1921), 521-4.

46 "Agreement between the Holy See and the Republic of Latvia", in José T. Martín de Agar (ed.), I concordati del 2000, 9-22; Carlos Corral Salvador (ed.), Concordatos Vigentes, vol. IV, 843-77. For the background to this agreements, see Carlos Corral Salvador (ed.), Concordatos Vigentes, vol. IV, 841-2; Atis Sjanits, "International bilateral legal relations between the Holy See and States: Experiences and Perspectives – The Republic of Latvia", in Marek Šmid and Cyril Vasil (eds.), International bilateral legal relations, 198-203.

47 See Orio Giacchi, "La recente politica della S. Sede nell'Europa nord-orientale", in Id., Chiesa e stato nella esperienza giuridica (1933-1980). Studi raccolti e presentati da Ombretta Fumagalli Carulli (Milan, 1981), vol. II, 20 (an article originally published in 1936). For background information on Estonia, see Carlos Corral Salvador (ed.), Concordatos Vigentes, vol. IV, 495-6.

in 1999.[48] This agreement, which contains ten clauses of a general character, may be classified as a concordat in the traditional sense of the term. A noticeable peculiarity, though, is that, while called an "agreement" (*conventio*), it entered into force by means of an informal exchange of notes between the parties, presumably to facilitate and accelerate the internal process of ratification.[49] This is yet another example of how the form and procedure of the entry into force of a concordat are adapted to the needs of the state party to such an agreement.

As to the content of the agreements with the Baltic states, both the Lithuanian and the Latvian agreements proclaim the principle, articulated during the Second Vatican Council and subsequently repeated in quite a number of concordats, that Church and state are "autonomous and independent" of each other in their respective spheres of competence, even though both, in their own ways, are at the service of the personal vocation of man.[50] The agreements with all three states acknowledge also some other core principles, such as freedom of religion (including the right of the Holy See to nominate her bishops without state interference) and the right of the Church to establish and manage its own schools. The detailed measures aimed at implementing these core principles, and the regulation of other matters of common concern to Church and state, are left to the discipline adopted by mixed commissions between the parties, in light also of the guarantees already provided for in the internal legal system of the country concerned. This solution is not only a reflection of diplomatic expediency but also and more importantly a sign of Church respect for the culture and tradition of the state with which it cooperates.

---

48 "Agreement between the Holy See and the Republic of Estonia", Acta Apostolicae Sedis 91 (1999), 414-18. (Also in José T. Martín de Agar (ed.), Raccolta, 197-8; Carlos Corral Salvador (ed.), Concordatos Vigentes, vol. IV, 497-508.) For commentary, see Daniele Arru, La pratica concordataria posteriore agli Accordi di Villa Madama (new edn., Rome, 2002), 281-9.

49 This, at least, is the reasonable explanation suggested in Arru, La pratica, 288.

50 See para. 76 of Gaudium et spes, in Austin Flannery (ed.), Vatican Council II. Volume 1, 984.

4. Conclusions

To sum up, the internal and external dimensions of multiculturalism, which have here been briefly examined from the perspective of the canonical norms and Church practice on the concordat as a means to promote Church-state cooperation, are deeply rooted in the history of the Church and have found clear expressions at the Second Vatican Council, subsequent pronouncements, and Church diplomatic relations.

As to the internal aspect of multiculturalism, the Second Vatican Council's dogmatic constitution on the Church (*Lumen gentium*) expressly acknowledged that the multiplicity of local Churches having their own discipline, liturgical usage, and theological and spiritual patrimony, "shows all the more resplendently the catholicity of the undivided Church".[51]

Likewise, regarding the external aspect of multiculturalism, certain core principles starting with the Church's freedom to preach the faith and to carry out its tasks without hindrance, to the service of man[52] and the salvation of his soul, apply to all times and places alike, and find concrete expressions in the

---

51 Para. 23 of Lumen gentium, in Austin Flannery (ed.), Vatican Council II. Volume 1, 378.

52 In his address to the Diplomatic Corps accredited to Lithuania, at the Apostolic Nunciature in Vilnius on September 5, 1993, Pope John Paul II gave voice once again to Church teaching on human rights, based on natural law, first and foremost the right to life from conception to natural death, the right to freedom of conscience and religion, and the rights of the family based on marriage, between one man and one woman, as the natural cell of society. He said: "Human rights lie at the origin of international life; the most fundamental of these is the right to life and to live in dignity, the right to freedom of conscience and religion, as well as the right to a family, the primary cell of society and the driving principle of public life. It is only on the condition that these freedoms are respected that the other aspects of international life can find their full sense; without a human dimension, indeed, geopolitics, economic and financial exchanges and intercultural dialogue would be limited merely to the logic of special interests, which is never far removed from the logic of force." ("Any government wanting to protect freedom must defend that of others (The Pope in Lithuania: Address to the Diplomatic Corps)", L'Osservatore Romano (weekly edition in English), September 8, 1993, No. 36 (1306), 5.)

different realities "according to the diversity of times and circumstances".[53]

In other words, a notion and practice of multiculturalism that, while preserving the unity of what is essential and connatural to all human beings, respects all legitimate diversity (without degenerating into moral relativism or religious syncretism) is at the core of the Church's internal life and external relations. It is in this sense that, according to the maxim reported at the beginning of this contribution, there should be unity in what is necessary and freedom in what is doubtful, always with charity in everything and towards everybody.

53 Para. 76 of Gaudium et spes, in Austin Flannery (ed.), Vatican Council II. Volume 1, 985.

Le consentement de l'État du Québec aux engagements internationaux et sa participation aux forums internationaux

Daniel Turp*

C'est un plaisir pour moi que d'apporter ma contribution aux Mélanges en l'honneur du juriste Edward McWhinney que j'ai eu l'occasion de connaître et d'apprécier durant sa carrière universitaire et sa vie politique. C'est à travers ses travaux de constitutionnaliste que j'ai d'abord découvert le professeur McWhinney et que j'ai constaté l'intérêt qu'il manifestait pour la question nationale au Québec. Son essai sur le Québec et la constitution[1] avait révélé une excellente compréhension des réalités politiques du Québec et de ses revendications constitutionnelles. Ses travaux d'internationaliste, et notamment ceux qu'il a consacrés au droit à l'autodétermination des peoples,[2] ont également

* Professeur à la faculté de droit de l'Université de Montréal (en congé); Député de Mercier à l'Assemblée nationale du Québec; Porte-parole du Parti Québécois en matière de Relations internationales.

1 Edward McWhinney, Quebec and the Constitution, 1960-1978, Toronto, Buffalo, London, 1979.

2 Voir inter alia Edward McWhinney, « Self-Determination of Peoples and Plural-Ethnic states : Secession and State Succession and the Alternative, Federal Option », (2002) 294 R.C.A.D.I. 167; The United Nations and a new world order for a new millenium: self-determination, state succession, and humanitarian intervention, The Hague; Boston, Kluwer Law International, 2000 et « Self-determination of peoples in contemporary constitutional and international law, dans Emile Yakpo and Tahar Boumedra (eds), Liber amicorum Judge Mohammed Bedjaoui, The Hague, Kluwer Law International, 1999, p. 725. Sur le droit à l'autodétermination dans le contexte québécois et canadien, voir Edward McWhinney, « Nationalism and self-determination and contemporary Canadian

Sienho Yee & Jacques-Yvan Morin (eds.), Multiculturalism and International Law, 719-752.

été des sources d'inspiration pour moi et pour plusieurs générations d'universitaires et de chercheurs du Québec.

Nos itinéraires politiques se sont croisés durant la 36e législature de la Chambre des communes du Canada de 1997 à 2000. En ma qualité de député du Bloc Québécois de la circonscription de Beauharnois-Salaberry, j'ai eu l'occasion d'échanger avec le député libéral de Vancouver-Quadra Edward McWhinney et d'entreprendre, sur des questions d'affaires étrangères et de droit international, un dialogue fort constructif avec celui-ci. L'un des échanges dont je garde un bon souvenir est celui qui a eu lieu à l'occasion de l'examen du projet de *Loi sur les traités*[3] que j'avais présenté à la Chambre des communes dans le cadre d'une initiative parlementaire en 1999. Le député McWhinney avait procédé à une lecture approfondie de ce projet de loi et avait compris que je souhaitais y enchâsser, à l'article 6,[4] un élément de la doctrine Gérin-Lajoie et y faire reconnaître la compétence du Québec à conclure des traités internationaux dans ses domaines de compétence. Maniant l'humour, usant de sa science et

---

federalism », dans N. Alcalá-Zamora y Castillo, W. Alexander, M. Ancel et al. (eds), Miscellanea W.J. Ganshof Van Der Meersch: studia ab discipulis amicisque in honorem egregii professoris, Bruxelles, Bruylant, 1972, tome 3, p. 219 et « Self-determination for Quebec and the French language question», (1977) Jahrbuch des offentlichen Rechts der Gegenwart 513.

3 Le Projet de loi C-214 a été présenté en première lecture le 14 octobre 1999 et a fait l'objet de débats en deuxième lecture les 1er décembre 1999, 13 avril et 8 juin 2000. La Chambre des communes a procédé à un vote par appel nominal à l'étape de la deuxième lecture le 13 juin 2000 et a rejeté le projet par 151 voix contre et 110 pour. Le texte du projet de loi C-214 est accessible à l'adresse http://www.parl.gc.ca/PDF/36/2/parlbus/chambus/house/bills/private/C-214_1.pdf. Des projets de loi semblables au projet de loi C-214 ont été ultérieurement déposés à la Chambre des communes par la députée Francine Lalonde le 28 mars 2001 (Projet de loi C-313) et le député Jean-Yves Roy le 3 novembre 2004 (Projet de loi C-260). Le projet de loi C-313 n'a pas fait l'objet d'un vote et le projet de loi C-260 a été rejeté quant à lui, à l'étape de la deuxième lecture le 28 septembre 2005, par 216 voix contre 54.

4 L'article 6 du projet de Loi sur les traités (Projet de loi C-214) se lisait comme suit :

> 6. La présente loi n'a pas pour effet de limiter, de quelque manière, la prérogative royale exercée par les gouvernements provinciaux en ce qui a trait à la négociation et à la conclusion de traités dans un secteur de compétence législative provinciale.

faisant appel à son latin, le professeur McWhinney s'exprimait ainsi :

> Après une lecture très attentive, je trouve que l'article 6 du projet de loi relatif aux traités est là par inadvertance et traduit une méconnaissance de la Constitution canadienne, ce que je ne crois pas, ou est le fruit d'une espièglerie. Reconnaissons les faits! Dans la législation canadienne, il n'y a pas de traité qui soit conclu par une province. Cela n'existe tout simplement pas. Par conséquent, comment peut-on prétendre enfouir un amendement constitutionnel dans une disposition d'un projet de loi? On ne le peut tout simplement pas. [...] J'aurais dit qu'à part l'article 6, cela rappelle ce que disait Quintius Horatius Flaccus: « *Parturient montes, nascetur riduculus mus* ». Ce qui veut dire à peu près qu'on s'emporte pour pas grand chose.[5]

En réalité, je pense que le professeur McWhinney s'emportait, lui, pour quelque chose de fondamental lorsqu'il s'objectait à l'inclusion dans une loi fédérale d'une disposition visant à reconnaître aux provinces canadiennes le droit de conclure leurs propres engagements internationaux. Il manifestait son désaccord avec la doctrine Gérin-Lajoie, laquelle continuait d'être récusée au Canada, mais avait subi au Québec l'épreuve du temps et demeurait, comme l'auteur de la doctrine le soulignait récemment, « tout aussi valable aujourd'hui qu'au moment de sa formulation » ?[6]

En relisant attentivement l'exposé prononcé par Paul Gérin-Lajoie devant le corps consulaire à Montréal le 12 avril 1965,[7] lequel était appelé à

---

5 Pour les autres propos tenus par le député McWhinney pendant le débat sur le projet de loi C-214, consulter le Hansard du 1er décembre 1999 de la Chambre des communes du Canada à l'adresse http://www2.parl.gc.ca/HousePublications/Publication.aspx?Language=F&Mode=1&Parl=36&Ses=2&DocId=2332156#link 230.

6 Voir Paul Gérin-Lajoie, « Avant-propos », dans Stéphane Paquin (dir.), Les relations internationales du Québec depuis la Doctrine Gérin-Lajoie (1965-2005), Québec, PUL, 2006, p. 15.

7 Paul Gérin-Lajoie « La personnalité internationale du Québec – Le Québec est vraiment un État même s'il n'a pas la souveraineté entière », Le Devoir, 14 avril 1965, p. 5 et « Il nous faut une plus large autonomie et le droit de négocier avec l'étranger », 15 avril 1965, p. 5, reproduit dans Le Devoir, 9 mars 2005, p. C-3. Des

avoir, selon le journaliste Jean-Marc Léger, « un retentissement considérable »,[8] il est intéressant de constater la facture éminemment juridique de la doctrine.[9] Le fait que l'internationaliste André Patry ait été à l'origine de la rédaction du discours du 12 avril 1965 et que le constitutionaliste Paul Gérin-Lajoie ait livré ce célébrissime exposé devant le corps consulaire, n'est pas étranger à l'importance accordée au droit dans l'énoncé de la doctrine.[10] D'ailleurs, l'importance conférée au droit est confirmée dans l'énoncé de la doctrine par l'affirmation selon laquelle « [d]ans tous les domaines qui sont complètement ou partiellement de sa compétence, le Québec entend désormais jouer un rôle direct, conforme à sa personnalité et à la mesure de ses droits ».

Dans son discours, le ministre Gérin-Lajoie n'hésite d'ailleurs pas à citer deux décisions judiciaires pour appuyer sa nouvelle doctrine. Ainsi, il cite d'abord l'arrêt du Comité judiciaire du Conseil privé dans l'affaire *Hodge* c. *La Reine*[11], dans lequel on peut lire que dans la limite des sujets [mentionnés à l'article 92 de l'*Acte de l'Amérique du Nord britannique*], la législature locale exerce un pouvoir souverain et possède la même autorité que le parlement impérial ou

---

extraits du discours du 12 avril 1965 sont reproduits dans Jacques-Yvan Morin, Francis Rigaldies et Daniel Turp, Droit international public : notes et documents, Montréal, Éditions Thémis, 3e éd, 1997, tome deuxième, p. 130-132 et Yves Martin et Denis Turcotte (dir.), Le Québec dans le monde : textes et documents, Sainte-Foy, Le Québec dans le monde, 1990, p. 101-106.

8 Jean-Marc Léger, « Exposé capital de Gérin-Lajoie sur le rôle international du Québec », Le Devoir, 13 avril 1965, p. 1, reproduit dans Le Devoir, 9 mars 2005, p. C-3. Le journaliste ajoutait d'ailleurs que l'exposé était « remarquable, lucide et courageux » : ibid.

9 Il est également intéressant de remarquer que le discours du 12 avril 1965 ne réfère pas à la notion de « prolongement externe » des compétences internes du Québec qui est utilisée pour décrire la doctrine Gérin-Lajoie. Pour une vue contemporaine sur la notion de « prolongement » dans son application aux relations internationales du Québec, voir Stéphane Paquin, « Le prolongement externe des conflits internes. Les relations internationales du Québec et l'unité nationale », Bulletin d'histoire politique, vol. 1, no 10, p. 85-98. Voir également du même auteur « Le prolongement externe des compétences internes», dans Le Devoir, 23 et 24 février 2004, p. A-7.

10 Au sujet de la genèse de ce discours et du rôle d'André Patry, voir Robert Aird, André Patry et la présence du Québec dans le monde, Montréal, VLB, 2005, p. 57-73.

11 (1883) Appeal Cases (A.C.) 117.

le Parlement du Dominion aurait dans les circonstances analogues […] ». Il évoque ensuite l'arrêt du même Comité judiciaire du Conseil privé dans l'affaire des conventions de travail en vertu duquel le tribunal statue que la législation destinée à mettre en œuvre des traités « relève uniquement des législatures provinciales ».[12]

Dans l'énoncé de la doctrine, le ministre Gérin-Lajoie tient également à affirmer « qu'il n'est plus admissible, non plus, que l'État fédéral puisse exercer une sorte de surveillance et de contrôle d'opportunité sur les relations internationales du Québec ».[13] Ainsi, l'affirmation des « droits » du Québec est accompagnée d'un refus d'accepter une tutelle du Canada sur les relations internationales du Québec.

La doctrine Gérin-Lajoie, qui a été réaffirmée par l'actuel Premier ministre du Québec et sa ministre des Relations internationals,[14] a donné un

---

12 Attorney General for Canada v. Attorney General for Ontario, [1937] A.C. 326; [1937] 1 D.L.R. 673, dont des extraits sont reproduits dans une traduction française dans Jacques-Yvan Morin, Francis Rigaldies et Daniel Turp, Droit international public : notes et documents, supra note 7, p. 751-757.

13 Selon Robert Aird, supra note 6, p. 148-149, note 29, ce passage a d'ailleurs été ajouté par le ministre Gérin-Lajoie au projet de discours préparé à son intention par André Patry.

14 C'est en ces termes que le Premier ministre Jean Charest a reconnu et actualisé la doctrine Gérin-Lajoie : « Il est d'ailleurs intéressant de constater que les gouvernements qui se sont succédé au Québec depuis ce temps ont agi, en matière internationale, avec une remarquable constance. Tant les gouvernements souverainistes que les gouvernements fédéralistes ont trouvé normal et nécessaire de pousser toujours plus loin l'engagement du Québec sur la scène internationale. Cette unanimité de la classe politique québécoise autour de l'engagement international du Québec trouve sa source dans ce qu'on a appelé la doctrine Gérin-Lajoie, dont le principe demeure toujours aussi actuel aujourd'hui que lorsqu'elle a été formulée pour la première fois en 1965 par Paul Gérin-Lajoie, alors ministre du gouvernement de Jean Lesage. Pour bien comprendre la portée de cette doctrine, il faut savoir que, contrairement à l'idée reçue, la compétence en matière de politique étrangère n'est pas attribuée à l'un ou l'autre des ordres de gouvernement dans les textes constitutionnels. Je n'ai pas l'intention de m'étendre sur ce sujet, déjà bien documenté, si ce n'est que pour préciser que nous croyons que lorsque le gouvernement du Québec est le seul gouvernement compétent pour appliquer un engagement international, il est normal qu'il soit celui qui prenne cet engagement. En somme, il revient au Québec d'assumer, sur le plan international, le prolongement de ses compétences internes. Par ailleurs, les divers

élan à la pratique des relations internationales du Québec[15] et a également conduit le Québec à donner à celle-ci une assise juridique en droit québécois. Cette assise se trouve d'ailleurs à l'article 7 de la *Loi sur l'exercice des droits fondamentaux et des prérogatives du peuple québécois et de l'État du Québec*[16] qui se lit ainsi :

> 7. L'État du Québec est libre de consentir à être lié par tout traité,

---

gouvernements ont toujours pris soin d'exercer cette compétence dans le respect de la politique étrangère canadienne. En d'autres mots, ce qui est de compétence québécoise chez nous, est de compétence québécoise partout » : voir Allocution du premier ministre du Québec à l'ÉNAP, 25 février 2004. [http://www.premier.gouv.qc.ca/general/discours/archives_discours/2004/fevrier/dis20040225.htm] et Michel David, « La doctrine Charest », Le Devoir, 23 novembre 2004, p. A-3. Voir également les Notes pour une allocution de Mme Monique Gagnon-Tremblay, ministre des Relations internationales portant sur l'action internationale du nouveau gouvernement du Québec depuis le 14 avril 2003, Société des relations internationales du Québec (SORIQ), Québec, 3 décembre 2003 [http://www.mri.gouv.qc.ca/fr/ministere/allocutions/textes/2003/2003_12_03.asp].

15 Sur la naissance de cette pratique, voir Jean-Charles Bonenfant, « Les relations extérieures du Québec », (1970) 1 Études internationales 86 et Maurice Torrelli, « Les relations extérieures du Québec », (1970) 16 Annuaire français de droit international 275. Pour des comparaisons avec la pratique des relations internationales dans certaines autres fédérations, voir Robert Aird, « Lettre à Pierre Pettigrew - La magie canadienne », Le Devoir, 9 septembre 2005, p. A-9 et la réplique de Toni Menniger, « Les États fédérés sur la scène internationale », Le Devoir, 28 septembre 2005, p. A-6.

16 L.Q. 2000, c. 46, L.R.Q., c. E-20.2 [ci-après dénommée la Loi sur les droits fondamentaux du Québec]. Comme l'a affirmé le gouvernement du Québec : « Tous les gouvernements qui ont exercé le pouvoir à Québec depuis le début des années soixante ont veillé à donner au Québec une action internationale structurée. Cette action se fonde, comme on l'a mentionné, sur la Constitution et certaines décisions du Conseil privé et applique, depuis 1965, la doctrine Gérin-Lajoie selon laquelle il revient au Québec d'assumer sur le plan international le prolongement de ses responsabilités internes. La Loi 99, adoptée en décembre 2000, portant sur « l'exercice des droits fondamentaux et des prérogatives du peuple québécois et de l'État du Québec » réaffirme cette compétence de l'État québécois »: voir Gouvernement du Québec, Le Québec dans un ensemble international en mutation- Ministère des Relations internationales- Plan stratégique 2001-2004, Québec, Ministère des Relations internationales, 2001, p. 21.

> convention ou entente internationale qui touche à sa compétence constitutionnelle.
>
> Dans ses domaines de compétence, aucun traité, convention ou entente ne peut l'engager à moins qu'il n'ait formellement signifié son consentement à être lié par la voix de l'Assemblée nationale ou du gouvernement selon les dispositions de la loi.
>
> Il peut également, dans ses domaines de compétence, établir et poursuivre des relations avec des États étrangers et des organisations internationales et assurer sa représentation à l'extérieur du Québec.

Dans la présente contribution,[17] je compte donc examiner les règles issues de la doctrine Gérin-Lajoie et qui sont relatives au consentement du Québec aux engagements internationaux (I) et à la participation du Québec aux forums internationaux (II).

I. Le consentement du Québec aux engagements internationaux

Dans son discours du 12 avril 1965, le ministre Gérin-Lajoie évoque la « surprise » causée par la signature par la France et le Québec, d'une entente sur l'éducation et affirme que cette entente est « tout à fait conforme à l'ordre constitutionnel établi ». Il rappelle également que « [f]ace au droit international, en effet, le gouvernement fédéral canadien se trouve dans une position unique. S'il possède le droit incontestable de traiter avec les puissances étrangères, la mise en œuvre des accords qu'il pourrait conclure sur des matières de juridiction provinciale échappe à sa compétence législative ».

Le ministre Gérin-Lajoie s'interroge sur les liens qu'il devrait y avoir

---

17 Je n'examinerai pas dans la présente contribution la question de la représentation du Québec auprès des États étrangers qui est abordée dans le discours du 12 avril 1965 sous la forme d'un rappel que « le Québec possède lui-même à l'étranger l'embryon d'un service consulaire, grâce à ses délégués généraux qui le représentent et exercent des fonctions souvent analogues aux vôtres ». Voir sur cette question la Loi sur le ministère des Relations internationales, L.R.Q., C. M-25.1.1, art. 27 à 33 et François Leduc et Marcel Cloutier, Guide de la pratique des relations internationales du Québec, Québec, Ministère des Relations internationales, 2001, pp. 19-39.

entre la négociation, la signature et la mise en œuvre d'un accord international. Ainsi, il affirme :

> Au moment où le gouvernement du Québec prend conscience de sa responsabilité dans la réalisation du destin particulier de la société québécoise, il n'a nulle envie d'abandonner au gouvernement fédéral le pouvoir d'appliquer les conventions dont les objets sont de compétence provinciale. De plus, il se rend bien compte que la situation constitutionnelle actuelle comporte quelque chose d'absurde.
>
> Pourquoi l'État qui met un accord à exécution serait-il incapable de négocier et de le signer lui-même ? Une entente n'est-elle pas conclue dans le but essentiel d'être appliquée et n'est-ce pas à ceux qui doivent la mettre en œuvre qu'il revient d'abord d'en préciser les termes ?

Après avoir rappelé que « les rapports internationaux concernent tous les aspects de la vie sociale », il énonce la position du Québec sur les traités internationaux en ces termes :

> C'est pourquoi, dans une fédération comme le Canada, il est maintenant nécessaire que les collectivités membres, qui le désirent, participent activement et personnellement, à l'élaboration des conventions internationales qui les intéressent directement.
>
> Il n'y a, je le répète, aucune raison que le droit d'appliquer une convention internationale soit dissocié du droit de conclure cette convention. Il s'agit de deux étapes essentielles d'une opération unique.

Ainsi, le gouvernement du Québec affirme par la voix de son Vice-premier ministre que le Québec a le « droit » de conclure une convention internationale. Cette affirmation du *jus tractatuum* du Québec, dont Paul Gérin-Lajoie reconnaît par ailleurs qu'il est « limité » aux matières ressortissant à la compétence constitutionnelle du Québec, est sans doute une réponse au différend qui a opposé le Québec et le Canada relativement à l'*Entente entre le Québec et la France sur un programme d'échanges et de coopération dans le domaine de l'éducation* du 27 février

1965[18]. Cette affirmation se traduit quelques mois plus tard par la conclusion d'une nouvelle *Entente sur la coopération culturelle entre le gouvernement du Québec et le gouvernement de la République française* le 24 novembre 1965.

Bien qu'il n'y soit pas explicitement question dans l'énoncé du 12 avril 1965, la doctrine Gérin-Lajoie connaîtra une autre application puisqu'elle sera le fondement du droit qu'affirmera détenir le gouvernement du Québec de donner au gouvernement du Canada son assentiment à ce que le Canada conclue des accords internationaux ressortissant à la compétence constitutionnelle du Québec.

S'agissant des traités internationaux, la doctrine Gérin-Lajoie a également trouvé une consécration juridique dans la *Loi sur les droits fondamentaux du Québec* dont les deux premiers paragraphes de l'article 7 rappellent que « [l]'État du Québec est libre de consentir à être lié par tout traité, convention ou entente internationale qui touche à sa compétence constitutionnelle » et que « [d]ans ses domaines de compétence, aucun traité, convention ou entente ne peut l'engager à moins qu'il n'ait formellement signifié son consentement à être lié par la voix de l'Assemblée nationale ou du gouvernement selon les dispositions de la loi. »

Cette disposition générale qui met l'accent sur le consentement du Québec aux engagements internationaux est complétée par certaines autres normes, et particulier celles de la *Loi sur le ministère des Relations internationales*[19] dont le chapitre III est relatif aux engagements internationaux et contient des règles portant respectivement sur les ententes internationales du Québec (A) et les accords internationaux du Canada (B).

I.A. Les ententes internationales du Québec

Les règles relatives aux ententes internationales ont d'abord été arrêtées en 1974

---

18 Voir au sujet de ce différend les développements de Jacques-Yvan Morin, « La conclusion d'accords internationaux par les provinces canadiennes à la lumière du droit comparé », (1965) 3 Annuaire canadien de droit international 127, aux p. 173-177. Sur la question générale de la capacité de conclure des traités, voir André Patry, La capacité internationale de l'État – L'exercice du jus tractatuum, Québec, Presses de l'Université Laval, 1983, p. 23-38.

19 L.R.Q., c. M-25.1.1.

dans la *Loi sur le ministère des Affaires intergouvernementales*,[20] devenue en 1984 la *Loi sur le ministère des Relations internationals*.[21] Amendées en 2002 par la *Loi modifiant la Loi sur le ministère des Relations internationals*,[22] les règles applicables aujourd'hui se retrouvent aux articles 19 à 22 de la *Loi sur le ministère des Relations internationals*.[23]

Le premier paragraphe de l'article 19 précise que « [l]e ministre veille à la négociation et à la mise en oeuvre des ententes internationales », alors que le premier paragraphe de l'article 20 prévoit quant à lui que, « [m]algré toute disposition législative, les ententes internationales doivent pour être valides, être signées par le ministre et entérinées par le gouvernement ». Depuis la réforme de 2002, certaines ententes internationales sont considérées comme des engagements internationaux importants et le troisième paragraphe de l'article 20 prévoit, dans ce cas, que pour être valides elles doivent être signées par le ministre, approuvées par l'Assemblée nationale et ratifiées par le gouvernement.

Comme le prévoit l'article 22.2 de la *Loi sur le ministère des Relations internationales*, l'expression « engagement international important » désigne l'entente internationale visée à l'article 19, l'accord international visé à l'article 22.1 et tout instrument se rapportant à l'un ou l'autre, qui, de l'avis du ministre, selon le cas:

> 1° requiert, pour sa mise en oeuvre par le Québec, soit l'adoption d'une loi ou la prise d'un règlement, soit l'imposition d'une taxe ou d'un impôt, soit l'acceptation d'une obligation financière importante;
> 2° concerne les droits et libertés de la personne;
> 3° concerne le commerce international;
> 4° devrait faire l'objet d'un dépôt à l'Assemblée nationale.[24]

---

20 L.Q. 1974, c. 15, art. 16.

21 L.R.Q., c. M-21, art. 16.

22 L.Q. 2002, c. 8, art. 4 et 5.

23 Sur le fondement de ces règles, il est affirmé qu' « [e]n exerçant sa capacité de souscrire des engagements avec d'autres États dans les domaines de sa compétence, le gouvernement du Québec s'affirme comme partenaire responsable et crédible [...] [et] [i]l fonde notamment cette capacité de s'engager sur ce qu'il est maintenant convenu d'appeler la doctrine du prolongement externe des compétences internes (aussi nommée doctrine Gérin-Lajoie) » [http://www.mri.gouv.qc.ca/fr/action_ internationale/ententes/index.asp.]

24 La procédure d'approbation des engagements internationaux importants est

Il faut ainsi distinguer dorénavant deux catégories d'ententes internationales du Québec, à savoir les ententes internationales qui ne requièrent pas d'approbation pas l'Assemblée nationale et qui pour être valides doivent être signées par le ministre et « entérinées » par le gouvernement et les ententes internationales qui doivent faire l'objet d'une approbation par l'Assemblée nationale et qui, pour être valides, doivent être signées par le ministre et « ratifiées » par le gouvernement.

Depuis 2002, plusieurs ententes internationales, et notamment celles relatives à la sécurité sociale, ont fait l'objet d'une approbation par l'Assemblée nationale en raison du fait qu'il s'agissait d'ententes requérant, pour leur mise en œuvre au Québec, la prise d'un règlement.[25]

Les ententes internationales du Québec sont considérées par le gouvernement du Québec comme des traités au sens du droit international. Selon les données du ministère des Relations internationales du Québec, le

---

définie aux articles 22.2 à 22.6 de la Loi sur le ministère des Relations internationales. Le premier paragraphe de l'article 22.2 et l'article 22.3 contiennent les règles les plus importantes en cette matière et se lisent comme suit :

> 22.2. Tout engagement international important incluant, le cas échéant, les réserves s'y rapportant, fait l'objet d'un dépôt à l'Assemblée nationale, par le ministre, au moment qu'il juge opportun. Le dépôt du texte de cet engagement international est accompagné d'une note explicative sur le contenu et les effets de celui-ci. [...]
>
> 22.3. Le ministre peut présenter une motion proposant que l'Assemblée nationale approuve ou rejette un engagement international important déposé à l'Assemblée. La motion ne nécessite pas de préavis si elle est présentée immédiatement après le dépôt de l'engagement. À moins que l'Assemblée n'en décide autrement du consentement unanime de ses membres, la motion fait l'objet d'un débat d'une durée de deux heures qui ne peut commencer que 10 jours après le dépôt de l'engagement. Seul est recevable un amendement proposant de reporter l'approbation ou le rejet de l'engagement par l'Assemblée.

25 J'ai préparé un tableau relatif à l'approbation des engagements internationaux importants par le Québec et celui-ci est affiché sur mon site électronique à l'adresse www.danielturp.org/professeur/ (rubrique Activités académiques, section Activités d'enseignement/Plans et documents, sous-section Aspects juridiques des relations internationales (INT-6050) (Hiver 2007), document n° E-15.2).

Québec a conclu plus de 550 ententes internationals.[26] Plus de 300 d'entre elles sont toujours en vigueur. Parmi celles-ci, il y a, en particulier, près d'une trentaine d'ententes de sécurité sociale et une vingtaine d'ententes multisectorielles de coopération. Les autres ententes internationales touchent un grand nombre de domaines, tels la culture, le développement économique, les permis de conduire; les exemptions relatives aux frais de scolarité, l'adoption internationale, l'environnement, les sciences de la technologie et les communications.[27]

Le gouvernement du Québec considère que ces ententes ne sont assujetties, pour reprendre la formule de la doctrine Gérin-Lajoie, à aucune surveillance ou contrôle d'opportunité par le gouvernement du Canada.[28] Toutefois, le gouvernement du Canada continue de vouloir exercer une surveillance et un contrôle sur le contenu des ententes internationales du Québec. Ainsi, dans le cadre d'une négociation entre le Québec et le Vietnam relative à la conclusion d'une entente en matière d'adoption internationale, le gouvernement du Canada s'est immiscé dans le processus de conclusion de

---

26 Le deuxième paragraphe de l'article 19 de la Loi sur le ministère des Relations internationales définit une entente internationale comme un « accord, quelle que soit sa dénomination particulière, intervenu entre d'une part, le gouvernement ou l'un de ses ministères ou organismes et d'autre part, un gouvernement étranger ou l'un de ses ministères, une organisation internationale ou un organisme de ce gouvernement ou de cette organisation ». Pour un historique de ces ententes internationales du Québec, voir Jacques-Yvan Morin, « La personnalité internationale du Québec », (1984) 1 Revue québécoise de droit international 163, aux p. 242-249.

27 Les ententes internationales du Québec ont été publiées dans trois volumes du Recueil des ententes internationales du Québec (vol. 1 (1964-1983), vol. 2 (1984-1989) et vol. 3 (1990-1992)). Ce recueil n'a pas été publié depuis 1993, l'ensemble des ententes en vigueur étant toutefois disponible sur le site électronique du ministère des Relations internationales à l'adresse http://www.mri.gouv.qc.ca/fr/action_internationale/ententes/ententes.asp.

28 Sur la nature juridique des ententes internationales du Québec, voir en particulier André Samson, « La pratique et les revendications du Québec en matière de conclusion d'ententes internationales », (1984) 1 Revue québécoise de droit international 69, Anne-Marie Jacomy-Millette, « Réflexions sur la nature juridique des ententes internationales du Québec », id., à la p. 93 et Daniel Turp, « L'arrêt Bazylo c. Collins et la nature juridique des ententes internationales du Québec », id., à la page 345.

cette entente et cette attitude du Canada avait fait dire au ministre responsable des Affaires intergouvernementales canadiennes, M. Benoît Pelletier, qu'on assistait à « un durcissement d'Ottawa dans le dossier des relations internationales ».[29] En exigeant que l'entente internationale du Québec contienne une référence à l'*Accord de coopération en matière d'adoption internationale entre le gouvernement de la République socialiste du Vietnam et le gouvernement du Canada* conclu le 27 juin 2005, le gouvernement du Canada donnait en quelque sorte une réponse au ministre Pelletier qui s'était demandé si le gouvernement fédéral ne devrait pas « reconnaître formellement que les provinces sont libres de conclure elles-mêmes des ententes, à l'intérieur des limites de leur souveraineté sur le plan interne, lorsqu'elles sont les seules concernées ».[30]

Plutôt que de donner suite à cette demande, le gouvernement du Canada tendait ainsi à réfuter la thèse selon laquelle le Québec détient, en application de la doctrine Gérin-Lajoie, le droit du Québec de conclure, en son propre nom, ses propres engagements internationaux.[31] Des pourparlers avec le gouvernement du Canada ont permis de résoudre l'impasse, mais au prix d'une référence à l'accord international du Canada dans le préambule de l'entente du Québec.[32] Certains ont fait observer que la nouvelle entente sur l'adoption des

---

29 Voir Robert Dutrisac, « Ottawa se braque, Québec s'alarme – La dispute sur l'adoption d'enfants vietnamiens traduit un net durcissement de la part du fédéral, dit le ministre Pelletier », Le Devoir, 2 et 3 juillet 2005, p. A-1 et 8. Voir aussi André Pratte, « Du " gossage " fédéral », La Presse, 16 juillet 2005, p. A-22.

30 Voir Benoît Pelletier, La place du Québec dans les organisations et négociations internationales, Allocution prononcée par le ministre responsable des Affaires intergouvernementales canadiennes, Conseil des relations internationales de Montréal, 17 mars 2005, p. 4.

31 Dans le cadre d'un débat sur le projet de Loi sur les traités (Projet de loi C-260), présenté par le député Jean-Yves Roy du Bloc Québécois à la Chambre des communes, le gouvernement du Canada a, par la voix du secrétaire parlementaire du ministre des Affaires étrangères, réfuté la thèse selon laquelle le Québec conclut des traités internationaux. Ainsi, l'honorable Dan McTeague affirmait à la Chambre des communes le 18 mai 2005 que « la prérogative de négocier et de signer les traités internationaux, quels qu'ils soient, appartient au seul exécutif fédéral canadien » [http://www.parl.gc.ca/38/1/parlbus/chambus/house/debates/101_2005-05-18/ han101_1800-F.htm#SOB-1291119].

32 Voir l'Entente de coopération en matière d'adoption internationale entre le gouvernement du Québec et le gouvernement de la République socialiste du Vietnam. [http://www.mri.gouv.qc.ca/fr/action_internationale/ententes/pdf/

enfants vietnamiens permet deux lectures opposées, « [l]e gouvernement québécois p[ouvant] y voir un instrument international autonome à portée juridique, tandis qu'Ottawa p[ouvant] soutenir que le seul le traité que le Canada a signé avec le gouvernement vietnamien a une valeur juridique en droit international, le document québécois n'étant qu'une entente administrative subordonnée en droit au traité canadien. [33] La ministre des Relations internationales du Québec affirmait quant à elle que « l'accord canadien ne réduit pas notre entente à un "arrangement administratif" ».[34]

Le Québec se préoccupe par ailleurs des engagements internationaux que le Canada est susceptible d'assumer en concluant des accords dans des domaines ressortissant à la compétence constitutionnelle du Québec et le droit québécois des relations internationales contient des règles qui leur sont applicables.

I.B. Les accords internationaux du Canada

Négociés par le Canada au sein ou sous l'égide d'organisations internationales, mais également sur une base multilatérale, plurilatérale ou bilatérale, plusieurs accords internationaux du Canada comprennent des dispositions qui portent sur des matières ressortissant à la compétence constitutionnelle du Québec. Si le Canada exprime son consentement à être lié par de tels accords, le Québec est susceptible de devoir assumer des obligations en raison d'un tel consentement.[35] C'est la raison pour laquelle le Québec a cherché à jouer un rôle dans le processus de négociation de ces accords et a exprimé notamment sa volonté de prendre part aux négociations. Le Québec a toutefois posé d'autres gestes visant

---

2005-06.pdf].

33 Voir Robert Dutrisac, « Adoption internationale – Un précédent favorable à Ottawa », Le Devoir, 7 septembre 2005, p. A-3.

34 Monique Gagnon-Tremblay, « C'est la meilleure entente qui soit! », Le Devoir, 23 septembre 2005.

35 Si les traités comportent des clauses fédérales ou territoriales, comme certaines conventions conclues au sein de l'Organisation internationale du travail, de l'UNESCO ou de la Conférence de La Haye sur le droit international privé, les dispositions de ces traités ne sont pas applicables au Québec. Voir sur cette question Jean-Maurice Arbour, Droit international public, 4e éd., Montréal, Éditions Yvon Blais, 2002, p. 165-167.

à lui conférer un droit de regard sur les accords internationaux du Canada.

Ainsi l'article 17 de la *Loi sur le ministère des Affaires intergouvernementales* de 1974 et l'article 17 de la *Loi sur le ministère des Relations internationales* de 1984, contenaient la même règle voulant que « [l]e ministre recommande au gouvernement la ratification des traités et accords internationaux dans les domaines ressortissant à la compétence constitutionnelle du Québec ». En vertu de cette règle le Québec a « ratifié » plusieurs accords internationaux du Canada.[36] Si le terme « ratification » était mal choisi[37] et que l'on a substitué dans les décrets le mot « ratifié » aux expressions « déclaré lié » ou « déclaré favorable » , l'acte posé visait, pour l'essentiel, à donner l'assentiment du Québec à ce que le Canada devienne partie à un accord international ressortissant à la compétence constitutionnelle du Québec.

L'article 6 de la *Loi modifiant la Loi sur le ministère des Relations internationales* de 2002 a apporté d'importants changements au processus par lequel le Québec agit à l'égard des accords internationaux du Canada. Les règles du droit québécois des relations internationales applicables se retrouvent aujourd'hui à l'article 22.1 de la *Loi sur le ministère des Relations internationales* qui se lit ainsi :

> 22.1. Le ministre veille aux intérêts du Québec lors de la négociation de tout accord international, quelle que soit sa dénomination particulière, entre le gouvernement du Canada et un gouvernement étranger ou une organisation internationale et portant sur une matière ressortissant à la compétence constitutionnelle du Québec. Il assure et coordonne la mise en oeuvre au Québec d'un tel accord.
>
> Le ministre peut donner son agrément à ce que le Canada signe un tel accord.
>
> Le gouvernement doit, pour être lié par un accord international ressortissant à la compétence constitutionnelle du Québec et pour

36 Pour des exemples de décrets déclarant le Québec lié par des accords internationaux du Canada, voir Jacques-Yvan Morin, Francis Rigaldies et Daniel Turp, Droit international public : notes et documents, supra note 7, p. 151-153.

37 Voir à ce sujet les commentaires de Jean-Paul Dupré et Éric Théroux, « Les relations internationales du Québec dans le contexte du droit international », (1989-90) 6 Revue québécoise de droit international 145, à p. 148.

> donner son assentiment à ce que le Canada exprime son consentement à être lié par un tel accord, prendre un décret à cet effet. Il en est de même à l'égard de la fin d'un tel accord.
>
> Le ministre peut assujettir son agrément et le gouvernement son assentiment à ce que le Canada formule, lorsqu'il exprime son consentement à être lié, les réserves exprimées par le Québec.

Cette procédure à l'égard des accords internationaux du Canada comporte généralement deux étapes. Ainsi, lorsqu'un accord international du Canada comprend une formalité de signature, le « ministre » peut donner son agrément à une telle signature. Les traités multilatéraux adoptés au sein ou sous l'égide d'organisations internationales comportent, dans la plupart des cas, une étape de signature et dans ce cas le ministre peut donner son agrément à ce que le Canada signe un accord international ressortissant à la compétence constitutionnelle du Québec. L'article 22.1 prévoit de même que le « gouvernement » doit donner son assentiment à ce que le Canada exprime son consentement à être lié par un accord international, qu'un tel consentement soit donné par un acte de ratification, d'acceptation, d'approbation ou d'adhésion.

En application des procédures d'assentiment aux accords internationaux du Canada, le Québec a donné son assentiment à plus de trente accords internationaux du Canada, et notamment à plusieurs accords relatifs aux droits fondamentaux, au droit international privé ou au commerce international.[38]

Comme pour les ententes internationales du Québec, certains accords internationaux auxquels le Canada veut devenir partie sont considérés comme des engagements internationaux importants au sens du paragraphe 2 de l'article 22.2 et requièrent une approbation préalable de l'Assemblée nationale du Québec avant que le gouvernement du Québec donne son assentiment au Canada. Depuis 2002, plusieurs accords internationaux du Canada ont été

---

38 Voir le tableau relatif à l'assentiment du Québec aux accords internationaux du Canada affiché sur mon site électronique à l'adresse www.danielturp.org/professeur (rubrique Activités académiques, section Activités d'enseignement/Plans et documents, sous-section Aspects juridiques des relations internationales (INT-6050) (Hiver 2006), document n° E-15.3).

assujettis à cette procédure d'approbation,[39] le dernier accord ayant été approuvé étant la *Convention sur la protection et la promotion de la diversité des expressions culturelles*.[40]

Les accords internationaux du Canada revêtent une importance considérable pour le Québec lorsqu'ils ressortissent à sa compétence constitutionnelle, et notamment en raison du fait que le Québec est celui qui détient la compétence constitutionnelle de les mettre en œuvre et leur donner des effets sur son territoire. Dans cette perspective, la procédure d'agrément et d'assentiment aux accords du Canada visent pour l'essentiel à faire savoir au Canada que le Québec n'acceptera d'exécuter des accords internationaux auxquels le Canada entend devenir partie que s'il exprime son consentement préalable.

Le gouvernement du Canada n'a pas, à ma connaissance, fait de commentaires sur la nouvelle procédure d'agrément et d'assentiment du Québec aux accords internationaux du Canada. Depuis la date d'adoption de la nouvelle procédure québécoise, aucun différend entre le Québec et le Canada n'a eu lieu au sujet des accords internationaux du Canada et cela explique sans doute le silence du gouvernement fédéral concernant les nouvelles règles du droit québécois des relations internationales en la matière. Si le Québec devait refuser de donner son agrément à la signature d'un accord international ou ne pas donner à son assentiment à la ratification d'un traité par le Canada, le Canada serait dans une situation où il devrait respecter la volonté du Québec ou passer outre à cette volonté. Passer outre à la volonté du Québec serait d'autant plus difficile dans le cas où l'Assemblée nationale du Québec aurait refusé, comme le gouvernement du Québec pourrait l'inviter à le faire, d'approuver un accord international du Canada considéré comme un engagement international

---

39 Voir le Tableau relatif à l'approbation des engagements internationaux importants par le Québec, supra note 20.

40 Il est intéressant de noter que la Convention sur la protection et la promotion de la diversité des expressions culturelles, adoptée lors de la 33e Conférence générale de l'UNESCO le 20 octobre 2005, ne prévoit pas de formalité de signature et qu'aucun agrément à la signature n'était donc nécessaire. Le Québec n'a donc pas dû donner son agrément à une signature du Canada, mais a donné à son assentiment à ce que le Canada exprime son consentement à être lié par la convention, comme en fait le décret no 1088-2005 du 16 novembre 2005 dont le texte est reproduit dans (2005) 49 Gazette officielle du Québec, partie II, p. 6896.

important ressortissant à la compétence constitutionnelle du Québec.

Si la doctrine Gérin-Lajoie a donc engendré des règles de plus en plus élaborées relatives aux engagements internationaux et a amené le Québec à légiférer pour prévoir les formalités par lesquelles il entérine et ratifie ses propres ententes internationales et donne un agrément et un assentiment aux accords internationaux ressortissant à sa compétence constitutionnelle du Québec, elle annonçait également des développements relatifs à la participation du Québec aux forums internationaux et donne lieu, encore aujourd'hui, à des gestes et des revendications qui démontrent qu'elle était susceptible d'avoir le « retentissement considérable » qu'on lui prédisait déjà en 1965.

II. La participation du Québec aux forums internationaux

Dans le discours du 12 avril 1965 énonçant la doctrine Gérin-Lajoie, une place était réservée à la question de la participation du Québec aux forums internationaux.[41] Ainsi, peut-on lire que :

> À côté du plein exercice du *jus tractatum* limité que réclame le Québec, il y a également le droit de participer à l'activité de certaines organisations internationales de caractère non politique. Un grand nombre d'organisations interétatiques n'ont été fondées que pour permettre la solution, au moyen de l'entraide internationale, de problèmes jugés jusqu'ici de nature purement locale.

Comme dans le cas des engagements internationaux, la question de la participation du Québec aux forums internationaux a été, depuis 1965, à l'origine de revendications multiples de la part des gouvernements successifs du Québec. Cette participation est aujourd'hui encadrée par un droit québécois des relations internationales qui a enchâssé cette dimension de la doctrine Gérin-Lajoie dans la législation québécoise et qui a établi les modalités de participation du Québec aux travaux des organisations internationales.

---

41 Pour un commentaire sur cette question du droit de participer à l'activité des organisations internationales, voir Louis Sabourin, «La participation des provinces canadiennes aux organisations internationales», (1965) 3 Annuaire canadien de droit international 73.

Ainsi, la *Loi sur les droits fondamentaux du Québec* affirme, au paragraphe 3 de son article 7, que le gouvernement du Québec peut dans ses domaines de compétence, établir et poursuivre des relations avec des États étrangers et des *organisations internationales* et assurer sa représentation à l'extérieur du Québec ». La *Loi sur le ministère des Relations internationales* prévoit quant à elle les modalités par lesquelles le Québec peut établir et poursuivre des relations avec des organisations internationales. D'ailleurs, la loi précise les responsabilités de la personne occupant la fonction de ministre des Relations internationales en ces termes :

> 11. Le ministre planifie, organise et dirige l'action à l'étranger du gouvernement ainsi que celle de ses ministères et organismes et coordonne leurs activités au Québec en matière de relations internationales. [...]
>
> Il établit et maintient avec les gouvernements étrangers et leurs ministères, les *organisations internationales* et les organismes de ces gouvernements et de ces organisations les relations que le gouvernement juge opportun d'avoir avec eux.
>
> Il favorise le renforcement des *institutions francophones internationales* auxquelles le gouvernement participe, en tenant compte des intérêts du Québec.
>
> 14. Le ministre assure les communications officielles entre d'une part, le gouvernement, ses ministères et organismes et d'autre part, les gouvernements étrangers et leurs ministères, les *organisations internationales*, les organismes de ces gouvernements et de ces organisations et maintient les liaisons avec leurs représentants sur le territoire du Québec.
>
> Il favorise l'établissement sur le territoire du Québec d'*organisations internationales* et de représentants de gouvernements étrangers.

S'agissant de la participation aux travaux des conférences et réunions internationales, la *Loi sur le ministère des Relations internationales* prévoit aussi les modalités applicables à la participation aux travaux de ces conférences et réunions et aux personnes qui font partie de missions auprès d'une organisation internationale. L'article 34 prévoit que « [t]oute délégation officielle du Québec à une conférence ou réunion internationale est constituée et mandatée par le gouvernement [et que] [n]ul ne peut, lors d'une telle conférence ou réunion, prendre position au nom du gouvernement si elle n'a reçu un mandat exprès à cet effet du ministre ».[42] L'application de ces modalités a été récemment illustrée par la constitution et la définition du mandat de la délégation québécoise à la Conférence des Nations Unies sur les changements climatiques.[43]

Ces règles relatives à la participation du Québec aux forums internationaux ont par ailleurs été complétées par celles contenues dans certaines ententes intergouvernementales conclues dans le cadre de la participation du Québec aux institutions de la Francophonie (A). Les gouvernements successifs du Québec ont par ailleurs souhaité que soient également adoptées des règles analogues pour les forums internationaux traitant d'éducation, de langue, de culture et d'identité, et notamment à l'UNESCO (B).

II.A. Le Québec dans la Francophonie

Le Québec détient au sein de la Francophonie un statut de gouvernement participant rendu possible par la *Charte de la Francophonie*[44] et se voit consentir

---

42 Voir aussi au même effet l'article 35 de la loi qui se lit ainsi :

> 35. Aucune personne faisant partie d'une mission envoyée au nom du gouvernement auprès d'un gouvernement étranger ou de l'un de ses ministères, d'une organisation internationale ou d'un organisme de ce gouvernement ou de cette organisation ne peut prendre position au nom du gouvernement si elle n'a reçu un mandat exprès à cet effet du ministre.

43 Voir le Décret n° 1011-2006 concernant la composition et le mandat de la délégation qui participera à la 12e Conférence des Parties à la Convention-cadre des Nations Unies sur les changements climatiques et à la 2e Réunion des Parties au Protocole de Kyoto à Nairobi (Kenya), du 6 au 17 novembre 2006, (2006) Gazette officielle du Québec, no 48, p. 5530.

44 L'article 10 § 3 de la Charte de la Francophonie, adoptée lors de la Conférence ministérielle du 23 novembre 2005, et dont le texte est le même que le texte originaire de l'article 3.3 de la Charte de l'Agence de coopération culturelle et technique, se lit comme suit :

> Dans le plein respect de la souveraineté et de la compétence internationale des États membres, tout gouvernement peut être admis comme

une large autonomie au sein des ses organes et institutions. Cette autonomie a été consacrée par l'adoption le 1er octobre 1971 des *Modalités selon lesquelles le gouvernement du Québec est admis comme gouvernement participant aux institutions, aux activités et aux programmes de l'Agence de coopération culturelle et technique.*[45] Elle se déploie également dans le cadre des travaux de la Conférence des chefs d'État et de gouvernement ayant le français en partage, mieux connue comme le Sommet de la Francophonie, en vertu de l'*Entente entre le gouvernement du Québec et le gouvernement du Canada relative au Sommet francophone*,[46] conclue entre le gouvernement du Québec et le gouvernement du Canada le 7 novembre 1985 et dont les modalités ont été appliquées à l'ensemble des sommets de la Francophonie.[47]

Ces ententes permettent au Québec d'être représenté dans les institutions de la Francophonie que sont ses trois instances (Conférence ministérielle, Conseil permanent et Sommet), ainsi qu'auprès du Secrétaire général et au sein de l'Organisation internationale de la Francophonie. Quatre ententes sur les Jeux de la Francophonie ont également été conclues entre le gouvernement du Québec et le gouvernement du Canada et sont en date du 25 avril 1989, du 17 décembre 1992, du 5 avril 1994 et du 17 mai 2001. Ces ententes prévoient que la participation canadienne aux Jeux de la Francophonie est constituée de trois équipes, dont celle du Canada-Québec.

Sans avoir fait l'objet d'ententes intergouvernementales, d'autres modalités encadrent par ailleurs la participation du Québec aux travaux des autres institutions de la Francophonie, à savoir l'Assemblée parlementaire de la

---

gouvernement participant aux institutions, aux activités et aux programmes de l'Agence, sous réserve de l'approbation de l'État membre dont relève le territoire sur lequel le gouvernement participant concerné exerce son autorité et selon les modalités convenues entre ce gouvernement et celui de l'État membre.

45 Pour le texte de ces modalités, voir Jacques-Yvan Morin, Francis Rigaldies et Daniel Turp, Droit international public : notes et documents, supra note 7, p. 462-465.

46 Ibid., p. 465-466. Le texte de cette entente est également reproduit dans (1985) 2 Revue québécoise de droit international 395-398.

47 Sur cette entente, voir les commentaires de Jacques-Yvan Morin, « Le premier Sommet de la Communauté francophone », (1986) 3 Revue québécoise de droit international 79, aux p. 85-90 et « Le Sommet de Québec », (1987) 4 Revue

Francophonie (APF), les quatre opérateurs directs (Agence universitaire de la Francophonie (AUF), TV5 (Télévision internationale francophone) et Université Senghor d'Alexandrie), l'Association internationale des maires et responsables des capitales et des métropoles partiellement ou entièrement francophones (AIMF) ainsi que les deux conférences ministérielles permanentes, à savoir la Conférence des ministres de l'Éducation des pays ayant le français en partage (CONFÉMEN) et la Conférence des ministres de la Jeunesse et des Sports des pays ayant le français en partage (CONFÉJÈS).

Des ententes intergouvernementales et d'autres modalités permettent ainsi au Québec de participer de façon autonome aux diverses instances et institutions de la Francophonie. L'autonomie du Québec connaît par ailleurs des limites, qu'il s'agisse de la subordination symbolique du Québec au Canada par l'usage de la formule Canada-Québec (ou Québec-Canada dans le cas de TV5), mais aussi par les limitations du droit de parole du Québec au Sommet de la Francophonie en application du paragraphe 3 de l'article 3 de l'Entente entre le gouvernement du Québec et le gouvernement du Canada relative au Sommet francophone qui prévoit que « [s]ur les questions relatives à la situation politique mondiale, le Premier ministre du Québec est présent et se comporte comme un observateur intéressé. Sur les questions relatives à la situation économique mondiale, le Premier ministre du Québec pourra, après concertation et avec l'accord ponctuel du Premier ministre du Canada, intervenir sur celles qui intéressent le Québec ».

De plus, le Québec a été exclu de certaines réunions de concertation de la Francophonie organisées sous l'égide des observateurs de la Francophonie auprès des organisations internationales. Ainsi, le Québec n'a pas été invité à participer aux réunions de concertation organisées par les observateurs de la Francophonie auprès de l'Organisation des Nations Unies, tant à New York qu'à Genève. Une telle attitude a été fondée sur le fait que le Québec n'était pas membre de l'Organisation des Nations Unies et que seuls les représentants permanents des États détenant un statut de membre à l'ONU devaient être associées à de telles réunions de concertation. Le Québec a protesté contre une telle exclusion pour le motif que de telles concertations étaient susceptibles de porter sur des matières qui ressortissent à la compétence constitutionnelle du

---

québécoise de droit international 121, aux p. 162-163.

Québec et qu'il serait dès lors utile que la Francophonie entende, à travers ses observateurs, les vues du Québec sur de telles questions.

Si le statut du Québec dans la Francophonie lui permet une participation aux activités de ses multiples instances et institutions et que les règles contenues dans des ententes intergouvernementales garantissent une « droit » de participation du Québec, une telle participation est nettement plus précaire dans les autres forums internationaux, et notamment à l'UNESCO.

II.B. Le Québec à l'UNESCO

Si l'on excepte la participation du Québec aux institutions de la Francophonie, la place du Québec dans les autres forums internationaux n'est généralement pas garantie et dépend, à tous égards, de la volonté du gouvernement du Canada d'associer le Québec aux délégations canadiennes participant aux travaux des organisations internationales. Les gouvernements successifs du Québec ont formulé de nombreuses revendications sur cette question[48] et le gouvernement du Québec adoptait, le 24 mars 1999, une *Déclaration du gouvernement du Québec concernant la participation du Québec aux forums internationaux traitant d'éducation, de langue, de culture et d'identité*.[49] Adoptée dans un contexte où le Québec cherchait à participer aux travaux des divers forums où était débattue la question de la diversité culturelle,[50] cette déclaration présentait trois demandes suivantes au gouvernement du Canada :

> Que dans tous les forums internationaux traitant d'éducation, de langue, de culture et d'identité, il est fondamental que le gouvernement du Québec s'exprime de sa propre voix au nom du peuple québécois :
>
> Qu'en conséquence, le gouvernement du Québec entend participer

---

48 Voir notamment Gouvernement du Québec, Document de travail sur les relations avec l'étranger, Conférence constitutionnelle, Comité permanent des fonctionnaires, Québec, 5 février 1969, p. 25-28.

49 Le texte intégral de cette déclaration est disponible à l'adresse [http://www.mri.gouv.qc.ca/fr/salle_de_presse/archives/allocutions/textes/1999/1999_03_24.as].

50 Voir à ce sujet Louise Beaudoin, « Forums multilatéraux: des compromis demeurent possibles », La Presse, 29 avril 1999, p. B-3.

> directement à ces forums, à en encourager la tenue et en favoriser l'organisation et l'action;
>
> Qu'aux fins de participer à certaines organisations internationales auxquelles le Canada est l'État statutairement accrédité, le gouvernement du Québec entend amorcer des négociations avec le gouvernement fédéral pour convenir des modalités de sa présence et de l'exercice de sa liberté de parole.

Ces demandes formulées par le gouvernement du Québec en 1999 n'ont pas été accueillies avec beaucoup d'ouverture par le gouvernement du Canada de l'époque et les modalités de la présence et de l'exercice de la liberté de parole du Québec n'ont fait l'objet d'aucune véritable négociation. Après avoir annoncé son intention de réclamer au gouvernement d'Ottawa une place accrue pour le Québec sur la scène internationale,[51] le gouvernement du Québec revenait par ailleurs à la charge six ans plus tard en présentant, le 14 septembre 2005, un document de travail dans lequel il était affirmé :

> À l'exception du cas de la Francophonie, la participation québécoise aux forums internationaux est soumise aux aléas de la conjoncture et elle ne comporte que très rarement un droit de parole au sens strict. Une formalisation des pratiques permettrait au Québec non seulement de disposer d'un cadre plus cohérent et prévisible qui faciliterait l'exercice de ses responsabilités internationales, mais aussi d'éliminer la source de nombreuses frictions découlant du caractère arbitraire des décisions autorisant la participation du Québec à certains travaux.[52]

---

51 Normand Delisle, « Québec réclame une voix à l'UNESCO – Le gouvernement s'apprête à entreprendre des discussions en ce sens avec Ottawa», Le Soleil, 25 novembre 2004, p. A-14; Jocelyne Richer, «Québec veut s'avancer sur la scène internationale », Le Devoir, 9 août 2005, p. A-3.

52 Voir gouvernement du Québec, Le Québec dans les forums internationaux – L'exercice des compétences du Québec à l'égard des organisations et conférences internationales, p. 6 [http://www.mri.gouv.qc.ca/fr/pdf/action_internationale1.pdf]. Voir aussi Gouvernement du Québec, Monique Gagnon-Tremblay et la participation du Québec dans les forums internationaux - La proposition du gouvernement du Québec viendra enrichir la participation canadienne,

Une proposition d'entente concernant la participation du Québec aux forums internationaux était présentée dans ce document et trois demandes à portée générale y étaient formulées. Ainsi, le gouvernement du Québec réclamait-il dorénavant :

> un statut de membre à part entière au sein des délégations canadiennes et une responsabilité exclusive quant à la désignation de ses représentants;
>
> un droit de s'exprimer de sa propre voix au sein des forums internationaux lorsque ses responsabilités sont concernées;
>
> le droit d'exprimer ses positions lors des comparutions du Canada devant les instances de contrôle des organisations internationales, lorsqu'il est mis en cause ou lorsque ses intérêts sont visés.

S'agissant de l'UNESCO, une revendication plus particulière était formulée concernant cette institution spécialisée s'intéressant à l'éducation, la science et la culture. Le gouvernement souhaitait une révision du mandat de la Commission canadienne de l'UNESCO afin que le gouvernement québécois soit lui-même chargé de faire la consultation auprès de la société civile ainsi que le pouvoir de désigner un représentant permanent – faisant partie de la délégation canadienne – auprès de cette organisation, lequel serait intégré à la délégation canadienne et

---

Communiqué, 14 septembre 2005, [http://www.mri.gouv.qc.ca/fr/ministere/communiques/textes/2005/2005_09_14.asp]. Pour les réactions de l'Opposition officielle à ce document, voir Daniel Turp et Jonathan Valois, La place du Québec dans les forums internationaux- Des propositions tout à fait banales, Communiqué, mercredi 14 septembre 2005 [http://communiques.gouv.qc.ca/gouvqc/communiques/GPQF/Septembre2005/14/c9760.html] ainsi que Daniel Turp et Jonathan Valois, La place du Québec dans les forums internationaux - Des revendications timides, une proposition piégée, disponible à l'adresse www.danielturp.org (rubrique Interventions, 15 septembre 2005). Voir également au sujet de ce document, Robert Dutrisac, « Québec fera sa place dans le monde après entente avec Ottawa – Monique Gagnon-Tremblay dresse la liste des demandes», Le Devoir, 15 septembre 2005, p. A-3; Tommy Chouinard, « Le Québec veut " enrichir " la voix du Canada », La Presse, 15 septembre 2005, p. A-10.

devrait systématiquement détenir un droit de parole, au sein de la délégation canadienne, dans les discussions à l'UNESCO.

Les demandes et revendications du Québec contenues dans le document sur *Le Québec dans les forums internationaux* n'ont été guère mieux accueillies par le gouvernement du Parti libéral du Canada en 2005. Non seulement assiste-t-on à une levée de boucliers au Canada anglais, [53] mais on constate que le gouvernement du Canada ne semble pas vouloir entreprendre une négociation qui aurait comme objectif la conclusion d'une entente intergouvernementale relative à la place du Québec dans les délégations canadiennes au sein des organisations et conférences internationales. [54] Ainsi, à l'occasion d'une rencontre entre les ministres canadiens et québécois le 7 octobre 2005, les discussions ont plutôt porté sur les bonnes pratiques Ottawa-Québec sur la scène internationale, le ministre des Affaires étrangères du Canada demandant

---

53 Voir les commentaires de Jeffrey Simpson, « Who speaks for Canada ? Take a number », The Globe and Mail, 21 septembre 2005, p. A-21 et « Cauchemars! - L'essence même de la politique étrangère doit être qu'un pays s'adresse au reste du monde d'une seule voix », La Presse, 9 octobre 2005, p. A-12; Tom Kent, «Pearson never compromised on who spoke for Canada », The Globe and Mail, 11 octobre 2005, p. A-17; Allan Gotlieb, « The Pearson file », The Globe and Mail, October 13, 2005, p. A-18; John Ibtson, « Who speaks for Canada ? We all do », The Globe and Mail, 14 octobre 2005, p. A-4; Max Yalden, « Quebec already speaks for Canada », globeandmail.com, Web-exclusive comment, 17 octobre 2005 [http://www.theglobeandmail.com/servlet/story/RTGAM.20051017.wcomment1017/BNStory/National/]. Les ministres québécois ont réagi à cette levée de boucliers : voir Monique Gagnon-Tremblay, « Who dares speak for Canada abroad ? We do », The Globe and Mail, 3 octobre 2005, p. A-15; Benoît Pelletier, « Le monde a changé – Un peu partout, des fédérations cherchent à aménager un rôle international plus intéressant à leurs États fédérés », La Presse, 12 octobre 2005, p. A-21 et « To refuse provincial input in international negotiations is to condemn our federation to a state of perpetual stagnation, says Quebec's Intergouvernemental Affairs Minister Benoît Pelletier », globeandmail.com, Web-exclusive comment, 12 octobre 2005, [http://www.theglobeandmail.com/servlet/story/RTGAM. 20051011.wwebex1012/BNStory/Front/].

54 Voir Jack Aubry, « Ottawa set to discuss Quebec's world role – Seeks increased profile », The Globe and Mail, 1er septembre 2005, p. A-9; Isabelle Rodrigue, « Pettigrew et Pelletier bientôt face à face », La Presse, 13 septembre 2005, p. A-23; Antoine Robitaille, « Relations internationales – Le Québec doit se donner un plan B, selon les observateurs », Le Devoir, 7 octobre 2005, p. A-2. Voir aussi André Pratte, « Une querelle évitable », La Presse, 7 octobre 2005, p. A-11.

au Québec de dresser une liste de cas concrets d'irritants. Au terme de la rencontre, le ministre responsable des Affaires intergouvernementales canadiennes, M. Benoît Pelletier, admettait que « ce ne sera [it] pas un dossier facile ».[55]

Au lendemain de l'élection canadienne du 23 janvier 2006 durant laquelle le Parti Conservateur du Canada prend l'engagement d'« inviter le gouvernement du Québec à jouer un rôle à l'UNESCO selon des modalités analogues à sa participation à la Francophonie » ,[56] le gouvernement issu de ce

---

55 Voir Antoine Robitaille, « Québec et Ottawa sont loin de s'entendre sur le dossier des relations internationales », Le Devoir, 8 et 9 octobre 2005, p. A-3 ainsi que les vues exprimées par Daniel Turp et Jonathan Valois, La place du Québec dans les forums internationaux – Le gouvernement doit refuser toute proposition ne reconnaissant pas le droit strict du Québec de parler de sa propre voix, Communiqué, 6 octobre 2005 [http://communiques.gouv.qc.ca/gouvqc/communiques/GPQF/Octobre2005/06/c8551.html]. Le ministre Pelletier déplorera quelques jours plus tard qu'Ottawa referme la porte aux revendications du Québec, alors que sa collègue Gagnon Tremblay affirmera qu'une telle prétention est fausse : voir Robert Dutrisac, Antoine Robitaille et Alec Castonguay, « Gagnon-Tremblay contredit Pelletier - Il est faux de prétendre qu'Ottawa a fermé la porte dans ses négociations avec Québec », Le Devoir, 21 octobre 2005, p. A-1. Voir aussi Jocelyne Richer, « Les négociations sur la place du Québec à l'étranger semblent rompues », Le Soleil, 19 octobre 2005, p. A-15; Alec Castonguay, « Lapierre dénonce Pelletier Ottawa accuse le ministre québécois d'être le grand responsable du mauvais climat actuel entre les deux gouvernements », Le Devoir, 20 octobre 2005, p. A-1. Sur la confrontation Québec-Ottawa, voir Denis Massicotte, « Ottawa vs Quebec – A Diplomatic Confrontation », Embassy, 21 septembre, 2005 [http://www.embassymag.ca/html/index.php?display=story&full_path=/2005/ september/21/quebec/].

56 Voir Parti Conservateur du Canada, Changeons pour vrai- Programme électoral du Parti conservateur, 2006, p. 43 [http://www.conservative.ca/FR/2590/]. Dans sa plate-forme québécoise, il est question de « la possibilité pour le Québec de participer aux institutions internationales comme l'UNESCO, selon le modèle du Sommet de la francophonie », p. 3 [http://www.conservative.ca/media/2005129-Quebec-Platform-f.pdf]. Voir à ce sujet Tristan Péloquin, « Stephen Harper donnerait plus de place aux provinces - Le chef conservateur présente sa plateforme québécoise », La Presse, 20 décembre 2005, p. A-9 et Antoine Robitaille, « Relations internationales – Gagnon-Tremblay salue l'ouverture de Harper », Le Devoir, 12 janvier 2006, p. B-5. Pour un commentaire des propositions formulées par Stephen Harper, lire Robert Comeau et Jean Décary, « La carte internationale de Jean Charest, du bluff ? », Le Devoir, 31 décembre 2005,

parti se montre disposé à négocier un accord relatif à la participation du Québec à l'UNESCO. Le 5 mai 2006, un *Accord entre le gouvernement du Canada et le gouvernement du Québec sur l'Organisation des Nations unies pour l'éducation, la science et la culture (UNESCO)*[57] est signé à Québec et comporte des dispositions destinées à « assurer la participation du gouvernement du Québec aux travaux de l'UNESCO, en harmonie avec les orientations générales de la politique étrangère du Canada ».

L'*Accord Canada-Québec sur l'UNESCO* prévoit ainsi qu'un représentant permanent du Québec est accueilli au sein de la Délégation permanente du Canada auprès de l'UNESCO à Paris et que le gouvernement du Canada rend disponible au représentant permanent du gouvernement du Québec tous les documents officiels reçus de l'UNESCO et tient le Québec informé, de façon continue, des activités qu'il mène auprès de l'organisation. L'Accord prévoit également que le gouvernement du Québec est représenté à part entière et selon son désir au sein de toutes les délégations canadiennes aux travaux, réunions et conférences de l'UNESCO et que le représentant du gouvernement du Québec a droit d'intervenir pour compléter la position canadienne et faire valoir la voix du Québec. Les gouvernements du Canada et du Québec s'entendent par ailleurs pour se concerter sur tout vote, toute résolution, toute négociation et tout projet d'instrument international élaborés sous l'égide de l'UNESCO. En l'absence de consensus entre les gouvernements du Canada et du Québec, et sur demande de ce dernier, le gouvernement du Canada remet une note explicative de sa décision au gouvernement du Québec et le Québec décide seul s'il entend assurer la mise en œuvre des questions pour lesquelles il a la responsabilité. Le gouvernement du Canada s'engage à obtenir l'adhésion au Comité exécutif de la Commission canadienne pour l'UNESCO d'un représentant désigné par le gouvernement du Québec.

Une lecture de cet accord ainsi qu'une comparaison de celui-ci avec les ententes et les pratiques qui s'appliquent dans la Francophonie, permet de conclure que l'accord du 5 mai 2006 constitue non seulement un recul pour le

---

p. B-5 et de Louise Beaudoin, « Un devoir de vigilance », La Presse, 21 janvier 2006, p. A-27.

57 Le texte de l'accord est accessible à l'adresse http://www.premier.gouv.qc.ca/salle-de-presse/communiques/2006/mai/com20060505_accord.shtml et est ci-après dénommé Accord Canada-Québec sur l'UNESCO.

Québec, mais un sacrifice de l'autonomie internationale du Québec dans des matières qui, comme l'éducation, la science et la culture, ressortissent à sa compétence constitutionnelle.[58]

Une telle conclusion est notamment fondée sur le fait que, contrairement à ce qui se produit dans la Francophonie, le représentant du gouvernement du Québec devra travailler sous la « direction » d'un diplomate canadien et que le Québec ne se voit reconnaître qu'un droit de « compléter » la position canadienne. Ainsi, un examen du contenu des articles des parties 1 et 2 de l'accord du 5 mai 2006 tend à révéler que le représentant du gouvernement du Québec ne jouit pas d'une véritable autonomie au sein de la délégation permanente du Canada auprès de l'UNESCO dont il est d'ailleurs « membre ». Même s'il se « rapporte » au ministère des Relations internationales du Québec, l'accord prévoit qu'il travaille en étroite collaboration avec les agents de la délégation permanente et rappelle que l'ambassadeur et délégué permanent du Canada auprès de l'UNESCO assure la « direction générale » de l'ensemble de la mission canadienne. Cette référence à la mission canadienne semble une confirmation du fait que le représentant du gouvernement du Québec est intégré à la «mission canadienne» et que sa présence physique au sein de la mission canadienne est exigée. Et pour plus de certitude, et pour bien faire comprendre que le représentant du gouvernement du Québec ne jouit pas d'une

---

[58] Voir à ce sujet Daniel Turp, « L'Accord Canada-Québec sur l'UNESCO- Le sacrifice de l'autonomie internationale du Québec », Le Devoir, 9 mai 2006, p. A-7 et la réplique de la ministre des Relations internationales du Québec Monique Gagnon-Tremblay, « Réponse au texte de Daniel Turp sur la place du Québec à l'UNESCO- Le sacrifice d'un accord sur l'autel de la souveraineté », Le Devoir, 12 mai 2006, p. A-7. Voir également l'échange de vues entre le chef du Bloc Québécois et la ministre des Relations internationales du Québec : Gilles Duceppe, « Le Québec à l'UNESCO- Un recul historique », Le Soleil, 25 octobre 2007 et Monique Gagnon-Tremblay, « Le dénigrement a ses limites », Le Soleil, 26 octobre 2007. J'avais formulée quelques mois avant la conclusion de l'accord une proposition suggérant que le Québec cherche à obtenir le statut de membre associé à l'UNESCO : voir Daniel Turp, « Un combat d'avant-garde- Pour contribuer en son propre nom au combat pour la diversité culturelle, le Québec doit devenir membre associé de l'UNESCO », La Presse, 17 novembre 2004, p. A-21 et les réactions à cette proposition d'André Pratte, « La place du Québec », La Presse, 17 novembre 2004, p. A-21 et Louise Beaudoin, « Remettre le Québec à sa place », La Presse, 19 novembre 2004, p. A-14

véritable autonomie au sein de la délégation et de la mission, l'article 2.1 de l'accord prévoit que « [l]ors de ces travaux, réunions et conférences, tout représentant du gouvernement du Québec travaillera sous la direction générale du Chef de la délégation canadienne. »

Ainsi, la ligne hiérarchique est clairement délimitée, et le représentant du gouvernement du Québec est donc sous l'autorité du diplomate canadien qu'est l'ambassadeur et délégué permanent canadien auprès de l'UNESCO. La désignation diplomatique de « conseiller » que le gouvernement du Canada consent à conférer au représentant du gouvernement du Québec, notamment aux fins de son accréditation auprès l'UNESCO, confirme d'ailleurs le rang hiérarchique inférieur de la personne appelée à intervenir au nom du Québec. À cet égard, il est intéressant de noter que l'accord ne prévoit pas que le représentant permanent désigné par le gouvernement du Québec doit obligatoirement être « accueilli » par le gouvernement du Canada, et il peut donc être interprété comme permettant au Canada d'imposer son veto sur la désignation de toute personne désignée par le Québec.

Un autre accroc à l'autonomie internationale du Québec résulte du fait que le Québec ne saurait présenter de « position québécoise » à l'UNESCO. Ainsi, même s'il pourra faire valoir sa voix, l'article 2.3 est très clair sur le fait que cette voix est mise au service de la « position canadienne » et prévoit que « tout représentant du gouvernement du Québec aura droit d'intervenir pour compléter la position canadienne et faire valoir la voix du Québec ». Ainsi, la voix du Québec sera mise au service de la position canadienne pour la « compléter » et il doit être compris que le droit d'intervenir ne saura être exercé que si la voix du Québec s'accorde avec celle du Canada et est susceptible de la compléter. En cas de désaccord, l'on doit donc comprendre que le Québec doit s'abstenir de faire valoir sa voix. Une telle interprétation est confirmée par le fait que le gouvernement du Canada peut, en conformité avec l'article 3.1 de l'accord, se comporter comme il l'entend à l'égard de « tout vote, toute résolution, toute négociation et tout projet d'instrument international élaborés sous l'égide de l'UNESCO » et qu'«en l'absence de consensus entre les gouvernements du Canada et du Québec, et sur demande de ce dernier, le gouvernement du Canada remet une note explicative de sa décision au gouvernement du Québec ».

Si cet article ajoute que le Québec « décidera seul s'il entend assurer la mise en oeuvre des questions pour lesquelles il a la responsabilité », il demeure que le gouvernement du Québec reconnaît officiellement, pour la première fois dans l'histoire du Québec et en contradiction avec la doctrine Gérin-Lajoie, que le gouvernement du Canada puisse faire à l'égard d'un instrument international ressortissant de la compétence constitutionnelle du Québec un acte sans l'assentiment du gouvernement du Québec. D'ailleurs, dans l'allocution qu'il prononçait à l'occasion de la signature de l'accord,[59] le premier ministre du Québec a erré en laissant entendre que le gouvernement du Canada reconnaissait dorénavant que le Québec devait donner « son assentiment avant que le Canada ne signe un traité ou un accord et se déclare lié par celui-ci ». Non seulement l'accord ne fait aucune mention de cette question et ne fait aucunement dépendre l'acceptation d'un instrument international adopté par l'UNESCO à l'assentiment du Québec, il reconnaît au contraire que, s'agissant du vote sur un tel instrument international, le Canada peut dorénavant arrêter sa position sans tenir compte des vues du Québec et sans obtenir son assentiment.

L'*Accord Canada-Québec sur l'UNESCO* est loin de conférer au Québec l'équivalent du statut de gouvernement participant qu'il détient dans la Francophonie et qui est d'ailleurs pleinement justifié dans des matières qui, comme la science, l'éducation et la culture, sont si importantes pour le développement du Québec. L'accord du 5 mai 2006 constitue un précédent malencontreux qui pourra dorénavant être invoqué par le Canada pour régir la participation du Québec à toute organisation internationale aux travaux desquels le gouvernement du Québec souhaiterait participer.

Le droit québécois des relations internationales comprend donc aujourd'hui certaines règles régissant la participation du Québec aux forums internationaux. Elles ne sont pas aussi développées que celles relatives au consentement du Québec aux engagements internationaux puisque le gouvernement du Canada, dont la coopération est nécessaire, n'a consenti à négocier et conclure des ententes gouvernementales enchâssant de telles règles que dans le cadre de la Francophonie et de l'UNESCO. Il se refuse toujours à le faire à l'égard de l'ensemble des organisations internationales dont les travaux portent sur des matières qui ressortissent à la compétence constitutionnelle du

---

59 Le texte de l'allocution du Premier ministre du Québec est accessible à l'adresse http://www.premier.gouv.qc.ca/salle-de-presse/discours/2006/mai/2006-05-05.shtml.

Québec.

*****

Depuis le discours de Paul Gérin-Lajoie devant le corps consulaire le 12 avril 1965, on constate l'émergence de règles régissant principalement le consentement du Québec aux engagements internationaux, mais portant également sur la participation du Québec aux forums internationaux. Si le Québec a ainsi voulu donner des assises juridiques à ses relations internationales, on ne peut que constater le refus par le gouvernement du Canada de reconnaître le droit du Québec de conclure des traités internationaux et le droit de participer, en dehors de la Francophonie et de l'UNESCO, aux forums internationaux. Pis encore, la doctrine Gérin-Lajoie a elle-même été attaquée par l'ancien ministre des Affaires étrangères du Canada, Pierre Pettigrew, qui affirmait que « nous sommes dans une ère de mondialisation », que la « doctrine date de l'ère de l'internationalisation » et qu'il s'agit d'une doctrine qui a été formulée « par un homme pour qui j'ai la plus grande estime [Paul Gérin-Lajoie] mais qui date d'une autre époque ».[60]

---

60 Voir Robert Dutrisac, « Le Canada doit parler d'une seule voix – Pettigrew relègue aux oubliettes la doctrine Gérin-Lajoie », Le Devoir, 2 septembre 2005, p. A-1 et Daniel Turp et Jonathan Valois, Ottawa veut encore bâillonner le Québec – Jean Charest doit réaffirmer l'autonomie internationale du Québec, communiqué. 2 septembre 2005 [http://communiques.gouv.qc.ca/gouvqc/communiques/GPQF/Septembre2005/02/c5808.html]. Cette négation de la doctrine Gérin-Lajoie par un représentant du gouvernement du Canada a suscité de vives réactions au Québec: voir Robert Dutrisac, « Pierre Pettigrew a beau dire – Québec entend renforcer la doctrine Gérin-Lajoie », Le Devoir, 3 et 4 septembre 2005, p. A-5; Robert Dutrisac, « Québec hausse le ton – Benoît Pelletier accuse Pettigrew de s'appuyer sur de fausses prémisses », Le Devoir, 10 et 11 septembre 2005, p. A-1 et 10. Voir aussi Bernard Descôteaux, « Les sophismes de M. Pettigrew », Le Devoir, 10 septembre 2005, p. B-4; Jean-Marc Blondeau et al., « Les propos étonnants de Pierre Pettigrew », Le Devoir, 5 octobre 2005, p. A-8; Nelson Michaud, « Le gouvernement Charest et l'action internationale du Québec : bilan d'une année de transition », L'Annuaire du Québec 2006, p. 642, à la p. 847. Dans un ouvrage récent, il est par ailleurs suggéré que « la " doctrine Gérin-Lajoie "– sur le prolongement externe des compétences provinciales – bien qu'elle soit contestée par Ottawa, remplissait – et remplit toujours – le rôle de politique internationale du Québec : voir Jean Décary, Dans l'œil du sphinx –

Le refus canadien a créé une situation délicate pour les gouvernements successifs du Québec. Pour arrimer la pratique des relations internationales du Québec au droit qu'il revendique d'entretenir de telles relations et assurer la pérennité de ses droits, l'on pourrait vouloir revendiquer une reconnaissance constitutionnelle de ce droit. Peu d'intervenants réclament pourtant la constitutionnalisation de ce droit, tant il est certain qu'une telle revendication subirait une fin de non-recevoir de la part du gouvernement du Canada et des autres provinces canadiennes. [61] Même la conclusion d'une entente intergouvernementale semble irrecevable pour le gouvernements successifs du Canada, y compris l'actuel gouvernement conservateur, et la proposition d'un cadre formel et prévisible assurant une participation du Québec au sein des délégations canadiennes lors des travaux et conférences des organisations internationales gouvernementales formulée par le gouvernement du Québec dans le document Le Québec dans les forums internationaux et réitérée dans la Politique internationale du Québec[62] est demeurée à ce jour lettre morte.

Le Québec ne pourra consentir, de façon pleine et entière, à des engagements internationaux et participer à des forums internationaux que s'il choisit la voie du pays. Même si le professeur Edward McWhinney ne semble pas être d'accord avec le choix d'une telle option pour le Québec, sans doute reconnaîtrait-il que c'est l'accession du Québec à la souveraineté qui permettrait à la doctrine Gérin-Lajoie de déployer tous ses effets et au Québec d'accéder à une authentique personnalité internationale. Cette personnalité sera dès lors mieux et davantage encore servie par la liberté que lui procurera le statut d'État

---

Claude Morin et les relations internationales du Québec, Montréal, VLB éditeur, 2005, p. 73.

61 J'ai proposé quant à moi d'enchâsser la doctrine Gérin-Lajoie dans un projet de Constitution québécoise que j'ai déposé à l'Assemblée nationale du Québec le 18 octobre 2007 et dont le deuxième alinéa de l'article 9 prévoit que « [l]e Québec exerce la compétence sur les relations internationales dans toutes les matières qui ressortissent aux compétences prévues par le présent article » : voir Projet de loi no 196, Constitution québécoise (Présentation), première session, 38e législature, [2007] (Qué.) accessible à l'adresse http://www.assnat.qc.ca/fra/38legislature1/Projets-loi/Publics/07-f196.pdf ou www.danielturp.org.

62 Voir gouvernement du Québec, La politique internationale du Québec- La force d'une action concertée- Québec, Ministère des Relations internationales, 2006, p. 28, accessible à l'adresse http://www.mri.gouv.qc.ca/fr/pdf/Politique.pdf.

souverain.[63]

[63] Pour un exemple de dispositions constitutionnelles applicables aux relations internationales d'un Québec souverain, voir l'article 25 du projet de Constitution nationale du Québec reproduit dans Daniel Turp, Nous, peuple du Québec – Un projet de Constitution du Québec, Québec, Les Éditions du Québécois, 2005, p. 100.

Index

Sienho Yee & Jacques-Yvan Morin (eds.), Multiculturalism and International Law, 753-764.

G

H

I

Q

R

S

U

V

W

Y

List of Contributors and Editors

Nisuke Ando, Director, Kyoto Human Rights Research Institute; Professor Emeritus, Kyoto University; Member, Permanent Court of Arbitration; Membre, L'Institut de Droit international; former member (1987-2006) and Chairperson of the Human Rights Committee.

Bogdan Aurescu, Dr., Professor-Lecturer, Faculty of Law, University of Bucharest; President of the Romanian Branch of International Law Association and Editor-in-Chief of the *Romanian Journal of International Law*; member of the Permanent Court of Arbitration; substitute member of the Venice Commission of the Council of Europe and Agent of Romania before ICJ in the *Case concerning Maritime Delimitation in the Black Sea (Romania v. Ukraine).*

Boutros Boutros-Ghali is President of the Curatorium of The Hague Academy of International Law and Honorary Member of the Institute of International Law. Previously he served as Secretary-General of the United Nations, the Secrétaire général de la Francophonie, and the Deputy Prime Minister for Foreign Affairs and Minister of State for Foreign Affairs of Egypt. He has published widely on issues of international law and relations and has received various honorary degrees.

Rudolf Bernhardt, Professor em. at the Law Faculty of Heidelberg University; former director of the Max-Planck-Institute for Comparative Public Law and International Law in Heidelberg; Judge (1981-1998), Vice-President (1992-1998) and President (1998) of the European Court of Human Rights.

Michale Bothe, Professor emeritus, Dr. iur. (Heidelberg). Professor of Public Law, in particular international law at the Universities of Heidelberg, Hannover and Frankfurt, 1977-2003; visiting professor/lecturer at different universities in

Sienho Yee & Jacques-Yvan Morin (eds.), Multiculturalism and International Law, 765-772.

Europe, the United States and Australia, and director and coordinator of a number of major international research projects. Currently Chair, Commission for International Humanitarian Law, German Red Cross, and President, International Humanitarian Fact-Finding Commission.

Bartram S. Brown (B.A., Harvard, J.D., Columbia, Ph.D., the Graduate Institute of International Studies, Geneva, Switzerland) is Professor of Law and Co-Director of the Program in International and Comparative Law at the Chicago-Kent College of Law, Illinois Institute of Technology. He is a member of the American Law Institute and of the Council on Foreign Relations.

Antônio Augusto Cançado Trindade, Ph.D. (Cambridge); Judge and Former President of the Inter-American Court of Human Rights; Professor of International Law at the University of Brasilia, Brazil; Member of the Curatorium of the Hague Academy of International Law, and of the Institut de Droit international; Honorary Editor, *Chinese Journal of International Law*. He gave the general course in public international law at The Hague Academy of International Law in 2005.

Vladimir-Djuro Degan, Membre de l'Institut de Droit international; Marco Polo Fellow and Visiting Professor (spring 2008), The Silk Road Institute of International Law, Xi'an Jiaotong University, Xi'an, China; Emeritus Professor of the University of Rijeka (Croatia); Director, The Adriatic Institute, Croatian Academy of Sciences; Honorary Editor, *Chinese Journal of International Law*; Lecturer at The Hague Academy of International Law; author of *Sources of International Law* (Martinus Nijhoff 1997) and numerous articles.

Curtis F.J. Doebbler is a professor of law at An-Najah National University in Palestine and a visiting professor at several European universities. He also practices law before international human rights tribunals in the UN and regional systems. His publications on international human rights and international affairs have appeared in academic and popular journals/newspapers around the world. He is also the author of seven books on international law and affairs.

Karl Doehring, Prof. Dr. iur. Dres. h.c. 1956, Dr. iur., Law Faculty, Heidelberg.

1962, Professor (comparative and international law), Law Faculty, Heidelberg. 1980, Director at the Max-Planck-Institute for Comparative Public Law and International Law, Heidelberg. Membre honoraire de l'Institut de Droit international. 1981-1985, President of the German Society of International Law. 1989-1990, Professor at the Emory University (Atlanta, USA). Principal publications: Das Staatsrecht der Bundesrepublik Deutschland, 3rd ed. 1984; Völkerrecht, 2nd ed. 2004; Allgemeine Staatslehre, 3rd ed. 2004.

Christian Dominicé, Swiss citizen, born in Geneva in 1931. Dr. iur. (Geneva), Master of International Affairs (Columbia University Nex York), Dr h.c. (Paris-Nord). Professor of International Law at the Law School of the University of Geneva since 1961 (Dean 1969-1974), and since 1978 at the Graduate Institute of International Studies (Director 1978-1984). Secretary-general of the Institut de Droit international (1991-2003).

DUAN Jielong, LLM (China University of Foreign Affairs; Columbia Law School); Director-General, Department of Treaty and Law, Ministry of Foreign Affairs, China (since 2006); formerly, Deputy Director-General of the Department; Counselor (Legal Affairs) at the Embassy of China, Washington, D.C.; First Secretary (Legal Affairs), Permanent Mission of China to the United Nations.

L.N. Galenskaya is a professor of the Law Faculty of Saint-Petersburg State University. She has a scientific degree of doctor of legal sciences. The author of Law of Asylum, International Struggle with Criminality, Muses and Law, International Private Law and more than 500 articles, she is the Editor-in-Chief of the Russian Yearbook of International Law and Journal of International Private Law.

William E. Holder, an Australian, was formerly the Deputy General Counsel of the Internaitonal Monetary Fund. He is now a consultant and lecturer on internaitonal legal issues. Mr. Holder has written and lectured widely, and co-edited the Australian casebook, The International Legal System (Butterworths 1972).

Bing Bing Jia, D.Phil. (Oxon.); Professor of International Law, Law School, Tsinghua University, Beijing; formerly legal officer of the UNICTY.

Mariko Kawano, Professor of International Law, Waseda University, School of Law, Member of the Executive Board of the Japanese Association of International Law and of the World Law Association. She co-edited with Professor McWhinney the book of *Judge Shigeru Oda and the Path to Judicial Wisdom* (2006).

Philippe Kirsch, QC, is judge and the first President of the International Criminal Court (ICC). He has chaired numerous international law-making conferences, including the Committee of the Whole of the Rome Conference establishing the ICC and the Preparatory Commission for the ICC. He is an associate member of the Institute of International Law.

Hans Köchler, University Professor and Chairman of the Department of Philosophy at the University of Innsbruck (Austria); Life Fellow of the International Academy for Philosophy; President of the International Progress Organization, an NGO in consultative status with the United Nations; editor of the series Studies in International Relations and member of the Editorial Board of the journal Hikmat va Falsafah.

Pieter H. Kooijmans was a Professor of Public International Law at the Free University of Amsterdam (1965-1973) and at the University of Leiden (1978-1992 and 1995-1997). He was State Secretary for Foreign Affairs (1973-1977) and Minister of Foreign Affairs (1993-1994) of the Netherlands. He also was Chairman of the UN Commission on Human Rights (1984) and UN Special Rapporteur on Questions relevant to Torture (1985-1992). He was Judge in the International Court of Justice (1997-2006). He is Member of the Institut de Droit international.

Abdul G. Koroma, Member of the International Court of Justice since 6 February 1994. Prior to joining the Court, he served as the Permanent Representative of Sierra Leone to the United Nations in New York. Judge Koroma is also a Member of the Committee of Experts on the Application of Conventions and

Recommendations, International Labour Office. He has written and lectured extensively on self-determination, human rights, humanitarian law, and the peaceful settlement of disputes.

Maivân Clech Lâm teaches international law at the Graduate Center, City University of New York; advises the American Indian Law Alliance; and writes at the confluence of law and anthropology. Her publications include: "The Kuleana Act Revisited: the Survival of Traditional Hawaiian Commoner Rights in Land", *Washington Law Review* (1989); "Feeling Foreign in Feminism", *Signs* (1994); and *At the Edge of the State: Indigenous Peoples and Self-Determination* (2000).

Jacques-Yvan Morin taught public international law from 1958 to 1973 and from 1984 to 2006 at Université de Montréal, of which he is emeritus professor. He has also taught at The Hague Academy of International Law and at the universities of Paris, Poitiers, Lyon and Rabat, as well as at the Université Senghor in Alexandria. He is a member of the Institut de Droit international. He was associate editor of the *Canadian Yearbook of International Law* and founding editor of the *Revue québécoise de droit international.*

Rein Müllerson, Professor and Chair of International Law, King's College, London; former the UN Regional Adviser for Central Asia (2004); Visiting Centennial Professor of the LSE (1992-94); First Deputy Foreign Minister of Estonia (1991-92); Member of the UN Human Rights Committee (1988-92); former Head of the Department of International Law at the Institute of State and Law in Moscow and Advisor to President Gorbachev of the USSR on international law; Member of the Institut de Droit international (Geneva); Marco Polo Fellow and Visiting Professor (Autumn 2007), The Silk Road Institute of International Law, Xi'an Jiaotong University, China.

Shinya Murase, JSD, University of Tokyo, 1972. Visiting Scholar, Harvard Law School, 1974-76. Legal Officer, Codification Division, Office of Legal Affairs, United Nations, 1980-82. Visiting Professor, Columbia Law School, 1995. Judge, ADB Administrative Tribunal, 1998-2004. Lead Author, IPCC 4th Assessment Report, WG-III, 2004-2007. Member, Curatorium of the Hague Academy of International Law since 2004.

Shigeru Oda holds law degrees from the University of Tokyo and Yale University (LLM and JSD). As one of the very early specialists in the emerging new International Law of the Sea, he was asked to serve on the West German legal team in the North Sea Continental Shelf cases in the ICJ. Elected to the ICJ in 1975 and subsequently reelected to second and third terms, he served from 1976 to 2003, including the office of Vice-President in 1991-1994. He thus was the longest serving member in the history of the ICJ and its predecessor the PCIJ. Elected to the Institut de Droit international in 1969, he became an Honorary Member in 2001. A former member of the Curatorium of The Hague Academy of International Law, he is a Member of the Japan Academy.

Dr. Maurizio Ragazzi, formerly an associate at the New York and Paris offices of White & Case and an ICC sole arbitrator, is currently Senior Counsel (International Law) at the World Bank. In addition to an LLM (Columbia) and a DPhil (Oxford) in law, he has graduate degrees in theology and canon law.

Manuel Rama-Montaldo is Doctor of Law and Social Sciences (Montevideo), and holder of Diploma in International Law (Oxford). Formerly, he was Associate Professor and Chargé de cours of Public International Law, University of the Republic, Montevideo; Secretary of the UN Programme of Assistance in the Teaching, Study, Dissemination and Wider Appreciation of International Law; Deputy Director for Research and Studies and Deputy Director, Codification Division, UN Office of Legal Affairs. Currently, he acts as Consultant for the International Criminal Court.

Sompong Sucharitkul, D.Phil., D.C.L. (Oxon); Docteur en Droit (Paris); LL.M. (Harvard); Emeritus Associate Dean and Distinguished Professor of International and Comparative Law, Golden Gate University School of Law (San Francisco); Former Ambassador of Thailand; Former Vice-President and Special Rapporteur of the ILC; Membre Titulaire de l'Institut de Droit international (Geneva); Member of the Panels of Arbitrators and of Conciliators of ICSID (World Bank); Former Member of the UNCC; and Former President of ASEAN-ID Arbitral Tribunal.

Professor Stefan Talmon is Fellow of St. Anne's College, Oxford, and Professor of Public International Law in the University of Oxford. As a member of the English and German Bars he has advised governments and corporations on questions of public international law and European Union law.

Hugh Thirlway retired in 2007 from his post as Principal Legal Secretary of the International Court of Justice, after spending the greater part of his career in the service of the Court. He was for a number of years Professor of International Law at the Graduate Institute of International Studies, Geneva, and is at present attached to the Universities of Leiden (NL) and Bristol (UK).

Daniel Turp, member of the National Assembly of Québec, for Mercier; Professor, Faculty of Law, Université de Montréal (since 1982) (on leave since April 14, 2003); Visiting professor, International Institute of Human Rights, Strasbourg (1988) and several other universities, colleges and institutes; Director of studies and guest professor, The Hague Academy of International Law (1995).

Johannes van Aggelen received doctoral degrees from Nijmegen and McGill. A specialist on the Palestinian - Israeli question, he lectured extensively for the United Nations over the period 1980-2007 on international human rights and other subjects. A guest professor at UC Berkeley in 1998, he has lectured at many universities around the world. A polyglot, he has published two books and over 150 articles and book reviews in various languages.

Vladlen S. Vereshchetin, Professor of international law, Maître émérite des Sciences of the Russian Federation. Formerly Judge at the International Court of Justice, Member and Chairman of the International Law Commission, Deputy Director of the Moscow Institute of State and Law of the Russian Academy of Sciences.

Daniel Vignes, Directeur général honoraire au Secrétariat du Conseil de l'Union européenne, Ancien professeur à la Faculté de droit de Bruxelles, Membre honoraire de l'Institut de Droit international.

Budislav Vukas, Professor of Public International Law, Faculty of Law, University of Zagreb; former member of the International Tribunal for the Law of the Sea (1996-2005, Vice-President 2002-2005), lectured at the Hague Academy of International Law (1992); member of the Institut de Droit international (Rapporteur on *The Humanitarian Assistance* on which the Institute adopted the Resolution in 2003); Judge *ad hoc* in the case concerning the *Application of the Convention on the Prevention and Punishment of the Crime of Genocide (Croatia v. Serbia)* before the International Court of Justice.

Rüdiger Wolfrum, born 13th December, 1941, Berlin; Director at the Max Planck Institute for Comparative Public Law and International Law, Professor at the University of Heidelberg; "Honorarprofessor" at the University of Hamburg; President of the German Society for International Law; President of the International Tribunal for the Law of the Sea; Membre associé of the Institut de Droit international.

Claire Osborn Wright attended Smith College and Harvard Law School, after which she clerked for the U.S. Court of Appeals for the D.C. Circuit (primarily for then-Judge Ruth Bader Ginsburg). She is an associate professor at Thomas Jefferson School of Law, an adjunct professor at the U.C., San Diego, and a member of the American Law Institute, where she contributes to the Institute's Project on World Trade Law. Formerly, she was a partner at Baker & McKenzie and Ernst & Young LLP and taught trade law at Stanford Law School.

Sienho Yee, University Professor of International Law and Chair of the Academic Committee, National Key Research Center, Wuhan University Institute of International Law, China; Editor-in-Chief, *Chinese Journal of International Law;* Formerly Tengfei Professor, Xi'an Jiaotong University. Martinus Nijhoff published in 2004 his collected essays titled *Towards an International Law of Co-progressiveness.* He has published extensively on the ICJ, with one paper quoted and discussed by governments and one Judge there.